CHRONIQUES

DE

J. FROISSART

PUBLIÉES POUR LA SOCIÉTÉ DE L'HISTOIRE DE FRANCE

PAR SIMÉON LUCE

TOME QUATRIÈME

1346-1356

(DEPUIS LE SIEGE DE CALAIS JUSQU'À LA PRISE DE BRETEUIL
ET AUX PRÉLIMINAIRES DE LA BATAILLE DE POITIERS)

A PARIS

CHEZ Mme Ve JULES RENOUARD

LIBRAIRE DE LA SOCIÉTÉ DE L'HISTOIRE DE FRANCE

RUE DE TOURNON, N° 6

M DCCC LXXIII

CHRONIQUES
DE
J. FROISSART

9924. — PARIS, TYPOGRAPHIE LAHURE
Rue de Fleurus, 9

CHRONIQUES

DE

J. FROISSART

PUBLIÉES POUR LA SOCIÉTÉ DE L'HISTOIRE DE FRANCE

PAR SIMÉON LUCE

TOME QUATRIEME
1346-1356

(DEPUIS LE SIÉGE DE CALAIS JUSQU'À LA PRISE DE BRETEUIL
ET AUX PRÉLIMINAIRES DE LA BATAILLE DE POITIERS)

A PARIS
CHEZ Mme Ve JULES RENOUARD
LIBRAIRE DE LA SOCIÉTÉ DE L'HISTOIRE DE FRANCE
RUE DE TOURNON, N° 6

M DCCC LXXIII

EXTRAIT DU RÈGLEMENT.

Art. 14. Le Conseil désigne les ouvrages à publier, et choisit les personnes les plus capables d'en préparer et d'en suivre la publication.

Il nomme, pour chaque ouvrage à publier, un Commissaire responsable chargé d'en surveiller l'exécution.

Le nom de l'Éditeur sera placé en tête de chaque volume.

Aucun volume ne pourra paraître sous le nom de la Société sans l'autorisation du Conseil, et s'il n'est accompagné d'une déclaration du Commissaire responsable, portant que le travail lui a paru mériter d'être publié.

Le Commissaire responsable soussigné déclare que le tome IV de l'Édition des Chroniques de J. Froissart, *préparée par* M. Siméon Luce, *lui a paru digne d'être publié par la* Société de l'Histoire de France.

Fait à Paris, le 7 novembre *1872.*

Signé : L. DELISLE.

Certifié,

Le Secrétaire de la Société de l'Histoire de France,

J. DESNOYERS.

SOMMAIRE

SOMMAIRE.

CHAPITRE LXI.

INVESTISSEMENT ET SIÉGE DE CALAIS; PREMIÈRE PÉRIODE : DU 3 AOÛT A LA FIN DE DÉCEMBRE 1346 [1] (§§ 288 à 291).

Édouard III investit Calais [2], dont la garnison, composée surtout de chevaliers de l'Artois, a pour capitaine Jean de Vienne, d'une

---

1. Cf. Jean le Bel, *Chroniques*, t. II, chap. LXXIII et LXXIV, p. 95 à 103.
2. D'après Michel de Northburgh, chapelain et confesseur d'Édouard III, qui accompagnait ce prince dans l'expédition de 1346, les Anglais arrivèrent devant Calais le 2 septembre 1346. (*Hist. Ed. III*, par Robert de Avesbury, p. 140 et 141.) Ainsi le roi d'Angleterre mit le siége devant cette place forte une semaine seulement après sa victoire de Crécy. On nous permettra de citer ici une pièce d'une importance capitale, relative à l'incident le plus décisif de cette dernière bataille, que nous avons connue postérieurement à la publication du troisième volume de notre édition. En novembre 1375, des lettres de rémission furent octroyées à Pierre Coquet, âgé de cinquante ans, de l'Étoile (Somme, arr. Amiens, c. Picquigny), « *du fait de la mort des Geneuoiz* et autres estrangiers qui, après la desordenance qui fu sur la rivière de Somme quant Edwart d'Angleterre nostre adversaire et ses alliez passèrent la Blanche Tache, et au retour du conflit de la bataille de Crecy, *trente ans a* ou environ, avint *en plusieurs lieux* ou païs de Picardie, POUR CE QUE RENOMMÉE ET VOIX PUBLIQUE COUROIT QUE YCEULX GENEUOIS ET ESTRANGIERS AVOIENT TRAY LE ROY PHELIPPE NOSTRE AYEUL, que Dieu absoille, nostre dit ayeul fesist dès lors general remission et abolicion.... de ce que ou temps dessus dit *ot aucuns des diz Geneuoys ou autres estrangiers occis, en la ville de l'Estoille sur la dite rivière de Somme, à une lieue de Lonc en Pontieu ou environ où il demouroit et encore demoure, par les habitanz d'icelle.* (Arch. nat., sect. hist., JJ107, f° 150, p. 310.)

famille de Bourgogne[1]. Entre les remparts, la rivière[2] et le pont de Nieuley[3], le roi anglais fait construire une véritable ville pour y loger son armée. Le plan des assiégeants est d'affamer cette place qu'ils n'espèrent point prendre d'assaut. Jean de Vienne, de son côté, donne l'ordre de sortir à tous ceux des habitants de Calais qui ne sont point suffisamment approvisionnés pour un long siége; le roi d'Angleterre laisse passer généreusement ces malheureux à travers son armée après les avoir fait manger et leur avoir distribué quelque argent. P. 1 à 3, 201 à 205.

Sur ces entrefaites, Philippe de Bourgogne[4] meurt d'une chute de cheval au siège devant Aiguillon, que Jean, duc de Normandie, lève par l'ordre de son père, à la suite du désastre de Crécy. Le capitaine de la garnison d'Aiguillon, Gautier de Mauny, en harcelant la retraite des Français, fait prisonnier un des chevaliers de l'entourage du duc de Normandie nommé Grimouton de Chambly[5]; informé par ce chevalier de la victoire des

---

1. D'après la plupart des manuscrits de Froissart, Jean de Vienne aurait appartenu à une famille de Champagne; mais c'est une erreur: le défenseur de Calais descendait d'une des plus illustres familles de Bourgogne. Jean de Vienne, de la branche des seigneurs de Pagny et de Seignelay, l'un des quatre fils de Jean de Vienne et de Jeanne de Genève, seigneur de Poilans et de Rothelanges, reçut le 14 novembre 1338 une pension sur le trésor royal de cent livres portée à trois cents le 17 septembre 1340 et à six cents en 1348; il mourut à Paris le 4 août 1361 (Anselme, *hist. généal.*, t. VII, p. 806). Il faut bien se garder de confondre le héros du siége de Calais avec Jean de Vienne, amiral de France sous Charles V, de la branche des seigneurs de Rollans, de Clairvaux et de Listenois.

2. Il s'agit sans doute ici de la rivière de Hem qui passe à Guines et vient se jeter dans la mer à Calais.

3. Le pont de Nieuley se trouvait près de l'emplacement qu'occupe aujourd'hui le fort de Nieuley, au sud-ouest de Calais, dans le voisinage de la *basse ville*, du côté de Sangatte; il était jeté sur la rivière de Hem.

4. Le siége d'Aiguillon fut levé dès le 20 août (v. t. III de notre édition, sommaire, p. xxxii, note 2); et Philippe de Bourgogne ne mourut que le 22 septembre 1346. Par conséquent si Grimouton de Chambly fut fait prisonnier avant le 26 août, il ne put donner à Gautier de Mauny des nouvelles de la journée de Crécy. Froissart se trompe en attribuant à Philippe le titre de duc de Bourgogne. Philippe, marié en 1338 à Jeanne, comtesse d'Auvergne et de Boulogne, était simplement le fils et l'héritier présomptif du duc Eudes IV qui ne mourut qu'en 1350.

5. Philippe de Chambly, dit Grismouton, était, comme le dit Froissart, un des favoris du duc de Normandie. Par lettres datées

Anglais à Crécy, il promet de le mettre en liberté sans rançon, si Grimouton réussit à obtenir du duc un sauf-conduit qui permette, à Gautier de Mauny de chevaucher à travers la France avec une escorte de vingt compagnons, pour aller rejoindre à Calais le roi d'Angleterre, son maître. Jean accorde de très-bonne grâce le sauf-conduit, moyennant quoi Grimouton de Chambly recouvre sa liberté; mais au moment où Gautier de Mauny, muni de ce sauf-conduit, traverse la France, il est arrêté à Orléans[1] et amené prisonnier à Paris par l'ordre de Philippe de Valois qui veut le faire mettre à mort. Le chevalier anglais doit son salut à l'intervention chaleureuse du duc de Normandie en sa faveur; il est mis en liberté et dîne à l'hôtel de Nesle à la table du roi, qui lui fait au départ de magnifiques présents; Gautier les renvoie, sur l'invitation de son souverain, aussitôt après son arrivée à Calais. P. 3 à 10, 205 à 218.

CHAPITRE LXII.

1346. CHEVAUCHÉE DU COMTE DE DERBY EN SAINTONGE ET EN POITOU[2] (§§ 292 à 294).

Le comte de Derby, qui s'est tenu à Bordeaux[3] pendant le siége d'Aiguillon par les Français, aussitôt qu'il apprend que le duc de Normandie vient de lever ce siége, entreprend de faire

---

d'Arras en août 1347, Jean, duc de Normandie, céda à son amé et féal chevalier Philippe de Chambly, dit Grismouton, frère de son amé et féal Pierre de Chambly, chevalier, moyennant 1000 livres tournois, une rente de 100 livres sur les halles et moulins de Rouen achetée 1000 livres de Pierre de Chambly et donnée par Philippe de Valois à son fils aîné (Arch. nat., sect. hist., JJ68, p. 198, f° 108).
  1. Nous apprenons par une lettre de Derby (Robert de Avesbury, p. 143) qu'avant le 20 septembre des gens de la suite de Gautier de Mauny avaient été arrêtés, malgré leur sauf-conduit, à Saint-Jean-d'Angély d'où Gautier lui-même s'était sauvé à grand'peine avec deux compagnons.
  2. Cf. Jean le Bel, *Chroniques*, t. II, chap. LXXV, p. 106 à 108.
  3. Le comte de Derby ne se tint pas à Bordeaux, au moins pendant le dernier mois du siége d'Aiguillon. Le 12 août 1346, il partit

une chevauchée[1] en Saintonge et en Poitou à la tête de douze cents[2] hommes d'armes, de deux mille archers et de trois mille piétons. P. 10 et 11, 218 et 219.

Prise de *Mirabel*[3], d'Aulnay[4], de Surgères[5] et de Benon[6]; — assaut infructueux de Marans[7]; — prise de Mortagne-sur-mer[8]; — assaut infructueux du château de Lusignan[9]; — prise de Taillebourg-sur-Charente[10]; — arrivée des Anglais devant Saint-Jean-d'Angély. P. 11 et 12, 219 et 220.

Après un assaut, Saint-Jean-d'Angély se rend aux Anglais, qui y restent quatre jours[11]; — Derby est repoussé devant Niort, place très-forte et bien fortifiée, dont la garnison a pour capi-

de la Réole pour Bergerac, et il reçut dans cette ville des messagers du duc de Normandie, qui venaient lui demander une trêve; il ne voulut pas l'accorder, parce qu'il venait d'apprendre le débarquement d'Édouard III en Normandie, et c'est sans doute la nouvelle de ce débarquement qui força le fils du roi de France à lever précipitamment le siége d'Aiguillon. Robert de Avesbury, *Hist. Ed. III*, p. 141 et 142.

1. Le 12 septembre 1346, Derby inaugura cette chevauchée en Saintonge par la prise d'Aubeterre (Aubeterre-sur-Dronne, Charente, arr. Barbezieux) suivie de celle de Chateauneuf-sur-Charente (Charente, arr. Cognac). Robert de Avesbury, *Hist. Ed. III*, p. 142 et 143.

2. Derby dit dans sa lettre déjà citée qu'il avait seulement mille hommes d'armes. *Ibid.*, p. 242.

3. Peut-être Mirambeau (Charente-Inférieure, arr. Jonzac). D'après Jean le Bel, dont Froissart reproduit ici la narration, en intervertissant l'ordre des faits d'une manière très-malheureuse, Derby prit successivement Taillebourg, Surgères, Aulnay, Saint-Jean-d'Angély, Niort, Saint-Maixent, Lusignan, Vivonne, Montreuil-Bonnin, Poitiers.

4. Aujourd'hui Aulnay-de-Saintonge, Charente-Inférieure, arrond. Saint-Jean-d'Angély.

5. Charente-Inférieure, arr. Rochefort-sur-Mer.

6. Charente-Inférieure, arr. la Rochelle, c. Courçon.

7. Charente-Inférieure, arr. la Rochelle.

8. Mortagne-sur-Gironde, Charente-Inférieure, arr. Saintes, c. Cozes.

9. L'assaut de Lusignan précédé et suivi de la prise de Mortagne et de Taillebourg semblerait indiquer Saint-Germain-de-Lusignan (Charente-Inférieure, arr. et c. Jonzac); mais on voit par la lettre de Derby que le Lusignan qui fut pris par les Anglais est le célèbre Lusignan du Poitou (Vienne, arr. Poitiers).

10. Charente-Inférieure, arr. Saint-Jean-d'Angély, c. Saint-Savinien.

11. La prise de Saint-Jean-d'Angély, qui suivit celle de Saintes (*Grandes Chroniques*, éd. in-12, t. V, p. 464 et 465), eut lieu vers le 21 septembre 1346; Derby resta huit jours dans cette ville. Robert de Avesbury, *Hist. Ed. III*, p. 143.

SOMMAIRE DU PREMIER LIVRE, §§ 292-294.   vii

taine Guichard d'Angle ; — il emporte d'assaut Saint-Maixent[1] et Montreuil-Bonnin[2]. P. 12 à 14, 220 à 222.

Les Anglais attaquent Poitiers et sont repoussés à un premier assaut ; ils se rendent maîtres[3] de cette vaste cité en donnant l'assaut par trois côtés à la fois. Poitiers est mis à sac[4], à feu et à sang. Derby, après s'y être reposé douze[5] jours, reprend à petites journées le chemin de Saint-Jean-d'Angély ; puis il retourne à Bordeaux, d'où il ne tarde pas à s'embarquer pour Londres[6]. P. 14 à 17, 222 à 226.

1. Deux-Sèvres, arr. Niort.
2. Vienne, arr. Poitiers, c. Vouillé. Il n'est question dans la lettre de Derby ni de l'attaque de Niort ni de la prise de Saint-Maixent et de Montreuil-Bonnin. Henri de Lancastre dit seulement qu'en chevauchant de Saint-Jean-d'Angély vers Poitiers, il s'empara du château de Lusignan, l'un des plus forts de France et de Gascogne, et qu'il y laissa une garnison de cent hommes d'armes, sans compter les gens de pied. *Ibid.*, p. 143 et 144.
3. D'après la lettre de Derby, Poitiers tomba au pouvoir des Anglais « le proschein mersquerdy après le Seint Michel », c'est-à-dire le 4 octobre 1346. *Ibid.*, p. 144.
4. L'évêque de Poitiers et quatre barons qui avaient essayé de résister aux envahisseurs, s'étant sauvés à la prise de la ville, les Anglais firent main basse sur tout ce qu'ils trouvèrent. Harbert Bellant, l'un des seize hommes d'armes de la garnison de Poitiers, fut dépouillé de tous ses biens meubles évalués six mille livres. (Arch. nat., sect. hist., JJ81, p. 450.) « .... apparuit episcopum, capitula, collegia et alias gentes ecclesie ville Pictavis, in capcione facta per inimicos nostros de dicta villa, omnia bona que tunc habebant, libros, calices, vestimenta, vasa argentea .... amisisse.... » Il résulte d'une enquête faite en 1351 que les parties du diocèse de Poitiers qui souffrirent le plus, tant de la chevauchée de Henri de Lancastre en 1346 que de la peste de 1348, ce furent les archiprêtrés et lieux *de Lisigniaco* (Lusignan, Vienne, arr. Poitiers), *de Sanxaio* (Sanxay, Vienne, arr. Poitiers, c. Lusignan), *de Boyno* (Bouin, Deux-Sèvres, arr. Melle, c. Chef-Boutonne), *de Roffiaco* (Rouffiac-d'Aubeterre, Charente, arr. Barbezieux, c. Aubeterre), *de Romio* (Rom, Deux-Sèvres, arr. Melle, c. Lezay), *de Chauniaco* (Chaunay, Vienne, arr. Civray, c. Couhé), *de Exoduno* (Issoudun, Creuse, arr. Aubusson, c. Chénérailles), et partie des archiprêtrés et lieux *de Gencayo* Gençay, Vienne, arr. Civray) et de Melle. JJ80, 778.
5. Derby dit qu'il resta à Poitiers huit jours seulement, après quoi il revint à Saint-Jean-d'Angély d'où est datée la curieuse lettre qui contient le récit de son expédition. Aux conquêtes de Derby mentionnées plus haut, des pièces du Trésor des Chartes nous autorisent à ajouter Tonnay-Charente (JJ76, p. 821), le château de Soubize (JJ81, p. 147), les châtellenies de Loudun (JJ80, p. 577), de Soubize, de Taillebourg (JJ77, p. 34) et la plupart des forteresses de Saintonge, Poitou et Périgord (JJ77, p. 51).
6. Derby était de retour à Londres le 14 janvier 1347, jour où il s'entretint à la Tour avec David Bruce, roi d'Écosse.

CHAPITRE LXIII.

1346. INVASION DES ÉCOSSAIS EN ANGLETERRE; VICTOIRE DES ANGLAIS A NEVILL'S CROSS[1] (§§ 295 à 299).

David Bruce, roi d'Écosse, à l'instigation du roi de France, son allié[2], profite de l'absence d'Édouard III retenu au siége de Calais pour envahir l'Angleterre à la tête d'une puissante armée. Le rassemblement se fait à Édimbourg : les forces des Écossais s'élèvent à trois mille armures de fer[3], sans compter trente mille d'autres gens tous montés sur haquenées selon l'usage d'Écosse. David Bruce, laissant derrière lui Roxburgh[4], la forteresse la plus avancée de l'Angleterre du côté de l'Écosse, dont la garde a été confiée à Guillaume de Montagu, entre en Northumberland, et, après une halte entre Percy[5] et *Urcol*[6], sur une rivière, vient camper à une journée de Newcastle-upon-Tyne. P. 17 à 20, 226 à 231.

1. Cf. Jean le Bel, *Chroniques*, t. II, chap. LXXVI, p. 109 à 114.
2. Les Écossais, qui avaient été compris dans la trêve de Malestroit du 18 janvier 1343 comme alliés de la France (Arch. nat., sect. hist., J. 636, n° 17), furent aussi compris au même titre dans la trêve de Calais du 28 septembre 1347 (J 636, n° 21). Dans le poëme de Laurent Minot sur la campagne qui aboutit à la victoire des Anglais à Nevill's Cross, le poëte prête a David Bruce des paroles où le roi d'Écosse, vaincu et prisonnier, attribue son malheur aux conseils de Philippe de Valois et de Jean son fils.
3. Un clerc du diocèse d'York, nommé Thomas Samson, dans une lettre conservée à la Bibliothèque Bodléienne, à Oxford, qui est relative à la bataille de Durham ou de Nevill's Cross et contemporaine de cet événement, Thomas Samson, dis-je, fait ainsi le dénombrement des forces écossaises : « baronets, chivalers et gents d'armes noumbrés entour deux mille, et alteres armés envirun vingt mille, et des comunes ou lances, haches et arcs, près de quarante mille. » Kervyn de Lettenhove, *OEuvres de Froissart*, t. V, p. 489.
4. Old Roxburgh, château aujourd'hui détruit, non loin de Kelso, près du confluent des rivières de Teviot et de Tweed.
5. Aujourd'hui Alnwick, dans le Northumberland, entre Berwick-upon-Tweed et Newcastle-upon-Tyne. Ce fief devint au commencement du quatorzième siècle la propriété de lord Henri de Percy, et prit le nom de cette illustre famille normande, tige des ducs de Northumberland.
6. Sur *Urcol*, voy. le tome I de notre édition, sommaire, p. CLXX, note 1.

Philippe de Hainaut, reine d'Angleterre, chargée de la défense du royaume en l'absence de son mari, fait les plus grands préparatifs pour repousser l'invasion des Écossais et rassemble ses forces à Newcastle-upon-Tyne. Elle divise son armée en quatre corps [1] : le premier est commandé par l'évêque de Durham et le sire de Percy, le second par l'archevêque d'York et le sire de Nevill, le troisième par l'évêque de Lincoln et le sire de Mowbray, le quatrième par Édouard Baillol, gouverneur de Berwick et l'archevêque de Cantorbéry. Écossais et Anglais en viennent aux mains, à quelque distance de Newcastle-upon-Tyne [2], le mardi après la Saint-Michel [3] 1346. Les Écossais sont vaincus et laissent quinze mille des leurs sur le champ de bataille. David Bruce est fait prisonnier par Jean de Copeland, écuyer de Northumberland [4], qui se hâte d'emmener le roi d'Écosse, de peur qu'on ne lui dispute sa capture, loin du champ de bataille, et l'enferme dans un château appelé *Chastel Orgueilleux* [5].

Du côté des Écossais, les comtes de Fife [6], de Bu-

1. D'après la lettre de Thomas Samson, citée plus haut, l'armée anglaise, composée de mille hommes d'armes, de mille *hobbiliers* ou cavaliers armés à la légère, de dix mille archers et de vingt mille gens des communes, fut divisée en trois corps ou *échelles* : la première sous les ordres des seigneurs de Percy et de Nevill, la seconde que commandait l'archevêque d'York en personne, la troisième, qui formait l'arrière-garde, sous la conduite du seigneur de Mowbray.

2. La bataille se livra, non dans les environs de Newcastle, comme Froissart semble l'indiquer, mais beaucoup plus au sud et tout près de Durham, en un lieu de la banlieue méridionale de cette ville, appelé Nevill's Cross : *ad crucem Nevyle in campo juxta Durham*, dit Robert de Avesbury. Aussi tous les historiens anglais désignent-ils cette bataille sous le nom de bataille de Durham ou de Nevill's Cross.

3. D'après Thomas Samson, Robert de Avesbury et Knyghton, la bataille de Durham ou de Nevill's Cross se livra le 17 octobre 1346, veille de Saint-Luc. Robert de Avesbury, *Hist. Ed. III*, p. 145.

4. Le château de Copeland ou Coupland, qui appartenait à cet écuyer, est situé dans le comté de Northumberland et le district de Kirk-Newton, sur la rivière de Glen ; il a été rebâti par les Wallace au commencement du dix-septième siècle.

5. Aujourd'hui Ogle ou Ogles, dans le comté de Northumberland, au nord de Newcastle et au sud-ouest de Morpeth ; on voit encore les ruines du château à motte féodale où Jean de Copeland mit en sûreté sa royale capture.

6. Le comté de Fife, en Écosse, est borné au nord par le golfe de Tay, à l'est par la mer du Nord, au sud par le golfe de Forth, à l'ouest par les comtés de Perth, de Kinross et de Clackmann. Duncan, comte de Fife, ne fut pas tué, comme le dit Froissart, mais seulement fait

chan [1], de Sutherland [2], de Strathdearn [3], de Marr [4], Jean [5] et Thomas de Douglas, Simon [6] Fraser et Alexandre de Ramsey [7] sont tués; les comtes de Murray [8] et de March [9], Guillaume [10] et Archibald de Douglas, Robert de Vescy, les évêques d'Aberdeen et de St-Andrews sont faits prisonniers. P. 20 à 24, 231 à 239.

« Et moi Jean Froissart [11], auteur de ces Chroniques et Histoires, je fis un voyage en Écosse en 1365, et je fus de l'hôtel de David Bruce pendant quinze semaines. Ma très-honorée dame, la reine Philippe d'Angleterre, m'avait donné des lettres pour le roi et les barons d'Écosse, qui, à sa recommandation, me firent très-

prisonnier; et ordre fut donné le 8 décembre 1346 de le conduire à la Tour de Londres. Rymer, *Fœdera*, vol. III, p. 95.

1. L'ancien comté de Buchan formait autrefois une des quatre subdivisions du comté d'Aberdeen; il correspond aux districts actuels de Deer et d'Ellon.
2. Le comté de Sutherland est, comme chacun sait, à la pointe septentrionale de l'Écosse. Walsingham et Boethius disent que le comte de Sutherland fut fait prisonnier.
3. Ancien comté, aujourd'hui district des comtés de Nairn et d'Inverness, en Écosse, à l'ouest du comté d'Elgin ou de Moray. Maurice de Murray, comte de Strathdearn, fut tué à Nevill's Cross, au témoignage non-seulement de Froissart, mais encore de Robert de Avesbury (p. 14) et de Thomas Samson.
4. La seigneurie de Marr, à laquelle était attaché le titre de comte, est un ancien district du comté d'Aberdeen, en Écosse.
5. Jean de Douglas ne fut pas tué, mais fait prisonnier par Robert de Ogle et Robert Bertram. Rymer, vol. III, p. 95.
6. Ce fut Guillaume Fraser, et non Simon Fraser, qui fut tué à la bataille de Nevill's Cross. Voyez *Annals of Scotland* by lord Hailes, éd. de 1797, vol. III, p. 108.
7. Alexandre de Ramsey ne fut pas tué, mais fait prisonnier par Jean de Ever. Rymer, vol. III, p. 95.
8. Jean ou John Randolph, comte de Murray, fut tué et non fait prisonnier. Robert de Avesbury, *Hist. Ed. III*, p. 145.
9. Il s'agit ici de Patrick, comte de Dunbar et de March. Dunbar, siége d'un comté et forteresse très-importante au moyen âge, est aujourd'hui une ville du comté de Haddington, en Écosse. Patrick de Dunbar, comte de March, ne fut pas tué, mais fait prisonnier par Raoul de Nevill. (Rymer, vol. III, p. 95.)
10. Guillaume de Douglas l'aîné fut en effet fait prisonnier par Guillaume Deincourt. (Rymer, vol. III, p. 95.) Thomas Samson mentionne un autre Guillaume Douglas qu'il appelle « monsir William Douglas le frère » et « monsir Henri Douglas, le frère monsir William » comme ayant été faits prisonniers à Nevill's Cross.
11. Ce curieux passage ne se trouve que dans la rédaction de Rome.

bon accueil, spécialement le roi, qui parlait fort bien français, car il avait été dès sa jeunesse élevé en France, ainsi qu'il a été dit plus haut en cette histoire; et j'eus cette bonne fortune que, tout le temps que je fus auprès de lui et de son hôtel, il visita la plus grande partie de son royaume. J'appris ainsi à connaître l'Écosse en l'accompagnant dans ses excursions, et je l'entendis souvent parler, ainsi que plusieurs gens de sa suite, de la bataille où il avait été fait prisonnier. Il y avait là, entre autres chevaliers qui avaient combattu à Nevill's Cross, messire Robert de Vescy, qui y fut fait prisonnier par le seigneur de Sees en Northumberland, messire Guillaume de Glaudigevin, messire Robert Bourme et messire Alexandre de Ramsey; quant aux comtes de Douglas et de Murray que je trouvai en Écosse, ils étaient les fils de ceux qui avaient été à la bataille. Je dis ceci, parce que le roi d'Écosse avait encore à la tête la pointe de la flèche dont il fut atteint; et à toutes les nouvelles lunes, il avait coutume de souffrir beaucoup à la partie de la tête où le fer était resté; il n'en vécut pas moins encore douze ans après mon voyage d'Écosse : il porta donc ce fer trente-deux ans. » P. 235 et 236.

La reine d'Angleterre, qui s'est tenue à Newcastle[1] pendant la bataille, informée que le roi d'Écosse a été pris par un écuyer nommé Jean de Copeland, écrit à celui-ci pour l'inviter à lui amener son prisonnier. Jean de Copeland répond qu'il ne livrera David Bruce qu'au roi d'Angleterre lui-même ; il est mandé par Édouard et se rend à Calais. P. 24 à 26, 239 à 244.

Édonard III comble Jean de Copeland de félicitations[2] et d'honneurs; il l'invite à livrer à la reine son prisonnier, lui as-

1. Cette mention de la présence de Philippe de Hainaut à Newcastle pendant que se livrait la bataille de Nevill's Cross est une erreur que Froissart a empruntée à Jean le Bel (*Chroniques*, t. II, p. 110). La reine d'Angleterre dut passer la mer vers le 10 septembre, car des lettres de sauvegarde furent délivrées à quatre personnes qui devaient l'accompagner dans son voyage sur le continent, et ces lettres devaient avoir leur effet depuis le 10 septembre jusqu'à Noel 1346. (Rymer, *Fœdera*, vol. III, p. 90). On conserve d'ailleurs aux archives de Mons une charte qui prouve que le jour même où se livrait la bataille de Nevill's Cross, c'est-à-dire le 17 octobre 1346, Philippe de Hainaut se trouvait à Ypres avec sa sœur l'impératrice Marguerite.

2. Des lettres de félicitation et de remerciment, datées de la Tour de Londres le 20 octobre 1346, furent adressées à l'occasion de la victoire de Nevill's Cross par Lionel, régent du royaume en l'absence du roi son père, à Guillaume de la Zouche, archevêque d'York, et à onze

signe cinq cents livres [1] sterling de pension annuelle et l'attache à son service personnel. Philippe de Hainaut fait enfermer à la Tour de Londres David Bruce et le comte de Murray [2], met des garnisons à Berwick, à Roxburgh, à Durham, à Newcastle et en général dans toutes les forteresses des frontières d'Écosse dont elle confie la garde aux seigneurs de Percy et de Nevill; puis elle passe la mer avec une nombreuse suite de dames et de damoiselles pour aller rejoindre son mari; elle débarque à Calais trois jours avant la Toussaint : le roi Édouard célèbre cette fête, à l'occasion de la venue de sa femme, avec un éclat inusité. P. 26 à 29, 244 à 247.

CHAPITRE LXIV.

1347. SIÉGE DE CALAIS; SECONDE PÉRIODE : DE LA FIN DE 1346 À MAI 1347. — LOUIS, COMTE DE FLANDRE, POUSSÉ CONTRE SON GRÉ PAR LES FLAMANDS DANS L'ALLIANCE DU ROI D'ANGLETERRE DONT IL A FIANCÉ LA FILLE, SE RÉFUGIE AUPRÈS DU ROI DE FRANCE [3] (§§ 300 à 303).

Calais résiste victorieusement à toutes les attaques des Anglais; mais les habitants commencent à souffrir de la famine, car ils ne reçoivent des vivres que subrepticement, grâce à deux intrépides marins d'Abbeville, Marant et Mestriel. Les assiégeants ont à soutenir de continuelles escarmouches contre les garnisons françaises de Guines [4], de Hames [5], de Nesles [6], d'Oye [7], de Bayen-

---

seigneurs du nord de l'Angleterre parmi lesquels figure Jean de Copeland. Rymer, *Fœdera*, vol. III, p. 91 et 92.

1. Le 20 janvier 1347, le roi d'Angleterre assigne à son amé Jean de Copeland, qui lui a livré David Bruce, roi d'Écosse, son prisonnier, cinq cents livres de rente annuelle et perpétuelle sur les ports de Londres et de Berwick et en outre cent livres de rente annuelle et viagère sur le port de Newcastle pour son service de banneret. Rymer, *Fœdera*, vol. III, p. 102 et 103.

2. Ce n'est pas le comte de Murray tué à la bataille, mais les comtes de Fife et de Menteith qui furent enfermés à la Tour de Londres.

3. Cf. Jean le Bel, *Chroniques*, t. II, chap. LXXVII, p. 115 à 118.

4. Pas-de-Calais, arr. Boulogne-sur-Mer.

5. Auj. Hames-Boucres, Pas-de-Calais, arr. Boulogne-sur-Mer, c. Guines.

6. Pas-de-Calais, arr. Boulogne-sur-Mer, c. Samer.

7. Pas-de-Calais, arr. Saint-Omer, c. Audruicq.

ghem[1], de Fiennes[2], de la Montoire[3], de Saint-Omer, de Thérouanne[4] et de Boulogne. P. 29 et 30, 247 à 249.

Pendant l'expédition d'Édouard III en Normandie, les Flamands, alliés du roi d'Angleterre, avaient assiégé Béthune[5], d'où ils avaient été repoussés par Geoffroi de Charny, Eustache de Ribemont, Beaudouin d'Annequin, Jean de Landas, que le roi de France avait mis à la tête de la garnison. Dès le commencement du siége de Calais, le roi d'Angleterre négocie, de concert avec les communes flamandes, un mariage entre sa fille Isabelle et le jeune comte Louis[6]. Ce projet est combattu par Jean, duc de Brabant, qui, voulant faire épouser sa propre fille au comte de Flandre, parvient à mettre le roi de France dans ses intérêts[7]. Par l'entremise du duc de Brabant et du roi de France[8], le comte de Flandre se réconcilie avec ses sujets et retourne dans

1. Auj. Bayenghem-lez-Eperlecques, Pas-de-Calais, arr. Saint-Omer, c. Ardres.
2. Pas-de-Calais, arr. Boulogne-sur-Mer, c. Guines.
3. Auj. hameau de Zutkerque, Pas-de-Calais, arr. Saint-Omer, c. Audruicq.
4. Pas-de-Calais, arr. Saint-Omer. c. Aire-sur-la-Lys.
5. Philippe de Valois fait sans doute allusion à ce siége dans une charte d'avril 1347, où il amortit mille livres de terre en faveur des hôpitaux et maladreries de Béthune « pour ce que nos amez les eschevins, prevost, maieur et comunauté de la ville de Betune *ont esté moult domagiet ceste presente année* pour cause de noz guerres et leurs maisons arses. » (Arch. nat., sect. hist., JJ68, p. 168.) D'autres pièces du 27 octobre 1346 (JJ81, p. 944), de janvier 1347 (JJ81, p. 950), de février 1347 (JJ81, p. 945, 946 et 948), de mars 1347 (JJ81, p. 947), de juillet 1347 (JJ68, p. 331 et JJ81, p. 949) contiennent des confirmations ou concessions de priviléges en faveur des habitants de Béthune. La plus importante de ces donations est celle de la ville de la Gorgue (Nord, arr. Hazebrouck, c. Merville) située au nord de Béthune entre cette ville et Armentières (JJ81, p. 948).
6. Louis, III du nom, dit de Male, comte de Flandre, de Nevers et de Rethel, baron de Donzy.
7. Mahieu Legier de Mouy fut le négociateur employé par le roi de France, avant le 10 janvier 1347, pour ses « besoignes secretes ès parties de Brebant ». Arch. nat., JJ68, p. 128.
8. Par lettres de janvier 1347 (n. st.), le roi de France autorise le comte de Flandre à aller et venir en Flandre, espérant que « pour la presence de lui en son païs de Flandre les habitans et subgez d'icellui se porteront et auront envers lui comme bons et vrais subgez.... en se retraiant et delaissant de leurs simples et indeues emprises et assemblées. » (Arch. nat., sect. hist., JJ77, p. 42.) Louis de Male fit sa première entrée à Bruges le 23 janvier 1347. *Inventaire des Archives de Bruges*, in-4°, Bruges, 1871, p. 500.

son comté. Il est pressé de nouveau de contracter mariage avec la fille du roi d'Angleterre ; et comme il résiste, ses bonnes villes le tiennent en chartre privée. P. 30 à 34, 249 à 252.

Le comte de Flandre, pour amener ses sujets à se relâcher de l'étroite surveillance où ils le soumettent, feint de consentir au mariage qu'on lui propose. Il a une entrevue à Bergues, entre Nieuport et Gravelines, avec le roi et la reine d'Angleterre dont il fiance solennellement la fille Isabelle[1] : Édouard III et la reine Philippe retournent à Calais, où ils font des préparatifs magnifiques en vue de la célébration prochaine du mariage. Mais peu après cette entrevue, le jeune comte de Flandre, profitant de la liberté plus grande dont les Flamands le laissent jouir, s'égare à dessein un jour qu'il est en partie de chasse et se réfugie en Artois, d'où il se rend auprès du roi de France[2]. P. 34 à 37, 252 à 259.

Sur ces entrefaites, Robert de Namur[3] vient à Calais se mettre

1. Un contrat, stipulant promesse de mariage et fiançailles entre le comte de Flandre et Isabelle d'Angleterre, fut signé par Louis de Male, à Dunkerque, le 3 mars 1347. Édouard III donnait pour dot à sa fille le comté de Ponthieu et Montreuil, ou en échange vingt-cinq mille livrées de terre, et en outre, comme cadeau de mariage, quatre cent mille deniers d'or à l'écu. L'instrument authentique de ce contrat fut délivré solennellement par le chancelier du comte de Flandre, le 14 mars 1347, à Bergues, comme le dit Froissart, en présence du roi d'Angleterre, du marquis de Juliers, de Guillaume comte de Northampton, de Renaud de Cobham, de Barthélemy de Burghersh et de Jean Darcy le Jeune. Rymer, *Fœdera*, vol. III, p. 111 et 112.

2. Louis de Male dut s'échapper de Flandre entre le 14 mars et les Pâques suivantes, c'est-à-dire le 1er avril 1347. Le principal instigateur de cette évasion fut un seigneur à la dévotion du roi de France, nommé Marquet du Galleel, chambellan et écuyer du jeune comte. Par lettres datées de Montdidier en *mai* 1347, Philippe de Valois assigne cent livrées de rente à parisis à prendre sur le havage des grains et argent appartenant au havage de Vernon, à son amé et féal Marquet du Galleel, chambellan et écuyer du comte de Flandre, « par le conseil duquel, avecques la très grant loiauté de nostre dit cousin, nostre dit cousin est, *en grant peril de son corps et de son estat, venu devers nous et parti d'avec noz anemis et de leur plus grant povoir....* » Bibl. nat., dép. des mss., *Chartes royales*, t. II, p. 161.

3. Robert de Namur était fils de Jean Ier, comte de Namur, et de Marie d'Artois. Froissart écrivit la première rédaction du premier livre de ses *Chroniques* à l'instigation et sous le patronage de ce pensionnaire d'Édouard III, personnage à la fois si important et si détesté du roi de France, que le roi d'Angleterre, en concluant les trêves du 28 septembre 1347, du 18 novembre 1348 et du 30 juin 1350, eut

au service du roi d'Angleterre qui lui assigne trois cents livres sterling de pension annuelle. P. 37, 38, 259 et 260.

CHAPITRE LXV.

1345. PRISE DE LA ROCHE-DERRIEN PAR LES ANGLAIS. — 1347. SIÉGE DE CETTE FORTERESSE PAR CHARLES DE BLOIS, QUI EST VAINCU ET FAIT PRISONNIER PAR THOMAS DE DAGWORTH A LA BATAILLE DE LA ROCHE-DERRIEN [1] (§§ 304 et 305).

La trêve de Malestroit [2] avait été bien observée [3] en Bretagne, tant par Charles de Blois et les Français que par les partisans de la comtesse de Montfort et les Anglais ses alliés. A l'expiration

soin de stipuler que Robert de Namur y était compris. (Rymer, *Fœdera*, vol. III, p. 137, 177, 197.) Ce passage sur Robert de Namur, ajouté par Froissart au texte de Jean le Bel, a été retranché dans la seconde rédaction de son premier livre écrite sous le patronage d'un prince de la maison de France, de Gui de Blois.
  1. Cf. Jean le Bel, *Chroniques*, t. II, chap. LXXIX, p. 123 à 126.
  2. Cette trêve, conclue le 19 janvier 1343, devait durer jusqu'à la Saint-Michel 1343 et de là en trois ans, c'est-à-dire jusqu'à la Saint-Michel 1346. Voyez le sommaire du t. III de notre édition, p. VIII et IX.
  3. Cette assertion de Froissart est erronée. La trêve de Malestroit fut toujours fort mal observée, comme l'atteste, entre beaucoup d'autres témoignages, la pièce suivante dont on nous saura gré peut-être de donner l'analyse, ne fût-ce qu'à cause de la rareté des actes relatifs à cette période de la vie de Charles de Blois. Par acte donné « en noz tentes devant Guérande » le 18 août 1344, Charles, duc de Bretagne, vicomte de Limoges, sire de Guise et de Mayenne, charge son sénéchal de Dinan, Olivier de Morzelle, de faire une enquête sur une demande d'un marché fixé au dimanche présentée par son amé Alain de Rochefort en faveur de la ville de Ploer (auj. Plouer, Côtes-du-Nord, ar. et c. Dinan). Une réponse favorable à la demande d'Alain de Rochefort, délibérée aux plaids de Dinan, tenus le jeudi après la Saint-Lucas 1344, en présence de Geffroy Lebart, de Robin Braon, de Pierre Leroy, receveur de Dinan, de Trehan Ploret, de Lucas Lebouteiller, de Jean Terbuille, de Jean Leroy, après bans faits par le sergent Olivier Lemée, une réponse favorable, dis-je, est transmise à Charles qui accorde à Alain de Rochefort, en dédommagement de « dommages qu'il sueffre de jour en jour à cause de noz guerres » le marché demandé, par lettres scellées du sceau de sa chancellerie de Guingamp le 25 novembre 1344 et confirmées par le roi de France en février 1346 (n. st.) Arch. nat., sect. hist., JJ68, p. 161, f° 87.

de cette trêve, la guerre se rallume : Édouard III expédie en Bretagne un renfort de deux cents hommes d'armes et de quatre cents archers sous la conduite de Thomas de Dagworth[1] et de Jean de Hartsel. Ces deux chevaliers font souvent, en compagnie d'un vaillant homme d'armes breton nommé Tannegui du Châtel, des chevauchées contre les gens de Charles de Blois. P. 38, 39, 260.

Thomas de Dagworth, Jean de Hartsel et Tannegui du Châtel s'emparent de la Roche-Derrien[2] au nom de la comtesse de Montfort. P. 39, 40, 261, 262.

A cette nouvelle, Charles de Blois rassemble à Nantes une armée de douze cents armures de fer, de quatre cents chevaliers, dont vingt-trois bannerets, et de douze mille hommes de pied[3] et vient mettre le siége devant la Roche-Derrien. Il fait dresser trois engins dont le jet incommode fort la garnison de cette forteresse[4]. La comtesse de Montfort[5] charge Thomas de Dagworth,

---

1. Le 10 janvier 1347, Édouard III nomme son amé et féal Thomas de Dagworth lieutenant et capitaine dans le duché de Bretagne. Rymer, *Fœdera*, vol. III, p. 100.

2. Côtes-du-Nord, ar. Lannion. Froissart, reproduisant une erreur de Jean le Bel (v. p. 124), dit que la forteresse de la Roche-Derrien fut prise par Thomas de Dagworth, ce qui reporterait la date de cet événement à la fin de janvier 1347 au plus tôt; en l'absence d'actes à date certaine, il y a lieu de préférer aux données vagues et incertaines, quand elles ne sont pas inexactes, de Jean le Bel et de Froissart, le récit très-précis et très-circonstancié des *Grandes Chroniques* d'après lequel le château de la Roche-Derrien se rendit à Guillaume de Bohun, comte de Northampton, en décembre 1345. Voyez l'édit. de M. P. Paris, in-12, t. V, p. 443 et 444.

3. D'après une lettre adressée en Angleterre par Thomas de Dagworth, qui est, comme nous dirions aujourd'hui, le *bulletin* de la bataille rédigé par le vainqueur, l'armée de Charles de Blois se composait de douze cents chevaliers et écuyers, de six cents autres gens d'armes, de six cents archers du pays et de deux mille arbalétriers, sans compter les gens de commune. Robert de Avesbury, *Hist. Ed. III*, p. 159.

4. D'après les *Grandes Chroniques* (t. V, p. 472), ces engins étaient au nombre de neuf, dont un, d'une dimension énorme, lançait des pierres pesant trois cents livres. Du reste, tout le récit de la bataille de la Roche-Derrien dans les *Grandes Chroniques* (p. 471 à 478), par l'étendue des développements, par l'abondance des détails et des particularités, par la précision des indications locales qu'il renferme, semble écrit par un témoin oculaire ou du moins sous sa dictée.

5. Il y a tout lieu de penser, selon l'observation de dom François Plaine, que la comtesse de Montfort, qui s'était retirée en Angleterre

Jean de Hartsel et Tannegui du Châtel de marcher au secours des assiégés à la tête de mille armures de fer et de huit mille hommes [1] de pied. Une première rencontre entre l'armée de Charles de Blois et la moitié des forces de Thomas de Dagworth a lieu au milieu de la nuit ; Thomas de Dagworth y est grièvement blessé et fait prisonnier, après avoir perdu la plus grande partie de ses gens. Au moment où Jean de Hartsel et Tannegui du Châtel se préparent à effectuer leur retraite dans la direction d'Hennebont, Garnier, sire de Cadoudal, arrive avec un renfort de cent armures de fer et les décide à recommencer le combat ; ils surprennent, vers le lever du soleil, l'armée de Charles de Blois endormie et que ne garde aucune sentinelle [2]. Cette armée est taillée en pièces : deux cents chevaliers et bien quatre mille hommes restent sur le champ de bataille [3]. Les Anglais re-

avec son fils, après la trêve de Malestroit, ne se trouvait pas alors en Bretagne. Voyez la brochure intitulée : *De l'autorité de Froissart comme historien des guerres de Bretagne*, Nantes, 1871, p. 29 à 31.

1. Dans le *bulletin* de sa victoire, dont nous avons parlé plus haut, Thomas de Dagworth prétend qu'il n'avait que quatre cents hommes d'armes et trois cents archers, sans compter la garnison de la Roche-Derrien qui vint au secours des Anglais et tomba sur les derrières de l'armée de Charles de Blois, dès que le jour fut levé. L'habile capitaine anglais avait eu soin de donner à ses hommes un mot d'ordre qui leur permit de se reconnaitre dans la confusion de cette mêlée de nuit ; faute de cette précaution, il arriva aux gens de Charles de Blois de combattre les uns contre les autres, et de faire eux-mêmes la besogne des Anglais. Robert de Avesbury, *Hist. Ed. III*, p. 158 à 160.

2. La bataille de la Roche-Derrien se livra le 20 juin 1347, suivant le témoignage de Thomas de Dagworth : « le vingtième jour de juyn, environ le quarter, devaunt le jour. » Robert de Avesbury, *Hist. Ed. III*, p. 159.

3. D'après Thomas de Dagworth, six ou sept cents chevaliers et écuyers périrent à la Roche-Derrien. Le capitaine anglais cite, parmi les morts, Alain, vicomte de Rohan, les seigneurs de Laval, de Châteaubriand, de Malestroit, de Quintin, de Rougé, de Derval, le fils et héritier de ce dernier, Raoul de Montfort ; et, parmi les prisonniers, Charles de Blois, Gui de Laval, fils du sire de Laval, les seigneurs de Rochefort, de Beaumanoir, de Lohéac, de Tinteniac (Robert de Avesbury, p. 160). Le seigneur de Rougé, qui fut tué à la Roche-Derrien, s'appelait Guillaume. Le 12 mai 1361, Charles de Blois donna la châtellenie de *Pontcaleuc* à Bonabbé, seigneur de Rougé et de Derval, « fils de Guillaume, seigneur de Rougé, qui morut à la Roche Derian pour la defense de nostre droit, quant prins fumes de noz ennemis. » (Arch. nat., sect. hist., JJ90, p. 13). Avant de se rendre aux Anglais, Charles de Blois s'était battu comme un lion et avait reçu dix-sept blessures ; un écuyer de sa compagnie, fait prisonnier avec son maitre,

prennent Thomas de Dagworth ; Charles de Blois, fait prisonnier pendant la bataille, est enfermé au château d'Hennebont, et le siége de la Roche-Derrien est levé. Les hostilités n'en continuent pas moins entre Jeanne de Penthièvre, femme de Charles de Blois, qui dirige les opérations au lieu et place de son mari, et les partisans de Jeanne de Flandre, comtesse de Montfort. P. 40 à 44, 262 à 269.

CHAPITRE LXVI.

1347. SIÉGE DE CALAIS, TROISIÈME PÉRIODE : DE MAI A AOUT 1347. — ARRIVÉE PRÈS DE CALAIS ET RETRAITE SANS COMBAT DE PHILIPPE DE VALOIS A LA TÊTE D'UNE NOMBREUSE ARMÉE. — REDDITION DE CALAIS (3 AOUT) ; DÉVOUEMENT D'EUSTACHE DE SAINT-PIERRE ET DE CINQ AUTRES BOURGEOIS[1] (§§ 306 à 314).

Philippe de Valois entreprend de réunir une armée pour marcher au secours de Calais ; il donne rendez-vous à ses gens à Amiens[2] pour le jour de la Pentecôte. Il n'adresse son mandement qu'aux gentilshommes, car il pense que les gens des communautés, à la guerre, ne sont qu'un obstacle et un encombrement : ces gens-là fondent dans une mêlée comme la neige au soleil, ainsi qu'on l'a vu à Caen, à Blanquetaque, à Crécy et dans toutes les affaires où ils ont figuré. Le roi de France n'en veut plus avoir, excepté les arbalétriers des cités et des bonnes villes. Il veut bien leur or et leur argent pour subvenir aux frais et

---

nommé Michel de Chamaire, fut taxé par les Anglais à si forte rançon que, pour la payer, il dut se mettre au service de Foulque de Mathas, chevalier de Saintonge, comme simple archer. JJ85, p. 113.

1. Cf. Jean le Bel, *Chroniques*, chap. LXXX et LXXXI, p. 127 à 142.
2. Philippe de Valois était à Montdidier le 27 avril 1347 (Bibl. nat., dép. des mss., *Chartes royales*, t. III, p. 70 ; Arch. nat., JJ68, p. 281) ; il était à Moreuil, entre Montdidier et Amiens, au mois de mai (JJ68, p. 140) ; il passa la plus grande partie du mois de mai à Amiens (JJ68, p. 167) ; il quitta cette ville avant la fin de mai, car plusieurs actes qui portent la date de ce mois sont donnés, soit sur les champs entre Beauquesne (Somme, arr. et c. Doullens, entre Amiens et Doullens) et Lucheux, soit à Lucheux (Somme, arr. et c. Doullens, entre Doullens et Arras) JJ68, p. 272, 137, 301.

payer les gages des gentilshommes : voilà tout. Qu'ils se contentent de rester chez eux pour garder leurs femmes et leurs enfants, labourer la terre et faire le commerce : le métier des armes n'appartient qu'aux gentilshommes qui l'ont appris et s'y sont formés dès l'enfance[1]. Jacques de Bourbon, comte de Ponthieu, connétable de France par intérim en l'absence du comte d'Eu, prisonnier en Angleterre, les seigneurs de Beaujeu et de Montmorency, maréchaux de France, le seigneur de Saint-Venant, maître des arbalétriers, sont à la tête des forces françaises réunies à Amiens. On n'y compte pas moins de douze mille heaumes, ce qui fait soixante mille hommes, car chaque heaume suppose au moins cinq hommes, et en outre vingt-quatre mille arbalétriers génois, espagnols et hommes des cités et bonnes villes. P. 44, 269 à 272.

Le roi de France, qui voudrait bien envoyer une partie de ses gens du côté de Gravelines[2] et qui a besoin pour cela du concours des Flamands, essaye de détacher ceux-ci de l'alliance d'Édouard III ; il n'y réussit pas et se décide alors à se diriger du côté de Boulogne. — Informé de ces préparatifs de son adversaire, le roi d'Angleterre redouble d'efforts pour réduire Calais par la famine ; il fait construire sur le bord de la mer, à l'entrée du havre, un énorme château muni d'espringales, de bombardes, d'arcs à tour, et il y établit soixante hommes d'armes et deux cents archers : aucune embarcation ne peut entrer dans le port de Calais ni en sortir sans s'exposer à être criblée par l'artillerie de ce château. En même temps, les Flamands, à l'instigation d'Édouard III, viennent, au nombre de cent mille, mettre le siége devant Aire[3] ; ils brûlent tout le pays des environs, Saint-

---

1. Ce curieux passage, où l'on voit si bien les préventions passionnées de Philippe de Valois et de sa noblesse contre l'emploi des vilains à la guerre, ne se trouve que dans la rédaction de Rome (p. 270 et 271 de ce volume). Des trois combats cités, il y en a un au moins où les villains firent très-bonne figure, c'est celui de Caen, dont les bourgeois, d'après les propres paroles d'Édouard III lui-même, « se defenderent *mult bien et apertement*, si que la melle fut *très fort et lung durant.* » Voyez Jules Delpit, *Collection générale des documents français qui se trouvent en Angleterre*, in-4º, 1847, p. 71.
2. Nord, arr. Dunkerque, à l'est de Calais.
3. Aire-sur-la-Lys, Pas-de-Calais, arr. Saint-Omer, au sud-est de Calais et de Saint-Omer, entre Thérouanne à l'ouest et Saint-Venant à l'est. En novembre 1348, Philippe de Valois accorda aux maire, éche-

Venant[1], Merville[2], la Gorgue[3], Estaires[4], Laventie[5], localités situées sur une marche qu'on appelle Laleu[6], et ils se répandent jusqu'aux portes de Saint-Omer et de Thérouanne. — Sur ces entrefaites, Philippe de Valois vient camper à Arras[7] et envoie Charles d'Espagne tenir garnison à Saint-Omer. P. 45, 46, 272 à 274.

Philippe de Valois apprend que la position des habitants et de la garnison de Calais est de plus en plus critique[8]; il quitte Ar-

vins et commune d'Aire, en récompense de leur fidélité, des priviléges confirmés en 1350 par le roi Jean (JJ80, p. 97). En novembre 1353, le roi Jean accorda à la ville d'Aire au comté d'Artois, en considération de ce qu'elle avait souffert pendant les guerres, une foire annuelle durant quatre jours, à partir du lundi avant la Pentecôte (JJ82, p. 151).

1. Pas-de-Calais, arr. Béthune, c. Lillers.
2. Nord, arr. Hazebrouck.
3. Nord, arr. Hazebrouck, c. Merville.
4. Nord, arr. Hazebrouck, c. Merville.
5. Pas-de-Calais, arr. Béthune.
6. Le pays de Laleu, au diocèse d'Arras, était situé à peu près au point de jonction de ce diocèse avec ceux de Saint-Omer, d'Ypres et de Tournai.
7. Philippe de Valois et son fils Jean passèrent à Arras la plus grande partie du mois de juin (JJ68, p. 170, 300, 323); le roi de France était à Hesdin à la fin de ce mois (JJ68, p. 335).
8. Le roi de France reçut sans doute à Arras l'admirable lettre que lui adressa Jean de Vienne dans le courant du mois de juin 1347. Les Anglais interceptèrent une copie de cette lettre le 26 juin, et voici dans quelles circonstances. Le lendemain de la Saint-Jean (25 juin 1347), les comtes de Northampton et de Pembroke surprirent, à la hauteur du Crotoy, une flotte de quarante-quatre vaisseaux français envoyés pour ravitailler Calais et la mirent en déroute. Le 26, à l'aube du jour, les Anglais s'emparèrent d'une embarcation, montée par des Génois, qui essayait de sortir du port du Crotoy. Le Génois qui commandait cette embarcation, n'eut que le temps de jeter à la mer, attachée à une hache, une lettre très-importante adressée par Jean de Vienne, capitaine de Calais, au roi de France, pour lui exposer sa détresse et celle des habitants de Calais; on la retrouva à marée basse. « Sachiés, disait Jean de Vienne, que ly *n'ad rieus qui ne soit tut mangé et lez chiens et les chates et lez chivaux si qe de vivere nous ne poions pluis trover en la ville si nous ne mangeons chars des gentz*, qar autrefoiz vous avez escript que jeo tendroy la ville taunt que y aueroit à mangier : sy sumes à ces points qe nous n'avoms dount pluis vivere. Si avons pris accord entre nous que, *si n'avoms en brief socour, que nous issiroms hors de la ville toutz à champs pour combatre, pour vivre ou pour morir*, qar nous avoms meulz à morir as champs honourablement que manger l'un l'autre. » (Robert de Avesbury, *Hist. Ed. III*, p. 157 et 158.) Si l'on songe que ces lignes étaient écrites dès le mois de juin

ras et prend le chemin de Hesdin [1], où il s'arrête pour attendre ceux de ses gens d'armes qui ne l'ont pas encore rejoint ; puis il passe à Blangy [2], à Fauquembergue [3], à Thérouanne [4], traverse le pays qu'on appelle l'*Alequine* [5], et vient camper sur la hauteur de Sangatte [6], entre Wissant et Calais. P. 46, 47, 274 à 276.

Les assiégeants ont eu soin d'établir leurs campements dans une situation si favorable à la défense qu'on ne peut s'approcher d'eux, pour les attaquer, que par trois côtés : ou, par le grand chemin [7] qui va tout droit à Calais, ou par les dunes qui bordent

---

et que Calais se rendit seulement le 3 août, on ne saurait trop admirer la résistance vraiment héroïque de Jean de Vienne, de la garnison et des bourgeois de Calais.

1. Philippe de Valois s'arrêta en effet assez longtemps à Hesdin (auj. Vieil-Hesdin, Pas-de-Calais, arr. Saint-Pol-sur-Ternoise, c. le Parcq) ; car, arrivé dans cette ville dès la fin de juin (JJ68, p. 335), il y était encore le 10 juillet (JJ68, p. 321), il campa ensuite près d'Auchy (auj. Auchy-lès-Hesdin, au nord-est de Hesdin ; JJ68, p. 337), et il était devant *la Coupele* (auj. Coupelle-vieille, Pas-de-Calais, arr. Montreuil-sur-Mer, c. Fruges, entre Hesdin au nord et Fauquembergue au sud) les 17 et 18 juillet (JJ68, p. 288 et 289).

2. Auj. Blangy-sur-Ternoise, Pas-de-Calais, arr. Saint-Pol-sur-Ternoise, c. le Parcq.

3. Pas-de-Calais, arr. Saint-Omer. Philippe de Valois était campé près de Fauquembergue le 20 juillet (JJ68, p. 316).

4. Pas-de-Calais, arr. Saint-Omer, c. Aire-sur-la Lys.

5. Alquines est aujourd'hui un village du Pas-de-Calais, arr. Saint-Omer, c. Lumbres. Froissart se sert, en plusieurs passages de ses Chroniques, du mot *Alequine* pour désigner l'ancien pays des Morins. Philippe de Valois était près d'Ausques (auj. Nordausques, Pas-de-Calais, arr. Saint-Omer, c. Ardres, sur la voie romaine de Leulingue, au nord-ouest de Saint-Omer et au sud-est de Guines), le 24 juillet (JJ68, p. 299² et 310), le même jour entre Ausques et Tournehem (JJ68, p. 299²), enfin près de Guines (Pas-de-Calais, arr. Boulogne-sur-Mer, à trois lieues environ au sud de Calais) le 26 juillet (JJ68, p. 261).

6. Pas-de-Calais, arr. Boulogne-sur-Mer, c. Calais, à 10 kil. de cette ville. Ce que Froissart appelle le *mont de Sangatte* est une falaise haute de 134 mètres, située entre la mer et de vastes marécages, aujourd'hui desséchés en partie. Puisque Philippe de Valois était encore à Guines le 26, il ne put arriver à Sangatte que le vendredi 27 juillet au plus tôt : c'est du reste la date donnée par Édouard III lui-même dans une lettre rapportée par Robert de Avesbury : « ceo darrein vendredy proschein devant le goul d'aust. » *Hist. Ed. III*, p. 163.

7. Froissart veut sans doute désigner ici l'antique voie de communication, marquée sur la carte de Cassini comme *Chemin de Leulingue, ancienne route des Romains*, qui aboutit à Sangatte et dont une prolongation va tout droit, comme dit le chroniqueur, de Sangatte à Calais.

le rivage de la mer, ou par Guines[1], Marck[2] et Oye[3], mais les routes qui vont en ligne directe de ces trois forteresses à Calais sont impossibles à suivre, tant elles sont coupées de fossés, de fondrières et de marécages. Du côté le plus accessible, il n'y a qu'un pont où l'on puisse passer, qu'on appelle le pont de Nieuley[4]. Le roi d'Angleterre fait ranger en ligne tous ses navires sur la grève et charge les bombardiers, les arbalétriers, les archers qui montent ces navires, de garder le passage des dunes. Quant au pont de Nieuley, le comte de Derby en garde l'entrée à la tête d'une troupe de gens d'armes et d'archers, afin d'en interdire l'accès aux Français et de ne leur laisser d'autre moyen d'approche que des marais impraticables. En même temps, à l'appel d'Édouard III, les Flamands du Franc, de Bruges, de Courtrai, d'Ypres, de Gand, de Grammont, d'Audenarde, d'Alost et de Termonde, passent la rivière[5] de Gravelines et se postent entre cette ville et Calais. Grâce à ces mesures, l'investissement est si complet qu'un oiselet n'aurait pu s'échapper sans être aussitôt arrêté au passage. P. 47, 48, 276, 277.

Entre la hauteur de Sangatte et la mer s'élève une haute tour, entourée de doubles fossés, où se tiennent trente-deux archers anglais pour interdire le passage des dunes aux Français. Les gens de la communauté de Tournai aperçoivent cette tour, s'en emparent après un assaut meurtrier, et la jettent par terre aux applaudissements des Français. P. 48, 49, 277, 278.

Les seigneurs de Beaujeu et de Saint-Venant, qui sont allés, aussitôt après l'arrivée des Français à Sangatte, examiner la position des Anglais, déclarent au roi que cette position leur paraît inexpugnable. Philippe de Valois envoie le lendemain Geoffroi de Charny, Eustache de Ribemont, Gui de Nesle et le seigneur de Beaujeu, offrir la bataille au roi d'Angleterre en tel lieu qui se-

---

1. Guines est au sud de Calais; Marck et Oye sont à l'est de cette ville, du côté de la Flandre.
2. Pas-de-Calais, arr. Boulogne-sur-Mer, c. Calais.
3. Pas-de-Calais, arr. Saint-Omer, c. Audruicq.
4. Le pont de Nieuley devait être situé, comme nous l'avons dit plus haut, non loin de l'emplacement du fort actuel de Nieuley, au sud-ouest de Calais, près de la *basse ville*, du côté de Sangatte. Ce pont était jeté sur la rivière de Hem qui, des environs d'Ardres où elle prend sa source, passe à Guines et vient se jeter dans la mer à Calais.
5. La rivière de Gravelines est l'Aa.

rait choisi par quatre chevaliers de l'un et l'autre parti. Édouard refuse d'accepter cette proposition[1]. P. 49 à 51, 278 à 281.

Grâce à la médiation de deux cardinaux envoyés[2] par le pape Clément VI, les ducs de Bourgogne et de Bourbon, Louis de Savoie et Jean de Hainaut[3], du côté des Français, les comtes de Derby et de Northampton, Renaud de Cobham et Gautier de Mauny[4], du côté des Anglais, passent trois jours en conférences

1. D'après la lettre d'Édouard III déjà citée, ce défi ne fut porté que le mardi 31 juillet, après trois jours de négociations infructueuses. « Et puis le marsdi vers le vespre, viendrent certayns graunts et chivalers de part nostre adversarie, à la place du treté, et offrirent à nos gentz la bataille de part nostre adversarie susdit par ensy que noz vousissoms venir hors le marreis, et il nous durroit place convenable pur combatre, quele heure qe nous pleroit, entre cele heure et vendredy à soir proschein suaunt (3 août); et vorroient que quatre chivalers de noz et aultre quatre de lor esleirent place covenable pur l'une partie et pur l'autre. » Le roi d'Angleterre prétend qu'il fit répondre dès le lendemain mercredi 1er août à Philippe de Valois qu'il acceptait son défi ; Jean le Bel (t. II, p. 130 et 131) et Froissart rapportent le contraire. Il y a lieu de croire, comme l'ont pensé Bréquigny (Mémoires de l'Académie des inscriptions, t. L, p. 611 à 614) et Dacier (p. 346 de son édition de Froissart, note 1) qu'Édouard III dut accepter en principe le défi du roi de France : le point d'honneur chevaleresque exigeait impérieusement cette acceptation qui au fond n'engageait à rien le roi anglais, puisqu'il lui restait mille moyens d'éluder ou de différer le combat, quand on en viendrait à la mise en pratique, à l'exécution. Il semble, à vrai dire, que le défi n'avait guère été porté plus sérieusement par Philippe qu'il ne fut accepté par Édouard ; et le roi de France ne proposa sans doute la bataille à son adversaire que pour dérober sa retraite ou du moins se ménager une explication honorable.
2. Ces deux légats étaient Annibal Ceccano, évêque de Frascati, et Étienne Aubert, cardinal prêtre du titre des Saints Jean et Paul. Du reste, Clément VI n'avait pas cessé, depuis le commencement de la guerre, d'intervenir pour la conclusion d'une paix entre les deux rois. Il avait même adressé des reproches assez vifs au roi d'Angleterre, par lettres datées d'Avignon le 15 janvier 1347, au sujet du peu d'égard que ce prince avait eu à la médiation des légats du saint-siége. Voyez Robert de Avesbury, p. 146 à 153 et Rymer, vol. III, p. 100 et 101.
3. Les plénipotentiaires français étaient, d'après la lettre d'Édouard, les ducs de Bourbon et d'Athènes, le chancelier de France (qui était alors Guillaume Flotte, sire de Revel), Gui de Nesle, sire d'Offémont, et Geoffroi de Charny.
4. D'après la lettre d'Édouard, les plénipotentiaires anglais étaient bien ceux indiqués par Froissart; il y faut ajouter seulement le marquis de Juliers et Barthélemy de Burghersh, chambellan du roi anglais. Voyez Robert de Avesbury, p. 164.

pour traiter de la paix, mais ces négociations restent sans résultat. Philippe de Valois, qui ne voit aucun moyen de faire lever le siége de Calais ni d'en venir aux mains avec les Anglais, prend le parti de décamper brusquement[1] et de reprendre le chemin d'Amiens. Ce départ précipité de l'armée, dont ils attendaient leur délivrance, met les habitants de Calais au désespoir, tandis que les assiégeants qui poursuivent les Français dans leur retraite font un grand butin. P. 51 à 53, 281 à 283.

Le départ du roi de France vient de faire perdre aux habitants de Calais leur dernier espoir, et, pendant ce temps, la famine, qui sévit avec une rigueur croissante, est arrivée à tel point que les riches eux-mêmes ne sont pas épargnés. C'est pourquoi les assiégés prient Jean de Vienne de s'aboucher avec les Anglais pour traiter de la reddition de la ville. Le gouverneur de Calais fait signe, du haut des remparts, aux assiégeants qu'il a une communication à leur faire. Le roi d'Angleterre charge Gautier de Mauny de recevoir les ouvertures des Calaisiens. Jean de Vienne propose de rendre la ville à la condition que la garnison et la population auront la liberté et la vie sauves. Gautier de Mauny répond que la volonté bien arrêtée d'Édouard est que les assiégés se rendent sans conditions. Le capitaine de Calais s'élève contre une telle prétention, et l'envoyé anglais s'engage à user de toute son influence pour obtenir des conditions moins dures. De retour auprès du roi son maître, Gautier de Mauny plaide avec tant d'habileté et de chaleur la cause des habitants de Calais qu'Édouard, se relâchant de ses premières exigences, promet de faire

---

1. Édouard dit que Philippe de Valois décampa précipitamment le jeudi (2 août) de grand matin : «.... jeosdi, devaunt le jour.... s'en departi od toutes ses gentz auxi comme disconfit, et hasterent taunt qu'ils arderent lor tentes et graunt partie de lor herneys à lor departir; et noz gentz lez pursuerent bien près à la cowe : issint, à l'escrivere de cestes, n'estoient ils mye unqore revenuz.... » (*Ibid.*, p. 166). Nous devons dire que la date des actes émanés de Philippe de Valois, au commencement d'août, s'accorde bien avec le témoignage du roi anglais. Plusieurs pièces ont été données devant Calais (JJ68, p. 297) ou près de Sangatte (JJ68, p. 132) « ou mois d'aoust » c'est-à-dire le 1ᵉʳ août; mais il résulte de deux actes (JJ68, p. 122 et 283) que, *dès le 3 août*, le roi de France était à Lumbres (Pas-de-Calais, ar. Saint-Omer, au sud-ouest de cette ville), après avoir passé (JJ68, p. 290) à Ausques (auj. Nordausques, Pas-de-Calais, ar. Saint-Omer, c. Ardres ou Zudausques, c. Lumbres), et que le 7 août il était à Hesdin (JJ68, p. 271) après avoir passé à Fauquembergue (JJ68, p. 292 et 207).

grâce aux habitants de Calais à la condition que six des plus notables bourgeois viendront, tête et pieds nus, en chemise, la corde au cou, lui présenter les clefs de leur ville et se mettre entièrement à sa discrétion. P. 53 à 57, 283 à 287.

Gautier de Mauny retourne porter à Jean de Vienne l'ultimatum du roi d'Angleterre qui plonge dans la consternation les Calaisiens. A la vue de l'affliction générale, un des plus riches bourgeois, nommé Eustache de Saint-Pierre, n'hésite pas à exposer sa vie pour sauver ses concitoyens : il s'offre le premier pour être l'une des six victimes; et bientôt Jean d'Aire, Jacques et Pierre de Wissant, Jean de Fiennes et André d'Ardres, entraînés par l'héroïque exemple d'Eustache, veulent bien se joindre à lui et s'associer à son dévouement [1]. Ces six bourgeois se mettent

---

1. Cet épisode du dévouement des six bourgeois de Calais est emprunté à Jean le Bel (*Chroniques*, t. II, p. 135 et 136). Un savant academicien du dernier siècle, Bréquigny, a élevé des doutes sur l'exactitude du récit de Froissart dans deux dissertations, l'une relative à des recherches sur l'histoire de France faites à Londres (*Mémoires de l'Académie des inscriptions*, t. XXXVII, p. 538 à 540), l'autre consacrée au siége et à la prise de Calais par Édouard III (*Ibid*, t. L, p. 618 à 621). Bréquigny se fonde, pour mettre en doute le dévouement d'Eustache de Saint-Pierre et de ses compagnons, sur les quatre actes suivants qu'il avait eu le mérite de découvrir dans les Archives de Londres et de signaler le premier : 1° Une concession à vie faite le 24 août 1347 à Philippe, reine d'Angleterre, des maisons que Jean d'Aire possédait à Calais avec leurs dépendances (Cales. Rol. pat., an. 21 Ed. III, memb. 2); — 2° une pension de 40 marcs sterling constituée le 8 octobre 1347 au profit d'Eustache de Saint-Pierre « pro bono servicio nobis pro custodia et bona disposicione ville nostre Calesii impendendo, *pro sustentacione sua....* quousque de statu ejusdem Eustacii aliter duxerimus providendum. » (Rymer, vol. III, p. 138.) — 3° La restitution faite le 8 octobre 1347 au dit Eustache de Saint-Pierre de quelques-unes des maisons qu'il possédait à Calais et qui avaient été confisquées « dum tamen erga nos et heredes nostros [Eustachius et sui heredes] bene et fideliter se gerant et pro salva custodia et municione dicte ville faciant debite quod debebunt » (*Ibid.*); — 4° la concession faite à Jean de Gerwadby en date du 29 juillet 1351 des biens situés à Calais qui avaient appartenu à Eustache de Saint-Pierre et qui avaient été confisqués après sa mort sur ses héritiers « que per forisfactum heredum ipsius Eustachii, qui adversariis nostris Francie contra nos adherentes existunt, ad manus nostras devenerunt.... » (Rot. Franc., an. 25 Ed. III, memb. 5). Bréquigny aurait pu ajouter que le jour même où Édouard restituait à Eustache quelques-uns de ses biens, c'est-à-dire le 8 octobre 1347, il distribuait encore à trois Anglais, à Jean Goldbeter, à Jean Clerc de Londres, à Jean Dalmaigne, des propriétés qui avaient appartenu à ce même Eustache

tête et pieds nus, en chemise, la corde au cou, comme l'a ordonné le vainqueur; puis, au milieu de toute la population de Calais qui leur fait cortége et éclate en sanglots, ils se rendent, dans cet appareil, jusqu'aux remparts. Là, ils sont livrés par Jean de Vienne à Gautier de Mauny, qui les amène en présence d'Édouard. Ils se prosternent devant le roi d'Angleterre, lui présentent les clefs de Calais et le supplient à mains jointes d'avoir pitié d'eux. Édouard reste sourd à leurs prières et donne l'ordre de leur faire trancher la tête, malgré les représentations de Gautier de Mauny. La reine Philippe, qui est enceinte et assiste tout en larmes à cette scène, se jette alors aux pieds de son mari, et, à force d'instances, parvient à lui arracher la grâce des six bourgeois; elle distribue ensuite des vêtements à ces malheureux, les fait dîner à sa table et les renvoie en donnant à chacun six nobles. P. 57 à 63, 287 à 293.

C'est ainsi que la ville de Calais, qui avait été assiégée au mois d'août[1] 1346, vers la fête de la Décollation de Saint-Jean, fut prise dans le courant de ce même mois d'août de l'an 1347. — Par l'ordre du roi d'Angleterre, Jean de Vienne et tous les gentilshommes de la garnison sont faits prisonniers, tandis que l'on somme les autres gens d'armes, venus là comme mercenaires, et tous les habitants, hommes, femmes et enfants, d'évacuer la ville que l'on veut repeupler de purs Anglais. On ne garde[2] qu'un

---

de Saint-Pierre. Il suffit de citer les arguments de Bréquigny pour montrer qu'ils n'infirment nullement le témoignage de Jean le Bel et de Froissart. Eustache de Saint-Pierre, âgé de soixante ans lors de la capitulation, puisque dans un acte de 1335, où il figure comme témoin, il déclare avoir quarante-huit ans, aura voulu mourir dans sa ville natale, dans cette ville qui lui avait inspiré son dévouement : en quoi cela est-il en contradiction avec le récit de Froissart? Voyez l'excellent livre de M. Auguste Lebeau, intitulé : *Dissertation sur le dévouement d'Eustache de Saint-Pierre et de ses compagnons en* 1347, Calais, 1839, in-12 de 232 pages.

1. Comme l'a fait observer Dacier (p. 354 de son éd. de Froissart, note 1), cette date n'est pas tout à fait exacte : c'est une des nombreuses erreurs empruntées par Froissart à Jean le Bel (t. II, p. 139). La tête de la décollation de Saint-Jean tombe le 29 août, et le roi d'Angleterre, au rapport de Robert de Avesbury (*Hist. Ed. III*, p. 140) n'arriva devant Calais que le 3 septembre. D'après le même historien (*Ibid.*, p. 166), cette ville se rendit le vendredi 3 août, le lendemain du décampement de Philippe de Valois et de son armée : le siége avait duré par conséquent juste onze mois.

2. « Dominus rex, semper misericors et benignus, *captis et retentis*

prêtre et deux autres personnes âgées et expérimentées, dont le vainqueur a besoin pour se renseigner sur les propriétés, les lois et ordonnances. Édouard fait son entrée solennelle à Calais dont il va habiter le château et où la reine sa femme met au monde une fille qui a nom Marguerite. En même temps, le roi anglais donne quelques-uns des plus beaux hôtels de la ville à Gautier de Mauny, à Renaud de Cobham, à Barthélemy de Burghersh, au baron de Stafford et à d'autres chevaliers de son entourage. P. 63 à 65, 293 à 297.

Les habitants de Calais ne reçoivent aucun dédommagement [1]

paucis de majoribus, communitatem dictæ villæ cum bonis suis omnibus graciose permisit abire, dictamque villam suo retinuit imperio subjugatam. » (Robert de Avesbury, p. 167.) D'après Gilles li Muisis, Édouard III laissa à Calais vingt-deux des plus riches bourgeois « pour rensegnier les hiretages », selon l'expression de Froissart. Eustache de Saint-Pierre était désigné par sa position de fortune et la considération qui l'entourait pour être l'un de ces vingt-deux; ainsi s'expliquent les faveurs, *très-relatives*, d'Édouard en faveur d'Eustache : « .... *pro bona dispositione villæ Calesii*, quousque de statu ejusdem Eustachii duxerimus providendum. »

1. Cette erreur a été empruntée par Froissart à Jean le Bel (t. II, p. 140). Philippe de Valois, par une ordonnance antérieure au 7 septembre 1347 et qui fut renouvelée en septembre 1349 (Arch. nat., JJ78, p. 162 et 169) fit don de toutes les forfaitures qui viendraient à échoir dans le royaume aux habitants de Calais chassés de leur ville par les Anglais; le 7 septembre 1347, il accorda aux dits habitants, en considération des pertes que leur avaient fait éprouver les ennemis, tous les offices dont la nomination lui appartenait ou au duc de Normandie, son fils aîné (Arch. nat., K187, liasse 2, p. 97; une copie de cette pièce originale : JJ68, p. 245, est datée d'Amiens le 8 septembre). Enfin le 10 septembre suivant, il leur octroya, par une nouvelle ordonnance, un grand nombre de priviléges et franchises qui furent confirmés sous les règnes suivants (*Recueil des Ordonnances*, t. IV, p. 606 et suivantes). Ces promesses ne restèrent pas à l'état de lettre morte ; un grand nombre d'actes authentiques attestent qu'elles furent tenues. En mai 1348, le roi de France donne une maison sise à Provins à Thomas de Hallangues, bourgeois et habitant de Calais (JJ76, p. 10); en septembre 1349, il concède les biens confisqués d'un usurier lombard, sis au bailliage de Vitry, à Colart de Londeners, jadis bourgeois de Calais, « en considération de ce qu'il a souffert au siége de cette ville » (JJ68, p. 390); le 9 mars 1350, il indemnise Mabille, veuve d'Enguerrand dit Estrecletrop et Marguerite, fille de feu Lenoir, sœurs, lesquelles avaient perdu leurs biens durant le siége de Calais (JJ80, p. 226). En juillet 1351, Jean de Boulogne, comte de Montfort, lieutenant du roi Jean, son neveu ès parties de Picardie et sur les frontières de Flandres, donne à Jean du Fresne le Jeune, fils de Jean du Fresne, à présent prévôt de Montreuil, *jadis bourgeois de Calais*,

du roi de France pour qui ils ont tout perdu ; la plupart d'entre eux se retirent à Saint-Omer. — Grâce à la médiation du cardinal Gui de Boulogne [1], légat du Saint-Siége, une trêve de deux ans est conclue entre les rois de France et d'Angleterre : la Bretagne seule est exceptée de cette trêve. — Édouard repasse en Angleterre, après avoir confié la garde de sa nouvelle conquête à un Lombard nommé Aimeri de Pavie [2] ; il ne se contente pas d'envoyer à Calais, qu'il veut repeupler [3], trente-six riches bourgeois anglais, dont douze de Londres ; il octroie à cette ville de grandes libertés et franchises [4] pour y attirer des étrangers. — Charles de Blois, fait prisonnier à la Roche-Derrien, et Raoul, comte d'Eu, tombé à Caen au pouvoir des Anglais, que l'on détient alors à la

des biens sis à Bouvines et en la comté de Guines confisqués sur Gillebert d'Aire qui est allé demeurer à Calais avec les Anglais. JJ82, p. 271.

1. Gui de Boulogne n'eut aucune part à ces trêves qui furent conclues le 28 septembre 1347. Les médiateurs furent les cardinaux Annibal Ceccano et Étienne Aubert. La trêve ne devait durer que quinze jours après la fête de Saint-Jean-Baptiste de l'année 1348, c'est-à-dire environ dix mois, et non pas deux ans, comme l'avance le chroniqueur trompé sans doute par les prolongations accordées à différentes reprises. Froissart se trompe aussi en disant que la Bretagne fut exceptée de ces trêves. (Rymer, *Fœdera*, vol. III, p. 136 à 138.) Dacier avait déjà rectifié Froissart sur tous ces points. Voyez son édit. de Froissart, p. 356, note 2.

2. C'est Jean de Montgommery, et non Aimeri de Pavie, qui fut nommé capitaine de Calais, avant le départ du roi d'Angleterre, le 8 octobre 1347 (Rymer, vol. III, p. 138). Jean de Montgommery fut remplacé le 1er décembre de cette même année par Jean de Chivereston (*Ibid.*, p. 142). C'est seulement le 24 avril 1348 qu'Édouard nomme son amé Aimeri de Pavie, non capitaine de Calais, mais capitaine et conduiseur de ses galées et de tous les arbalétriers et mariniers montant les dites galées (*Ibid.*, p. 159). Aimeri de Pavie, chargé sans doute comme capitaine des galées de défendre les approches de Calais du côté de la mer, remplit-il en outre par intérim ou autrement les fonctions de gouverneur de cette ville ? On en est réduit sur ce point à des suppositions.

3. Le 12 août 1347, le roi d'Angleterre fit annoncer par tout son royaume qu'il concéderait des maisons, des rentes et ferait toute sorte d'avantages à ceux de ses sujets qui voudraient s'établir à Calais avant le 1er septembre suivant. V. Rymer, vol. III, p. 130.

4. Le 3 décembre 1347, Édouard confirma les statuts donnés à la ville de Calais en 1317 par Mahaut, comtesse d'Artois. (Rymer, vol. III, p. 142 à 144.) Les dispositions que le roi avait ajoutées à ces statuts dès le 8 octobre 1347 sont relativement libérales. (*Ibid.* p. 139.) V. Bréquigny, *Mém. de l'Académie des Inscriptions*, t. 50, p. 623 à 627.

Tour de Londres avec David Bruce, roi d'Écosse, et le comte de Murrey, sont traités avec beaucoup de courtoisie [1], Charles de Blois, à la prière de la reine d'Angleterre, sa cousine germaine [2], Raoul d'Eu, parce qu'il a su gagner par sa galanterie les bonnes grâces de toute la cour. P. 65 à 67, 297 à 299.

CHAPITRE LXVII.

1348. RAVAGES DES BRIGANDS EN LIMOUSIN ET EN BRETAGNE; EXPLOITS DE BACON ET DE CROQUART [3] (§§ 315 et 316).

Guillaume Douglas, retiré dans la forêt de Jedburgh, continue de faire la guerre aux Anglais, même après la prise du roi d'Écosse et malgré les trêves entre l'Angleterre et la France [4]. P. 67.

Les trêves ne sont pas observées davantage en Gascogne, Poitou, Saintonge et Limousin. Dans ces pays de frontière, les pauvres gens d'armes exercent le brigandage comme un métier et s'y enrichissent avec une promptitude merveilleuse; il y en a qui font des fortunes de quarante mille écus. Voici comment ils procèdent. Rassemblés par bandes de vingt ou trente, ils épient pendant quelque temps un riche village ou un fort château situé dans les environs; puis un beau jour, de très-grand matin, ils y pénètrent furtivement et mettent le feu à une maison. Les habitants, qui croient avoir affaire à mille armures de fer, s'enfuient affolés de terreur; les brigands pillent le village ou le château, après quoi ils se retirent chargés de butin. Ils font ainsi à Don-

---

1. Le témoignage de Froissart est contredit par George de Lesnen, médecin de Charles de Blois, et Olivier de Bignon, son valet de chambre, qui déclarent, dans l'enquête faite pour la canonisation de ce prince, que les Anglais le soumirent à une captivité très-dure. V. dom Morice, *Hist. de Bretagne*, t. II des *Preuves*, p. 6 et 7.
2. Charles de Blois était fils de Marguerite, et Philippe de Hainaut était fille de Jeanne, toutes deux sœurs de Philippe de Valois.
3. Cf. Jean le Bel, *Chroniques*, t. II, chap. LXXXII, p. 143 à 145.
4. Les Écossais étaient cependant compris dans ces trêves comme alliés de la France. V. Arch. Nat., sect. hist., J636, n° 21.

zenac[1] et ailleurs; ils s'emparent des châteaux et les revendent. Un de ces brigands emporte par escalade le château de Comborn[2], en Limousin. Le vicomte de Comborn, fait prisonnier dans son château, ne recouvre la liberté qu'en payant une rançon de vingt-quatre mille écus. Ce brigand, nommé Bacon, après avoir vendu le château de Comborn à Philippe de Valois moyennant vingt mille écus, devient huissier d'armes[3] du roi de France, qui le comble de faveurs. P. 67 à 69, 299 à 302.

En Bretagne, un autre brigand nommé Croquart, ancien page du seigneur de Herck en Hollande, gagne bien soixante mille

---

1. Corrèze, arr. Brive, un peu au nord de cette ville, à peu près à égale distance des deux rivières de Corrèze et de Vézère. En 1355, le fils de Guiraud de Ventadour, seigneur de Donzenac, nommé Bernard de Ventadour et châtelain de Beyssac (auj. château de Saint-Augustin, Corrèze, arr. Tulle, c. Corrèze) joua un tour du même genre à Pierre *de Mulceone*, seigneur de Bar (Corrèze, arr. Tulle, c. Corrèze). Il s'introduisit dans le château de Bar avec seize hommes armés en disant que les Anglais établis à Beaumont (Corrèze, arr. Tulle, c. Seilhac) le poursuivaient et y vola deux mille sommées de blé, soixante lards et six mille cinq cents deniers de bon or *à l'ange*, au *pavillon*, à la *chaire*, à l'*agneau*, à l'*écu* (Arch. nat., X^{2a} 6, f°s 416 à 424). Le 15 mars 1362, Guiraud de Ventadour, seigneur de Donzenac, prêta serment de fidélité au roi d'Angleterre représenté par Jean Chandos, vicomte de Saint-Sauveur, lieutenant dudit roi; il s'engagea en outre à faire prêter serment à tous ses tenanciers et à rapporter leurs noms à Chandos ou à son sénéchal. V. Bardonnet, *Procès-verbal à Jean Chandos des places françaises abandonnées par le traité de Brétigny*, Niort, 1870, in-8, p. 115.

2. Comborn, autrefois siége d'une vicomté, est aujourd'hui un château ruiné de la commune d'Orgnac, Corrèze, arr. Brive, c. Vigeois; ce château est situé sur la rive droite de la Vézère. Le 23 octobre 1363, à Poitiers, en l'église Saint-Maixent, Archambaud, *vicomte de Comborn*, prêta serment de fidélité, tant en son nom qu'au nom de Marie sa femme, à Édouard, fils aîné du roi d'Angleterre, prince d'Aquitaine et de Galles, duc de Cornouaille et comte de Chester. V. Delpit, *Documents français conservés en Angleterre*, p. 114.

3. Ce Bacon est peut-être Jean Bacon, écuyer, fils de Guillaume Bacon, seigneur du Molay (Calvados, arr. Bayeux, c. Balleroy), exécuté pour crime de lèse-majesté, au commencement de l'année 1344. Comme les biens de sa famille avaient été confisqués, Jean Bacon put être plus vivement tenté de refaire sa fortune par le brigandage; et la guerre en Limousin entre les partisans de Jeanne de Penthièvre et ceux de Jeanne de Montfort lui en fournissait l'occasion. Comme il faisait cette guerre de partisan au service ou du moins sous le couvert de la maison de Blois, le roi de France le combla de faveurs.

écus; il figure à la bataille des Trente[1] du côté des Anglais et se montre le plus brave. Le roi de France lui offre une pension de deux mille livres, s'il veut se faire Français, mais il meurt d'une chute de cheval. P. 69, 70, 302, 303.

CHAPITRE LXVIII.

1349 et 1350. TENTATIVE MALHEUREUSE DE GEOFFROI DE CHARNY POUR REPRENDRE CALAIS AUX ANGLAIS (§§ 317 à 321).

Geoffroi de Charny[2], capitaine de Saint-Omer, conclut secrètement une convention avec un Lombard, nommé Aimeri de Pa-

---

1. Croquart figure en effet le premier sur la liste des quinze gens d'armes qui, réunis à sept chevaliers et à huit écuyers, composaient les trente champions du parti anglais.
2. Geoffroi de Charny, seigneur de Pierre-Perthuis, de Montfort et de Savoisy, avait servi, en qualité de bachelier, avec six écuyers dans la bataille de Raoul, comte d'Eu, connétable de France, du 9 mars 1339 au 1er octobre 1340, sur les frontières de Flandre; il était venu de Pierre-Perthuis sous Vézelay (Yonne, arr. Avallon, c. Vézelay; — De Camps, portef. 83, f° 317, à la Bibl. nat.). Le 2 août 1346, Geoffroi promu chevalier était au siège devant Aiguillon où, par acte daté de Port-Sainte-Marie, il donnait quittance de 150 livres sur ses gages et ceux des gens d'armes de sa compagnie (Anselme, *hist. général.*, t. VIII, p. 202); le 6 janvier 1352, il était chevalier de l'ordre de l'Étoile de la première promotion (Pannier, *hist. de Saint-Ouen*, p. 95 et 96); le 10 septembre 1352, il était à l'abbaye d'Ardres où il faisait payer 50 livres à Robert de Varennes, capitaine de la bastide de Guines (Anselme, *Ibid.*, p. 203); en octobre 1353, dans un acte où il est qualifié « conseiller du roi », il obtenait l'amortissement de 62 livres 10 sous tournois pour la dotation d'une chapelle ou église collégiale dont il avait projeté la fondation dès 1343 dans son manoir de Lirey (Aube, arr. Troyes, c. Bouilly; — JJ82, p. 28); en juillet 1356 il était gratifié par le roi Jean de deux maisons confisquées sur Joceran de Mâcon et sises à Paris, l'une en face l'église Saint-Eustache, et l'autre à la Ville-l'Évêque, et cette donation était confirmée le 21 novembre 1356, à la requête de Jeanne de Vergy sa veuve, par Charles duc de Normandie, en faveur de Geoffroi de Charny, fils mineur du dit Geoffroi « tué à la bataille livrée dernièrement près de Poitiers. » (Arch. nat., JJ84, p. 671.) Geoffroi de Charny avait été choisi, en effet, le 25 juin 1355, pour porter l'oriflamme, et il se fit tuer à Poitiers en couvrant le roi Jean de son corps. Comme Boucicaut, comme le petit sénéchal d'Eu, comme Jean de Saintré et la plupart des chevaliers de

vie, auquel Édouard III a confié la garde du château de Calais ; Aimeri s'engage à livrer ce château moyennant vingt mille écus. Le roi d'Angleterre est informé de cette convention ; il mande à Londres Aimeri de Pavie, et, après une scène de vifs reproches, il promet le pardon au Lombard à condition que celui-ci fera semblant de poursuivre le marché : Édouard, prévenu à temps, aura soin de se trouver en force à Calais le jour où Geoffroi de Charny viendra pour prendre livraison du château, et ainsi les Français seront pris au piége qu'ils ont voulu tendre. — Geoffroi de Charny, de son côté, ne confie son secret qu'à quelques chevaliers de Picardie, et met sur pied cinq cents lances en vue du coup de main projeté. Il est entendu avec le capitaine du château de Calais que le marché recevra son exécution dans la nuit du 31 décembre 1349 au 1ᵉʳ janvier[1] 1350. Aussitôt que le jour est fixé, Aimeri envoie à Londres son frère prévenir le roi d'Angleterre. P. 70 à 73, 303 à 306.

Édouard se rend aussitôt à Calais avec une troupe de trois cents hommes d'armes et de six cents archers placés en apparence sous les ordres de Gautier de Mauny, car le roi veut qu'on ignore sa présence. Au jour dit, c'est-à-dire le 31 décembre 1349, Geoffroi de Charny, à la tête de cinq cents lances, arrive vers minuit en vue du château de Calais, ainsi qu'il a été convenu. Il passe le pont de Nieuley dont il confie la garde à Moreau de Fiennes, au sire de Crésecques, aux arbalétriers de Saint-Omer et d'Aire, tandis qu'il prend position entre ce pont et Calais, en face de la porte dite de Boulogne. Puis il envoie en avant Oudart de Renty avec onze autres chevaliers et cent armures de fer porter à Aimeri de Pavie les vingt mille écus promis et prendre possession du château. Oudart de Renty et ses compagnons trou-

---

son temps, Geoffroi de Charny était lettré ; il est l'auteur d'un ouvrage en prose intitulé : « Demandes pour le tournoy que je, Geoffroi de Charni, fais à haut et puissant prince des chevaliers de Nostre Dame de la Noble Maison. » (Galland, *Mém. de l'Acad. des Inscriptions*, t. II, p. 739.) M. Léopold Pannier a bien voulu nous signaler en outre dans le ms. n° 25447 du fonds français, à la Bibliothèque nationale, une pièce de vers inédite dont l'auteur est un Geoffroi de Charny.

1. Cette date, confirmée par les *Grandes Chroniques de France* (éd. P. Paris, t. V, p. 491) et par Robert de Avesbury (181), est donnée par vingt manuscrits de la première rédaction proprement dite (p. 313) qui sont ici plus exacts que ceux de la première rédaction revisée.

vent le pont-levis abaissé pour leur livrer passage ; mais à peine ont-ils pénétré dans la cour du château et remis entre les mains d'Aimeri un sac contenant la somme convenue qu'à un signal donné le roi d'Angleterre[1], son fils et Gautier de Mauny, suivis de deux cents combattants, se précipitent sur les Français au cri de : « Mauny, Mauny, à la rescousse ! » Oudart et les siens n'ont pas même le temps de se reconnaître et sont faits prisonniers. Puis les Anglais montent à cheval et courent attaquer Geoffroi de Charny qui ne se doute de rien et commence à s'impatienter en ne voyant pas revenir Oudart de Renty. Avant d'engager cette seconde action, Édouard, qui veut couper la retraite aux Français, dépêche en toute hâte un fort détachement composé de six bannières et de trois cents archers, contre les arbalétriers des sires de Fiennes et de Crésecques préposés à la garde du pont de Nieuley. Plus de cent vingt Français sont tués ou noyés en défendant ce pont ; mais les seigneurs de Fiennes, de Crésecques, de Sempy, de Longvillers et de Mametz parviennent à se sauver. P. 73 à 79, 306 à 311.

Le fort de l'action s'engage là où Geoffroi de Charny combat en personne ; il voit tomber à ses côtés, frappés mortellement, Henri du Bos et Pepin de Wierre ; il est fait lui-même prisonnier, ainsi que Jean de Landas, Hector et Gauvain de Bailleul, le sire de Créquy et tous ses autres compagnons, après avoir fait des prodiges de valeur. Toutefois, l'honneur de la journée est pour Eustache de Ribemont, qui se rend au roi d'Angleterre contre qui il a soutenu une lutte acharnée, sans le connaître. P. 79 à 81, 311 à 313.

La nuit du jour de l'an, Édouard offre en son château de Calais un magnifique souper à ses compagnons d'armes et aux chevaliers français prisonniers. Après le repas, il donne devant tous les assistants son propre *chapelet*[2] (chapeau) enrichi de perles à

---

1. L'affaire fut chaude, et le roi d'Angleterre y fut serré de près, car quinze jours après cet engagement, le 15 janvier 1350, on le voit donner deux cents marcs de rente annuelle à Gui de Bryan « considerantes grata et laudabilia obsequia nobis per dilectum et fidelem nostrum Guidonem de Bryan a diu multipliciter impensa ac bonum gestum suum, *in ultimo conflictu* inter nos et quosdam inimicos nostros Franciæ *apud Calesium habito*, *vexillum nostrum ibidem contra dictos inimicos nostros prudenter deferendo et illud erectum sustinendo strenue et potenter....* » Rymer, *Fœdera*, vol. III, p. 195.

2. Les princes et les grands seigneurs portaient à cette époque de

Eustache de Ribemont comme au plus brave, en accompagnant ce présent des éloges les plus flatteurs ; puis il rend la liberté au chevalier français, sans exiger aucune rançon [1]. P. 81 à 84, 313 à 317.

Mort de Jeanne, fille de Robert, duc de Bourgogne [2], mariée à Philippe de Valois, et de Bonne [3], fille de Jean de Luxembourg, roi de Bohême, mariée à Jean, duc de Normandie. Philippe et Jean se remarient bientôt après, le premier à Blanche [4], fille de Philippe d'Évreux, roi de Navarre, le second à Jeanne [5], comtesse de Boulogne, veuve de Philippe de Bourgogne, mort devant Aiguillon. P. 84, 85, 317, 318.

chapeaux ou *chapelets* du plus grand luxe. En 1359, le comte d'Étampes, empruntant de Guillaume Marcel, changeur et bourgeois de Paris, mille moutons d'or, à raison de quatre cents moutons d'intérêt pour six semaines, afin de racheter aux Anglais le pays d'Étampes qu'ils occupaient, donne à son prêteur, en gage du payement de cet intérêt, son « chapeau d'or du pris de deux cenz moutons ». Arch. nat., sect. hist., JJ91, p. 399.

1. Édouard voulut sans doute se rattraper de cet acte de générosité chevaleresque sur ses autres prisonniers. Il est certain du moins qu'il soumit Geoffroi de Charny à une rançon énorme, puisque le roi Jean, pour aider ce chevalier à la payer, lui fit donner, le 31 juillet 1351, douze mille écus d'or. Anselme, *Hist. gén.*, t. VIII, p. 201.

2. Jeanne, fille de Robert II, duc de Bourgogne, mourut le samedi 12 décembre 1349, d'après les *Grandes Chroniques de France* (éd. de M. P. Paris, in-12, t. V, p. 490). Les Bénédictins se sont trompés en faisant mourir cette reine le 12 septembre 1348.

3. D'après l'épitaphe qu'on voyait sur le tombeau de cette princesse, dans l'abbaye de Maubuisson, Bonne de Luxembourg mourut le 11 septembre 1349. (Dacier, édit. de Froissart, p. 366, note 2, et *L'Art de vérifier les dates*, t. I, p. 600.) Elle serait morte le vendredi 11 août 1349, d'après les *Grandes Chroniques de France* (t. V, p. 490).

4. Le 29 janvier 1350, d'après l'*Art de vérifier les dates* (t. I, p. 597), le mardi 11 janvier 1350, d'après les *Grandes Chroniques de France* (t. V, p. 491), Philippe de Valois se remaria à Blanche, fille de Philippe d'Évreux, roi de Navarre.

5. Jean, fils aîné du roi de France, duc de Normandie, se remaria à Jeanne, comtesse de Boulogne, le mardi 9 février 1350, d'après les *Grandes Chroniques de France* (*Ibid.*, p. 492), et non le 19 février 1350, comme on l'a imprimé par erreur dans l'*Art de vérifier les dates*, t. I, p. 600.

CHAPITRE LXIX.

1347. MARIAGE DE LOUIS, COMTE DE FLANDRE, AVEC MARGUERITE FILLE DE JEAN, DUC DE BRABANT[1] (§ 322).

Il a été dit plus haut que Louis, comte de Flandre, après avoir fiancé à Bergues Isabelle, fille d'Édouard III, s'était réfugié en France pour échapper à la conclusion de ce mariage. Le duc Jean de Brabant ouvre aussitôt des négociations auprès du roi de France, afin d'obtenir la main du comte de Flandre pour sa fille Marguerite. Philippe de Valois, auquel le duc de Brabant promet d'engager les Flamands dans l'alliance française, conseille à Louis de Male[2] d'agréer les ouvertures de Jean III. Quant aux bonnes villes de Flandre, le duc de Brabant les menace, si elles ne lui sont pas favorables, de leur faire la guerre. A la suite de conférences tenues à Arras entre le jeune comte de Flandre et les

---

1. Ce chapitre appartient en propre à Froissart et ne se trouve pas dans les *Chroniques* de Jean le Bel.
2. Dès le 17 mai 1347, à Conflans près Paris, Louis de Male élisait certains procureurs pour traiter de son mariage avec Marguerite, fille de Jean, duc de Brabant (Arch. nat., *Transcripta*, JJC, f° 118 v°); à Saint-Quentin, le 6 juin, il promettait d'être le mardi 26 juin à Lewre en Brabant (auj. Leeuw-Saint-Pierre, prov. Brabant, à 13 kil. de Bruxelles) pour accomplir le dit mariage (Arch. nat., JJC, f° 135 v°, p. 64), et il assignait à sa femme 6000 livres en terre sur le comté d'Alost (JJC, f° 128 v°). De son côté, Jean, duc de Brabant, le 18 mai 1347, à Bruxelles, nommait certains procureurs pour traiter du mariage entre son fils aîné Henri et Jeanne, fille du duc de Normandie, et entre son fils Godefroi et Bonne, fille du duc de Bourbon (JJC, f° 123); à Saint-Quentin, le 2 juin, il s'engageait à rompre le plus tôt possible son alliance avec les Flamands et le comte de Hainaut (JJC, f° 119); il promettait au dit Saint-Quentin, le 6 juin, d'aider le comte de Flandre à se faire obéir des Flamands (JJC, f° 118); il déclarait n'être aucunement l'allié du roi d'Angleterre (JJC, f° 116); enfin, il signait une alliance avec le roi de France dans la maison des Frères Prêcheurs (JJC, f° 139 v°). En retour, Philippe de Valois, par lettres aussi datées de Saint-Quentin, le 6 juin 1347, promettait que Jeanne de Normandie et Bonne de Bourbon se trouveraient au château de Vincennes le 19 juin pour leurs mariages avec Henri et Godefroi de Brabant, et que Louis, comte de Flandre, se trouverait à Leeuw en Brabant le 26 juin pour son mariage avec Marguerite de Brabant (JJC, f° 140 v°).

envoyés de Jean III, Louis de Male s'engage solennellement à prendre Marguerite en mariage, puis il vient en Flandre où il rentre en possession de tous ses droits seigneuriaux, et bientôt après il épouse la fille du duc de Brabant. Une clause secrète du contrat fut que Malines[1] et Anvers, après la mort de Jean III, feraient retour au comte de Flandre. — L'irritation que le roi d'Angleterre ressent de ce mariage dans le premier moment ne l'empêche pas au bout de peu de temps de faire sa paix avec le duc de Brabant et le comte de Flandre[2]. P. 85 à 88, 318 à 320.

CHAPITRE LXX.

1350. DÉFAITE DES ESPAGNOLS DANS UNE BATAILLE NAVALE LIVRÉE EN VUE DE WINCHELSEA CONTRE LES ANGLAIS. — 1352. EXÉCUTION D'AIMERI DE PAVIE A SAINT-OMER[3] (§§ 323 à 329).

Édouard III apprend que les Espagnols, dont la marine s'est portée naguère à des actes d'hostilité contre les Anglais[4], sont

1. Par cet acte daté de Saint-Quentin, le 5 février 1347, Philippe de Valois garantit le comte de Flandre contre l'évêque et le chapitre de Liége au sujet de Malines cédée par ledit comte à Henri, fils du duc de Brabant, à l'occasion de son mariage avec Jeanne, fille du duc de Normandie. (Arch. nat., sect. hist., JJC, f° 133.) Par un autre acte rendu aussi à Saint-Quentin le 5 juin, le roi de Navarre donne au comte de Flandre cinq mille livres de terre en échange de la cession de Malines à Henri de Brabant (*Ibid.*, f° 131). Philippe de Valois achève de dédommager Louis de Male en érigeant en pairie, par lettres patentes du 27 août 1347, les comtés de Nevers, de Rethel et la baronnie de Donzy. V. Blanchard, *Compilation chronologique*, col. 105 et 106.

2. Un traité fut conclu entre le roi d'Angleterre et le comte de Flandre dans les premiers jours de décembre 1348. Par ce traité, Édouard III et Louis de Male ratifient les articles arrêtés par leurs députés et renouvellent l'alliance entre l'Angleterre et la Flandre. Henri, comte de Lancastre, est chargé de recevoir l'acte d'hommage du comte qui s'engage à pardonner aux villes de Gand et de Bruges tout ce qu'elles ont fait contre lui pendant leurs rébellions. Ce traité fut ratifié par Louis de Male, le 4 décembre 1348 (Archives du Nord, fonds de la Chambre des Comptes de Lille, orig. parch.) et par Edouard III le 10 décembre suivant. V. Rymer, *Foedera*, vol. III, p. 178 et 179.

3. Ce chapitre ne se trouve pas dans les *Chroniques* de Jean le Bel.

4. Vers la Toussaint, c'est-à-dire au commencement de novembre 1349, les Espagnols s'étaient emparés, à l'embouchure de la Gironde,

allés avec de nombreux vaisseaux acheter des draps, des toiles et autres marchandises en Flandre; il ne veut pas laisser échapper cette occasion de se venger de ses ennemis. Il équipe une flotte puissante, dont les navires sont montés par l'élite de sa noblesse; il en prend le commandement et va croiser entre Douvres et Calais. P. 88 à 90, 320, 321.

Les Espagnols, de leur côté, informés des projets du roi d'Angleterre, ont fait leurs préparatifs pour soutenir la lutte; ils ont muni d'artillerie leurs quarante gros vaisseaux et pris des brigands à leur solde. — Au moment où Édouard III, monté sur un navire appelé *La Salle du Roi*, dont Robert de Namur est capitaine, fait exécuter par ses ménestrels un air de danse que Jean Chandos vient de rapporter d'Allemagne, tout à coup une sentinelle placée au haut du mât annonce que les Espagnols sont en vue : le roi fait aussitôt sonner le branlebas de combat[1]; les navires se rapprochent pour former une ligne très-serrée; Édouard et ses chevaliers boivent du vin, revêtent leurs armes en toute hâte, et la bataille commence. P. 90 à 92, 321 à 324.

Les navires espagnols et anglais s'accrochent les uns aux autres, deux par deux, avec des crampons et des chaînes de fer, et l'on se bat à l'abordage. Après diverses alternatives, le roi d'Angleterre et le prince de Galles, son fils, montent sur deux vaisseaux ennemis qu'ils ont conquis après une lutte acharnée; ils sont forcés d'abandonner leurs propres navires qui ont été horriblement maltraités et font eau de toutes parts. *La Salle du Roi* allait être emmenée par les Espagnols, qui l'avaient accrochée, sans le dévouement d'un valet de Robert de Namur, nommé

---

de plusieurs navires anglais qui portaient une cargaison de vin en Angleterre et avaient tué les équipages. (Robert de Avesbury, *Hist. Ed. III*, p. 184 et 185.) Édouard se plaint amèrement des pirateries des Espagnols, dans une lettre adressée le 10 août 1350 à l'archevêque de Cantorbéry pour demander des prières publiques; on y trouve ce passage : « Jamque in tantam erecti sunt (Hispani) superbiam quod, immensa classe in partibus Flandriæ per ipsos congregata et gentibus armatis vallata, nedum se navigium nostrum in totum velle destruere et mari anglicano dominari jactare præsumunt, sed regnum nostrum invadere populumque nobis subjectum exterminio subdere velle expresse comminantur. » V. Rymer, vol. III, p. 202.

1. Cette bataille navale se livra en vue de Winchelsea, le jour de la fête de la décollation de Saint-Jean, c'est-à-dire le 29 août 1350. L'armement de la flotte anglaise s'était fait à Sandwich. V. Robert de Avesbury, p. 185.

Hennequin, qui, en sautant à bord du navire ennemi, parvient à couper les cordes qui soutiennent les voiles. Le vaisseau espagnol ne peut plus avancer, et Robert de Namur le prend à l'abordage. Bref, les Espagnols perdent quatorze[1] de leurs navires; les autres parviennent à se sauver. La flotte victorieuse rentre à Rye et à Winchelsea. Édouard va rejoindre sa femme qui l'attend dans un château situé à deux lieues de là et qui est fort inquiète, car les habitants de cette partie des côtes d'Angleterre ont vu le combat du haut des falaises. P. 92 à 98, 324 à 328.

Geoffroi de Charny surprend Aimeri de Pavie dans un petit château de la marche de Calais, nommé Frethun[2], qui lui avait été donné par le roi d'Angleterre, et le fait mettre à mort à Saint-Omer, pour le punir de sa trahison. P. 98, 99, 328 à 330.

CHAPITRE LXXI.

1348. RAVAGES DE LA PESTE. — 1349. DÉMONSTRATIONS DE PÉNITENCE DES FLAGELLANTS; EXTERMINATION DES JUIFS DANS TOUS LES PAYS DE L'EUROPE EXCEPTÉ A AVIGNON ET SUR LE TERRITOIRE PAPAL[3] (§ 330).

En ce temps éclate une peste qui fait mourir le tiers de la population[4]. Pour apaiser la colère de Dieu, il surgit alors en Alle-

1. D'après Robert de Avesbury (p. 185), les Espagnols perdirent vingt-quatre vaisseaux à la bataille navale de Winchelsea.
2. Pas-de-Calais, arr. Boulogne-sur-Mer, c. Calais. Geoffroi de Charny était encore prisonnier en Angleterre le 20 décembre 1350 (Rymer, vol. III, p. 212); et le parfait payement de sa rançon dut être réglé au mois d'août 1351 au plus tôt (v. plus haut, p. xxxiv, note 1) D'un autre côté, ce chevalier, après sa mise en liberté, ne fut envoyé de nouveau sur la frontière de Calais qu'en février 1352 (Bibl. nat., *Titres scellés*, vol. 29). Par conséquent, si ce fut Geoffroi qui surprit à Frethun Aimeri de Pavie, cet événement eut lieu sans doute au commencement de 1352.
3. Cf. Jean le Bel, *Chroniques*, t. II, p. 154.
4. La peste de 1348 fut un de ces nombreux cas de peste asiatique qui sont venus à diverses reprises fondre sur l'Europe. « Dicta autem mortalitas, dit Jean de Venette, *inter incredulos inchoavit*, deinde ad Italiam venit; postea montes pertransiens ad Avinionem accessit.... » (*G. de Nangis*, édit. Géraud, t. II, p. 212.) Simon de Covins, astronome du temps, attribua cette peste à l'influence des astres (voyez un article

magne[1] une secte dont les adeptes se fouettent le dos et les épaules jusqu'au sang avec des courroies garnies d'aiguillons de fer ; d'où on les appelle flagellants. Ils chantent des complaintes [2] sur la Passion, et vont de ville en ville, en faisant pénitence, pendant trente-trois jours, parce que Jésus-Christ alla sur terre pendant trente-trois ans. Ces pénitences font cesser les ravages de la peste en beaucoup d'endroits ; mais le roi de France interdit aux flagellants l'entrée de son royaume, et le pape lance des bulles d'excommunication contre eux. — On arrête alors les Juifs par toute l'Europe, on les brûle et on confisque leurs biens, excepté à Avignon et en la terre de l'Église, sous les ailes du pape. Une prédiction avait annoncé aux Juifs, cent ans auparavant, qu'ils seraient détruits quand on verrait apparaître des gens armés de verges de fer. L'apparition des flagellants explique le sens de cette prédiction. P. 100, 101, 330 à 332.

de M. Littré, *Bibl. de l'École des Chartes*, t. II, p. 208 et suiv.). Dans le nord de la France, la peste sévit d'abord à Roissy (Seine-et-Oise, arr. Pontoise, c. Gonesse); elle fit périr cinquante mille personnes à Paris et seize mille à Saint-Denis, et continua ses ravages pendant un an et demi (*Grandes Chroniques*, t. V, p. 485 et 486). En Angleterre comme en France, la peste commença par le sud ; elle éclata d'abord vers le 1er août 1348 dans le comté de Dorset ; elle exerça ensuite de tels ravages à Londres que, de la Purification à Pâques 1349, on enterra deux cents cadavres par jour dans un nouveau cimetière près de Smiethfield sur l'emplacement duquel s'élève aujourd'hui l'école-hospice, jadis couvent, de Charterhouse. De Londres, la peste gagna le nord de l'Angleterre et l'Écosse où elle ne cessa ses ravages que vers la Saint-Michel 1349 (Robert de Avesbury, *Hist. Ed. III*, p. 177 à 179). Comme il arrive toujours, la peste de 1348 frappa surtout les classes nécessiteuses. La plupart des ouvriers et domestiques étant morts de la peste, ceux qui avaient survécu eurent l'idée de profiter de leur petit nombre pour se faire donner des gages et des salaires plus élevés. Édouard III mit bon ordre à ce qu'il considérait comme un abus, par ordonnance du 18 novembre 1350 (Rymer, vol. III, p. 210 et 211). La Faculté de Médecine de Paris rédigea en 1349 un mémoire sur la peste de 1348 ; il est conservé au dép. des mss. de la Bibl. nat., fonds latin, n° 11227. M. le docteur Michon a publié en 1860 sur cette épidémie un travail capital intitulé : *Documents inédits sur la grande peste de 1348 (consultations de la Faculté de Paris, d'un médecin de Montpellier, description de G. de Machaut)*, par L. A. Joseph Michon, in-8°, 99 p., Paris, J. B. Baillière.

1. La Hollande, la Flandre et le Brabant furent le berceau de la secte des flagellants. Cf. Robert de Avesbury, p. 179 ; *Grandes Chroniques*, t. V, p. 492 et 493 ; G. de Nangis, t. II, p. 216 à 218.

2. Voyez deux chansons des flagellants dans Le Roux de Lincy, *Recueil des chants historiques français*, première série, p. 237 et suiv.

CHAPITRE LXXII.

1350. AVÉNEMENT DU ROI JEAN. — 1351. VICTOIRE DES ANGLAIS PRÈS DE TAILLEBOURG ; SIÉGE ET PRISE DE SAINT-JEAN-D'ANGÉLY PAR LES FRANÇAIS. — COMBAT DES TRENTE. — ESCARMOUCHE D'ARDRES ET MORT D'ÉDOUARD DE BEAUJEU. — 1352. AVÉNEMENT D'INNOCENT VI. — 1350. EXÉCUTION DE RAOUL, COMTE D'EU ET DE GUINES — 1352. VENTE DU CHÂTEAU DE GUINES AUX ANGLAIS. — 1351. FONDATION DE L'ORDRE DE L'ÉTOILE [1] (§§ 331 à 342).

Mort de Philippe de Valois, avénement du roi Jean [2]. Le nouveau roi [3], aussitôt après son couronnement à Reims, fait mettre

---

1. Cf. Jean le Bel, *Chroniques*, t. II, chap. LXXXV à LXXXVII, LXXXIX, p. 157 à 168, 173 à 175.
2. Philippe de Valois mourut le dimanche 22 août 1350 à Nogent-le-Roi près Coulombs (auj. Nogent-Eure-et-Loir, ar. Dreux). Jean II fut couronné à Reims le dimanche 26 septembre suivant (p. 400 de ce volume). Le château de Nogent-le-Roi appartenait au roi de Navarre, mais Philippe de Valois mourut sans doute à l'abbaye de Coulombs d'où le roi Jean a daté des lettres de rémission du mois d'août 1350 (JJ80, p. 31).
3. Quelques-uns de nos lecteurs s'étonneront peut-être des développements que nous donnons à ces notes. C'est que malheureusement beaucoup des erreurs, même grossières, que nous relevons dans les Chroniques de Froissart se retrouvent dans les ouvrages les plus estimés. Il faut bien le dire, l'histoire du quatorzième siècle, dans ses deux parties essentielles, la chronologie et la géographie, reste encore en grande partie à faire. Il n'entre pas dans notre plan de signaler les erreurs qui ont pu échapper à nos prédécesseurs ; nous croyons seulement qu'il importe de donner une fois pour toutes l'idée de ces lacunes dont nous parlons ; à ce titre, nous citerons les lignes suivantes que les auteurs de l'*Art de vérifier les dates* (t. I, p. 598) ont consacrées aux deux premières années du règne du roi Jean : « Nos armes n'avaient aucun succès contre les Anglais. Cette même année (1351), ils se rendirent maîtres de Guines au mois de septembre par la trahison de Beaucaurroy, lieutenant de la place, qui expia ce crime par une mort honteuse. Aimeri de Pavie, commandant de Calais, qui avait séduit Beaucaurroy, voulut surprendre l'année suivante Saint-Omer où commandait Charny. Il est pris lui-même dans une embuscade, et Charny le fait écarteler. Le roi d'Angleterre n'avait pas ainsi traité Charny, comme on l'a vu, lorsqu'ayant engagé l'an 1348 ce même Aimeri à lui livrer Calais, il fut surpris au moment où il allait s'emparer de la place. Édouard lui ayant pardonné généreusement,

en liberté ses cousins Jean et Charles d'Artois, fils de Robert d'Artois, détenus en prison, et comble de faveurs ses deux cousins germains, Pierre, duc de Bourbon, et Jacques de Bourbon, comte de la Marche. Il quitte Paris avec un train magnifique, prend le chemin de la Bourgogne, et se rend à Avignon [1] où le pape Clément VI et le sacré collége donnent des fêtes en son honneur. D'Avignon, il va passer une quinzaine de jours à Montpellier [2] d'où il se dirige vers le Poitou [3]. Il convoque à Poitiers ses gens d'armes placés sous les ordres de Charles d'Espagne, connétable, d'Édouard de Beaujeu et d'Arnoul d'Audrehem [4], ma-

Charny, par reconnaissance, devait user de la même générosité. » Les Bénédictins ont commis dans ce peu de lignes presque autant d'erreurs qu'ils ont avancé de faits. Ce n'est pas au mois de septembre 1351, mais en 1352, entre le 6 et le 22 janvier, que les Anglais s'emparèrent par surprise du château de Guines. C'est Robert de Herle, et non Aimeri de Pavie, qui était capitaine de Calais lorsque le Lombard, devenu simple châtelain de Frethun, fut surpris à son tour par Geoffroi de Charny. Enfin, la tentative de ce dernier contre Calais eut lieu, non en 1348, mais dans la nuit du 31 décembre 1349 au 1er janvier 1350.

1. Le roi Jean se mit en route pour Avignon dans les derniers jours de novembre 1350. Le dernier jour de novembre, il passait à Châteauneuf-sur-Loire (Loiret, ar. Orléans); il était arrivé à Villeneuve-lès-Avignon (Gard, arr. Uzès, sur la droite du Rhône) le 23 décembre (JJ80, p. 867; JJ81, p. 166, 167, 237, 760, 203, 460).

2. Le roi de France, arrivé de Beaucaire à Montpellier le 7 janvier 1351, tint le lendemain 8 dans cette ville les états généraux de la province où avaient été convoqués les prélats, barons et communes des sénéchaussées de Toulouse, Carcassonne, Beaucaire et Rouergue, les évêques d'Agde, Béziers, Lodève, Saint-Papoul, Lombez et Comminges (dom Vaissette, *Hist. du Languedoc*, t. IV, p. 272). La présence de Jean à Montpellier du 9 au 21 janvier est attestée par divers actes (JJ80, p. 466, 761, 149, 759, 269, 532, 763, 356, 456, 457, 458. Le roi de France fit une excursion à Aigues-Mortes le 22 janvier et jours suivants (JJ80, p. 463, 459, 749, 771); il était le 26 (JJ80, p. 318, 455, 476) de retour à Villeneuve, où il donnait un tournoi magnifique et séjournait de nouveau jusque vers les premiers jours de février (JJ80, p. 476, 472, 587, 568).

3. Le roi Jean ne se dirigea pas vers le Poitou, mais il regagna directement Paris, où le rappelaient les états généraux de la Languedoil et de la Languedoc convoqués pour le 16 février 1351, convocation qui fut, il est vrai, prorogée au 15 mars suivant. Au retour, il passa par Lyon, où il se trouvait le 7 février (JJ80, p. 216, 372); il était rentré à Paris le 19 février au plus tard (JJ80, p. 212).

4. Froissart a commis une erreur en donnant dès cette époque à Arnoul d'Audrehem le titre de maréchal de France. Le sire d'Audrehem prit en effet, comme le dit notre chroniqueur, une part active à la campagne des Français en Saintonge pendant la première moitié de 1351,

réchaux de France, et vient mettre le siége devant Saint-Jean-d'Angély, dont les habitants appellent à leur secours le roi d'Angleterre. P. 100 à 103, 332 à 334.

Jean de Beauchamp [1] et quarante autres chevaliers anglais, envoyés au secours de Saint-Jean-d'Angély, débarquent à Bordeaux à la tête de trois cents hommes d'armes et de six cents archers. Ces forces, réunies à celles des seigneurs d'Albret, de Mussidan et des autres chevaliers gascons du parti anglais, s'élèvent à cinq [2] cents lances, quinze cents archers et trois mille brigands à pied. Gascons et Anglais franchissent la Garonne, passent à Blaye et arrivent à une journée de distance de la Charente, en vue du pont de Taillebourg. Les Français, qui assiégent Saint-Jean-d'Angély, ont envoyé un détachement garder ce pont sous les ordres de Jean de Saintré, de Guichard d'Angle, de Boucicaut et de Gui de Nesle [3]. A la vue de ce détachement, les Anglais veu-

---

mais il n'était alors que capitaine du comté d'Angoulême pour Charles d'Espagne. Nous avons des lettres données à Angoulême le 5 janvier 1350 par Arnoul d'Audrehem, *chevalier du roi et capitaine souverain deputé ou comté d'Angoulesme* (JJ78, p. 87), et le 24 avril 1351 par le même Arnoul d'Audrehem, *capitaine et gouverneur du comté d'Angoulesme pour Charles d'Espagne* (JJ84, p. 224). Fait prisonnier au combat de Saintes, Arnoul d'Audrehem fut nommé maréchal de France après la mort d'Édouard de Beaujeu, entre le 21 et le 30 juin 1351. Il avait été mis en liberté et se trouvait à Paris dès le 25 mai, jour où dans l'hôtel des hoirs feu Vincent du Castel, près la porte Saint-Honoré, lui et Jeanne de Hamelincourt sa femme se firent une donation entre vifs de tous leurs biens meubles et immeubles; il n'est encore qualifié dans cet acte que *noble homme et puissant Mgr Arnoul d'Odeneham, chevalier, seigneur du dit lieu*, et dans la confirmation, en date du 21 juin suivant, de la dite donation, on l'appelle simplement *dilectum et fidelem militem et consiliarium nostrum* (JJ80, p. 495). Mais dans une donation que le roi Jean lui fit à Saint-Ouen au mois de juin 1351 de la ville et du château de Wassigny (Aisne, ar. Vervins), on donne déjà à Arnoul d'Audrehem le titre de *maréchal de France* (JJ81, p. 110). Le P. Anselme s'est donc trompé en faisant dater la promotion d'Arnoul d'Audrehem comme maréchal de France du mois d'août 1351. V. *Hist. généal.*, t. VI, p. 751 et 752.

1. D'après Robert de Avesbury, les forces anglo-gasconnes, envoyées au secours de Saint-Jean-d'Angély, étaient commandées par le sire d'Albret. *Hist. Ed. III*, p. 186.

2. L'historien du règne d'Édouard III, qui tend à diminuer l'effectif des forces anglaises, toutes les fois qu'il s'agit d'une affaire où elles ont donné, ne prête que six cents hommes d'armes au sire d'Albret. *Ibid.*

3. Nous avons des lettres de Gui de Nesle, sire de Mello, maréchal de France, lieutenant du roi en Poitou, Limousin, Saintonge, An-

ent rebrousser chemin, mais les Français s'élancent à leur poursuite. Un combat s'engage qui tourne à l'avantage des Anglo-Gascons. Tous les Français sont tués ou pris[1]. Les Anglais qui ne se sentent pas en mesure, malgré ce succès, de faire lever le siége de Saint-Jean-d'Angély, retournent à Bordeaux avec leur butin et de bons prisonniers tels que Gui de Nesle, dont par la suite ils ne tirèrent pas moins de cent mille moutons. P. 103 à 108, 334 à 336.

Le roi Jean apprend à Poitiers[2] la déconfiture de Taillebourg;

goumois et Périgord par deçà Dordogne, datées de Niort le 4 novembre 1349 (JJ78, p. 87), le 18 décembre 1350 (JJ80, 577), de Chizé (Deux-Sèvres, arr. Melle, c. Brioux) le 19 février 1351 (JJ81, p. 118). Par acte daté de Paris le 16 mars 1351 « presente domino constabulario » (Charles d'Espagne), le roi Jean donne à son amé et féal ch[er] et c[er] Gui de Nesle, maréchal de France, mille livres tournois de rente annuelle sur les forfaitures qui viendront à échoir (JJ83, p. 344).

1. D'après Robert d'Avesbury, ce combat se livra près de Saintes, le 8 avril 1351, et trois cents chevaliers français y furent faits prisonniers (*Hist. Ed. III*, p. 186 et 187). D'après les Grandes Chroniques de France (v. p. 401 de ce volume), cette affaire eut lieu le 1er avril 1351; et Gui de Nesle, maréchal de France, Guillaume son frère, Arnoul d'Audrehem tombèrent au pouvoir des Anglais. Ce qui est certain, c'est que le combat de Saintes eut lieu avant le mois de juin 1351, puisque Gui de Nesle avait déjà recouvré sa liberté, sous caution ou autrement, à cette date, comme on le voit par des lettres du roi Jean données à Paris *en juin* 1351, *presente Guidone de Nigella marescallo Francie* (JJ80, p. 552). On lit dans d'autres lettres datées du Val Coquatrix le 15 juillet 1351 que le roi Jean donne à Gui de Beaumont, pour l'aider à payer sa rançon, trente huit arpents de bois dans la forêt de Halate « cum prædictus miles nuper cum dilecto et fideli milite et marescallo nostro Guidone de Nigella, cujus dictus Guido de Bellomonte marescallus erat, in nostro servicio in partibus Xantonensibus per regni nostri inimicos captus fuerit et adhuc eorum prisonarius existat » (JJ80, p. 719). D'un autre côté, ce combat se livra, comme le dit Robert d'Avesbury, près de Saintes, car nous lisons dans des lettres de rémission accordées par Gui de Nesle le 24 septembre 1351 à Renoul de Saint-Pardoulf, écuyer, que le dit Renoul avait été *pris darrainement en la bataille de Sainctes* (JJ81, p. 62). Sismondi, M. H. Martin et tous es historiens contemporains se trompent donc à la suite de Froissart en plaçant l'affaire de Saintes à l'époque où le roi Jean vint en Poitou et en Saintonge pour renforcer le siége de Saint-Jean-d'Angély, c'est-à-dire au mois d'août 1351. V. Sismondi, t. X, p. 392 et 393, et M. H. Martin, éd. de 1839, t. V, p. 450.

2. L'affaire de Saintes eut lieu, comme nous venons de le voir, dans les premiers jours d'avril 1351, et le roi Jean n'était pas alors à Poitiers. Il est même fort douteux que le siége fût déjà mis devant Saint-Jean-d'Angély à cette date. La noblesse de la sénéchaussée de Beau-

XLIV   CHRONIQUES DE J. FROISSART.

il est fort irrité à cette nouvelle et vient en personne devant Saint-Jean-d'Angély pour renforcer le siége. Les assiégés sollicitent et obtiennent une trêve de quinze jours, à la condition qu'ils se rendront, s'ils ne sont pas secourus dans cet intervalle. A l'expiration de cette trêve, le 7 août [1] 1351, Saint-Jean-d'Angély ouvre ses portes au roi de France. P. 108, 109, 337.

Après la reddition de Saint-Jean-d'Angély, le roi Jean retourne à Paris, tandis que Jean de Beauchamp et les siens repassent en Angleterre où ils emmènent leurs prisonniers. De retour à Londres, Jean de Beauchamp [2] est nommé, en récompense du succès qu'il a remporté près de Taillebourg, capitaine et gouverneur de Calais. Le roi de France, de son côté, envoie à Saint-Omer Édouard, seigneur de Beaujeu [3], pour garder la frontière contre les Anglais. P. 110, 337.

caire, placée sous les ordres de Guillaume Rolland, sénéchal de ce pays, ne servit *en Poitou*, sous Charles d'Espagne, connétable de France, que de la *mi-juillet* à la mi-septembre 1351 (dom Vaissette, *Hist. du Languedoc*, t. IV, p. 274). Nous avons des lettres de Charles d'Espagne, connétable de France, lieutenant du roi entre Loire et Dordogne, datées *de ses tentes devant Saint-Jean-d'Angély, le 26 juillet* 1351 (JJ81, p. 575), *du siège devant Saint-Jean-d'Angély, le 30 août* 1351 (JJ82, p. 202).

1. La dernière pièce, citée dans la note précédente, prouve que la reddition de Saint-Jean-d'Angély n'a pu avoir lieu le 7 août, puisque Charles d'Espagne assiégeait encore cette ville le 30 août 1351. Dans tous les cas, cette reddition n'aurait pu être faite au roi Jean, qui était encore à Chanteloup (auj. hameau de Saint-Germain-lès-Arpajon, Seine-et-Oise, ar. Corbeil, c. Arpajon) le 10 août 1351 (JJ81, p. 160). Le roi de France ne dut arriver devant Saint-Jean-d'Angély qu'à la fin d'août; il délivra des lettres de rémission le 29 août 1351 à Jean de Pontallier, chevallier, *in tentis nostris ante Sanctum Johannem Angeliacensem* (JJ81, p. 917). D'après les Grandes Chroniques (v. p. 401 de ce volume), Saint-Jean-d'Angély se rendit au mois de septembre. La reddition de cette ville dut avoir lieu entre le 29 août et le 5 septembre; à cette dernière date, le roi de France avait déjà repris le chemin de Paris, comme on le voit par des lettres datées de Niort le 5 septembre 1351, auxquelles Jean fit apposer le sceau de son cousin Charles d'Espagne *in nostrorum magni et secreti absencia* (JJ81, p. 145). Jean était de retour à Paris au plus tard le 17 septembre (JJ81, p. 935).

2. Jean de Beauchamp était capitaine du château de Calais dès le 19 juillet 1348 (Rymer, vol. III, p. 165). Fait prisonnier à l'affaire d'Ardres, au commencement de juin 1351, il fut remplacé le 20 de ce mois par Robert de Herle (*Ibid.*, p. 222).

3. Édouard, sire de Beaujeu, maréchal de France depuis 1347 par la démission de Charles, sire de Montmorency, ne fut pas envoyé à Saint-Omer après la reddition de Saint-Jean-d'Angély, puisque, comme nous le verrons, il était certainement mort avant le 30 juin 1351.

Combat des Trente. Trente gens d'armes, bretons et français, partisans de Charles de Blois, sous les ordres de Robert de Beaumanoir, châtelain de Josselin, se battent en vertu d'une convention et dans des conditions réglées à l'avance contre trente soudoyers anglais, allemands et bretons, partisans de la comtesse de Montfort, commandés par Bramborough, châtelain de Ploërmel[1]. A la première passe, quatre Français et deux Anglais sont tués. On suspend la lutte pour prendre quelques instants de repos; puis le combat recommence. A la seconde passe, les Français prennent le dessus : Bramborough est tué avec huit de ses compagnons; les autres se rendent. Robert de Beaumanoir et les Français survivants emmènent leurs prisonniers à Josselin et les mettent à rançon courtoise, dès que leurs blessures sont guéries, car il n'y a personne, d'un côté comme de l'autre, qui n'ait été blessé. P. 110 à 115, 338 à 340.

« Vingt-deux ans[2] après le combat des Trente, ajoute Froissart, je vis assis à la table du roi Charles de France un chevalier qu'on appelait Yvain Charuel. Comme il avait pris part à ce combat, on l'honorait par-dessus tous les autres. On voyait bien du reste,

---

1. Ce combat passe pour s'être livré le 27 mars, quatrième dimanche de carême 1351, sur le territoire de la commune de la Croix-Helléan (Morbihan, ar. Ploërmel, c. Josselin, à 10 kil. de Ploërmel). Une pyramide de granit a été élevée en 1823 en remplacement du *Chêne de Mivoie*, à 150 mètres environ de l'endroit où se livra le combat. Une croix, reconstruite après la Révolution avec les débris d'une croix plus ancienne, porte une vieille inscription commémorative de ce fait d'armes (art. de M. Rosenzweig dans le Dictionnaire de la France de M. A. Joanne). Le combat des Trente a donné lieu à un curieux poëme, publié en 1819 par Fréminville, en 1827 par Crapelet, et enfin par Buchon V. l'ouvrage intitulé : *Le Combat de trente Bretons contre trente Anglais, d'après les documents originaux des quatorzième et quinzième siècles, suivi de la biographie et des armes des combattants*, par Pol de Courcy. Saint-Brieuc, 1857, impr. Prud'homme, in-4°, 76 p., 3 pl.

2. Ce curieux passage est emprunté au ms. B6 dont le texte est très-corrompu. Peut-être le copiste a-t-il mis un X de trop, et faut-il lire : « XII ans puissedy » au lieu de : « XXII ans puissedy, » ce qui placerait ce séjour de Froissart à Paris vers 1364, au lieu de 1374. C'est précisément en cette année 1364 que, d'après un fragment de compte découvert par M. Caffiaux, Froissart rapporta de Paris des nouvelles d'un procès de la ville de Valenciennes pendant devant le Parlement « ....pour yaus moustrer les nouvelles que Froisars avoit rapportées au prouvost et as jurés dou plait que li ville a à Paris à l'encontre Monseigneur. » Compte de 1364. V. *Nicole de Dury*, par H. Caffiaux, Valenciennes, 1866, in-12, p. 34 et 100.

à son visage, qu'il savait ce que valent coups d'épées, de haches et de dagues; car il était très-balafré. Il me fut dit vers ce même temps que messire Enguerrand de Hesdin avait été lui aussi l'un des Trente, et que c'était là l'origine de la faveur dont il jouissait auprès du roi de France. Ce glorieux fait d'armes se livra entre Ploërmel et Josselin le 27 juillet 1351. » P. 341.

Escarmouche d'Ardres[1]. Édouard, sire de Beaujeu, maréchal de France, envoyé à Saint-Omer après la reddition de Saint-Jean-d'Angély[2], est tué entre Ausques[3] et Ardres en poursuivant les Anglais de Calais, qui sont venus un matin faire une incursion et recueillir du butin jusqu'aux portes de Saint-Omer. En revanche, Jean de Beauchamp, gouverneur de Calais, et vingt

---

1. Sismondi (t. X, p. 398), M. Henri Martin (édit. de 1839, t. V, p. 457) et tous les historiens placent l'affaire d'Ardres en 1352; c'est une erreur qu'ils ont empruntée à Froissart (v. p. 115 de ce volume). Un érudit distingué, M. René de Belleval, s'écarte un peu moins de la vérité en disant que ce combat suivit immédiatement la reddition de Saint-Jean-d'Angély (*La grande guerre*, Paris, Durand, 1862, in-8, p. 48, note 1). Le sire de Beaujeu était certainement mort avant le 30 juin 1351, puisqu'à cette date l'official de Lyon et le juge ordinaire de Beaujeu font citer les témoins qui ont souscrit le testament d'Édouard, sire de Beaujeu, ainsi que les principaux parents et amis du défunt, à comparaître, le lundi après l'octave de Saint-Pierre et Saint-Paul, à Villefranche, pour assister à la publication et à l'ouverture du testament dudit Édouard (Arch. nat., orig. lat. sur parchemin jadis scellé, sect. adm., P1362², cote 1498. V. Huillard-Bréholles, *Titres de la maison de Bourbon*, t. I, p. 449). Édouard, sire de Beaujeu, est mentionné comme décédé dans un acte du 8 juillet 1351 : « dilectum et fidelem nostrum Eduardum, dominum de Bellojoco, *tunc viventem*. » (JJ80, p. 504). Le combat d'Ardres dut même se livrer avant le 20 juin 1351, car Robert de Herle fut nommé à cette date capitaine du château de Calais en remplacement de Jean de Beauchamp, fait prisonnier dans cette rencontre (Rymer, vol. III, p. 222).

2. Édouard de Beaujeu était mort depuis trois mois environ lorsque Saint-Jean-d'Angély se rendit aux Français. Le sire de Beaujeu n'avait d'ailleurs pris aucune part, quoi qu'en dise Froissart, à la campagne des Français en Saintonge pendant la première moitié de 1351. Il se tenait pendant ce temps à Saint-Omer et à Guines en qualité de gardien de la frontière et de lieutenant du roi ès parties de Picardie, tandis que Pierre, duc de Bourbon, comte de Clermont et de la Marche, chambrier de France, résidait au même titre à Arras (JJ80, p. 607).

3. Auj. Nordausques, Pas-de-Calais, ar. Saint-Omer, c. Ardres et Zudausques, Pas-de-Calais, ar. Saint-Omer, c. Lumbres, au nord-ouest de Saint-Omer et au sud-est d'Ardres, sur la route de Saint-Omer à Calais, passant par Ardres.

autres chevaliers anglais sont faits prisonniers par les Français, grâce à un renfort de cinq cents brigands de la garnison de Saint-Omer, qui surviennent vers la fin de l'action. En même temps, le butin fait par les Anglais est repris par le sire de Bouvelinghem, les trois frères de Hames [1] et les garnisons françaises de Hames, de la Montoire [2] et de Guines [3]. — Arnoul d'Audrehem [4] est envoyé à Saint-Omer, et succède à Édouard de Beaujeu comme gardien de la frontière contre les Anglais. D'un autre côté, le comte de Warwick [5] est nommé par Édouard III gouverneur de Calais en remplacement de Jean de Beauchamp qui vient d'être fait prisonnier; celui-ci, toutefois, ne tarde pas à recouvrer sa liberté : les Français l'échangent contre Gui de Nesle [6] pris par les Anglais à l'affaire de Taillebourg. P. 115 à 122, 341 à 346.

Mort de Clément VI; avénement d'Innocent VI [7]. Grâce à la médiation du cardinal Gui de Boulogne, légat du nouveau pape, une trêve [8] est conclue pour deux ans entre les rois de France et d'Angleterre. P. 122, 123, 346.

1. Hames fut cédé aux Anglais en 1360 par le traité de Brétigny; et le roi Jean, par acte daté de Hesdin en novembre 1360, pour indemniser ses amés et féaux Guillaume, seigneur de Hames, et Enguerrand son frère, leur assigna cinq cents livrées de terre en rente perpétuelle sur sa recette d'Amiens. JJ118, p. 92.
2. Voy. plus haut, p. XIII, note 3.
3. Voy. plus haut, p. XII, note 4.
Si le combat d'Ardres avait eu lieu en 1352, comme l'avancent tous les historiens, la garnison de Guines ne serait pas venue au secours des Français, puisque cette forteresse tomba au pouvoir des Anglais dès le commencement de janvier de cette année.
4. Ce fut Jean de Boulogne, qui succéda à Édouard de Beaujeu et fut envoyé à Saint-Omer dès le mois de juillet 1351 comme lieutenant du roi ès parties de Picardie et sur les frontières de Flandre (JJ82, p. 276).
5. Ce ne fut pas Thomas de Beauchamp, comte de Warwick, qui succéda à Jean de Beauchamp son frère; Robert de Herle fut nommé capitaine du château de Calais le 20 juin 1351 (Rymer, vol. III, p. 222).
6. Jean de Beauchamp ne fut pas échangé contre Gui de Nesle; il était encore prisonnier le 4 décembre 1351 (Rymer, vol. III, p. 236).
7. Étienne Aubert, ancien évêque de Clermont, cardinal d'Ostie, fut élu pape sous le nom d'Innocent VI le 18 décembre 1352 en remplacement de Clément VI mort le 6 décembre précédent.
8. Une trêve fut en effet conclue, grâce à la médiation du cardinal Gui de Boulogne, entre le château et la bastide de Guines, le 10 mars 1353 (n. st.); elle devait durer jusqu'au 1er août suivant (Rymer, vol. III, p. 254).

Raoul, comte d'Eu et de Guines, connétable de France, peu après son retour d'Angleterre[1] où il a passé quatre ans en prison, est mis à mort sans jugement par l'ordre du roi Jean qui donne les biens de la victime à Jean d'Artois, comte d'Eu; et cette exécution excite de violents murmures en France comme aussi au dehors du royaume. P. 123 à 125, 346, 347.

Quelque temps après l'exécution du comte de Guines, et durant la trêve[2] conclue avec le roi d'Angleterre, un traître vend et

1. Raoul de Brienne, comte d'Eu et de Guines, connétable de France, fait prisonnier à la prise de Caen par les Anglais le 26 juillet 1346, était encore en Angleterre le 20 octobre 1350, jour où Édouard octroya des lettres de sauvegarde à quinze personnes envoyées en France pour rassembler l'argent destiné à la rançon du connétable (Rymer, vol. III, p. 206). Le 8 novembre 1350, Raoul d'Eu était encore dans les bonnes grâces du roi Jean qui ordonna, par un mandement en date de ce jour, d'exproprier Jean Morier, changeur, qui avait pris la fuite, emportant quatre cents deniers d'or à l'écu qui appartenaient à son *très cher et féal cousin* le connétable de France du fait de sa charge (JJ80, p. 312). Il dut être exécuté le 18 novembre au matin, car il est déjà mentionné comme défunt dans un acte de ce jour par lequel le roi Jean donne à Gautier duc d'Athènes, marié à Jeanne d'Eu, sœur du connétable, l'hôtel que Raoul d'Eu possédait à Paris dans le quartier Saint-Paul (JJ80, p. 168). Sauf le château et la châtellenie de Beaurain concédés le 23 décembre 1350 à Robert de Lorris (JJ81, p. 220), le comté d'Eu donné en février 1351 à Jean d'Artois (JJ81, p. 282) et la reprise en mars 1351 (JJ80, p. 348) par Catherine de Savoie, fille de feu Louis de Savoie et veuve de Raoul d'Eu, d'un apport dotal de quatre mille florins d'or assis sur la terre de Sauchay (Seine-Inférieure, arr. Dieppe, c. Envermeu), le reste de la succession de Raoul passa, en vertu de donations faites par le roi Jean en février (JJ80, p. 368) le 16 mars (JJ80, p. 659) et le 26 septembre 1351 (JJ80, p. 464), à Gautier de Brienne-Châtillon, duc d'Athènes, comte de Braisne, beau-frère, et à Jeanne d'Eu, duchesse d'Athènes, sœur de l'infortuné connétable. Villani dit (l. II, c. 50) que le roi Jean fit mettre à mort Raoul d'Eu parce que, n'ayant pu se procurer l'énorme somme exigée pour sa rançon, le comte de Guines promit de livrer au roi d'Angleterre en échange de sa liberté le comté et la forteresse de Guines. Ce qui rend la version du chroniqueur florentin très-vraisemblable, c'est que Jean confisqua au profit de la couronne et ne donna à personne le comté de Guines.

2. Cette trêve fut conclue entre Guines et Calais le soir du 11 septembre 1351 et devait durer jusqu'au matin du 12 septembre 1352 (Rymer, vol. III, p. 232). D'après les Grandes Chroniques de France (V. p. 401 de ce volume et la Chronique des Valois (p. 24), le château de Guines fut pris par les Anglais pendant la première fête de l'Étoile à laquelle s'était rendu le sire de Bouvelinghem, capitaine de ce château. Or cette fête se tint le 6 janvier 1352. Le rédacteur des Grandes Chroniques rapporte, il est vrai, la fête dont il s'agit au mois de novembre

livre le château de Guines aux Anglais. Jean de Beauchamp, gouverneur de Calais, répond à toutes les réclamations du roi de France au sujet de ce marché que l'achat d'un château ne constitue pas une infraction à la trêve. P. 125, 126, 347, 348.

Le roi Jean fonde[1], à l'imitation de la Table Ronde du roi Arthur, un ordre de chevalerie composé des trois cents chevaliers les plus preux de France, et appelé l'ordre de l'Étoile, parce qu'il a pour signe distinctif une étoile d'or, d'argent doré ou de perles qu'on porte par-dessus le vêtement. Les membres de l'ordre doivent, à toutes les fêtes solennelles, se réunir à la Noble Maison construite exprès pour cet objet près de Saint-Denis; c'est là que le roi tient cour plénière au moins une fois l'an, et que chaque compagnon vient raconter ses faits d'armes enregistrés sous sa dictée par des clercs. On ne peut être admis dans la confrérie qu'avec l'assentiment du roi et de la majorité des compagnons; on fait serment, en y entrant, de ne jamais fuir dans une bataille plus loin que quatre arpents, au risque d'être tué ou fait prisonnier; on jure aussi de se porter secours les uns aux autres en toute occasion. Si un compagnon de l'Étoile se trouve sans ressource sur ses vieux jours, la Noble Maison lui offre un asile où il est assuré d'un train de vie honorable pour lui et pour deux varlets.—Peu après la fondation de l'ordre de l'Étoile, la guerre redouble en Bretagne où le roi d'Angleterre, allié de la comtesse de Montfort, expédie des forces considérables. Gui de Nesle, sire d'Offémont[2], et plus de quatre-vingt-dix chevaliers de l'Étoile,

---

1351 : mais il aura confondu sans doute l'ordonnance de fondation en date du 16 novembre 1351 avec la première fête de l'Ordre qui eut lieu, comme nous venons de le dire, le 6 janvier 1352. D'un autre côté, Robert de Avesbury place la prise de Guines vers la Saint-Vincent (22 janvier) 1352 : *tunc instante festo Sancti Vincentii* (*Hist. Ed. III*, p. 188). D'où il suit que la prise de Guines par les Anglais eut lieu du 6 au 22 janvier 1352. Un archer anglais, nommé Jean de Dancaster, s'empara-t-il de ce château par surprise, suivant le témoignage de Robert de Avesbury; ou la forteresse française fut-elle livrée par la trahison de Guillaume de Beaucaurroy, suivant la version de la plupart des chroniqueurs français? C'est ce que le silence des actes ne nous permet pas de décider.

1. L'ordonnance de fondation est du 16 novembre 1351, et la première fête se tint le 6 janvier 1352. Du reste, pour tout ce qui concerne l'ordre de l'Étoile, il nous suffit de renvoyer à l'excellent ouvrage de M. Léopold Pannier, *La Noble Maison de Saint-Ouen*, Paris, 1872, in-12, p. 84 à 127.

2. Froissart désigne ici le combat de Mauron (Morbihan, arr. Ploër-

envoyés par le roi de France au secours de la comtesse de Blois, trouvent la mort dans une embuscade que les Anglais leur avaient tendue; ils auraient pu se sauver, mais ils venaient de s'engager par serment, en vertu des statuts de la nouvelle confrérie, à ne jamais fuir. Un aussi malheureux début et plus encore les désastres qui s'abattent ensuite sur la France ne tardent pas à amener la ruine de l'ordre de l'Étoile. P. 126 à 128, 348, 349.

CHAPITRE LXXIII.

1354. ASSASSINAT DE CHARLES D'ESPAGNE; RUPTURE ENTRE LE ROI DE NAVARRE ET SES FRÈRES, INSTIGATEURS DE CET ATTENTAT, ET LE ROI DE FRANCE. — 1355. EXPIRATION DES TRÊVES ET OUVERTURE DES HOSTILITÉS ENTRE LA FRANCE ET L'ANGLETERRE. — MORT DE JEAN, DUC DE BRABANT, ET AVÉNEMENT DE JEANNE, MARIÉE A WENCESLAS DE LUXEMBOURG. — 1356. GUERRE ENTRE FLANDRE ET BRABANT [1] (§§ 343 et 344).

Le roi Jean, non content d'avoir fait après l'exécution du comte d'Eu Charles d'Espagne connétable de France, le comble de biens [2] et lui donne notamment une terre que le roi de Navarre et

mel, au nord-est de Ploërmel, à l'est de Rennes et de Montfort-sur-Meu), livré le 14 août 1352, où Gautier de Bentley, capitaine pour le roi d'Angleterre en Bretagne, à la tête de trois cents hommes d'armes et d'un égal nombre d'archers, battit Gui de Nesle, sire d'Offémont, maréchal de France, qui se fit tuer ainsi que le sire de Bricquebec et Gui de Nesle, châtelain de Beauvais. Robert de Avesbury cite en outre parmi les morts, du côté des Français, le vicomte de Rohan, Jean Frère, les seigneurs de Quintin, de Tinténiac, de Rochemont, de Montauban, Renaud de Montauban, Robert Raguenel, Guillaume de Launay, etc., en tout quatre-vingts chevaliers et cinq cents écuyers. V. Grandes Chroniques, p. 402 de ce volume, et Robert de Avesbury, p. 189 à 191.

1. Cf. Jean le Bel, *Chroniques*, t. II, chap. LXXXVIII, p. 169 à 171.
2. Charles de Castille, dit d'Espagne, fils d'Alphonse de la Cerda, seigneur de Lunel, fut fait connétable de France en janvier 1351 en remplacement de Raoul de Brienne, II du nom, comte d'Eu et de Guines, exécuté le 18 novembre 1350. Dès le 23 décembre 1350, le roi Jean fit don à Charles d'Espagne, son cousin, du comté d'Angoulême (Arch. nat., sect. hist., JJ80, p. 768), et ce don fut renou-

ses frères prétendent leur appartenir. A dater de ce moment, les enfants de Navarre vouent au favori une haine mortelle. Pour assouvir leur vengeance, ils ont recours à un guet-apens : ils surprennent une nuit le connétable dans un petit village situé près de Laigle [1] et le font mettre à mort par une bande que commande leur cousin le Bascle de Mareuil. A la nouvelle de l'assassinat de Charles d'Espagne, Jean confisque le comté d'Évreux et tout ce que le roi de Navarre possède en Normandie ; il fait aussi envahir la Navarre par les comtes de Comminges et d'Armagnac, mais le comte de Foix, allié du roi de Navarre son beau-frère, porte la guerre en Armagnac. P. 129 à 131, 349, 350.

Pierre, duc de Bourbon et Henri, duc de Lancastre, envoyés à Avignon pour traiter de la paix, ne parviennent pas à s'entendre malgré tous les efforts du pape Innocent VI ; et comme la trêve vient d'expirer [2], la guerre recommence entre la France et l'An-

velé en octobre 1352 (JJ81, p. 464). En novembre 1352, Charles d'Espagne est gratifié du château et de la châtellenie d'Archiac (JJ81, p. 452). En janvier 1353, le roi de France unit diverses terres à la baronnie de Lunel en faveur de Charles d'Espagne (J166, n° 28). Le 17 juillet 1353, le roi Jean concède à Charles d'Espagne les ville, château et châtellenie de la Roche d'Agoux (Puy-de-Dôme, ar. Riom, c. Poinsat) donnés naguère par Philippe de Valois au connétable Imbert de Beaujeu, seigneur de Montpensier (JJ81, p. 767).

1. Charles d'Espagne fut assassiné le 6 janvier 1354. Charles, roi de Navarre, Philippe et Louis de Navarre, frères du dit roi, instigateurs de cet assassinat (JJ82, p. 278), eurent pour complices Jean Malet, seigneur de Graville (JJ82, p. 226), Guillaume de Mainemares, dit Maubue, chev. (JJ82, p. 469), Colard Doublel, écuyer (JJ82, p. 511), Jean dit de Fricamps, chev. (JJ82, p. 183), le seigneur de Clères (JJ82, p. 477), le seigneur d'Aulnay, chev. (JJ82, p. 468), Ancel de Villiers, chev. (JJ82, p. 466), le seigneur de Morbecque, chev. (JJ82, p. 467), Jean de Champgerboust (JJ82, p. 443), Gilles de Banthelu (JJ82, p. 445), Jean de Belangues (JJ82, p. 446), Jean de Gramoue (JJ82, p. 447), Henri de Mucy (JJ82, p. 463), Philippe de Boutanvilliers (JJ82, p. 464), Drouet de Lintot (JJ82, p. 465), Jean Du Quesne (JJ82, p. 474), Geffroi de Marson (JJ82, p. 475), Henr Du Bois (JJ82, p. 476), Guillaume de Manteville (JJ82, p. 510), écuyers, qui obtinrent des lettres de rémission le 4 mars 1354.

Des lettres de rémission, octroyées au roi de Navarre sur le fait du meurtre du connétable Charles d'Espagne, furent entérinées au parlement, en séance du roi, le 4 mars 1354. Arch. nat., U 524, t. 33, f° 61.

2. La trêve, conclue *ès tentes devant Guines* le 6 avril 1354, devait expirer le 6 avril 1355. Les pleins pouvoirs donnés par Édouard à Guillaume, évêque de Norwich, à Michel évêque élu de Londres, à Henri duc de Lancastre, à Richard comte d'Arundel, à Barthélemy de Burghersh, chambellan du roi, à Gui de Bryan seigneur de Laghern.

gleterre. — Mort de Jean [1], duc de Brabant. Le duché de Brabant échoit à Jeanne, fille aînée de Jean, mariée à Wenceslas, duc de Luxembourg, fils de Jean de Luxembourg, roi de Bohême, et d'une sœur de Pierre, duc de Bourbon. Wenceslas est encore jeune, mais il gouverne par le conseil de son oncle Jacques de Bourbon [2]. Louis, comte de Flandre, marié à l'une des filles de Jean de Brabant, réclame Malines et Anvers comme devant faire retour au comté de Flandre après la mort de son beau-père, en vertu d'une convention consentie par le feu duc de Brabant. Une guerre terrible éclate au sujet de cette réclamation entre Flandre et Brabant; elle ne dure pas moins de trois [3] ans. Cette guerre prend fin grâce à l'arbitrage de Guillaume de Hainaut [4], fils de l'empereur Louis de Bavière, qui adjuge Malines et Anvers au comte de Flandre. P. 132, 133, 350, 351.

sont datés de Westminster le 28 août 1354 (Rymer, vol. III, p. 283). Le roi leur adjoignit des auxiliaires, le 30 octobre suivant, pour le cas où un traité serait conclu (*Ibid.*, p. 289). Les plénipotentiaires du roi de France, Pierre I, duc de Bourbon et Pierre de la Forêt, archevêque de Rouen, chancelier de France, partirent pour Avignon dans le courant du mois de novembre 1354. Les négociations, qui remplirent les mois de janvier et de février 1355, n'eurent d'autre résultat que la prolongation de la trêve jusqu'au 24 juin suivant.

1. Jean III, dit le Triomphant, duc de Brabant, mourut le 5 décembre 1355. Il avait épousé en 1314 Marie, seconde fille de Louis comte d'Évreux, décédée le 30 octobre 1335, après lui avoir donné trois fils morts sans lignée avant leur père, et trois filles : Jeanne, mariée à Wenceslas de Luxembourg, qui lui succéda; Marguerite mariée à Louis de Male comte de Flandre; Marie femme de Renaud duc de Gueldre. Jean laissait, en outre, dix-sept bâtards, sept garçons et dix filles.

2. Wenceslas, marié en 1347 à Jeanne de Brabant, veuve de Guillaume II comte de Hainaut, comte de Luxembourg à la fin de 1353, fait duc par l'empereur Charles IV son frère le 13 mars 1354, était fils de Jean de Luxembourg, roi de Bohême, tué à Crécy, et de sa seconde femme, Béatrix, fille de Louis Ier, duc de Bourbon. Wenceslas se trouvait donc, comme le dit Froissart, neveu de Jacques de Bourbon, comte de la Marche, frère cadet de sa mère.

3. Cette guerre ne dura guère qu'un an et demi, et non trois ans; elle ne commença qu'en 1356, et fut signalée par la bataille de Scheut près Bruxelles (auj. écart d'Anderlecht, prov. Brabant, c. Molenbeek-Saint-Jean, à 4 kil. de Bruxelles), gagnée le 18 août 1356 par les Flamands sur les Brabançons. Le traité de paix qui mit fin à cette guerre est daté du 3 juillet 1357.

4. Guillaume III, dit l'Insensé, fils de Louis Ier de Bavière, empereur d'Allemagne, et de sa seconde femme, Marguerite de Hainaut, succéda à sa mère dans le comté de Hainaut le 26 février 1357.

CHAPITRE LXXIV.

1355. TRAITÉ D'ALLIANCE ENTRE LES ROIS DE FRANCE ET DE NAVARRE. — CHEVAUCHÉE DU ROI D'ANGLETERRE EN BOULONNAIS ET EN ARTOIS ; CONCENTRATION A AMIENS ET MARCHE DES FRANÇAIS CONTRE L'ENVAHISSEUR. — PRISE DU CHATEAU DE BERWICK PAR LES ÉCOSSAIS ; RETOUR D'ÉDOUARD A CALAIS [1] (§§ 345 à 351).

Les frères de Navarre se rendent en Angleterre où ils concluent une alliance offensive et défensive avec Édouard contre le roi de France [2]; à leur retour en Normandie, ils mettent en état de défense les châteaux d'Évreux, de Breteuil et de Conches. Le roi d'Angleterre lève trois armées à la fois : la première, composée de cinq cents hommes d'armes et de mille archers sous la conduite du duc de Lancastre, doit opérer en Bretagne contre Charles de Blois qui vient de recouvrer sa liberté moyennant une rançon de quatre cent [3] mille écus; la seconde, dont l'effectif ne

---

1. Cf. Jean le Bel, *Chroniques*, t. II, chap. xc, p. 177 à 183.
2. Les actes ne font aucune mention de ce voyage du roi de Navarre et de son frère en Angleterre. On voit seulement par la déposition en date du 5 mai 1356 de Friquet, gouverneur de Caen pour le roi de Navarre, que le duc de Lancastre, qui était alors en Flandre, fit offrir à Charles le Mauvais le secours de son cousin Édouard contre la vengeance du roi Jean, que le roi de Navarre se réfugia aussitôt auprès du pape à Avignon d'où il se rendit en Navarre, et que ce fut de là qu'il expédia un de ses agents, nommé Colin Doublet, en Angleterre pour annoncer au roi qu'il se rendrait par mer avec des troupes à Cherbourg afin de recouvrer ses places occupées par le roi de France. Cette déposition de Friquet a été publiée par Secousse, *Preuves de l'histoire de Charles le Mauvais*, p. 49 à 57.
3. Les lettres de sauvegarde données par le roi d'Angleterre à Charles de Blois pour aller en Bretagne assister au mariage de sa fille Marguerite avec le connétable Charles d'Espagne et chercher l'argent de sa rançon, sont datées du 10 novembre 1354 (Rymer, vol. III, p. 290). Des lettres de sauf-conduit furent aussi délivrées le même jour à seize seigneurs bretons qui, après avoir accompagné Charles sur le continent, devaient revenir en Angleterre se constituer otages, en cas de non-payement de la rançon, si Charles lui-même n'était pas de retour avant le 24 juin 1355. Parmi ces seigneurs figurent Jean, vicomte de Rohan, banneret, Thibaud, sire de Rochefort, banneret, Bonabbé de Rougé, sire de Derval, banneret, Jean de Beaumanoir, Yvain Charuel, Ber-

s'élève pas à moins de mille hommes d'armes et de deux mille archers, est dirigée sur la Guienne et placée sous les ordres du prince de Galles[1] et de Jean Chandos; la troisième enfin, forte de deux mille hommes d'armes et de quatre mille archers, est commandée par le roi d'Angleterre en personne et doit débarquer en Normandie. P. 133 à 136, 351 à 354.

Édouard s'embarque à Southampton[2] et fait voile vers Cherbourg où l'attend le roi de Navarre; mais les vents contraires l'obligent à relâcher quinze jours à l'île de Wight, puis à Guernesey. Le roi de France est informé de ces préparatifs ainsi que de la prochaine descente des Anglais en Normandie; il envoie à Cherbourg l'évêque de Bayeux et le comte de Saarbruck qui parviennent à détacher le roi de Navarre de l'alliance d'Édouard et le décident à faire la paix[3] avec Jean son beau-père; toutefois Philippe de Navarre reste attaché au parti anglais. P. 136 à 138, 354 à 356.

A la nouvelle de la défection de son allié, le roi d'Angleterre renonce à descendre en Normandie et débarque à Calais. Il en-

---

trand du Guesclin. En même temps, par acte daté du 11 novembre 1354, il fut convenu qu'il y aurait trêve en Bretagne entre les Anglais et les partisans de Charles de Blois jusqu'au 24 juin 1355 (*Ibid.*, p. 290 et 291). Le 8 février 1355, Thomas de Holland avait été nommé pour un an capitaine et lieutenant en Bretagne (p. 295), mais Édouard lui notifia, le 14 septembre suivant, qu'il eût à livrer les places fortes à Henri, duc de Lancastre, appelé à le remplacer dans le commandement de cette province et des pays adjacents (*Ibid.*, p. 312).

1. Dès le 27 avril 1355, Édouard donne des ordres pour rassembler la flotte qui doit transporter en Guienne le prince de Galles et son armée; le 6 mai il fait préparer pour l'expédition de son fils deux mille cinq cents claies et quinze équipages de ponts (Rymer, vol. III, p. 298 et 299).

2. Le 1er juin 1355, le roi d'Angleterre demande des prières à l'archevêque de Cantorbéry, primat du royaume, à l'occasion de la guerre contre la France qui va recommencer (*Ibid.*, p. 303); le 1er juillet suivant, il nomme gardiens du royaume pendant son absence Thomas son fils, les archevêques de Cantorbéry et d'York, l'évêque de Winchester, Richard comte d'Arundel et Barthélemy de Burghersh (*Ibid.*, p. 305).

3. Un traité fut conclu à Valognes le 10 septembre 1355 entre Charles II, roi de Navarre, et le roi Jean; il avait été négocié au nom du roi de France par Jacques de Bourbon, comte de Ponthieu, connétable de France, et par Gautier, duc d'Athènes, comte de Braine. Ce traité a été publié par Secousse, *Preuves de l'histoire de Charles le Mauvais*, p. 582 à 595.

treprend une chevauchée à travers la France, passe devant Ardres¹ et la Montoire², court devant Saint-Omer, dont Louis de Namur est capitaine, et s'avance tellement dans la direction de Hesdin que les habitants d'Arras s'attendent à être assiégés par les Anglais³. — Le roi de France, de son côté, fait de grands préparatifs pour repousser l'envahisseur; il appelle à son secours ses bons amis de l'Empire, entre autres Jean de Hainaut; il convoque à Amiens tous les chevaliers et écuyers depuis quinze

---

1. Ardres-en-Calaisis, Pas-de-Calais, ar. Saint-Omer.
2. Auj. hameau de Zutkerque, Pas-de-Calais, ar. Saint-Omer, c. Audruicq.
3. D'après Robert de Avesbury, Édouard fit crier dans les rues de Londres le 11 septembre que tous chevaliers, gens d'armes et archers se tinssent prêts à partir le 29 septembre de Sandwich pour Calais; le 15 et le 26 de ce mois, il défendait de faire sortir des ports aucun navire jusqu'à la Saint-Michel (Rymer, vol. III, p. 313). Grâce à ces mesures, une armée de plus de trois mille hommes d'armes, avec deux mille archers à cheval et un grand nombre d'archers à pied, était réunie à Calais avant la fin d'octobre. Ce qui avait déterminé le roi d'Angleterre à lever des forces si considérables, c'était sans doute la célèbre ordonnance par laquelle le roi Jean son adversaire avait convoqué à Amiens, dès le 17 mai de cette année, le ban et l'arrière-ban, c'est-à-dire tous les hommes valides depuis dix-huit jusqu'à soixante ans (Arch. nat., sect. hist., K47, n° 35); mais nous apprenons par des lettres de rémission, octroyées en décembre 1355 aux habitants de Paris, que les contingents des communes, outre qu'ils étaient très-incomplets, n'arrivèrent pas en temps (JJ84, p. 456). S'il fallait en croire Robert de Avesbury (v. p. 205 à 207), Édouard serait entré en campagne et aurait marché sur Saint-Omer le 2 novembre. Le roi Jean, arrivé dans cette ville avec une puissante armée, n'aurait osé attendre les Anglais et se serait retiré devant eux en ayant soin d'enlever tous les approvisionnements pour les affamer. La disette de vivres seule aurait forcé Édouard à s'arrêter à Hesdin et à regagner, par la route de Boulogne, Calais, où il serait rentré après dix jours de chevauchée le jour de Saint-Martin d'hiver (11 novembre). L'itinéraire du roi Jean, que nous avons dressé d'après les actes, prouve que le récit du chroniqueur anglais est de toute fausseté, du moins en ce qui concerne la marche de l'armée française. Le roi de France, en effet, est à l'abbaye de Saint-Fuscien (Somme, ar. Amiens, c. Sains) le 28 octobre (JJ84, p. 352), à Amiens le 5 (JJ84, p. 335) et le 7 novembre (JJ 84, p. 412), à Coisy près Amiens (Somme, ar. Amiens, c. Villiers-Bocage) en novembre (JJ84, p. 419), à Lucheux (Somme, ar. et c. Doullens, sur les confins de l'Artois) le 9 novembre (JJ84, p. 445), à Aire et à Saint-Omer en novembre (JJ84, p. 371, 233, 330, 365). On voit par ces étapes que, du 2 au 11 novembre, le roi Jean, loin de se retirer devant les Anglais en s'enfuyant de Saint-Omer à Amiens, ne cessa au contraire de s'avancer à leur rencontre.

jusqu'à soixante ans; il se rend lui-même dans cette ville avec ses quatre fils, le roi de Navarre son gendre, le duc d'Orléans son frère et l'élite de la noblesse du royaume; il parvient à réunir sous ses ordres une armée de douze mille hommes d'armes et de trente mille gens des communautés. P. 138 à 141, 356 à 359.

Sur ces entrefaites, les Écossais, qui reçoivent des renforts du roi de France [1], profitent de l'absence d'Édouard, du prince de Galles et du duc de Lancastre, pour attaquer, sous les ordres de Guillaume de Douglas, Roxburgh et Berwick; ils échouent devant Roxburgh, mais ils s'emparent du château de Berwick [2] et sont sur le point de prendre la cité elle-même dont les bourgeois demandent du secours au roi d'Angleterre. P. 141 à 143, 359 à 361.

Dans le même temps, un chevalier français nommé Boucicaut, prisonnier des Anglais, qui lui ont permis seulement d'aller quelques mois dans son pays mettre ordre à ses affaires, vient rejoindre le roi d'Angleterre devant Blangy, beau château et fort du comté d'Artois. Édouard met Boucicaut en liberté sans rançon, à condition qu'il ira de sa part offrir la bataille au roi de France [3] qui se tient toujours à Amiens où il achève de rassembler ses forces. P. 143 à 146, 361 à 363.

Le roi Jean laisse sans réponse le défi de son adversaire. Ce que voyant, Édouard rebrousse chemin à travers le comté de Fauquembergue, passe à Licques [4] dans le pays d'Alquines, contourne la bastide d'Ardres, et, par le beau chemin de plaine dit de Leulingue, rentre tout droit à Calais. Arnoul d'Audrehem,

---

1. D'après la *Scala Chronica*, le roi de France avait envoyé en Écosse le sire de Garancières avec cinquante hommes d'armes et une somme de dix mille marcs à partager entre les barons d'Écosse, à condition qu'ils violeraient la trêve.

2. D'après Robert de Avesbury (p. 209), les Écossais s'emparèrent par surprise, le 6 novembre, de la ville de Berwick, et non du château, qui resta au pouvoir des Anglais. Il ne fallait pas moins de trois jours pour faire parvenir cette nouvelle à Édouard; et en effet le roi d'Angleterre, interrompant sa marche en avant à travers l'Artois, se mit en devoir de regagner Calais dès le 9 novembre.

3. Robert de Avesbury prétend (p. 206) que Jean fut effrayé en apprenant par Boucicaut, qu'il appelle « sire Bursyngaud », combien était forte l'armée anglaise qui marchait en bon ordre, divisée en trois batailles.

4. Pas-de-Calais, arr. Boulogne-sur-Mer, c. Guines.

capitaine d'Ardres [1], se jette sur l'arrière-garde anglaise et fait dix ou douze prisonniers. Jean fait défier à son tour Édouard par Boucicaut et Arnoul d'Audrehem; mais les mauvaises nouvelles reçues d'Écosse empêchent le roi d'Angleterre d'accepter ce défi [2]. Le roi de France licencie son armée. — Au retour de cette expédition, Jean de Hainaut meurt dans la nuit de la Saint-Grégoire en son hôtel de Beaumont; il est enterré en l'église des Cordeliers de Valenciennes. Il laisse pour héritiers ses petits-fils Louis, Jean et Gui, fils du comte de Blois tué à Crécy et de Jeanne de Beaumont. P. 146 à 150, 363 à 368.

CHAPITRE LXXV.

1356. EXPÉDITION D'ÉDOUARD III EN ÉCOSSE [3] (§§ 352 à 355).

Le roi d'Angleterre quitte Calais dont il confie la garde au comte de Salisbury, repasse en Angleterre et se dirige tout droit vers l'Écosse [4]. Gautier de Mauny, qui marche à l'avant-garde de

1. Arnoul d'Audrehem, maréchal de France, qui avait été nommé, le 1er janvier 1355, lieutenant ès parties de Picardie, d'Artois et de Boulonnais (Arch. nat., JJ84, p. 181) tenait habituellement garnison à Saint-Omer (JJ85, p. 132) ou à Ardres (JJ84, p. 461). Philippe, duc d'Orléans, avait été nommé aussi lieutenant du roi ès dites parties le 6 juillet 1355 (JJ84, p. 499).
2. Robert de Avesbury raconte aussi que le lendemain du retour d'Edouard à Calais, c'est-à-dire le 12 novembre, le connétable de France et d'autres seigneurs vinrent au bout de la chaussée de Calais offrir la bataille pour le mardi suivant, 16 novembre; mais le duc de Lancastre, le comte de Northampton et Gautier de Mauny, chargés de s'entendre avec les envoyés français, répondirent à ceux-ci par des faux-fuyants, de telle sorte que l'entrevue n'aboutit à aucun résultat. Robert de Avesbury, *Hist. Ed. III*, p. 207 à 209.
3. Cf. Jean le Bel, *Chroniques*, t. II, chap. xci, p. 185 et 186.
4. Édouard, qui repassa en Angleterre dans la seconde quinzaine de novembre, octroya, le 3 décembre suivant, à Westminster, des lettres de rémission à des seigneurs qui avaient chassé avec Édouard Baillol dans sa forêt d'Inglewod en Cumberland; dès le 22 décembre, il était à Durham où il convoqua à Newcastle-upon-Tyne, pour le 1er janvier 1356, au plus tard, tous les hommes valides entre seize et soixante ans; il était à Newcastle le 6 et le 9 janvier 1356 (Rymer, vol. III, p. 314 et 315). Le 13 janvier, il arriva devant Berwick où il rejoignit Gautier de Mauny qui l'avait précédé pour prendre le commandement

l'expédition, parvient à reprendre le château de Berwick aux Écossais avant l'arrivée d'Édouard dans cette ville. P. 150 à 152, 368, 369.

Les Anglais occupent Édimbourg qui est une ville ouverte; le roi habite la maison d'un bourgeois auquel David Bruce avait promis naguère de le faire maire de Londres; il met le siége devant le château. P. 153, 154, 369, 370.

La famine menace bientôt les assiégeants[1]. On est au fort de l'hiver. Les Écossais, pour affamer les envahisseurs, ont emporté vivres et bétail de l'autre côté de la rivière de Tay; et une horrible tempête force la flotte qui apporte des provisions aux Anglais à rentrer dans le port de Berwick[2]. Édouard reçoit à Édimbourg la visite de la comtesse de Douglas qui habite le château de Dalkeith; à la prière de cette dame, il s'engage à ne pas brûler la capitale de l'Écosse. Pendant ce temps, Guillaume de Douglas[3], mari de ladite comtesse, garde avec cinq cents armures de fer des défilés par où les ennemis doivent passer pour retourner chez eux. P. 155, 156, 370, 371.

Aussi, les envahisseurs, à leur retour en Angleterre, sont attaqués à l'improviste par Guillaume de Douglas au moment où

du château et qui avait fait miner les remparts de la ville, dont les habitants se rendirent le jour même (Robert de Avesbury, p. 228 et 229). Les prélats et barons d'Écosse tenaient un grand conseil à Perth, le 17 janvier, pour traiter de la délivrance de Robert Bruce (Rymer, vol. III, p. 317). Trois jours plus tard, le 20 janvier, à Roxburgh, Édouard III se faisait céder solennellement par Édouard Baillol tous les droits de ce prétendant sur le trône d'Écosse (*ibid.*, p. 317 à 320).

1. D'après Robert de Avesbury (p. 235 et 236), l'armée anglaise se composait de trois mille hommes d'armes, de dix mille soudoyers, de plus de dix mille archers à cheval et d'un égal nombre d'archers à pied; elle avait un front de vingt lieues.

2. « Plures naves, de Anglia versus ipsum regem cum victualibus venientes, adeo fuerant per tempestates maris horribiliter agitatæ quod quædam earum, ut dicebatur, perierunt; et quædam ad portus diversos Angliæ redierunt per tempestatem compulsæ, et quædam ad partes exteras transvehebantur. » Robert de Avesbury, p. 237.

3. D'après Robert de Avesbury (p. 236 à 238), Guillaume de Douglas aurait sollicité et obtenu du roi de l'Angleterre une trêve de dix jours, en promettant d'attirer les prélats et barons d'Écosse dans l'obéissance d'Édouard; mais au lieu de tenir sa promesse, il n'aurait profité de cette trêve que pour faire transporter tous les vivres et approvisionnements dans ses places fortes ou dans des cachettes souterraines et pour se mettre en sûreté lui et les siens dans des forêts inaccessibles.

ils traversent, morcelés en petits pelotons, les défilés de Cheviot d'où sort la Tweed qui forme la limite entre les deux royaumes. Édouard ne se trouve pas dans le détachement qui est ainsi surpris et ne doit son salut qu'à cette circonstance; toutefois, les Écossais ne se retirèrent pas sans emmener des prisonniers parmi lesquels se trouvent six Brabançons[1]. P. 157 à 159, 371.

CHAPITRE LXXVI.

1355. EXPÉDITION DU PRINCE DE GALLES EN LANGUEDOC[2] (§§ 356 à 362).

A peine débarqué en Guyenne[3] avec mille hommes d'armes et deux mille archers, le prince de Galles entreprend de faire une chevauchée en Languedoc et convoque à Bordeaux les principaux seigneurs de Gascogne. P. 159 à 161, 371, 372.

L'armée anglo-gasconne, forte de quinze cents lances, de deux mille archers et de trois mille bidauds, passe à gué la Garonne au Port-Sainte-Marie[4] et marche sur Toulouse. Les habitants de

---

1. Robert de Avesbury dit seulement que Guillaume de Douglas ne cessa d'épier les Anglais pendant leur retour d'Écosse en Angleterre et qu'il surprit un jour dans un manoir écarté Robert Erlee chevalier et vingt hommes de sa suite.
2. Cf. Jean le Bel, *Chroniques*, t. II, chap. xcii, p. 187 à 189.
3. Le prince de Galles débarqua en Guyenne après le 16 juillet 1355, car c'est la date du mandement par lequel Édouard ordonne de réunir une flotte pour transporter en Gascogne le prince et son armée. V. Rymer, *Fœdera*, vol. III, p. 308 et 309.
4. Lot-et-Garonne, ar. Agen, entre Aiguillon au nord-est et Agen au sud-est. Comme le prince de Galles commença sa chevauchée par une incursion dans le comté d'Armagnac, il put faire passer la Garonne à son armée au Port-Sainte-Marie, qui n'est pas, comme le dit Froissart, à trois lieues de Toulouse, mais entre Aiguillon et Agen. Les Anglais ravagèrent ensuite les comtés d'Astarac et de Comminges; ils restèrent sur la rive gauche de la Garonne jusqu'à une lieue en amont de Toulouse où ils passèrent ce fleuve non loin de son confluent avec l'Ariége. Le prince de Galles lui-même a pris soin de raconter son expédition dans une lettre adressée de Bordeaux, en date de Noel (25 décembre) 1355, à l'évêque de Winchester; il faut joindre à ce document capital deux lettres de Jean de Wingfield, chevalier, l'un des conseil-

cette ville, alors presque aussi grande que Paris, mettent le feu
à leurs faubourgs par l'ordre du comte d'Armagnac[1] leur capitaine ; ils sont quarante mille hommes sous les armes et font si
bonne contenance du haut de leurs remparts que les Anglais
n'osent les attaquer et se dirigent vers Carcassonne. Leur première halte est Montgiscard,[2]. Cette petite place, située dans un
pays où la pierre[3] fait défaut, n'est fermée que de murs de terre.
Les Anglais l'emportent d'assaut et, après l'avoir livrée aux
flammes, chevauchent vers Avignonet[4], gros village ouvert de
quinze cents maisons, où l'on fabrique beaucoup de draperie. Au-
dessus de ce village s'élève un château en amphithéâtre où les
riches bourgeois ont cherché un refuge. Les Anglo-Gascons s'en
emparent, mettent tout au pillage et prennent le chemin de Castelnaudary. P. 161 à 164, 372 à 374.

La ville et le château de Castelnaudary[5], qui ne sont entourés
que de murs de terre, sont pris et pillés ainsi que le bourg de
Villefranche[6] en Carcassonnois. Ce pays est un des plus riches du
monde. Des draps et des matelas garnissent les chambres; les
écrins et les coffres sont remplis de joyaux. Les envahisseurs, et

lers principaux du prince, datées la première de Bordeaux le mercredi avant Noel 1355, la seconde de Libourne le 22 janvier 1356.
V. Robert de Avesbury, *Hist. Ed. III*, éd. de 1720, p. 210 à 227.

1. Le prince de Galles (*Ibid.*, p. 214) et Jean de Wingfield (p. 219)
disent qu'au moment du passage des Anglais à une lieue en amont de
Toulouse, Jacques de Bourbon, connétable, Jean de Clermont, maréchal de France, Jean comte d'Armagnac étaient enfermés dans cette
ville.
2. Haute-Garonne, ar. Villefranche-de-Lauraguais, à 21 kil. au sud-
est de Toulouse, sur la route de Toulouse à Carcassonne.
3. Les plateaux du Lauraguais sont en effet boueux aux environs
de Montgiscard. Encore aujourd'hui, beaucoup de constructions sont
en briques.
4. Haute-Garonne, ar. et c. Villefranche-de-Lauraguais, à 42 kil.
au sud-est de Toulouse, sur la route de Toulouse à Carcassonne. Le
prince de Galles mentionne dans la lettre déjà citée la prise d'Avignonet « qu'estoit bien graunt et fort. » La ville est, selon la description
fort exacte de Froissart, pittoresquemement bâtie en amphithéâtre.
5. Castelnaudary fut pris par les Anglais la veille de la Toussaint
(31 octobre) 1355. *Ibid.*, p. 214.
6. Nous ne connaissons aucune localité du nom de Villefranche entre
Castelnaudary et Carcassonne. Si Froissart a voulu parler de Villefranche-de-Lauraguais, il aurait dû citer cette ville après Montgiscard,
car on la trouve avant Avignonet et Castelnaudary quand on va de
Toulouse à Carcassonne.

surtout les Gascons, qui sont très-avides, font main basse sur tout. P. 164, 165, 374.

La ville de Carcassonne est située au milieu d'une plaine, sur le bord de la rivière d'Aude; à la main droite, en venant de Toulouse, la cité, dont les remparts sont hérissés de tours, couronne le sommet d'une haute falaise et domine la ville. Les habitants de Carcassonne[1] ont mis en sûreté dans cette cité leurs femmes et leurs enfants, avec ce qu'ils ont de plus précieux ; néanmoins, aidés d'un certain nombre de bidauds à lances et à pavais, ils entreprennent de défendre la ville elle-même, dont ils barrent chaque rue au moyen de chaînes. Deux chevaliers du Hainaut, Eustache d'Auberchicourt et Jean de Ghistelles, se distinguent à l'assaut de ces chaînes. La ville est conquise rue par rue, et c'est à peine si quelques-uns de ses défenseurs parviennent à se sauver dans la cité. Les vainqueurs mettent à sac toutes les maisons[2], au nombre de près de sept mille, et à rançon les plus riches bourgeois; ils cherchent ensuite pendant deux nuits et un jour de quel côté ils pourront assaillir la cité, mais elle est imprenable. P. 165 à 167, 374, 375.

Cette cité, jadis appelée Carsaude et fondée par les Sarrasins, résista sept ans à Charlemagne[3]. — Les Anglo-Gascons franchissent l'Aude sur le pont de Carcassonne, passent à Trèbes[4] et à

---

1. La ville de Carcassonne *proprement dite*, ou ville basse, que l'Aude sépare de la *cité*, n'avait pas alors de fortifications. L'enceinte, dont une partie subsiste encore, fut élevée de 1355 à 1359 par les soins de Thibaud de Barbazan, sénéchal de Carcassonne, aux frais des habitants de cette ville, qui s'imposèrent pour cela une taille extraordinaire en avril 1358. Arch. nat., sect. hist., JJ90, p. 141.

2. Le prieuré des religieuses de Saint-Augustin, situé dans la banlieue de Carcassonne, fut détruit par les Anglais et rebâti plus tard dans la ville (Arch. nat., sect. hist., JJ82, p. 353, JJ86, p. 24 ; JJ144, p. 445). Par acte daté de Toulouse en juin 1359, Jean, fils de roi de France et son lieutenant ès parties de Langue d'Oc, comte de Poitiers, accorde des priviléges aux bouchers de Carcassonne « propter cursum principis Gallorum *et concremacionem dicti loci* » (Arch. nat., JJ112, p. 351). Carcassonne devait surtout sa richesse à la fabrication du drap. JJ69, p. 41 ; JJ70, p. 51, 476 ; JJ143, p. 8.

3. Jean le Bel, si versé dans l'histoire poétique de Charlemagne, n'a pas mentionné cette légende que Froissart emprunte aux poëmes chevaleresques.

4. Aude, ar. Carcassonne, c. Capendu, à 8 kilomètres à l'est de Carcassonne, sur la route qui va de cette ville à Béziers et à Narbonne.

Homps[1] que l'on épargne à la prière du seigneur d'Albret moyennant le payement d'une rançon de douze mille écus, et arrivent à Capestang[2], gros bourg situé près de la mer, dont les salines sont une source de richesses pour ses habitants[3]. Ceux-ci se rançonnent à quarante mille écus, qu'ils s'engagent à payer dans cinq jours; mais après le départ des Anglais, les bourgeois de Capestang reçoivent de Jacques de Bourbon, connétable de France, qui se tient à Montpellier[4], un renfort de cinq cents combattants, que leur amène Arnaud de Cervole, dit l'Archiprêtre; ils fortifient leur bourg et refusent de payer la somme promise. P. 167 à 170, 375 à 377.

Narbonne se compose, comme Carcassonne, d'une cité et d'un bourg. Le bourg, situé sur le bord de l'Aude, est une ville ouverte; la cité, attenante au bourg, est défendue par une enceinte munie de portes et de tours. Aimeri de Narbonne s'est enfermé dans la cité avec une garnison[5] de gens d'armes de sa vicomté et de l'Auvergne; cette cité, qui regorge de richesses, possède une église de Saint-Just[6], dont les canonicats valent par an cinq cents florins. Les Anglais occupent le bourg et le pillent, mais la

---

1. Nous identifions *Ourmes* de Froissart avec Homps, Aude, ar. Narbonne, c. Lézignan, à l'est de Trèbes, sur la route de Carcassonne à Capestang et à Béziers.
2. Hérault, ar. Béziers, entre Homps à l'ouest et Béziers à l'est, à 12 kil. au nord de Narbonne, sur le bord septentrional d'un étang que l'Aude met en communication avec la mer.
3. M. Cauvet, avocat à Narbonne, a fait gagner un procès relatif à la possession de ces salines, en s'appuyant principalement sur ce passage de Froissart.
4. Jacques de Bourbon ne se tenait pas à Montpellier; il était venu de Toulouse à Carcassonne (Robert de Avesbury, p. 221) et inquiétait l'armée anglaise sur ses derrières. C'étaient les milices de la sénéchaussée de Beaucaire qui s'avançaient par Montpellier et qui, combinant leurs mouvements avec ceux du comte d'Armagnac et de Jacques de Bourbon, tendaient à envelopper les Anglo-Gascons.
5. Le prince de Galles dit (p. 215) que le vicomte de Narbonne avait sous ses ordres cinq cents hommes d'armes. C'est à Narbonne que le prince reçut du pape une demande de sauf-conduit pour deux évêques envoyés en négociation, mais il refusa d'accorder aux deux légats les lettres de sauf-conduit.
6. L'église Saint-Just, commencée en 1272, ne consiste que dans un chœur dont les voûtes s'élèvent à 40 mètres; elle était la cathédrale des archevêques de Narbonne, primats du Languedoc. La paroisse de Narbonne qui souffrit le plus du passage des Anglais fut celle de Saint-Étienne; elle resta longtemps déserte.

cité résiste à tous leurs assauts. A la grande joie des habitants de Béziers [1], de Montpellier, de Lunel et de Nîmes, les Anglo-Gascons vident après une semaine de séjour le bourg de Narbonne, non sans y avoir mis le feu, et reprennent le chemin de Carcassonne. Sur leur route, ils pillent Limoux, où l'on fabrique des draps renommés pour leur beauté; en passant par Carcassonne, ils incendient une seconde fois la ville et emportent d'assaut Montréal [2]; puis ils gagnent les montagnes dans la direction de Fougax [3] et de Rodes [4]; enfin, ils repassent la Garonne au Port-Sainte-Marie. L'inaction du comte d'Armagnac dans tout le cours de cette incursion occasionne une émeute à Toulouse; le comte

1. Jacques Mascaro, historiographe de la commune de Béziers, nous a laissé une chronique qui va de 1347 à 1390 où on lit le curieux passage qui suit : « L'an 1335, davan las Totz Sanz, venc en aquest pays lo princep de Galas; et vengueron los coredos entro à Bezes. Mais quand el saup que en Bezes avia grands gens d'armas, ne volc pus avant passar; et venc tant gran neu que si no s'en fos tornat, non y a guera Engles no fos remangut en las plassas. » *Bulletin de la société archéologique de Béziers*, t. 1, p. 81.

2. Montréal-de-l'Aude, Aude, ar. Carcassonne, au sud-ouest de cette ville.

3. Fougax-et-Barrineuf, Ariége, ar. Foix, c. Lavelanet.

4. Aujourd'hui château de la Bastide-de-Sérou, Ariége, ar. Foix. Le prince de Galles s'en alla par un autre chemin qu'il n'était venu; il opéra sa retraite par les montagnes des diocèses de Carcassonne, de Pamiers et de Rieux, soit, comme il l'affirme, qu'il poursuivit les Français qui reculaient devant lui dans cette direction, soit qu'il craignît de ne plus trouver dans le pays qu'il avait ravagé en venant de Toulouse à Carcassonne de quoi nourrir son armée. Quoi qu'il en soit, il repassa la Garonne à Carbonne (Haute-Garonne, ar. Muret); il campa une nuit sur la rive droite de la Save qui le séparait du comte d'Armagnac, du connétable de France et du maréchal de Clermont dont on apercevait les feux de l'autre côté de la rivière à Lombez et à Sauveterre (Gers, ar. et c. Lombez). Il poursuivit l'ennemi jusqu'à Gimont (Gers, ar. Auch) où l'armée française se débanda, tandis que ses chefs s'enfermaient dans cette place forte. Gimont ou Francheville, situé « in inimicorum fronteria », avait été pourvu d'une enceinte avant janvier 1351, date d'une charte où Jean concède l'encan aux habitants (JJ80, p. 155). Sur la route de Gimont à Bordeaux, le prince de Galles réduisit six villes fermées, le Port-Sainte-Marie, Clairac (Lot-et-Garonne, ar. Marmande, c. Tonneins), Tonneins. (Lot-et-Garonne, arr. Marmande), *Bourg Saint-Pierre*, Castelsagrat (Tarn-et Garonne, ar. Moissac, c. Valence-d'Agen), Brassac (Tarn-et-Garonne, ar. Moissac, c. Bourg-de-Visa) et dix-sept châteaux. Le bâtard de l'Isle, capitaine de Castelsagrat, fut tué à l'assaut de cette forteresse par Jean Chandos, James d'Audley et Renaud de Cobham. Cette chevauchée avait duré deux mois, en octobre et novembre 1355.

est assiégé dans le château et réduit à se sauver par une fenêtre. Jacques de Bourbon et le comte d'Armagac opèrent la jonction de leurs forces trop tard pour pouvoir couper la retraite aux Anglais. De retour à Bordeaux, le prince de Galles licencie son armée, qui rapporte de cette expédition un butin immense. P. 170 à 174, 377 à 382.

CHAPITRE LXXVII.

1356. TROUBLES A ARRAS ET EN NORMANDIE A L'OCCASION DE LA GABELLE OU IMPÔT SUR LE SEL; ARRESTATION DU ROI DE NAVARRE A ROUEN, EXÉCUTION DU COMTE DE HARCOURT. — GUERRE ENTRE LE ROI DE FRANCE ET LES FRÈRES DE NAVARRE QUI FONT ALLIANCE AVEC LE ROI D'ANGLETERRE; CHEVAUCHÉE DU DUC DE LANCASTRE ET DES NAVARRAIS EN NORMANDIE. — SIÉGE ET PRISE D'ÉVREUX, DE RHOTES ET DE BRETEUIL PAR LE ROI DE FRANCE[1] (§§ 363 à 370).

L'impôt de la gabelle[2] excite à Arras une révolte des petites gens qui tuent quatorze[3] des plus riches bourgeois; le roi de France fait pendre les meneurs. — En Normandie, le roi de Na-

1. Cf. Jean le Bel, *Chroniques*, chap. XCIII, t. II, p. 191 à 194.
2. Cet impôt et celui de huit deniers pour livre avaient été décrétés par la célèbre ordonnance du 28 décembre 1355 tenue à la suite de la réunion des Etats Généraux à Paris le 30 novembre précédent. L'impopularité de ces taxes détermina l'assemblée qui se réunit de nouveau le 1er mars 1356 à les remplacer par une sorte d'impôt sur le revenu ou de capitation qui frappait inégalement les nobles, les clercs et les non-nobles.
3. Le nombre de dix-sept, donné par les Grandes Chroniques de France, est confirmé par les lettres de rémission octroyées à Arras le 28 avril 1356 aux habitants de ladite ville par Arnoul d'Audrehem, maréchal de France, lieutenant du roi ès parties de Picardie, d'Artois et de Boulonnais : « Comme plusieurs commocions, rebellions, assemblées et monopoles eussent esté faites en la ville d'Aras, et encores de ce fust ensivi uns fais piteux ouquel Willaumes li Borgnes, Jaquemart Louchart, esquievin, Andrieu de Mouchi, bourgois de le dite ville, et plusieurs autres, jusques au nombre de dix-sept personnes, furent ochiz en le maison du dit Willaume, et aucuns d'iceulx jeté jus inhumainement en le Cauchie par les fenestres du dit hostel, et le ministre de le Trinité de l'Ordre Saint Mathelin et un autre navré mortellement, et depuis au tiers jour deux autres mis à mort par voie de fait... » Arnoul

varre, comte d'Évreux, le comte de Harcourt, Godefroi de Harcourt, Jean de Graville et plusieurs autres seigneurs s'opposent aussi à la levée de la gabelle sur leurs terres. Le roi Jean, furieux de cette résistance, saisit la première occasion de s'en venger : Un jour que le roi de Navarre et le comte de Harcourt dînent au château de Rouen à la table de Charles, duc de Normandie, fils aîné du roi de France, celui-ci survient à l'improviste[1] pendant le repas; le roi de Navarre est arrêté séance tenante malgré les supplications du jeune duc dont il est l'hôte; le comte de Harcourt, Jean de Graville[2], Maubue[3] de Mainemares et Colinet Doublel[4] ont la tête tranchée. P. 174 à 180, 382 à 386.

A la nouvelle des événements de Rouen, Philippe et Louis de Navarre, frères du roi Charles, Godefroi de Harcourt, oncle et

---

d'Audrehem fit décapiter en sa présence quatorze des coupables, jeter leurs cadavres à la voirie et suspendre les têtes au-dessus des portes de la ville (Arch. nat., sect. hist., JJ84, p. 528, f°s 274 v° et 275). Des lettres de rémission furent accordées en octobre 1356 à André de Mouchi, ch[er], pour avoir tué Henri Wion d'Arras, accusé d'avoir provoqué la sédition et le meurtre du père du dit André. JJ84, p. 808.

1. La tragique scène de Rouen eut lieu le mardi 5 avril 1356, d'après des lettres de Charles dauphin du 12 décembre 1357 (JJ89, p. 289) et les Grandes Chroniques de France (v. p. 414 de ce volume). On lit par erreur : « Le mardi *sixiesme* jour d'avril » dans l'édition de M. P. Paris, in-12, t. VI, p. 26.

2. Le seigneur de Préaux fut exécuté avec Jean, comte de Harcourt, et Jean Malet, sire de Graville (Table de Lenain, U524, t. XXX, f° 64). Le 5 juin 1356, le roi Jean échangea une terre située dans le comté d'Alençon, provenant de la confiscation des biens de feu Jean Malet, sire de Graville, contre un manoir que Marie d'Espagne, comtesse d'Alençon, possédait à Saint-Ouen (Arch. nat., J169, n° 32). Le 13 juin 1356, le roi de France fit présent à la dite comtesse d'Alençon, pour elle et ses enfants, des biens ayant appartenu à Jean Malet à Séez et à Bernai (V. Desnos, *Hist. d'Alençon*, t. I, p. 388).

3. Maubue était un surnom de ce chevalier, dont le prénom était Guillaume (JJ82, p. 469); Jean de Mainemares, écuyer, frère aîné de Guillaume, obtint des lettres de rémission en janvier 1358 (JJ89, p. 215).

4. Cet écuyer, désigné par Froissart et les autres chroniqueurs sous le nom de *Doublet*, est appelé *Doublel* dans les registres du Trésor des Chartes (JJ82, p. 511 et JJ85, p. 30). En janvier 1357 (n. st.) le roi Jean donne à Jean du Saussay, écuyer, huissier d'armes du duc de Normandie, la maison de Raffetot (Seine-Inférieure, ar. le Havre, c. Bolbec), avec 50 livres tournois de rente, confisquée pour la forfaiture de feu Colinet Doublel (JJ85, p. 30). D'autres biens de Colin Doublel furent donnés en décembre 1357 à son frère messire Jean Doublel (JJ89, p. 330).

[Jean] de Harcourt, fils aîné du feu comte de Harcourt, l'héritier de Jean de Graville, Pierre de Sacquenville et bien vingt chevaliers défient le roi de France. Le roi de Navarre, détenu d'abord au château du Louvre, est bientôt transféré dans la forteresse de Crèvecœur en Cambrésis. P. 180 à 183, 386, 387.

Louis de Harcourt, l'un des familiers du duc de Normandie, frère du comte de Harcourt exécuté à Rouen, refuse, en dépit des instances et des menaces de son oncle Godefroi, de prendre parti contre le roi de France[1]. Philippe de Navarre[2] et Godefroi de Harcourt, laissant leurs forteresses de Normandie sous la garde de Louis de Navarre et du Bascle de Mareuil, vont à Londres pendant la session du Parlement solliciter l'appui du roi d'Angleterre. Édouard s'engage à les soutenir et, non content de leur fournir cent hommes d'armes et deux cents archers, sous le commandement des seigneurs de Ross et de Nevill, il donne l'ordre au duc de Lancastre qui guerroie en Bretagne de seconder les frères de Navarre avec toutes les forces dont il dispose. P. 183 à 186, 387, 388.

Le duc de Lancastre, qui a sous ses ordres le fameux Robert Knolles, vient de Pontorson à Évreux rejoindre Philippe de Na-

---

1. En mai 1359, Charles régent donne à Louis de Harcourt, vicomte de Châtellerault, les terres et châtellenies de Vibraye et de Bonnétable dans le comté du Maine, venues à héritage à Jean, comte de Harcourt, du chef de sa mère, et confisquées sur ledit Jean, neveu de Louis, complice du roi de Navarre. JJ90, p. 112.

2. Philippe de Navarre ne perdit pas de temps, car la tragique scène de Rouen avait eu lieu le mardi 5 avril 1356, et dès le commencement du mois suivant des négociations étaient ouvertes avec le roi d'Angleterre, vers lequel Philippe de Navarre et Godefroi de Harcourt avaient député Jean, sire de Morbecque et Guillaume Carbonnel, sire de Brevands. Ces négociateurs avaient rempli leur mission dès le 12 mai, date du sauf-conduit qui leur fut délivré pour revenir en Normandie (Rymer, vol. III, p. 328, 329). Le 24 juin, Édouard envoyait à Philippe de Navarre et à Godefroi de Harcourt un sauf-conduit pour venir à sa cour (*Ibid.*, p. 331). Mais Godefroi de Harcourt, occupé dès le 22 juin à guerroyer en Normandie en compagnie du duc de Lancastre (Robert de Avesbury, p. 247), n'eut pas le temps de se rendre en Angleterre; et son voyage resta, quoi qu'en dise Froissart, à l'état de projet. Quant à Philippe de Navarre, il alla bien à la cour d'Édouard, mais postérieurement à la campagne du duc de Lancastre à laquelle il avait pris part, comme il résulte de deux lettres d'Édouard des 20 et 24 août 1356, (Rymer, vol. III, p. 338, 339), et du traité de Clarendon du 4 septembre 1356 (*Ibid.*, p. 340). V. Léopold Delisle, *Histoire du château et des sires de Saint-Sauveur-le-Vicomte*, p. 84 et 85.

varre et Godefroi de Harcourt, aussitôt après leur retour d'Angleterre. L'armée anglo-navarraise s'élève à douze cents lances, seize cents archers et deux mille brigands[1] à lances et à pavais; elle occupe, pille et brûle successivement Acquigny, Pacy, Vernon, Verneuil[2] et les faubourgs de Rouen. A cette nouvelle, le roi de France, accompagné de ses deux maréchaux Jean de Clermont et Arnoul d'Audrehem, vient à Pontoise, à Mantes, à Rouen; il rassemble une armée de dix mille hommes d'armes, ce qui fait trente ou quarante mille combattants, et marche contre les Anglo-Navarrais. Ceux-ci, qui se sentent inférieurs en nombre, se retirent précipitamment dans la direction de Pontorson et de Cherbourg. Les Français les poursuivent et parviennent à les joindre à peu de distance de Laigle[3]; le duc de Lancastre n'évite la bataille qu'à la faveur d'un habile stratagème. L'armée anglo-navarraise se disperse : Jean Carbonnel s'enferme à Évreux avec

---

1. Le duc de Lancastre avait en tout neuf cents hommes d'armes et quatorze cents archers. Les cinq cents hommes d'armes et huit cents archers qu'il avait primitivement sous ses ordres s'étaient grossis des cent hommes d'armes de Philippe de Navarre et de Godefroi de Harcourt et de trois cents hommes d'armes et cinq cents archers amenés par Robert Knolles de Carentoir en Bretagne (Morbihan, ar. Vannes, c. la Gacilly). L'abbaye de Montebourg, et non Evreux, avait été choisie comme quartier général. La petite armée se mit en marche le 22 juin; elle était de retour à Montebourg le 13 juillet. Ces détails sont tirés d'une lettre écrite à Montebourg le 16 juillet 1356 qui donne jour par jour l'itinéraire suivi par le duc de Lancastre (v. Robert de Avesbury, p. 246 à 251). Le but principal de cette expédition était de forcer les Français qui assiégeaient le Pont-Audemer sous les ordres de Robert de Houdetot à lever le siège de cette ville occupée par les Navarrais. Les dates extrêmes de ce siège nous sont fournies par des lettres de rémission de mai 1357 en faveur de Guillaume l'Enginéur de *Mangreville sur le Ponteaudemer* (auj. Manneville-sur-Risle), où on lit que «... nostre amé et feal messire Robert de Houdetot et plusieurs gens d'armes eztans sous son gouvernement venissent tenir siège devant le dit chastel, et y fussent *depuis Pasques* 1356 *jusques à la Saint Jehan* (24 juin) ensivant... » Arch. nat., sect. hist., JJ85, p. 120.
2. Le 4 juillet, le duc de Lancastre surprit et pilla Verneuil, où il se reposa trois jours.
3. Le roi Jean attendait les Anglais à une petite lieue de Laigle, à Tubœuf (Orne, ar. Mortagne, c. Laigle), avec son fils aîné Charles, le duc d'Orléans son frère, une armée de huit mille hommes d'armes et de quarante mille arbalétriers et autres gens des communes. Le roi de France, au lieu de tomber sur les Anglais, envoya deux hérauts offrir la bataille au duc de Lancastre, qui profita de cet avertissement pour s'échapper. V. Robert de Avesbury, p. 249 et 250.

Guillaume Bonnemare et Jean de Ségur, Foudrigais à Conches, Sanson Lopin à Breteuil en compagnie de Radigot et de Frank Hennequin, tandis que le duc de Lancastre et les Anglais regagnent la forte marche de Cherbourg. P. 186 à 191, 388 à 390.

Évreux se compose d'un bourg, d'une cité et d'un château, et il y a des fortifications particulières pour chacune de ces trois parties de la ville. Le roi Jean[1] assiége cette place et réduit successivement le bourg et la cité à se rendre; le château lui-même, confié à la garde de Guillaume de Gauville et de Jean Carbonnel, capitule au bout de quelques semaines : la garnison a la vie sauve et peut se retirer à Breteuil. Pendant ce temps, Robert Knolles essaye de s'emparer du château de Domfront. P. 191 à 193, 390 à 392.

Après la prise d'Évreux et du château de Rothes [2], le roi de France, dont l'armée est forte de soixante mille chevaux, met le

---

1. Le siège d'Évreux ne fut pas fait par le roi Jean en personne; ce siége, comme celui du Pont-Audemer, suivit immédiatement l'arrestation du roi de Navarre : il est antérieur à la chevauchée du duc de Lancastre. Évreux s'était rendu aux Français avant le 20 juin, jour où Guillaume, abbé de Saint-Taurin, fit remise à Jean de Montigny, aumônier, et à Adam de Pinchemont, infirmier de ladite abbaye, qui s'étaient enfermés dans la cité et église d'Évreux pour mettre en sûreté les joyaux de leur abbaye, de la peine qu'ils pouvaient avoir encourue en prenant les armes et en concourant à la défense. Ces lettres de rémission furent confirmées le 12 août 1356 par le roi Jean : « Comme depuis que nous eusmes fait prendre ou chastel de Rouen le roy de Navarre et conte d'Evreux, nostre filz et homme, et mettre en prison fermée pour certaines causes, plusieurs personnes se soient mis et requeulis en la cité d'Evreux et icelle tenue à force par certain temps contre nostre volenté et la puissance de certainne quantité de gens d'armes que nous y avions envoié, jusques à tant que certain traictié et accort fu fait de nostre congié et consentement entre noz dictes gens et les gens estans en la dicte cité : par lequel traictié et accort iceulx de la dicte cité rendirent à noz dictes gens pour nous icelle cité, sauf leurs corps et leurs biens, et par certaines autres condicions contenues plus plainnement ès diz traictié et accort sur ce fais... » (Arch. nat., JJ84, p. 638). Jean de Torpo, d'Évreux, poissonnier du roi de Navarre, avait approvisionné de poisson salé le château où il s'enferma pendant le siége; et nous voyons dans des lettres de rémission qui lui furent délivrées en octobre 1356, que Roberge, sa femme, munie d'un sauf-conduit du comte de Tancarville, connétable de Normandie, alla se retirer avec la femme de Pierre de Sacquenville, après la reddition d'Évreux, dans le château de Breteuil. JJ85, f° 67 v°.

2. Auj. Saint-Léger-de-Rothes ou Saint-Léger-du-Boscdel, Eure, arr. et c. Bernai.

siége devant Breteuil, un des plus forts châteaux assis en plaine qu'il y ait en Normandie; ce fut le plus beau siége qu'on eût vu depuis celui d'Aiguillon.—A ce moment, le comte de Douglas d'Écosse et Henri de Castille, bâtard d'Espagne et comte de Transtamare, viennent offrir leurs services au roi Jean, qui les accueille courtoisement et assigne à Douglas cinq cents livres de revenu annuel.—Les assiégeants font construire un chat ou atournement d'assaut, monté sur quatre roues, crénelé et cuirassé, composé de trois étages, dont chacun peut contenir deux cents combattants. On comble pendant un mois, avec des fascines, les fossés du château de Breteuil, à l'endroit où l'on veut donner l'assaut, et l'on parvient ainsi à amener, au moyen des roues, cette énorme machine contre les remparts ; mais les assiégés ont eu soin de se pourvoir de canons qui vomissent du feu grégeois[1] : ce

1. Tout le monde sait qu'il était d'usage dès cette époque d'employer l'artillerie au siége des places fortes ; ce que l'on ignore généralement, c'est que, dès le règne de Charles V, et peut-être auparavant, on avait l'habitude de tirer le canon à Paris pendant les représentations du mystère de la Passion. C'est ce qui résulte de lettres de rémission que nous avons découvertes et que nous publions ici pour la première fois. Ces lettres sont datées, il est vrai, de 1380 ; mais elles constatent que l'usage de tirer le canon dans cette circonstance était établi depuis longtemps. Nous prions les historiens de l'artillerie et de notre théâtre au moyen âge de nous pardonner cette publication qui est ici un hors-d'œuvre.

« Charles, etc. Savoir faisons à touz presens et à venir à nous avoir esté exposé de la partie de Guillaume Langlois que, comme, le mardi après Pasques darrain passées, ès jeux qui furent faiz et ordenez en l'onneur et remembrance de la Passion Nostre Seigneur Jhesucrit en nostre bonne ville de Paris, par aucuns des bourgois et autres bonnes genz d'icelle, le dit exposant eust esté requis, prié et ordené de ceulx qui ès diz jeux faisoient les personnages des figures des ennemis et deables, de estre aux diz jeux pour getter des canons, quant temps seroit, afin que leurs personnages fussent mieulz faiz, *si comme ès diz jeux on a acoustumé à faire par chacun an à Paris.* Et lors avint que avec le dit exposant vint et s'embati illec amiablement Jehan Hemon, varlet d'estuves, pour lui cuidier aidier à jouer et faire getter des diz canons, quant lieu et temps seroit, *comme autreffoiz on a acoustumé à faire.* Et il soit ainsi que ilz ordenèrent et mistrent à point iceulx canons pour getter et faire bruit sur l'appointement et arroy du Cruxifiement que on a acoustumé à faire en iceulx jeux en remembrance de la mort et passion de Nostre Seigneur Jhesucrit. Et pour ce que illec où les diz exposanz et Jehan Hemon estoient, fu mise une broche chaude et boutée en un canon estant ou dit lieu, la cheville d'icellui canon par force de feu s'en issy et sailli plus tost et autrement que ne cuidoient et pensoient yceulx exposanz, et Hemon, par tèle

feu embrase le toit de la machine, et les gens d'armes qui la montent sont obligés de se sauver. Les assiégeants entreprennent alors de combler, dans toute leur étendue, les fossés qui entourent les remparts, et ils emploient à ce travail quinze cents terrassiers. P. 193 à 196, 392, 393.

Pendant que le roi de France assiége ainsi Breteuil, le prince de Galles, informé de l'alliance conclue entre son père et les Navarrais, veut faire une diversion en faveur de ses nouveaux alliés; c'est pourquoi, il part de Bordeaux aux approches de la Saint-Jean à la tête d'une armée de deux mille hommes d'armes et de six mille archers et il se dirige vers la Loire à travers l'Agenais, le Limousin et le Berry. — A la nouvelle de cette incursion, le roi Jean presse le siége de Breteuil avec plus de vigueur encore qu'auparavant[1]. Les assiégés font prisonnier Robert de Montigny, chevalier de l'Ostrevant, qui s'est aventuré trop près du rempart, et tuent Jacquemart de Wingles son écuyer. Sept jours après cet incident, le capitaine de Breteuil nommé Sanson Lopin, écuyer navarrais, qui résiste depuis sept semaines[2] aux efforts d'une armée tout entière, se voit con-

manière que le dit Hemon d'icelle cheville fu feru et attaint d'aventure en l'une de ses jambes. Et aussi fu le dit Guillaume par la force du feu qui en yssi embrasé et brulé parmi le visage et fu en grand doubte et en aventure d'estre mort ou affolé de touz poins. Après lesquèles choses ainsi avenues, le dit Hemon, qui estoit bon et vray ami d'icellui exposant, et qui ne vouloit que, pour la bleceure qu'il avoit ainsi de la cheville du dit canon, il fust aucunement dommagié ne poursuy.... Donné à Paris l'an de grace mil trois cens et quatre vins, ou moys d'avril et le dix septième de nostre regne. » Arch. nat., sect. hist., JJ116, p. 254, f⁰ˢ 152 v⁰ et 153.

1. Cf. *Chronique des quatre premiers Valois*, p. 42 à 46. D'après cette chronique, le roi Jean aurait fait venir le roi de Navarre du Château-Gaillard, afin que Charles ordonnât lui-même à ses capitaines de Breteuil et du Pont-Audemer d'évacuer ces places, démarche qui n'aboutit à aucun résultat.

2. On peut dresser sûrement d'après les actes l'itinéraire du roi Jean dans le cours de cette expédition de Normandie. Le jour même où le duc de Lancastre entrait en campagne, c'est-à-dire le 22 juin, le roi de France était à Dreux (Arch. nat., JJ84, p. 554), après avoir passé le 7 juin à Saint-Arnoul-en-Yvelines (Seine-et-Oise, ar. Rambouillet, c. Dourdan), et au Gué-de-Longroi (Eure-et-Loir, ar. Chartres, c. Auneau); le 8 juillet, il se trouvait à Tubœuf près Laigle où il laissa échapper le duc de Lancastre et les Anglais. Le siège de Breteuil dut suivre immédiatement cette poursuite infructueuse, car nous avons un très-grand nombre de lettres du roi Jean et de son fils Charles datées

traint de rendre la forteresse moyennant que la garnison aura la vie sauve et pourra se retirer au château de Cherbourg. Le roi Jean rentre à Paris et fait ses préparatifs pour marcher à la rencontre du prince de Galles. P. 196 à 198, 393 à 398.

Ante Britolium in Normannia anno Domini 1356, *mense* JULII (JJ84, p. 788. Cf. JJ84, p. 566, 567, 570, 587, 606, 788). D'autres lettres sont datées : *In exercitu nostro ante Britolium, mense* AUGUSTI (JJ84, p. 571, 574, 582, 586, 602 à 604, 680, 681, 720). Ces pièces mentionnent la présence au siége du connétable Gautier de Brienne, duc d'Athènes, des maréchaux d'Audrehem et de Clermont, de l'archevêque de Sens, de l'évêque de Châlons, des comtes d'Eu, de Tancarville et de Ventadour, de Geoffroi de Charny, de Boucicaut et d'Aubert de Hangest. Le 12 août, le roi Jean datait encore ses lettres : *En noz tentes devant Bretueil* (JJ84, p. 638); mais dès le 19 il était au château de Tremblay-le-Vicomte (Eure-et-Loir, ar. Dreux, c. Châteauneuf-en-Thymerais) et se préparait à marcher contre le prince de Galles (JJ84, p. 633). La reddition du château de Breteuil eut lieu par conséquent entre le 12 et le 19 août 1356.

CHRONIQUES
DE J. FROISSART.

LIVRE PREMIER.

§ 288. De le ville de Calais estoit chapitainne uns gentilz et vaillans chevaliers de Campagne as armes, qui s'appelloit messires Jehans de Viane. Avoecques lui estoient pluiseur bon chevalier d'Artois et de le conté de Ghines, telz que messires Ernoulz d'Audrehen, messires Jehans de Surie, messires Bauduins de Belleborne, monsigneur Joffroi de le Motte, monsigneur Pepin de Were et pluiseur aultre chevalier et escuier, liquel trop loyaument en tous estas dou garder s'en acquittèrent, si com vous orés recorder ensievant.

Quant li rois d'Engleterre fu venus premierement devant le ville de Calais, ensi que cilz qui moult le desiroit à conquerre, [il] le assega par grant manière et bonne ordenance. Et fist bastir et ordonner entre le ville et le rivière et le pont de Nulais hostelz et

maisons, et carpenter de gros mairiens, et couvrir les dittes maisons, qui estoient assises et ordonnées par rues bien et faiticement, d'estrain et de genestres, ensi que donc que il deuist là demorer dix ans
5 ou douze. Car tèle estoit se intention qu'il ne s'en partiroit, ne par ivier ne par esté, si l'aroit conquis, quel temps ne quel painne qu'il y deuist mettre ne prendre. Et avoit en ceste noeve ville dou roy toutes coses necessaires apertenans à une host et plus en-
10 cores, et place ordonnée pour tenir marchiet le merkedi et le samedi. Et là estoient merceries, bouceries, halles de draps et de pain et de toutes aultres necessités, et en recouvroit on tout aisiement pour son argent. Et tout ce leur venoit tous les jours, par mer,
15 d'Engleterre et ossi de Flandres, dont il estoient conforté de vivres et de marcheandises.

Avoech tout ce, les gens le roy d'Engleterre couroient moult souvent sus le pays en le conté de Ghines, en Tierenois, et jusques as portes de Saint
20 Omer et de Boulongne; si conqueroient et ramenoient en leur host grant fuison de proie : dont il estoient rafreschi et ravitaillié. Et point ne faisoit li dis rois ses gens assallir le ditte ville de Calais, car bien savoit que il perderoit se painne et qu'il s'i tra-
25 veilleroit en vain. Si espargnoit ses gens et se artillerie, et disoit que il les affameroit, com lonch terme que il y deuist mettre, se li rois Phelippes de recief ne le venoit combatre et lever le siège.

Quant messires Jehans de Viane, qui chapitainne
30 estoit de Calais, vei que li rois d'Engleterre s'ordonnoit et amanagoit pour là tenir le siège, et que c'estoit tout acertes, si fist une ordenance dedens le ville

de Calais, tèle que toute[s] manières de menues gens,
qui pourveances n'avoient, vuidaissent sans point
d'arrest. Si en vuidièrent et partirent sus un merkedi
au matin, qué hommes, que femmes, que enfans,
plus de dix sept cens, et passèrent parmi l'ost dou
roy d'Engleterre. Et leur fu demandé pourquoi il vui-
doient ; il respondirent que il n'avoient de quoi vivre.
Adonc leur fist li rois grasce que de passer et aler
parmi son host sauvement ; et leur fist tous et toutes
donner à disner bien et largement, et apriès disner à
çascun deux estrelins : laquèle grasce et aumosne on
recommenda à moult belle, ce fu bien raisons. Or
nous soufferons nous un petit à parler dou siège de
Calais, et retourrons au duch de Normendie qui seoit
devant Aguillon.

§ 289. Li dus de Normendie se tenoit* devant
Aguillon, et dedens avoit assegiés les bons chevaliers
d'Engleterre, monsigneur Gautier de Mauni et les
aultres, qui si vaillamment s'i estoient tenu et tinrent
toutdis, le siège pendant et durant, et qui tant de
belles apertises d'armes y fisent, si com chi dessus
est recordé : pour lesquèlz grans apertises li dis dus
avoit parlé si avant que point ne s'en partiroit, si
aroit pris le forterèce et chiaus qui dedens estoient.

Or avint, ce siège estant, environ le mi aoust, que
une escarmuce se fist devant le chastiel d'Aguillon,
et se monteplia telement, par convoitise d'armes, que
le plus grant partie de chiaus de l'ost y alèrent. Adonc
estoit là venus nouvellement en l'ost messires Phe-

---

1. Mss. B 1, 3, 4 : *qui se tenoit.* *Mauvaise leçon.*

lippes de Bourgongne, pour ce temps conte d'Artois
et de Boulongne, et cousins germains au dit duch de
Normendie, liquelz estoit uns moult jones chevaliers
et de grant volenté, ensi que là le moustra. Car si tretos
5 que li escarmuce fu commencie, il ne volt pas estré
des darrains, mès se arma et monta sus un coursier
fort et rade malement, et de grant haste, pour plus
tost estre et venir à l'escarmuce. Li dis messires Phelippes prist une adrèce parmi les camps, et brocha
10 coursier des esporons, liquelz coursiers, qui estoit
grans et fors, s'escueilla au cours et emporta le chevalier maugré lui : si ques, en traversant un fosset, li
coursiers trebucha et chei et jetta le dit monsigneur
Phelippe desous lui. Onques il ne peut estre aidiés ne
15 secourus si à tans que il ne fust si confroissiés que
onques puis n'eut santé, et morut de ceste bleceüre :
dont li dus de Normendie fu durement courouciès,
ce fu bien raisons.

Assés tost apriès ceste aventure et le trespas de
20 monsigneur Phelippe, les nouvelles vinrent en l'ost
de le desconfiture de Creci. Et remandoient li rois et
la royne de France leur fil le duch de Normendie,
et li enjoindoient très especialment que, toutes parolles et ensongnes mises jus, il se partesist et deffe-
25 sist son siège et retournast en France, pour aidier à
garder son hiretage que li Englès li destruisoient. Et
encores li segnefioient il clerement le grant damage
des nobles et proçains de son sanc qui demoret
estoient à Creci.

30 Quant li dus de Normendie eut leu ces lettres, si
pensa sus moult longement, et en demanda conseil
as contes et as barons qui dalès lui estoient, car moult

envis se partoit, pour le cause de ce que il avoit
parlé si avant dou siège tenir. Et ossi il n'osoit aler
contre le mandement et ordenance dou roy son père.
Et me samble que adonc il fu si consilliés des plus
especiaulz de son conseil que, ou cas que li rois ses
pères le remandoit si especiaument, il se pooit bien
partir sans nul fourfait. Si fu adonc ordonné et arresté que à l'endemain on se deslogeroit et s'en re-
tourroit on en France. Quant ce vint au point dou
jour, on se commença à deslogier et à tourser tentes
et trés et toutes aultres ordenances, et à recueillier
moult hasteement et mettre à voie et à chemin.

Li compagnon, qui dedens Aguillon se tenoient,
furent durement esmervilliet pour quoi si soudainement li François se deslogoieht. Si se coururent armer au plus tost qu'il peurent, et montèrent sus leurs
chevaus, le pennon monsigneur Gautier de Mauni
devant yaus; et s'en vinrent bouter en l'ost le duch,
qui tout n'estoient mies encores deslogié ne mis à
voie. Si en ruèrent par terre pluiseurs, et occirent et
detopèrent, et fisent un grant esparsin, et en prisent
d'uns et d'aultres plus de soixante, que il ramenèrent
arrière en leur forterèce.

Et entre les aultres prisonniers, il y eut un grant
chevalier de Normendie, cousins dou duc, et moult
proçain de son conseil, auquel messires Gautiers demanda pour quel cause li dus de Normendie si soudainnement se partoit, et quel cose estoit avenu là
entre yaus. Li chevaliers moult à envis le dist. Toutes
fois il fu tant aparlés et demenés dou dit monsigneur
Gautier, que il recorda la besongne ensi comme elle
aloit, et comment li rois d'Engleterre estoit arrivés

en Normendie, et tout le voiage que il avoit fait, et les passages où il avoit passés, et en le fin à Creci en Pontieu desconfi le roi de France et toute se poissance. Et li compta par nom les princes et les signeurs qui mort y estoient, et comment encores, en fin de voiage, li rois d'Engleterre ot assis le forte ville de Calais. Quant messires Gautiers de Mauni entendi ce, si en fu grandement resjoïs; et ossi furent tout li compagnon, et en fisent pour ces nouvelles milleur compagnie à leurs prisonniers. Et li dus de Normendie s'en revint en France devers le roy Phelippe son père et la royne sa mère, qui moult volentiers le veirent.

§ 290. Depuis ne demora gaires de temps que li dis messires Gautiers de Mauni, qui grant desir avoit de venir devant Calais et de veoir son signeur le roy d'Engleterre, mist en parolle le chevalier normant qu'il tenoit pour son prisonnier, et li demanda quèle quantité d'argent pour sa raençon il poroit paiier. Cilz respondi, ensi comme cilz qui volentiers veïst sa delivrance, que jusques à trois mille escus paieroit il bien. Dont dist messires Gautiers moult courtoisement : « Sire, je sçai bien que vous estes dou sanch dou duch de Normendie, et moult amés de lui et très especiaulz en son conseil : si vous dirai que vous ferés. Je vous recrerai sus vostre foy, et vous partirés de ci, et irés devers le duch vostre signeur, et me impeterés un saufconduit, pour moi vingtime tant seulement, à chevaucier parmi France, paiant courtoisement tout ce que je despenderai. Et se ce ne poés impetrer dou duch ou dou roy, je n'ai cure douquel, je vous quitterai vostre raehçon, et vous en sarai gré. Car je desire tant à veoir mon chier signeur le roy d'Engleterre que ce me tourra à grant plaisance, se le saufconduit vous me raportés. Et que bien l'entendés, je ne voeil jesir en une ville que une seule nuit, tant que je serai venus devant Calais. Et se ce vous ne poés faire, vous revenrés dedens un mois tenir prison en ceste forterèce. »

Li chevaliers respondi qu'il en feroit son plain pooir; si se parti de Aguillon. Et le recrut li dis messires Gautiers sus sa foy. Si chevauça tant li dis chevaliers que il vint à Paris, là où il trouva le duch de Normendie, son signeur, qui li fist grant cière et li demanda de son estat, et comment il avoit finet. Li chevaliers li conta toute la besongne, et comment messires Gautiers de Mauni li voloit quitter sa raençon, mès que il ewist un saufconduit que il peuist paisieulement, lui vingtime, chevaucier parmi le royaume de France jusques à Calais. Li dus li acorda, et li fist escrire tout tel que il le volt prendre et avoir; et le prist desous le seelé dou dit duch et s'en passa atant. Et esploita depuis tant par ses journées que il retourna en Aguillon, et moustra au dit monsigneur Gautier tout ce que il avoit fait et esploitié. Douquel esploit et saufconduit messires Gautiers de Mauni eut grant joie, et quitta tantost le dit chevalier normant de sa foy et de sa raençon, et se ordonna pour passer parmi le royaume de France sus le confort de sa lettre.

§ 291. Assés tost apriès, se parti li dis messires Gautiers de Mauni de le ville et dou chastiel d'Aguillon à tout vingt chevaus seulement, ensi que sa lettre parloit, et se mist au chemin parmi Auvergne. En chevauçant le royaume, li gentilz chevaliers ne se faisoit point celer, mès se nommoit partout. Et quant il estoit arrestés, il moustroit sa lettre et tantost estoit delivrés. Ensi chevauça il tant que il vint jusques à Orliens, et fu là arrestés, et ne peut estre desarrestés pour lettres que il moustrast; mès fu amenés à Paris et là mis en prison en Chastelet, comme cilz qui estoit des François grandement hays, pour les grans proèces dont il estoit renommés.

Quant li dus de Normendie le sceut, il en fu durement courouciés; si s'en ala tantost par devers le roy son père, et li requist si acertes qu'il peut, que il volsist le chevalier delivrer pour l'amour de lui, ou il seroit deshonnourés. Et diroit on que il l'aroit trahi, car il l'avoit asseguret par bonnes lettres seelées de son seel, par tel raison. Et compta li dis dus au roy la cause, ensi que vous l'avés oy. Li rois n'en volt riens faire, pour requeste ne pour prière que li dus ses filz en fesist; mès respondi que il le feroit mettre à mort, et qu'il le tenoit pour son trop grant anemi. Dont respondi li dus, se il en faisoit ensi, il fust certains que il ne s'armeroit jamais contre le roy d'Engleterre, ne tout cil qui destourner il en poroit. Et eut adonc entre le roy de France et le duch de Normendie grosses parolles, et s'en parti li dus par mautalent. Et dist li dus, au partir, que jamès en l'ostel dou roy il n'enteroit, tant que messires Gautiers de Mauni seroit en prison.

Ensi demora ceste cose un grant temps, et pourcaçoit le dessus dit uns chevaliers de Haynau, uns

siens cousins, qui se appelloit messires Mansars
d'Esne. Cils en eut moult de painne et de travel
pour aler et pour venir devers le duch de Normendie. En le fin, li rois de France fu si consilliés que il
delivra le dit monsigneur Gautier de prison, et li fist
paiier tous ses fres. Et le volt veoir li rois; et disna
messires Gautiers de Mauni dalès lui, en l'ostel de
Nielle à Paris. Et li fist adonc li rois presens de dons
et de jeuiaulz qui bien valoient mil florins. Li dis
messires Gautiers, pour l'onneur dou roy qui li faisoit
presenter, les rechut par condition que, lui venut
devant Calais, il en parleroit au roy d'Engleterre son
signeur; et se il li plaisoit, il les retenroit, ou aultrement il les renvoieroit. Ceste response plaisi bien
au roy de France et au duch de Normendie, et disent que il avoit parlé comme loyaus chevaliers.

Depuis ce fait, il prist congiet d'yaus et chevauça
tant par ses journées que il vint en Haynau. Si se
rafreschi en Valencienes trois jours, et puis s'en parti
et esploita tant que il vint devant Calais, où il fu
receus à grant joie dou roy et de tous les barons, ce
fu bien raisons. Et là leur recorda toutes ses avenues,
depuis que partis s'estoit d'Aguillon. Et remoustra
au roy son signeur les biaus jeuiaus que li rois de
France li avoit fait presenter. Et demanda fiablement
du roy quel cose en estoit bonne à faire; car il les
avoit receus par manière que, se il plaisoit à lui, il
les retenroit, ou aultrement il les renvoieroit. Si me
samble que li rois d'Engleterre li dist adonc : « Messire Gautier, vous nous avés tous jours loyaument
servi jusques à ores, et ferés encores, si com nous
esperons : renvoiiés au roy Phelippe ses presens;

vous n'avés nulle cause dou retenir. Nous avons, Dieu merci! assés pour nous et pour vous; et sons en grant volenté de vous bien faire, selonch le bon service que fait nous avés. » — « Monsigneur, ce respondi messires Gautiers, grans mercis ! »

Tantost apriès ces parolles, il prist tous ces jeuiaus et presens, et carga à son cousin monsigneur Mansart, et li dist : « Chevauciés en France devers le roy et me recommendés à lui moult de fois; et li dittes que je le mercie grandement des biaus presens que il m'a presenté. Mais ce n'est mies li grés ne la pais[1] dou roy d'Engleterre, mon signeur, que je les retiegne. » Ce dist messires Mansars : « Tout ce ferai je volentiers. » Si se parti atant de monsigneur Gautier et dou siège de Calais, les dis jeuiaus avoecques lui. Et esploita tant par ses journées qu'il vint à Paris; si fist son message bien et à point. Li rois ne volt nulles nouvelles oïr de reprendre les jeuiaus, mès les donna, ensi qu'il estoient, au dit monsigneur Mansart, qui en remercia le roy, et n'eut nulle volenté contraire dou prendre.

§ 292. Vous avés bien chi dessus oy recorder comment li contes Derbi s'estoit tenus toute le saison en le cité de Bourdiaus, le siège pendant des François devant Aguillon. Si tost qu'il sceut de verité que li dus de Normendie avoit deffait son siège et estoit retrais en France, il s'avisa que il feroit une chevaucie en Poito; si fist son mandement de tous les barons, les chevaliers et les escuiers de le Gascongne

---

1. Mss. B 4, 3 : « li aise ne li plaisir. » F° 129 v°.

qui pour Englès se tenoient, et leur assigna journée
à estre à Bourdiaus. A le semonse et mandement dou
dit conte vinrent li sires de Labret, li sires de Lespare, li sires de Rosem, li sires de Moucident, li
sires de Pumiers, li sires de Courton, li sires de Longuerem, messires Aymeris de Tarste et pluiseur
aultre. Et fist tant li contes Derbi qu'il furent bien
douze cens hommes d'armes, deux mil arciers et
troi mil pietons.

Si passèrent toutes ces gens le rivière de Garone,
entre Bourdiaus et Blaves. Quant il furent tout oultre,
il prisent le chemin de Saintonge et chevaucièrent
tant que il vinrent à Mirabiel; si assallirent le ville,
si tost qu'il furent venu, et le prisent de force et
ossi le chastiel, et y misent gens pour yaus. Et puis
chevaucièrent vers Ausnay; si conquisent le ville et
le chastiel, et puis Surgières et Benon; mès au
chastiel de Marant, à quatre liewes de le Rocelle, ne
peurent il riens fourfaire. Et vinrent à Mortagne sus
mer en Poito, et là eut grant assaut, et le prisent; et
y misent et laissièrent gens en garnison de par yaus.
Et puis chevaucièrent vers Luzegnon; si ardirent le
ville desous, mès au chastiel ne peurent il riens
fourfaire. En apriès, il vinrent à Taillebourch, sus le
rivière de Charente; si conquisent le pont, le ville
et le chastiel; et occirent tous ceuls qui dedens
estoient, pour tant que, en yaus assallant, il leur
avoient mort un chevalier des leurs, apert homme
d'armes durement. Et puis passèrent oultre, pour
venir devant le ville de Saint Jehan l'Angelier.

Et saciés que tous li pays estoit adonc si effraés de
la venue dou conte Derbi et des Englès que nulz

n'avoit cohtenànce ne arroy en soy meismes; mès
fuioient devant yaus et s'enclooient ens ès bonnes
villes et laissoient tout vaghe, hostelz et maisons, et
n'i avoit aultre apparant de deffense. Neis li chevalier et escuier de Saintonge et de Poito se tenoient
ens leurs fors et ens leurs garnisons, et ne moustroient nul samblant de combatre les Englès.

§ 293. Tant esploitièrent li contes Derbi et leurs
routes que il vinrent devant le bonne ville de Saint
Jehan l'Angelier, et si ordonnèrent tout à mettre y
siège. A ce jour, quant li Englès y vinrent, il n'y
avoit dedens nulles gens d'armes, chevaliers et escuiers, pour aidier à garder le ville et consillier les
bourgois, qui n'estoient mies bien coustumier de
guerriier. Si furent durement effraé li dit bourgois
quant il veirent tant d'Englès devant leur ville, et qui
leur livrèrent de venue un très grant assaut; et doubtèrent à perdre corps et biens, femmes et enfans, car
il ne leur apparoit secours ne confors de nul costé.
Si eurent plus chier à trettier devers les Englès que
plus grans maulz leur sourvenist. Apriès cel assault
que li Englès eurent fait devant Saint Jehan, et que
il se furent retrait en leurs logeis pour yaus reposer
celle nuit, et avoient bien entention que de assallir
à l'endemain, li maires de le ville, que on appelloit
sire Guillaume de Rion, par le conseil de le plus
saine partie de le ville, envoiièrent devers le conte
Derbi pour avoir un saufconduit, alant et venant, six
de leurs bourgois, qui devoient porter ces trettiés.
Li gentilz contes leur acorda legierement, à durer
celle nuit et l'endemain toute jour. Quant ce vint au

matinet à heure de prime, li dit bourgois de Saint
Jehan vinrent ens ou pavillon dou conte et parlèrent
à lui quant il [eut[1]] oy messe. Et me samble que
traittiés se porta en tel manière, que il se misent dou
tout en l'obeissance dou conte et rendirent leur ville,
et jurèrent à estre bon Englès, de ce jour en avant,
tant que li rois d'Engleterre, ou personne forte de
par lui, les voroit ou poroit tenir en pais devers les
François. Sus cel estat et ordenance les reçut li
contes Derbi et entra en le ville et en prist le foy et
l'ommage, et devinrent si homme.

Si se rafreschirent li contes Derbi et li Englès
quatre jours en le ville de Saint Jehan; et au cinq-
quime il s'en partirent et chevauçièrent devers Niorth,
une très forte ville et bien fremée, de laquèle messires Guiçars d'Angle, uns très gentilz chevaliers,
estoit chapitains et souverains pour le temps. Si y
fisent li Englès jusques à trois assaus, mès riens n'i
conquisent; si s'en partirent et chevauciêrent par
devers le cité de Poitiers. Maisançois qu'il y venissent, il trouvèrent le bourch de Saint Maximiien;
si le prisent de force, et furent tout cil mort qui
dedens estoient. Et puis chevaucièrent à le senestre
main, et vinrent devant Moustruel Bonin, où il avoit
pour ce temps plus de deux cens monnoiiers, qui là
forgoient et faisoient le monnoie dou roy. Et liquel
disent que trop bien il se deffenderoient; si ne se
veurent rendre à le requeste des Englès, et moustrèrent grant samblant d'yaus deffendre. Li contes
Derbi et ses gens, qui estoient coustumier de assallir,

_____

[1]. Ms. B 3, f° 137. — Mss. B 1, 4 : « eurent. » *Mauvaise leçon.*

assallirent à ce commencement de grant façon. Et estoient arcier tout devant, qui traioient as deffendans si ouniement que à painnes osoit nulz apparoir as deffenses. Et tant s'avancièrent li dit Englès et si bien s'i esprouvèrent, que de force il conquisent Moustruel Bonin. Et furent tout cil mort qui dedens estoient : onques homs n'i fu pris à raençon. Et retinrent le chastiel pour yaus, et le rafreschirent de nouvelles gens.

Et puis chevaucièrent oultre vers Poitiers, qui est moult grande et moult esparse. Si fisent tant que il y parvinrent, et le assegièrent à l'un des lés ; car il n'estoient mies tant de gens que pour le assegier de tous costés. Si tost que il furent parvenu devant, il se misent à l'assallir de grant volenté, et cil de le ville à yaus deffendre, qui estoient grant fuison de menues gens peu aidables en guerre ; et encores pour le temps de lors il ne savoient gueriier. Toutes fois, de ce premier assault, il se portèrent si bien et si vaillamment, que li Englès ne leur peurent riens fourfaire ; et se retraisent à leurs logeis tous lassés et tous travilliés, et se reposèrent celle nuit. Quant ce vint à l'endemain, aucun chevalier dou conte Derbi s'armèrent et montèrent as chevaus, et chevaucièrent autour de le ville dou plus près qu'il peurent, pour aviser et imaginer là où elle estoit plus foible. Si trouvèrent bien tel lieu par leur avis qui n'estoit mies trop fors à conquerre, car encores n'i avoit dedens nul gentil homme qui seuissent que c'estoit d'armes ; si en fisent leur raport au conte de tout ce que il avoient veu et trouvé. Si eurent ce soir conseil que à l'endemain on assaurroit en trois

lieus, et que il métteroient le grignour partie de
leurs gens d'armes et arciers à l'endroit où il faisoit
le plus foible, ensi qu'il fisent à l'endemain apriès
soleil levant. Et livrèrent li dit Englès trois assaus
en trois parties à chiaus de Poitiers. La cité de Poitiers est grande et esparse, et n'estoit mies adono fui-
sonnée de gens; si ne pooient tost aler ne courir de
l'un à l'autre : par lequel meschief et dur assaut elle
fu par le plus foible lés prise et conquise, et entrèrent
li Englès dedens.

Quant li homme de Poitiers se veirent pris et conquis, si vuidièrent et se partirent au plus tost qu'il
peurent par aultres portes, car il y a pluiseurs issues;
mais il ne s'en alèrent mies si à point que il n'en
demorast mors et occis plus de six cens. Et mettoient
li Englès tout à l'espée, femmes et enfans, dont c'estoit pités. Si fu la ditte cités courue, toute pillie et
robée. Et y trouvèrent et conquisent li dit Englès
trop fier avoir, car elle estoit malement riche et
trop plainne de grans biens, tant dou leur meismes,
que de ceulz dou plat pays, qui s'estoient pour le
doubtance des Englès retrait et recueilliet, et qui
le leur y avoient amenet. Si ardirent, brisièrent et
destruisirent li dit Englès grant fuison de eglises, et
y fisent moult de desrois : de quoi li contes Derbi
fu durement courouciés pour les grans violenses
que on y fist, et euist encores fait, se il ne fust alés
au devant. Mès il deffendi sus le hart que nulz ne
boutast feu en eglise ne en maison qui y fust,
car il se voloit là tenir et reposer dix ou douze
jours. Nulz n'osa son commandement brisier. Si furent cessé en partie li mal à faire, mès encores en

fist on assés en larecin, qui poiht ne vinrent à cognissance.

§ 294. Ensi prist et conquist li contes Derbi, le roy d'Engleterre seant devant Calais, le cité de Poitiers. Et le tint douze jours, et plus l'euist encores tenu, se il volsist, car nuls ne li venoit calengier; mès trambloit tous li pays jusques à le rivière de Loire devant les Englès. Quant il eurent courut tout le pays de là environ et pillié et robé, et que riens n'estoit demoré dehors les fors et les grandes garnisons, li contes Derbi eut conseil que il se retrairoit et lairoit Poitiers toute vage, car elle n'estoit point tenable, tant estoit elle de grant garde. Si se ordonnèrent li Englès au partir, mais à leur departement il emportèrent tout l'avoir de le cité que trouvé avoient; et si cargié en estoient que il ne faisoient compte de draps, fors d'or et d'argent et de pennes. Si s'en retournèrent à petites journées à Saint Jehan l'Angelier. Là fu li contes Derbi des bourgois et des dames de le ville receus à grant joie et à haute honneur. Si se reposèrent li contes Derbi et ses gens et rafrescirent en le ditte ville de Saint Jehan une espasse de temps. En ce sejour, li dis contes acquist grant grasce et grant amour as bourgois, as dames et as damoiselles de le ville, car il leur donna et departi largement grans dons et biaus presens et biaus jeuiaus. Et fist tant que il disoient communalement que c'estoit li plus nobles princes qui peuist chevaucier sus palefroy. Et donnoit as dames et damoiselles li contes Derby priès que tous les jours disners et soupers grans et biaus, et les tenoit toutdis en reviel.

Quant il eut là séjourné tant que bon li fu, il se
ordonna au partir et toutes ses gens, et prist congiet
as bourgois et as dames de le ville, et leur commanda
le ville à garder. Et fist au dessus dit mayeur et as
plus riches hommes de le ville renouveler leur sieremens que il tenroient et garderoient le ville bien et
souffissamment ensi que le bon hyretage dou roy d'Engleterre : il l'eurent ensi en couvent. Adonc s'en
parti li dis contes o tout son arroy, et s'en chemina à
petites journées devers le cité de Bourdiaus par les
forterèces que conquis avoit, et fist tant que il [y¹]
parvint. Et là donna congiet à toutes gens d'armes,
Gascons et aultres; et les remercia grandement de
leur bon service. Assés tost apriès, il s'ordonna pour
monter en mer et venir devant Calais veoir le roy
d'Engleterre son gentil signeur. Or nous soufferons
nous à parler de lui et parlerons dou roy d'Escoce.

§ 295. Je me sui longement tenus à parler dou roy
David d'Escoce, mais jusques à maintenant je n'ai eu
nulle cause de parler ent; car, si com ci dessus il est
contenu, les triewes qu'il prisent et donnèrent par
acord li un à l'autre furent bien tenues, sans enfrain-
dre ne brisier de nulles des parties. Or avint que,
quant li rois d'Engleterre eut assegiet le forte ville de
Calais, li Escot s'avisèrent que il feroient guerre as
Englès et contrevengeroient les grans anois que il
leur avoient fais, car leur pays estoit maintenant vuis
de gens d'armes, pour le cause de ce que li rois en
tenoit fuison devant Calais. Et si en avoit ossi en

1. Ms. B 4, f° 131. — Ms. B 1, t. II, f° 13 (lacune).

Bretagne, en Poito et en Gascongne. A ceste guerre et esmouvement adonc rendi grant painne li rois Phelippes de France, qui avoit grans alliances au roy d'Escoce, car il voloit, se il pooit, si ensonniier les Englès que li rois d'Engleterre brisast son sige de devant Calais et s'en retournast en Engleterre. Si fist li rois d'Escoce son mandement tout secretement à estre en le ville de Saint Jehan sus Taye en Escoce. Si vinrent là tenir leur parlement li conte, li prelat et li baron d'Escoce; et furent tout d'un acord que, au plus hastievement que il poroient et au plus efforciement ossi, il enteroient en Engleterre au lés devers Rosebourch, si fort et si bien pourveu que pour combattre la poissance de tout le demorant d'Engleterre, qui pour le temps de lors estoit ens ou pays. A cel acord furent avoec le roy tout li baron, li prelat, li chevalier et li escuier dou royalme d'Escoce où plus a de cinquante mil combattans, uns c'autres; et fisent leur assemblée tout quoiement, pour plus grever leurs ennemis. Et fu adonc priiés et mandés Jehans des Adultilles, qui gouverne les Sauvages Escos, qui obeissent à lui et non à autrui, que il vosist estre en leur armée et chevaucie : il s'i acorda legierement, et y vint à trois mil hommes, tous des plus outrageus de son pays.

Onques li rois d'Escoce ne li baron de ce royalme ne sceurent si secretement faire leur mandement ne leur assemblée, que madame la royne Phelippe d'Engleterre, qui se tenoit ou North sus les marches de Evruich, n'en fust toute enfourmée, et que elle y pourveist de remède et de conseil. Si tost que la très bonne dame sceut ce, elle fu toute consillie de escrire

et de priier ses amis et de mander tous chiaus qui
tenoient dou roy d'Engleterre son signeur. Et s'en
vint la bonne dame, pour mieulx moustrer que la
besongne estoit à lui, tenir en le cité d'Iorch que
on dist Evruich. En le contrée de Northombreland,
quant li rois d'Engleterre passa oultre, estoient demoret li sires de Persi, li sires de Ros, li sires de
Nuefville et li sires de Montbrai, quatre grant baron,
pour aidier à garder le pays, se il touchoit. Si furent
tantost cil signeur pourveu et avisé, quant il seurent
le mouvement des Escos, et s'en vinrent à Evruic devers leur dame qui les reçut à grant joie. Dou mandement la vaillans dame, qui s'estendi jusques à le cité de
Londres et oultre, s'esmurent grant fuison de bonnes
gens d'armes et arciers qui estoient ens ou pays. Et
se prist cescuns dou plus priès qu'il peut, pour estre
à celle journée contre les Escos. Car tèle estoit li intention de le royne et li teneur de son mandement
que li Escot seroient combatu, et que cescuns pour
se honneur se hastást dou plus que il peuist, et s'en
venist devers le Nuef Chastel sur Thin, là où li mandemens se faisoit.

§ 296. Entrues que la royne d'Engleterre faisoit
sen assamblée, li Escot, qui estoient tout pourveu de
leur fait, se partirent de Saint Jehanston en grant arroi et à grant route. Et s'en vinrent ce premier jour
logier à Donfremelin, et l'endemain passèrent un
petit brach de mer qui là est. Et li rois s'en vint à
Struvelin ; là passa il à l'estroit l'aigue, et le second
jour, il vint en Haindebourch. Là se recueillièrent et
rassamblèrent tout li Escot. Si estoient trois mil ar-

meures de fier, chevaliers et escuiers, et bien trente
mil hommes d'autres gens, et tous montés sus hagenées, car nulz ne va à piet en Escoce, mès tout à
cheval. Si esploitièrent tant que il vinrent à Rose-
5 bourch, la première forterèce d'Engleterre à ce costé
de là, laquèle messires Guillaumes de Montagut avoit
en garde et en gouvrenance, et jadis l'avoit basti
contre les Escos. Li chastiaus de Rosebourch est
durement biaus et fors, et ne fait mies à prendre si
10 legierement. Si passèrent li Escot oultre et point n'i
assallirent, et s'en vinrent logier entre Persi et Urcol,
sus une rivière qui là est. Et commencièrent à destruire et ardoir le contrée de Northombrelant moult
villainnement. Et coururent leur coureur jusques à
15 Bervich, et ardirent tout ce qui dehors les murs estoit
et tout contreval le marine; et puis revinrent à leur
grant host, qui estoit logie à une journée dou Noef
Chastiel sur Thin.

§ 297. La royne d'Engleterre, qui desiroit à def-
20 fendre son pays et garder de tous encombriers, pour
mieus moustrer que la besongne estoit sienne, s'en
vint jusques en le bonne ville dou Noef Chastiel sur
Thin, et là se loga et attendi toutes ses gens. Avoech
la bonne dame vinrent en le ditte ville li archeves-
25 ques d'Yorch, li archevesques de Cantorbie, li evesques de Durem et li evesques de Lincolle, et ossi li sires
de Persi, li sires de Roos, li sires de Montbray et li
sires de Nuefville. Et se logièrent cil quatre grant baron et cil quatre prelat dedens le ville et li plus grant
30 partie de leurs gens. Et toutdis leur venoient gens
des marces dou North et dou pays de Northombrelant

et de Galles, qui marcissent assés priès de là; car
cescuns qui segnefiiés estoit se prendoit priès de
venir contre les Escos pour l'amour de la bonne
royne leur dame, qui les prioit si doucement que
pour garder leur pays à leur pooir de tout villain
destourbier.

Li rois d'Escoce et ses gens, qui efforciement estoient entré en Engleterre, entendirent de verité que
li Englès se assambloient en le ville dou Noef Chastel
pour venir contre yaus; si en furent grandement resjoy et se traisent tout de celle part, et envoiièrent
leurs coureurs courir devant le ville. Et ardirent cil
qui envoiiet y furent, à leur retour, aucuns hamelés
qui là estoient, tant que les fumières et flamesches en
avolèrent dedens le Noef Chastiel, et que li Englès se
rastinrent à grant malaise, et voloient issir hors soudainnement sus ciaus qui cel oultrage faisoient, mès
lor souverain ne les laissièrent. A l'endemain, li rois
d'Escoce et toute son host, où bien avoit quarante
mil hommes, uns c'autres, s'en vinrent logier à trois
petites liewes englesces dou Noef Chastiel sur Thin,
en le terre le signeur de Nuefville. Et mandèrent,
ensi que par grant presumption, à chiaus qui dedens
le Noef Chastiel estoient, que, se il voloient issir hors,
il les attenderoient et les combateroient volentiers.
Li prelat et li baron d'Engleterre furent avisé de respondre et disent que oil, et qu'il enventurroient leurs
vies avoecques l'iretage de leur signeur le roy d'Engleterre. Si se traisent tout sus les camps et se trouvèrent environ douze cens hommes d'armes, troi mil
arciers et cinq mil autres hommes parmi les Galois.
Li Escot, qui bien savoient leur poissance, les ami-

roient moult petit, ne prisoient, et disoient que, se il estoient quatre tans de gens, se seroient il combatu. Et se rengièrent un jour sus les camps devant yaus, et se misent en ordenance de bataille, et li Englès ossi d'autre part.

Quant la bonne dame la royne d'Engleterre entendi que ses gens se devoient combatre, et que li affaires estoit si approciés que li Escot tout ordonné estoient sus les camps devant yaus, elle se parti de le ville dou Noef Chastiel et s'en vint là où ses gens se tenoient, qui se rengoient et ordonnoient pour mettre en arroi de bataille. Si fu là tant la ditte royne que leurs gens furent tout ordonné et mis en quatre batailles. La première gouvrenoit li evesques de Durem et li sires de Persi; la seconde, li archevesques d'Iorch et li sires de Nuefville; la tierce, li evesques de Lincolle et li sires de Montbray; la quatrime, messires Edowars de Bailluel, gouvrenères de Bervich, et li arcevesques de Cantorbie. Si eut en cascune bataille se droite portion de gens d'armes et d'arciers, selonch leur aisement. Et là estoit la bonne royne d'Engleterre en mi eulz, qui leur prioit et amonnestoit de bien faire la besongne et de garder l'onneur de son signeur le roy et dou royalme d'Engleterre, et que pour Dieu cascuns se presist priès de estre bien combatans. Et par especial elle recommendoit toute la besongne en le garde des quatre barons qui là estoient et des quatre prelas. Cil qui envis, pour leur honneur, se fuissent faint, eurent en couvent à le bonne dame que il s'en acquitteroient loyaument, à leur pooir, otant ou mieulz que donc que li rois leurs sires y fust personelment. Lors se

departi de ses gens la ditte royne et s'en retourna
arrière au Noef Chastiel sur Thin, et les recommenda à son departement en la garde de Dieu et de
saint Jorge.

Assés tost apriès ce que la bonne dame se fu partie, les batailles qui se desiroient à trouver, et par
especial li Escot, s'encontrèrent. Lors commencièrent
li arcier l'un à l'autre traire, mès li trais des Escos
ne dura point grant fuison. Là estoient cil arcier
d'Engleterre able et legier, et qui traioient par art et
par grant avis, et de tel ravine que grans hideurs
seroit au regarder. Si vous di que, quant les batailles
se furent mises et approcies toutes ensamble, il y eut
ossi dure besongne, ossi forte et ossi bien combatue
que on avoit veu ne oy parler de grant temps. Et
commença la bataille environ heure de tierce, et dura
jusques à haute nonne. Si poés bien croire que là en
dedens il y eut fait tamaintes grans apertises d'armes, mainte prise et mainte belle rescousse, car cil
Escot tenoient haces dures et bien trençans, et en
donnoient trop biaus horions. D'autre part, Englès
se prendroient priès d'iaus deffendre, pour garder
leur pays, et pour acquerre le grasce dou roy leur
signeur, qui pas n'estoit là. Et faisoient tant, au jus-
tement considerer, que li plus petis valoit bien un
bon chevalier. Et tant se penèrent li uns pour l'autre,
ensi que par envie, que en le fin il desconfisent leurs
ennemis; mès grandement leur cousta de leurs gens.
Toutes fois il obtinrent le place. Et y demorèrent
mort sus le ditte place, des Escos, li contes de Fi, li
contes de Boskem, li contes Patris, li contes de Surlant, li contes d'Astrederne, li contes de Mare, mes-

sires Jehans de Douglas [messires Thumas[1] de Duglas], messires Symons Fresiel et messires Alixandres de Ramesay, qui portoit la banière dou roy, et pluiseur aultre baron et chevalier et escuier d'Es-
5 coce. Et là fu li rois pris qui vaillamment se combati, et durement, au prendre, navrés d'un escuier de Northombreland, qui s'appelloit Jehans de Copeland, apert homme d'armes durement. Cils Jehans, si tretost que il tint le roy d'Escoce, sage-
10 ment il en ouvra, car il se bouta au plus tost qu'il peut hors de le presse, lui vingtime de compagnons qui estoient de sa carge, et chevauça tant que ce jour il eslonga le place où la besongne avoit esté environ quinze [lieues[2]]. Et vint chiés soy en un chas-
15 tiel qui s'appelle Chastiel Orghilleus, et dist bien que il ne le renderoit à homme ne à femme, fors à son signeur le roy d'Engleterre. Encores en ce jour furent pris li contes de Mouret, li contes de le Marce, messires Guillaumes de Duglas, messires Archebaus de
20 Duglas, messires Robers de Versi, li evesques d'Abredane et li evesques de Saint Andrieu et pluiseur aultre baron et chevalier. Et en y eut mors, uns c'autres, sus le place, environ quinze mil, et li demorant se sauvèrent au miex qu'il peurent. Si fu ceste
25 bataille assés priès dou Noef Chastiel sus Thin l'an mil trois cens quarante six, le mardi proçain apriès le jour Saint Michiel.

§ 298. Quant la royne d'Engleterre, qui se tenoit

---

1. Ms. B 4, f° 132 v°. — Mss. B 1, 3, t. II, f° 15 v° (lacune).
2. Mss. B 4, 3, f° 132 v°. — Ms. B 1, t. II, f° 15 v° (lacune).

au Noef Chastiel, entendi que la journée estoit pour
li et pour ses gens, si en fu grandement resjoïe, ce
fu bien raisons. Et monta tantost sus son palefroy,
et s'en vint dou plus tost qu'[elle[1]] peut sus le place,
là où la bataille avoit este. Li quatre prelat et li troi
baron, qui chief et ordeneur de ceste besongne
avoient esté, reçurent la noble royne moult doucement et moult joieusement, et li recordèrent assés
ordonneement comment Diex les avoit visetés et regardés, que une puignie de gens qu'il estoient, il´
avoient desconfi le roy d'Escoce et toute sa poissance.
Lors demanda [la roine] dou roy d'Escoce que il estoit
devenus. On li respondi que uns escuiers d'Engleterre, qui s'appelloit Jehans de Copeland, l'avoit pris
et mené avoech lui, mès on ne savoit à dire où ne quel
part. Donc eut la royne conseil que elle escriroit
devers le dit escuier et li manderoit tout acertes que
il li amenast son prisonnier le roy d'Escoce, et que
mies bien à point n'avoit fait ne au gret de lui,
quant ensi l'en avoit mené hors des aultres et sans
congié. Ces lettres furent escrites et envoiies par un
chevalier de madame. Entrues que li dis chevaliers
fist son voiage, se parordonnèrent li Englès et se
tinrent tout ce jour sus le place que gaegnie vaillamment avoient, et la royne avoech eulz, qui honnouroit
et festioit grandement les bons et vaillans chevaliers
qui à ceste besongne avoient esté. Là li furent presenté li contes de Mouret, li contes de le Marce et
tout li aultre. Et retournèrent à lendemain à grant

---

1. Mss. B 3, 4, f° 140. — Ms. B 1, t. II, f° 15 v° : « il. » *Mauvaise
leçon.*

joie la royne et tout li signeur en le ville dou Noef Chastiel sur Thin.

Or vous parlerons de Jehan de Copelant, comment il respondi as lettres et au message que madame d'Engleterre li envoia. C'estoit se intention que le dit roy d'Escoce son prisonnier il ne renderoit à homme nul ne à femme, fors à son signeur le roy d'Engleterre, et que on fust tout segur de lui, car il le pensoit si bien à garder que il en renderoit bon compte. Madame d'Engleterre à ceste fois n'en peut aultre cose avoir. Se ne se tint elle pas pour bien contente de l'escuier; et fist tantost lettres escrire et seeler, et les envoia à son chier signeur le roy d'Engleterre qui seoit devant Calais. Par ces lettres fu li rois enfourmés de tout l'estat d'Engleterre et de le prise le roy David d'Escoce. Si eut grant joie en soi meïsmes de la belle fortune que Diex avoit envoiiet à se[s] gens. Si ordonna tantost li rois pour aler querre ce Jehan de Copeland, et le manda bien acertes que il venist parler à lui devant Calais. Quant Jehans de Copeland se vei mandés de son signeur le roy d'Engleterre, si en fu moult resjoïs, et obey. Et mist son prisonnier en bonnes gardes et segures en un fort chastiel sus le marce de Northombreland [et de Galles[1]], et se mist au chemin parmi Engleterre. Et fist tant qu'il vint à Douvres, et là passa le mer, et vint devant Calais et ou logeis dou roy.

§ 299. Quant li gentilz rois d'Engleterre vei l'escuier et il sceut que c'estoit Jehans de Copeland, se

---

1. Mss. B 4, 3, f° 133. — Ms. B 1, t. II, f° 16 (lacune).

li fist grant cière et le prist par le main et li dist :
« A bien viegne mon escuier, qui par sa vaillance a
pris nostre adversaire le roy d'Escoce! » — « Monsigneur, dist Jehans, qui se mist en un jenoul devant
le roy, se Diex m'a volut consentir si grant grasce que
il m'a envoiiet entre mes mains le roy d'Escoce et
je l'aie conquis par bataille et par fait d'armes, on
n'en doit pas avoir envie ne rancune sur mi. Car
ossi bien poet Diex envoiier sa grasce et sa fortune,
quant il eschiet, à un povre escuier que il fait à un
grant signeur. Et, sire, ne m'en voeilliés nul mal
gré se je ne le rendi tantost à madame la royne, car
je tieng de vous et mon sierement ay de vous, et non
à li, fors tout à point. » Dont respondi li rois et dist :
« Jehan, Jehan, nennil. Li bons services que vous
nous avés fait et la vaillance de vous vault bien que
vous soiiés excusés de toutes coses. Et honnit soient
cil qui sur vous ont envie! Jehan, dist encores li
rois, je vous dirai que vous ferés. Vous retournerés
en vostre maison et prenderés vostre prisonnier et
le menrés devers ma femme. Et en nom de remuneration, je vous donne et assigne au plus priès de vostre
hostel que aviser et regarder on pora, cinq cens livres
à l'estrelin par an de revenue, et vous retieng escuier
de mon corps et de mon hostel. »

De ce don fu Jehans moult resjoys, ce fu raisons,
et l'en remercia grandement. Depuis demora il deux
jours dalés le roy et les barons qui moult l'onnerèrent,
ensi que bien faire le savoient, et que on doit faire
un vaillant homme. Et au tierch jour s'en departi et
retourna arrière en Engleterre, et esploita tant par
ses journées que il vint chiés soy. Si assambla ses

amis et ses voisins, et recorda tout ce que il avoit trouvet ou roy son signeur, et le don que il li avoit fait, et comment li rois voloit que li rois d'Escoce fust menés devers madame la royne qui se tenoit encores en le cité de Evruich. Chil qui assamblé là estoient furent tout appareilliet d'aler avoech Jehan et li faire compagnie. Si prisent le roy d'Escoce et le montèrent bien et honourablement, ensi comme à lui apertenoit, et l'en menèrent jusques en le cité dessus ditte. Si le presenta de par le roy d'Engleterre li dis Jehans à madame la royne, qui en devant avoit esté moult couroucie sus Jehan. Mais la pais en fu lors faite, quant elle vei le roy d'Escoce son prisonnier, avoech ce que Jehans s'escusa si sagement que madame la royne s'en tint bien dou tout à contente.

Depuis ceste avenue, et que madame d'Engleterre eut entendu à pourveir bien et grossement le cité de Bervich, le chastiel de Rosebourch, le cité de Durem, le ville dou Noef Chastiel sur Thin et toutes les garnisons sus les frontières d'Escoce, et là laissié ou pays de Northombreland le signeur de Persi et le signeur de Nuefville, comme gardiiens et souverains, pour entendre à toutes besongnes, elle se parti de Evruich et s'en retourna arrière vers Londres, et en-mena avoecques lui le roy d'Escoce son prisonnier, le conte de Mouret et tous les barons qui à le bataille avoient esté pris. Si fist tant la ditte damé par ses journées que elle vint à Londres, où elle fu recheuté à grant joie, et tout cil qui avoecques lui estoient, qui à le bataille dessus ditte avoient esté. Madame d'Engleterre, par le bon conseil de ses hommes, fist mettre ens ou chastiel de Londres le roy d'Escoce,

le conte de Mouret et les aultres, et ordonna bonnes
gardes sus yaus. Et puis entendi à ordonner ses besongnes, ensi que celle qui voloit passer mer, et venir
devant Calais, pour veoir le roy son mari et le prince
son fil, que moult desiroit à veoir. Et se hasta dou
plus que elle peut, et passa le mer à Douvres, et eut
bon vent, Dieu merci! et fu tantos oultre. Si fu
recheue, ce poet on croire et savoir, à grant joie et
logie tantost moult honnourablement, toutes ses dames et ses damoiselles ossi largement comme elles
fuissent à Londres : ce fu trois jours devant la Toussains. De quoi li rois d'Engleterre, pour l'amour de
la royne, tint court ouverte le jour de le Toussains,
et donna à disner à tous signeurs qui là estoient et à
toutes dames principaument; car la royne en avoit
d'Engleterre grant fuison amenet avoecques lui, tant
pour soy acompagnier que pour venir veoir leurs
maris et leurs pères, frères et amis, qui se tenoient
au siège devant Calais.

§ 300. Cils sièges se tint longement devant Calais;
et si y avinrent moult de grandes aventures et des
belles proèces, d'un costé et d'autre, par terre et par
mer, lesquèles je ne poroie mies toutes, non le quatrime partie, escrire ne recorder. Car li rois de
France avoit fait establir si bohnes gens d'armes [et
tant par toutes les fortresches qui sont et estoient
pour ce tamps en le marche des contés de Ghines[1]],
d'Artois et de Boulongne, et autour de Calais, et tant
de Geneuois et de Normans et d'autres maronniers sus

---

1. Ms. B 4, f° 134. — Ms. B 1, t. II, f° 17 (lacune).

mer, que li Englès qui voloient hors issir, à cheval ou
à piet, pour aler fourer ou enventurer, ne l'avoient
mies davantage, mès trouvoient souvent des rencontres durs et fors. Et ossi y avoit souvent pluiseurs
paletis et escarmuces, entours les portes et sus les
fossés, dont point ne se partoient sans mors et sans
navrés. Un jour perdoient li un, et l'autre jour ossi
perdoient li aultre, ensi que on voit souvent avenir
en telz besongnes. Ossi li rois d'Engleterre et ses consaulz estudioient nuit et jour à faire engiens et instrumens, pour chiaus de Calais mieulz apresser et
constraindre. Et cil de le ville de Calais contrepensoient le contraire, et faisoient tant à l'encontre que
cil engien ne cil instrument ne lor portoient nul damage. Ne riens ne les grevoit ne les pooit tant grever que li affamers; mès nulles pourveances ne leur
pooient venir, fors en larecin, et par deux maronniers
qui estoient mestre et conduiseur de tous les aultres,
lesquels on nommoit l'un Marant et l'autre Mestriel.
Et estoient cil demorant à Abbeville. Par ces deux
maronniers estoient cil de Calais souvent conforté,
mès c'estoit en larrecin et par eulz hardiement enventurer. Et s'en misent par pluiseurs fois en grant
peril, et en furent moult de fois caciet et priès atrapé,
entre Boulongne et Calais; mès toutdis escapoient il,
et fisent tamaint Englès morir, ce siège durant.

§ 301. Tout cel yvier demora li rois d'Engleterre
à siège à tout son host devant le forte ville de Calais.
Et y avinrent grant fuison de mervilleuses aventures,
d'une part et d'autre, et priès que çascun jour. Et
toutdis, ce siège pendant, avoit li dis rois grant ima-

gination de tenir les communautés de Flandres en
amisté, car vis li estoit que parmi yaus il pooit le
plus aise venir à sen entente. Si envoioit souvent par
devers yaus grans prommesses; et leur disoit et faisoit dire que, se il pooit parvenir à sen entente de
Calais, il leur recouveroit sans doubte Lille, Douay
et les appendances : si ques par telz prommesses li
Flamench s'esmurent en ce temps, et sus le saison que
li rois d'Engleterre estoit encor en Normendie, douquel voiage il vint à Creci et à Calais, et vinrent
mettre le siège devant Bietune. Et estoit pour ce temps
leur chapitains messires Oudars de Renti, car il estoit
banis de France. Et tinrent moult grant siège devant
la ditte ville, et moult le constraindirent par assaus ;
mais il y avoit dedens en garnison, de par le roy
Phelippe, quatre bons chevaliers, qui très bien le
gardèrent et en pensèrent : monsigneur Joffroi de
Chargni, monsigneur Eustasce de Ribeumont, monsigneur Bauduin Danekin et monsigneur Jehan de
Landas. Si fu la ditte ville de Bietune si bien deffendue et poursongnie que li Flamench n'i conqueste-
rent riens, mès s'en retournèrent en Flandres sans
riens faire.

Nequedent, quant li rois d'Engleterre fu venus
devant Calais, il ne cessa mies de envoiier devers les
communautés de Flandres grans messages, et de
faire grans prommesses pour detenir leur amisté et
abatre l'opinion dou roy Phelippe, qui trop fort [les[1]]
pressoit d'yaus retraire à sen amour. Et volentiers
euist li rois d'Engleterre veu que li jones contes Loeis

1. Ms. B 3, f° 141 v°. — Mss. B 1, 4 (lacune).

de Flandres, qui point n'avoit quinze ans d'aage, volsist sa fille Ysabiel espouser. Et tant procura li dis rois que li dis communs de Flandres s'i acorda entirement : dont li rois d'Engleterre fu moult resjoïs, car il li sambloit que, parmi ce mariage et ce moiien, il s'aideroit des Flamens plus plainnement. Et ossi il sambloit as Flamens que, se il avoient le roy d'Engleterre et les Englès d'acort, il poroient bien resister as François; et plus leur estoit necessaire et pourfitable li amour dou roy d'Engleterre que dou roy de France. Mais leurs sires, qui avoit esté nouris d'enfance entre les François et les royaus et encores y demoroit, ne s'i voloit point acorder; et disoit franchement que jà n'aroit à femme la fille de celi qui li avoit mort son père.

D'autre part, li dus Jehans de Braibant pourcaçoit adonc fortement que cilz jones contes de Flandres vosist prendre sa fille, et li prommetoit que il le feroit joïr plainnement de la conté de Flandres, par amours ou aultrement. Et faisoit li dis dus entendant au roy de France que, se cilz mariages de sa fille se faisoit, il feroit tant que tout li Flamench seroient de son acord et contraire au roy d'Engleterre. De quoi par telz prommesses li rois de France s'acorda au mariage de Braibant.

Quant li dus de Braibant eut l'acort dou roy de France, il envoia tantos grans messages en Flandres devers les plus souffissans bourgois des bonnes villes; et leur fist dire et remoustrer tant de belles raisons coulourées que li consaulz des bonnes villes mandèrent le jone conte leur signeur, et li fisent croire et à savoir que il vosist venir en Flandres

et user par leur conseil : il seroient si bon amit et
subjet, et li renderoient et deliveroient toutes ses
justices et juridicions et les droitures de Flandres,
ensi ou plus avant que nulz contes y ewist ewes. Li
jones contes eut conseil que il l'assaieroit; si vint en
Flandres et y fu receus à grant joie. Et li furent presenté de par les bonnes villes grans dons et biaus
presens.

Si tretos que li rois d'Engleterre sceut ces nouvelles,
il envoia en Flandres le conte de Norhantonne, le
conte d'Arondiel et le signeur de Gobehen, liquel
parlementèrent tant et pourchacièrent as communautés de Flandres, que il eurent plus chier que leurs
sires presist à femme la fille dou roy d'Engleterre
que la fille au duch de Braibant. Et en requisent et
priièrent affectueusement leur jone signeur, et li remoustrèrent pluiseurs belles raisons pour lui attraire,
que merveilles seroit à recorder, et tant que li bourgois qui portoient le partie dou duch de Braibant
n'osoient dire le contraire. Mais Loeis li jones contes
ne s'i voloit aucunement consentir, par parolles ne
par raisons que on li desist; ains disoit toutdis que il
n'aroit jà à femme la fille de celi qui li avoit son père
occis, et li deuist on donner la moitié dou royalme
d'Engleterre. Quant li Flamench oïrent ce, il disent
que cilz sires estoit trop François et mal consilliés,
et que il ne leur feroit jà bien, puisque il ne voloit
croire leur conseil. Si le prisent et misent en prison
courtoise, et bien li disent que jamais n'en isteroit
se ilz ne creoit leur conseil; car bien disoient, se
messires ses pères n'euist tant amet les François,
mais ewist creu leur conseil, il euist esté li plus grans

sires des Crestiiens, et euist recouvré Lille, Douay et Bietune, et fust encores en vie.

§ 302. Ce demora ensi une espasse de temps. Et li rois d'Engleterre tint toutdis son siège devant Calais, et tint grant court et noble le jour dou Noel. Le quaresme ensievant, revinrent de Gascongne li contes Derbi, li contes de Pennebruch et li contes de Kenfort et grant fuison de chevaliers et d'escuiers qui passet avoient la mer avoech yaus, et arrivèrent devant Calais. Si furent li très bien venu et liement recueilliet et conjoy dou roy, de la royne, des signeurs et des dames qui là estoient. Et se logièrent tout cil signeur tantost, et leurs gens, devant Calais : de tant fu li sièges renforciés.

Or revenons au pourpos dont je parloie maintenant, dou jone conte de Flandres et des Flamens. Longement fu li jones contes ou dangier de chiaus de Flandres et en prison courtoise, mais il li anoioit, car il n'avoit point ce apris. Finablement il mua son pourpos, ne sçai se il le fist par cautèle ou de volenté; mais il dist à ses gens que il creroit leur conseil, car plus de biens li pooient venir d'yaus que de nul aultre pays. Ces parolles resjoïrent moult les Flamens, et le misent tantost hors de prison; se li acomplirent une partie de ses deduis, tant que d'aler en rivière. A ce estoit il moult enclins, mais il y avoit toutdis sus lui bonnes gardes, afin que il ne leur escapast ou fust emblés, qui l'avoient empris à garder, sur leur tiestes, et qui estoient dou tout de le faveur dou roy d'Engleterre, et le gettoient si près que à painnes pooit il aler pissier. Ceste cose se proceda et approça. Et eut li jones contes de Flandres en couvent à ses gens que volentiers il prenderoit à femme la fille dou roy d'Engleterre. Et ensi li Flamench le segnefiièrent au roy et à le royne, qui se tenoient devant Calais, et que il se vosissent traire devers Berghes et venir en l'abbeye et là amener leur fille, car il y amenroient leur signeur; et là se concluroit cilz mariages.

Vous devés savoir que li rois et la royne furent de ces nouvelles grandement resjoy, et disent que li Flamench estoient bonnes gens. Si fu par acord de toutes parties une journée assignée à estre à Berghes sus le mer, entre le Nuef Port et Gravelines. Là vinrent li plus notable homme et plus autentike des bonnes villes de Flandres, en grant estat et poissant, et y amenèrent leur jone signeur qui courtoisement s'enclina devers le roy d'Engleterre et la royne, qui jà estoient venu en très grant arroy. Li rois d'Engleterre prist le dit conte par le main droite moult doucement, et le conjoy en parlant, et puis s'escusa moult humlement de la mort son père. Et dist, se Diex li peuist aidier, que onques, tout le jour de le bataille de Creci ne à l'endemain ossi, il ne vey ne oy parler dou conte de Flandres. Li jones contes, par samblant, se tint de ces escusances assés à contens; et puis fu parlé dou mariage. Et eut là certains articles et trettiés fais, jettés et acordés entre le roy d'Engleterre et le jone conte Loeis [et le pais[1]] de Flandres, sus grans confederations et alliances, et toutes prommises et jurées à tenir. Là jura et fiança li dis contes madame Ysa-

---

1. Mss. B 4, 3, f° 135. — Ms. B 1, t. II, f° 19 (lacune).

biel, la fille dou roy d'Engleterre, et si le prommist à espouser. Si fu ceste journée relaxée jusques à une aultre fois que on aroit plus grant loisir. Et s'en retournèrent li Flamench en Flandres, qui en remenèrent leur signeur. Et moult amiablement se partirent dou roy d'Engleterre et de la royne et de leur conseil, et li rois d'yaus, liquelz s'en retourna devant Calais. Ensi demorèrent les coses en cel estat. Et se pourvei et fist pourveir li rois d'Engleterre, si grandement que merveilles seroit à recorder, pour tenir celle feste très estoffeement, et ossi de biaus et de riches jeuiaulz pour donner et departir au jour des noces; et la royne ossi, qui bien s'en voloit acquitter, et qui d'onneur et de larghèce passa à son temps toutes dames.

Li jones contes de Flandres, qui estoit revenus en son pays entre ses gens, aloit toutdis en rivière, et moustroit par samblant que cilz mariages as Englès li plaisoit très grandement. Et s'en tenoient li Flamench ensi que pour tout asseguré; et n'i avoit mès sur lui si grant regart comme en devant. Il ne cognissoient pas bien encores la condition de leur signeur. Car, quel samblant qu'il moustroit deforainnement, il avoit dedentrainnement le corage tout françois, ensi que on l'esprouva par oevres. Car un jour il estoit alés voler en rivière; et fu en le propre sepmainne que il devoit espouser la dessus ditte la damoiselle d'Engleterre. Et jetta ses fauconniers un faucon apriès le hairon, et li contes ossi un. Si se misent cil doy faucon en cange, et li contes apriès, ensi que pour le[s] lorier[1], en disant : hoie! hoie! Et

---

1. Ms. B 4 : « loyrier. » F° 135 v°. — Ms. B 3 : « leurrer. » F° 143.

quant il fu un peu eslongiés, et qu'il eut l'avantage des camps, il feri cheval des esporons et s'en ala toutdis avant, sans retourner, par tel manière que ses gens le perdirent. Si s'en vint li dis contes en Artois, et là fu à segur; et puis vint en France devers le roy Phelippe et les François, asquelz il compta ses aventures et com, par grant soutilleté, il estoit escapés ses gens et les Englès. Li rois de France en eut grant joie et dist que il avoit trop bien ouvret; et otant en disent tout li François. Et li Englès, d'autre part, disent que il les avoit trahis et deceus.

Mès pour ce ne laissa mies li rois d'Engleterre à tenir à amour les Flamens, car il savoit bien que li contes n'avoit point ce fait par leur conseil, et en estoient moult courouciet; et l'escusance que il en fisent, il le crei assés legierement.

§ 303. En ce temps que li siges se tenoit devant Calais, venoient veoir le roy et la royne pluiseur baron et chevalier de Flandres, de Braibant, de Haynau et d'Alemagne. Et ne s'en partoit nulz sans grant pourfit, car li rois et la royne d'Engleterre, d'onneur et de larghèce estoient si plain et si affectuel que tout il donnoient, et par celle virtu conquisent il le grasce et le renommée de toute honneur.

En ce temps estoit nouvellement revenus en le conté de Namur, dou voiage de Prusce et dou Saint Sepulcre, cilz gentilz et vaillans chevaliers messires Robers de Namur. Et l'avoit li sires de Spontin fait chevalier en le Sainte Terre. Messires Robers estoit pour ce temps moult jones, et n'avoit encores esté priiés de l'un roy ne de l'autre. Toutes fois il estoit

plus enclins assés à estre Englès que François, pour l'amour de monsigneur Robert d'Artois, son oncle, que li rois d'Engleterre avoit moult amet. Si se avisa que il venroit devant Calais veoir le roy d'Engleterre
5 et la royne et les signeurs qui là estoient. Si se ordonna selonch ce, et mist en bon arroi et riche, ensi comme à lui apertenoit et que toutdis il a alé par le chemin. Si esploita tant par ses journées que il vint au siège de Calais, honnourablement acompagniés de
10 chevaliers et d'escuiers, et se representa au roy, qui liement le reçut; et ossi fist madame la royne. Si entra grandement en leur amour et en leur grasce, pour le cause de ce que il portoit le nom de monsigneur Robert son oncle, que jadis avoient tant amé
15 et ouquel il avoient trouvé grant conseil.

Si devint en ce temps li dis messires Robers de Namur homs au roy d'Engleterre. Et li donna li dis rois trois cens livres à l'estrelin de pension par an, et li assigna sus ses coffres à estre paiiés à Bruges.
20 Depuis se tint li dis messires Robers dalés le roy et la royne, au sige de Calais, tant que la ville fu gaegnie, ensi comme vous orés en avant recorder.

§ 304. Je me sui longement tenus à parler de monsigneur Charle de Blois, duch de Bretagne pour
25 ce temps, et de la contesse de Montfort. Mais ce a esté pour les triewes qui furent prises devant la cité de Vennes, lesquèles furent moult bien gardées. Et joïrent, les triewes durant, cescune des parties assés paisieuvlement de ce que il tenoit en devant. Si tost
30 comme elles furent passées, il commencièrent à gueriier fortement, li rois de France à conforter

monsigneur Charle de Blois son neveu, et li rois d'Engleterre madame la contesse de Montfort, ensi que prommis et en couvent li avoit. Et estoient venu en Bretagne, de par le roy d'Engleterre, doy moult grant et moult vaillant chevalier, et parti dou siège de Calais, à tout deux cens hommes d'armes et quatre cens arciers : ce estoient messires Thumas d'Augourne et messires Jehans de Hartecelle; et demorèrent dalés la ditte contesse en la ville de Haimbon. Avoecques eulz avoit un chevalier breton bretonnant, durement vaillant et bon homme d'armes, qui s'appelloit messires Tanguis dou Chastiel. Si faisoient souvent cil Englès et cil Breton des chevaucies et des issues contre les gens monsigneur Charle de Blois, et sus le pays qui se tenoit de par lui; et les gens monsigneur Charle ossi sur yaus. Une heure perdoient li un, aultre heure perdoient li aultre. Et estoit li pays par ces gens d'armes courus, gastés et essilliés et rançonnés, et tout comparoient les povres gens.

Or avint un jour que cil troi chevalier dessus nommet avoient assamblet grant fuison de gens d'armes à cheval et de saudoiiers à piet. Et alèrent assegier une bonne ville et forte et un bon chastiel que on claime le Roce Deurient, et le fisent assallir par pluiseurs fois fortement. Et cil de le ville et dou chastiel se deffendirent vassaument qu'il n'i perdirent riens. En la garnison avoit un chapitainne, de par monsigneur Charle, escuier, qui s'appelloit par nom Thassart de Ghines, apert homme d'armes durement. Or y eut tel meschief que les trois pars des gens de la ville estoient en coer plus Englès assés que François. Si prisent leur chapitainne et disent qu'il

l'ociroient, se ilz avoech yaus ne se tournoit englès. Tassars à ce donc ressongna le mort et dist que il feroit tout che que il vorroient. Sus cel estat il le laissièrent aler, et commencièrent à trettiier devers
5 les dessus dis chevaliers englès. Finablement, trettiés se porta telz, que il se tournèrent de le partie la contesse de Montfort. Et demora li dis Thassars, comme en devant, chapitains de la ditte ville. Et quant li Englès s'en partirent pour retourner vers Hembon,
10 il li laissièrent grant fuison de gens d'armes et d'arciers, pour la ditte forterèce aidier à garder.

Quant messires Charles de Blois sceut ces nouvelles que la Roce Deurient estoit tournée englesce, si fu durement courouciés, et dist et jura que ce ne de-
15 morroit pas ensi. Et manda partout les signeurs de sa partie en Bretagne et en Normendie, et fist un grant amas de gens d'armes en le cité de Nantes, et tant qu'il furent bien seize cens armeures de fier et douze mil hommes de piet. Et bien y avoit quatre
20 cens chevaliers, et entre ces quatre cens, vingt trois banerés. Si se departi de Nantes li dis messires Charles et toutes ses gens. Et esploitièrent tant que il vinrent devant le Roce Deurient; si le assegièrent, toute la ville et le chastiel ossi. Et fisent devant drecier
25 grans engiens qui jettoient nuit et jour et qui moult travilloient [ciaulz[1]] de la ville. Si envoiièrent tantost messages devers la contesse de Montfort, en remoustrant comment il estoient constraint et assegiet, et requeroient que on les confortast, car on leur
30 avoit eu en couvent, se il estoient assegiet. La con-

1. Ms. B 4, f° 136 v°. — Ms. B 1, t. II, f° 20 v° (lacune).

tesse et li troi chevalier dessus nommé ne l'euissent jamais laissiet. Si envoia partout la ditte contesse ses messages où elle pensoit avoir gens, et fist tant que elle eut en peu de temps mil armeures de fier et huit mil hommes de piet. Si les mist tous ou conduit et en le garde de ces trois chevaliers dessus nommés qui baudement et volentiers les rechurent; et li disent au departement que il ne retourroient mès, si seroient la ville et li chastiaus desassegiés, ou il demorroient tout en le painne. Puis se misent au chemin, et s'en alèrent celle part à grant esploit; et fisent tant que il vinrent assés priès de l'ost monsigneur Charle de Blois.

Quant messires Thumas d'Agourne, messires Jehans de Hartecelle et messires Tangis dou Chastiel, et li aultre chevalier qui là estoient assamblé, furent parvenut à deux liewes priès de l'ost des François, il se logièrent sus une rivière, à celle entente que pour combattre à l'endemain. Et quant il furent logiet et mis à repos, messires Thumas d'Agourne et messires Jehans de Hartecelle prisent environ la moitié de leurs gens, et les fisent armer et monter à cheval tout quoiement. Et puis se partirent et, droit à heure de mienuit, il se boutèrent en l'ost de monsigneur Charle, à l'un des costés; si y fisent grant damage, et occirent et abatirent grant fuison de gens. Et demorèrent tant, en ce faisant, que toute li hos fu estourmis, et armé toutes manières de gens, et ne se peurent partir sans bataille. Là furent il enclos et combatu et rebouté durement et asprement, et ne peurent porter le fais des François. Si y fu pris et moult dolereusement navrés messires Thumas d'Agourne. Et se sauva au mieulz qu'il peut li dis messires Jehans de Hartecelle et une partie de ces gens, mès la grigneur partie y demorèrent mort. Ensi tous desconfis retourna li dis monsigneur Jehan à ses aultres compagnons, qui estoient logiet sus le rivière, et trouva monsigneur Tangis dou Chastiel et les aultres, asquelz il recorda sen aventure. Dont il furent moult esmervilliet et esbahit, et eurent conseil qu'il se deslogeroient et se retrairoient vers Hembon.

§ 305. A celle propre heure et en cel estat, entrues que il estoient en grant conseil de yaus deslogier, vint là uns chevaliers de par le contesse, qui s'appelloit Garnier, sires de Quadudal, à tout cent armeures de fer, et n'avoit pout plus tost venir. Si tost qu'il sceut le couvenant et le parti où il estoient, et comment par leur emprise perdu il avoient, si donna nouviel conseil. Et ne fu noient effraés, et dist à monsigneur Jehan et à monsigneur Tangis : « Or tos armés vous, et faites armer vos gens et monter as chevaus qui cheval [a[1]]; et qui point n'en a, si viegne à piet, car nous irons veoir nos ennemis. Et ne me doubte mies, selonch ce que il se tiennent pour tous assegurés, que nous ne les desconfisons et recouvrons nos damages et nos gens. »

Cilz consaulz fu creus, et s'armèrent, et disent que de recief il s'enventurroient. Si se departirent cil qui à cheval estoient tout premiers, et cil à piet les sie-

---

1. Ms. B 4, f° 136 v°. — Ms. B 1, t. II, f° 21 v° (lacune).— Ms. B 3 : « qui en auroit. » F° 156 v°.

voient. Et s'en vinrent, environ soleil levant, ferir en l'ost monsigneur Charlon de Blois, qui se dormoient et reposoient, et ne cuidoient avoir plus de destourbier. Cil Breton et cil Englès d'un costé se commencièrent à haster et à abatre tentes et trés et pavillons, et à occire et à decoper gens et à mettre en grant meschief. Et furent si souspris, car il ne faisoient point de ghet, que oncques ne se peurent aidier. Là eut grant desconfiture sus les gens de monsigneur Charle, et mors plus de deux cens chevaliers et bien quatre mil d'aultres gens, et pris li dis messires Charles de Blois et tout li baron de Bretagne et de Normendie qui là avoecques lui estoient, et rescous messires Thumas d'Augourne et tout leur compagnon. Onques si belle aventure n'avint à gens d'armes, qu'il avint là as Englès et as Bretons, que de desconfire sus une matinée tant de nobles gens : on leur doit bien tourner à grant proèce et à grant apertise d'armes.

Ensi fu pris messires Charles de Blois des gens le roy d'Engleterre et la contesse de Montfort, et toute la fleur de son pays avoecques lui ; et fu amenés ens ou chastiel de Hembon, et li sièges levés de la Roce Deurient. Si fu la guerre de la contesse de Montfort grandement embellie. Mès toutdis se tinrent les villes, les cités et les forterèces de monsigneur Charle, car madame sa femme, qui s'appelloit duçoise de Bretagne, prist la guerre de grant volenté. Ensi fu la guerre de ces deux dames. Vous devés savoir que, quant ces nouvelles furent venues devant Calais au roy d'Engleterre et as barons, il en furent grandement resjoy, et comptèrent l'aventure moult belle pour leurs gens. Or parlerons nous dou roy Phelippe et de son conseil et dou siège de Calais.

§ 306. Li rois Phelippes de France, qui sentoit ses gens de Calais durement constrains et apressés selonch ce que il estoit enfourmés, et veoit que li rois d'Engleterre ne s'en partiroit point, si les aroit conquis, estoit grandement courouciés. Si se avisa et dist que il les vorroit conforter, et le roy d'Engleterre combatre, et lever le siège, se il pooit. Si commanda par tout son royaume que tout chevalier et escuier fuissent, à la feste de le Pentecouste, en le cité d'Amiens ou là priès. Chilz mandemens et commandemens dou roy de France s'estendi par tout son royaume. Si n'osa nulz laissier qu'il ne venist et fust là où mandés estoit, au jour de le Pentecouste, ou tost apriès. Et meismement li rois y fu et tint là sa court solennèle, au dit jour, et moult de princes et de haus barons dalés li, car li roiaumes de France est si grans, et tant y a de bonne et noble chevalerie et escuierie, que il n'en poet estre desgarnis. Là estoient li dus de Normendie ses filz, li dus d'Orliens ses mai[n]snés filz, li dus Oedes de Bourgongne, li dus de Bourbon, li contes de Fois, messires Loeis de Savoie, messires Jehans de Haynau, li contes d'Ermignach, li contes de Forès, li contes de Pontieu, li contes de Valentinois, et tant de contes et de barons que merveilles seroit à recorder.

Quant tout furent venu et assamblé à Amiens et là en le marce, si eut li rois de France pluiseurs

consaulz par quel costé il poroit sus courir et combatre les Englès. Et euist volentiers veu que li pas
de Flandres li fuissent ouvert; si euist envoiiet au
costé devers Gravelines une partie de ses gens, pour
rafreschir chiaus de Calais et combatre les Englès à 5
ce costé bien aisiement par la ville de Calais. Et en
envoia li dis rois en Flandres grans messages, pour
trettier envers les Flamens sus cel estat. Mais li rois
d'Engleterre, pour ce temps, avoit tant de bons amis
en Flandres que jamais ne li euissent otriiet ceste 10
courtoisie. Quant li rois Phelippes vei ce que il n'en
poroit venir à coron, si ne volt mies pour ce laissier
se emprise, ne les bonnes gens de le ville de Calais
mettre en non caloir, et dist que il se trairoit avant
au lés devers Boulongne. 15

Li rois d'Engleterre, qui se tenoit là à siège et
estoit tenus tout le temps, ensi que vous savés, et à
grans coustages, estudioit nuit et jour comment il
peuist chiaus de Calais le plus constraindre et grever; car bien avoit oy dire que ses adversaires li rois 20
Phelippes faisoit un grant amas de gens d'armes, et
que il le voloit venir combatre. Et si sentoit la ville
de Calais si forte que, pour assaut ne pour escarmuce que ilz ne ses gens y feissent, il ne les pooient
conquerre : dont il y busioit et imaginoit souvent. 25
Mais la riens del monde qui plus le reconfortoit,
c'estoit ce que il sentoit la ville de Calais mal pourveue de vivres : si ques encores, pour yaus clore et
tollir le pas de le mer, il fist faire et carpenter un
chastiel hault et grant de lons mairiens, et le fist 30
faire si fort et si bien breteskiet que on ne le pooit
grever. Et fist le dit chastiel asseoir droit sus le rive

de le mer, et le [fist¹] bien pourveir d'espringalles, de bombardes et d'ars à tour et d'autres instrumens. Et y establi dedens soixante hommes d'armes et deux cens arciers, qui gardoient le havene et le port de Calais, si priès que riens n'i pooit entrer ne issir que tout ne fust confondut; ce fu li avis qui plus fist de contraires à chiaus de Calais, et qui plus tost les fist affamer.

En ce temps exhorta tant li rois d'Engleterre les Flamens, lesquelz li rois de France, si com ci dessus est dit, voloit mettre en trettiés, que il issirent hors de Flandres bien cent mil, et s'en vinrent mettre le siège devant la bonne ville d'Aire. Et ardirent tout le pays de là environ, Saint Venant, Menreville, le Gorge, Estelles, le Ventie, et une marce que on dist Laloe, et jusques ens ès portes de Saint Omer et de Tieruane. Et s'en vint li rois logier à Arras, et envoia grans gens d'armes ens ès garnisons d'Artois, et par especial son connestable monsigneur Charle d'Espagne à Saint Omer, car li contes d'Eu et de Ghines, qui connestables avoit estet de France, estoit prisonniers en Engleterre, ensi que vous savés. Ensi se porta toute celle saison bien avant, et ensonniièrent li Flamench grandement les François, ançois que il se retraissent.

§ 307. Quant li Flamench furent retrait et il eurent courut les basses marces en Laloe, donc s'avisa li rois de France qu'il s'en iroit à toute son grant host

---

1. Mss. B 4, 3, f° 137. — Ms. B 1, t. II, f° 22 v° : « fisent. » *Mauvaise leçon.*

devers Calais pour lever le siège, se il pooit aucunement, et combatre le roy d'Engleterre et toute se poissance qui si longhement avoient là sejourné; car il sentoit monsigneur Jehan de Viane et ses compagnons et les bonnes gens de Calais durement astrains, et avoit bien oy dire et recorder comment on leur avoit clos le pas de le mer, pour laquèle cause la ville estoit en peril de perdre. Si s'esmut li dis rois et se parti de le cité d'Arras et prist le chemin de Hedin, et tant fist qu'il y parvint; et tenoit bien son host parmi le charoy trois grans liewes de pays. Quant li rois se fu reposés un jour à Hedin, il vint l'autre à Blangis, et là s'arresta pour savoir quel chemin il feroit. Si eut conseil d'aler tout le pays que on dist l'Alekine; dont se mist il à voie, et toutes gens apriès, où bien avoit deux cens mil hommes, uns c'autres. Et passèrent li rois et ses gens parmi le conté de Faukemberghe, et se vinrent droitement sus le mont de Sangates, entre Calais et Wissant. Et chevauçoient cil François tout armé au cler, ensi que pour tantost combatre, banières desploiies; et estoit grans biautés au veoir et considerer leur poissant arroy. Quant cil de Calais, qui s'apooient à leurs murs, les veirent premierement poindre et apparoir sus le mont de Sangates, et leurs banières et pennons venteler, il eurent moult grant joie, et cuidièrent certainnement estre tantost dessegiet et delivret. Mais quant il veirent que on se logoit, si furent plus courouciet que devant, et leur sambla uns petis signes.

§ 308. Or vous dirai que li rois d'Engleterre fist et avoit jà fait, quant il sceut que li rois de France venoit à si grant host pour lui combatre et pour dessieger la ville de Calais, qui tant li avoit cousté d'avoir, de gens et de painne de son corps; et si savoit bien que il avoit la ditte ville si menée et si astrainte que elle ne se pooit longement tenir : se li venroit à grant contraire, se il l'en couvenoit ensi partir. Si avisa et imagina li dis rois que li François ne pooient venir à lui ne approcier son host ne le ville de Calais, fors que par l'un des deux pas, ou par les dunes sus le rivage de le mer, ou par dessus là où il avoit grant fuison de fossés, de croleis et de marès. Et n'i avoit sur che chemin que un seul pont par où on peuist passer; si l'appelloit on le pont de Nulais. Si fist li dis rois traire toutes ses naves et ses vaissiaus par devers les dunes, et bien garnir et furnir de bombardes, d'arbalestres, d'arciers et d'espringalles, et de telz coses par quoi li hos de François ne peuist ne osast par là passer. Et fist le conte Derbi son cousin aler logier sus le dit pont de Nulais, à grant fuison de gens d'armes et d'arciers, par quoi li François n'i peuissent passer, se ilz ne passoient parmi les marès, liquel sont impossible à passer.

Entre le mont de Sangates et le mer, à l'autre lés devers Calais, avoit une haute tour que trente deux arcier englès gardoient, et tenoient là endroit le passage des dunes pour les François; et l'avoient à leur avis durement fortefiiet de grans doubles fossés. Quant li François furent logiet sur le mont de Sangate, ensi que vous avés oy, les gens des communautés perchurent celle tour. Si s'avancièrent cil de Tournay, qui bien estoient là quinze cens combatant, et

alèrent de grant volentet celle part. Quant cil qui
dedens estoient les veirent approcier, il traisent à
yaus, et en navrèrent aucuns. Quant cil de Tournay
veirent ce, si furent moult courouciet, et se misent
de grant volenté à assallir celle tour et ces Englès;
et passèrent de force oultre les fossés, et vinrent jusques à le mote de terre et au piet de le tour à pik
et à hauiaus. Là eut grant assaut et dur, et moult de
chiaus de Tournay bleciés; mais pour ce ne se refraindirent il mies à assallir, et fisent tant que, de
force et par grant apertise de corps, il conquisent
celle tour. Et furent mort tout cil qui dedens estoient,
et la tour abatue et reversée : de quoi li François
tinrent ce fait à grant proèce.

§ 309. Quant li hos des François se fu logie sus
le mont de Sangates, li rois envoia ses mareschaus,
le signeur de Biaugeu et le signeur de Saint Venant,
pour regarder et aviser comment et par où son host
plus aisiement poroit passer, pour approcier les Englès et yaus combatre. Cil doy signeur, mareschal de
France pour le temps, alèrent partout regarder et
considerer les passages et les destrois, et puis s'en
retournèrent au roy et li disent à brief parole qu'il
ne pooient aviser que il peuist nullement approcier
les Englès que il ne perdesist ses gens davantage. Si
demora ensi la cose cesti jour et la nuit ensiewant.

A l'endemain apriès messe, li rois Phelippes envoia
grans messages, par le conseil de ses hommes, au roy
d'Engleterre. Et passèrent li message [par congiet[1]]

---

1. Mss. B 4, 3, f° 138. — Ms. B 1, t. II, f° 23 v° (lacune).

dou conte Derbi au pont de Nulais : ce furent messires Joffrois de Chargni, messires Eustasses de Ribeumont, messires Guis de Neelle et li sires de Biaugeu. En passant et en chevauçant celle forte voie, cil quatre signeur avisèrent bien et considerèrent le fort passage, et comment li pons estoit bien gardés. On les laissa paisieuvlement passer tout oultre, car li rois d'Engleterre l'avoit ensi ordonné. Et durement en passant prisièrent l'arroy et l'ordenance dou conte Derbi et de ses gens, qui gardoient ce pont parmi lequel il passèrent. Et tant chevaucièrent que il vinrent jusques à l'ostel dou roy, qui bien estoit pourveus de grant baronnie dalés lui. Tantost tout quatre il misent piet à terre, et passèrent avant et vinrent jusques au roy : il l'enclinèrent; et li rois les recueilli, ensi comme il apertenoit à faire. Là s'avança messires Ustasses de Ribeumont à parler pour tous; et disent : « Sire, li rois de France nous envoie par devers vous et vous segnefie que il est ci venus et arrestés sus le mont de Sangates pour vous combatre; mais il ne poet veoir ne trouver voie comment il puist venir jusc'à vous : si en a il grant desir, pour dessegier sa bonne ville de Calais. Si a il fait aviser et regarder par ses gens comment il poront venir jusc'à vous, mès c'est cose impossible. Si veroit volentiers que vous volsissiés mettre de vostre conseil ensamble, et il metteroit dou sien, et par l'avis de chiaus, aviser place là où on se peuist combatre, et de ce sommes nous cargié de vous dire et requerre. »

Li rois d'Engleterre, qui bien entendi ceste parolle, fu tantost consilliés et avisés de respondre, et respondi et dist : « Signeur, j'ay bien entendu tout

ce que vous me requerés de par mon adversaire, qui
tient mon droit hiretage à tort, dont il me poise. Se
li dirés de par mi, se il vous plaist, que je sui ci endroit, et y ay demoret, depuis que je y vinc, priès
d'un an. Tout ce a il bien sceu; et y fust bien venus
plus tost, se il volsist. Mais il m'a ci laissiet demorer
si longement que jou ay grossement despendu dou
mien. Et y pense avoir tant fait que assés temprement je serai sires de le ville et dou chastiel de Calais. Si ne sui mies consilliés dou tout faire à sa devise et se aise, ne d'eslongier ce que je pense à avoir
conquis et que j'ay tant desiret et comparet. Se li
disés, se ilz ne ses gens ne poeent par là passer, si
voisent autour pour querir la voie. » Li baron et
message dou roy de France veirent bien que il n'en
porteroient aultre response; si prisent congiet.

Li rois leur donna qui les fist convoiier jusques
oultre le dit pont de Nulais. Et s'en revinrent en
leur host, et recordèrent au roy de France tout ensi
et les propres paroles que li rois d'Engleterre avoit
dittes. De laquèle response li rois de France fu tous
courouciés, car il vei bien que perdre li couvenoit la
forte [ville[1]] de Calais, et se n'i pooit remediier par
nulle voie.

§ 310. Entrues que li rois de France estoit sus le
mont de Sangate, et qu'il estudioit comment et par
quel tour il poroit combatre les Englès qui si s'estoient fortefiiet, vinrent doy cardinal en son host,
envoiiés en legation de par le pape Clement qui re-

---

1. Mss. B 4, 3, f° 138 v°. — Ms. B 1, t. II, f° 24 v° (lacune).

gnoit pour ce temps. Cil doi cardinal se misent tantost en grant painne d'aler de l'une host à l'autre, et volentiers euissent veu que li rois d'Engleterre euist brisiet son siège, ce que il n'euist jamais fait. Toutes fois, sus certains articles et trettiés d'acort et de pais, il procurèrent tant que uns respis fu pris entre ces deux rois et leurs gens, là estans au siège et sus les camps seulement. Et misent par leurs promotions, de toutes parties, quatre signeurs ensamble qui devoient parlementer de le pais. De le partie dou roy de France y furent li dus de Bourgongne, li dus de Bourbon, messires Loeis de Savoie et messires Jehans de Haynau; et dou costé des Englès, li contes Derbi, li contes de Norhantonne, messires Renaulz de Gobehem et messires Gautiers [de Mauni[1]]. Et li doi cardinal estoient trettieur et moiien, alant de l'un lés à l'autre. Si furent tout cil signeur les trois jours la grigneur partie dou jour ensamble; et misent pluiseurs devises et pareçons avant, desquèles nulles ne vinrent à effect.

Entrues que on parlementoit et ces triewes durant, li rois d'Engleterre faisoit toutdis efforcier son host et faire grans fossés sus les dunes, par quoi li François ne les peuissent sousprendre. Et saciés que cilz parlemens et detriemens anoioit durement à chiaus de Calais qui volentiers euissent veu plus tost leur delivrance, car on les faisoit trop juner. Cil troi jour se passèrent sans pais et sans acort, car li rois d'Engleterre tenoit toutdis sen oppinion que il seroit sires de Calais, et li rois de France voloit que

---

1. Mss. B 4, 3, f° 138 v°. — Ms. B 1, t. II, f° 24 v° (lacune).

elle li demorast. En cel estri se departirent les parties, ne on ne les peut rassambler depuis; si s'en retournèrent li cardinal à Saint Omer.

Quant li rois Phelippes vei ce que perdre li couvenoit Calais, si fu durement courouciés; à envis s'en partoit sans aucune cose faire. Et si ne pooit traire avant ne combatre les Englès qu'il ne fuissent tout perdu davantage : si ques, tout consideré, li sejourners là ne li estoit point pourfitable; si ordonna au partir et à deslogier. Si fist, à l'endemain au matin que li parlemens fu finés, recueillier en grant haste tentes et trés et tourser, et se mist au chemin par devers la cité d'Amiens, et donna congiet toutes manières de gens d'armes et de commugnes. Quant cil de Calais veirent le deslogement de leurs gens, si furent tout pardesconfi et desbareté. Et n'a si dur coer ou monde que, qui les veist demener et dolouser, qui n'en ewist pité. A ce deslogement ne perdirent point aucun Englès qui s'aventurèrent et qui se ferirent en la kewe des François, mès gaegnièrent des kars, des sommiers et des chevaus, des vins et des pourveances et des prisonniers qu'il ramenèrent en l'ost devant Calais.

§ 311. Apriès le departement dou roy de France et de son host dou mont de Sangates, chil de Calais veirent bien que li secours en quoi il avoient fiance leur estoit fallis; et si estoient à si très grant destrèce de famine que li plus poissans et plus fors se pooit à grant malaise soustenir. Si eurent conseil; et leur sambla qu'il valoit mieulz yaus mettre en le volenté dou roy d'Engleterre, se plus grant merci n'i

pooient trouver, que yaus laissier morir l'un apriès l'autre par destrèce de famine, car li pluiseur en poroient perdre corps et ame par rage de faim. Si priièrent tant à monsigneur Jehan de Viane que il en
5 volsist trettier et parler, que il s'i acorda; et monta as crestiaus des murs de le ville, et fist signe à chiaus de dehors que il voloit parler.

Quant li rois d'Engleterre entendi ces nouvelles, il envoia là tantos monsigneur Gautier de Mauni et
10 le signeur de Basset. Quant il furent là venu, li dis messires Jehans de Viane lor dist : « Chier signeur, vous estes moult vaillant chevalier et usé d'armes, et savés que li rois de France, que nous tenons à signeur, nous a ceens envoiiet et commandé que nous
15 gardissions ceste ville et ce chastiel, si que blasme n'en euissions, ne ilz point de damage : nous en avons fait nostre pooir. Or est nos secours fallis. Et vous nous avés si astrains que nous n'avons de quoi vivre : si nous couvenra tous morir ou esragier par
20 famine, se li gentilz rois qui est vos sires n'a pité de nous. Chier signeur, se li voelliés priier en pité qu'il voelle avoir merci de nous, et nous en voelle laissier aler tout ensi que nous sommes, et voelle prendre le ville et le chastiel et tout l'avoir qui est de-
25 dens : si en trouvera assés. »

Adonc respondi messires Gautiers de Mauni et dist : « Messire Jehan, messire Jehan, nous savons partie de l'intention nostre signeur le roy d'Engleterre, car il le nous a dit. Saciés que ce n'est mies
30 se entente que vous en peuissiés aler ensi que vous avés ci dit; ains est sa volenté que vous vos metés tous en se pure volenté, ou pour rançonner chiaus

qu'il li plaira, ou pour faire morir; car cil de Calais li ont tant fait de contraires et de despis, le sien fait despendre et grant fuison de ses gens [fait[1]] morir : dont, se il l'en poise, ce n'est mies merveilles. »

Adonc respondi messires Jehans de Viane et dist : « Ce seroit trop dure cose pour nous, se nous consentions ce que vous dittes. Nous sommes un petit de chevaliers et d'escuiers qui loyaument à nostre pooir avons servi nostre signeur, ensi comme vous feriés le vostre, en samblant cas; et en avons enduré mainte painne et tamainte mesaise. Mais ançois en soufferions nous tèle mesaise que onques gens n'endurèrent ne souffrirent la parelle, que nous consentissions que li plus petis garçons ou varlés de le ville euist aultre mal que li plus grans de nous. Mais nous vous prions que vous voelliés aler par vostre humilité devers le roy d'Engleterre, et li priiés que il ait pité de nous : si ferés courtoisie, car nous esperons en lui tant de gentillèce que il ara merci de nous. » — « Par ma foy, respondi messires Gautiers, messire Jehan, je le ferai volentiers. Et vorroie, se Diex me vaille, qu'il m'en vosist croire mès : vous en vaurriés tout mieulz. »

Lors se departirent li sires de Mauni et li sires de Basset, et laissièrent monsigneur Jehan de Viane apoiant as murs, car tantost devoient retourner; et s'en vinrent devers le roy d'Engleterre qui les attendoit à l'entrée de son hostel et avoit grant desir d'oïr nouvelles de chiaus de Calais. Dalés lui estoient li

---

1. Ms. B 3, f° 158 v°. — Mss B 1, 4, f° 25 v° : « faire. » *Mauvaise leçon.*

contes Derbi, li contes de Norhantonne, li contes d'Arondiel et pluiseur hault baron d'Engleterre. Messires Gautiers de Mauni et li sires de Basset enclinèrent le roy, et puis se traisent devers lui. Li sires de Mauni, qui sagement estoit enlangagiés, commença à parler, car li rois souverainnement le volt oïr, et dist : « Mon signeur, nous venons de Calais et avons trouvé le chapitainne, monsigneur Jehan de Viane, qui longement a parlé à nous. Et me samble que ilz et si compagnon et li communaultés de Calais sont en grant volenté de vous rendre la ville et le chastiel de Calais et tout ce qui dedens est, mès que leurs corps singulerement il en peuissent mettre hors. »

Dont respondi li rois : « Messire Gautier, vous savés la grigneur partie en ce cas de nostre entente : quel cose en avés vous respondu? » — « En nom Dieu, monsigneur, dist messires Gautiers, que vous n'en feriés riens, se il ne se rendoient simplement à vostre volenté, pour vivre et pour morir, se il vous plaist. Et quant je leur ay ce remoustré, messires Jehans de Viane me respondi et cogneut bien qu'il sont moult constraint et astraint de famine; mais, ançois que il entrassent en ce parti, il se venderoient si chier que onques gens fisent. » Dont respondi li rois et dist : « Messire Gautier, je n'ai mies espoir ne volenté endont que j'en face aultre cose. » Lors se retrest avant li gentilz sires de Mauni et parla moult sagement au roy, et dist pour aidier chiaus de Calais : « Monsigneur, vous poriés bien avoir tort, car vous nous donnés mauvais exemple. Se vous nous voliiés envoiier en aucunes de vos forterèces, nous n'irions mies si volentiers, se vous faites ces gens mettre à mort, ensi que vous dittes, car ensi feroit on de nous en samblant cas. »

Cilz exemples amolia grandement le corage dou roy d'Engleterre, car li plus des barons qui là estoient l'aidièrent à soustenir. Dont dist li rois : « Signeur, je ne voeil mies estre tous seulz contre vous tous. Gautier, vous en irés à chiaus de Calais, et dirés au chapitainne, monsigneur Jehan de Viane, que vous avés tant travilliet pour yaus, et ossi ont tout mi baron, que je me sui acordés à grant dur à ce que la plus grant grasce qu'il poront trouver ne avoir en moy, c'est que il se partent de le ville de Calais six des plus notables bourgois, en purs les chiés et tous deschaus, les hars ou col, les clés de le ville et dou chastiel en leurs mains. Et de chiaus je ferai ma volenté, et le demorant je prenderai à merci. » — « Monsigneur, respondi messires Gautiers, je le ferai volentiers. »

§ 312. A ces parlers se departi li gentilz sires de Mauni, et retourna jusques à Calais là où messires Jehans de Viane l'attendoit; se li recorda toutes les paroles devant dittes, ensi que vous les avés oyes. Et dist bien que c'estoit tout ce que il en avoit pout impetrer. « Messire Gautier, dist messires Jehans, je vous en croi bien. Or vous prie je que vous voelliés ci tant demorer que j'aie remoustré tout cel afaire à le communaulté de le ville, car il m'ont chi envoiïet, et à yaus en tient, ce m'est avis, dou respondre. » Respondi li sires de Mauni : « Je le ferai volentiers. »

Lors se parti des crestiaus messires Jehans de Viane,

et vint ou marchié, et fist sonner la cloche pour assambler toutes manières de gens en le hale. Au son de le cloche vinrent il tout, hommes et femmes, car moult desiroient à oïr nouvelles, ensi que gens si astrains de famine que plus n'en pooient porter. Quant il furent tout venu et assamblé en le place, hommes et femmes, messires Jehans de Viane leur remoustra moult doucement les paroles toutes tèles que chi devant sont recitées, et leur dist bien que aultrement ne pooit estre, et euissent sur ce avis et brief response. Quant il oïrent ce raport, il commencièrent tout à criier et à plorer telement et si amerement qu'il ne fust nulz si durs coers ou monde, se il les veist et oïst yaus demener, qui n'en euist pité, et n'eurent en l'eure pooir de respondre ne de parler. Et mesmement messires Jehans de Viane en avoit tel pité que il en larmioit moult tenrement.

Une espasse apriès, se leva en piés li plus riches bourgois de le ville, que on clamoit sire Ustasse de Saint Pière, et dist devant tous ensi : « Signeur, grans pités et grans meschiés seroit de laissier morir un tel peuple que ci a, par famine ou autrement, quant on y poet trouver aucun moiien. Et si seroit grant aumosne et grant grasce à Nostre Signeur qui de tel meschief les poroit garder. Je, endroit de moy, ay si grant esperance d'avoir grasce et pardon envers Nostre Signeur, se je muir pour ce peuple sauver, que je voeil estre li premiers. Et me metterai volentiers en pur ma chemise, à nu chief et à nus piés, le hart ou col, en le merci dou gentil roy d'Engleterre. »

Quant sires Ustasses de Saint Pière eut dit ceste parole, cescuns l'ala aourer de pité, et pluiseurs hommes et femmes se jettoient à ses piés tenrement plorant : c'estoit grans pités dou là estre, yaus oïr et regarder.

Secondement, uns aultres très honnestes bourgois et de grant afaire, et qui avoit deux belles damoiselles à filles, se leva et dist tout ensi, et qu'il feroit compagnie à son compère sire Ustasse de Saint Pière ; on appelloit cesti, sire Jehan d'Aire.

Apriès se leva li tiers, qui s'appelloit sire Jakemes de Wissant, qui estoit riches homs de meuble et d'iretage, et dist que il feroit à ses deux cousins compagnie. Ensi fist sire Pières de Wissant ses frères, et puis li cinquimez et li siximez. Et se desvestirent là cil six bourgois tout nu, en pur leur braies et leurs chemises, en le hale de Calais, et misent hars en leurs colz, ensi que ordenance se portoit. Et prisent les clés de le ville de Calais et dou chastiel ; cescuns des six en tenoit une puignie.

Quant il furent ensi apparilliet, messires Jehans de Viane, montés sus une petite haghenée, car à grant malaise pooit il aler à piet, se mist devant et prist le chemin de le porte. Qui donc veist hommes, les femmes et enfans de chiaus plorer et tordre leurs mains et criier à haulte vois très amerement, il n'est si durs coers ou monde qui n'en euist pité. Ensi vinrent il jusques à le porte, convoiiet en plains, en cris et en plours. Messires Jehans de Viane fist ouvrir le porte toute arrière, et se fist enclore dehors avoecques les six bourgois, entre le porte et les barrières ; et vint à monsigneur Gautier qui là l'attendoit, et li dist : « Messire Gautier, je vous delivre, comme chapitains de Calais, par le consentement dou povre peuple de celi ville, ces six bourgois. Et vous jur que ce sont au jour d'ui et estoient li plus honnourable et notable de corps, de chevance et d'ancisserie de le ville de Calais ; et portent avoech yaus toutes les clés de le ditte ville et dou chastiel. Si vous pri, gentilz sires, que vous voelliés priier pour yaus au gentil roy d'Engleterre pour ces bonnes gens qu'il ne soient mies mort. » — « Je ne sçai, respondi li sires de Mauni, que messires li rois en vorra faire, mais je vous ay en couvent que j'en ferai mon devoir. »

Adonc fu la barrière ouverte. Si s'en alèrent li six bourgois, en cel estat que je vous di, avoech monsigneur Gautier de Mauni qui les amena tout bellement devers le palais dou roy, et messires Jehans de Viane rentra en le ville de Calais.

Li rois estoit à celle heure en sa cambre, à grant compagnie de contes, de barons et de chevaliers. Si entendi que cil de Calais venoient en l'arroy que il avoit deviset et ordonnet ; si se mist hors et s'en vint en la place devant son hostel, et tout cil signeur après lui et encores grant fuison qui y sourvinrent, pour veoir chiaus de Calais ne comment il fineroient. Et meismement la royne d'Engleterre, qui moult enchainte estoit, sievi le roy son signeur. Evous venu monsigneur Gautier de Mauni et les bourgois dalés lui qui le sievoient, et descendi en la place, et puis s'en vint devers le roy et li dist : « Monsigneur, veci le representation de le ville de Calais, à vostre ordenance. » Li rois se taisi tous quois et regarda moult

fellement sur chiaus; car moult haoit les habitans de
Calais, pour les grans damages et contraires que dou
temps passet sus mer li avoient fais.

Cil six bourgois se misent tantost en genoulz par
devant le roy, et disent ensi en joindant leurs mains :
« Gentilz sires et gentilz rois, ves nous chi six, qui
avons esté d'ancisserie bourgois de Calais et grans
marceans. Si vous aportons les clés de le ville et dou
chastiel de Calais, et les vous rendons à vostre plaisir, et nous mettons en tel point que vous nous veés,
en vostre pure volenté, pour sauver le demorant dou
peuple de Calais; si voelliés avoir de nous pité et
merci par vostre très haute noblèce. » Certes il n'i
eut adonc en le place signeur, chevalier ne vaillant
homme, qui se peuist abstenir de plorer de droite
pité, ne qui peuist en grant pièce parler. Li rois regarda sus yaus très ireusement, car il avoit le coer si
dur et si espris de grant courous que il ne peut parler; et quant il parla, il commanda que on leur copast les tiestes tantost. Tout li baron et li chevalier
qui là estoient, en plorant prioient si acertes que faire
le pooient au roy qu'il en vosist avoir pité, merci;
mais il n'i voloit entendre.

Adonc parla messires Gautiers de Mauni et dist :
« Ha! gentilz sires, voelliés rafrener vostre corage.
Vous avés le nom et le renommée de souverainne
gentillèce et noblèce. Or ne voelliés donc faire cose
par quoi elle soit noient amenrie, ne que on puist
parler sur vous en nulle manière villainne. Se vous
n'avés pité de ces gens, toutes aultres gens diront
que ce sera grant cruaultés, se vous faites morir ces
honnestes bourgois, qui de lor propre volenté se

sont mis en vostre merci pour les aultres sauver. »
A ce point se grigna li rois et dist : « Messire Gautier, souffrés vous, il ne sera aultrement, mès on face venir le cope teste. Chil de Calais ont fait morir
5 tant de mes hommes, que il couvient chiaus morir ossi. »

Adonc fist la noble royne d'Engleterre grant humilité, qui estoit durement enchainte, et ploroit si tenrement de pité que on ne le pooit soustenir. Elle se
10 jetta en jenoulz par devant le roy son signeur et dist ensi : « Ha! gentilz sires, puis que je apassai le mer par deçà en grant peril, si com vous savés, je ne vous ay riens rouvet ne don demandet. Or vous pri jou humlement et requier en propre don que, pour
15 le fil sainte Marie et pour l'amour de mi, vous voelliés avoir de ces six hommes merci. »

Li rois attendi un petit de parler et regarda la bonne dame sa femme, qui moult estoit enchainte et ploroit devant lui en jenoulz moult tenrement. Se li
20 amolia li coers, car envis l'euist couroucie ens ou point là où elle estoit; si dist : « Ha! dame, je amaisse mieulz que vous fuissiés d'autre part que ci. Vous me priiés si acertes que je ne le vous ose escondire; et comment que je le face envis, tenés, je les vous
25 donne : si en faites vostre plaisir. » La bonne dame dist : « Monsigneur, très grans mercis. »

Lors se leva la royne et fist lever les six bourgois, et leur fist oster les chevestres d'entours les colz, et les amena avoecques lui en sa cambre, et les fist re-
30 vestir et donner à disner tout aise; et puis donna à çascun six nobles, et les fist conduire hors de l'ost à sauveté.

§ 313. Ensi fu la forte ville de Calais assise par le roy Edowart d'Engleterre, l'an de grasce mil trois cens quarante six, environ le Saint Jehan decolasse, ou mois d'aoust, et fu conquise l'an de grasce mil trois cens quarante sept, en ce meismes mois.

Quant li rois d'Engleterre eut fait sa volenté des six bourgois de Calais, et il les eut donnés à la royne sa femme, il appella monsigneur Gautier de Mauni et ses deux mareschaus, le conte de Warvich et le baron de Stanfort, et leur dist : « Signeur, prendés ces clés de le ville et dou chastiel de Calais : si en alés prendre le saisine et le possession. Et prendés tous les chevaliers qui laiens sont et les metés en prison, ou faites leur jurer et fiancier prison; ils sont gentil homme : je les recrerai bien sus leurs fois. Et tous aultres saudoiiers, qui sont là venu pour gaegnier leur argent, faites les partir simplement, et tout le demorant de le ville, hommes et femmes et enfans, car je voeil la ville repeupler de purs Englès. »

Tout ensi [fu fait[1]] que li rois commanda et que vous poés oïr. Li doi mareschal d'Engleterre et li sires de Mauni, à cent hommes tant seulement, s'en vinrent prendre le saisine de Calais; et fisent aler ens ès portes tenir prison monsigneur Jehan de Viane, monsigneur Ernoul d'Audrehen, monsigneur Jehan de Surie, monsigneur Bauduin de Bellebourne et les aultres. Et fisent li mareschal d'Engleterre aporter les saudoiiers toutes armeures et jetter en un mont en le halle de Calais. Et puis fisent toutes manières de gens, petis et grans, partir; et ne retinrent que trois

---

1. Mss. B, 4, 3, f° 141. — Ms. B 1, t. II, f° 28 (lacune).

hommes, un prestre et deux aultres anciiens hommes, bons coustumiers des lois et ordenances de Calais, et fu pour rensegnier les hiretages. Quant il eurent tout ce fait et le chastiel ordonné pour logier le roy et la royne, et tout li aultre hostel furent widié et appareillié pour rechevoir les gens dou roy, on le segnefia au roy. Adonc monta il à cheval, et fist monter la royne et les barons et chevaliers, et chevaucièrent à grant glore devers Calais; et entrèrent en le ville à si grant fuison de menestraudies, de trompes, de tabours et de muses, que ce seroit merveilles à recorder. Et chevauça ensi li rois jusques au chastiel, et le trouva bien paré et bien ordonné pour lui recevoir et le disner tout prest. Si donna li dis [rois[1]], ce premier jour que il entra en Calais, à disner ens ou chastiel les contes, les barons et les chevaliers qui là estoient, et la royne, les dames et les damoiselles, qui au siège estoient et qui le mer avoient passet avoecques li; et y furent en grant solas, ce poet on bien croire.

Ensi se porta li ordenance de Calais. Et se tint li rois ou chastiel et en le ville tant que la royne fu relevée d'une fille, qui eut nom Margherite; et donna à aucuns de ses chevaliers, ce terme pendant, biaus hostelz en le ville de Calais, au 'signeur de Mauni, au baron de Stanfort, au signeur de Gobehen, à monsigneur Bietremieu de Brues, et ensi à tous les aultres, pour mieulz repeupler la ville. Et estoit se intention, lui retourné en Engleterre, que il envoieroit là trente six riches bourgois, leurs femmes et leurs en-

---

1. Ms. B 4, f° 141. — Ms. B 1, t. II, f° 28 (lacune).

fans, demorer de tous poins en le ville de Calais. Et par especial il y aroit douze bourgois, riches hommes et notables de Londres; et feroit tant que la ditte ville seroit toute repeuplée de purs Englès : laquèle intention il accompli. Si fu la noeve ville et la bastide, qui devant Calais estoit faite pour tenir le siège, toute deffaite, et li chastiaus qui estoit sur le havene abatus, et li gros mairiens amenés à Calais. Si ordena li rois gens pour entendre as portes, as murs, as tours et as barrières de le ville. Et tout ce qui estoit brisiet et romput, on le fist rappareillier : si ne fu mies si tost fait. Et furent envoiiet en Engleterre, ains le departement dou roy, messires Jehans de Viane et si compagnon; et furent environ demi an à Londres, et puis mis à raençon.

§ 314. Or me samble que c'est grans a[n]uis[1] de piteusement penser et ossi considerer que cil grant bourgois et ces nobles bourgoises et leurs biaus enfans, qui d'estoch et d'estration avoient demoret, et leur ancisseur, en le ville de Calais, devinrent : des quelz il y avoit grant fuison au jour que elle fu conquise. Ce fu grans pités, quant il leur couvint guerpir leurs biaus hostelz et leurs avoirs, car riens n'en portèrent; et si n'en eurent oncques restorier ne recouvrier dou roy de France, pour qui il avoient tout perdu. Je me passerai d'yaus briefment : il fisent au mieulz qu'il peurent; mès la grignour partie se traisent en le bonne ville de Saint Omer.

---

1. Ms. B 4 : « Or m'est advis que c'est grans anis. » F° 141 v° — Ms. B 3 : « Or m'est il advis que. » F° 160 v°.

Encores se tenoit li rois d'Engleterre à Calais pour entendre le plus parfaitement as besongnes de le ville, et li rois Phelippes en le cité d'Amiens. Si estoit dalés lui li cardinaulz Guis de Boulongne, qui venus estoit en France en legation : par laquel promotion il pourcaça une triewe à durer deus ans. Et fu ceste triewe acordée de toutes parties; mais on excepta hors la terre et ducé de Bretagne, car là tenoient et tinrent toutdis les deus dames guerre l'une contre l'autre.

Si s'en retournèrent li rois d'Engleterre, la royne et leur enfant en Engleterre. Et laissa li dis rois, à son departement de Calais, à chapitainne un Lombart que moult amoit et lequel il avoit avanciet, qui s'appelloit Aymeri de Pavie; et li recarga en garde toute la ville et le chastiel, dont il l'en deubt estre priès mescheu, ensi que vous orés recorder temprement.

Quant li rois d'Engleterre fu retournés à Londres, il mist grant entente de repeupler le ville de Calais et y envoia trente six riches bourgois et sages hommes, leurs femmes et leurs enfans, et plus de quatre cens aultres hommes de mendre estat. Et toutdis croissoit li nombres, car li rois y donna et seela libertés et franchises si grandes que cescuns y vint volentiers.

En ce temps fu amenés en Engleterre messires Charles de Blois, qui s'appelloit dus de Bretagne, qui avoit esté pris devant le Roce Deurient, ensi que chi dessus est contenu; si fu mis en courtoise prison ens ou chastiel de Londres, avoecques le roy David d'Escoce et le conte de Mouret. Mès il n'i eut point esté longement quant, à la priière madame la royne d'Engleterre, qui estoit sa cousine germainne, il fu recreus sus sa foy. Et chevauçoit à sa volenté au tour de Londres; mès il ne pooit jesir que une nuit dehors, se il n'estoit en le compagnie dou roy d'Engleterre et de la royne.

En ce temps estoit prisonniers en Engleterre li contes d'Eu et de Ghines, mès il estoit si friches et si joli chevaliers, et si bien li avenoit à faire quanqu'il faisoit, que il estoit partout li bien venus dou roy, de la royne, des dames et des damoiselles d'Engleterre.

§ 315. Toute celle anée que celle triewe fu acordée que vous avés oy, se tinrent li doy roy à pais li uns contre l'autre. Mès pour ce ne demora mies que messires Guillaumes Douglas, cilz vaillans chevaliers d'Escoce, et li Escoçois qui se tenoient en le forest de Gedours, ne guerriassent toutdis les Englès par tout là où il les pooient trouver, quoique li rois d'Escoce leurs sires fust pris. Et ne tinrent onques triewes que li rois d'Engleterre et li rois de France euissent ensamble.

D'autre part ossi, cil qui estoient en Gascongne, en Poito et en Saintonge, tant des François comme des Englès, ne tinrent onques fermement triewe ne respit qui fust ordenée entre les deux rois; ains gaegnoient et conqueroient villes et fors chastiaus souvent li uns sus l'autre, par force ou par pourcas, par embler ou par eschieller de nuit ou de jour. Et leur avenoient souvent des belles aventures, une fois as Englès, l'autre fois as François. Et toutdis gaegnoient povre brigant à desrober et pillier les villes et les chastiaus, et y conqueroient si grant avoir que c'estoit merveilles. Et en devenoient li aucun si riche, qui se faisoient maistre et chapitain des aultres brigans, que il en y avoit de telz qui avoient bien le finance de quarante mil escus. Au voir dire et raconter, c'estoit grans merveilles de ce qu'il faisoient. Il espioient, tèle fois estoit et bien souvent, une bonne ville ou un bon chastiel, une journée ou deux loing. Et puis si s'assambloient vingt brigant ou trente, et en aloient, par voies couvertes, tant de nuit que de jour qu'il entroient en celle ville ou ce chastiel que espiiet avoient, droit sus le point dou jour, et boutoient le feu en une maison. Et cil de le ville cuidoient que ce fuissent mil armeures de fier, qui volsissent ardoir leur ville; si en fuioient que mieulz mieulz. Et cil brigant brisoient maisons, coffres et escrins, et prendoient quanqu'il trouvoient; puis en aloient leur chemin, tout cargiet de pillage. Ensi fisent il à Donsonak et en pluiseurs aultres villes; et gaagnièrent ensi pluiseurs chastiaus, et puis les revendirent.

Entre les aultres, eut un brigant en le marce de le langue d'ok, qui en tel manière avisa et espia le fort chastiel de Combourne, qui siet en Limozin, en très fort pays durement. Si chevauça de nuit avoecques trente de ses compagnons, et vinrent à ce fort chastiel, et l'eschiellèrent et le gaegnièrent, et prisent ens le signeur que on appelloit le visconte de Combourne. Et occirent toutes les mesnies de laiens, et misent en prison le signeur en son chastiel meismes; et le tinrent si longement qu'il se rançonna à vingt quatre mil escus tous appareilliés. Et encores detint li dis brigans le dit chastiel et le garni bien, et en guerria le pays. Et depuis, pour ses proèces, li rois de France le volt avoir dalés lui, et achata son chastiel vingt mil escus; et fu huissiers d'armes au roy de France, et en grant honneur dalés le roy. Et estoit appellés cilz brigans Bacons, et estoit toutdis bien montés de [biaux courssiers[1]], de doubles roncins et de gros palefrois, et ossi armés ensi c'uns contes et vestis très ricement, et demora en cel bon estat tant qu'il vesqui.

§ 316. En tèle manière se maintenoit on ou ducée[2] de Bretagne, car si fait brigant conqueroient et gaegnoient villes fortes et bons chastiaus, et les roboient ou tenoient, et puis les revendoient à chiaus dou pays bien et chier. Si en devenoient li aucun, qui se faisoient mestre deseure tous les aultres, si rice que c'estoit merveilles.

Et en y eut un entre les aultres, que on clamoit Crokart, qui avoit esté en son commencement uns povres garçons, et lonc temps pages au signeur d'Ercle en Hollandes. Quant cilz Crokars commença à devenir grans, il eut congiet; si s'en ala ens ès guerres de Bretagne et se mist au servir un homme d'armes; si se porta si bien que, à un rencontre où il furent, ses mestres fu tués. Mès par le vasselage de lui, li compagnon le eslisirent à estre chapitainne ou liu de son mestre, et y demora. Depuis, en bien peu de temps, il gaegna tant et acquist et pourfita par

---

1. Mss. B 4, 3, f° 142. — Ms. B 1, t. II, f° 29 v° (lacune).
2. Ms. B 4 : « ducyaume. » F° 142. — Ms. B 3 : « duchié. » F° 161 v°

raençons, par prises de villes et de chastiaus, que il devint si riches que on disoit que il avoit bien le fin de soissante mil escus, sans ses chevaus, dont il avoit bien sus son estable vingt ou trente bons cour-
5 siers et doubles roncins. Et avoech ce il avoit le nom de estre li plus apers homs d'armes qui fust ens ou pays. Et fu esleus pour estre à le bataille des Trente; et fu tous li mieudres de son costé, de le partie des Englès, où il acquist grant grasce. Et li fu prommis
10 dou roy de France que, se il voloit devenir françois, li rois le feroit chevalier et le marieroit bien et ricement, et li donroit deus mil livres de revenue par an, mès il n'en volt riens faire. Et depuis li meschei il, ensi comme je vous dirai.
15 Chilz Crokars chevauçoit une fois un jone coursier fort enbridé, que il avoit acaté trois cens escus, et l'esprouvoit au courir. Si l'escaufa telement que li coursiers, oultre sa volenté, l'emporta : si ques, au sallir un fosset, li coursiers trebucha et rompi son
20 mestre le col. Je ne sçai que ses avoirs devint, ne qui eut l'ame; mès je sçai bien que Crokars fina ensi.

§ 317. En ce temps se tenoit en le ville de Saint Omer cilz vaillans chevaliers messires Joffrois de Chargni. Et l'avoit li rois [de France¹] là envoiiet pour gar-
25 der les frontières; et y estoit et usoit de toutes coses touchans as armes, comme rois. Cilz messires Joffrois estoit en coer trop durement courouciés de le prise et dou conquès de Calais; et l'en desplaisoit, par samblant, plus c'à nul aultre chevalier de Pikardie.

1. Mss. B 4, 3, f° 142 v°. — Ms. B 1, t. II, f° 30 (lacune).

Si metoit toutes ses ententes et imaginations au regarder comment il le peuist ravoir. Et sentoit pour ce temps un capitainne en Calais, qui n'estoit mies trop haus homs ne de l'estration d'Engleterre.

Si s'avisa li dis mesires Joffrois que il feroit assaiier au dit chapitainne, qui s'appelloit Aymeris de Pavie, se pour argent il poroit marchander à lui, par quoi il reuist en se baillie la ditte ville de Calais. Et s'i enclina, pour tant que cilz Aymeris estoit Lombars, et Lombart sont de leur nature convoiteus. Onques de ceste imagination li dis messires Joffrois ne peut issir; mès proceda sus et envoia secretement et couvertement trettier devers cel Aymeri, car pour ce temps triewes estoient. Si pooient bien cil de Saint Omer aler à Calais, et cil de Calais à Saint Omer; et y aloient les gens de l'un à l'autre faire leurs marchandises. Tant fu trettiet, parlé, et li affaires demenés secretement que cilz Aymeris s'enclina à ce marchiet; et dist que, parmi vingt mil escus qu'il devoit avoir au livrer le chastiel de Calàis dont il estoit chastelains, il le renderoit. [Et se tint li dis messires Joffrois de Cargni pour tous asseurs de ce marchiet[1]].

Or avint ensi que li rois d'Engleterre le sceut, je ne sçai mies comment ne par quèle condition; mais il manda cel Aymeri qu'il venist à lui parler à Londres. Li Lombars, qui jamais n'euist pensé que li rois d'Engleterre sceuist cel afaire, car trop secretement l'avoient demenet, entra en une nef et arriva à Douvres, et vint à Londres à Wesmoustier devers le roy.

---

1. Mss. B 4, 3, f° 142 v°. — Ms. B 1, t. II, f° 30 v° (lacune).

Quant li rois vei son Lombart, il le traist d'une part et dist : « Aymeri, vien avant. Tu scès que je t'ay donnet en garde la riens ou monde que plus ayme après ma femme et mes enfans, le chastiel et le ville de Calais; et tu l'as vendu as François et me voelz trahir : tu as bien desservi mort. » Aymeris fu tous esbahis des paroles dou roy, car il se sentoit fourfais; si se getta en genoulz devant le roy et dist, en priant merci à mains jointes : « Ha ! gentilz sires, pour Dieu merci, il est bien voirs ce que vous dittes. Mès encores se poet bien li marchiés tous desrompre, car je n'en receu onques denier. »

Li gentilz rois d'Engleterre eut pité dou Lombart, que moult avoit amet, car il l'avoit nouri d'enfance; si dist : « Aymeri, se tu voes faire ce que je te dirai, je te pardonrai mon mautalent. » Aymeris, qui grandement se reconforta de ceste parole, dist : « Monsigneur, oil. Je ferai, quoique couster me doie, tout ce que vous me commanderés. » — « Je voeil, dist li rois, que tu poursieves ton marchiet; et je serai si fors en le ville de Calais, à le journée, que li François ne l'aront mies, ensi qu'il cuident. Et pour toy aidier à escuser, se Diex me vaille, j'en sçai pieur gré messire Joffroy de Chargni que toy, qui en bonnes triewes a ce pourchaciet. »

Aymeris de Pavie se leva atant de devant le roy, qui en genoulz et en grant cremeur avoit esté; si dist : « Chiers sires, voirement a ce est[é] par son pourcac, non par le mien, car jamais je n'i euisse osé penser. » — « Or va, dist li rois, et fai la besongne ensi com je t'ay dit; et le jour que tu deveras delivrer le chastiel, si le me segnefie. »

En cel estat et sus le parole dou roy se departi
Aymeris de Pavie, et retourna arrière à Calais. Et ne
fist nul samblant à ses compagnons de cose que il
euist empensé à faire. Messire Joffrois de Chargni,
qui se tenoit pour tous assegurés d'avoir le chastiel
de Calais, pourvei l'argent. Et croy que il n'en parla
onques au roy de France, car li rois ne li euist jamais
consilliet à ce faire, pour la cause des triewes qu'il
euist enfraintes. Mès li dis messires Joffrois de Chargni s'en descouvri bien secretement à aucuns chevaliers de Pikardie, qui [tous¹] furent de son acort, car la
prise de Calais lor touchoit trop malement, et à telz
que monsigneur de Fiennes, à monsigneur Ustasse de
Ribeumont, à monsigneur Jehan de Landas, au signeur de Kreki, à monsigneur Pepin de Were, à monsigneur Henri dou Bos et à pluiseurs [aultres²]. Et avoit
sa cose si bien aparillie que il devoit avoir cinq cens
lances; mès la grigneur partie de ces gens d'armes ne
savoient où il les voloit mener, fors tant seulement
aucun grant baron et bon chevalier, as quelz il en
touchoit bien dou savoir. Si fu ceste cose si approcie
que, droitement le nuit de l'an, la cose fu arrestée de
estre faite. Et devoit li dis Aymeris delivrer le chastiel de Calais en celle nuit par nuit. Si le segnefia li
dis Aymeris, par un sien frère, ensi au roy d'Engleterre.

§ 318. Quant li rois sceut ces nouvelles et le cer-
tainneté dou jour qui arrestés y estoit, si manda

---

1. Mss. B 4, 3, f° 143. — Ms. B 1, t. II, f° 31 (lacune).
2. Mss. B 4, 3. — Ms. B 1 (lacune),

monsigneur Gautier de Mauni, en qui il avoit grant fiance, et pluiseurs aultres chevaliers et escuiers, pour mieulz furnir son fait. Quant messires Gautiers fu venus, il li compta pour quoy il l'avoit mandé, et
5 que il [le[1]] voloit mener avoecques lui à Calais. Messires Gautiers s'i acorda legierement.

Si se departi li rois d'Engleterre, à trois cens hommes d'armes et six cens arciers, de le cité de Londres, et s'en vint à Douvres, et emmena son fil le
10 jone prince avoecques lui. Si montèrent li dis rois et ses gens au port de Douvres, et vinrent sus une avesprée à Calais; et s'i embuschièrent si quoiement que nuls n'en sceut riens pour quoi il estoient là venu. Si se boutèrent les gens le roy ens ou chastiel,
15 en tours et en cambres, et li rois meismes. Et ordonna et dist ensi à monsigneur Gautier de Mauni : « Messire Gautier, je voeil que vous soiiés chiés de ceste besongne, car moy et mes filz nous combaterons desous vostre banière. » Messires Gautiers res-
20 pondi et dist : « Monsigneur, Diex y ait part : si me ferés haulte honnour. »

Or vous dirai de monsigneur Joffroy de Chargni, qui ne mist mies en oubli l'eure que il devoit estre à Calais, mès fist son amas de gens d'armes et d'arba-
25 lestriers en le ville de Saint Omer, et puis parti dou soir et chevauça avoech sa route, et fist tant que à priès de mienuit il vint assés priès de Calais. Si attendirent là li uns l'autre. Et envoia li dis messires Joffrois devant jusques au chastiel de Calais, deus de
30 ses escuiers, pour parler au chastelain, et savoir se il

1. Mss. B 4, 3, f° 143. — Ms. B 1 (lacune).

estoit heure, et se il se trairoient avant. Li escuier tout secretement chevaucièrent oultre, et vinrent jusques au chastiel, et trouvèrent Aymeri qui les attendoit et qui parla à yaus, et leur demanda où messires Joffrois estoit. Il respondirent que il n'estoit point loing, mais il les avoit envoiiés là pour savoir se il estoit heure. Messires Aymeris li Lombars dist : « Oil, alés devers lui, et se le faites traire avant : je li tenrai son couvent, mès qu'il me tiegne le mien. » Li escuier retournèrent et disent tout ce qu'il avoient veu et trouvé.

Adonc se trest avant messires Joffrois, et fist par ordenance passer toutes gens d'armes et les arbalestriers ossi, dont il y avoit grant fuison; et passèrent tout oultre le rivière et le pont de Nulais, et approcièrent Calais. Et envoia devant li dis messires Joffrois douze de ses chevaliers et cent armeures de fer, pour prendre le saisine dou chastiel de Calais. Car bien li sambloit que, se il avoit le chastiel, il seroit sires de le ville, parmi ce que il estoit assés fors de gens; et encores sus un jour il en aroit assés, se il besongnoit. Et fist delivrer à monsigneur Oudart de Renti, qui estoit en celle chevaucie, les vingt mil escus, pour paiier à Aymeri. Et demora tous quois avoecques ses gens li dis messires Joffrois, sa banière devant lui, sus les camps, au dehors de le ville et dou chastiel. Et estoit sen entente que par la porte de le ville il enteroit en Calais : autrement n'i voloit il entrée.

Aymeris de Pavie, qui estoit tous sages de son fait, avoit avalé le pont dou chastiel de le porte des camps; si mist ens tout paisieuvlement tous chiaus qui en-

trer y vorrent. Quant il furent amont ou chastiel, il cuidièrent que ce deuist estre tout leur. Adonc demanda Aymeris à monsigneur Oudart de Renti où li florin estoient. On li delivra tout prest en un sach;
5 et li fu dit : « Il y sont tout bien compté : comptés les, se vous volés. » Aymeris respondi : « Je n'ay mies tant de loisir, car il sera tantost jours. » Si prist le sach as florins et dist, en jettant en une cambre : « Je croy bien qu'il y soient »; et puis recloy l'uis
10 de la cambre. Et dist à monsigneur Oudart : « Attendés moy et tout vo compagnon : je vous vois ouvrir celle mestre tour, par quoi vous serés plus assegur et signeur de ceens. » Et se traist celle part et tira le veriel oultre; et tantost fu la porte de la tour
15 ouverte. En celle tour estoit li rois d'Engleterre et ses filz et messires Gautiers de Mauni, et bien deus cens combatans qui tantost sallirent hors, les espées et les haces en leurs mains, en escriant : « Mauni, Mauni, à la rescousse! » et en disant : « Cuident donc cil
20 François avoir reconquis, et à si peu fait, le chastiel et le ville de Calais! »

Quant li François veirent venir sus yaus ces Englès si soubdainement, si furent tout esbahi, et veirent bien que deffense n'i valoit riens; si se rendirent
25 pour prisonniers et à peu de fait. De ces premiers n'i eut gaires de bleciés; se les fist on entrer en celle tour dont li Englès estoient parti, et là furent enfremé. De chiaus là furent li Englès tout asseguré. Quant il eurent ensi fait, il se misent en ordenance,
30 et partirent dou chastiel, et se recueillièrent en le place devant le chastiel. Et quant il furent tout ensamble, il montèrent sus leurs chevaus, car bien sça-

voient que li François avoient les leurs, et misent
leurs arciers tout devant yaus, et se traisent en cel
arroy devers le porte de Boulongne. Là estoit messires Joffrois de Chargni, se banière devant lui, de
geules à trois escuçons d'argent, et avoit grant desir
d'entrer premiers en le ville. Et de ce que on ouvroit
la porte si longhement, il en avoit grant merveille,
car il volsist bien avoir plus tost fait; et disoit as
chevaliers qui estoient dalés lui : « Que cil Lombars
le fait longe : il nous fait si morir de froit. » — « En
nom Dieu, sire, ce respondi messires Pepins de
Were, Lombart sont malicieuses gens : il regarde vos
florins se il en y a nul faulz, et espoir ossi il y sont
tout. »

Ensi bourdoient et gengloient là li chevalier l'un à
l'autre, mais il [oyrent¹] tantost aultres nouvelles.
Car evous le roy desous le banière le signeur de
Mauni et son fil dalés lui, et ossi aultres banières
dou conte de Stafort, dou conte d'Akesufforch, de
monsigneur Jehan de Montagut, frère au conte de
Sallebrin, dou signeur de Biaucamp, dou signeur
de Bercler et dou signeur de le Ware. Tout cil estoient baron et à banière, et plus n'en y eut à celle
journée. Si fu tantost la grande porte ouverte arrière,
et issirent li dessus dit tout hors.

Quant li François les veirent issir, et il oïrent
escriier « Mauni, Mauni, à le rescousse ! » si cogneurent bien qu'il estoient trahi. Là dist messires Joffrois de Chargni une haute parole à monsigneur Us-

---

1. Mss. B 4, 3, f° 144. — Ms. B 1, t. II, f° 32 : « oront. » *Mauvaise
leçon.*

tasse de Ribeumont et à monsigneur Jehan de Landas, qui n'estoient pas trop loing de li : « Signeur, li fuirs ne nous vault riens; et se nous fuions, nous sommes perdu davantage. Mieus vault que nous nos
5 deffendons de bonne volenté contre chiaus qui viennent que, en fuiant comme lasque et recreant, nous soions pris et desconfi. Espoir sera la journée pour nous. » — « Par saint Jorge, respondirent li doi chevalier, sire, vous dittes voir, et mal dehait ait
10 qui fuira ! »

Lors se recueillièrent tout cil compagnon et misent à piet, et cacièrent leurs chevaus en voies, car il les sentoient trop foulés. Quant li rois d'Engleterre les vei ensi faire, si fist arrester tout quoi la banière desous
15 qui il estoit, et dist : « Je me vorrai ci adrecier et combatre : on face la plus grant partie de nos gens chevaucier avant viers le pont et le rivière de Nulais, car j'ay entendu que il en y a là grant fuison à piet et à cheval. »

20 Tout ensi que li rois ordonna, il fu fait. Si se departirent de se route jusques à six banières et trois cens arciers, et s'en vinrent vers le pont de Nulais que messires Moriaus de Fiennes et li sires de Cresekes gardoient. Et estoient li arbalestrier de Saint
25 Omer et d'Aire entre Calais et ce pont, liquel eurent ce premier rencontre. Et en y eut occis sus le place [que noiiés[1]] plus de six vingt, car il furent tantost desconfi et caciet jusques à le rivière. Il estoit encores moult matin, mès tantost fu jours. Si tinrent ce
30 pont li chevalier de Pikardie, li sires de Fiennes et li

---

1. Mss. B 4, 3, f° 144. — Ms. B 1, t. II, f° 32 v° (lacune).

aultre, un grant temps. Et là eut fait tamaintes grans apertises d'armes, de l'un lés et de l'autre. Mès li dis messires Moriaus de Fiennes, li sires de Kresekes et li aultre chevalier qui là estoient, veirent bien que en le fin il ne le poroient tenir; car li Englès croissoient toutdis, qui issoient hors de Calais, et leurs gens amenrissoient. Si montèrent sus leurs coursiers cil qui les avoient, et moustrèrent les talons, et li Englès apriès en cace.

Là eut à celle journée grant encauch et dur, et maint homme reversé; et toutefois li bien monté le gaegnièrent. Et se sauvèrent li sires de Fiennes, li sires de Cresekes, li sires de Saintpi, li sires de Loncvillers, li sires de Maunier et pluiseur aultre. Et si en y eut moult de pris par leur oultrage, qui se fuissent bien sauvet, se il volsissent. Mès quant il fu haus jours, et il peurent cognoistre l'un l'autre, aucun chevalier et escuier se recueillièrent ensamble et se combatirent moult vaillamment as Englès, et tant qu'il en y eut des François qui en cace prisent des bons prisonniers, dont il eurent honneur et pourfit.

§ 319. Nous parlerons dou roy d'Engleterre qui là estoit, sans cognissance de ses ennemis, desous le banière monsigneur Gautier de Mauni, et compterons comment il perseyera ce jour. Tout à piet et de bonne ordenance, il se vint avoech ses gens requerre ses ennemis qui se tenoient moult serré, leurs lances retaillies de cinq piés par devant yaus. De premières venues, il y eut dur encontre et fort bouteis. Et s'adreça li rois dessus monsigneur Ustasse de Ribeumont, liquelz estoit moult fors chevaliers et

moult hardis et de grant emprise, et qui recueilli le
roy moult chevalereusement, non qu'il le cognuist,
ne il ne savoit à qui il avoit à faire. Là se combati li
rois à monsigneur Ustasse moult longement, et messires Ustasses à lui, et tant que il les faisoit moult
plaisant veoir. Depuis, tout en combatant, fu lor bataille rompue, car deux grosses routes des uns et des
aultres vinrent celle part qui les departirent.

Là eut grant estour et dur et bien combatu. Et y
furent et François et Englès, cescuns en son couvenant, très bons chevaliers. Là eut fait pluiseurs grans
apertises d'armes. Et ne s'i espargna li rois d'Engleterre noient, mès estoit toutdis entre les plus drus;
et eut de le main ce jour le plus à faire à monsigneur
Ustasse de Ribeumont. Là fu ses filz, li jones princes
de Galles, très bons chevaliers. Et fu li rois abatus
en jenoulz, [si com je fuis infourmés[1],] par deux fois,
dou dessus dit monsigneur Ustasse; mès messires
Gautiers de Mauni et messires Renaulz de Gobehen,
qui estoient dalés lui, l'aidièrent à relever. Là furent
bon chevalier messires Joffrois de Chargni, messires
Jehans de Landas, messires Hectors et messires Gauvains de Bailluel, li sires de Creki et li aultre. Mais
de tout les passoit, de bien combatre et vaillamment,
messires Ustasses de Ribeumont.

Que vous feroi je lonch recort? La journée demora pour les Englès. Et y furent tout pris ou mort
cil qui avoech monsigneur Joffroy estoient au dehors
de Calais. Et là furent mort, dont ce fut damages,
messires Henris dou Bos et messires Pepins de Were,

---

1. Mss. B 4, 3, f° 144 v°. — Ms. B 1, t. II, f° 33 (lacune).

doi moult vaillant chevalier, et pris messires Joffrois
de Chargni et tout li aultre. Et tous li daarainniers
qui y fu pris, et qui ce jour y fist moult d'armes, ce
fu messires Ustasses de Ribeumont; et le conquist li
rois d'Engleterre par armes. Et li rendi li dis messires Ustasses sen espée, non qu'il sceuist que ce fust
li rois; ains cuidoit que ce fust uns des compagnons
monsigneur Gautier de Mauni. Et se rendi à lui pour
celle cause que ce jour il s'estoit continuelment
combatus à lui. Et bien veoit messires Ustasses ossi
que rendre ou morir le couvenoit. Si bailla au roy
sen espée et li dist : « Chevaliers, je me rens vostre
prisonnier. » Et li rois le prist qui en eut grant joie.

Ensi fu ceste besongne achievée, qui fu desous
Calais, en l'an de grasce Nostre Signeur mil trois
cens quarante huit, droitement le darrain jour de
decembre.

§ 320. Quant ceste besongne fu toute passée, li
rois d'Engleterre se retraist en Calais et droit ou
chastiel, et là fist mener tous les chevaliers prisonniers. Adonc sceurent bien li François que li rois
d'Engleterre avoit là esté en propre personne, et desous le banière à monsigneur Gautier de Mauni. Si
en furent plus joiant tout li prisonnier, car il esperoient qu'il en vaurroient mieulz. Si leur fist dire li
rois de par lui que, celle nuit de l'an, il leur voloit
tous donner à souper en son chastiel de Calais, ce
lor vint à grant plaisance. Or vint li heure dou souper que les tables furent couvertes, et que li rois et
si chevalier furent tout appareilliet et fricement et
richement revesti de noeves robes, ensi comme à

yaus apertenoit, et tout li François ossi qui faisoient grant chière, quoiqu'il fussent prisonnier, mès li rois le voloit.

Quant li soupers fu appareilliés, li rois lava, et fist laver tous ces chevaliers françois; si s'assist à table, et les fist seoir dalés lui moult honnourablement. Et les servirent dou premier més li princes de Galles et li chevalier d'Engleterre, et au second més il alèrent seoir à une aultre table. Si furent servi bien et à pais et à grant loisir.

Quant on ot soupé, on leva les tables. Si demora li dis rois en la salle entre ces chevaliers françois et englès. Et estoit à nu chief, et portoit un capelet de fins perles sus son chief. Si commença à aler li rois de l'un à l'autre, et à entrer en paroles. Si s'en vint sa voie et s'adreça sus monsigneur Joffroi de Chargni. Et là, en parlant à lui, canga il un peu contenance, car il le regarda sus costé en disant : « Messire Joffroi, messire Joffroi, je vous doi par raison petit amer, quant vous voliés par nuit embler ce que j'ay si comparet, et qui m'a coustet tant de deniers. Si sui moult liés, quant je vous ay mis à l'espreuve. Vous en voliés avoir milleur marchiet que je n'en ay eu, qui le cuidiés avoir pour vingt mil escus; mais Diex m'a aidiet, que vous avés falli à vostre entente. Encores m'aidera il, se il li plaist, à ma plus grant entente. »

A ces mos passa oultre li rois et laissa ester monsigneur Joffroi, qui nul mot n'avait respondu; et s'en vint devers monsigneur Ustasse de Ribeumont, et li dist tout joieusement : « Messire Ustasse, vous estes li chevaliers del monde que je veisse onques

mieus ne plus vassaument assallir ses ennemis ne
sen corps deffendre. Ne ne trouvai onques, en bataille là où je fuisse, qui tant me donnast à faire,
corps à corps, que vous avés hui fait : si vous en
donne le pris; et ossi font tout li chevalier de ma
court par droite sieute. »

Adonc prist li rois le chapelet qu'il portoit sus son
chief, qui estoit bons et riches, et le mist et assist
sus le chief à monsigneur Ustasse, et li dist ensi :
« Messire Ustasse, je vous donne ce chapelet pour le
mieulz combatant de toute la journée de chiaus de
dedens et de hors, et vous pri que vous le portés
ceste anée pour l'amour de mi. Je sçai bien que
vous estes gais et amoureus, et que volentiers vous
vos trouvés entre dames et damoiselles. Si dittes
partout là où vous venés que je le vous ay donnet.
Et parmi tant, vous estes mon prisonnier; je vous
quitte vostre prison; et vous poés partir de matin, se
il vous plest. »

Quant messires Ustasses de Ribeumont oy le gentil
roy d'Engleterre ensi parler, vous poés bien croire
qu'il fu moult resjoïs. Li une raison fu, pour tant
que li rois li faisoit grant honneur, quant il li donnoit le prix de le journée et li avoit assis et mis sur
son chief son propre chapelet d'argent et de perles
moult bon et moult riche, voiant tant de bons chevaliers qui là estoient. Li aultre raison fu, pour tant
que li gentilz rois li quittoit sa prison. Si respondi
li dis messires Ustasses ensi, en enclinant le roy
moult bas : « Gentilz sires, vous me faites plus d'onneur que je ne vaille. Et Diex vous puist remerir
la courtoisie que vous me faites ! Je sui uns povres

homs qui desire mon avancement, et vous me donnés bien matère et exemple que je traveille volentiers. Si ferai, chiers sires, liement et appareilliement tout ce dont vous me cargiés. Et apriès le service de mon très chier et très redoubté signeur le roy, je ne sçai nul roy qui je serviroie si volentiers ne si de coer comme je feroie vous. » — « Grans mercis, Ustasse, respondi li rois d'Engleterre, tout ce croy je vraiment. » Assés tost apriés, aporta on vin et espisses. Et puis se retrest li rois en ses cambres; si donna congiet toutes manières de gens.

A l'endemain au matin, li rois fist delivrer au dit messire Ustasse de Ribeumont deux roncins et vingt escus pour retourner à son hostel; si prist congiet as chevaliers de France qui là estoient et qui prisonnier demoroient, et qui en Engleterre s'en alèrent avoecques le roy, et il retourna en France. Si disoit partout où il venoit ce dont il estoit enjoins et cargiés de faire, et porta le chapelet toute l'anée, ensi que li rois li avoit donnet.

§ 321. En celle anée trespassa de ce siècle la royne de France, femme au roy Phelippe et suer germainne au duch Oede de Bourgongne. Ossi fist madame Bonne, duçoise de Normendie, fille au gentil roy de Behagne qui demora à Creci. Si furent li pères et li filz veves de leurs deus femmes.

Assés tost apriès, se remaria li rois Phelippes à madame Blanche, fille au roy Loeis de Navare qui morut devant Argesille. Et ossi se remaria li dus Jehans de Normendie, fils ainnés dou roy de France, à la contesse de Boulongne qui veve estoit de monsigneur

Phelippe de Bourgongne, son cousin germain, qui mors avoit esté devant Aguillon en Gascongne. Comment que ces dames feussent moult proçainnes de sanc et de linage au père et au fil, si fu ce tout fait par le dispensation dou pape Clement qui regnoit pour ce temps.

§ 322. Vous avés ci dessus bien oy compter comment li jones contes Loeis de Flandres fiança en l'abbeye de Berghes madame Ysabiel d'Engleterre, fille au roy Edouwart, et comment, malicieusement et par grant avis, depuis qu'il fu retournés en France où il fu receus liement, [il¹] li fu dit dou roy et de tous les barons qu'il avoit trop bien ouvret et très sagement, car cilz mariages ne li valloit riens, ou cas que par constrainte on li voloit faire faire. Et li dist li rois que il le marieroit bien ailleurs, à son plus grant honneur et pourfit. Si demora la cose en cel estat un an ou environ.

De ceste avenue n'estoit mies courouciés li dus Jehan de Braibant qui tiroit pour sen ainnée fille, excepté une qui avoit eu le conte de Haynau, à ce jone conte de Flandres. Si envoia tantost grans messages en France devers le roy Phelippe, en priant que il volsist laissier ce mariage au conte de Flandres pour sa moyenne, et il li seroit bons amis et bons voisins à tousjours mès, ne jamais ne [s'armeroit²], ne enfant qu'il euist, pour le roy d'Engleterre.

1. Mss. B : « et. » Ms. B 1, t. II, f° 34 v°.
2. Mss. B 4, 3, f° 145 v°. — Ms. B 1, t. II, f° 34 v° : « s'ameroit. » *Mauvaise leçon.*

Li rois de France, qui sentoit le duc de Braibant un grant signeur, et qui bien le pooit nuire et aidier, se il voloit, s'enclina à ce mariage plus que à nul aultre. Et manda au duch de Braibant, se il pooit tant faire que li pays de Flandres fust de son acord, il veroit volentiers le mariage et le conseilleroit entirement au conte de Flandres son cousin. Li dus de Braibant respondi que oil, et de ce se faisoit il fors.

Si envoia tantost li dus de Braibant en Flandres grans messages par devers les bonnes villes, pour trettier et parlementer de ce mariage. Et prioit li dus de Braibant, l'espée en le main; car il leur faisoit dire, se il le marioient ailleurs que à sa fille, il leur feroit guerre; et se la besongne se faisoit, il leur seroit, en droite unité, aidans et confortans contre tous aultres signeurs. Li consaulz des bonnes villes de Flandres ooient les prommesses et les parolles que li dus de Braibant leurs voisins leur offroit. Et veoient que leurs sires n'estoit mies en leur volenté, mès en l'ordenance dou roy de France et de madame sa mère. Et ossi leurs sires avoit tout entirement le coer françois. Si regardèrent pour le milleur, tout consideré, ou cas que li dus de Braibant l'avoit si encargié, qui estoit pour le temps uns très puissans sires et de grant emprise, [que[1]] mieulz valoit que il le mariaissent là que aultre part, et que par ce mariage il demorroient en paix et raroient leur signeur que moult desiroient à ravoir : si ques finablement il s'i acordèrent.

---

1. Mss. B 4, 3, f° 146. — Ms. B 1, t. II, f° 35 : « qui. » *Mauvaise leçon.*

Et furent les coses si approcies, que li jones contes de Flandres fu amenés à Arras. Et là envoia li dus de Braibant monsigneur Godefroy, son ainsnet fil, le conte des Mons, le conte de Los et tout son conseil. Et là furent des bonnes villes de Flandres tout li conseil. Si y eut grans parlemens sus ce mariage et grans alliances. Finablement, li jones contes jura, et tous ses pays pour lui, à prendre et espouser la fille au duch de Braibant, mais que li eglise s'i acordast. Oïl, car li dispensation dou pape estoit jà faite.

Si ne demora mies depuis lonch terme que li dis contes vint en Flandres. Et li rendi on fiefs, hommages, francises, signouries et juriditions toutes entieres, otant [ou¹] plus que li contes ses pères en avoit à son temps, en sen plus grant prosperité, goy et possessé. Si espousa li dis contes la fille au dessus dit duch de Braibant.

En ce mariage faisant, deurent revenir la bonne ville de Malignes et celle d'Anwiers, apriès le mort dou duch, au conte de Flandres. Mès ces couvenenches furent prises si secretement que trop peu de gens en seurent parler. Et de tant acata li dus de Braibant le conte de Flandres pour sa fille. Dont depuis en vinrent grans guerres entre Flandres et Braibant, si com vous orés touchier çà en avant; mais pour ce que ce n'est point de ma principal matère, quant je serai venus jusques à là, je m'en passerai assés briefment.

De ce mariage de Flandres, pour le temps de lors, fu li rois d'Engleterre moult couroucés sus toutes

---

1. Mss. B 4, 3, f° 146. — Ms. B 1, t. II, f° 35 (lacune).

les parties au duc de Braibant qui ses cousins germains estoit, quant il li avoit tolut le pourfit de sa fille que li contes de Flandres en avant avoit fiancie, et sus le conte de Flandres ossi, pour tant que il li avoit falli de couvent. Mais li dus de Braibant s'en escusa bien et sagement depuis, et ossi fist li contes de Flandres.

§ 323. En ce temps avoit grant rancune entre le roy d'Engleterre et les Espagnolz, pour aucunes malefaçons et pillages que li dit Espagnol avoient fait sus mer as Englès. Dont il avint que, en celle anée, li Espagnol, qui estoient venu en Flandres pour leurs marcheandises, furent enfourmé que il ne poroient retourner en leur pays qu'il ne fuissent rencontré des Englès. Sur ce eurent conseil li Espagnol et avis, qui n'en fisent mies trop grant compte. Et se pourveirent bien et grossement, et leurs nefs et leurs vaissiaus, à l'Escluse, de toutes armeures et de bonne artillerie, et retinrent toutes manières de gens, saudoiiers, arciers et arbalestriers, qui voloient prendre et recevoir leurs saudées. Et attendirent tout l'un l'autre; et fisent leurs emploites et marcheandises, ainsi qu'il apertenoit.

Li rois d'Engleterre, qui les avoit grandement enhay, entendi qu'il se pourveoient grossement; si dist tout hault : « Nous avons maneciet ces Espagnolz, de lonch temps a, et nous ont fais pluiseurs despis; et encores n'en viènent il à nul amendement, mais se fortefient contre : si fault qu'il soient recueilliet au rapasser. » A celle devise s'acordèrent legierement ses gens, qui desiroient que li Espagnol fuissent combatu. Si fist li dis rois un grant et especial mandement de tous ses gentilz hommes qui pour le temps estoient en Engleterre, et se parti de Londres, et s'en vint en le conté d'Exesses qui siet sus le mer, entre Hantonne et Douvres, à l'encontre dou pays de Pontieu et de Dieppe. Et vint là tenir son hostel en une abbeye sus le mer, et proprement madame la royne sa femme y vint.

En ce temps vint devers le roy, et là en ce propre lieu, cilz gentilz chevaliers messires Robers de Namur, qui nouvellement estoit revenus d'oultre mer; se li chei si bien qu'il fu à celle armée. Et fu li rois d'Engleterre moult resjoïs de sa venue.

Quant li rois dessus nommés sceut que poins fu et que li Espagnol devoient rapasser, il se mist sus mer à moult belle gent d'armes, chevaliers et escuiers, et à plus grant quantité de haus signeurs que onques ewist en nul voiage que il fesist.

En celle anée avoit il fait et creé son cousin, le conte Henri Derbi, duch de Lancastre, et le baron de Stanfort, conte de Stanfort; si estoient avoecques li en celle armée, et si doi fil, li princes de Galles et Jehans, contes de Ricemont : mès cilz estoit encores si jones que point il ne s'armoit, mais l'avoit li princes avoecques lui en sa nef, pour ce que moult l'amoit. Là estoient li contes d'Arondiel, li contes de Norhantonne, li contes de Herfort, li contes de Sufforch, li contes de Warvich, messires Renaulz de Gobehen, messires Gautiers de Mauni, messires Thumas de Hollandes, messires Loeis de Biaucamp, messires James d'Audelée, messires Bietremieus de Brues, li sires de Persi, li sires de Moutbrai, li sires de Nuefville, li sires de Clifford, li sires de Ros, li sires de Grastoch, li sires de Bercler et moult d'aultres. Et estoit li rois là acompagniés de quatre cens chevaliers; ne onques n'eut tant de grans signeurs ensamble, en besongne où il fust, comme il ot là. Si se tinrent li rois et ses gens sus mer en leurs vaissiaus, tous fretés et appareilliés pour attendre leurs ennemis; car ilz estoient enfourmé que il devoient rapasser, et point n'attenderoient longement; et se tinrent à l'ancre trois jours entre Douvres et Calais.

§ 324. Quant li Espagnol eurent fait leur emploite et leur marcheandise, et il eurent cargiet leurs vaissiaus de draps, de toilles et de tout ce que bon et pourfitable leur sambloit pour remener en leur pays, et bien savoient que il seroient rencontré des Englès, mais de tout ce ne faisoient il compte, il s'en vinrent en le ville de l'Escluse, et entrèrent en leurs vaissiaus. Et jà les avoient il pourveus telement et si grossement de toute artillerie que merveilles seroit à penser, et ossi de gros barriaus de fer forgiés et fais tous faitis pour lancier et pour effondrer nefs, en lançant de pières et de cailliaus sans nombre. Quant il perçurent qu'il avoient le vent pour yaus, il se desancrèrent. Et estoient quarante grosses nefs tout d'un train, si fortes et si belles que plaisant les faisoit veoir et regarder. Et avoient à mont ces mas chastiaus breteskiés, pourveus de pières et de cailliaus pour jetter, et brigant qui les gardoient. Là estoient encores sus ces mas ces estramières armoiies et ensegnies de leurs ensengnes qui baulioient. au vent et venteloient et freteloient : c'estoit grans biautés dou veoir et imaginer. Et me samble que, se li Englès avoient grant desir d'yaus trouver, encores l'avoient il grignour, ensi que on en vei l'apparant, et que je vous dirai ci apriès. Cil Espagnol estoient bien dix mil, uns c'autres, parmi les saudoiiérs que il avoient pris et retenus à gages en Flandres. Si se sentoient et tenoient fort assés pour combatre sus mer le roy d'Engleterre et se poissance. Et en celle entente s'en venoient il tout nagant et singlant à plain vent, car il l'avoient pour yaus, par devers Calais.

Li rois d'Engleterre, qui estoit sus mer avec sa navie, avoit jà ordonné toutes ses besongnes et dit comment il voloit que on se combatesist et que on fesist; et avoit monsigneur Robert de Namur fait maistre d'une nef, que on appelloit *La Sale dou Roy*, où tous ses hostelz estoit. Si se tenoit li rois d'Engleterre ou chief de sa nef, vestis d'un noir jake de veluiel; et portoit sus son chief un noir capelet de [bièvre[1]], qui moult bien li seoit. Et estoit adonc, selonch ce que dit me fu par chiaus qui avoec lui estoient pour ce jour, ossi joieus que on le vei onques. Et faisoit ses menestrelz corner devant lui une danse d'Alemagne, que messires Jehans Chandos, qui là estoit, avoit nouvellement raporté. Et encores par ebatement il faisoit le dit chevalier chanter avoech ses menestrelz, et y prendoit grant plaisance. Et à le fois regardoit en hault, car il avoit mis une gette ou chastiel de sa nef, pour noncier quant li Espagnol venroient.

---

1. Mss. B 3, 4, f° 167. — Ms. B 1 : « bevenes. » *Mauvaise leçon.*

Ensi que li rois estoit en ce deduit, et que tout li chevalier estoit moult liet de ce que il [le] veoient si joieus, li gette, qui perçut nestre la navie des Espagnolz, dist : « Ho ! j'en voi une venir, et me samble une nef d'Espagne. » Lors s'apaisièrent li menestrel ; et li fu de recief demandé se il en veoit plus. Assés tost apriès, il respondi et dist : « Oil, j'en voi deus, et puis trois, et puis quatre. » Et puis dist, quant il vey la grosse flote : « J'en voy tant, se Diex m'ayt, que je ne les puis compter. » Adonc cogneurent bien li rois et ses gens que c'estoient li Espagnol. Si fist li rois sonner ses trompètes, et se remisent et recueillièrent ensamble toutes leurs nefs pour estre en milleur ordenance et jesir plus segurement, car bien savoient que il aroient la bataille, puisque li Espagnol venoient en si grant flote. Jà estoit tard, ensi que sus l'eure de vespres ou environ. Si fist li rois aporter le vin, et but, et tout si chevalier, et puis mist le bacinet en la tieste, et ossi fisent tout li aultre. Tantost approcièrent li Espagnol qui s'en fuissent bien alé sans combatre, se il volsissent, car selonch ce que il estoient bien freté et en grans vaissiaus et avoient le vent pour yaus, il n'euissent jà parlé as Englès, se il vosissent ; mès, par orgueil et par presumption, il ne daignièrent passer devant yaus qu'il ne parlaissent. Et s'en vinrent tout de fait et par grant ordenance commencier la bataille.

§ 325. Quant li rois d'Engleterre, qui estoit en sa nef, en vei la manière, si adreça sa nef contre une nef espagnole qui venoit tout devant, et dist à celui

qui gouvrenoit son vaissiel : « Adreciés vous contre
ceste nef qui vient, car je voeil jouster contre li. »
Li maronniers n'euist jamais oset faire le contraire,
puisque li rois le voloit. Si s'adreça contre celle nef
espagnole, qui s'en venoit au vent, de grant randon.
La nef dou roy estoit forte et bien loiie, aultrement
celle euist esté rompue ; car elle et la nef espagnole,
qui estoit grande et grosse, s'encontrèrent de tel ravine que ce sambla uns tempestes qui là fust cheus.
Et dou rebombe qu'il fisent, li chastiaus de la nef
dou roy d'Engleterre consievi le chastiel de la nef
espagnole par tel manière, que li force dou mas le
rompi amont sus le mas où il seoit, et le reversa
en le mer. Si furent cil noüet et perdu qui ens
estoient.

De cel encontre fu la nef dou dit roy si estonnée
que elle fu crokie, et faisoit aigue tant que li chevalier dou roy s'en perçurent; mès point ne le dirent
encores au roy, ains s'ensonnièrent de widier et
d'espuisier. Adonc dist li rois, qui regarda la nef
contre qui il avoit jousté qui se tenoit devant lui :
« Acrokiés ma nef à ceste, car je le voeil avoir. »
Dont respondirent si chevalier : « Sire, laissiés aler
ceste, vous arés milleur. » Ceste nef passa oultre, et
une aultre grosse nef vint; si acrokièrent à cros
de fer et de kainnes li chevalier dou roy leur nef à
celle.

Là se commença bataille dure, forte et fière, et
arcier à traire, et Espagnol à yaus combatre et deffendre de grant volenté, et non pas tant seulement
en un lieu, mès en dix ou en douze. Et quant il se
veoient à jeu parti, ou plus fort deleurs ennemis,

il s'acrokoient et là faisoient merveilles d'armes. Si ne l'avoient mies li Englès d'avantage. Et estoient cil Espagnol en ces grosses nefs plus hautes et plus grandes assés que les nefs englesces ne fuissent; si avoient grant avantage de traire, de lancier et de getter grans bariaus de fier dont il donnoient moult à souffrir les Englès.

Li chevalier dou roy d'Engleterre, qui en sa nef estoient, pour tant que elle estoit en peril d'estre effondrée, car elle traioit aigue, ensi que chi dessus est dit, se haitoient durement de conquerre la nef où il estoient acrokiet. Et là eut fait pluiseurs grans apertises d'armes. Finablement, li rois et chil de son vaissiel se portèrent si bien que ceste nef fu conquise, et tout chil mis à bort qui dedens estoient.

Adonc fu dit au roy le peril où il estoit, et comment sa nef faisoit aigue, et que il se mesist en celle que conquis avoit. Li rois crut ce conseil, et entra en le ditte nef espagnole, et ossi fisent si chevalier et tout chil qui dedens estoient. Et laissièrent l'autre toute vuide, et puis entendirent à aler avant et à envaïr leurs ennemis qui se combatoient moult vassaument, et avoient arbalestriers qui traioient quariaus de fors arbalestres qui moult travilloient les Englès.

§ 326. Ceste bataille sus mer des Espagnolz et des Englès fu durement forte et bien combatue; mais elle commença tart. Si se prendoient li Englès priès de bien faire la besongne et desconfire leurs ennemis. Ossi li Espagnol, qui sont gens usé de mer et qui estoient en grans vaissiaus et fors, s'acquittoient loyaument à leur pooir. Li jones princes de Galles et cil de sa carge se combatoient d'autre part. Si fu leur nefs acrokie et arrestée d'une grosse nefe espagnole. Et là eurent li princes et ses gens moult à souffrir, car leur nef fu trawée[1] et pertruisie en pluiseurs lieus : dont li yawe entroit à grant randon dedens ; ne pour cause que on entendesist à l'espuisier, point ne demoroit que elle n'apesandesist toutdis. Pour laquel doubte les gens dou prince estoient en grant angousse, et se combatoient moult aigrement pour conquerre la nef espagnole ; mais il n'i pooient avenir, car elle estoit gardée et deffendue de grant manière.

Sus ce peril et ce dangier où li princes et ses gens estoient, vint li dus de Lancastre tout arifflant, en costiant la nef dou prince. Si cogneut tantost que il n'en avoient mies le milleur, et que leur nefs avoit à faire, car on gettoit aigue hors à tous lés. Si ala autour et s'arresta à la nef espagnole, et puis escria : « [D]erbi, à le rescousse ! » Là furent cil Espagnol envay et combatu de grant façon, et ne durèrent point depuis longement. Si fu leur nefs conquise, et yaus tout mis à bort, sans nullui prendre à merci. Si entrèrent li princes de Galles et ses gens dedens ; à painnes eurent il si tost fait que leur nefs effondra. Si considerèrent adonc plus parfaitement le grant peril où il avoient esté.

§ 327. D'autre part, se combatoient li baron et li chevalier d'Engleterre, cescuns selonch ce que ordonnés et establis estoit. Et bien besongnoit qu'il

---

1. Ms. B 4, f° 147 v° : « trauée. » — Ms. B 3 : « trouée. » F° 168.

fuissent fort et remuant, car il trouvoient bien à qui parler. Ensi que sus le soir tout tart, la nef de *La Sale dou Roy* d'Engleterre, dont messires Robers de Namur estoit chiés, fu acrokie d'une grosse nef d'Espagne, et là eut grant estour et dur. Et pour ce que li dit Espagnol voloient celle nef mieulz mestriier à leur aise, et avoir chiaus qui dedens estoient, et l'avoir ossi, il misent grant entente que il l'en menaissent avoec yaus. Si traisent leur single amont, et prisent le cours dou vent et l'avantage, et se partirent maugré les maronniers de monsigneur Robert et chiaus qui avoech lui estoient; car la nef espagnole estoit plus grande et plus grosse que la leur ne le fust : si avoient bon avantage dou mestriier. Ensi en alant il passèrent devant la nef dou roy; si disent : « Rescoués *La Sale dou Roy!* » Mais il ne furent point entendu, car il estoit ja tart; et s'il furent oy, si ne furent il point rescous.

Et croy que cil Espagnol les en euissent menés à leur aise, quant uns varlés de monsigneur Robert, qui s'appelloit Hanekin, fist là une grant apertise d'armes; car, l'espée toute nue ou poing, il s'escueilla et salli en la nef espagnole, et vint jusques au mast et copa le cable qui porte le voile, par quoi li voiles chei et n'eut point de force. Car avoech tout ce, par grant apertise de corps, il copa quatre cordes souverainnes qui gouvrenoient le mas et le voille, par quoi li dis voilles chei en la nef. Et s'arresta la nef toute quoie, et ne peut aler plus avant. Adonc s'avancièrent messires Robers de Namur et ses gens quant il veirent cel avantage, et salirent en la nef espagnole de grant volenté, les espées toutes nues ens ès mains;

et requisent et envaïrent chiaus que là dedens il trouvèrent, telement qu'il furent tout mort et mis à bort, et la nef conquise.

§ 328. Je ne puis mies de tous parler ne dire : « Cilz le fist bien, ne cilz mieulz »; mais là eut, le terme que elle dura, moult forte bataille et moult aspre. Et donnèrent li Espagnol au roy d'Engleterre et à ses gens moult à faire. Toutes fois, finablement, la besongne demora pour les Englès, et y perdirent li Espagnol quatorze nefs; li demorant passèrent oultre et se sauvèrent. Quant il furent tout passet, et que li dis rois et ses gens ne se savoient à qui combatre, il sonnèrent leurs trompètes de retrette; si se misent à voie devers Engleterre, et prisent terre à Rie et à Wincenesée, un peu après jour falli.

A celle propre heure, issirent li rois et si enfant, li princes et li contes de Ricemont, li dus de Lancastre et aucun baron qui là estoient, hors de leurs nefs, et prisent chevaus en le ville, et chevaucièrent devers le manoir la royne qui n'estoit mies deus liewes englesces loing de là. Si fu la royne grandement resjoïe, quant elle vei son signeur et ses enfans; et avoit en ce jour tamainte grant angousse de coer, pour le doubtance des Espagnolz. Car à ce lés là des costes d'Engleterre, on les avoit, des montagnes, bien veu combatre, car il avoit fait moult cler et moult bel. Si avoit on dit à la royne, car elle l'avoit voulu savoir, que li Espagnol avoient plus de quarante grosses nefs. Pour ce fu la royne toute reconfortée, quant elle vei son mari et ses enfans. Si passèrent celle nuit li signeur et les dames en grant reviel, en parlant d'armes et d'amours. A l'endemain, revinrent devers le roy la grignour partie des barons et chevaliers qui à le bataille avoient esté. Si les remercia li rois grandement de leur bienfait et de leur service, et puis prisent congiet, et s'en retourna cescuns chiés soy.

§ 329. Vous avés ci dessus bien oy recorder comment Aymeris de Pavie, uns Lombars, deut rendre et livrer le chastiel et le forte ville de Calais as François pour une somme de florins, et comment il leur en chei. Voirs est que messires Joffrois de Chargni et li aultre chevalier, qui avoecques lui furent menet en prison en Engleterre, se rançonnèrent au plus tost qu'il peurent, et paiièrent leurs raençons, et puis retournèrent en France. Si s'en vint comme en devant li dis messires Joffrois demorer en le ville de Saint Omer, par le institution dou roy Phelippe de France. Si entendi li dessus dis que cilz Lombars estoit amasés en un petit chastiel en le marce de Calais, que on dist Fretin, que li rois d'Engleterre li avoit donnet. Et se tenoit là tous quois li dis Aymeris et se donnoit dou bon temps, et avoit avoecques lui une trop belle femme à amie que il avoit amenet d'Engleterre. Et cuidoit que li François euissent oubliiet la courtoisie qu'il leur avoit fait, mès non avoient, ensi que bien apparut. Car si tretost que messires Joffrois sceut que li dis Aymeris estoit là arrestés, il enquist et demanda secretement à chiaus dou pays, qui cognissoient celle maison de Fretin, se on le poroit avoir; il en fu enfourmés que oil trop legierement. Car cilz Aymeris ne se tenoit

en nulle doubte, mès ossi segur en son chastiel, sans
garde et sans get, que donc qn'il fust à Londres ou
en Calais.

Adonc li messires Joffrois ne mist mies en non caloir ceste besongne, mès fist en Saint Omer une assamblée de gens d'armes tout secretement, et prist les
arbalestriers de le ditte ville avoech lui, et se parti
de Saint Omer sus un vespre; et chemina tant toute
nuit avoecques ses gens que, droitement au point dou
jour, il vinrent à Fretin. Si environnèrent le chastelet
qui n'estoit mies grans; et entrèrent chil de piet ens ès
fossés, et fisent tant qu'il furent oultre. Les mesnies de
laiens s'esvillièrent pour le friente, et vinrent à leur
mestre qui se dormoit, et li disent : « Sire, or tos levés vous sus, car il y a là dehors grans gens d'armes
qui mettent grant entente à entrer ceens. » Aymeris
fu tous effraés, et se leva dou plus tost qu'il peut;
mès il ne sceut onques si tost avoir fait que se cours
fu plainne de gens d'armes. Si fu pris à mains, et sen
amie tant seulement : on ne viola onques de plus
riens le chastiel, car triewes estoient entre les François et les Englès. Et ossi messires Joffrois ne voloit
aultrui que cel Aymeri ; si en ot grant joie, quant il
le tint et le fist amener en le ville de Saint Omer.
Et ne le garda gaires depuis longement, quant
il le fist morir à grant martire ens ou marchiet,
present les chevaliers et escuiers dou pays qui mandé
y furent et le commun peuple. Ensi fina Aymeris de
Pavie, mès sen amie n'eut garde, car il le descoupa
à le mort, et depuis se mist la damoiselle avoecques
un escuier de France.

§ 330. En l'an de grasce Nostre Signeur mil trois cens quarante neuf, alèrent li peneant, et issirent premierement d'Alemagne. Et furent gens qui faisoient penitances publikes et se batoient d'escorgies à bourdons et aguillons de fier, tant qu'il desciroient leurs dos et leurs espaules. Et chantoient cançons moult piteuses de le nativité et souffrance Nostre Signeur. Et ne pooient par leur ordenance jesir que une nuit en une bonne ville, et se partoient d'une ville par compagnie tant dou plus que dou mains. Et aloient ensi par le pays faisant leur penitance trente trois jours et demi, otant que Jhesu Cris ala par terre d'ans, et puis retournoient en leurs lieus.

Si fu ceste cose commencie par grant humilité, et pour priier à Nostre Signeur qu'il vosist refraindre son ire et cesser ses verges; car en ce temps, par tout le monde generalment, une maladie, que on claime epydimie, couroit: dont bien la tierce partie dou monde morut. Et furent faites par ces penitances pluiseurs belles pais de mors d'ommes, où en devant on ne pooit estre venu par moiiens ne aultrement. Si ne dura point ceste cose lonch terme, car li eglise ala au devant. Et n'en entra onques nulz ou royaume de France, car li rois le deffendi, par le inhibition et correction dou pape qui point ne volt approuver que ceste cose fust de vaille à l'ame, pour pluiseurs grans articles de raison que il y mist, desquels je me passerai briefment. Et furent tout beneficiiet et tout clerch qui esté y avoient, escumeniiet. Et en couvint les pluiseurs aler en court de Romme pour yaus purgier et faire absorre.

En ce temps furent generalment par tout le monde

pris li Juis et ars, et acquis li avoirs as signeurs desous qui il demoroient, excepté en Avignon et en le terre de l'eglise desous les èles dou pape. Chil povre Juis, qui ensi escaciet estoient, quant il pooient venir jusques à là, n'avoient garde de mort. Et avoient li Juis sorti bien cent ans en devant que, quant une manière de gens apparroient au monde qui venir devoient, qui porteroient flaiaus de fier, ensi le bailloit leurs sors, il seroient tout destruit. Et ceste exposition leur fu esclarcie, quant li dessus dit penitancier alèrent yaus batant, ensi que dessus est dit.

§ 331. En l'an de grasce Nostre Signeur mil trois cens et cinquante, trespassa de ce siècle li rois Phelippes de France; si fu ensepelis en l'abbeye de Saint Denis. Et puis fu Jehans ses ainnés filz, li dus de Normendie, rois, et sacrés et couronnés en l'eglise de Nostre Dame de Rains, à très haut solennité. Apriès son couronnement, il s'en retourna à Paris, et entendi à faire ses pourveances et ses besongnes, car les triewes estoient faillies entre lui et le roy d'Engleterre. Et envoia grant gens d'armes à Saint Omer, à Ghines, à Tieruane, à Aire et tout sus les frontières de Calais, par quoi li pays fust bien gardés des Englès. Et vint en imagination au roy qu'il s'en yroit en Avignon veoir le pape et les cardinaulz, et puis passeroit oultre vers Montpellier et viseteroit la langue d'och, ce bon cras pays, et puis s'en iroit en Poito et en Saintonge, et mètteroit le siège devant Saint Jehan l'Angelier.

Si fist li dis rois ordonner ses pourveances grandes et grosses partout, si comme il devoit aler et passer.

Mais avant toutes coses, ançois que il se partesist de Paris, et tantost apriès le trespas dou roy Phelippe son père, il fist mettre hors de prison ses deus cousins germains, Jehan et Charle, jadis filz à monsigneur
5 Robert d'Artois, qui avoient esté en prison plus de quinze ans, et les tint dalés lui. Et pour ce que li rois ses pères leur avoit tolut et osté leurs hiretages, il leur en rendi assés pour yaus deduire et tenir bon estat et grant. Cilz rois Jehans ama moult grandement ses
10 proçains de père et de mère, et prist en grant chierté ses deus aultres cousins germains monsigneur Pière, le gentil duch de Bourbon, et monsigneur Jakeme de Bourbon son frère, et les tint toutdis les plus especiaulz de son conseil. Et certainnement bien le va-
15 loient, car il furent sage, vaillant et gentil chevalier, et de grant providense.

Si se parti li rois Jehans de Paris en grant arroy et poissant, et prist le chemin de Bourgongne, et fist tant par ses journées qu'il vint en Avignon. Si fu re-
20 ceus dou pape et dou collège joieusement et grandement, et sejourna là une espasse de temps. Et puis s'en parti et prist le chemin de Montpellier; si sejourna en la ditte ville plus de quinze jours. Et là li vinrent faire hommage et relever leurs terres li conte,
25 li visconte, li baron et li chevalier de le langue d'ok, desquelz il y a grant fuison. Si y renouvela li rois seneschaus, baillius et tous aultres officiiers, desquelz il en laissa aucuns, et aucuns en osta. Et puis chevauça oultre, et fist tant par ses journées que il entra ou
30 bon pays de Poito. Si s'en vint reposer et rafreschir à Poitiers, et là fist un grant mandement et amas de gens d'armes. Si gouvrenoit l'offisce de le connesta-

blie de France, pour le temps d'adonc, li chevaliers del monde que le plus il amoit, car il avoient esté ensamble nouri d'enfance, messires Charles d'Espagne. Et estoient mareschal de France messires Edowars, sires de Biaugeu, et messires Ernoulz d'Audrehen.

Si vous di que li rois en se nouveleté s'en vint poissamment mettre le siège devant le bonne ville de Saint Jehan l'Angelier. Et par especial li baron et li chevalier de Poito, de Saintonge, de Ango, [du Maine¹], de Tourainne, y estoient tout. Si environnèrent, ces gens d'armes, le ville de Saint Jehan telement que nulz vivres ne leur pooient venir. Si s'avisèrent li bourgois de le ville qu'il manderoient secours à leur signeur le roy d'Engleterre, par quoi il volsist là envoiier gens qui les peuissent ravitaillier, car il n'avoient mies vivres assés pour yaus tenir oultre un terme que il y ordonnèrent; car il avoient partout alé et viseté cescun hostel selonch son aisement. Et ensi le segnefiièrent il autentikement au roy d'Engleterre par certains messages, qui tant esploitièrent qu'il vinrent en Engleterre et trouvèrent le roy ens ou chastiel de Windesore; se li baillièrent les lettres de ses bonnes gens de le ville de Saint Jehan l'Angelier. Si les ouvri li dis rois et les fist lire par deus fois, pour mieus entendre la matère.

§ 332. Quant li rois d'Engleterre entendi ces nouvelles que li rois de France et li François avoient assegiet le ville de Saint Jehan, et prioient qu'il fuis-

---

1. Ms. B 3, f° 170. — Mss. B 1, 4 : « de Humainne. » *Mauvaise leçon*.

sent' reconforté et ravitailliet, si respondi li rois si hault que tout l'oïrent : « C'est bien une requeste raisonnable et à laquèle je doy bien entendre. » Et respondi as messages : « J'en ordonnerai tempre-
5 ment. » Depuis ne demora gaires de temps que li rois ordonna d'aler celle part monsigneur Jehan de Biaucamp, monsigneur Loeis et monsigneur Rogier de Biaucamp, le visconte de Byaucamp, monsigneur Jame d'Audelée, monsigneur Jehan Chandos, mon-
10 signeur Bietremieu de Brues, monsigneur Jehan de Lille, monsigneur Guillaume Fil Warine, le signeur de Fil Watier, monsignenr Raoul de Hastinges, monsigneur Raoul de Ferrières, monsigneur Franke de Halle et bien quarante chevaliers. Et leur dist que il
15 les couvenoit aler à Bourdiaus, et leur donna certainnes ensengnes pour parler au signeur de Labreth, au signeur de Mouchident, au signeur de Lespare et as signeurs de Pommiers, ses bons amis, en yaus priant de par lui que il se volsissent priés
20 prendre de conforter la ville de Saint Jehan par quoi elle fust rafreschie.

Cil baron et chevalier dessus nommet furent tout resjoy, quant li rois les voloit emploiier. Si s'ordonnèrent dou plus tost qu'il peurent et vinrent à Han-
25 tonne, et là trouvèrent vaissiaus et pourveances toutes appareillies : si entrèrent ens ; et pooient estre environ trois cens hommes d'armes et six cens arciers. Si singlèrent tant par mer, que il ancrèrent ou havene de Bourdiaus ; si issirent de leurs vais-
30 siaus sus le kay. Et furent grandement bien receu et recueilliet des bourgois de le cité et des chevaliers gascons qui là estoient et qui attendoient ce

secours venu d'Engleterre. Li sires de Labreth et li sires de Mouchident n'i estoient point pour le jour; mès si tost qu'il sceurent le flote des Englès venue, il se traisent celle part. Si se conjoïrent grandement quant il se trouvèrent tout ensamble; et fisent leurs ordenances au plus tost qu'il peurent, et passèrent la Garone et s'en vinrent à Blaves. Si fisent cargier soixante sommiers de vitaille pour rafreschir chiaus de Saint Jehan, et puis se misent au chemin celle part; et estoient cinq cens lances et quinze cens arciers et trois mille brigans à piet. Si esploitièrent tant par leurs journées que il vinrent à une journée priès de le rivière de Carente.

Or vous dirai des François et comment il s'estoient ordonné. Bien avoient il entendu que li Englès estoient arivet à Bourdiaus, et faisoient là leur amas pour venir lever le siège et rafreschir la ville de Saint Jehan. Si avoient ordonné li mareschal que messires Jehans de Saintré, messires Guichars d'Angle, messires Boucicaus, messires Guis de Neelle, li sires de Pons, li sires de Partenay, li sires de Puiane, li sires de Tannai Bouton, li sires de Surgières, li sires de Crusances, li sires de Linières, [li sires de Matefelon[1]] et grant fuison de barons et de chevaliers jusques à cinq cens lances, toutes bonnes gens à l'eslite, s'en venissent garder le pont sus le rivière de le Charente par où li Englès devoient passer. Si estoient là venu li dessus dit et logiet tout contreval le rivière. Et avoient pris le pont li Englès; et li Gascon qui chevauçoient celle part ne savoient riens de cela,

---

1. Mss. B 4, 3, f° 150. — Ms. B 1, t. II, f° 41 (lacune).

car, se il le sceuissent, il euissent ouvré par aultre ordenançe; mès estoient tout conforté de passer le rivière au pont desous le chastiel de Taillebourch. Si s'en venoient une matinée par bonne ordenance, leur vitaille toute arroutée, par devant yaus, et chevaucièrent tant que il vinrent assés priès dou pont, et envoiièrent leurs coureurs courir devers le pont. Si reportèrent chil qui envoiiet y furent, à leurs signeurs, que li François estoient tout rengiet et ordonnet au pont, et le gardoient telement que on ne le pooit passer.

Si furent li Englès et li Gascon tout esmervilliet de ces nouvelles. Et s'arrestèrent tout quoi sus les camps, et se conseillièrent un grant temps pour savoir comment il se maintenroient. Si regardèrent, tout consideret, que nullement il ne pooient passer, et que cent homme d'armes feroient plus maintenant, pour garder le pont, que cinq cens ne feroient pour les assallir : si ques, tout consideret et peset le bien contre le mal, il regardèrent que mieulz leur valoit retourner et ramener arrière leurs pourveances, que aler plus avant et mettre en nul dangier. Si se tinrent tout à ce conseil, et fisent retourner leurs pourveances et leurs sommiers, et se misent au retour.

Cil baron de France et de Poito, qui estoient au pont et qui le gardoient, entendirent que li Englès se mettoient au retour, et leur fu dit qu'il s'enfuioient. De ces nouvelles furent il tout resjoy; et furent tantost consilliet que il les sievroient et combateroient, car il estoient [grant[1]] gens et fors assés pour com-

---

1. Mss. B 4, 3, f° 150. — Ms. B 1, t. II, f° 41 (lacune).

batre. Si furent tantost monté sus leurs coursiers et
chevaus, car il les avoient dalés yaus, et se misent
oultre le rivière ou froais des Englès, en disant :
« Vous n'en irés mies ensi, signeur d'Engleterre : il
vous fault paiier vostre escot. »

Quant li Englès se veirent ensi si fort poursievi
des François, si s'arestèrent tout quoi, et leur tournèrent les fiers des glaves, et disent que à droit
souhet il ne vosissent mies mieulz, quant il les tenoient oultre le rivière. Si fisent par leurs varlès cacier tout adiès avant leurs sommiers et leur vitaille,
et puis si s'en vinrent d'encontre et de grant volenté
ferir sus ces François. Là eut de commencement des
uns as aultres moult bonne jouste et moult rade, et
tamaint homme reversé à terre, de une part et d'autre. Et me samble, selonch ce que je fui enfourmés,
que en joustant li François s'ouvrirent, et passèrent li
Englès tout oultre. Au retour que il fisent, il sachiè-
rent les espées toutes nues, et s'en vinrent requerre
leurs ennemis.

Là eut bonne bataille et dure et bien combatue, et
fait tamainte grant apertise d'armes, car il estoient
droite fleur de chevalerie, d'un costé et d'aultre. Si
furent un grant temps tournoiant sus les camps et
combatant moult ablement, ançois que on peuist savoir ne cognoistre liquel en aroient le milleur, et liquel non. Et fu tel fois que li Englès branlèrent, et
furent priès desconfi, et puis se recouvrèrent et se
misent au dessus, et desrompirent, par bien combatre
et hardiement, leurs ennemis, et les desconfirent. Là
furent pris tout cil chevalier de Poito et de Saintonge
dessus nommé, et messires Guis de Neelle. Nulz homs

d'onneur ne s'en parti. Et eurent là li Englès et li Gascon de bons prisonniers qui leur vallirent cent mille moutons, sans le grant conquès des chevaus et des armeures que il avoient eu sus le place. Si leur sambla que, pour ce voiage, il en avoient assés fait. Si entendirent au sauver leurs prisonniers, et que la ville de Saint Jehan ne pooit par yaus, tant c'à celle fois, estre ravitaillie et rafreschie. Si s'en retournèrent vers le cité de Bourdiaus, et fisent tant par leurs journées que il y parvinrent ; si y furent recueilliet à grant joie.

§ 333. Vous devés savoir que li rois Jehans de France, qui estoit en le cité de Poitiers, au jour que ses gens se combatirent au dehors dou pont de Taillebourch sur le Charente, fu durement courouciés quant il sceut ces nouvelles : que une partie de ses gens avoient ensi esté rencontré et ruet jus au passage de le rivière de Charente, et pris la fleur de la chevalerie de son host, messires Jehans Saintré, messires Guiçars d'Angle, messires Bouchicaus et li aultre. Si en fu li rois durement courouciés, et se parti de Poitiers, et s'en vint devant Saint Jehan l'Angelier, et jura l'ame de son père que jamais ne s'en partiroit s'aroit conquis la ville.

Quant ces nouvelles furent sceues en le ville de Saint Jehan, que li Englès avoient esté jusques au pont de le Charente et estoient retourné, et en avoient remené leurs pourveances, et ne seroient point ravitailliet, si en furent tout esbahi, et se consillièrent entre yaus comment il se maintenroient. Si eurent conseil que il prenderoient, se avoir le pooient, une souffrance à durer quinze jours. Et se dedens ce jour il n'estoient conforté et li sièges levés, il se renderoient au roy de France, salve leurs corps et leurs biens.

Cilz consaulz fu tenus et creus, et commencièrent à entamer trettiés devers le roy de France et son conseil qui passèrent oultre. Et me samble que li rois Jehans de France leur donna quinze jours de respit; et là en dedens, se il n'estoient secourut de gens si fors que pour lever le siège, il devoient rendre le ville et yaus mettre en l'obeissance dou roy de France. Mès il ne se devoient nullement renforcier non plus qu'il estoient, et pooient leur estat partout segnefiier où il lor plaisoit. Ensi demorèrent il à pais, ne on ne leur fist point de guerre. Et encores, par grasce especial, li rois, qui les voloit attraire à amour, lor envoia, celle souffrance durant, des vivres bien et largement pour leurs deniers raisonnablement : de quoi toutes manières de gens li sceurent grant gré, et tinrent ce à grant courtoisie.

Cil de Saint Jehean segnefiièrent tout leur estat et leur trettiés par certains messages as chevaliers englès et gascons qui se tenoient en le cité de Bourdiaus, et sus quel estat il estoient. Et me samble que on laissa les quinze jours espirer, et ne furent point secourut ne conforté. Au seizisme jour, li rois de France entra en le ville de Saint Jehan à grant solennité. Et le recueillièrent li bourgois de le ditte ville moult liement, et li fisent toute feaulté et hommage, et se misent en se obeissance. Che fu le septime jour d'aoust l'an mil trois cens cinquante et un.

§ 334. Apriès le reconquès de Saint Jehan l'Angelier, si com chi dessus est dit, et que li rois de France s'i fu reposés et rafreschis sept jours, et eut renouvelé et ordené nouviaus officiiers, il s'en parti et retourna en France, et laissa en le ville de Saint Jehan à chapitainne le signeur d'Argenton de Poito, et donna toutes manières de gens d'armes congiet, et revint en France. Ossi se departirent li Englès de Bourdiaus, et retournèrent en Engleterre; si menèrent là leurs prisonniers, dont li rois d'Engleterre eut grant joie. Et fu adonc envoiiés messires Jehans de Biaucamp à Calais, pour estre là chapitains et gouvrenères de toutes les frontières. Se s'i vint li dessus dis tenir, et y amena en se compagnie des bons chevaliers et escuiers et des arciers.

Quant li rois de France sceut ces nouvelles, il envoia à Saint Omer ce vaillant chevalier, monsigneur Edowart, signeur de Biaugeu, pour estre là chapitains de toutes gens d'armes et des frontières contre les Englès. Si chevauçoient à le fois ces deus chapitainnes et leurs gens l'un sus l'autre; mès point ne se trouvoient ne encontroient, dont assés leur desplaisoit. Et se mettoient il grant entente à yaus trouver, mès ensi se portoit li aventure.

§ 335. En celle propre saison, avint en Bretagne uns moult haus fais d'armes que on ne doit mies oubliier, mès le doit on mettre avant pour tous bacelers encoragier et exempliier. Et afin que vous le puissiés mieus entendre, vous devés savoir que toutdis estoient guerres en Bretagne entre les parties des deus dames, comment que messires Charles de Blois

fust emprisonnés. Et se guerrioient les parties des
deus dames par garnisons qui se tenoient ens ès chastiaus et ens ès fortes villes de l'une partie et de
l'autre.

Si avint un jour que messires Robers de Biaumanoir, vaillant chevalier durement et dou plus grant
linage de Bretagne, et estoit chastelains d'un chastiel qui s'appelle Chastiel Josselin, et avoit avoecques
lui grant fuison de gens d'armes de son linage et
d'autres saudoiiers, si s'en vint par devant le ville et
le chastiel de Plaremiel, dont chapitains estoit uns
homs qui s'appelloit Brandebourch; et avoit avoec
lui grant fuison de saudoiiers alemans, englès et bretons, et estoient de la partie la contesse de Montfort.
Et coururent li dis messires Robers et ses gens par
devant les barrières, et euist volentiers veu que cil
de dedens fuissent issu hors, mès nulz n'en issi.

Quant messires Robers vei ce, il approça encores
de plus près, et fist appeller le chapitainne. Cilz vint
avant à le porte parler au dit monsigneur Robert, et
sus assegurances d'une part et d'autre. « Brandebourch, dist messires Robers, a il là dedens nul homme
d'armes, vous ne aultre, deus ou trois, qui volsissent
jouster de fers de glaves contre aultres trois, pour
l'amour de leurs amies? » Brandebourch respondi et
dist que leurs amies ne vorroient mies que il se fesissent tuer si meschamment que de une seule jouste,
car c'est une aventure de fortune trop tost passée. Si en
acquiert on plus tost le nom d'outrage et de folie que
renommée d'onneur ne de pris.

« Mais je vous dirai que nous ferons, se il vous
plaist. Vous prenderés vingt ou trente de vos compa-

gnons de vostre garnison, et j'en prenderai otant de la nostre : si alons en un biel camp, là où nulz ne nous puist empeecier ne destourber. Et commandons sus le hart à nos compagnons, d'une part et d'aultre, et à tous chiaus qui nous regarderont, que nulz ne face à homme combatant confort ne aye. Et là endroit nous esprouvons et faisons tant que on en parle ou tamps à venir en sales, en palais, en plaches et en aultres lieus par le monde. Et en aient la fortune et l'onneur cil à qui Diex l'aura destiné. » — « Par ma foy, dist messires Robers de Biaumanoir, je m'i acord, et moult parlés ores vassaument. Or soiiés vous trente : nous serons nous trente, et le creante ensi par ma foy. » — « Ossi le creante jou, dist Brandebourch, car là acquerra plus d'onneur qui bien s'i maintenra que à une jouste. »

Ensi fu ceste besongne affremée et creantée, et journée acordée au merkedi apriès, qui devoit estre li quars jours de l'emprise. Le terme pendant, cescuns eslisi les siens trente, ensi que bon li sambla. Et tout cil soixante se pourveirent d'armeures, ensi que pour yaus, bien et à point.

§ 336. Quant li jours fu venus, li trente compagnon Brandebourch oïrent messe, puis se fisent armer, et s'en alèrent en le place de terre là où la bataille devoit estre. Et descendirent tout à piet, et deffendirent à tous chiaus qui là estoient que nuls ne s'entremesist d'yaus, pour cose ne pour meschief que il veist avoir à ses compagnons. Et ensi fisent li trente compagnon à monsigneur Robert de Biaumanoir. Cil trente compagnon, que nous appellerons

Englès, à ceste besongne attendirent longement les aultres que nous appellerons François.

Quant li trente François furent venu, il descendirent à piet et fisent à leurs compagnons le commandement dessus dit. Aucun dient que cinq des leurs demorèrent as chevaus à l'entrée de le place, et li vingt cinq descendirent à piet, si com li Englès estoient. Et quant il furent l'un devant l'autre, il parlementèrent un petit ensamble tout soixante; puis se retraisent arrière, li uns d'une part et li aultres d'autre. Et fisent toutes leurs gens traire en sus de le place bien loing. Puis fist li uns d'yaus un signe, et tantost se coururent sus et se combatirent fortement tout en un tas; et rescouoient bellement li uns l'autre, quant il veoient leurs compagnons à meschief.

Assés tost aprièz ce qu'il furent assamblé, fu occis li uns des François. Mès pour ce ne laissièrent mies li aultre le combatre; ains se maintinrent moult vassaument d'une part et d'aultre, ossi bien que tout fuissent Rollans et Oliviers. Je ne sçai à dire à le verité : « cil se maintinrent le mieulz, et cil le fisent le mieulz, » ne n'en oy onques nul prisier plus avant de l'aultre; mais tant se combatirent longement que tout perdirent force et alainne et pooir entièrement.

Si les couvint arester et reposer, et se reposèrent par acord, li uns d'une part et li aultres d'aultre. Et se donnèrent trièwes jusques adonc qu'il se seroient reposet, et que li premiers qui se releveroit rappelleroit les aultres. Adonc estoient mort quatre François et deus des Englès : il se reposèrent longement, d'une part et d'aultre. Et telz y eut qui burent dou vin que on leur aporta en bouteilles, et restraindirent leurs armeures qui desroutes estoient, et fourbirent leurs plaies.

§ 337. Quant il furent ensi rafreschi, li premiers qui se releva fist signe et rappella les aultres. Si recommença la bataille si forte comme en devant, et dura moult longement. Et avoient courtes espées de Bourdiaus roides et agues, et espois et daghes, et li aucun haces; et s'en donnoient mervilleusement grans horions. Et li aucun se prendoient as bras à le luitte et se frapoient sans yaus espargnier. Vous poés bien croire qu'il fisent entre yaus mainte belle apertise d'armes, gens pour gens, corps à corps et main à main. On n'avoit point en devant, passet avoit cent ans, oy recorder la cause pareille.

Ensi se combatirent comme bon campion, et se tinrent ceste seconde empainte moult vassaument. Mais finablement li Englès en eurent le pieur; car, ensi que je oy recorder, li uns des François, qui demorés estoit à cheval, les debrisoit et defouloit trop mesaisiement : si ques Brandebourc leurs chapitains y fu tués et huit de leurs compagnons. Et li aultre se rendirent prisons, quant il veirent que leurs deffendres ne leur pooit aidier, car il ne pooient ne devoient fuir. Et li dis messires Robers et si compagnon, qui estoient demoret en vie, les prisent et les emmenèrent ou Chastiel Josselin comme leurs prisonniers, et les rancenèrent depuis courtoisement, quant il furent tout resanet; car il n'en y avoit nulz qui ne fust fort blechiés, et otant bien des François comme des Englès.

Et depuis je vi seoir à le table dou roy Charle de
France un chevalier breton qui esté y avoit, qui
s'appelloit messires Yewains Charuelz; mais il avoit
le viaire si detailliet et decopet qu'il moustroit bien
que la besongne fu bien combatue. Et ossi y fu messires Engherans du Edins, uns bons chevaliers de
Pikardie, qui moustroit bien qu'il y avoit esté, et
uns aultres bons escuiers qui s'appelloit Hues de
Raincevaus. Si fu en pluiseurs lieus ceste avenue
comptée et recordée. Li aucun le tenoient à proèce,
et li aucun à outrage et grant outrecuidance.

§ 338. Nous parlerons d'un aultre fait d'armes
qui avint en celle saison en le marce de Saint Omer,
assés priès de la bastide d'Arde. Vous avés bien chi
dessus oy parler comment, apriès le reconquès de
Saint Jehan l'Angelier, li rois de France envoia à
Saint Omer ce gentil chevalier, le signeur de Biaugeu,
pour estre regars et souverains de toutes gens d'armes et gouvrenères dou pays. D'autre part estoit à
Calais uns moult vaillans chevaliers de par le roy
d'Engleterre, qui s'appelloit messires Jehans de Biaucamp. Ces deus chapitainnes avoient fuison de bons
chevaliers et escuiers desous yaus, et mettoient grant
painne que il peuissent trouver et rencontrer l'un
l'autre.

Or avint que, droitement le lundi de le Pentecouste, l'an mil trois cens cinquante deus, messires
Jehans de Biaucamp se departi de Calais à trois cens
armeures de fier et deus cens arciers. Et avoient tant
chevauciet de nuit que, droitement ce lundi au
matin, il furent devant Saint Omer, environ soleil

levant, et se misent en ordenance de bataille sus un terne assés priès de là. Et puis envoiièrent leurs coureurs descouvrir et prendre et lever le proie qui estoit issue de Saint Omer et des villages là environ, et le recueillièrent toute ensamble : si y avoit il grant proie.

Quant il eurent courut et fait leur emprise, il se commencièrent à retraire moult sagement, et prisent leurs gens de piet qui les sievoient, et vingt hommes d'armes et soissante arciers, et leur disent : « Retraiiés vous bellement viers Calais, et cachiés ceste proie devant vous : nous le sieurons et le conduirons. » Tout cil qui ordonné furent de cela faire, le fisent, et li chevalier et escuier se remisent ensamble, et puis chevaucièrent tout le pas.

Les nouvelles estoient jà venues en Saint Omer, et au signeur de Biaugeu qui gisoit en le porte de Boulongne, que li Englès chevauçoient. Et avoient leurs coureurs esté jusques as barrières et en menoient le proie : de quoi li sires de Biaugeu estoit durement courouciés. Et avoit fait sonner sa trompète et aler aval le ville, pour resvillier chevaliers et escuiers qui là dormoient à leurs hosteulz; si ne furent mies si tost armé ne assamblé. Mais li sires de Biaugeu ne les volt mies tous attendre; ançois se parti, espoir li centime, montés bien et faiticement, et fist sa banière porter et passer devant lui. Si issi de le ville, ensi que je vous di; et li aultre compagnon, ensi que il avoient fait, le sievoient caudement. A ce jour estoient à Saint Omer li contes de Porciien, messires Guillaumes de Bourbon, messires Bauduins Dennekins, messires Drues de Roie, messires Guillaumes de Cran, messires Oudars de Renti, messires Guillaumes de Bailluel, messires Hectors Kierés, messires Hues de Loncval, li sires de Sains, messires Bauduins de Bellebourne, li sires de Saint Digier, li sires de Saint Saufliu, messires Robers de Basentin, messires Bauduins de Cuvilers, et pluiseur bon chevalier et escuier d'Artois et de Vermendois.

Si sievi premierement li sires de Biaugeu les esclos des Englès moult radement, et avoit grant doubtance qu'il ne li escapaissent, car envis les euist laissiés sans combatre. Toutes ces gens d'armes et li brigant, desquelz il avoit bien cinq cens à Saint Omer, n'estoient mies encores avoech le signeur de Biaugeu. Et cilz qui le sievoit plus priès derrière, c'estoit messires Guichars ses frères, qui ne s'estoit mies partis avoecques li ne de se route. Ensi chevauçoient il li un et li aultre, li Englès devant et li François apriès. Et prendoient toutdis li Englès l'avantage d'aler devant en approçant Calais; mès leurs chevaus se commençoient moult à fouler, car il estoient travilliet de le nuit devant que il avoient fort chevauciet.

Si avint que li Englès avoient jà eslongiet Saint Omer quatre liewes dou pays, et avoient passet le rivière d'Oske, et estoient entre Arde et Hoske; si regardèrent derrière yaus et veirent le signeur de Biaugeu et se banière, et n'estoient non plus de cent hommes d'armes. Si disent entre yaus : « Nous nos faisons cacier de ces François qui ne sont c'un petit; arrestons nous et nos combatons à yaus : ossi sont nostres chevaus durement foulé. » Tout s'acordèrent à ce conseil et entrèrent en un pret, et prisent l'avantage d'un large fosset qui là estoit environ ce pret ; et se misent tout à piet, les lances devant yaus, et en bonne ordenance.

Evous le signeur de Biaugeu venu, monté sus un coursier, et sa banière devant lui, et s'arreste sus ce fossé à l'encontre des Englès qui faisoient là visage, et toutes ses gens s'arrestent. Quant il vei que il ne passeroit point à sen aise, il commença à tourniier autour dou fosset pour trouver le plus estroit, et tant ala qu'il le trouva. Mais à cel endroit li fossés estoit nouvellement relevés : si estoit la hurée trop roiste pour sallir son coursier ; et se il fust oultre, pour ce n'i estoient mies li aultre. Si eut avis de descendre à piet, et ossi fisent toutes ses gens. Quant il furent à piet, li sires de Biauge[u] prist son glaive en son poing et s'escueilla pour sallir oultre, et dist à celui qui portoit sa banière : « Avant, banière, ou nom de Dieu et de saint Jorge ! » En ce disant il salli oultre de si grant volenté que par dessus le hurée dou fosset ; mais li piés li gliça tant que il s'abusça un petit et qu'il se descouvri par desous.

Là fu uns homs d'armes englès apparilliés qui li jetta son glave en lançant, et le consievi ou fusiel desous, et li embara là dedens ; se li donna le cop de le mort : dont ce fut pités et damages. Li sires de Biaugeu, de la grant angousse qu'il eut, se tournia deus tours ou pret, et puis si s'arresta sus son costé. Là vinrent deus de ses chevaliers de son hostel qui s'arrestèrent sur lui, et le commencièrent à deffendre moult vaillamment. Li aultre compagnon, chevalier et escuier, qui veoient leur signeur là jesir et en tel parti, furent si foursené que il sambloit que il deuis-

sent issir dou sens. Si se commença li hustins et li
estekeis de toutes pars. Et se tinrent les gens le signeur de Biaugeu une espasse en bon couvenant ;
mès finablement cil premier ne peurent souffrir ne
porter le fais, et furent desconfi, et pris la grigneur
partie. Et là perdi messires Bauduins de Cuvilers un
oel et fu prisonniers, et ossi furent tout li aultre. Et
se li Englès euissent eu leurs chevaus, il se fuissent
tout parti sans damage ; mais nennil : dont il per
dirent.

Evous venu achevauçant moult radement monsigneur Guichart de Biaugeu et se route qui estoit tout
devant les aultres, le trettié d'un arc ou plus. Quant
il fu venus sus le place où li desconfi estoient, et où
ses frères gisoit, si fu tous esmerveilliés ; et feri cheval des esporons, et salli oultre le fosset. Et ossi li
aultre, en venant cescuns qui mieux mieux, en
sievant le bon chevalier, fisent tant qu'il furent oultre.
La première voie que messires Guiçars fist, ce fu
qu'il s'adreça sus son frère, pour savoir comment il li
estoit. Encores parloit li sires de Biaugeu et recogneut
bien son frère ; se li dist : « Biaus frère, je sui navrés à mort, ensi que je le sent bien : si vous pri
que vous relevés le banière de Biaugeu qui onques
ne fui, et pensés de moy contrevengier. Et se de ce
camp partés en vie, je vous pri que vous songniés
d'Antoine mon fil, car je le vous recarge. Et mon
corps faites le reporter en Biaugeulois, car je voel
jesir en ma ville de Belleville : de lonch temps a, y
ai jou ordonné ma sepulture. »

Messires Guiçars, qui oy son frère ensi parler et
deviser, eut si grant anoy que à painnes se pooit il

soustenir, et li acorda tout de grant affection. Puis s'en vint à le banière son frère, qui estoit d'or à un lyon de sable couronnet et endentet de geules, et le prist par le hanste et le leva contremont, et le
5 bailla à un sien escuier des siens, bon homme d'armes. Jà estoient venu toutes leurs gens à cheval et passet oultre ou pré; si estoient moult courouciet quant il veirent leur chapitainne là jesir en tel parti, et il oïrent dire que il estoit navrés à mort. Si s'en vin-
10 rent requerre les Englès moult fierement en escriant « Biaugeu ! » qui s'estoient retrait et mis ensamble par bonne ordenance, pour le force de François que il veirent venir sus yaus.

§ 339. Tout à piet devant les aultres s'en vint
15 messires Guiçars de Biaugeu, le glave ou poing, assambler à ses ennemis et commencier la bataille. Là eut fort bouteis et estecheis des lances, ançois que il peuissent entrer l'un dedens l'autre. Et quant il y furent entré, si y eut fait pluiseurs grans aper-
20 tises d'armes. Là se combatoient li Englès si vaillamment que mervelles seroit à recorder. Si s'en vint li dis messires Guiçars de Biaugeu assambler droitement desous le banière messire Jehan de Biaucamp, et là fist grant fuison d'armes, car il estoit
25 bons chevaliers, hardis et entreprendans; et ossi son hardement li estoit doublés pour le cause de son frère que il voloit contrevengier. Si s'abandonna à ce commencement li dis chevaliers si folement que il l'en deubt priès estre mesavenu; car il fu enclos
30 des Englès et si fort assallis que durement bleciés et navrés. Mais à le rescouse vinrent li contes de Por-

siien, messires Guillaumes de Bourbon, messires
Bauduins Danekins et pluiseur aultre bon chevalier
et escuier. Si fu messires Guiçars rescous et mis
hors de le presse, pour lui un petit rafreschir, car il
estoit tout essannés.

Si vous di que li Englès se combatirent si bien et
si vassaument que encores euissent il desconfis chiaus
qui là estoient venu, se n'euissent esté li brigant qui
vinrent là au secours plus de cinq cens, as lances et
as pavais, tous bien armés, frès et nouviaus. Si ne
peurent avoir durée li Englès, quant il furent recar-
giet de ces gens là nommés brigans, car il estoient
tout lasset et hodet de longement combatre. Ensi
fisent li brigant la desconfiture. Si y furent pris messires Jehans de Biaucamp, messires Loeis de Clifort,
messires Oliviers de Baucestre, messires Phelippes
de Biauvers, messires Loeis Tuiton, messires Alixandres Ansiel et bien vingt chevaliers, tous de nom et
ossi tout li escuier. Et furent rescous tout li aultre
prisonnier françois qui pris estoient en devant. Si
fust trop bien la besongne alée pour les François, se
li sires de Biaugeu n'euist esté là mors; mès li gentilz
chevaliers, qui si vaillans homs fu et si preudons,
devia là sus le place : de quoi tout li compagnon
furent durement courouciet, mès amender ne le peurent. Si fu cargiés et raportés à Saint Omer; et ossi
fu messires Guiçars ses frères, qui si navrés estoit
qu'il ne pooit chevaucier. Si retournèrent tout li
compagnon à Saint Omer et là ramenèrent leurs prisonniers.

Or vous dirai de le proie de Saint Omer que li
Englès avoient pris devint. Entre Bavelinghehen et

Hames, li sires de Bavelinghehen et li troi frère de Hames, qui estoient moult bon chevalier, et cil de le garnison de Ghines et de le Montoire se misent en embusce : si estoient bien trois cens armeures de fier. Si rencontrèrent ces Englès qui le proie emmenoient, et leur vinrent au devant et leur coururent seure. Vraiement li Englès se tinrent et deffendirent tant qu'il peurent durer, mès en le fin il furent desconfit, tout mort ou pris, et la proie rescousse, et fu là sus les camps departie à chiaus des garnisons qui au conquerre avoient esté. Onques cil de Saint Omer n'en eurent nulle restitution. Si en fisent il bien depuis question, mès on trouva par droit d'armes qu'il n'i avoient riens; ançois estoit à chiaus qui l'avoient gaegniet. Si leur couvint porter et passer ce damage au plus biel qu'il peurent.

Or fu li sires de Biaugeu embausmés et aportés en son pays de Biaugeulois et ensepelis en l'abbeye de Belleville, ensi que deviset l'avoit.

Si fu messires Ernoulz d'Audrehen envoiiés à Saint Omer pour là faire frontière contre les Englès, et li contes de Warvich à Calais, ou lieu de son oncle monsigneur Jehan de Biaucamp; mès il fu delivrés en celle anée en escange pour monsigneur Gui de Neelle. Si se rançonnèrent li compagnon d'une part et d'autre, ensi que Englès et François ont eu entre yaus toutdis bon usage.

§ 340. En ce temps trespassa à Villenove dalés Avignon papes Clemens; si fu Innocens papes. Assés tost après le creation dou pape Innocent, s'en vint en France et à Paris messires Guis li cardinaulz de

Boulongne; si fu reçeus et conjoïs grandement dou roy Jehan, ce fu bien raisons. Et estoit envoiiés en France li dis cardinaulz pour trettier unes trièwes entre le roy de France et le roy d'Engleterre. Et l'avoit en celle istance li papes Innocens là envoiiet en legation, liquels papes par ses bulles prioit doucement à l'un roy et à l'autre que il vosissent faire comparoir leurs consaulz devant lui et le collège de Romme ens ou palais en Avignon; et, se on pooit nullement, on les metteroit à pais.

Si esploita si bien li dis cardinaulz, qui fu sages homs et vaillans, avoech les lettres dou pape, que unes trièwes furent données entre les deux rois dessus nommés et tous leurs aherdans, excepté Bretagne (chilz pays là y fu reservés), à durer deus ans. Et furent les trièwes données et seelées sus certains articles qui devoient estre remoustré de toutes parties devant le pape et les cardinaulz. Et se à Dieu il plaisoit, on y trouveroit aucun moiien par quoi pais se feroit; si demora la cose en cel estat.

Vous avés bien oy et sceu comment li contes de Ghines, connestables de France, fu pris des Englès jadis en le ville de Kem en Normendie, et li contes de Tankarville avoecques lui. Et furent envoiiet prisonnier en Engleterre où il furent un grant temps, et par especial li contes Raoulz d'Eu et de Ghines, car on le voloit trop hault rançonner. En ce conte Raoul d'Eu et de Ghines et connestable de France avoit un chevalier durement able, gay, frice, plaisant, joli et legier; et estoit en tous estas si très gracieus que dessus tous aultres il passoit route. Et le temps qu'il demora en Engleterre, il eschei grandement en le grasce et amour dou roy et de la royne, des signeurs et des dames dont il avoit le cognissance. Et procura tant li dis contes devers le roy d'Engleterre qu'il se mist à finance, et deubt paiier dedens un an 5 soissante mil escus ou retourner en le prison dou roy.

Sus cel estat se departi li dis contes de Ghines et retourna en France. Quant il fu venus à Paris, il se traist devers le roy Jehan, de qui il cuidoit estre 10 moult bien amés, ensi que il estoit, ançois qu'il fust rois, et l'enclina de si lonch que il le vei et le salua humlement; et en cuidoit estre bien venus, par tant que il avoit esté cinq ans hors dou pays et prisonniers pour lui. Si tost que li rois Jehans le vei, il re-15 garda sur lui et puis li dist : « Contes de Ghines, sievés moy : j'ay à parler à vous de conseil. » Li contes, qui nul mal n'i pensoit, respondi : « Monsigneur, volentiers. » Lors l'en mena li rois en une cambre et li moustra unes lettres, et puis li demanda : 20 « Contes de Ghines, veistes vous onques mès cestes aultre part que ci? » Li contes, si com il me fu dit, fu durement assouplis et pris deventrainnement, quant il vei la lettre. Adonc dist li rois Jehans : « Ha! ha! mauvais trahitres, vous avés bien mort desservie; se 25 n'i faurrés mies, par l'ame de mon père. » Si le fist li dis rois tantos prendre par ses sergans d'armes et mettre en prison en le tour dou Louvre dalés Paris, là où li contes de Montfort fu mis.

Li signeur et baron de France dou linage le con-30 nestable et aultre, furent durement esmervilliet quant il sceurent ces nouvelles, car il tenoient le conte pour loyal et preudomme sans nulle lasqueté. Si se traisent

devers le roy, en priant moult humlement que il leur
volsist dire pour quoi ne à quel cause il avoit empri-
sonné leur cousin, un si gentil chevalier, et qui tant
avoit perdu et travilliet pour lui et pour le royaume.
Li rois les oy bien parler, mès il ne leur volt onques
dire; et jura, le secont jour qu'il fu mis en prison,
oant tous les amis dou connestable qui prioient pour
lui, que jamais ne dormiroit tant que li contes de
Ghines fust en vie. De ce ne falli il point, car il li
fist secretement ou chastiel dou Louvre oster la teste :
de quoi ce fu grans damages et pités se li chevaliers
le desservi; mais je le tieng si vaillant et si gentil
que jamais il n'euist pensé trahison. Toutes fois, fust
à droit, fust à tort, il morut; et donna sa terre li rois
Jehans à son cousin le conte d'Eu, monsigneur Jehan
d'Artois. De ceste justice fu li rois durement blasmés
en derrière de pluiseurs haus barons dou royaume de
France et des dus et des contes marcissans au dit
royaume.

§ 341. Assés tost apriès le mort dou conte de
Ghines, dont toutes manières de bonnes gens furent
courouciet, fu pris et emblés li fors et li biaus chastiaus de Ghines, qui est uns des biaus chastiaus dou
monde. Et fu acatés à bons deniers se[c]s de monsigneur Jehan de Biaucamp, chapitainne de Calais, et
delivrés de chiaus qui le vendirent as Englès, qui en
prisent le saisine et possession, et ne l'euissent rendu
pour nul avoir.

Quant les nouvelles en vinrent à Paris, li rois de
France en fu durement courouciés, ce fu raison, car
de force il n'estoit mies à reprendre. Si en parla à

son cousin le cardinal de Boulongne, en priant que il volsist mander à chiaus de Calais qu'il avoient mal fait, quant dedens trièwes il avoient pris et emblet le chastiel de Ghines, et que par ce fait il avoient les
5 trièwes enfraintes.

Li cardinaulz à l'ordenance dou roy obei, et envoia certains et especiaus messages à Calais devers monsigneur Jehan de Biaucamp, en li remoustrant que il avoit trop mal fait, quant il avoit consenti à
10 faire tel cose que prendre et embler en trièwes le chastiel de Ghines, et que par ce point il avoit les trièwes enfraintes; se li mandoit que ce fust deffait et li chastiaus remis arrière en le main des François.

Messires Jehans de Biaucamp fu tantost consilliés
15 dou respondre, et respondi qu'il n'eskiewoit nul homme en trièwes et hors trièwes acater chastiaus, terres, possessions et hyretages; et pour ce nè sont mies trièwes enfraintes ne brisies. Il n'en peurent chil qui envoiiet y furent aultre cose avoir. Si demora
20 la cose en cel estat, et obtinrent li Englès le fort chastiel de Ghines, qu'il n'euissent rendu pour nul avoir.

§ 342. En ce temps et en celle saison, devisa et ordonna li rois Jehans de France une belle compa-
25 gnie grande et noble, sus le manière de le Table Reonde qui fu jadis au temps dou roy Artus : de laquèle compagnie devoient estre trois cens chevaliers, li plus vaillant as armes et li plus souffissant dou royaume de France. Et devoient estre appellé cil che-
30 valier, li chevalier de l'Estoille. Et devoit cescuns chevaliers de le ditte compagnie porter une estoille

d'or ou d'argent dorée, ou de perles, sus son deseurain vestement, pour recognissance de le compagnie.

Et eut adonc en couvent li rois Jehans as compagnons de faire une belle maison et grande, à son coust et à son fret, dalés Saint Denis, là où tout li compagnon et confrère devoient repairier à toutes les festes solennèles de l'an, chil qui seroient ens ou pays, se il n'avoient trop grant ensongne qui les escusast, ou à tout le mains cescuns une fois l'an. Et devoit estre appellée li noble maison de l'Estoille. Et y devoit li rois, au mains une fois l'an, tenir court plenière de tous les compagnons. Et à celle court devoit cescuns des compagnons raconter toutes les aventures, sus son sierement, qui avenues li estoient en l'an, ossi bien les honteuses comme les honnourables.

Et li rois devoit establir deus clers ou trois sour ses couls, qui toutes ces aventures devoient mettre en escript, et faire de ces aventures un livre, afin que ces aventures ne fuissent mies oubliées, mès raportées tous les ans en place par devant les compagnons, par quoi on peuist savoir les plus preus, et honnourer cescun selonch ce qu'il seroit. Et ne pooit nulz entrer en celle compagnie, se il n'avoit le consent dou roy et de la grignour partie de compagnons, et se il n'estoit sans diffame de reproce. Et leur couvenoit jurer que jamais il ne fuiroient en bataille plus lonch que de quatre arpens à leur avis; ançois morroient ou se renderoient pris, et que cescuns aideroit et secourroit l'autre à toutes ses besongnes comme loyaus amis, et pluiseurs aultres estatus et ordenances que tout li compagnon avoient juret.

Si fu la maison priès que faite, et encores est elle assés priès de Saint Denis.

Et se il avenoit que aucun des compagnons de l'Estoille en viellèce euissent mestier de estre aidiet, et que il fuissent affoibli de corps et amenri de chavance, on li devoit faire ses frès en le maison bien et honnourablement, pour lui et pour deus varlès, se en la maison voloit demorer, à fin que le compagnie fust mieulz detenue. Ensi fu ceste cose ordenée et devisée.

Or avint que, assés tost apriès ceste ordenance emprise, grant fuison de gens d'armes issirent hors d'Engleterre et vinrent en Bretagne, pour conforter la contesse de Montfort. Tantost que li rois de France le sceut, il envoia celle part son mareschal et grant fuison de bons chevaliers, pour contrester as Englès.

En celle chevaucie alèrent fuison de ces chevaliers de l'Estoille. Quant il furent venu en Bretagne, li Englès fisent lor besongne si soutievement que, par un embuschement qu'il fisent, li François, qui s'embatirent trop avant folement, furent tout mort et desconfi. Et y demora mors sus le place messires Guis de Neelle, sires d'Aufemont en Vermendois : dont ce fu damages, car il estoit vaillans chevaliers et preus durement. Et avoecques lui demorèrent plus de quatre vingt et dix chevaliers de l'Estoille, pour tant qu'il avoient juret que jamais ne fuiroient; car se li sieremens n'euist esté, il se fuissent retret et sauvet. Ensi se desrompi ceste noble compagnie de l'Estoille avoecques les grans meschiés qui avinrent depuis en France, si com vous orés recorder avant en l'ystore.

§ 343. En ce temps et en celle saison avoit li rois de France dalés lui un chevalier que durement amoit, car il avoit esté avoecques lui nouris d'enfance : c'estoit messires Charles d'Espagne. Et l'avoit li rois fait son connestable de France, et l'avançoit en quanqu'il pooit de donner terres, possessions et hiretages, or et argent et tout ce qu'il voloit. Se li donna li rois de France une terre qui longement avoit esté en debat entre le roy de Navare le père et le roy Phelippe son père.

Quant li rois Charles de Navare et messires Phelippes ses frères veirent que li rois Jehans leur eslongoit leur hyretage, et l'avoit donnet à un homme qui ne leur estoit de sanc ne de linage, si en furent durement courouciet, et en manecièrent couvertement le dit connestable ; mais il ne li osoient faire nulle felonnie, pour le cause dou roy qu'il ne voloient mies couroucier, car li rois de Navare avoit sa fille à femme, et savoit bien que c'estoit l'omme dou monde, apriès ses enfans, que li rois amoit le mieulz. Si se couva ceste hayne un grant temps.

Bien sentoit messires Charles d'Espagne que li rois de Navare l'avoit grandement contre coer, et s'en tenoit en bien dur parti, et l'avoit remoustré au roy de France. Mais li rois l'en avoit asseguré et disoit : « Charle, ne vous doubtés de mon fil de Navare ; il ne vous oseroit couroucier, car se il le faisoit, il n'aroit plus grant ennemi de moy. » Ensi se passa li temps, et s'umelioit toutdis li connestables de France envers les enfans de Navare, quant d'aventure il les trouvoit en l'ostel dou roy France ou ailleurs.

Pour ce ne demora mies que li enfant de Navare

n'en feissent leur entente. Car messires Charles d'Espagne estoit une fois à l'Aigle en Normendie : si ques, ensi que de nuit il gisoit en un petit village assés priès de l'Aigle en Normendie, il fu là trouvés des gens le roy de Navare qui le demandoient, et qui avoient fait et bastis agais sur lui, desquelz, tant qu'à ceste fois et à ce fait, uns cousins des enfans de Navare, qui s'appelloit li Bascles de Maruel, estoit souverains et chapitainne. Si fu li dis connestables là pris et assallis en sa cambre et occis.

A ce fait pour estre, en fu priiés de ses cousins les enfans de Navare li contes Guillaumes de Namur, qui pour ce temps se tenoit à Paris; mais il s'en consilla à son cousin le cardinal de Boulongne, qui li dist : « Vous n'irés point, il sont gens assés sans vous. » Et si trestost que li fais fu avenus et que li dis cardinaulz le peut savoir, il manda son cousin le conte de Namur et li remoustra le peril où il en poroit estre dou roy Jehan, qui estoit soudains et hastieulz en son aïr; se li consilla à partir dou plus tost qu'il peuist. Li contes de Namur crei ce conseil; si se parti de Paris sans prendre congiet au roy, et fist tant par ses journées qu'il se trouva en son pays dalés madame sa femme : onques depuis ne retourna à Paris.

Quant li rois de France sceut le verité de son connestable monsigneur Charle d'Espagne, que li rois de Navare avoit fait morir, si en fu trop durement courouciés, et dist bien que ce seroit trop chierement comparet; et trop se repentoit que onques li avoit donnet sa fille par mariage. Si envoia tantost li dis rois grans gens d'armes en Normendie pour saisir la conté d'Evrues, qui estoit hiretages au dit roy de Navare; et furent repris en ce temps une partie des chastiaus que li rois de Navare tenoit.

D'autre part, li rois Jehans, qui prist ceste cose en grant despit, esploita tant devers le conte d'Ermignach et le conte de Commignes et aucuns barons de le haute Gascongne, qu'il fisent guerre au roy de Navare; et entrèrent par les montagnes en son pays, et li ardirent aucunes povres villes. Mès plenté ne fu ce mies, car li contes de Fois, qui serourges estoit au roy de Navare, ala au devant et se allia avoech le dit roy, et entra à grans gens d'armes en le conté d'Ermignach : par quoi il couvint que ceste cose se cessast et que li contes d'Ermignach et li aultre qui avoecques lui estoient retournaissent et venissent garder leur pays.

§ 344. En ce temps vinrent en Avignon li esleu dou roy de France et dou roy d'Engleterre yaus comparoir devant le pape Innocent et les cardinaulz. Et si especiaulz personnes y vinrent que, de par le roy de France, ses cousins germains messires Pières, dus de Bourbon, uns très gentilz et vaillans chevaliers; et de par le roy d'Engleterre, ses cousins germains ossi li dus Henris de Lancastre. Si furent cil doy signeur en Avignon un grant temps, et y tinrent grant estat et noble. Et là eut grans parlemens et grans trettiés de pais, et pluiseurs coses proposées et parlementées devant le pape; mais à ce donc on n'i peut onques trouver moiien de pais, et brisa li articles de Bretagne, ensi que il a fait aultre fois, grandement le pais. Si demora la cose en cel estat, et s'en retournèrent li Englès en Engleterre, et li François en France. Si fu la triewe inspirée et la guerre renouvelée plus forte assés que devant.

En ce temps trespassa li dus Jehans de Braibant, qui poissamment et sagement avoit regnet contre tous ses voisins. Si reschei la terre et la ducé de Braibant à madame Jehane, se ainsnée fille, car messires Godefrois ses filz estoit mors. Si fu ceste dame duçoise de Braibant, et espousa monsigneur Wincelin de Boesme, filz jadis au gentil roy de Boesme et de le soer monsigneur le duch de Bourbon. Si estoit cilz sires pour ce temps moult jones; mais il estoit consilliés de son bel oncle monsigneur Jakemon de Bourbon qui entendoit à ses besongnes, et jà estoit il dus de Lussembourch. Si fist en sa nouveleté à ce jone duch de Braibant et de Lussembourch li contes Loeis de Flandres grant guerre, pour la cause de madame sa femme, qui fille avoit esté au duc de Braibant pour avoir ses pareçons. Et par especial il demandoit à avoir Malignes et Anwers et les appendances. Et disoit et proposoit et remoustroit li dis contes, par seelés, que li dus Jehans de Braibant, quant il prist sa fille en mariage, li avoit donnet et acordet à tenir apriès son deciès.

Ces demandes venoient à grant contraire à madame Jehane, duçoise de Braibant, et au jone duch son mari, et à tous les barons dou pays et les bonnes villes ossi, car il n'en savoient parler. Et l'avoit li dus Jehans fait secretement; car, si com ci dessus en celle hystore est dit, quant li dus de Braibant maria sa fille au conte de Flandres, il acata le mariage. Pour lesquèles demandes grans guerres en ce temps s'esmurent entre les pays de Braibant et de Flandres, et y eut pluiseurs batailles et rencontres, et durèrent trois ans ou environ. Finablement, li contes Guillaumes de Haynau, filz à Loeis de Baivière le roy d'Alemagne, y trouva un moiien parmi le bon conseil qu'il eut. Et fist loiier toutes les parties telement qu'il en fu dou tout à son dit; si en determina sus le marce de Flandres, de Braibant et de Haynau, et ordonna adonc bonne pais entre les pays de Flandres et de Braibant; mais Malignes et Anwiers, qui sont deus grosses villes et de grant pourfit, demorèrent au conte de Flandres. Je me sui de ceste matère passés assés briefment, pour tant que elle ne touche de riens au fait de ma principal matère, des guerres de France et d'Engleterre.

§ 345. Li rois de France avoit pris en si grant hayne le fait de son connestable, que li enfant de Navare avoient fait morir, que il n'en pooit issir; ne li enfant de Navare, pour amendes qu'il en seuissent offrir ne presenter, li rois de France n'i voloit entendre, mais les faisoit guerriier de tous costés. Quant il veirent ce, si s'avisèrent qu'il se trairoient en Engleterre et se fortefieroient des Englès, et les metteroient en leurs chastiaus en Normendie; aultrement il ne pooient venir à pais, se il ne faisoient guerre. Si se departirent de Chierebourch, et montèrent en mer et arrivèrent en Engleterre. Si fisent tant que il vinrent à Windesore, où il trouvèrent le roy et grant fuison de signeurs, car c'estoit à une feste de Saint Gorge que il festioient.

Si fu li rois de Navare grandement bien venus et

conjoïs dou roy d'Engleterre et de tous les barons, et ossi fu messires Phelippes ses frères. En celle visitation que li rois de Navarre et ses frères fisent en Engleterre, eut grans trettiés et grans alliances ensamble; et devoit li rois d'Engleterre efforciement ariver en Normendie et prendre terre à Chierebourch. Et li rois de Navare li devoit, à lui et à ses gens, prester ses forterèces pour guerriier le royaume de France.

Quant toutes ces coses furent bien faites et ordonnées à leurs ententes, et li enfant de Navare eurent sejourné dalés le roy et le royne environ quinze jours, il se departirent et s'en retournèrent arrière en le conté d'Evrues. Si fisent pourveir et garnir leurs chastiaus bien et grossement, et par especial la cité, [la] ville et le chastiel d'Evrues, le fort chastiel de Bretuel, Konces et tous aultres chastiaus qui dou roy de Navare se tenoient.

Li rois d'Engleterre ne mist mies en non caloir son pourpos, et dist, puisque pais ne s'estoit pout faire en Avignon, que il ne fist onques si forte guerre en France que il feroit. Et ordonna en celle saison de faire trois armées, l'une en Normendie, et l'autre en Bretagne, et la tierce en Gascongne. Car de Gascongne estoient venu en Engleterre li sires de Pumiers, li sires de Rosem, li sires de Lespare et li sires de Muchident, qui prioient au roy que il lor volsist baillier et envoiier ens ès parties par de delà son fil le prince de Galles, et il li aideroient à faire bonne guerre.

Li rois d'Engleterre fu adonc si consilliés qu'il leur acorda. Et deut li dus de Lancastre aler en Bretagne à tout cinq cens hommes d'armes et mil archiers, car messires Charles de Blois estoit revenus ou pays, qui faisoit grant guerre à la contesse de Montfort, car il s'estoit rançonnés quatre cens mil escus qu'il devoit paiier, et en nom de cran il en avoit envoiiés deus de ses filz, Jehan et Gui, en Engleterre. Et li rois d'Engleterre, à deus mil hommes d'armes et quatre mil arciers, [ariveroit[1]] en Normendie sus la terre dou roy de Navare.

Si fist li dis rois faire ses pourveances grandes et grosses pour toutes ces besongnes parfurnir, et manda partout gens d'armes là où il les peut avoir. Si se departirent d'Engleterre en trois parties, et arrivèrent en trois pors ou havenes, auques en une saison, ces trois hos. Li princes de Galles s'en ala devers Bourdiaus à mil hommes d'armes et deux mil arciers et toute fleur de chevalerie avoecques lui. Premierement de se route estoient li contes de Sufforch, li contes d'Askesufforch, li contes de Warvich et li contes de Sallebrin, messires Renaulz de Gobehen, le baron de Stanfort, messires Jehans Chandos, qui jà avoit le renommée d'estre li uns des milleurs chevalliers de toute Engleterre, de sens, de force, d'eur, de fortune, de haute emprise et de bon conseil; et par especial li rois avoit son fil le prince recommendé à lui et en sa garde. Là estoient li sires de Bercler, messires James d'Audelée et messires Pières ses frères, messires Bietremieus de Brues, li sires de le Ware, messires Thumas et messires Guillaumes de Felleton, li sires de Basset, messires Estievenes de Gonsenton,

---

1. Ms. B 4. f° 154. — Mss. B 1, 3 : « arriveroient. » *Mauvaise leçon*

messires Edowars, sires Despensiers, li sires de Willebi, messires Ustasses d'Aubrecicourt et messires Jehans de Ghistelles, et pluiseur aultre que je ne puis mies tous nommer.

Si me tairai dou prince et de ses gens, et ossi dou duch de Lancastre qui ariva en Bretagne, et parlerai dou roy d'Engleterre et de sen armée qui en ce temps volt venir en Normendie sus la terre dou roy de Navare.

§ 346. Quant li rois d'Engleterre eut fait toutes ses pourveances, il monta en mer ou havene de Hantonne à tout deus mil hommes d'armes et quatre mil arciers. Si estoient en se compagnie li contes d'Arondiel, li contes de Norhantonne, li contes de Herfort, li contes de Stafort, li contes de le Marce, li contes de Hostidonne, li contes de Cornuaille, li evesques de Lincolle et li evesques de Wincestre, messires Jehans de Biaucamp, messires Rogiers de Biaucamp, messires Gautiers de Mauni, li sires de Manne, li sires de Montbray, li sires de Ros, li sires de Persi, li sires de Nuefville, messires Jehans de Montagut, li sires de Grastoch, li sires de Clifort, messires Symons de Burlé, messires Richars de Pennebruge, messires Alains de Bouqueselle, et pluiseurs aultres barons et chevaliers desquels je ne puis mies de tous faire mention. Si s'adrecièrent li rois, ces gens d'armes et ceste armée, devers Normendie pour prendre terre à Chierebourch, où li rois de Navare les attendoit.

Quant il furent entré en mer et il eurent singlé un jour, il eurent vent contraire, et les couvint retourner en l'isle de Wiske, et là furent quinze jours. Et quant il s'en partirent, il ne se peurent adrecier vers Chierebourc, tant leur estoit li vens contraires; mais prisent terre en l'isle de Grenesée, à l'encontrée de Normendie, et là furent un grant temps, car il ooient souvent nouvelles dou roy de Navare, qui se tenoit à Chierebourch.

Bien estoit li rois de France enfourmés de ces armées que li rois d'Engleterre en celle saison avoit mis sus, et comment il tiroit à venir et ariver en Normendie, et que li rois de Navare s'estoit alliiés à lui, et le voloit et ses gens mettre en ses forterèces. Si en fu dit et remoustret au roy de France, par grant deliberation de conseil, que ceste guerre de Normendie li pooit trop grever, ou cas que li rois de Navare possessoit des villes et des chastiaus de le conté d'Evrues, et que mieuls valoit que il se dissimulast un petit et laissast à dire devers le roy de Navare que donc que ses royaumes fust si malement menés ne grevés.

Li rois de France, qui estoit de grant conception hors de son aïr, regarda que ses consauls le consilloit loyaument; si se rafrena de son mautalent et laissa bonnes gens ensonniier et couvenir de lui et dou roy de Navare. Si furent envoiiet à Chierebourch li evesques de Bayeus et li contes de Salebruce, qui parlèrent si doucement et si bellement au roy de Navare, et li remoustrèrent tant de belles raisons coulourées, que li dis rois se laissa à dire et entendi à raison, parmi tant ossi qu'il desiroit le pais à son grant signeur le roy Jehan de France. Mais ce ne fu mies si tost fait; ançois y eut moult de parolles retournées

ançois que [la] pais venist et que li rois de Navare volsist renoncier as trettiés et as alliances qu'il avoit au roy d'Engleterre. Et quant la pais entre lui et le roy de France fu acordée et seelée, et qu'il renonça en
5 lui escusant moult sagement as alliances qu'il avoit au roy d'Engleterre, si demora messires Phelippes de Navare ses frères englès, et sceut trop mauvais gré au roy son frère de ce qu'il avoit travilliet le roy d'Engleterre de venir si avant, et puis avoit brisiet toutes
10 ses couvenences.

§ 347. Quant li rois d'Engleterre, qui se tenoit sus les frontières de Normendie en l'isle de Grenesée et estoit tenus bien sept sepmainnes, car là en dedens il n'avoit oy nulles nouvelles estables dou roy
15 de Navare pour quoi il euist eu cause de traire avant, entendi que li rois de Navare estoit acordés au roy de France et que bonne pais estoit jurée entre yaus, si fu durement courouciés; mès amender ne le peut tant qu'à celle fois, et li couvint souffrir et porter les
20 dangiers son cousin le roy de Navare. Si eut volenté de desancrer de là et de retourner en Engleterre, ensi qu'il fist, et s'en revint o toute sa navie à Hantonne. Si issirent là des vaissiaus et prisent terre li rois et leurs gens, pour yaus rafreschir tant seulement,
25 car il avoient estet bien douze sepmainnes sus le mer, dont il estoient tout travilliet. Si donna li rois d'Engleterre grasce à ses gens d'armes et arciers de retraire vers Londres ou en Engleterre, là où le mieulz leur plaisoit, pour yaus rafreschir et renouveler de ves-
30 teure, d'armeures et de tous aultres ostilz neccessaires pour leurs corps, car aultrement il ne donna

nullui congiet, ançois avoit entention d'entrer en
France au lés devers Calais. Et fist li dis rois venir et
amener toute sa navie, où bien avoit trois cens vaissiaus, uns c'autres, à Douvres et là arester.

Quant li rois d'Engleterre et li signeur se furent
rafreschi environ quinze jours sus le pays, il se traisent tout en le marce de Douvres; si fisent passer
tout premierement leurs chevaux, leur harnois et
leur menues coses, et venir à Calais. Et puis passèrent li rois et si doi fil, Lyons contes de Dulnestre et
Jehans contes de Ricemont, et se commençoient jà li
enfant à armer. Si vinrent à Calais, et se loga li rois
et si enfant ens ou chastiel, et tous li demorans en le
ville.

Quant li rois d'Engleterre eut sejourné en le ville
de Calais un petit de terme, si eut volenté de partir et
de chevaucier en France. Si fist connestable de
toute son host le conte de Sallebrin, et mareschaus
le signeur de Persi et le signeur de Nuefville. Si se
departirent de Calais moult ordonneement en grant
arroy, banières desploiies, et chevaucièrent vers
Saint Omer. Et passèrent devant Arde et puis devant le Montoire, et se logièrent sus le rivière
d'Oske. Et à lendemain li marescal de l'host le roy
coururent devant Saint Omer, dont messires Loeis
de Namur estoit chapitains. Si vinrent jusques as
barrières, mès il n'i fisent aultre cose.

Li rois de France, qui bien avoit entendu que li
rois d'Engleterre toute celle saison avoit fait ses
pourveances grandes et grosses, et qu'il s'estoit tenus sus mer, supposoit bien que li rois dessus nommés, quoique les alliances de lui et dou roy de Na-

varre fussent brisies, ne se tenroit point à tant que
il n'emploiast ses gens où que fust. Et quant il sceut
que il estoit o toute son host arrivés à Calais, si envoia tantost grans gens d'armes par toutes les forte-
5 rèces de Pikardie en le conté d'Artois. Et fist un
très grant et especial mandement par tout son
royaume que tout chevalier et escuier, entre l'eage
de quinze ans et de soissante, fuissent à un certain
jour que il y assist, en le cité d'Amiens ou là environ,
10 car il voloit aler contre les Englès et yaus combatre.
En ce temps estoit connestables de France li dus
d'Athènes, et mareschal messires Ernoulz d'Audrehen
et messires Jehans de Clermont.

Si envoia encores li dis rois de France devers ses
15 bons amis en l'Empire, et par especial monsigneur
Jehan de Haynau en qui moult se confioit de sens,
de proèce et de bon conseil. Li gentilz chevaliers ne
volt mies fallir à ce grant besoing le roy de France,
mès vint vers lui moult estoffeement, ensi que bien
20 le savoit faire, et le trouva en le cité d'Amiens.

Là estoient dalés le roy de France si quatre enfant : premierement Charles l'ainnet, duch de Normendie et dalphin de Viane, messires Loys, li se-
cons apriès, contes d'Ango et du Mainne, li tiers
25 messires Jehans contes de Poitiers, et li quars messires Phelippes. Et quoique cil quatre signeur et enfant fuissent avoech le roy leur père, il estoient
pour ce temps encores moult jone; mais li rois les y
menoit pour aprendre les armes. Là estoit li rois
30 Charles de Navarre, li dus d'Orliens frères dou roy
Jehan, li dus de Bourbon, messires Jakemes de Bourbon contes de Poitiers ses frères, li contes de Forès,

messires Jehans de Boulongne contes d'Auvergne, li
contes de Tankarville, li contes d'Eu, messires Charles
d'Artois ses frères, li contes de Dammartin, li contes
de Saint Pol, et tant de contes et de barons que grans
tanisons seroit à recorder.

Si eut li rois en le cité d'Amiens bien douze mil
hommes d'armes, sans les communautés dont il avoit
bien trente mil. Et quoique li dis rois de France
fesist son amas de gens d'armes et ses pourveances
si grandes et si grosses pour chevaucier contre les
Englès, pour ce ne sejournoit mies li rois d'Engleterre d'aler toutdis avant ou royaume de France,
car nulz ne li aloit au devant; et chevauçoit vers
Hedin, dont il avoient si grant paour en le cité d'Arras, que merveilles seroit à penser, car il cuidoient
que li rois d'Engleterre deuist mettre le siège devant
leur ville et leur cité.

Or vous lairons nous un petit à parler dou roy
d'Engleterre et dou roy de France, et vous parlerons
de une haute emprise et grande que messires Guillaumes Douglas et li Escot fisent en Engleterre, entrues que li rois Edowars estoit en ce voiage de
France.

§ 348. Messires Guillaumes de Douglas, cils bons
chevaliers d'Escoce, guerrioit toutdis à son pooir les
Englès, quoique li rois David d'Escoce fust prisonniers, ensi que vous savés; et estoit chiés de tous les
Escos, leur confors et leur ralloiance, et se tenoit en
le forest de Gedours. Si avoit avoecques lui pluiseurs
chevaliers et escuiers d'Escoce et de France que li
rois Jehans y avoit envoiiés, liquel faisoient guerre

avoecques lui as Englès. Et comment qu'il ne fuissent c'un petit de gens, se donnoient il à faire moult les Englès, et les ressongnoient durement cil dou pays de Northombrelande. Cils messires Guillaumes de Douglas, par proèce et par vasselage, depuis le prise dou roy d'Escosse, avoit reconquis sus les Englès sept bonnes forterèces qu'il tenoient des Escos, et avoit mis chiaus de son pays assés au dessus de leur guerre.

Or entendi il ensi que li royaumes d'Engleterre estoit durement eswidiés de gens d'armes et d'arciers, et que il estoient tout ou en partie avoecques le roy d'Engleterre ou son fil prince de Galles, ou le duch Henri de Lancastre. Si s'avisa li dessus dis messires Guillaumes avoecques ses compagnons que il feroient secretement une chevaucie en Engleterre et venroient eschieller le fort chastiel de Rosebourch qui siet sus le rivière de Tuide, et le ville et le chastiel de Bervich seant sus celle meisme rivière. Si fisent leur besongne et leur ordenance tout quoiement; et s'en vinrent, pourveu d'eschielles et aviset de leur fait, à un ajournement en deus batailles à Rosebourch et à Bervich. Les gardes de Rosebourch, qui estoient toutdis en doubte et en cremeur pour les Escos, faisoient bon gait; et fallirent li Escot à leur entente de prendre et eschieller Rosebourch. Mais cil qui vinrent à Bervich ne fallirent mies; ançois assenèrent de prendre et eschieller le chastiel et tuèrent toutes les gardes qui dedens estoient.

Li chastiaus de Bervich siet au dehors de le cité, et y a murs, portes et fossés entre deus. Et toutdis, quoique on garde le chastiel de Bervich, ossi est on moult songneus de garder le cité. Si oïrent les gardes de le porte l'effroy qui estoit ens ou chastiel; si sallirent tantost sus et alèrent rompre les plances, par quoi li Escot soubdainnement ne peuissent venir plus avant. Et esvillièrent ceulz de le ville qui tantost s'armèrent et alèrent celle part et deffendirent leur ville. Jamais li Escot ne l'euissent eu, puisqu'il en estoient mancevi. Toutes fois li chastiaus demora as Escos.

Si eurent avis li bourgois de Bervich qu'il le segnefieroient au roy d'Engleterre, car encores li sires de Grastoch, uns grans barons de Northombrelande, qui avoit tout ce pays en gouvrenance, estoit avoecques le roy d'Engleterre en ce voiage en France. Si escripsirent cil de Bervich lettres, et segnefiièrent ens tout leur estat, et comment li Escot avoient esploitié, desquelz messires Guillaumes Douglas estoit menères et souverains. Ançois que ces lettres et ces nouvelles venissent au roy d'Engleterre, fist li dis messires Guillaumes une partie de son emprise, si com vous orés compter ensiewant.

§ 349. Tant ala li rois d'Engleterre que il vint devant Blangis, un biau chastiel et fort de la conté d'Artois, et estoit pour le temps au jone duch de Bourgongne. Si s'arresta li rois d'Engleterre par devant, dont cil de Hedin furent tout esbahi, car c'est marcissant à deus petites liewes priès. Et couroient li Englès le pays à leur volenté jusques bien avant en le conté de Saint Pol et d'Artois.

Entrues que li rois d'Engleterre se tenoit là, vint en son host uns moult bons chevaliers de France des

basses marces qui s'appelloit Bouchicaus, et estoit prisonniers au roy d'Engleterre de le prise de Poito, et avoit bien esté trois ans. Se li avoit li rois d'Engleterre fait grasce d'estre retournés en France et en
5 son pays pour mettre ses besongnes à point ; si devoit dedens le jour Saint Michiel restre en le prison dou roy dessus dit. Cilz messires Boucicaus estoit uns vaillans homs, grans chevaliers et fors, et durement bons compains, et bien en le grasce et amour dou
10 roy d'Engleterre et des Englès, tout par sens et par biau langage qu'il avoit bien apparilliet. Si trouva sus les camps d'aventure, entre Saint Pol et Hedin, les mareschaus dou roy d'Engleterre qui tantost [le[1]] recogneurent et qui li fisent grant cière, car il sa-
15 voient bien qu'il estoit prisonniers ; se leur demanda dou roy où il estoit. Il li respondirent qu'il l'i [menroient[2]] tout droit, car ossi aloient il celle part. Si se mist li dis messires Bouchicaus en leur compagnie ; et fisent tant qu'il vinrent devant Blangis où li rois
20 estoit logiés.

Messires Boucicaus se trest tantost devers le roy, que il trouva devant son pavillon, et regardoit une luitte de deus Bretons.

Messires Boucicaus se traist vers le roy, et l'enclina
25 tout bas, et le salua. Li rois, qui desiroit à oïr nouvelles de son adversaire le roy Jehan, dist ensi : « A bien viègne Boucicaus ! » Et puis li demanda : « Et dont venés vous, messire Boucicau ? » — « Monsigneur, respondi li chevaliers, je vieng de France et

---

1. Mss. B 4, 3, f° 158. — Ms. B 1, t. II, f° 53 : « les. » *Mauvaise leçon.*

2. Mss. B 4, 3. — Ms. B 1 : « meroient. » *Mauvaise leçon.*

tout droit de le cité d'Amiens, où j'ay là laissiet le roy
monsigneur et grant fuison de noble chevalerie : dont
je espoir que vous orés temprement nouvelles. »

Li rois d'Engleterre pensa un petit, et puis dist :
« Messire Boucicau, qu'es cou à dire, quant mon adversaire scet que je sui logiés en son pays, et ay jà
esté par trois jours à siège devant uns de ses chastiaus, et si a tant de chevaliers que vous dittes, et si
ne me vient point combatre ? » Messires Bouchicaus
respondi moult aviseement, et dist : « Monsigneur, de
tout che ne sai je riens, car je ne suis mies de son
secret conseil; mès je me vieng remettre en vostre
prison pour moy acquitter envers vous. »

Adonc dist li rois une moult belle parolle pour le
chevalier : « Messire Boucicau, je sçai bien que, se je
vous voloie plenté presser, j'aroie bien de vous deus
ou trois mil florins; mais je vous dirai que vous
ferés : vous en irés à Amiens devers mon adversaire,
et li dirés où je sui, et que je l'i ay attendu trois
jours, encores l'i attenderai je cinq, et que là en dedens il traie avant; il me trouvera tout prest pour
combatre. Et parmi tant que vous ferés ce message,
je vous quitte vostre prison. » Messires Boucicaus fu
tous resjoïs de ces nouvelles et dist : « Monsigneur,
vostre message ferai je sans fallir bien et à point; et
vous me faites grant courtoisie : Diex le vous puist
merir ! »

Assés tost apriès ces parolles, fu il heure de souper. Si soupa li rois et si chevalier et messires Boucicaus avoec yaus. Quant ce vint au matin, messires
Boucicaus monta à cheval et se mesnie, et se mist au
retour au plus droit qu'il peut devers Amiens, et fist

tant qu'il y parvint. Si trouva là le roy de France et grant fuison de dus, de contes, de barons et de chevaliers. Si fu li bien venus entre yaus ; et eurent grant merveille de ce qu'il estoit si tost retournés : si leur conta sen aventure. Et fist au roy tout premierement son message, ensi que li rois d'Engeterre li mandoit ; et li dist, presens grant fuison de haus signeurs. Et puis dist messires Bouchicaus tout en riant : « Li lewiers de ce message est telz que li rois d'Engleterre m'a quitté ma prison, qui me vient trop bien à point. » Li rois de France respondi : « Bouchicau, vous avés pris pour vous, et nous y entenderons pour nous, quant bon nous samblera, non à l'aise ne ordenance de nos ennemis. »

§ 350. Ensi demora la cose en cel estat, et li rois de France encores à Amiens; ne point ne se meut si tretos pour le mandement dou roy d'Engleterre, car toutdis li venoient gens et encores en attendoit il.

Quant li rois d'Engleterre, puis le departement de monsigneur Boucicau, vei que li rois Jehans ne trairoit point avant, et que li jour estoient passet que ordonné il y avoit, il eut conseil de deslogier et de lui retraire vers Calais, car pour celle saison il en avoit assés fait. Si se desloga li dis rois, et se deslogièrent toutes ses gens, et puis se misent au chemin toute l'Alekine, un biau plain chemin que on dist Leueline[1], qui s'en va tout droit devers Calais ; si passèrent parmi la conté de Faukemberghe.

Quant li rois de France, qui se tenoit à Amiens,

---

1. Ms. B 3 : « Laueline. » F° 181 v°.

sceut que li rois d'Engleterre s'en retournoit vers Calais, o primes se desloga il; et fu tous couruciés sur chiaus qui l'avoient là tant tenu, car on l'avoit enfourmé que li rois d'Engleterre venroit mettre le siège devant Arras, et là le voloit il trouver et combatre. Si se hasta li dis rois durement et s'en vint jesir ce premier jour à Saint Paul à Tierenois, et l'endemain à Tieruane. Et li Englès estoient oultre à Faukemberge, et l'avoient toute robée et pillie.

A l'endemain s'en parti li rois d'Engleterre et toute son host, et passèrent à Liques et desous Arde, et rentrèrent ce jour en le ville de Calais. Messires Ernoulz d'Audrehen, qui alant et venant avoit toutdis costiiet les Englès, et tenus si cours, que li arrieregarde ne s'estoit onques oset dessouchier, poursievi les Englès de si priès que, au rentrer en Calais, il se feri en le kewe et parti à leur butin, et eut de leurs chevaus et de leur pillage et bien dix ou douze prisonniers; et puis s'en retourna en le bastide d'Arde, dont il estoit chapitains.

Ce propre jour vint li rois de France jesir à Faukemberghe, et toute son host là environ, où bien avoit plus de cent mil hommes. Si se tinrent là li François celle nuit. Et l'endemain au matin vint li mareschaus de France, messires Ernoulz d'Audrehen, qui aporta nouvelles au roy que li Englès estoit retrait en le ville de Calais. Quant li rois de France entendi ces nouvelles, si demanda conseil quel cose il feroit. On li dist que de chevaucier plus avant contre les Englès il perderoit se painne, mès se retraisist vers Saint Omer et là aroit nouvel avis.

A ceste ordenance s'acorda li rois, et se' retrest

vers Saint Omer et toutes ses gens ossi. Et se loga li dis rois en l'abbeye de Saint Bertin, qui est abbeye royaus. Là manda li rois tous les barons et les plus especiaulz de son conseil à savoir comment de ceste chevaucie il poroit issir à son honneur, car il estoit enfourmés que li rois d'Engleterre estoit encores arrestés à Calais. Si fu adonc li rois consilliés qu'il envoiast monsigneur Ernoul d'Audrehen et monsigneur Bouchicau devers le roy d'Angleterre, lesquelz deus chevaliers il cognissoit assés bien, et li demandassent bataille de cent à cent, ou de mil à mil, ou de pooir à pooir, « et que vous li liverés place et pièce de terre par l'avis de six de vos chevaliers et de six des siens. »

Li rois tint ce consseil à bon ; et montèrent li doi chevalier, et se departirent de Saint Omer, et chevaucièrent vers Calais. Et envoiièrent devant un hiraut pour empetrer un saufconduit, pour aler parler au roy d'Engleterre. Li hiraus s'esploita tant que le saufconduit il leur raporta à Arde, dont chevaucièrent li dessus dit chevalier oultre, et vinrent jusques à Calais.

En ce propre jour au matin estoit arrivés ou havene de Calais cilz qui aportoit les nouvelles de Bervich, comment li Escot avoient pris le chastiel de Bervich et volut eschieller Rosebourch. Si en estoit encores li rois tous pensieus et merancolieus, et en avoit parlé ireusement au signeur de Grastoch, qui la terre de Bervich, le cité et le dit chastiel avoit en garde, quant il s'en estoit partis, telement que il n'i avoit mis si bonnes gardes que nulz damages ne l'en fust pris, et de ce l'avoit il grandement blasmé. Mais

li sires de Grastoch s'estoit à son pooir escusés, en
disant qu'il y avoit laissiet gens assés, mais qu'il en
euissent bien songniet. Si avoit li rois ordenet de retourner en Engleterre et dit ensi que lui venut à Douvres, il ne giroit jamais en une ville que une nuit, si
aroit esté à Bervich et atourné tel le pays que on diroit : « Ci sist Escoce. »

Non obstant ce et l'ordenance que il avoit mis de
retourner en Engleterre, quant il sceut que li chevalier de son aversaire le roy Jehan voloient parlementer à lui, il cessa de sen ordenance tant que il les
euist oys, et les fist venir avant devant li. Et ne leur
fist nul samblant, en langage ne aultrement, que il
vosist partir si soudainnement ne retourner en Engleterre.

§ 351. Quant messires Ernoulz d'Audrehen et messires Boucicaus furent venu devant le roy, il l'enclinèrent et saluèrent bien et à point, ensi que il le
sceurent bien faire et c'à lui apartenoit. Et puis li remoustrèrent pourquoi il estoient là venu en requerant la bataille, ensi que ci dessus est contenu et qu'il
estoient chargiet dou dire. Li rois d'Engleterre respondi à ce briefment, en regardant sus monsigneur
Boucicau et leur dist : « Dou temps que j'ay chevaucié
en France et logiet devant Blangis bien dix jours, je
li mandai, ensi que vous savés, que je ne desiroie
aultre cose que la bataille. Or me sont venu aultres
nouvelles pourquoi je ne me combaterai mies à l'ordenance de mes anemis, mès à le volenté de mes
amis. »

Ce fu la response finable que il en peurent dou

roy avoir et porter. Si prisent congiet et se partirent de Calais et retournèrent arrière à Saint Omer; et recordèrent au roy de France et à son conseil la response, tout ensi que il l'avoient entendu et retenu
5 dou roy d'Engleterre. Si eurent li François sur ce avis, et veirent bien que pour celle saison il ne se combateroient point as Englès. Si donna li rois de France toutes manières de gens d'armes congiet, et de communaultés ossi; si s'en retournèrent cescuns
10 en leurs lieus. Ilz meismes s'en retourna en France, mais à son departement il laissa ens ès garnisons de Pikardie grant fuison de bonnes gens d'armes. Et demora messires Ernoulz d'Audrehen en le bastide d'Arde, pour garder les frontières.

15 Si retourna messires Jehans de Haynau arrière en le conté de Haynau, quant il eut pris congiet au roy de France. Ce fu la darrainne chevaucie où li gentilz chevaliers fu, car le quaresme ensievant, droitement le nuit Saint Grigore, il trespassa de ce siècle en
20 l'ostel de Byaumont en Haynau; et fu ensepelis en l'eglise des Cordeliers en le ville de Valenchiènes : là gist il moult reveramment. Si furent hiretier de toute sa terre li enfant le conte de Blois qui demora à Creci, car il estoient enfant de sa fille : ce furent
25 Loeis, Jehans et Guis.

§ 352. Nous parlerons dou roy d'Engleterre qui n'avoit mies mis en oubli le voiage d'Escoce, et compterons comment il persevera. Il se departi adonc de Calais à tout ses gens d'armes et arciers, et
30 entra en ses vaissiaus, et prist le chemin de Douvres. A son departement, il institua le conte de Sallebrin

à cent hommes d'armes et deus cens arciers, à demorer en le ville de Calais, pour garder le ville contre les François qu'il sentoit encores à Saint Omer. Quant li rois d'Engleterre et ses gens furent arrivet à Douvres, il issirent des vaissiaus et s'i tinrent ce jour et le nuit ensievant, pour ravoir leurs chevaus et leurs harnas hors des nefs. Et à l'endemain li dis rois se parti et vint à Cantorbie, et fist là sen offrande au corps saint Thumas. Et disna en le ville, et puis passa oultre, et toutes ses gens ossi; et ne prist mies le chemin de Londres, mès les adrèces pour venir jusques à Bervich.

Or vous dirai d'une haute emprise et grande que messires Gautiers de Mauni, cilz vaillans et gentilz chevaliers, fist en ce voiage. Il prist congiet dou roy et dist qu'il voloit chevaucier devant pour ouvrir les chemins. Li rois li ottria assés legierement. Si chevauça li dis messires Gautiers o chiaus de sa carge tant, par nuit et par jour, qu'il vint devant Bervich et entra en le ville, quant il eut passet le rivière de Tuyde qui keurt devant. Et fu grandement conjoïs de chiaus de Bervich et liement recueilliés. Si demanda à chiaus qui là estoient dou couvenant des Escos et de chiaus dou chastiel. On li dist que li Escot tenoient le chastiel, mès il n'estoient point fuison de gens dedens. « Et qui est leur chapitains? » dist messires Gautiers de Mauni. « Il l'est, respondirent chil, uns chevaliers escos, cousins au conte de Douglas, qui s'appelle messires Guillaumes Asneton. » — « En non Dieu, dist messires Gautiers, je le cognois bien : c'est uns bons homs d'armes. Je voeil qu'il sente, et ossi tout si compagnon, que je sui ci venus devant pour prendre les logeis dou roy d'Engleterre. »

Adonc messires Gautiers de Mauni mist ouvriers en oevre, et avoit usage que il menoit toutdis quarante ou cinquante mineurs : si ques ces mineurs il les fist entrer en mine à l'endroit dou chastiel. Cil mineur n'eurent gaires minet quant, par dessous les murs, ils trouvèrent uns biaus degrés de pière qui avaloient aval et puis remontoient contremont par desous les murs de le ville et aloient droitement ou chastiel. Et euissent li Escot sans faute esté pris par celle mine, quant il se perçurent que on les minoit. Et furent segnefiiet ossi que li rois d'Engleterre o tout son effort venoit. Si eurent conseil entre yaus qu'il n'attenderoient mies ces deus perilz, l'aventure de le mine et le venue dou roy d'Engleterre. Si toursèrent tout ce que il avoient de bon une nuit, et montèrent sus leurs chevaus, et se partirent dou chastiel de Bervich et le laissièrent tout vaghe. Et volentiers l'euissent ars au partir, et s'en misent en painne, mais li feus ne s'i volt onques prendre. Ensi reconquist messires Gautiers de Mauni le chastiel de Bervich ançois que li rois ses sires i peuist venir et l'en fist present des clés. Et li raconta sus les camps, en venant celle part, comment il l'avoit reconquis et l'aventure de le bonne mine qu'il avoit trouvé. Si l'en seut li rois d'Engleterre grant gré, et le tint pour grant vasselage. Si entra en le ville de Bervich à grant ordenance de menestraudies. Si le recueillièrent moult honnourablement li bourgois de le ville.

§ 353. Apriès le reconquès de Bervich, si com vous avés oy, et que li rois et ses gens se furent rafresci en le cité et en le marce cinq jours, li dis rois ordonna d'aler plus avant ou pays et dist que, ains son retour, il arderoit tout le plain pays d'Escoce et abateroit toutes les forterèces. Et pour ce mieus esploitier, il avoit fait cargier sus le rivière de Hombre, en grosses nefs, grant fuison d'engiens et d'espringalles pour ariver en le mer d'Escoce, desous Haindebourch, et tout premierement abatre le fort chastiel d'Aindebourch. Et disoit li rois que il atourneroit tèle Escoce qu'il n'i lairoit chastiel ne forte maison en estant. Avoech tout ce, pour ce que li rois d'Engleterre savoit bien que il ne trouveroient mies pourveances à leur aise ens ou royaume d'Escoce, car c'est pour gens d'armes aforains uns moult povres pays, et que li Escot avoient tout retret ens ès forès inhabitables, li dis rois avoit fait cargier bien quatre vingt nefs de blés, de farines, de vins, de chars, d'avaines et de chervoises, pour soustenir l'ost, car il estoit jà moult avant en l'ivier.

Si se departirent li rois d'Engleterre et ses gens, et chevaucièrent avant ou pays en approçant Haindebourch. Et ensi que il aloient, li mareschal de l'host et leurs banières couroient, mais il ne trouvoient riens que fourer. Si chevaucièrent tant li rois et ses gens qu'il vinrent en Haindebourch et se logièrent à leur volenté en le ville, car elle n'est point fremée. Si se loga li rois en l'ostel de le monnoie, qui estoit grans et biaus. Et demanda li rois se c'estoit li hostelz dou bourgois d'Aindebourch qui avoit dit qu'il seroit maires de Londres; on li dist : « oil. »

Si en eut li rois bons ris, et dist là à ses chevaliers le conte, ensi qu'il aloit.

« Quant li rois David d'Escoce entra en nostre pays de Northombrelande, et il vint devant le Noef Chastiel sur Thin, le temps que nous estions devant Calais, il avoit avoecques li un homme qui estoit sires de cel hostel; si disoit, et ossi disoient pluiseur Escot, que il conquerroit tout nostre royaume d'Engleterre : si que cilz homs demanda par grant sens un don au roy d'Escoce, en remunerant les services qu'il li avoit fais. Li rois d'Escoce li acorda et li dist qu'il demandast hardiement, et qu'il li donroit, car il estoit trop tenus à lui. Cilz homs dist : « Sire, quant vous arés Engleterre conquis et vous departirés les terres et les pays à vos gens, je vous pri que je puisse estre vos maires de Londres, car c'est uns moult biaus offisces. Et en toute Engleterre je ne desir aultre cose. » Li rois d'Escoce li acorda legierement, car ce lui coustoit peu à donner. Si fu pris li rois, ensi que vous savés et qu'il gist encores en nostre prison; mais je ne sçai que li homs est devenus, s'il est mors ou vis : je le saroie volentiers. » Li chevalier, qui avoient oy le conte dou roy, eurent bon ris et disent : « Sire, nous en demanderons. » Si en demandèrent et reportèrent au roy qu'il estoit mors puis un an.

Si passa li rois oultre ce pourpos, et entra en un aultre, que de faire assallir le fort chastiel d'Aindebourch à l'endemain; mais ses gens, qui l'avoient avisé et imaginé tout environ à leur pooir, l'en respondirent que on s'en travilleroit en vain, et qu'il ne faisoit mies à reprendre, fors par force d'engiens.

§ 354. Ensi se tint li rois d'Engleterre en Haindebourch bien douze jours; et attendoit là ses pourveances, vivres et artillerie, dont il avoient grant necessité, car de bleds, de farines et de chars trouvoient il petit ens ou pays. Car li Escot avoient caciet tout leur bestail oultre le mer d'Escoce et le rivière de Taye, où li Englès ne pooient avenir. Et se il sentesissent que li Englès venissent avant, il euissent tout caciet ens ès bois et ens ès forès. Et avoient bouté le feu ens ès gragnes, et tout ars bleds et avainnes, par quoi li Englès n'en euissent aise.

Pour celle deffaute couvint le roy d'Engleterre et ses gens retourner, car il n'avoient nul vivre, se il ne leur venoient d'Engleterre, et la grosse navie dou roy qui estoit cargie sus le Hombre, où bien avoit quatre vingt gros vaissiaus de pourveances; mais onques il ne peurent prendre terre en Escoce, là où il tiroient à venir, car c'est uns dangereus pays pour ariver estragniers qui ne le cognoissent. Et y eut, si com je fui adonc enfourmés, par tempeste de mer, douze nefs peries et desvoiies, et les aultres retournèrent à Bervich.

Entrues que li rois d'Engleterre se tenoit en le ville de Haindebourch, le vint veoir la contesse de Douglas, une moult noble, frice et gentil dame, suer au conte de Le Mare d'Escoce. La venue de la dame resjoy moult le roy d'Engleterre, car il veoit volentiers toutes frices dames. Et la bonne dame avoit jà envoiiet le roy de ses bons vins, car elle demoroit à cinq liewes de Haindebourch, en un fort chastiel que on dist Dalquest : de quoi li rois l'en savoit bon gré. La plus especiaulz cause pour quoi la bonne

dame vint là, je le vous dirai. Elle avoit oy dire que
li rois d'Engleterre avoit fort maneciet d'ardoir à
son departement le plainne ville d'Aindebourch où
elle retournoit à le fois, car c'est Paris en Escoce,
comment que elle ne soit point fremée : si ques la
contesse Douglas, quant elle eut parlé au roy, et
li rois l'eut recueilliet et conjoy, ensi que bien le
savoit faire, elle li demanda tout en riant que il li
volsist faire grasce. Li rois li demanda de quoi,
qui jamais ne se fust adonnés que la dame fust là
venue pour tel cause. Et la dame li dist que il vosist respirer de non ardoir le ville d'Aindebourch
pour l'amour de lui. « Certes, dame, respondi li rois,
plus grant cose feroi je pour l'amour de vous. Et je
le vous accorde liement que, pour moy ne pour mes
gens, elle n'ara jà nul mal. » Et la contesse l'en remercia pluiseurs fois, et puis prist congiet au roy et
as barons qui là estoient; si s'en retourna en son
chastiel de Dalquest.

Saciés que messires Guillaumes Douglas ses maris
n'estoit mies là, mès se tenoit sus le pays ens ès bois,
à tout cinq cens armeures de fier, tous bien montés,
et n'attendoit aultre cose que le retour dou roy et
des Englès, car il disoit que il leur porteroit contraire. Avoecques lui estoient li contes de Mare, li
contes de Surlant, li contes de Boskentin, li contes
d'Astrederne, messires Arcebaus Douglas ses cousins, messires Robers de Versi, messires Guillaumes
Asneton et pluiseur bon chevalier et escuier d'Escoce qui estoient tout pourveu de leur fait et savoient les destrois et les passages, qui leur estoit grans
avantages pour porter contraire à leurs ennemis.

§ 355. Quant li rois d'Engleterre vei que ses pourveances ne venroient point, et si n'en pooient ses gens recouvrer de nulles ens ou royaume d'Escoce, car il n'osoient chevaucier trop avant ou pays, si eut conseil qu'il s'en retourneroit arrière en Engleterre. Si ordonna à deslogier d'Aindebourch, et de çascun mettre au retour. Ce fu une cose qui grandement plaisi bien à la grignour partie des Englès, car il gisoient là moult malaisiement. Et fist li rois commander sus le hart que nulz ne fust si hardis, qui au departement boutast ne mesist feu en le ville de Haindebourh. Cilz commandemens fu tenus.

Adonc se misent au retour li rois et ses gens pour raler en Engleterre. Et vous di que il chevauçoient en trois batailles et par bonne ordenance. Et tous les soirs faisoient bons gais, car il se doubtoient moult à estre resvilliet des Escos. Et bien supposoient que li Escot estoient ensamble, mais il ne savoent où ne de quel costé. Et avint un jour que, au destroit d'une montagne où li Englès et toute leur host devoient passer, li Escot qui cognissoient ce passage, s'estoient mis en embusce. Et chevauçoient li Englès par le destroit de le montagne et le malaisiu chemin en pluiseurs routes; et ne cuidaissent jamais que li Escot se fuissent mis sus ce chemin, mais si estoient. Et savoient bien que li rois et toute sen host devoient rapasser par là.

Ce propre jour faisoit lait et froit et plouvieus, et si mauvais chevaucier, pour le vent et pour le froit, que il ne pooit faire pieur. Li Englès, qui chevauçoient par routes, ne savoient mies que li Escot fuissent si priès d'yaus mis en embusce. Et laissièrent li Escot passer le première, le seconde et le tierce route, et se boutèrent en le quarte, en escriant : « Douglas ! Douglas ! » Et cuidoient certainnement que li rois d'Engleterre fust en celle compagnie, car leur espie leur avoit dit qu'il faisoit le quarte bataille. Mais le soir devant, li Englès, par soutilleté, avoient renouvelé leurs ordenances ; et avoient fait sept routes pour passer plus aise ces destrois, qu'il appellent ou pays les destrois de Tuydon. Et de ces montagnes nest la rivière de Tuyde, qui anciennement suelt departir Escoce et Engleterre ; et tournie celle rivière en pluiseurs lieus en Escoce et en Engleterre. Et sus se fin, desous Bervich, elle s'en vient ferir en le mer, et là est elle moult grosse.

Li contes Douglas et se route, où bien avoit cinq cens armeures de fier, s'en vinrent, ensi que je vous di, ferir d'un rencontre sus ces Englès, où il avoit pluiseurs haus barons et chevaliers d'Engleterre et de Braibant. Là furent cil Englès reculé et rebouté, et en y eut pluiseurs rués par terre, car il chevauçoient sans arroi. Et se il euissent attendu l'autre route, il fuissent venu à leur entente, car li rois y estoit qui fu tantos enfourmés de ce rencontre. Adonc sonnèrent les trompettes dou roy, et se recueillièrent toutes gens qui ces montagnes avoient à passer. Et vint là li arrie[re]garde, li contes de Sallebrin et li contes de Le Marce, où bien avoit cinq cens lances et mil arciers. Si ferirent chevaus des esporons et s'en vinrent dalés le roy ; si boutèrent hors leurs banières. Tantost li Escot perçurent qu'il avoient falli à leur entente, et que li rois estoit der-

rière. Si n'eurent mies conseil de là plus attendre,
ançois se partirent; mais il en menèrent pluiseurs
bons chevaliers d'Engleterre et de Braibant pour prisonniers, qui là leur cheirent en ès mains. Il furent
tantost esvanui; on ne sceut qu'il devinrent, car il se
reboutèrent entre les montagnes ens ou fort pays. Si
fu li sires de Baudresen priès atrapés, car il estoit
en celle compagnie; mais il chevauçoit tout derrière,
et ce le sauva, mais il y eut pris six chevaliers de
Braibant.

§ 356. Depuis ceste avenue chevaucièrent toutdis
li Englès plus sagement et mieulz ensamble, tant
qu'il furent en leur pays, et passèrent devant Rosebourch et puis parmi la terre le signeur de Persi. Et
fisent tant qu'il vinrent au Noefchastiel sur Thin,
et là se reposèrent et rafreschirent. Et donna li
rois d'Engleterre congiet à toutes manières de gens
pour retraire çascun en son lieu. Si se misent au retour, et li rois proprement ossi, qui petit sejourna
sus le pays; si fu venus à Windesore, où madame la
royne sa femme tenoit l'ostel grant et estoffet.

Or nous reposerons nous à parler une espasse
dou roy d'Engleterre, et parlerons de son ainsnet fil
monsigneur Edowart, prince de Galles, qui fist en
celle saison et mist sus une grande et belle chevaucie de gens d'armes englès et gascons, et les mena
en un pays où il fisent grandement bien leur pourfit, et où onques Englès n'avoient esté. Et tout ce
fu par l'enort et ordenance des Gascons, que li dis
princes avoit dalés lui de son conseil et en sa compagnie.

Vous avés bien chi dessus oy recorder comment aucun baron de Gascongne vinrent en Engleterre, et fisent priière au roy d'Engleterre qu'il leur vojsist baillier son fil le prince de Galles pour aler en Gascongne avoech yaus, et que tout cil de par de delà, qui pour englès se tenoient, en seroient trop grandement resjoï et reconforté, et comment li rois leur acorda et delivra à son fil mil hommes d'armes et deus mil arciers, où il avoit grant fuison de bonne chevalerie, desquelz de nom et de sournom et les plus renommés j'ay fait mention : si ques, quant li princes fu venus à Bourdiaus, ce fu environ le Saint Michiel, il manda tous les barons et chevaliers de Gascongne desquelz il pensoit à estre servis et aidiés : premierement le signeur de Labreth et ses frères, les trois frères de Pumiers, monsigneur Jehan, monsigneur Helye et monsigneur Aymemon, monsigneur Aymeri de Tarste, le signeur de Mucident, le signeur de Courton, le signeur de Longheren, le signeur de Rosem, le signeur de Landuras, monsigneur Bernardet de Labreth, signeur de Geronde, monsigneur Jehan de Graili, captal de Beus, monsigneur le soudich de Lestrade et tous les aultres.

Quant il furent tout venu à Bourdiaus, il leur remoustra sen entente, et leur dist qu'il voloit chevaucier en France, et qu'il n'estoit mies là venus pour longement sejourner. Cil signeur respondirent qu'il estoient tout appareilliet d'aler avoecques lui, et que ossi en avoient il grant desir. Si jettèrent leur avis l'un par l'autre, que en ceste chevaucie il se trairoient vers Thoulouse, et iroient passer la rivière de

Garone d'amont desous Thoulouse, au Port Sainte
Marie, car elle estoit durement basse et li saison
belle et sèche : si faisoit bon hostoiier.

§ 357. A ce conseil s'acordèrent li Englès, et fist
cescuns son appareil dou plus tost qu'il peut. Si se
departi li princes de Bourdiaus à belles gens d'armes ;
et estoient bien quinze cens lances, deux mil arciers et trois mil bidaus, sans les Bernès que li Gascon menoient avoecques yaus. Si n'entendirent ces
gens d'armes à prendre ne à assallir nulle forterèce,
jusques à tant que il eurent passet le Garone au Port
Sainte Marie, à trois liewes priès de Thoulouse, et le
passèrent adonc à gué ; ne, passet avoit vingt ans, cil
dou pays ne l'avoient veu si petite que elle fu en celle
saison.

Quant li Englès et li Gascon furent oultre et logiet
ou pays thoulousain, cil de Thoulouse se commencièrent durement à esbahir quant il sentirent les Englès
si priès d'yaus. En ce temps estoit en le cité de Thoulouse li contes d'Ermignach ouquel cil de Thoulouse
avoient grant fiance, et c'estoit raisons ; aultrement il
fuissent trop desconforté et à bonne cause, car il ne
savoient adonc que c'estoit de gerre. Pour ce temps
la cité de Thoulouse n'estoit mies gramment menre
que la cité de Paris ; mès li contes d'Ermignach fist
abatre tous les fourbours, où en un seul lieu il avoit
plus de trois mil maisons. Et le fist pour ce qu'il ne
voloit mies que li Englès s'i venissent logier ne bouter
les feus.

Ce premier jour que li Englès eurent passet la rivière de Garone, li princes et toute son host se logiè

rent dessus le pays en un très biau vignoble, et li coureur vinrent courir jusques as barrières de Thoulouse. Et là y eut forte escarmuce des uns as aultres, des gens le conte d'Ermignach et des Englès. Et quant il eurent fait leur emprise, il retournèrent à leur host et enmenèrent aucuns prisonniers; si passèrent celle nuit tout aise, car il avoient bien trouvé de quoi.

A l'endemain au matin, li princes et tous li baron de l'host et leur sievant s'armèrent et montèrent as chevaus et se misent en ordenance de bataille, et chevaucièrent tout arreement, banières desploiies, et approcièrent le cité de Thoulouse. Lors cuidièrent bien cil de Thoulouse avoir l'assaut, quant il veirent ensi en bataille les Englès approcier. Si se misent tout en ordenance as portes et as barrières, par connestablies et par mestiers. Et se trouvoient bien de communaulté quarante mil hommes, qui estoient en grant volenté de issir hors et de combatre les Englès; mès li contes d'Ermignach leur deffendoit et leur aloit au devant. Et disoit que, se il issoient hors, il s'iroient tout perdre, car il n'estoient mies usé d'armes ensi que li Englès et li Gascon, et ne pooient faire milleur esploit que de garder leur ville. Ensi se tinrent tout quoi cil de Thoulouse, et ne veurent desobeir au commandement dou conte d'Ermignach qu'il ne leur en mesvenist, et se tinrent devant leurs barrières.

Li princes de Galles et ses batailles passèrent tout joindant Thoulouse et veirent bien une partie dou couvenant de chiaus de Thoulouse que, se on les assalloit, il se deffenderoient. Si passèrent oultre tout paisievlement sans riens dire; et ne furent ne tret ne berset, et prisent le chemin de Montgiscart, à trois liewes avant, en alant vers Charcassonne. Si se logièrent ce secont jour li Englès et li Gascon assés priès de là, sus une petite rivière. Et l'endemain bien matin se deslogièrent et approcièrent le forterèce qui n'estoit fremée, fors de murs de terre et de portes de terre couvertes d'estrain, car on recuevre ens ou pays à grant dur de pière. Nequedent cil de Montgiscart se cuidoient trop bien tenir, et se misent tout à deffense sus les murs et sus les portes. Là s'arrestèrent li Englès et li Gascon, et disent que celle ville estoit bien prendable. Si l'assallirent fierement et vistement de tous lés. Et là eut grant assaut et dur, et pluiseurs hommes bleciés dou tret et dou jet des pières. Finablement, elle fu prise de force, et li mur rompu et abatu; et entrèrent tout chil ens qui entrer y veurent. Mès li princes n'i entra point ne tout li signeur, pour le feu, fors que pillart et robeur. Si trouvèrent en le ville grant avoir; si en prisent douquel qu'il veurent, et le remanant il ardirent. Là eut grant persecution d'ommes, de femmes et d'enfans, dont ce fu pités.

Quant il eurent fait leur entente de Montgiscart, il chevaucièrent devers Avignonlet, une grosse ville et marcheande, et où on fait fuison de draps. Et bien y avoit à ce donc quinze cens maisons, mais elle n'estoit point fremée. Et au dehors sus un terne avoit un chastiel de terre assés fort, où li riche homme de le ville estoient retret; et cuidoient estre là bien à segur, mais non furent, car on les assalli de grant randon. Si fu li chastiaus conquis et abatus, et cil que dedens estoient prisonnier as Englès et as Gascons qui venir y peurent à temps. Ensi fut Avignonlet prise et destruite, où il eurent grant pillage; et puis chevaucièrent devers le Noef Chastiel d'Auri.

§ 358. Tant esploitièrent li Englès que il vinrent à Chastiel Noef d'Auri, une moult grosse ville et bon chastiel, et raemplie de gens et de biens; mais elle n'estoit fremée ne li chastiaus ossi, fors de murs de terre, selon l'usage dou pays. Quant li Englès furent venu devant, il le commencièrent à environner et assallir fortement, et cil qui dedens estoient à yaus deffendre. Cil arcier qui devant estoient arouté, traioient si fort et si ouniement que à painnes se osoit nulz apparoir as deffenses. Finablement, cilz assaus fu sí bien continués, et si fort s'i esprouvèrent Englès, que la ville de Noef Chastiel d'Auri fu prise et conquise. Là eut grant occision et persecution d'ommes et de bidaus. Si fu la ville toute courue, pillie et robée, et tous li bons avoirs pris et levés; ne li Englès ne faisoient compte de draps ne de pennes, fors de vaisselle d'argent ou de bons florins. Et quant il tenoient un homme, un bourgois ou un paysant, il le retenoient à prisonnier et le rançonnoient, ou il li faisoient meschief dou corps, se il ne se voloit rançonner. Si furent la ditte ville et li chastiaus dou Noef Chastiel d'Anri tout ars et abatu, et reversé les murs à le terre.

Et puis passèrent oultre li Englès devers Charcassonne, et cheminèrent tant que il vinrent à Villefrance en Carcassonnois, une bonne ville et grosse et bien seans, et òù il demoroient grant fuison de riches gens.

Saciés que cilz pays de Charcassonnois et de Nerbonnois et de Thoulousain, où li Englès furent en celle saison, estoit en devant uns des cras pays dou monde, bonnes gens et simples gens qui ne savoient que c'estoit de guerre, car onques ne furent guerriiet, ne n'avoient esté en devant, ançois que li princes de Galles y conversast. Si trouvoient li Englès et li Gascon le pays plain et drut, les cambres parées de kieutes et de draps, les escrins et les coffres plains de bons jeuiaus; mès riens ne demoroit de bon devant ces pillars : il en portoient tout, et par especial Gascon qui sont moult convoiteus.

Cilz bours de Villefrance fu tantos pris, et grans avoirs dedens conquis. Se s'i logièrent et reposèrent demi jour et une nuit li princes et toutes ses gens ; à l'endemain, il s'en partirent et cheminèrent devers le cité de Carcassonne.

§ 359. La ville de Carcassonne siet sus une rivière que on appelle Aude, et tout au plain; un petit en sus, à le droite main en venant de Thoulouse, sus un hault rocier, siet la cités, qui est belle et forte et bien fremée de bons murs de pière, de portes, de tours, et ne fait mies à prendre. En le cité que je di, avoient cil de Carcassonne mis le plus grant partie de leur avoir, et retrait femmes et enfans. Mais li bourgois de le ville se tenoient en le ville, qui pour celi temps n'estoit fremée que de chainnes, mais il n'i avoit rue où il n'en y eust dix ou douze; et les avoit on levées, par quoi on ne pooit aler ne chevaucier parmi. Entre ces kainnes, et bien à segur, par batailles, se tenoient li homme de le ville, que on appelle ens ou pays bidaus à lances et à pavais, et tout ordonné et arresté pour attendre les Englès.

Quant li doi mareschal de l'host veirent celle grosse ville, où bien par samblant avoit sept mil maisons, et le contenance de ces bidaus qui se voloient deffendre, si s'arrestèrent en une place devant le ville, et consillièrent comment à leur plus grant pourfit il poroient assallir ces gens : si ques, tout consideret, consilliet et avisé, il se misent tout à piet, gendarmes et aultres, et prisent leurs glaves ; et s'en vinrent, cescuns sires desous sa banière ou son pennom, combatre parmi ces chainnes à ces bidaus qui les recueillièrent ossi faiticement as lances et as pavais. Là eut fait pluiseurs grans apertises d'armes, car li jone chevalier englès et gascon, qui se desiroient à avancier, s'abandonnoient et se mettoient en painne de sallir oultre ces kainnes et de conquerre leurs ennemis.

Et me samble que messires Ustasses d'Aubrecicourt, qui pour ce temps estoit uns chevaliers moult ables et moult vighereus et en grant desir d'acquerre, fu uns des premiers, selonch ce que je fui adonc enfourmés, qui le glave au poing salli oultre une chainne, et s'en vint combatre, ensonniier et reculer ses ennemis. Quant il fu oultre, li aultre le sievirent et se misent entre ces kainnes, et en conquisent une, puis deus, puis trois, puis quatre ; car avoech ce que gens d'armes s'avançoient pour passer, arcier traioient si fort et si ouniement que cil bidau ne savoient auquel entendre. Et en y eut de telz qui avoient leurs pavais si cargiés de saiettes que merveilles seroit à recorder. Finablement, ces gens de

Carcassonne ne peurent durer, mès furent reculet, et leurs kainnes gaegnies sur yaus, et bouté tout hors de leur ville et desconfi. Si en y eut pluiseur qui se sauvèrent par derrière, quant il veirent le desconfiture, et passèrent le rivière d'Aude et s'en alèrent à garant en le cité.

Ensi fu li bours de Carcassonne pris et grant avoir dedens, car les gens n'avoient mies tout widiet; et par especial de leurs pourveances n'avoient il riens widiet. Si trouvoient Englès et Gascon ces celiers plains de vins; si prisent desquelz qu'il veurent, des plus fors et des milleurs : des petis ne faisoient il compte. Et ce jour que li bataille y fu, il prisent pluiseurs riches bourgois que il rançonnèrent bien et chier.

Si demorèrent li princes et ses gens en le ville de Carcassonne, pour les grosses pourveances qu'il y trouvèrent, deus nuis et un jour, et ossi pour yaus et leurs chevaus rafreschir, et pour aviser comment ne par quel voie il poroient faire assaut à le cité qui leur fust pourfitables; mais elle siet si hault et s'est si très bien fremée de grosses tours et de bons murs de pière que, tout consideret, il ne pooient trouver voie que à l'assallir il ne deuissent plus perdre que gaegnier.

§ 360. Ceste cités de Carcassonne dont je vous parolle fu anciennement appellée Carsaude, car la rivière d'Aude s'i keurt au piet desous; et le fisent fremer et edefiier Sarrasin. Onques depuis on ne vei les murs ne le maçonnement desmentir; et est ceste où li grans rois de France et d'Alemagne, Charlemainne, sist sept ans, ançois que il le peuist avoir.

Quant ce vint au matin, à heure de tierce, que li princes et li signeur eurent oy messe et beu un cop, il montèrent à chevaus et se misent en ordenance pour passer le pont et le rivière d'Aude, car il voloit encores aler avant. Si passèrent tout à piet et à cheval et assés priès, à le trettie d'un arch de le cité de Carcassonne. Au passer, on leur envoia des bastions de le forterèce en kanons et en espringalles, quariaus gros et lons, qui en blecièrent aucuns en passant, car d'artillerie la cités estoit bien pourveue.

Quant li princes et tout sen host furent oultre, il prisent le chemin de Cabestain; mais il trouvèrent ançois deus villes fremées, Ourmes et Tèbres, seans sus une meisme rivière qu'il pooient passer et rapasser à leur aise. Ces deux villes estoient bien fremées de bons murs et de bonnes portes, et tout à plainne terre. Si furent les gens qui dedens estoient si effreé des Englès, qui avoient pris Carcassonne et pluiseurs villes en devant, que il s'avisèrent que il se racateroient à non ardoir et à assallir : si ques, quant li coureur furent venu à Ourmes, il trouvèrent aucuns bourgois de le ville qui demandèrent se li princes ou si mareschal estoient en leur route. Cil respondirent que nennil. « Et pour quoi le demandés vous? » — Pour ce que nous volons entrer en trettiés d'acort, se il y voloient entendre. »

Ces parolles vinrent jusques au prince. Si envoia li dis princes le signeur de Labreth, qui vint jusques à là, et en fist la composition, parmi douze mil escus qu'il deurent paiier au prince, dont il livrèrent bons hostages. Et puis chevaucièrent vers Tèbres, qui se rançonnèrent ossi. Et tous li plas pays d'environ estoit ars et bruis sans nul deport.

Et sachiés que cil de Nerbonne, de Besiers et de Montpellier n'estoient mies bien à segur, quant il sentoient les Englès ensi approcier. Et par especial cil de Montpellier, qui est ville poissans, rice et marcheande, estoient à grant angousse de coer, car il n'estoient point fremet. Si envoiièrent li riche homme la grigneur partie de leurs jeuiaus à sauveté en Avignon ou ou fort chastiel de Biaukaire.

Tant esploitièrent li Englès que il vinrent à Cabestain, une bonne ville et forte, seans à deus liewes de Besiers et à deus de Nerbonne. Et vous di que ceste ville de Cabestain est durement riche, seans sus le mer, et ont les salines dont il font le sel par le vertu dou soleil. Si doubtèrent ces gens de Cabestain à tout perdre, corps et biens, car il estoient faiblement fremet et muret. Si envoiièrent au devant dou prince et de son host pour trettier que il les laissast en pais, et il se racateroient selonch leur poissance. Li sires de Labreth, qui cognissoit auques le pays, faisoit ces trettiés quant li princes y voloit entendre. Si se rençonnèrent cil de Cabestain à paiier quarante mil escus, mès que il euissent cinq jours de pouveance, et de ce livrèrent il ostages. Depuis me fu dit qu'il laissièrent perdre leurs hostages et ne paiièrent point d'argent, et se fortefiièrent telement de fossés et de palis que pour attendre le prince et toute son host. Je ne sçai de verité comment il en ala, se il paiièrent ou non; mais toutesfois il ne furent point ars ne assalli.

Et s'en vinrent li Englès à Nerbonne, et se logièrent au bourch.

§ 361. A Nerbonne a cité et bourch. Le bourch pour le temps estoit une grosse ville non fremée, seans sus le rivière d'Aude, qui descent d'amont devers Carcassonne; et desous Nerbonne, à trois liewes, elle chiet en le mer qui va en Cippre et par tout le monde.

La cité de Nerbonne, qui joint au bourc, estoit assés bien fremée de murs, de portes et de tours. Et là dedens est li hostelz le conte Aymeri de Nerbonne, qui, pour ce temps que li princes de Galles et li Englès se vinrent logier ou bourch, y estoit, et grant fuison de chevaliers et d'escuiers dou pays nerbonnois et d'Auvergne, que li dis contes y avoit fait venir pour aidier à garder sa cité. En le cité a canonneries moult grandes et moult nobles, et sont en une eglise que on dist de Saint Just, et valent par an bien cinq cens florins.

Ceste marce de Nerbonne est uns des bons et des cras pays dou monde. Et quant li Englès et li Gascon y vinrent, il le trouvèrent durement riche et plain. Voirs est que cil dou bourg de Nerbonne avoient retrait en le cité leurs femmes et leurs enfans et partie de leur avoir. Et encores en trouvèrent li Englès et li Gascon assés.

Quant li Englès eurent conquis le bourch de Nerbonne sus les Nerbonnois, desquelz il y eut mors et pris assés, il se logèrent à leur aise dans ces biaus hostelz, dont il y avoit à ce jour plus de trois mil. Et trouvèrent ens tant de biens, de belles pour-

veances et de bons vins, qu'il n'en savoient que faire.
Et estoit li intention dou prince que de faire assallir
le cité, ensi qu'il fist, et dou prendre, car dit li fu
que, s'il le prendoient, il trouveroient tant d'or et
d'argent dedens, de bons jeuiaus et de riches prisonniers que li plus povres des leurs en seroit riches à
tous jours. Et ossi li princes attendoit le redemption
de chiaus de Cabestain et d'aucunes villes et chastiaus
en Nerbonnois qui s'estoient rançonné à non ardoir.
Et si se tenoient tout aise sus celle belle rivière d'Aude,
yaus et leurs chevaus; et buvoient de ces bons vins
et de ces bons muscades, et toutdis en espoir de plus
gaegnier.

Si devés savoir que ces cinq jours que li princes fu
ou dit bourch de Nerbonne, il n'y eut onques jour
que li Englès et Gascon ne fesissent et livrassent cinq
ou six assaus à chiaus de le cité si grans, si fors et si
mervilleus que grant merveilles seroit à penser comment de çascun assaut il n'estoient pris et conquis.
Et l'euissent esté, il n'est mies doubte, se ne fuissent
li gentil homme qui en le cité estoient; mais cil en
pensèrent si bien et s'i portèrent si vassaument que li
Englès ne li Gascon n'i peurent riens conquerre. Si
s'en partirent li princes et toutes ses gens; mès à leur
departement li Englès varlet et pillart paiièrent leur
hoste, car il boutèrent en plus de cinq cens lieus le
feu ou bourch, par quoi il fu tous ars.

Si chevaucièrent li princes et ses gens en retour-
nant vers Carcassonne, car il avoient tant conquis
d'avoir et si en estoient cargié, que pour celle saison
il n'en voloient plus. De quoi cil de Bediers, de Montpellier, de Luniel et de Nimes, qui bien cuidoient

avoir l'assaut, en furent moult joiant quant il sceurent que li Englès leur tournoient le dos.

Et vinrent li Englès en une bonne et grosse ville, par delà la rivière d'Aude, car il l'avoient passet au pont à Nerbonne en Carcassonnois, que on appelle Limous; et y fait pines plus et milleurs que d'autre part. Ceste ville de Limous, pour le temps d'adonc, estoit faiblement fremée; si fu tantost prise et conquise et grant avoir dedens. Et y eut ars et abatu à leur departement plus de quatre mil maisons et biaus hosteuz, dont ce fu grans damages.

Ensi fu en ce temps cilz bons pays et cras de Nerbonnois, de Charcassonnois et de Thoulousain pilliés, desrobés, ars et perdus par les Englès et par les Gascons. Voirs est que li contes d'Ermignach estoit à Thoulouse et faisoit son amas de gens d'armes à chevaus et à piet pour aler contre yaus, mès ce fu trop tart; et se mist as camps, à bien trente mil hommes, uns c'autres, quant li Englès eurent tout essilliet le pays. Mais li dis contes d'Ermignach attendoit monsigneur Jakemon de Bourbon, qui faisoit son amas de gens d'armes à Limoges et avoit intention d'enclore les Englès et Gascons, mais il s'esmut ossi trop tart, car li princes et ses consaus, qui oïrent parler de ces deus grandes chevaucies que li contes d'Ermignach et messires Jakemes de Bourbon faisoient, s'avisèrent selonch ce, et prisent à leur departement de Limous le chemin de Charcassonne, pour rapasser le rivière d'Aude. Et tant fisent qu'il y parvinrent; si le trouvèrent en l'estat où il le laissièrent, ne nulz ne s'i estoit encores retrais. Si fu telement pararse et destruite des Englès que onques n'i demora de ville

pour herbergier un cheval; ne à painnes savoient
li hiretier ne li manant de le ville rassener ne dire
de voir : « Chi sist mes hiretages »; ensi fu elle
menée.

§ 362. Quant li princes et ses gens eurent rapasset
le rivière d'Aude, il prisent leur chemin vers Mont-
royal, qui estoit une bonne ville et fremée de murs
et de portes, et siet en Carcassonnois. Si l'assallirent
fortement quant il furent là venu, et le conquisent de
force, et grant pillage dedens que cil dou pays y
avoient attrait sus le fiance dou fort liu. Et là eut
mors grans fuison de bidaus hommes de le ville,
pour tant qu'il s'estoient mis à deffense et qu'il ne
s'estoient volut rançonner. Et fu au departement des
Englès la ville toute arse. Et puis prisent le chemin
des montagnes, ensi que pour avaler vers Fougans et
vers Rodais, toutdis ardant et essillant pays et ran-
çonnans aucune[s] villes fremées et petis fors qui n'estoient mies tailliet d'yaus tenir. Et devés savoir que
en ce voiage li princes et ses gens eurent très grant
pourfit.

Et rapassèrent li Englès et li Gascon tout paisievlement desous le bonne cité de Thoulouse au Port
Sainte Marie la rivière de Garone, si chargiet d'avoir
que à painnes pooient leur cheval aler avant. De quoi
cil de Tholouse furent durement esmeu et courouciés
sus les gentilz hommes, quant il sceurent que li Englès et Gascon, sans yaus combatre, avoient rapasset
la rivière de Garone et s'estoient mis à sauveté, et en
parlèrent moult villainnement sus leur partie. Mais
tout ce se passa : les povres gens le comparèrent qui

en eurent adonc, ensi qu'il ont encores maintenant, toutdis dou pieur.

Ces chevaucies se desrompirent, car li princes s'en retourna à Bourdiaus et donna une partie de ses gens d'armes congiet, et especialment les Gascons, pour aler viseter les villes et leurs maisons. Mais tèle estoit li intention dou prince, et se leur disoit bien au partir que, à l'esté qui revenoit, il les menroit un aultre chemin en France, où il feroient plus grandement leur pourfit qu'il n'avoient fait, ou il y remetteroient tout ce qu'il avoient conquis et encores dou leur assés. Li Gascon estoient tout conforté de faire le commandement dou prince et d'aler tout partout là où il les vorroit mener.

§ 363. Nous nos soufferons un petit à parler dou prince, et parlerons d'aucunes incidenses qui avinrent en celle saison, qui trop grevèrent le royaume. Vous avés bien oy compter ci dessus comment messires Charles d'Espagne fu mors par le fait dou roy de Navare : dont li rois de France fu si courouciés sus le dit roy, quoiqu'il euist sa fille espousé, que onques depuis ne le peut amer, comment que par moiiens et par bonnes gens qui s'en ensonniièrent, li rois de France, pour eskiewer plus de damage, en celle anée li pardonnast.

Or avint que li consaus dou roy Jehan l'enortèrent à ce que, pour avoir ayde sus ses guerres, il mesist aucune gabelle sus le sel où il trouveroit grant reprise pour paiier ses soudoiiers ; se l'i mist li rois, et fu acordé en trop de lieus en France, et le levèrent li impositeur. Dont pour celle imposition et gabelle il avint uns grans meschiés en le cité d'Arras en Pikardie; car li communauté de le ville se revelèrent sus les riches hommes et en tuèrent sus un samedi, à heure de tierce, jusques à miedi, quatorze des plus souffissans. Dont ce fu pités et damages, et est quant meschans gens sont au dessus des vaillans hommes. Toutes fois il le comparèrent depuis, car li rois y envoia son cousin monsigneur Jakemon de Bourbon, qui fist prendre tous chiaus par lesquels li motion avoit estet faite, et leur fist sur le place coper les tiestes.

J'ay de ceste gabelle touchiet un petit, pour tant que, quant les nouvelles en vinrent en Normendie, li pays en fu moult esmervilliés, car il n'avoient point apris de paiier tel cose. En ce temps y avoit un conte en Harcourt, qui siet en Normendie, qui estoit si bien de chiaus de Roem qu'il voloit : si ques il dist ou deubt avoir dit à chiaus de Roem qu'il seroient bien serf et bien meschant, se il s'acordoient à celle gabelle, et que, se Diex le pooit aidier, elle ne courroit jà en son pays; ne il ne trouveroit si hardi homme de par le roy de France qui l'i deuist faire courir, ne sergant qui en levast, pour le innobediense, amende, qui ne le deuist comparer dou corps.

Li rois de Navare, qui pour ce temps se tenoit en le conté d'Evrues, en dist otretant, et dist bien que jà ceste imposition ne courroit en sa terre. Aucun baron et chevalier dou pays tinrent leur oppinion, et se alliièrent tout, par foy jurée, au roy de Navare, et li rois avoech yaus. Et furent rebelle as commandemens et ordenances dou roy, tant que pluiseur aultre pays y prisent piet.

Ces nouvelles vinrent jusques au roy Jehan, qui estoit chaus et soudains, comment li rois de Navare, li contes de Harcourt, messires Jehans de Graville et pluiseur aultre chevalier de Normendie estoient contraire à ces impositions et les avoient deffendues en leurs terres. Li rois retint ceste cose en grant orgueil et grant presumption, et dist qu'il ne voloit nul mestre en France fors lui. Ceste cose se couva un petit avoecques aultres haynes que on y atisa, tant que li rois Jehans fu trop malement dur enfourmés sus le roy de Navare et le conte de Harcourt et ossi monsigneur Godefroy de Harcourt, qui devoit estre de leur alliance et uns des principaus.

Et fu dit au roy de France que li rois de Navare et cil de Harcourt devoient mettre les Englès en leur pays, et avoient de nouviel fait alliance au roy d'Engleterre. Je ne sçai se c'estoit voirs ou non, ou se on le disoit par envie; mais je ne croi mies que si vaillant gent et si noble et de si haute estration vosissent faire ne penser trahison contre leur naturel signeur. Il fu bien verités que le gabelle dou sel il ne veurent onques consentir que elle courust en' leurs terres. Li rois Jehans, qui estoit legiers à enfourmer et durs à oster d'une oppinion, puis qu'il y estoit arrestés, prist les dessus dis en si grant hayne que il dist et jura que jamais n'aroit parfaite joie tant que il fuissent en vie.

En ce temps estoit ses ainsnés filz, messires Charles, en Normendie dont il estoit dus, et tenoit son hostel ens ou chastiel de Roem et ne savoit riens des rancunes mortèles que li rois ses pères avoit sus le roy de Navare et le conte de Harcourt et monsigneur

Godefroy son oncle, mès leur faisoit toute le bonne
compagnie qu'il pooit, l'amour et le [vicinage¹]. Et
avint que il les fist priier par ses chevaliers de venir
disner avoecques lui ou chastiel de Roem. Li rois de
Navare et li contes de Harcourt ne li vorrent mies
escondire, mès li acordèrent liement. Toutes fois, se
il euissent creu monsigneur Phelippe de Navare et
monsigneur Godefroy de Harcourt, il n'i fuissent jà
entré. Il ne les crurent pas, dont ce fu folie; mès
vinrent à Roem, et entrèrent par les camps ou chastiel, où il furent receu à grant joie.

Li rois Jehans, qui tous enfourmés estoit de ce fait
et qui bien savoit l'eure que li rois de Navare et li
contes de Harcourt devoient estre à Roem et disner
avoec son fil, et devoit estre le samedi, se departi le
venredi à privée mesnie; et chevaucièrent tout ce
jour, et fu en temps de quaresme, le nuit de Pasques
flories. Si entra ens ou chastiel de Roem, ensi que
cil signeur seoient à table, et monta les degrés de
la sale, et messires Ernoulz d'Audrehen devant lui,
qui traist une espée et dist : « Nulz ne se mueve
pour cose qu'il voie, se il ne voelt estre mors de celle
espée ! »

Vous devés savoir que li dus de Normendie, li
rois de Navare, li contes de Harcourt et cil qui
seoient à table, furent bien esmervilliet et esbahi,
quant il veirent le roy de France entrer en le salle et
faire tel contenance, et vosissent bien estre aultre
part. Li rois Jehans vint jusques à la table où il

---

1. Mss. B 4, 3, f° 165. — Ms. B 1, t. II, f° 63 : « vinage. » *Mauvaise
leçon.*

seoient. Adonc se levèrent il tout contre lui, et li cuidièrent faire le reverensce, mais il n'en avoit dou recevoir nul talent. Ançois s'avança parmi la table et lança son brach dessus le roy de Navare et le prist par le kevèce, et le tira moult roit contre lui, en disant : « Or sus, traittres, tu n'i es pas dignes de seoir à la table mon fil. Par l'ame à mon père, je ne pense jamais à boire ne à mengier, tant com tu vives. »

Là avoit un escuier, qui s'appelloit Colinet de Bleville, et trençoit devant le roy de Navare : si fu moult crouciés, quant il vei son mestre ensi demener ; et trest son baselaire, et l'aporta en la poitrine dou roy de France, et dist qu'il l'occiroit. Li rois laissa à ces cops le roy de Navare aler et dist à ses sergans : « Prendés moy ce garçon et son mestre ossi. » Macier et sergant d'armes sallirent tantost avant, et misent les mains sus le roy de Navare et l'escuier ossi, et disent : « Il vous fault partir de ci, quand li rois le voelt. »

Là s'umelioit li rois de Navare grandement, et disoit au roy de France : « A ! monsigneur, pour Dieu merci ! Qui vous a si dur enfourmé sur moy ? Se Diex m'ayt, onques je ne fis, salve soit vostre grasce, ne pensay trahison contre vous ne monsigneur vostre fil, et pour Dieu merci, voeilliés entendre à raison. Se il est homs ou monde qui m'en voelle amettre, je m'en purgerai par l'ordenance de vos pers, soit dou corps ou aultrement. Voirs est que je fis occire Charle d'Espagne, qui estoit mon adversaire ; mais pais en est, et s'en ay fait la penitance. » — « Alés, trahitres, alés, respondi li rois de France. Par monsigneur saint Denis, vous sarés bien preecier ou jewer d'enfaumenterie, se vous m'escapés. »

Ensi en fu li rois de Navare menés en une cambre et tirés moult villainnement et messires Friches de Frichans, uns siens chevaliers, avoecques lui, et Colinés de Bleville; ne pour cose que li dus de Normendie desist, qui estoit en jenoulz et à mains jointes devant le roy son père, il ne s'en voloit passer ne souffrir. Et se disoit li dus, qui lors estoit uns jones enfes : « Ha! monsigneur, pour Dieu merci, vous me deshonnourés. Que pora on dire ne recorder de moy, quant j'avoie le roy et ces barons priiés de disner dalés moy, et vous les trettiés ensi? On dira que je les arai trahis. Et si ne vi onques en eulz que tout bien et toute courtoisie. » — « Souffrés vous, Charle, respondi li rois : il sont mauvais trahiteur, et leur fait les descouveront temprement. Vous ne savés pas tout ce que je scai. »

A ces mos passa li rois avant, et prist une mace de sergant et s'en vint sus le conte de Harcourt, et li donna un grant horion entre les espaules et dist : « Avant, trahittres orguilleus, passés en prison à mal estrine. Par l'ame mon père, vous sarés bien chanter, quant vous m'escaperés. Vous estes dou linage le conte de Ghines : vo fourfait et vos trahisons se descouveront temprement. » Là ne pooit escusance avoir son lieu ne estre oye, car li dis rois estoit enflamés de si grant aïr qu'il ne voloit à riens entendre, fors à yaus porter contraire et damage.

Si furent pris à son commandement et ordenance li dessus nommet, et encores avoech yaus messires Jehans de Graville, et uns aultres chevaliers qui s'appelloit messire Maubue, et bouté en prison moult villainnement. De quoi li dus de Normendie et tous li hostelz fu durement tourblés, et ossi furent les bonnes gens de Roem, car il amoient grandement le conte de Harcourt, pour tant qu'il leur estoit propisces et grans consillières à leurs besoings. Mais nulz n'osoit aler au devant ne dire au roy : « Sire, vous faites mal d'ensi trettier ces vaillans hommes. »

Et pour ce que li rois desiroit le fin des dessus nommés, et qu'il se doubtoit que li communautés de Roem ne l'en fesissent force, car bien sçavoit qu'il avoient grandement à grasce le conte de Harcourt, il fist venir avant le roy des ribaus et dist : « Delivrés nous de telz. » Chilz fu tous appareilliés au commandement dou roy. Et furent trait hors dou chastiel de Roem et mené as camps li contes de Harcourt, messires Jehans de Graville, messires Maubue et Colinés de Bleville. Et furent decolé sans ce que li rois volsist souffrir que oncques fuissent confessé, excepté l'escuier, mès cesti fist il grasce. Et li fu dit qu'il mor[r]oit, pour tant que il avoit tret son baselaire sus le roy. Et disoit li dis rois de France que trahiteur ne devoient avoir point de confession.

Ensi fu ceste haute justice faite dehors le chastiel de Roem, au commandement dou dit roy : dont depuis avinrent pluiseurs grans meschiés ou royaume de France, ensi que vous orés recorder avant en l'ystore.

§ 364. Ces nouvelles vinrent jusques à monsigneur Phelippe de Navare et à monsigneur Godefroi de Harcourt, qui n'estoient mies lonch de là. Si furent, ce poés vous bien croire, grandement esbahi et courouciet. Tantost messires Phelippes de Navare fist escrire unes lettres de deffiances et les bailia à un hiraut, et li commanda de l'aporter au roi Jehan, qui se tenoit encores ens ou chastiel de Roem. Li hiraus aporta les lettres de par monsigneur Phelippe de Navare au roy de France, laquèle lettre singulerement disoit ensi : « A Jehan de Valois, qui s'escript rois de France, Phelippes de Navare. A vous, Jehan de Valois, segnefions que, pour le grant tort et injure que vous faites à nostre très chier signeur de frère monsigneur Charle, roy de Navare, que de son corps amettre de villain fait et de trahison, où onques ne pensa aucunement, et de vostre poissance, sans loy, droit ne raison, l'avés demené et mené villainnement : de quoi moult courouciés sons. Et le fourfet venu et né de par vous sur nostre très chier frère, sans aucun title juste, amenderons, quant nous porons. Et sachiés que vous n'avés que faire de penser à son hyretage ne au nostre pour lui faire morir par vostre cruèle opinion, ensi que jà fesistes pour le convoitise de sa terre le conte Raoul d'Eu et de Ghines, car jà vous n'en tenrés piet. Et de ce jour en avant vous deffions et toute vostre poissance, et vous ferons guerre mortèle si très grande comme nous porons. En tesmoing de laquèle cose averir, nous avons à ces presentes fait mettre nostre seel. Données à Conces sus Yton, le dix septime jour dou mois d'avril, l'an de grasce Nostre Signeur mil trois cens cinquante cinq. »

§ 365. Quant li rois Jehans vei ces lettres, et il

les eut oy lire, il fu plus pensieus que devant; mais par samblant il n'en fist nul compte. Toutefois li rois de Navare demora en prison. Et ne fist mies li dis rois tout ce qu'il avoit empris; car on li ala au devant, aucun de son conseil, qui un petit li brisièrent son aïr. Mais c'estoit bien se intention qu'il le tenroit en prison tant comme il viveroit, et li retorroit toute la terre de Normendie.

Encores estoit li dis rois Jehans ou chastiel de Roem, quant aultres lettres de deffiances li vinrent de monsigneur Loeis de Navare, de monsigneur Godefroi de Harcourt, dou jone fil ainné le conte de Harcourt, qui s'appelloit Guillaumes, de l'oir de Graville, de monsigneur Pière de Sakenville et bien de vingt chevaliers. Or eut li rois plus à faire et à penser que devant, mais par samblant il passa tout legierement et n'en fist compte, car il se sentoit grans et fors assés pour resister contre tous et yaus destruire. Si se departi li dis rois de Roem, et li dus de Normendie avoecques lui, et s'en retournèrent à Paris.

Si fu li rois de Navare en celle sepmainne amenés à Paris à tout grant fuison de gens d'armes et de sergans et mis ou chastiel dou Louvre, où on li fist moult de malaises et de paours, car tous les jours et toutes les nuis, cinq ou six fois, on li donnoit à entendre que on le feroit morir, une heure que on li trenceroit la teste, l'autre que on le jetteroit en un sac en Sainne. Il li couvenoit tout oïr et prendre en gré, car il ne pooit mies là faire le mestre. Et paloit si bellement et si doucement à ses gardes, toutdis en li escusant si raisonnablement, que cil qui ensi le demenoient et trettioient, par le commandement dou roy de France, en avoient grant pité. Si fu en celle saison translatés et menés en Cambresis et mis ens ou fort chastiel de Crievecoer, et sur lui bonnes et especiaulz gardes, ne point ne vuidoit d'une tour où il estoit mis, mais il avoit toutes coses apertenans à lui, et estoit servis bien et notablement. Si le commença li rois de France à entroublier; mais si frère ne l'oubliièrent point, ensi que je vous dirai ensievant.

§ 366. Tantost apriès les deffiances envoiies des enfans de Navare et des Normans dessus nommés au roy de France, il pourveirent leurs villes, leurs chastiaus et leurs garnisons bien et grossement de tout ce qu'il apertient, sus entente de faire guerre au royaume de France.

En ce temps se tenoit messires Loeis de Harcourt, frères au conté de Harcourt que li rois de France avoit fait morir, dalés le duch de Normendie; et n'estoit de riens encoupés ne retés en France ne en l'ostel dou roy ne dou duch, de nulle male façon. Dont il avint que messires Godefrois de Harcourt li segnefia sen entente, et li manda qu'il retournast devers lui et devers son linage, pour aidier à contrevengier le mort dou conte son frère, que on avait fait morir à tort et sans cause, dont ce leur estoit uns grans blasmes.

Messires Loeis de Harcourt ne fu mies adonc consilliés de lui traire celle part, mès s'en escusa; et dist qu'il estoit homs de fief au roy de France et au duch de Normendie, et que, se il plaisoit à Dieu, il ne guerrieroit son naturel signeur ne iroit contre ce qu'il avoit juret.

Quant messires Godefrois ses oncles vei ce, si fu durement courouciés sus son neveu, et li manda que c'estoit uns homs fallis et que jamais il n'avoit que faire de tendre ne de penser à hiretage qu'il tenist, car il l'en feroit si exent que il n'en tenroit denrée ; et tout ce que il li prommist, il le tint bien, si com je vous recorderai.

Si tretost que li dessus dis messires Phelippes de Navare et messires Godefrois de Harcourt eurent garni et pourveu leurs villes et leurs chastiaus, il s'avisèrent qu'il s'en iroient en Engleterre parler au roy Edouwart, et feroient grans alliances à lui, car aultrement ne se pooient il contrevengier. Si ordonnèrent monsigneur Loeis de Navare à demorer en Normendie, et avoech lui le Bascle de Maruel et aucuns chevaliers navarois, pour garder les frontières jusques à leur retour. Et vinrent à Chierebourch, et là montèrent il en mer, et esploitièrent tant par leurs journées qu'il vinrent à Hantonne : là prisent il terre en Engleterre. Et puis issirent de leurs vaissiaus, et se rafreschirent en le ville un jour. A l'endemain, il montèrent sus leurs chevaus et chevaucièrent tant que il vinrent à Cènes, où li rois d'Engleterre se tenoit, assés priès de Londres, car tous ses consaulz estoit adonc à Londres.

Vous devés savoir que li rois reçut à grant joie son cousin monsigneur Phelippe de Navare et monsigneur Godefroi de Harcourt, car il estoit jà tous enfourmés de leur matère : si en pensoit bien mieulz à valoir, en fortefiant sa guerre. Li dessus dit fisent leur plainte au roy, li uns de le mort de son neveu, et li aultres de le prise et dou grant blasme, et sans cause, ce disoit, que on faisoit à son frère. Si s'en traioient par devers le roy d'Engleterre comme au plus droiturier signeur de toute crestienté, pour avoir vengance et amendement de ce fait qui regardoit à trop grant cose. Et ou cas que ilz les en vodroit adrecier, conforter et consillier, il li raportoient et mettoient en ses mains cités, villes et chastiaus que il tenoient en Normendie, et que li rois de Navare et li contes de Harcourt y tenoient au jour de leur prise.

Li rois d'Engleterre n'euist jamais refuset ce present, mais leur dist que volentiers les aideroit et feroit aidier par ses gens. « Et pour ce que vostre fait demande hastieve expedition, et que veci la saison qu'il fait bon guerroiier, mon biau cousin de Lancastre est sus les frontières de Bretagne. Je li escrirai et manderai especialment que, à tout ce que il a de gens, il se traie devers vous. Et encores y envoierai je temprement, tant que pour faire bonne guerre à vos ennemis. Si commencerés à guerrier celle saison; et toutdis vous croistera et venra devant le main force, ayde et poissance. » — « Chiers sires, respondirent li dessus nommet, vous nous offrés tant que par raison il nous doit et poet bien souffire; et Diex le vous puist merir ! »

Apriès ces alliances et ces confirmations d'amour, li dessus dit, qui tiroient de retourner en Normendie, ne sejournèrent point plenté; mais ançois leur departement, il alèrent veoir madame la royne d'Engleterre qui se tenoit à Windesore, laquèle leur fist grant feste, et ossi fisent toutes les aultres dames et damoiselles.

Apriès ces honneurs et ces conjoissemens fais, li dessus dit se misent au retour, grandement bien contenté dou roy et de son conseil. Et leur furent bailliet cent hommes d'armes et deus cens arciers, desquelz li sires de Ros et li sires de Nuefville estoient chapitainne. Si fisent tant qu'il arrivèrent sans peril et sans damage ou havene de Chierebourch, qui est, ensi que Calais, une des fortes places dou monde.

§ 367. Depuis ne demora gaires de temps que li dus de Lancastre, qui se tenoit viers Pontourson, fu segnefiiés dou roy d'Engleterre, son signeur et son cousin, que tout le confort et ayde que il pooit faire as enfans de Navare et à chiaus de Harcourt et leurs alliiés, il le fesist, en contrevengant les despis que son adversaire de Valois leur avoit fais. Li dus de Lancastre se tint tantost pour tous enfourmés de ceste besorighe et volt obeir au commandement son signeur le roy, ce fu raisons; et recueilla toutes ses gens, où il avoit bien cinq cens lances et mil arciers. Si se mist au chemin par devers Normendie et devers Chierebourch.

En se route estoit messires Robers Canolle, qui se commençoit jà grandement à faire et à avancier; et estoit moult renommés ens [ès] guerres de Bretagne pour le plus able et soubtil homme d'armes qui fust en toutes les routes, et le mieulz amés de tous povres compagnons, et qui plus de biens leur faisoit.

Li dus de Lancastre, messires Phelippes de Navare, messires Godefrois de Harcourt et leurs gens se

misent tout ensamble, et li sires de Ros et li sires de
Nuefville, qui avoient passet le mer avoech yaus; et
firent tant qu'il se trouvèrent douze cens lances,
seize cens archiers et deus mil brigans à lances et à
pavais, et fisent leur assamblée en le cité d'Evrues.

Là estoient messires Loeis de Navare, li jones contes
de Harcourt, messires Robers Canolles, messires li
Bascles de Maruel, messires Pières de Sakenville, messires Guillaumes de Gauville, messires Jehans Carbeniaus, messires Sanses Lopins, messires Jehans
Jeuiel, messires Guillaumes Bonnemare, messires
Foudrigais, Jehans de Segure, Fallemont, Hanekin
François et pluiseurs bons chevaliers et escuiers,
appert homme d'armes, qui ne desiroient fors que
le guerre. Si se departirent ces gens d'armes d'Evrues en grant ordenance, et bon arroi, banières et
pennons desploiiés; et chevaucièrent devers Vernon.
Si passèrent à Aquegni et puis à Pasci, et commencièrent à pillier, à rober et à ardoir tout le pays par
devant yaus, et à faire le plus grant essil et le plus
forte guerre dou monde.

Li rois de France, qui n'en attendoit aultre cose,
et qui avoit jetté son avis et imagination à entrer
efforciement en le conté d'Evrues pour saisir villes
et chastiaus, avoit fait son mandement par tout son
royaume, ossi grant et ossi fort que pour aler contre
le roy d'Engleterre et se poissance. Si entendi li dis
rois que li dus de Lancastre, Englès et Navarois, chevauçoient vers Roem et mettoient le pays en grant
tribulation, et que li Englès dou temps passé n'i
avoient point fait tant de despis que chil qui à present y estoient y faisoient, par l'enort et confort des

Navarois. Adonc li rois de France, esmeus de contrevengier ces despis, se parti de Paris et s'en vint à Saint Denis, où là l'attendoit grant fuison de gens d'armes, et encores l'en venoient tous les jours.

Li dus de Lancastre et li Navarois, qui chevauçoient en grant route et qui ardoient tout le plat pays, s'en vinrent à Vrenon, qui estoit bonne ville et grosse; si fu toute arse et toute robée : n'i demora que li chastiaus. Et puis chevaucièrent vers Vrenuel, et fisent tant qu'il y parvinrent. Si fu la ditte ville toute arse, et ossi furent les fourbours de Roem.

Adonc s'esmut li rois de France et s'en vint à Pontoise, où si doi mareschal estoient, messires Jehans de Clermont et messires Ernoulz d'Audrehen. Et toutes ses gens d'armes s'en vinrent celle part et le sievoient à effort. Li rois s'en vint à Mantes pour aprendre dou couvenant des Englès et des Navarois; si entendi qu'il se tenoient entours Roem, et ardoient et destruisoient le plat pays. Adonc li rois, esmeus et courouciés, se desparti de Mantes, et chevauça tant qu'il vint à Roem; si y sejourna trois jours.

En ce terme furent toutes ses gens venues, où plus avoit de dix mil hommes d'armes, sans les aultres de mendre estat; et estoient bien trente mil combatans, uns c'autres. Si entra li rois ou droit esclos des Englès et des Navarois, et dist que jamais ne retourneroit à Paris, si les aroit combatus, se il l'osoient attendre.

Li dus de Lancastre, messires Phelippes de Navare, messires Godefrois de Harcourt et messires Robers Canolles, qui gouvrenoient leurs gens, entendirent et sceurent de verité que li rois de France et li François venoient sus yaus, si efforciement que à quarante mil chevaus. Si eurent conseil que petit à petit il se retrairoient, et point en forterèce qui fust en Normendie ne en Constentin ne s'encloroient. Si se retraisent tout bellement et prisent le chemin de l'Aigle, pour aler devers Pontourson et viers Chierebourch.

Li rois de France, qui grant desir avoit d'yaus trouver et combatre, les sievoit moult aigrement, et avoit grant compassion, ensi qu'il chevauçoit, de son bon pays qu'il trouvoit ars, perdu et destruit trop malement. Si prommetoit bien as dis Navarois que chierement leur feroit comparer ce fourfait, se il les pooit attaindre. Tant s'esploita li rois et si fort les poursievi que si coureur trouvèrent les leurs assés priès de l'Aigle en Normendie, où li dit Englès et Navarois estoient logiet et arresté; et moustroient par samblant contenance et visage qu'il se vorroient combatre.

Et tout ensi fu raporté au roy de France, qui en eut grant joie, quant il oy ces nouvelles; et chevauça avant et commanda toutes gens à logier et à prendre place, car il voloit combatre ses ennemis. Si se logièrent li François ens uns biaus plains, et estoient quarante mil hommes. Là estoit toute la fleur de la chevalerie de France, et tant de grans et de haus signeurs que merveilles seroit au recorder.

Que vous feroi je lonch compte de ceste besongne? Li rois de France et li François cuidièrent bien ce jour combatre leurs ennemis, car li Englès et li Navarois avoient ordonné leurs batailles. Et pour ce ossi, d'autre part, li François ordonnèrent les leurs.

Et furent tout ce jour en cel estat l'un devant l'autre que point n'assamblèrent. Et faisoient trop bien moustre, li Englès et li Navarois, et ordenance de bataille; et puis se faindoient et point ne traioient avant, car il ne se veoient à juste pareçon contre les François.

Si se retraisent li dit François pour ce soir en leurs logeis et fisent grant ghet, car il cuidoient bien estre escarmuciet, pour tant que li Navarois ne s'estoient ce jour point tret avant. Moult fu ceste ordenance des Englès et des Navarois sagement et bellement demenée, car au soir il ordonnèrent deus cens des leurs, tous des mieulz montés, à faire à l'endemain moustre et visage contre les François jusques à heure de nonne, et puis les sievroient; si leur disent où il les trouveroient.

Ensi qu'il fu ordonné, fu il fait. Quant ce vint environ mienuit, li dus de Lancastre, messires Phelippes de Navare et tout li demorant de l'ost montèrent et se partirent et prisent le chemin de Chierebourch, excepté aucuns chapitains navarois qui se retraisent vers leurs garnisons, dont en devant il s'estoient parti. Si s'en retournèrent à Evrues messires Jehans Carbeniaus, messires Guillaumes Bonnemare et Jehans de Segure, à Conces messires Foudrigais, messires Martins de Spargne, Fallemont, Richars Frankelins et Robins Lescot, à Bretuel messires Sanses Lopins, Radigos et Hennekins François, et ensi tout li compagnon : cescuns se retrest en sa garnison. Et li dus de Lancastre et li aultre se retraisent en celle forte marce de Chierebourch.

Or vous compterons dou roy de France qui à l'en-

demain cuidoit avoir la bataille; si fist au matin
sonner ses trompètes. Si s'armèrent toutes gens et
montèrent à chevaus, banières et pennons devant
yaus, et se traisent tout sus les camps, et se misent
en ordenance de bataille. Et veoient devant yaus au
dehors d'une haie ces deus cens Navarois tous rengiés. Si cuidoient li dit François que ce fust des leurs
une bataille à cheval qui s'arrestassent là contre
yaus. Si les tinrent cil Navarois ensi jusques à nonne,
et puis ferirent chevaus des esporons et se partirent.

Li rois de France envoia ses coureurs jusques à là,
à savoir que ce voloit estre. Si chevaucièrent cil qui
envoiiet y furent jusques à la haie, et raportèrent
que il n'avoient nullui trouvet. Assés tost vinrent
nouvelles en l'ost, des gens dou pays, que li Englès
et li Navarois pooient bien estre eslongié quinze
liewes, car il estoient parti très le mienuit. Adonc fu
dit au roy que de yaus plus poursievir il perderoit
se painne, mès presist un aultre conseil. Lors se con-
seilla li rois à chiaus qui dalés lui estoient où il avoit
le plus grant fiance, à ses cousins de Bourbon et à
ses cousins d'Artois et à ses deus mareschaus.

§ 368. Li rois de France fu adonc consilliés, ou
cas que il avoit là si grans gens d'armes et toutes
ses ordenances prestes pour guerriier, que il se trai-
sist devant la cité d'Evrues et y mesist le siège; car
mieulz ne pooit il emploiier ses gens que d'aler
devant celle cité, et fesist tant que il l'euist, et puis
tous les fors et les chastiaus dou roy de Navare. Ce
conseil tint li rois de France à bon, et s'en retourna

vers Roem, et fist tant que il y parvint. Et comment que il euist laissiet le poursieute des Englès et des Navarois, si ne donna il nullui congiet.

Quant li rois fu venus à Roem, il n'i sejourna point lonch temps, mès se trest o toutes ses hoos par avant le cité d'Evrues, et là mist le siège fortement et durement. Et fist achariier et amener avoecques lui de le cité de Roem tous les engiens pour drecier devant le ville et le cité d'Evrues, et encores en fist il faire assés.

A Evrues, a bourch, cité et chastiel, et tout fermé à par lui. Si se loga li rois de France devant le bourch et y fist faire pluiseurs assaus. Finablement, cil de le ville doubtèrent à perdre corps et biens, car il estoient moult apressé d'assaus que li François leur faisoient. Si entrèrent en grans trettiés que d'yaus rendre, salve leurs corps et leurs biens. Li rois Jehans fu si consilliés qu'il le prist. Si ouvrirent li bourgois d'Evrues les portes de leur ville et misent les François dedens; mès pour ce ne furent il mies en le cité, car elle estoit et est ossi bien fremée de murs, de portes et de fossés comme li bours est. Toutes fois li rois de France fist logier son connestable et ses mareschaus et le plus grant partie de son host en le ditte ville, et il tint encores son logeis as camps, ensi comme il avoit fait en devant.

Les gens le roy de France, quant il se furent logiet ou bourch d'Evrues, commencièrent à soutillier comment il poroient conquerre la cité. Si fisent emplir les fossés au plus estroit et mains parfont, tant que on pooit bien aler jusqu'à murs pour combatre main à main. Quant cil qui en le cité demoroient se veirent ensi apressé, si se commencièrent à esbahir, et eurent conseil que d'yaus rendre, salve leurs vies et leurs biens. On remoustra ces trettiés au roy de France, se il le voloit faire; il fu adonc si consilliés que il les prist à merci.

Ensi eurent li François le bourch et le cité; mès pour ce n'eurent il mies le chastiel qui estoit en le garde de monsigneur Jehan Carbiniel et de monsigneur Guillaume de Gauville. Ançois y sist li rois de France plus de sept sepmainnes devant qu'il le peuist avoir. Et quant il l'eut, ce fu par composition tèle que tout li chevalier et escuier qui dedens estoient s'en partirent, salve le leur et leurs corps; et se pooient sauvement traire là où il leur plaisoit. Si se traisent, si com je fui enfourmés, ens ou chastiel de Bretuel, qui est uns des biaus et des fors, seans à plainne terre, qui soit en toute Normendie.

Si fist li rois Jehans de France prendre le saisine et possession par ses mareschaus dou chastiel d'Evrues, et en ot grant joie quant il en fu sires; et dist bien que jamais de son temps ne le renderoit as Navarois. Ensi eut li rois de France le bourch, le cité et le chastiel d'Evrues; mais moult li cousta d'or et d'argent en saudoiiers, et le fist depuis bien garder à son pooir. Mais encores le reut li rois de Navare, par le fait de monsigneur Guillaume de Gauville, ensi que vous orés recorder avant en l'istore.

§ 369. Apriès le conquès d'Evrues, si com ci dessus est dit, li rois de France et toute son host s'en parti, et se traist par devant le chastiel de Bretuel, et là mist le siège. Si avoit bien en son host soissante mil chevaus ; et eut devant Bretuel le plus biau siège et le plus plentiveus, et le plus grant fuison de chevaliers et d'escuiers et de haus signeurs que on avoit veu en France ensamble devant forterèce seant à siège, depuis le siège d'Aguillon.

Là vinrent veoir le roy de France pluiseur signeur estragnier, telz que li contes de Douglas d'Escoce, à qui li rois de France fist grant cière, et li donna cinq cens livrées de revenue par an en hiretage seant en France. Et de ce devint li dis contes homs au roy de France, et demora toute la saison avoecques lui. Ossi vint en l'ost dou dit roy de France dan Henri de Chastille, qui s'appelloit bastars d'Espagne et contes de Tristemare, et amena avoecques lui une grant route d'Espagnolz, qui furent tout receu à saus et à gages par le commandement dou roy de France.

Et saciés que li François, qui estoient devant Bretuel, ne sejournoient mies de imaginer et soutillier pluiseurs assaus, pour plus grever chiaus de le garnison. Ossi li chevalier et escuier, qui dedens estoient, soutilloient nuit et jour, pour yaus porter contraire et damage. Et avoient cil de l'host fait lever et drecier grans engiens qui jettoient nuit et jour sus les combles des tours, et ce moult les travilloit. Et fist li rois de France faire par grant fuison de carpentiers un grant berfroit à trois estages, que on menoit à roes, quel part que on voloit ; en çascun estage pooient bien entrer deus cens hommes et tous yaus aidier ; et estoit breteskiés et cuiriés, pour le tret, trop malement fort. Et l'appelloient li pluiseur

un cat, et li aultre un atournement d'assaut. Si ne
fu mies si tost fais, carpentés ne ouvrés. Entrues
que on le carpenta et appareilla, on fist par les villains dou pays amener, aporter et achariier grant
fuison de bois, et tout reverser ens ès fossés, et estrain et terre sus pour amener le dit engien sus les
quatre roes jusques as murs, pour combatre à chiaus
de d'ens. Si mist on bien un mois à emplir les
fossés, à l'endroit où on voloit assallir, et à faire le
chat. Quant tout fu prest, en ce bierefroi entrèrent
grant fuison de bons chevaliers et escuiers qui se
desiroient à avancier. Si fu cis berfrois sus ces quatre
roes aboutés et amenés jusques as murs.

Cil de le garnison avoient bien veu faire le dit
berfroi, et savoient l'ordenance en partie comment
on les devoit assallir. Si s'estoient pourveu, selonch
ce, de kanons jettans feu et grans gros quariaus, pour
tout desrompre. Si se misent tantost en ordenance,
pour assallir cel berfroi, et yaus deffendre de grant
volenté. Et de commencement,ançois que il fesissent traire leurs canons, il s'en vinrent combatre à
chiaus dou berfroi francement, main à main; là eut
fait pluiseurs grans apertises d'armes. Quant il se furent plenté esbatu, il commencièrent à traire de
leur kanons et à jetter feu sus ce berfroi et dedens,
et avoecques ce feu traire espessement grans quariaus et gros qui en blecièrent et occirent grant
fuison; et telement les ensonniièrent que il ne savoient auquel entendre. Li feus, qui estoit grigois,
se prist ou toit de ce berfroi, et couvint chiaus qui
dedens estoient issir de force; aultrement il euissent
esté tout ars et perdu.

Quant li compagnon de Bretuel veirent ce, si eut entre yaus grant juperie, et s'escriièrent hault : « Saint Jorge ! loyauté ! » et « Navare ! loyauté ! » Et puis disent : « Signeur françois, par Dieu, vous ne nous avés point, ensi que vous cuidiés. » Si demora la grigneur partie de ce berrefroi en ces fossés, ne onques depuis nulz n'i entra; mès entendi on à emplir les dis fossés à tous lés, et y avoit bien tous les jours quinze cens hommes qui ne faisoient aultre cose.

§ 370. En ce temps que li rois de France tenoit le siège devant Bretuel, se departi li princes de Galles de Bourdiaus sus Garone, où tenus s'estoit tout le temps, et avoit fait faire ses pourveances si belles et si grosses [qu'il avoit peu[1]], car il voloit chevaucier en France bien avant, espoir venir jusques en Normendie et sus les frontières de Bretagne pour conforter les Navarois; car bien estoit enfourmés et segnefiiés que li rois ses pères et li enfant de Navare et cil de Harcourt avoient grans alliances ensamble. Si estoit li dis princes de Galles partis en celle istance de Bourdiaus, à tout deus mil hommes d'armes et six mil arciers parmi les brigans. Et tout chil baron et chevalier y estoient, especiaument qui furent avoecques lui en le chevaucie de Carcassonne et de le langue d'ok; se n'ont que faire d'estre maintenant nommet.

Si chevauçoient li dis princes et cil signeur et leurs

---

1. Ms. B 3, f° 182 v°. — Ms. B 1, t. II, f° 69 : « qu'à parer. » — Ms. B 4, f° 162 : « preparer. »

gens ordonneement, et passèrent la rivière de Garone à Bregerach, et puis oultre, en venant en Roerge, le rivière de Dourdonne. Si entrèrent en ce pays de Roerge, et commencièrent à guerriier fortement, à rançonner villes et chastiaus ou ardoir, à prendre gens, à trouver pourveances grandes et grosses, car li pays estoit lors pourveus, et demoroit tout brisiet et essilliet derrière yaus. Si entrèrent en Auvergne, et passèrent et rapassèrent pluiseurs fois le rivière d'Allier, ne nulz ne lor aloit au devant. Et prisent leur adrèce en Limozin, pour venir en ce bon et gras pays de Berri, et trouver celle rivière de Loire. Des vivres qu'il trouvoient, faisoient il grans superfluités, car ce qui leur demoroit il ardoient et exilloient.

Les nouvelles en vinrent au roy de France, qui se tenoit à siège devant Bretuel, comment li princes efforciement chevauçoit en son royaume, si en fu durement esmeus et courouciés. Et volentiers euist veu que cil de Bretuel se fuissent rendu par composition ou aultrement, pour chevaucier contre les Englès et deffendre son pays que on li ardoit, et toutdis entendoit on à emplir les fossés de tous lés. Et jettoient engien nuit et jour à le forterèce pièrres et mangoniaus ; ce les esbahissoit plus c'autre cose.

Or avint à un chevalier de Pikardie, qui s'appelloit messires Robers de Montegni en Ostrevant, à ce siège, une dure aventure, car ilz et uns siens escuiers, qui se nommoit Jakemars de Wingles, tout doi appert homme d'armes, malement s'en alèrent un jour au matin sus les fossés que on avoit raemplis, pour regarder le forterèce. Si furent perceu de chiaus de-

dens; si issirent hors jusques à sept compagnons par une posterne, et s'en vinrent sus le chevalier et l'escuier, et furent assalli fierement. Il se deffendirent, car il avoient leurs espées. Et se il euissent esté
5 conforté de chiaus de l'ost d'otant de gens que cil estoient, il se fuissent bien osté de ce peril; mais nennil, car onques nuls n'en sceut riens. Si fu li dis chevaliers pris et menés ou chastiel, et navrés parmi le jenoul, dont il demora afolés, et li escuiers mors
10 sus le place, dont ce fu damages. Et en fu li rois de France bien courouciés, quant il le sceut.

Au septime jour apriès, entrèrent li compagnon de Bretuel en trettiés devers le roy de France pour yaus rendre; car li engien, qui nuit et jour jettoient,
15 les travilloient malement, et si ne leur apparoit confors de nul costé. Et bien savoient que, se de force il estoient pris, il seroient tout mort sans merci. Li rois de France, d'autre part, avoit grant desir de chevaucier contre les Englès qui ardoient son pays;
20 et estoit ossi tous tanés de seoir devant le forterèce, où bien avoit, et à grant fret, esté et tenu soixante mil hommes. Si les prist à merci; et se partirent, salves leurs vies et ce qu'il en pooient porter devant yaus tant seulement. Si se retraisent li chevalier et
25 li escuier de Bretuel à Chierebourch; jusques à là eurent il conduit dou roy. Si fist li dis rois prendre le saisine dou biau chastiel de Bretuel et remparer bien et à point. Et se desloga et retourna vers Paris, mais il ne donna nuls de ses gens d'armes congiet,
30 car il les pensoit bien à emploiier aultre part.

FIN DU TEXTE DU TOME QUATRIÈME.

VARIANTES.

VARIANTES.

§ **288.** Page 1, ligne 1: De le ville. — *Ms. d'Amiens:* L'endemain, il (le roi d'Angleterre) s'em parti de Wissan et s'en vint devant le forte ville de Callaix et l'assega de tous poins, et dist qu'il ne s'en partiroit, par yvier ne par esté, si l'aroit à se vollenté, com forte qu'elle fust, se li roys Phelippes ne se venoit de rechief combattre à lui, et l'en levast par force. Et pour tant que la ditte ville de Callais estoit si forte et qu'il avoit dedens grant fuisson de bonnes gens d'armes, tels que monseigneur Jehan de Vianne, qui cappittaine en estoit, messire Ernoul d'Audrehen, monseigneur Jehan de Surie, monseigneur Pepin de Were, monseigneur Henry dou Bos et pluissuers autres, il ne vot oncques conssentir que ses gens d'armes l'assaillissent, car il y pewissent plus perdre que gaegnier; ains fist tantost faire son hostel, grande salle, cambres et chou qu'il y appertenoit de plances et de mairiiens, et bien couvrir d'estrain pour demourer y tout celui yvier et l'estet enssic, ou plus, se mestier faisoit, et fist faire grans fossés tout autour de son host, par quoy on ne les pewist enbrissier ne destourber.

Cascuns des autres seigneurs et li chevalier et chacuns autres, seloncq son estat, fist faire se loge au mieux qu'il peult, li ungs de bois, li autres de genestres, li autre d'estrain, tant que en assés petis de tamps il fissent là endroit une bonne forte ville et grande; et y trouvoit on à vendre tout ce qu'il besongnoit pour vivre à grant marchiet. Et si y avoit boucerie, mercerie, hallez de draps et de touttes mercandises, ossi bien comme à Arras ou à Amiens, car il avoient les Flammens de leur accord: dont tous li biens leur venoit. Si leur en venoit il ossi partie d'Engleterre, par le mer qui n'est mies là grande à passer; encorres leur en venist plus grant fuison, se ne fuissent Geneuois et autres maronniers qui gisoient sus le mer et alloient souvent waucrant par le mer avant et arriere, pour destourber les allans et les venans à l'ost des Englès, et en appelloit on l'un Marant et l'autre Mestriel. Et avoient souvent grant compaignie d'autres maronniers qui faisoient grans anois et grans destourbiers as Englès, et souvent gaegnoient des vaissiaux chargiés de pourveanches, dont il desplaisoit mout au roy englès et à chiaux de l'ost, et à le fois estoient rencontré, si perdoient. Et souvent avoit paletis et escarmuches contre le ville, là où li pluisseur volloient moustrer leur appertise, de chiaux de hors contre chiaux de dedens ; si y avoit souvent des mors et des navrés, d'une part et d'autre.

Et souvent chevauchoient li marescal aval le pays d'entours Calais à grant fuisson de gens d'armes et d'archiers pour aventurer, un jour deviers Saint Omer, l'autre deviers Tieruanne, puis deviers Bouloingne, pour quère grosses bestes et menues pour avitaillier leur host, et essilloient tout le pays d'entours yaux. Ossi il y avoit dedens Saint Omer bonne garnison de gens d'armes, car là se deffendoient et faisoient frontière contre les ennemis, ossi en le Montoire, en Guines, en Oye, en Merk, en Likes, en Fiennes, en Bouloingne, en Tieruanne, en Aire, en Bietune, en Saint Venant, en Hames, en Arde et en tous les fors là environ. Et y avenoit souvent tout plain d'aventures et d'encontres aventureulx, dont li ung perdoient et li autre gaegnoient, enssi que telles aventures aviennent en si faittes guerres et en telx sièges. Si m'en passerai tant c'à ores assés brefment, car je y pensse bien à recouvrer, ains que li sièges soit conclus ; mès je voeil parler d'une grant courtoisie que li roys englès fist as povres gens de Calais, le siège pendant.

Quant chil de le ville de Callais virent que li Englès ne se partiroient mies de ce siège et que lors pourveanches de vivres amenrissoient durement, il eurent consseil qu'il envoieroient hors les povres gens dont il ne se pooient aidier. Si en envoiièrent hors bien six cens povres hommes mal pourveus, et les fissent passer tout parmy l'ost des Englès. Si tost que li roys Edouwars le sceut, il les fist tous arrester et venir devant lui, et leur fist tous dounner à boire et à mengier plentiveusement en se grande salle de bois qu'il avoit là fait faire, et fist à chacun dounner troix viés estrellins pour Dieu ; et avoecq chou, il les fist conduire sauvement hors de son host : laquelle cose on retint à grant aumounne et à grant noblèce. Or me tairay un petit à parler dou siège de Calais et retouray au siège de Aguillon, là où je le laissay quant je coummençay à parler dou dit roy qui ariva en

Normendie, et vous diray coumment li departemens s'en fist. F°⁰˟ 95 v° et 96.

— *Ms. de Rome:* Qant li rois d'Engleterre et toutes ses gens furent là venus, il se boutèrent et amanagièrent en une grande place wide, qui sciet au dehors de Calais, et conmenchièrent là à faire et à carpenter maisons et logis petit à petit. Et estoient les Englois signeur dou havene et envoioient lor navie, qant il lor plaisoit, en Engleterre, dont vivres et pourveances lor venoient par mer. Et aussi li coureur englois courirent toute la conté de Boulongne et le conté de Ghines, et le pais jusques à Saint Omer et Aire et Tieruane, ne il ne trouvoient qui lor alast au devant. Si fu envoüés mesires Jehans de Viane, uns chevaliers de Campagne et de Bourgongne, à estre chapitainne de Calais, et s'i bouta de nuit à toute sa carge par le sabelon, et cevauça de Wisan jusques à là. Si le requellièrent tout li honme de la ville, et en furent moult resjoï de sa venue; et s'i porta li dis chevaliers vaillanment et sagement. Par la voie de la marine fu la ville de Calais plus de demi an confortée et rafresqie de vivres; et s'i vinrent bouter par ce cemin meismes, mesires Arnouls d'Andrehem, mesires Jehans de Surie, mesires Bauduins de Bellebourne, mesires Joffrois de la Mote, mesire Pepins de Were, mesires Gerars de Werières, qui adonc estoit jones esquiers, et pluisseurs aultres chevaliers et esquiers, qui tout i furent très honnourablement.

Qant li rois d'Engleterre fu venus premierement devant la ville de Calais, ensi que chils qui moult le desiroit à conquerir, il le asega par grant manière et par bonne ordenance. Et fist bastir et ordonner entre la ville et la rivière et le pont de Nulais hostels et maisons, ouvrer et carpenter de grans mairiiens et couvrir les dittes maisons, qui estoient asisses et ordonnées par rues, bien et faiticement, de ros, d'estrain et de genestres et de ce dont on puet recouvrer là ou pais, ensi que il vosist là demorer diis ou douse ans; car li intension de li estoit telle que de là il ne s'en partiroit, si l'aueroit conquis par force ou par tretié. Et avoit en ceste noye ville dou roi, toutes coses necessaires, apertenans à un hoost et plus encores, et place ordonnée pour tenir marchiet le merquedi et le samedi. Et là estoient halles de draps et de merchiers et aussi estas de bouciers et de boulengiers. Et de toutes coses on i pooit recouvrer aussi largement comme à Bruges ou à Londres, et tavernes de tous vins de Grenate, de Grec, de Malevisie, de Rivière, de vins de Gascongne, de Poito, de France et de Rin, bons cabarès et bien pourveus de chars, de volilles, de poissons. Et lor venoient de Flandres les marceandises toutes prestes de Hollandes, de Zellandes et d'Alemagne, et tout par mer. Et en i avoit là pluisseurs ouvriers juponniers, parmentiers, corduaniers, peletiers, cabareteur, fourniers et tavreniers, qui i gissoient assés mieuls à lor plaisance et pourfit que donc que il fuissent chiés leur. Et furent bien courouciet qant li sièges se desfist et que Calais fu conquise, car il perdirent le flour de lor wagnage.

Qant mesires Jehans de Viane fu venus en Calais, et il ot veu et consideré le siège et conment les Englois estoient amasé, ensi que pour demorer vint ou trente ans là devant au siège, et il ot fait viseter la poisance des vivres qui estoient en la ville, il en fist un jour widier et partir plus de vint sept cens honmes, fenmes et enfans, pour alegerir la ville. Qant chils peuples issi hors premierement de Calais, tous en blans qamises, et portoient confanons de moustiers en signe de humelité, auquns Englois quidièrent, qant il les veirent issir, que il les venissent courir sus. Si se assamblèrent à l'encontre de euls les archiers, et les fissent requler jusques ens ès fossés de la ville. Là i ot entre ces Englois, auquns preudonmes piteus, qui congneurent tantos que ce n'estoient pas gens pour faire nul contraire. Si fissent cesser les aultres de euls courir sus, et lor demandèrent où il aloient. Il respondireut que on les avoit bouté hors de Calais, pour tant que il cargoient trop la ville et le foulloient de vivres et en aloient ailleurs à l'aventure querir lor mieuls, ensi que povres gens qui avoient tout perdu sans nul recouvrier.

Ces nouvelles vinrent au roi d'Engleterre et as signeurs que chils povres peuples de Calais estoit là ensi à merchi. Li rois, meus en pité, les fist entrer en l'oost, et conmanda que tout et toutes fuissent bien disné; il le furent. Avoecques tout ce, au departir et issir de l'hoost, il fist à casqun, grant et petit, donner et delivrer un estrelin d'Engleterre. Et depuis ces povres gens se departirent et s'espardirent, pour avoir lor vivre et lor cavance. Par ces gens orent la congnisance li rois d'Engleterre et ses consauls, que li vivres afoiblissoient grandement en la ville de Calais : si n'en furent pas courouchiet. Or retournons au duch de Normendie et au siège qui se tenoit devant Agillon. F°ˢ 124 v° et 125.

P. 1, l. 1 et 2 : uns gentilz et vaillans chevaliers de Campagne as armes. — *Mss. A* 1 *à* 6 : un gentil chevalier de Champaigne vaillant aux armes. F° 152. — *Mss. A* 7 *à* 10 : un gentil et vaillant chevalier de Champaigne aux armes. F° 136. — *Mss. A* 11 *à* 14 : ung chevalier de Champaigne vaillant aux armes. F°ˢ 144 v° et 145. — *Mss. A* 15 *à* 17 : un gentil et vaillant chevalier de Champaingne aux armes. F° 151 v°. — *Mss. A* 20 *à* 22 : ung vaillant et hardy chevalier. F° 217 v°. — *Mss. A* 23 *à* 29 : ung chevalier de Champaigne. F° 169 v°. — *Mss. A* 30 *à* 33 : ung chevalier de Bourgoigne. F° 190 v°. — *Ms. B* 3 : ung vaillant gentilhomme chevalier du pais de Champaigne. F° 135 v°.

P. 1, l. 5 et 6 : d'Audrehen. — *Mss. A* 11 *à* 14 : d'Autrehen. F° 145.

P. 1, l. 7 : de le Motte. — *Mss. A* 30 *à* 33 : de la Mente. F° 190 v°.

P. 1, l. 8 : Were. — *Mss. A* 1 *à* 19 : Werie. F° 152. — *Mss. A* 20 *à* 22, 30 *à* 33 : Verre. F° 169 v°.

P. 1, l. 16 : Nulais. — *Mss. A* 1 *à* 6, 11 *à* 19, B 3 : Milais. F° 152. — *Mss. A* 20 *à* 22 : Mullais. F° 218. — *Mss. A* 23 *à* 29 : Calays. F° 169 v°. — *Mss. A* 30 *à* 33 : Calaiz. F° 190 v°.

P. 2, l. 3 et 4 : d'estrain et de genestres. — *Ms. B* 6 : d'estrain ou de bauque. F° 343.

P. 2, l. 4 et 5 : dix ans ou douze. — *Ms. B* 6 : quarante ans. F° 343.

P. 2, l. 12 et 13 : necessités. — *Le ms. B* 6 *ajoute* : tavernes de toutes manières de vins osy bien que che fust à Londres. F° 343.

P. 2, l. 19 : Tierenois. — *Mss. A* 1 *à* 6, 18 *à* 22 : Therouennois. F° 152. — *Mss. A* 7 *à* 10 : Therenois. F° 136 v°. — *Mss. A* 11 *à* 14 : Theuoroilenois. F° 145. — *Mss. A* 23 *à* 29 : Ternois. F° 169 v°. — *Mss. A* 30 *à* 33 : Tirenoiz. F° 190 v°. — *Ms. B.* 3 : Tiernois. F° 135 v°.

P. 3, l. 1 : menues gens. — *Ms. B* 6 : qui tout se vivoient de la mer. F° 344.

P. 3, l. 11 : deux estrelins. — *Ms. B.* 6 : six estrelins. F° 344.

§ 289. P. 3, l. 16 ; Li dus. — *Ms. d'Amiens* : Tout ce tamps de le moiienné d'avril jusques à le moiienné de septembre,

demora li dus de Normendie à siège devant le fort castiel d'A-
guillon, en Gascoingne, et y fist maintes fois assaillir par di-
viersses mannierres, et mout y eut de bonne chevalerie et de
noble avoecq lui. Et y mist grant coustages d'enghiens et d'autres instrummens et atournemens d'asaut, desquelx messires
Loeis d'Espaingne, chilx bons chevaliers de qui vous avés oy
parler ens ès guerres de Bretaingne, estoit souverains et ordon-
nères, car li dis dus avoit plus de fianche en lui et en son consseil, que il n'ewist en tout le demorant de son host. Si y trouva
li dis messires Loeis d'Espaingne, le siège durant, maint nouviel
et soutil enghien dont on n'avoit oncquez veu user devant che,
pour chiaux de le ditte fortrèche grever et adammagier ; mès
dedens avoit si bonne bachelerie que il se deffendoient bien contre
tout et deffendirent, si comme vous avés chy dessus oy. Ende-
mentroes que cilz sièges se tenoit devant Aguillon et que tous les
jours priès y avoit assault et escarmuches, ungs assaux se fist
de chiaux de l'ost à chiaux de dedens, et y eut pluisseurs belles
appertisses d'armes faittes. Avint que messires Phelippes de
Bourgoingne, filz au duc de Bourgoingne et cousins germains
au duc de Normendie, et qui estoit li ungs des biaux chevaliers
de toutte l'ost de son eage, et qui vollentiers s'avanchoit en armes, entendi de cel assault qui jà estoit coummenchiéz ; si s'arma
vistement et monta sus un courssier durement appert, pour son
corps avanchier et pour plus tost venir à l'assault, et le feri des
esperons. Li courssiers qui estoit durement fors et rades et orguilleus, se mist au cours et s'abusça parmi un fosset, et chei
en lui touillant sus le dit monsigneur Phelippe de Bourgoingne,
et le confroissa et bleça tellement que li chevaliers n'eut oncquez
puis bonne sancté, mès morut assés briefment, dont li dus de
Normendie fu trop durement courouchiés : che fu bien raisons,
car c'estoit li plus puissans de linaige, d'iretaige et de ricoise de
toutte Franche.

Assés tost apriès ceste aventure, vinrent les nouvellez au dit
ducq de le bataille de Crechi et de le grant desconfiture qui y
avoit estet. Et remandoit li roys son fil le duc de Normendie, et
li senefioit qu'il s'en revenist en Franche et deffesist son siège de
devant Aguillon. De ces nouvellez fu li dus de Normendie durement courouchiés, che fu bien drois, car il avoit juret le siège et
dit qu'il ne s'em partiroit, si aroit le castiel à se vollenté ; mès
li mandement dou roy son père escusoient et dispenssoient son

sierement. Non obstant ce, ces lettrez veues, il manda en sa tente tous lez grans seigneurs de l'ost qui là estoient, le ducq de Bourgoingne, le duc de Bourbon, monsigneur Jaqueme de Bourbon, le comte de Forès, le daufin d'Auviergne, le comte de Vendosme, le comte de Laille, le comte de Ventadour, le comte de Bouloingne, le comte de Nerbonne, monseigneur Loeys d'Espaingne et monseigneur Carle d'Espaigne, son fil, seigneur de Partenay, le seigneur de Crain et pluisseurs autres bannerès et chevaliers qui là estoient, et leur compta lez nouvelles que on leur avoit apportées, et le mandement que li roys ses pères li faisoit. Si leur pria amiablement que sour ce il li volsissent conssillier honnerablement. Tout chil seigneur furent durement courouchiet et dolant de ces nouvelles et de le desconfiture de Crechi, che fu bien raisons, car li courounne de Franche estoit moult afoiblie de haulte honneur, et ce ne fu mies merveillez; nekedent il conssillièrent au dit duc, tout d'un acort et d'une vois, et li dissent que se plus haute honneur seroit et estoit dou raller deviers le roy son père, qui le mandoit, que là demourer, seloncq che que avenu estoit et seloncq l'estat dou royaume qui à lui parvenir devoit. Adonc fu ordounné et coummandé que chacuns toursast et deslogast au matin et sieuwist les bannierrez.

Quant ce vint au matin, chacuns se hasta de toursser et de deslogier et sieuwir les bannierres. Chil qui estoient dedens Aguillon, perchurent tantost que li hos se deslogoit et s'en alloit en voiez. Sitos que messires Gautiers de Mauny vit chou, il se courut armer et fist tous ses compaignons armer et monter sour lors chevaux, et passèrent parmi le pont qui fais y estoit, et vinrent as loges. Si trouvèrent des gens assés qui derière estoient atargiés; si leur coururent sus et en ocirent grant plenté. Li dis messires Gautiers ne se vot mies là arester, ains fist son pignonciel chevauchier avant jusques à l'arière garde, qui les darrains volloit rataindre et garder, et dont messires Carles d'Espaingne, qui portoit les armes de Castille à un quartier de France, estoit chiés. Là coummencha ungs hustins très grans et très durs, et y eut pluisseurs chevaliers et escuiers d'un lés et d'autre reverssés. Touttesfois, Englès et Gascon s'i portèrent si bien que il obtinrent le plache. Et fu desconfite ceste arrière garde, et pris ungs bons chevaliers de Normendie, mout amis et prochain dou duc, qui se clamoit messires Grimoutons de Cambli. Et retourna messires Gautiers de Mauny avoecq ses compaignons dedens Aguillon et ramenèrent des pourveances et dou harnas assés des Franchois avoecq pluisseurs prisonniers.

Quant li compaignon de Aguillon eurent fait leur chevauchie, enssi comme vous avés oy, et il furent rentrés à tous leurs prisonniers et lor gaing ou dit castiel, il demandèrent bellement et sagement à aucuns gentilz hommes qu'il tenoient pour prisonniers, pourquoi li dus s'estoit deslogiés si soudainnement. A envis le disoient, mès on les examina et pria tant qu'il le dissent, et recordèrent touttes les avenues qui estoient avenues au roy englès et à ses gens, et coumment il avoit à Crechi desconfit le roy de Franche et se puissance, et leur recordèrent le grant cantitet des prinches et des seigneurs qui demouret y estoient, et coumment li roys englès avoit assegiet le forte ville de Callais. De ces nouvelles furent li compaignon de Aguillon durement liet, et en firent à leurs prisonniers milleur compaignie et toutte le bonne chière qu'il peurent. A l'endemain, ils departirent leur butin. Si eschei messires Grimoutons de Cambli en le part de monseigneur Gautier de Mauny, parmi un restorier qu'il fist as compaignons, et demoura ses prisonniers. F° 96.

— *Ms. de Rome :* Li dus Jehans de Normendie, toute la saison, avoit tenu son siège devant Agillon, et là dedens enclos les bons chevaliers d'Engleterre, messire Gautier de Mauni et les aultres qui si vaillanment s'i estoient tenu et porté, et tenoient encores que, pour asaut que on lor fesist, onques ne s'esbahirent, mais furent trois jours tous reconfortés, non que li dus de Normendie se tenist là pour cose que li castiaus de Agillon vausist, fors que par droite herredrie et merancolie ; car on euist fait quatre tels castiaus que Agillon est, pour ce que li sièges cousta au roiaulme de France. Et encores avint uns grans mesciés entre les François, ensi que je vous recorderai, et environ la moiienné d'aoust que li rois d'Engleterre passoit parmi le roiaulme de France. Il avint que une escarmuce se fist devant le chastiel d'Agillon, des chevaliers et esquiers de l'hoost à l'encontre de ceuls de dedens qui vaillanment les requelloient, toutes fois qantes fois que il estoient requis et assalli.

Assés nouvellement estoit venus en l'oost mesires Phelippes de Bourgongne, fils au duch Oede de Bourgongne, pour ce temps, contes d'Artois et de Boulongne, et cousins germains au duch de Normendie. Chil mesires Phelippes de Bourgongne estoit uns moult jones chevaliers et de grant volenté, ensi que là le moustra ; car si tretos que li escarmuce fu conmenchie, il ne volt pas estre des darrains, mais se fist armer et monta sus un coursier fort et rade durement et de grant haste, pour plus tos venir à l'escarmuce. Li dis mesires Phelippes de Bourgongne prist une adrèce parmi les camps, et broça coursier des esporons, liquels estoit grans et fors, et qui se esquella au cours et enporta le chevalier, tout maugré lui : siques, en traversant et sallant un fosset, li coursiers trebusça et cei et jetta le dit mesire Phelippe desous lui. Onques il ne pot estre aidiés ne seqourus, mais fu si confroissiés que onques depuis n'ot santé, et morut dedens trois jours après ; dont li dus de Normendie et tout li signeur furent durement courechiet et à bonne cause.

Assés tos apriès ceste aventure et la mort dou dit mesire Phelippe de Bourgongne, vinrent les nouvelles en l'oost de la desconfiture de la bataille de Crechi. Et remandoient li rois de France et la roine, lor fil, le duch de Normendie, et li enjoindoient expresseement et especiaument, toutes paroles et ensongnes misses arrière, il se partesist et deffesist son siège, et retournast en France pour aidier à deffendre et garder son hiretage. Et avoecques tout ce encores li segnefioient il le grant damage que li noble du roiaulme de France avoient pris et eu par celle bataille de Creci. Quant li dus de Normendie ot leu tout au lonc ces lettres, si pensa sus moult longement, et en demanda consel as contes et as barons, qui dalés lui estoient, car moult à envis se departoit, pour la cause de ce que il en avoit parlé si avant. Li signeur li dissent que tout estoit reservé, puisque père et mère le mandoient, et que bien et par son honnour il se pooit departir. Si fu adonc ordonné et arêsté que, à l'endemain, on se deslogeroit, et retourneroient toutes gens en France : des quelles nouvelles la grignour partie de ceuls de l'oost furent moult resjoï, car chils sièges lor avoit esté trop lontains et moult pesans. La nuit passa. Qant ce vint au point dou jour, on se conmença à deslogier et à tourser tentes et trés et tout mettre à charoi et à voiture. Et se hastoit et delivroit casquns dou plus tos conme il pooit, et se missent tout au cemin environ solel levant. Li compagnon, qui dedens Agillon estoient, perchurent cel affaire que on se deslogoit ; si en furent tout esmerviliiet.

Les nouvelles en vinrent à mesire Gautier de Mauni, qui tous jours estoit des premiers levés et des darrains couchiés. Sitos que il le sceut, il fu armés et apparilliés, et aussi furent tout li compagnon, et montèrent as chevaus : « Or tos, dist il, li François s'en vont sans dire adieu. Il fault que il paient lor bien allée en auqune manière, et fault que il aient auqunes nouvelles qui lor soient venues de France, car li rois, nostres sires, est deçà la mer; et poroit avenir que ils et ses gens aueroient combatu les François, et i poroit avoir eu une grande desconfiture. Il nous en fault sçavoir, conment que ce soit, la verité; car c'est tout acertes que il se deslogent pour celle saison. » Adonc se departirent euls de le forterèce de Agillon en grant volenté, et estoient bien trois cens, messires Gautiers de Mauni tout devant. Et s'en vinrent ferir et fraper en la qoue de ces François qui s'en aloient; et trouvèrent d'aventure un chevalier de Normendie, mestre d'ostel dou duch, et de son consel, et estoit demorés derrière, pour faire haster le charoi et le sonmage : ils et tout chil qui avoecques lui estoient, furent pris, et biaucop encores d'aultres. Et retournèrent messires Gautiers de Mauni et les Englois dedens Agillon, et i ramenèrent tout le butin et les prisonniers.

Par ce chevalier de Normendie sceut li dis mesires Gautiers de Mauni tout ce qui avenu estoit en France, et conment li rois d'Engleterre avoit pris terre en Normendie et estoit venus tout son cemin, ardant et essillant le pais, et avoit passet la rivière de Sainne et de Sonme, maugré tous ses nuisans, et arestés à Crechi en Pontieu, et là atendu deux jours le roi de France et sa poissance et combatu et desconfi et cachiet en voiies. Et i estoient mort et demoret sus la place onse chiés de païs, quatre vins banerès et douze cens chevaliers et plus de trente mille honmes d'autres gens. Et aprièz tout ce, il estoit alés mettre le siège devant la forte ville de Calais. De ces nouvelles fu li dis messires Gautiers de Mauni si resjoïs que il n'en vosist pas tenir cent mille frans, et dist au chevalier, lequel on nonmoit mesire Mouton de Cambeli : « Cambeli, des rices et bonnes nouvelles que vous avés dites, vous en vaudrés grandement mieuls. » F° 125.

P. 4, l. 8 : Li dis messires. — *Ms.B* 6 : Messires Phelippes, pour eulx veoir, demanda son coursier, comme a ung grant seigneur qui pluiseurs en avoit; on luy amena ung jone poulain, que nouvellement on luy avoit envoiet et sur lequel il n'avoit oncques monté. Quant on lui ot amenet, il le refusa, pour che que oncques ne l'avoit chevauchiet. Et ensy que on en aloit querir ung aultre, vey que ches escarmuches estoient trop belles. Adonc messires Phelippes, qui eult grant desir de veoir, dist : « Amène me che

coursier. Je monteray desus ; chis aultres vient trop longement. »
Il monta sus et le fery des esporons et le hasta moult. Che poullain,
qui les esporons ne connisoit, se commencha à enorguillier et à se
mentenir merveilleusement et assallir et atreper diversement. Et
messires Phelippes, pour lui aprivisier, le feroit des esporons
aigrement. Che coursiés enporta son seigneur de telle fachon que
il n'en peult estre maistre, et l'enporta parmy ung fosset où il
trebuscha li uns dessus l'autre. Oncques il ne pot estre à tamps
aidiés qu'il ne fust blechiés et sy froisiés que oncques puis il
n'eut sancté, mais morut dedens quinze jours : dont tous les seigneurs furent durement courouchiés, car c'estoit le plus riches et
le plus grant de linaige du royaume de Franche. F° 345 et 346.

*Dans les mss. A 1 à 6, 11 à 14, 18, 19, le chapitre ne se ter-
mine pas à :* « Aguillon; » *et la phrase se continue ainsi :* et qui
dedens avoit assiegié les bons chevaliers d'Angleterre, messire
Gaultier de Mauny.... F° 152 v°.

P. 5, l. 7 : fourfait. — *Ms. B 6* : sy ques le duc de Normendie ne fut mies adonc maistres de son argu. F° 347.

P. 5, l. 15 : deslogoient. — *Ms. B 6* : Et yssirent hors et
ferirent en la keue ; et y prirent des chevaliers et des escuiers
qui s'estoient trop tart levet et des chevaulx et du harnast.
F° 347.

P. 5, l. 22 : soixante. — *Mss. A 20 à 32* : quarante. F° 219.

§ 290. P. 6, l. 14 : Depuis. — *Ms. d'Amiens :* Avint ung peu
apriès que messires Gautiers de Mauny dist à sen prisonnier, qui
li offroit trois mil viés escus pour se raenchon : « Grimouton,
Grimouton, je say bien que, se je vous volloie presser, vous me
paieriez bien de raenchon cinq mil ou six mil escus, car vous
estes ungs grans chevalierz en Normendie et forment amet dou
duc. Si vous diray que vous ferés : vous yrés, sur vostre foy, par
deviers le duc vostre seigneur, de qui linage et consseil vous
estes, et me pourcacherés que j'aye une lettre ouverte, seellée
de son seel ou dou seel le roy de Franche, son père, que je
puisse cevaucier seurement parmy le royaumme de Franche à
vingt chevaux tant seullement, mon escot payant raisonnablement
de ville en ville, d'ostel en ostel, tant que je soie venus devant
Calais deviers le roy, mon seigneur, que je desir moult à veoir,
et ne vorai jesir en nulle ville que une nuit et bien païer mon
escot ; et, se ce ne me poés impetrer, vous revenrés chy dedens

ung mois. » Li chevaliers li creanta loyaument qu'il en feroit son pooir. Si se parti dou signeur de Mauny et vint en France deviers le duc de Normendie, et impetra de lui un sauf conduit pour le dit seigneur de Mauni, et le raporta arrière en Aguillon, où il fu recheu à grant joie. F° 96 v°.

— *Ms. de Rome:* Depuis ne demora gaires de temps que li dis mesires Gautiers de Mauni, qui très grant desir avoit de venir devant Calais et de veoir son signeur le roi d'Engleterre, mist en parole le chevalier et li dist : « Cambeli, je sçai bien que vous estes moult proçains dou duch de Normendie, et je desire à aler devant Calais et veoir mon naturel signeur le roi d'Engleterre. Se vous poés tant faire et esploitier, sus une relaxion que je vous ferai, qui sera telle : je meterai en souffrance votre prise, et vous recrerai courtoisement sus vostre foi, tant que vous serés alés deviers le duc vostre signeur et enpieterés, ou nom de moi, un bon sauf conduit, que je puisse passer et cevauchier parmi le roiaulme de France, et aler devant Calais, moi vintime tant seullement, et point dormir en une ville, non plus de une nuit, se trop grande necessité ne le fait, et bien paiier partout. Et entendés li sauf conduis soit tels que je m'i puisse bonnement asegurer, et vous retourné deviers moi, ou cas que vous le m'aporterés, je vous ferai de vostre raençon si bonne compagnie que vous vodrés. »

Li chevaliers ot grant joie de ceste parole et respondi : « Chiers sire, vous devés sçavoir que ma ligance veroi je volentiers, et je m'en meterai en painne. Vous ferés un ject sus quel fourme vous vodrés avoir le sauf conduit, et nonmerés tous ceuls que vous vodrés avoir en vostre compagnie ; et, sus l'escript que vous me baillerés, je ordonnerai ma requeste et priière. » Mesires Gautiers respondi : « Vous dites bien. » Il fist escrire tantos une lettre qui contenoit auques la manière dou sauf conduit, et puis le bailla au chevalier, et li dist: « Cambeli, tenés, qant vous venés par de delà, si le faites, par un clerc qui s'i congnoise, groser sus la fourme et ordenance que on a en France ; et le faites faire si bien, se li dus le vous voelt acorder, que il me puist partout sus mon cemin valoir. » — « Certes, sire, respondi li chevaliers, je en ferai en toutes manières bien mon acquit. »

Li chevaliers se departi de Agillon et cevauça tant par ses journées que il vint à Paris et trouva le duch de Normendie, son seigneur, qui fu moult resjoïs de sa venue, et li demanda tantos conment il avoit finet. Li chevaliers li compta la fourme et matère, ensi que chi desus est contenu. Li dus tantos li acorda et li dist : « Faites le escripre dou mieuls que vous poés ; nous le saiellerons. Ce nous monte petite cose, qant ils, li vintime tant seullement, voelt courtoisement passer parmi le roiaulme de Franche. Et se de vous riens n'estoit, il est bien si gentils chevaliers et si loiaus, que là où il m'en requerroit ou prieroit, je li acorderoie, car ce ne nous touce à nul prejudice. » Li chevaliers fu tous resjoïs de ceste response, car il en pensoit grandement mieuls valoir, ensi que il fist. Et fu li sauf conduis escrips et grossés dou mieuls que on le pot ne sceut faire à l'usage et setille de France, ne riens n'i ot oubliiet, qui i fesist à mètre. Li dus de Normendie le fist seeler et le bailla au chevalier, qui tantos se mist au retour, et cevauça tant par ses journées que il retourna en Agillon.

De sa venue et dou sauf conduit que il aportoit, fu mesires Gautiers de Mauni tous resjoïs, et le fist lire, et li sambla très bons et très bien fais, ensi que il estoit, et aussi fist il à tout son consel. Si dist ensi au cevalier : « Cambeli, vous avés bien exploitié à ma plaisance, et je vous tenrai vostre pronmesse. Je vous quite vostre prise et vostre foi, et poés partir toutes fois que vous volés. » — « Sire, dist li chevaliers, grant merchis ; je n'euise osé avoir demandé si avant. » Depuis ne sejourna li chevaliers que un jour. Il se mist au retour en France, quites et delivrés de sa prison. Considerés, je vous pri, la vaillance et la bonté de messire Gautier de Mauni, et la grande affection que il avoit à veoir son signeur le roi d'Engleterre, car il euist eu dou chevalier que il quitta cinq ou siis mille florins, se il vosist, et il le laissa aler legierement, par la manière que dit vous ay. F^{os} 125 v° et 126.

P. 6, l. 21 : trois mille. — *Ms. B.6* : deux mille. F^o 348.

§ **291.** P. 7, l. 30 : Assés. — *Ms. d'Amiens* : Sus le conduit dou duc de Normendie, se mist [en voie] li sirez de Mauny à vingt chevaux seullement, et passa parmy Franche sans nul empecement et vint jusques à Orliiens. Là fu il arestéz et ne peut estre desarestés pour lettrez qu'il moustrast. Si fu amenés à Paris deviers le roy, et là fu il en grant peril et en grant dangier ; et volloient li plus dou consseil dou roy que on li coppast le teste pour ses grans baceleries, tant estoit il fort hays. Finablement, li dus de Normendie, sus quel conduit il alloit, exploita tant pour lui qu'il fu delivréz sans nul dammaige. Et vint li gentils chevaliers devant Calais, où il fu grandement bien festiiés dou roy d'Engleterre et de tous les seigneurs. F° 96 v°.

— *Ms. de Rome:* Messires Gautiers de Mauni ordonna ses besongnes et s'en vint à Liebourne, où li contes Derbi se tenoit, et li remoustra conment il voloit cevauchier parmi France, et aler devant Calais veoir le roi son signeur et le prince de Galles, son fil, et les signeurs et cevaliers d'Engleterre.

A tout ce s'acorda assés li contes Derbi et escripsi lettres, qui devoient venir au roi, et les bailla à mesire Gautier de Mauni, liquels s'en carga de l'aporter. Assés tos aprièz, toutes ses besongnes furent prestes et se departi d'Aquitaines, lui vintime, ensi que son sauf conduit parloit, et se mist au cemin, et passa Agens et Agenenois et Limosin. Et par tout les chités et bonnes villes où il venoit, il moustroit son sauf conduit; pour l'onnour dou duch de Normendie, il estoit partout delivrés et passa ensi sans nul empecement, tant que il vint en la chité d'Orliiens.

Quant il fu là venus, il se traist à ostel et se ordonna là à demorer dou disner et dou souper, pour lui rafresqir et ses gens, et faire refierer ses cevaus, et pour partir à l'endemain. On li souffri à prendre toutes ses aises. Au matin, qant il ot oy messe, li ballieus d'Orliiens vint deviers li et mist un arest sus lui de par le roi de France. Tantos mesires Gautiers de Mauni moustra son sauf conduit et se quida delivrer parmi che, mais non peut. Et dist li baillieus que il li estoit conmandé estroitement que il le menast à Paris. Force ne esqusance ne sauf conduit ne aultre cose ne valli riens à messire Gautier de Mauni. Et fu li baillieus fors de li, et amena à grant cevauchie de gens d'armes le dit messire Gautier tout courtoisement, et ses gens, à Paris. Euls là venu, on mist les gens et les chevaus de messire Gautier à hostel; et le chevalier, on le bouta en la prison de Chastellet. Et li fu delivrée une cambre assés honeste, et avoit de ses varlés deus ou trois avecques li, qui li aministroient tout ce que à lui apertenoit.

Qant la congnisance en fu venue au duch de Normendie conment mesires Gautiers de Mauni, sus se asegurance et sauf conduit, avoit celle painne et desplaisance que estoit pris et mis en prison, en Chastellet, là où on met et boute les larrons, si en fu durement courouchiés, et s'en vint deviers le roi, son père, et li demanda pourquoi il l'avoit fait prendre, qant il li avoit donné, sus son seelé, sauf conduit pour li vintime seullement, et il passoit courtoisement et paioit partout bien, ne nuls ne se plaindoit de li. Li rois de France, qui haioit mortelment le chevalier pour ses grandes vaillances, respondi à son fil et dist : « Jehan, je l'ai fait prendre voirement. Vous n'avés pas ens ou roiaulme de France, encores tant que je vive, si grande poissance que pour donner ne seeler sauf conduit à mes adversaires; et pour ce que vous vos en estes avanciés, je le ferai pendre par le col : se s'i exemplieront li aultre. » — « Monsigneur, respondi li dus, se vous faisiés ce faire, jamais en toute ma vie je ne m'armeroie pour la guerre de France à l'encontre des Englois, ne tout chil qui destourner je poroie ; et en feroie pendre tant de ceuls qui ce consel vous donnent et qui par envie grieuvent le chevalier que aussi tout li aultre s'i exemplieroient. » Et se departi adonc li dus de Normendie, par grant mautalent, de la cambre le roi son père, et se tint bien quinse jours que point n'aloit deviers le roi. Li rois disoit à le fois que il le feroit pendre, et en estoit grant nouvelle dedens Paris. Et par trois ou quatre samedis, moult grant peuple s'asambloit devant Chastellet, et couroient vois et renonmée : « On pendera Gautier de Mauni ; alons le veoir. »

Li gentils chevaliers estoit en prison en Chastellet et non à sa plaisance, car il sentoit le roi de France durement crueuls et hauster, et son consel desraisonnable : si ques, qant tellès imaginations li venoient devant, il avoit grande angousse de coer, et faisoit chanter messe dedens Chastellet tous les jours devant lui, et donner tous les jours l'aumonne de l'argent de siis esqus de Phelippe. Et prioient les povres gens pour lui, et vosissent bien, pour la convoitise de l'argent et avoir l'aumonne, que il demorast un grant tempore en prison.

Uns chevaliers de Hainnau et de Cambresis, qui se nonma messires Mansars d'Esne, et son cousin, si tos que il sceut la prise de mesire Gautier, il vint à Paris et poursievi le duch de Normendie caudement. Et bien voloit li dus que il en fust poursievois, car ce estoit la cose dou monde qui pour ces jours li aloit plus priès dou coer, et disoit bien à ceuls qui le dit chevalier pourcaçoient : « Ne vous esbahissiés en riens de Gautier de Mauni; car il n'i a si osé en France, reservé monsigneur mon père, qui l'ose jugier à mort ne mettre ; et monsigneur brisera uns de ces jours son aïr, et le rauerés quite et delivré. » En ce dangier, peril et aventure fu messires Gautiers de Mauni bien sept semainnes. Et aussi li dus de Normendie n'eslongoit point Paris, mais petit antoit l'ostel dou roi, et tant que chil qui le plus avoient apressé le chevalier, furent chil qui dissent au roi : « Sire, il vous fault brisier de ce Englois qui vous tenés en prison, car monsigneur de Normendie, vostres fils, l'a encargiet. Et au voir dire et à considerer raison, petit puet il faire ne avoir en Franche, se il ne puet donner un sauf conduit. Et se vous aueriez fait morir le chevalier, pour ce ne seroit pas vostre guerre achievée deviers les Englois, ne pour un cent de tels; et se i prenderoit vostres fils si grant desplaisance que il le mousteroit de fait, et jà en veons nous les apparans. »

Li rois conchut et entendi ces paroles bien parfaitement et senti assés que on li disoit verité, et que il n'avoit que faire de nourir nulle haine deviers son hiretier, pour un chevalier. Si fist li rois mettre hors de Castelet messire Gautier de Mauni, et mener par mesire Bouchicau et par mesire Guichart d'Angle, qui lors estoient jone chevalier, mesire Gautier de Mauni à son hostel où ses gens estoient logiet. Et avoient tout dis esté, depuis que il fu mis en prison, au Chastiel Festu, à le Crois en Tiroi; et fu là laissiés des chevaliers. Et sus le soir on li vint dire, de par le roi, que à l'endemain li rois voloit que il venist disner à l'ostel de Nielle, où il se tenoit conmunement; et mesires Gautiers l'acorda. Qant ce vint à l'endemain, li rois l'envoia querir moult notablement par ses chevaliers, qui l'amenèrent tout au lonc des rues de Paris et montés sus cevaus, et passèrent Grant Pont et Petit Pont et venirent à Nielle dalés les Augustins; et là fu il receus moult honnourablement de tous les chevaliers dou roi. Et fu li asisse adonc de la table dou roi, li arcevesques de Sens, premiers, et puis le roi, et desous, mesire Jaquemes de Bourbon et mesire Gautier de Mauni : plus n'en i ot à celle table.

Et là sus la fin dou disner, on presenta à mesire Gautier de Mauni, de par le roi, moult rices jeuiaulx d'or et d'argent, et furent mis et assis devant lui sus la table. Li chevaliers, qui fu moult sages et moult honnerables, remercia grandement ceuls qui jeuiauls avoient aportés : ce fu li sire de Biaujeu et mesire Carle de Montmorensi. Qant li heure vint de lever la table, encores estoient li jeuiel sus la table. On dist à mesire Gautier : « Sire, faites lever ces jeuiauls par vostres gens, car il sont vostre. » Mesire Gautier respondi et dist : « Je n'ai pas deservi à recevoir dou roi de France si grans dons; et qant je li auerai fait service qui le vaille, je prenderai bien ce don ou aultres. » On detria sus cel estat un petit. Li rois volt sçavoir quel cose il avoit respondu. On li dist. Li rois pensa sus et puis dist : « Il est frans homs et loiaus. Or li demandés de par nous conment il les voelt prendre, car nous volons que il li demeurent. » On retourna à mesire Gautier de Mauni, et li fu dite la parole dou roi. Il respondi à ce moult prudentement et dist : « Je les prenderai par condition tèle que je les ferai porter avoecques moi devant Calais, et en parlerai au roi mon signeur; et se il li plaist que je les retiengne, je les retenrai, et aultrement non. » Ceste parole fu recordée au roi. Li rois l'en sceut bon gré et dist: « Faites li lever sus. Nous le volons. » Donc fist lever sus les jeuiauls messires Gautiers de Mauni, par mesire Mansart d'Esne, son cousin, et valoient bien mille florins.

Ce disner fait, messires Gautiers prist congiet au roi; li rois li donna. Et se departi de Nielle et fu raconvoiiés des cevaliers dou roi à son hostel et là laissiés. Mais au souper, li dus de Normendie l'eut, et toutes ses gens, et lor fist très bonne chière, et donna à casqun ou coupe ou hanap d'argent, et fu raconduis à son hostel des chevaliers dou duch. Et fist li rois de France compter et paiier tout ce que il avoit fraiiet à Paris, tant en prison conme aillours, là où on le pot sçavoir. Et qant, au matin, messires Gautiers de Mauni deubt monter à cheval, li dus de Normendie li envoia une hagenée amblans, et un coursier bon ou pris de mille livres. Ensi se departi mesires Gautiers de Mauni de Paris, et cevauça depuis toute la frontière de France en segur estat, tant que il vint devant Calais et en la ville nove dou roi.

De la venue messire Gautier de Mauni furent li rois et li princes son fil et tout li signeur de l'oost moult resjoï, car bien avoient oï parler dou peril et dou dangier où il avoit esté. Assés tos apriès ce que il fu là venus, et que il ot parlé au roi de pluiseurs coses, il li remoustra par paroles moult sagement, conment, sa delivrance faite, on l'avoit honnouré à Paris, et que li rois de France li avoit, seans à table, fait presenter moult riches dons et jeuiauls; mais nuls n'en avoit retenus, fors par condition se il li plaisoit, et non aultrement. Li rois d'Engleterre respondi à ce et dist : « Gautier, nous avons assés pour vous donner; renvoiiés li. Nous ne volons que vous en retenés nuls. » Sus ceste parole, mesires Gautiers prist tantos les jeuiaus ceuls que li rois li avoit fait presenter, et dist à son cousin, mesire Mansart d'Esne : « Il vous fault cevauchier viers Paris, et rendre au roi ou à ses conmis ces jeuiauls; car li rois mon signeur ne voelt point que je en retiengne nuls. » Mesires Mansars d'Esne fu tous apariliés de faire ce mesage et se ordonna sur ce, et se departi dou siège de Calais et esploita tant par ses journées que il vint à Paris. Qant il fu là venus, ils qui estoit assés congneus en l'ostel dou roi, car on li avoit veu pluiseurs fois, se traist avant et fist tant que il fu menés devant le roi, pour faire son message, et le fist bien et sagement, et remercia grandement le roi de par mesire Gautier de Mauni; mais, tant que des jeuiauls, il les avoit raportés. Donc demanda li rois où li jeuiel estoient; il dist: « Sire, il sont ceens et tous près de mettre là où vous le conmanderés. » Li rois regarda sus le chevalier et dist: « Va, va; je le tes donne. Nous en avons encores des aultres assés. » Ensi fu enrichis mesires Mansars d'Esne, des jeuiauls dou roi. Nous lairons un petit à parler de ces besongnes ichi, et retournerons à celles de Gascongne. F° 126 v° à 127 v°.

P. 8, l. 32 : de Haynau. — *Le ms. B 6 ajoute:* et de Cambresis. F° 350.

P. 9, l. 6 : frès. — *Mss. A 20 à 22*: que à cause de l'arrest avoit eu. F° 220.

P. 9, l. 8 : Nielle. — *Mss. A 1 à 6*: Neelle. F° 154. — *Ms. B*. 3 : Nesle F° 137.

P. 9, l. 9 : jeuiaulz. — *Ms. B 6* : d'or et d'argent. F° 350.

P. 10, l. 20 : le roy. —*Ms. B 3 :* car n'osa refuzer de les prendre. F° 137 v°.

P. 10, l. 21 : dou prendre. — *Mss. A 18, 19*: au prendre. F° 154. — *Mss. A 30 à 33*: du reprendre. F° 191 v°.

§ 292. P. 10, l. 22 : Vous avés. — *Ms. d'Amiens* : En ce meisme tamps, mist li comtez Derbi, qui se tenoit à Bourdiaux et estoit tenus toutte le saison, une chevauchie sus de Gascons et d'Englèz, et passa à Blaves, et à tout ses gens d'armes entra en Poito. F° 96 v°.

— *Ms. de Rome :* Vous avez bien oï recorder conment li contes Derbi, les François seant devant Agillon, s'estoit tenus à Bourdiaus sus Geronde ou à Liebourne. Assés tos après que messires Gautiers de Mauni se fu departis de li et du païs, sus la fourme que tous avez oï, li dis contes s'avisa et dist que trop avoit sejourné, et que il voloit faire une cevauchie en Poito et en Saintongle. Si fist son mandement sus tous ceuls desquels il pensoit à estre aidiés, et asigna journée à estre à Bourdiaus. A ce mandement vinrent de Gascongne li sires de Labret, li sires de Mouchident, li sires de Copane, li sires de Pumiers et mesires Helies son frère, li sires de Lespare, li sires de Rosem, li sires de Duras, li sires de Landuras, li sires de Courton, li sires de Labarte, li sires de Taride, li sires de Gervols et de Carles, li sires de Longeren, et tant que il furent bien douse cens lances et deus mille gros varlès à lances et à pavais.

Si passèrent toutes gens d'armes et aultres la grose rivière de la Geronde et prissent le chemin de Mirabiel. Qant il furent venu jusques à là, il asallirent la ville et le prisent d'asaut; mais au chastiel ne porent il riens fourfaire, car il est trop fors et s'est bien gardés tous jours par usage, pour tant que il fait frontière sus la Giane. Et puis chevauchièrent deviers Aunai et conquissent ville et chastiel et puis Surgières et Benon. Et vinrent devant Marant, à quatre lieues de la Rocelle, mais il le trouvèrent si fort que point n'i tournèrent pour le asallir. Et passèrent oultre, et puis vinrent à Luzegnen et ardirent la ville, mais au chastiel il ne fourfissent riens et laissièrent derière euls Pons en Poito et Saintes; mais pour tant que elles estoient fortes et bien pourveues, ils n'i livrèrent nuls assaus. Et laissièrent Niorth et Chiset et point n'i assalirent; et vinrent à Taillebourc sus la Carente : si conquissent la ville et le castiel, et prisent tout et ardirent et desemparèrent. F^{os} 127 v° et 128.

P. 11, l. 2 : A le semonse. — *Ms. B*6 : Il prist le signeur de Labreth, le sire de Lespine, le signeur de Machident, le signeur de Caumont, le segneur de Pumers, le signeur de Condon, le seigneur de Tarse et pluiseurs aultres chevaliers, gascons et englès du pais bourdelois. F^o 351 et 352.

P. 11, l. 4 : Rosem. — *Mss. A* 1 à 14, 18 à 22 : Rostin. F^o 154 v°. — *Mss. A* 30 à 33 : Rosam. F^o 191 v°. — *Ms. B* 3 : Rosan. F^o 137 v°.

P. 11, l. 5 et 6 : Longuerem. — *Mss. A* 15 à 17 : Langoran F^o 154. — *Mss. A* 23 à 29 : Bougueton. F^o 171 v°. — *Mss. A* 30 à 33 : Bouqueton. F^o 191 v°. — *Ms. B* 3 : Langorren F^o 137 v°.

P. 11, l. 6 : Aymeris. — *Mss. A* 20 à 23 : Aymon, Aymond. F^o 154 v°.

P. 11, l. 6 : Tarste. — *Mss. A* 1 à 6 : Tarsse. F^o 154 v°. —

Mss. A 23 à 29 : Traste. F° 171 v°. — *Mss. A* 20 à 22 : Taride. F° 221.

P. 11, l. 8 : douze cens. — *Ms. B* 3 : deux cens. F° 137 v°.

P. 11, l. 9 : pietons. — *Mss. A* 15 à 17 : brigans à piet. F° 154. — *Mss. A* 20 à 22 : compaignons de piet. F° 22.

P. 11, l. 10 : passèrent : — *Ms. B* 6 : et passa la mer et la rivière de Gironde desous Blaves. Et puis chevaucha tant qu'il vint à Taillebourcq et le conquist, puis entra ens ou pais de Poitou et conquist le bonne ville de Messières, après conquist Surgières, Ausnay et puis Mirabel et puis Mortaigne sur la mer. F° 352.

P. 11, l. 13 : Mirabiel. — *Ms. B* 3 : Miranbel. F° 137 v°

P. 11, l. 16 : Ausnay. — *Mss. A* 20 à 22 : Aulnay. F° 221. — *Mss. A* 23 à 29 : Ausnoy. F° 172. — *Mss. A* 15 à 17, 30 à 33 : Annoy. F° 154. — *Ms. B* 3 : Annay. F° 137 v°.

P. 11, l. 17 : Benon. — *Mss. A* 20 à 22 : Vernon. F° 221.

P. 11, l. 18 : Marant. — *Mss. A* 20 à 22 : Maurant. F° 221.

P. 11, l. 18 : quatre. — *Mss. A* 30 à 33 : trois. F° 191 v°.

P. 11, l. 22 : Luzegnon. — *Mss. A* 7 à 10 : Luzegnen. F° 138 v°. — *Mss. A* 18 à 22 : Luzignen, Lusignen. F° 158 v°. — *Mss. A* 1 à 6, 11 à 14, 15 à 17 : Lizignen, Lisignem. F° 154 v°. — *Mss. A* 30 à 33 : Luzenen. F° 191 v°. — *Ms. B* 3 : Lesignen. F° 221.

§ 293. P. 12, l. 8 : Tant. — *Ms. d'Amiens* : Et vint (le comte de Derby) assegier le ville de Saint Jehan l'Angelier, et y sist quatre jours et y fist pluiseurs assaus. Li bourgois de le ville, qui doubtoient à perdre corps et avoir, se rendirent à lui et ouvrirent leurs portez et li jurèrent feaulté et hoummaige. Puis s'em parti li dis comtez et chevaucha à esploit devers Monstroel Bonnin. Si le assaillirent fortement quant il furent là venu. Et y avoit dedens bien trois cens monnoiiers qui là ouvroient monnoie, qui ne se veurent rendre, mès dissent qu'il se tenroient trop bien ; finablement, il furent pris et concquis par assaut, et tout mort chil qui dedens estoient, et mis le castiaux en le saisinne dou comte Derbi, qui y ordonna gens de par lui ; et de là il vinrent devant le cité de Poitiers, qui estoit pour le tamps rice et puissante. Si l'environnèrent li Englèz et li Gascon, et bien l'avisèrent, et regardèrent que elle n'estoit point tenable. Si l'assaillirent fortment en quatre pars et le prissent de forche. Si le coururent

toutte et robèrent, et y ardirent pluiseurs grans edefficez et
bellez et bonnes eglises, dont il y avoit grant fuisson, et y concquissent si grant avoir que sans nombre : dont il furent si chargiet que il ne faisoient compte de pennes ne de draps, fors d'or
et d'argent. F°ˢ 96 v° et 97.

— *Ms. de Rome* : Et passèrent (les Anglais) la rivière et vinrent devant la ville de Saint Jehan l'Angelier, et se ordonnèrent
pour le assegier. A ce jour que les Englois vinrent là, il n'i avoit
dedens nulles gens d'armes. Et tout li chevalier et esquier de
Poito et de Saintonge estoient retrait en lors forterèces, et les
gardoient au mieuls que il pooient; ne nulle asamblée il ne faisoient, mais estoit li pais ensi que tous desconfis. Qant chil de
Saint Jehan veirent que il aueroient le siège, si doubtèrent le
lour à perdre, fenmes et enfans, et lor ville arse, et ne lour apparoit confors de nul costé. Si tretiièrent deviers les Englois à
euls rendre et mettre en lor obeisance, salve lors corps et lors
biens. Li Englois entendirent as lors trettiés, et entrèrent en la
ville de Saint Jehan, et en furent signeur et prissent les fois et
la segureté des hommes de la ville. Et s'i rafresqirent trois jours
et puis passèrent oultre, et prissent le cemin de Poitiers, et tant
esploitièrent que il i parvinrent. Qant chil de la chité de Poitiers
entendirent que les Englois venoient ensi sus euls, si furent tout
esbahi.

Li contes Derbi et les Gascons et Englois, qui en sa compagnie
estoient, avant que il parvenissent à Poitiers, il vinrent devant
Monstruel Bonnin, où il avoit pour ce temps plus de deus cens
monnoiiers, qui là forgoient et faisoient la monnoie dou roi. Et
estoient chil monnoieur de pluiseurs nations et dissent: « Entre
nous sons en forte place assés; trop bien nous nos deffenderons. »
Qant les Englois et Gascons furent là venu, il envoiièrent dire à
ces ouvriers de monnoie que il se vosissent rendre, ou il aueroient
l'assaut. Il respondirent orguilleusement que il ne faisoient compte
de lors manaces. Qant les Englois entendirent ce, si furent tout
courechiet, et dissent que il ne se departiroient point ensi. Si conmenchièrent à asallir la forterèce de Monstruel Bonnin, moult asprement, pour le convoitise de le gaegnier; car il i esperoient à
trouver grant argent, pour tant que li monnoiier i estoient et le
tenoient. Ce premier jour, il ne le porent conquerir; mais au secont jour, toutes gens alèrent à l'asaut de si grande volenté et
si bien se esprouvèrent que de force il le prissent. Et entrèrent

dedens Englois et Gascons et ocirent tout ceuls que il i trouvèrent, et i conquissent grant finance en monnoie aparillie; et encores ne vint pas tout à congnissance. Qant il se deubrent departir de Monstruel Bonnin, il ardirent la ville, mais i retinrent le castel pour euls et i laissièrent quarante archiers, pour le garder, et lor baillièrent un capitaine qui se nonmoit Richart Fouque ; et puis passèrent oultre et chevauchièrent viers Poitiers.

Les hommes de la chité de Poitiers estoient tout segnefiiet de la venue des Englois, et conment sus lor cemin il avoient pris villes et castiaus. Si en estoient tant plus esbahi, et ne sentoient pas lor ville forte assés; mès sus la fiance de auquns chevaliers et esquiers dou païs qui dedens s'estoient boutet et requelliet, tels que li sires de Tannai Bouton, li sires de Puissances et li sires de Cors et lors gens, il se confortoient. Nequedent, li plus riche avoient widiet lors coses les millours et envoiiet oultre à Chasteleraut et d'autre part, et lors fenmes et lors enfans, pour estre à sauveté.

Vous devés savoir que Poitiers est une très grande chité, et de forte garde et perileusse, et moult raemplie d'eglises et de moustiers. Et très que les Englois se departirent de Bourdiaus, avoient ils jetté lor visée de venir à Poitiers, et de euls mettre en painne dou prendre, sus la fiance de avoir i un très grant pourfit. Qant il furent venu par devant, et li signeur l'orent avisée, et conment elle estoit de grant garde, si dissent que elle estoit trop bien prendable. Si se logièrent ce premier jour devant, sans faire nul samblant de l'asalir, et envoiièrent lors coureurs tout autour sus le païs et trouvèrent assés à fourer, car li païs estoit raemplis de vivres, et les graignes plainnes de tous biens, de bleds, de fains et d'avainnes, et les celiers plains de bons vins. Si prendoient les Englois, desquels que il voloient, et le demorant laissoient.

Qant ce vint à l'endemain, il se departirent en siis pars, et envoiia li contes Derbi asallir en siis lieus les Englois et les Gascons. Et estoient en casqune de ces batailles, les archiers partis ouniement. Et tout à une fois les siis assaus conmenchièrent, dont chil de la ville furent tout esbahit, car il ne sceurent auquel lés entendre. Li gentilhomme qui dedens Poitiers estoient, se missent au deffendre vaillanment, mais il ne porent pas partout entendre. Et ces archiers traioient si ouniement que nuls ne s'osoit bouter en lor trait. Et entrèrent de deus assaus la première fois dedens Poitiers : ce furent li sires de Copane et sa banière, et li sires de

Ponmiers et sa banière. Qant li chevalier et esquier veirent que on les avoit efforciés, et que lors ennemis entroient ens, si se retraisent au plus tos que il porent deviers le chastiel, et se boutèrent dedens. Et aussi s'i requellièrent grant fuisson de ceuls de Poitiers. Et moult de hommes, de fenmes et de enfans prissent les camps par deus portes qui furent ouvertes, et se sauvèrent. Et chil qui demorèrent furent ens ou dangier de lors ennemis qui n'en avoient nulle pité, mais i ot ce jour grande ocision. F° 128.

P. 12, l. 10 : l'Angelier. — *Mss. A* 1 à 14, 18 à 33, B 3 : d'Angeli. F° 155. — *Mss. A* 15 à 17 : d'Angele. F° 154 v°.

P. 12, L 26 : de Riom. — *Ms. B* 3 : du Rion. F° 138.

P. 13, l. 16 : chevaliers. — *Les Mss. A* 15 à 17 *ajoutent :* et moult vaillant homme d'armes. F° 155.

P. 13, l. 21 : Saint Maximiien. — *Ms. B* 3 : Saint Maixent. F° 138.

P. 13, l. 23 : estoient. — *Ms. B* 6 : Après il (le comte Derby) s'en ala par devers Luzegnen ; sy prirent la ville, car les bourgois se rendirent par acord et se racatèrent pour une somme de florins ; mais au chastiel n'aprochèrent il point, car il est trop fort : il eussent perdu leur paine à l'asallir. Puis s'en vint à Baionne, mais il n'i firent point de damaige, car les bourgois et les hommez de la ville se composèrent au dit conte. Après les Englès s'en alèrent par devers Monstreau Bonin, là où on forgoit grant foison de monnoie de par le roy de Franche : sy y pensoient les Englès de y trouver grant finanche. Monstreul Bonin est ung bieau castieau et fors. F° 353 et 354.

P. 13, l. 24 : Moustruel Bonin. — *Mss. A* 1 à 6 : Monstereul Bonin. F° 155 v°. — *Mss. A* 20 à 22 : Monstrueil Boinin. F° 222. — *Mss. A* 23 à 29 : Montereul Bonnin. F° 172. — *Mss. A* 30 à 33 : Monstruel Boyvin. F° 192. — *Ms. B* 3 : Montereul Bonin. F° 138,

P. 14, l. 9 : gens. — *Ms. A* 29 : Quant li contes Derbi eut conquis les chasteaux et forteresses dessus declarées, il conclud de venir à tout son ost assieger la cité de Poictiers, laquelle estoit lors grande et esparse, et y avoit assez de terre labourée à la fermeté. Toutefoys il l'assiegea à l'un des lés, car il n'avoit pas tant de gens que pour l'assieger de tous costés. Si commanda incontinent que l'assaut y fust donné. Et ceux de la ville, qui estoyent un grand nombre de gens et la pluspart populaires et mal aidables en tel cas, se defendirent si bien que pour ce jour les gens du conte ne peurent rien conquerir sur la cité ; ainçois moult las et travaillés, à tout plenté de fort blecés, ils se retrairent sur le soir à leur logis. Quant vint le matin, aucuns des chevaliers du conte, qui moult desiroient à gaigner, se firent armer et montèrent à cheval, puis chevauchèrent autour de la ville, pour aviser où elle se pourroit plus tost gangner d'assault. Et quant ils eurent partout avisé, ils raportèrent au conte ce qu'ils avoient veu et trouvé, lequel trouva en son conseil d'assaillir le lendemain la cité en trois lieux et mettre la greigneur partie de ses gens d'armes et archers en un endroit où il faisoit le plus foible, et ainsi fut faict. Mais il n'y avoit adonc en la ville, nul gentilhomme de nom, qui sceut que c'estoit d'armes ; et aussi n'estoit elle mie fort artillée, ne haut murée en maint lieu, ne ordonnée tellement qu'on peust tost aller d'une deffense à l'autre. Les Angloys commencèrent à assaillir par grand randon, et ces archers à tirer sans arreste : si que les bourgeoys et manans ne se savoyent où tenser, pour les saiettes qui mallement les navroyent, comme gens mal armés et mal paveschés la pluspart qu'ils estoyent. Et si fut si bien continué cel assault, que les gens du conte entrèrent en la cité par le plus foible quartier.

P. 15, l. 10 : dedens. — *Ms. A* 29 : Si tost que les Poitevins se veirent ainsi conquis par les Angloys, ils se mirent en fuite, sans autre resistance monstrer, au plus tost qu'ils peurent, par aucunes des portes ; car en la cité il y avoit plusieurs yssues, mais il en demoura de tués, que uns que autres, plus de trois cens de venue, et depuis plus de quatre cens, car les gens du conte mettoient tout à l'espée, hommes, femmes et enfans. Si fut ce jour la cité toute courue et robée de toutes parts, qui estoit pleine de grandes richesses et de tous biens, tant de bourgeois, marchans et habitans, comme de ceux du plat pais qui en la cité s'estoyent retraicts. Si destruirent iceux gens du conte Derbi plusieurs eglises, et y firent de moult grans desroys, et plus eussent faict ; mais le dict conte commanda sus la hart que nul ne boutast feu en eglise ne en maison, car il se vouloit là tenir dix ou douze jours. Lors cessèrent en partie les maux à faire par la cité, mais encores en fit on par les maisons assez en larrecin. Si tint le conte la cité douze jours, et plus l'eust tenue s'il vousist car personne du monde ne luy venoit calenger ; mais trembloit tout le pays à l'environ, que rien n'estoit demouré dehors les grandes garnisons.

P. 15, l. 15: six cens. — *Ms. B* 6: bouchiers et aultres gens de mestier, et toute la chité courue et robée, et maisons brisies, et eglises et femmes et pucelles violées. Dont che fu grant pité, mais en fait de guerre n'y a nul remède ne point dé merchy. F° 354 et 355.

§ 294. P. 16, l. 3: Ensi. — *Ms. d'Amiens:* Si se avisèrent li Englès et li Gascon, l'un par l'autre, que il avoient assés esploitié pour ce voiaige et n'iroient plus avant, mès retouroient et metteroient le leur à sauveté. Si retournèrent et vinrent à Saint Jehan l'Angelier, et là se reposèrent il et rafresquirent, et puis retournèrent à Bourdiaux, dont il estoient parti; et se departirent touttes ces géns d'armes. Et assés tost apriès, s'ordonna li comtez Derbi pour venir à Calais. F° 97.

— *Ms. de Rome:* Ensi orent en ce temps les Englois et les Gascons la chité de Poitiers, et i fissent che que il vorrent. Elle fu toute courue; et grandement i pourfitèrent les Englois et i sejournèrent quatre jours. Et qant il se departirent, tout cargiet d'or et d'argent, de draps, de pennes et de jeuiauls, il boutèrent le feu dedens, car il n'orent pas consel de le tenir: liquels feus fu si grans et tant moiteplia que pluisseurs eglises furent arses et peries, dont ce fu pités et damages.

Et s'en retournèrent les Englois viers Bourdiaus par un aultre cemin que il n'estoient venu, et rentrèrent en Bourdiaus tout rice et toursé de bonnes coses. Et orent sus ce voiage les Englois et les Gascons plus de quatre cens prisonniers, lesquels ils rançonnèrent, qant il furent venu à Bourdiaus, tout à lor plaisance; et en recrurent courtoisement les auquns sus lors fois, qui depuis paiièrent à lor aise, car en tels coses Englois et Gascons ont esté moult courtois. Qant li contes Derbi fu retournés à Bourdiaus, il donna à touttes gens d'armes congiet, et se ordonna de monter sus mer, et de venir devant Calais veoir son signeur et cousin le roi d'Engleterre que moult desiroit à veoir; et fist ses pourveances de nefs, de vassiaus et de balenghiers sus la rivière de Geronde, devant la bonne chité de Bourdiaus. Nous retournerons as besongnes d'Engleterre, et parlerons dou roi David d'Escoce et des Escoçois, qui fist en celle saison une grande asamblée en Escoce, pour entrer en Engleterre et destruire le pais. F° 129.

P. 16, l. 5: douze. — *Ms. B* 6: quinze. F° 355.

P. 16, l. 6: nuls. — *Les mss. A* 1 *à* 6 *ajoutent:* ne lui menoit guerre. F° 156. — *Mss. A* 10 à 22 : n'y mettoit quelque empeschement. F° 223.

P. 16, l. 6 : calengier. — *Mss. A* 1 à 6, 30 à 33 : chalengier. F° 156. — *Mss. A* 23 à 29 : au devant. F° 172 v°. — *Ms. B* 3 : empescher. F° 139.

P. 16, l. 8 : Englès. — *Ms. B* 6 : car tous les jours il couroient jusques au Casteleraut et jusques à Chauvegni, pillant et robant villes et villaiges et tout che qu'ils trouvoient, et revenoient au soir dedens la chité de Poitiers. F° 355.

P. 16, l. 10 : demoré. — *Ms. B* 3 : dedens les fors et grandes garnisons. F° 139.

P. 16, l. 10 : dehors. — *Mss. A* 1 à 6, 11 à 14, 18, 19 : fors les forts. F° 156.

P. 16, l. 13 : de grant garde. — *Mss. A* 20 à 22 : de grant tour. F° 223. — *Ms. B* 3 : grande. F° 139.

P. 16, l. 17 : compte. — *Ms. B* 6 : de blanche monnoie. F° 355.

P. 16, l. 19 : l'Angelier. — *Ms. B* 6 : Quant le conte Derby et toute sa route fut revenue à Saint Jehan, on les rechut à grant joie, les plus par forche, et les mains par amour. F° 355.

P. 16, l. 31 : soupers. — *B* 3 *ajoute :* et banquets. F° 139.

P. 16, l. 31 : les tenoit. — *Mss. A* 1 à 6, 18 à 22 : se tenoit. F° 160 v°.

P. 17, l. 1 : sejourné. — *Ms. B* 6 : environ quinze jours. F° 356.

P. 17, l. 4 : le ville. — *Le ms. B* 3 *ajoute :* et fit maire le plus riche homme d'icelle. F° 139.

P. 17, l. 7 : le bon. — *Les mss. A* 15 à 17 *ajoutent :* et droit. F° 155 v°.

P. 17, l. 9 : parti. — *Ms. B* 6 : mais il laissa bien deux cens Englès par les fortressez qu'il avoit conquis et ung chevalier à cappitaine que on clamoit monseigneur Richart de Hebedon. F° 356.

P. 17, l. 13 : Gascons. — *Ms. B* 6 : et bidaults. F° 356. — *Mss. A* 20 à 22 : et Anglois. F° 223 v°.

P. 17, l. 15 : devant. — *Mss. A* 1 à 6, 18 à 12 : devers. F° 160 v°.

P. 17, l. 17 : roy. — *Ms.* B 6 : David. F° 356.

§ 295. P. 17, l. 18 : Je me sui. — *Ms. d'Amiens :* En

tamps que li rois d'Engleterre seoit devant Calais, s'esmurent li Escot et entrèrent en Engleterre moult efforceement apresté pour tout ardoir, et passèrent entre Bervich et Rosebourcq. Si estoient en le compaignie dou roy d'Escoce li comtes Patriz, li contes de Moret, li contes de Douglas, li contes de Surlant, li contes de Mare, li contes de Fi, messires Robiers de Verssi, messires Simons Fresel, Alixandrez de Ramesai et pluisseur autre, et estoient bien deux mil hommes d'armes et vingt mil d'autrez gens. Li roynne d'Engleterre, qui pour le temps se tenoit sus les marches de Northombrelant, entendi que li Escot avoient fait ung grant mandement et volloient entrer en Engleterre. Si fist une semonsce de gens d'armez par tout le royaumme d'Engleterre, là où elle penssoit qu'il fuissent, et leur mist journée à estre au Noef Castiel sur Thin, pour resister contre les Escos. Li pays estoit adonc mout wis de gens d'armes, car il estoient avoecq le roy devant Callais, et ossi avoecq le comte Derbi en Gascoingne, et s'en y avoit ossi en Bretaingne, qui là faisoient gherre. Nonpourquant, la bonne damme assambla de gens ce qu'elle en peult avoir, et s'en vint au Noef Castiel sur Thin. Et là se requeillièrent et assamblèrent li Englès, et se missent sour lez camps pour combattre les Escos, qui estoient assés priès de là. F° 97.

— *Ms. de Rome:* Qant li rois de France et ses consauls veirent que li rois d'Engleterre et les Englois estoient aresté devant Calais et tellement fortefiiet et ordonné que on ne lor pooit porter contraire ne damage ne lever le siège, si en furent moult courouchié; car de perdre une telle ville que Calais est, ce pooit estre trop grandement au blame et ou prejudice dou roiaulme de France, et par especial des marces et frontières de Piqardie. Si jettèrent lor visée li François que il feroient le roi d'Escoce et les Escoçois resvillier, et entrer à poissance au lés deviers euls, ens ou roiaulme d'Engleterre, et ardoir et essillier tout devant euls. Il n'i veoient aultre remède, car qant les Englois aueroient ces nouvelles, pour obviier à l'encontre, il se departiroient dou siège de devant Calais et s'en retourneroient en Engleterre.

Li rois d'Engleterre, qui seoit devant Calais, avoit bien imaginet et consideret, et son consel aussi, toutes ces besongnes, et que voirement les Escoçois qui desiroient à contrevengier les damages et despis que les Englois lor avoient fais, poroient entrer en Engleterre et faire i un grant damage. Et si n'estoit pas li païs bien pourveus pour le deffendre et garder à l'encontre des Escoçois;

car il tenoit là au siège devant Calais toute la flour de la bonne chevalerie d'Engleterre; et aussi son cousin li contes Derbi en avoit grant fuisson en sa compagnie en Gascongne: si ques, pour toutes ces doubtes et inconveniens qui pooient avenir, le roi d'Engleterre, venu devant Calais, et basti son siège en la fourme et manière que vous avés oï recorder, il ordonna que li sires de Persi, li sires de Noefville, li sires de Roos et li sires de Lussi retourneroient en Engleterre, à tout deus cens lances et cinq cens archiers, et iroient en Norhombrelande garder la frontière contre les Escoçois.

Encores demoroient gens assés au roi d'Engleterre pour furnir et tenir son siège, parmi le moiien de ce que nuls ne pooit venir sus euls, tant estoient il bien fortefiiet. Et aussi les Flamens de Flandres escripsoient et envoioient souvent deviers le roi d'Engleterre, en li remoustrant, conme si soubject, amic et aloiiet, que, qant il les vodroit avoir et ils leur segnefieroit, il le venroient dou jour à l'endemain servir à soissante mille hommes. Li rois d'Engleterre ne renonçoit pas à ce confort, mais les tenoit à amour moult grandement: si ques, sus lor fiance et confort, ils s'estoit priès pris de renvoiier ces quatre barons desus nonmés en Engleterre. Et qant il i furent venu, il trouvèrent la roine Phelippe d'Engleterre, qui n'estoit pas esbahie, mais, conme vaillans dame, requelloit et asambloit gens de toutes pars; et estoit la bonne dame traite en la chité de Evruich, que on dist Iorch.

Si fu la dame moult resjoïe de la venue des quatre chevaliers desus dis et des bonnes nouvelles que elle ot de son signeur et mari, le roi d'Engleterre. Et se ordonnèrent tout l'un parmi l'autre, atendans le roi d'Escoce et les Escoçois qui estoient issu d'Escoce et jà entré ens ès frontières de Norhombrelande, et ardoient et essilloient à lor pooir tout le pais. Et estoient plus de quarante mille; ne nuls n'estoit demorés derrière, de qui on se peuïst aidier. F° 129 r° et v°.

P. 17, l. 21: prisent. — *Ms. B* 6: à durer trois ans. F° 356.

P. 18, l. 21: Adultilles. — *Ms. B* 3: Adulailles. F° 139 v°.

P. 18, l. 29: qui se tenoit. — *Ms. B* 6: adonc en Nothingen. F° 358.

P. 18, l. 29 et 30: de Evruich. — *Mss. A* 15 à 17: d'Eurich. F° 156. — *Mss. A* 23 à 29: de Bervich. F° 173 v°. — *Ms. B* 3: de Everuich. F° 139 v°.

P. 18, l. 30: enfourmée. — *Ms. B* 6: car tous jours avoit

elle ses espies sur les marches d'Escoche, et en estoit moult soigneuse, pour tant que ly rois ses sires n'estoit mies ou pais. Quant la roine entendy que ly Escos estoient assemblez pour entrer ou pais, elle se party hastivement de Nothingen et s'en vint devers le Neuf Castel sur Thin et envoia par tout le pais de Northonbreland et par toute le province d'Iorc et de Camtorbie as chevaliers et as escuiers qui demorés estoient en Engleterre, as evesques et as abbés, à contes et gens qui valloir povoient. F° 358.

P. 19, l. 4 : d'Iorch. — *Mss. A* 11 à 14 : de Diorch. F° 149. — *Mss. A* 23 à 29, 30 à 33 : d'Ebruich. F° 174 v°.

P. 19, l. 5 : Evruich. — *Mss. A* 1 à 6, 18 à 22 : Bervich. F° 157.

P. 19, l. 10 : signeur. — *Ms. A* 29 : qu'à tout ce qu'ils poroient recouvrer de gens d'armes, ils vinssent vers elle.

P. 19, l. 11 : Evruic. — *Mss. A* 1 à 6 : Bervich. F° 157. — *Mss. A* 15 à 17 : Ewruich. F° 156. — *Mss. A* 18 à 22, *B* 3 : Bervich. F° 224.

P. 19, l. 21 : Nuef Chastel. — *Mss. A* 15 à 17 : Neuf Chasteau. F° 156 v°.

§§ 296 à 299. P. 19 à 29 : Entrues. — *Ms. d'Amiens* : Si recoummanda la ditte roynne touttes ses besoingnes et ses gens d'armes et archiers en le garde de quatre prelas et quatre barons qui là estoient : l'arcevesque de Cantorbie, l'arcevesque d'Iorch, l'evesque de Durem et l'evesque de Lincolle ; et les barons : le seigneur de Persi, le seigneur de Nuefville, le seigneur de Moutbray et le seigneur de Luzi. Si se traissent ces gens d'armes d'Engleterre et chil archier, qui n'estoient non plus de huit mil hommes, ungs c'autres, sus les camps et ordonnèrent trois bataillez bien et faiticement, les archiers sus elle, enssi que bien sèvent faire, et les gens d'armes apriès. Là eut grande bataille et dure, car Escot sont mout bonne gens et dure, et qui, pour ce tamps, heoient trop les Englès pour les grans dammaigez qu'il leur avoient fais ; et si estoient adonc là grant fuisson : si les amiroient petit. Là eut otant de grans appertisses d'armez faittez que on ewist oy parler de grant tamps. Et se prendoient li Englès, qui n'estoient que ung peu de gens, moult priès de bien faire, et fissent tant par leur proèce et hardement que il obtinrent le place. Et fu là pris li roys David d'Escoce d'un escuier englèz qui s'appielloit Jehans de Copelant, à qui li roys d'Engleterre fist depuis grant prouffit, et li donna toutte la terre que li sirez de Couchi, pour le temps, tenoit en Engleterre. Et furent là mort et pris tout li plus grant partie des seigneurs d'Escoche. Ceste bataille fu assés priès dou Nuef Castiel sur Tin, l'an de grasce Nostre Seigneur mil trois cens quarante six, par un mardi, l'endemain dou jour de Saint Mikiel, en septembre. Si devés savoir que li roys d'Engleterre sceut grant gret à ses gens qui là avoient estet et qui si bien s'i estoient porté que desconfi ses ennemis et pris le roy d'Escoce son adversaire. De la joie qu'il en eult, ne vous voeille je mies longement parler, mès nous retourons au siège de Calais. F° 97.

P. 19, l. 23 : Entrues. — *Ms. de Rome:* Entrues que la royne d'Engleterre avoit fait son asamblée et faisoit encores en la marce et la frontière d'Iorch, li rois David d'Escoce et les Escoçois, à trois mille armeures de fier, chevaliers et esquiers, et bien trente mille de aultres gens, tout homme de guerre et en pourpos de courir toute Engleterre, car il le sentoient desnuée de gens d'armes et d'archiers, entrèrent au lés deviers Rosebourch, en la terre le signeur de Persi. Et vinrent un jour à Annuich, mais au chastiel ils ne peurent riens fourfaire ; et passèrent oultre pour passer à gué la rivière de Thin, pour venir devant Durames et Iorch et entrer en la plainne Engleterre. F° 129 v°.

P. 19, l. 25 : Saint Jehanston. — *Mss. A* 1 à 17 : Saint Jehan. F° 157 v°. — *Mss. A* 23 à 29 : Saint Jehan sur Taye. F° 173 v°.

P. 19, l. 27 : Donfremelin.—*Mss. A* 1 à 6, 11 à 14 : Dourfremelin. F° 157 v°. — *Mss. A* 20 à 22 : Destrumelin. F° 224 v°. — *Mss. A* 30 à 33 : Donfremesnil. F° 192 v°.

P. 19, l. 29 : Struvelin. — *Mss. A* 1 à 10, 15 à 19. Strumelin. F° 157 v°. — *Mss. A* 20 à 22 : Estrumelin. F° 224. — *Mss. A* 23 à 29 : Šturmelin. F° 173 v°. — *Mss. A* 30 à 33 : Esturmelin. F° 192 v°.

P. 19, l. 31 : tout li Escot. — *Ms. B* 6 : Se fist le dit roy son especial mandement et une grant asamblée à y estre à le Saint Jehan ensuivant tous à celle assamblée. Et y furent cil signeur que je nommeray : premiers le conte Patris, le conte de Moret, le conte de Douglas, messire Archebaus Duglaz ses cousins, messire James Douglas leur oncle, le conte d'Orquenay, le conte d'Astrederne, le-conte-de-Rose, le conte de Fy, le conte de Surlant, le comte de Bosquem, messire Robert de Versy, messire Simon Fresiel, Alixandre de Ramesay, tant qu'il furent bien deux mille lances et dix sept mille hommes sur hagenées, car toutes les basses gens d'Escoche ont haghenées, quant ils vont en l'ost. F° 357 et 358.

P. 19, l. 31 : trois mil. — *Ms. B* 3 : quatre mil. F° 139 v°.

P. 20, l. 10 : legierement. — *Ms. A* 29 : Et quant les Escossoys l'eurent regardé, ils passèrent oultre sans y assaillir, car c'estoit peine perdue.

P. 20, l. 11 : Urcol. — *Mss. A* 1 à 14, 18 à 22, B 3 : Vicol. F° 157 v°. — *Mss. A* 15 à 17 : Nichol. F° 156 v°. — *Mss. A* 23 à 33 : Lincol. F° 173 v°.

P. 20, l. 13 : Northombrelant. — *Ms. B* 3 : Notombrelant. F° 140.

P. 20, l. 15 : Bervich. — *Mss. A* 23 à 29 : Ebruich. F° 173 v°. — *Mss. A* 30 à 33 : Bruich. 192 v°.

P. 20, l. 17 et 18 : Noef Chastiel. — *Ms. B* 3 : Mareschal sur Tin. F° 140.

§ 297. P. 20, l. 19 : La royne. — *Ms. de Rome :* Sus celle entente le faisoient il (les Écossais) et ne quidoient pas que nuls lor deuist aler au devant ne resister lor cemin, tant estoient il orgieulleus et presomptieus; mais si fissent, car si tretos que les nouvelles vinrent à la roine d'Engleterre, qui se tenoit à Iorch, et qui là avoit asamblé ce que elle pooit avoir de gens, [et que elle] sceut que li rois d'Escoce et les Escoçois estoient entré en Norhombrelande et ardoient et essilloient le pais, pour mieux montrer que la besongne estoit sienne, elle se departi de Evruich à ce que elle avoit de gens, le conte de Honstidonne, que elle avoit fait connestable de toute son hoost, et le signeur de Moutbrai, marescal, en sa compaignie. Et là estoient li archevesques de Cantorbie, li archevesques d'Iorch, li evesques de Londres, li evesques de Harfort, li evesques de Nordvich, li evesques de Lincole et li evesques de Durames; car en Engleterre, qant li besoins est, tout li prelat et li clergiés s'arment pour aidier à deffendre et garder leur pais. Li rois d'Escoce et les Escoçois esploitièrent tant que il vinrent logier à trois petites lieues dou Noef Chastiel sur Thin, où la roine d'Engleterre estoit venue. Et pas ne savoient les Escoçois que elle fust là ne en celle assamblée des Anglois, et ne le tenoient pas à si vaillant fenme que elle estoit et que il le trouvèrent.

Bien sçavoient les Escoçois que les Englois estoient requelliet en la ville dou Noef Chastiel sur Thin; si ques, qant il furent venu et aresté à trois petites lieues englesces priès de là, il leur mandèrent par un hiraut que, se il voloient traire hors et venir sur les camps, il trouveroient les Escoçois tous près, qui les combateroient; et, se il ne venoient, il fuissent tout conforté que il les venroient requerre dedens le Noef Chastiel. Li baron de Northombrelande et li contes de Hostidonne, as quels les paroles et resquestes adrechièrent, respondirent que il isceroient bien, qant bon lor sambleroit, non à la volenté de lors ennemis. Qant ceste response fu oïe, li Escoçois dissent ensi ensamble : « Ces Englois nous doubtent. Il ne sont que un petit de gens; il n'oseront issir hors du Noef Chastiel. Se nous les voulons avoir, il les nous couvient là aler querre. Nous les assegerons; il seront nostre. Nous tenons les camps en Engleterre. Avant que li rois d'Engleterre et sa poissance qui sont à siège devant Calais, soient chi venu, nous auerons fait nostre fait et desconfi tout le pais. Nous sçavons bien, honmes pour honmes, que nous sonmes siis contre un, car li pais d'Engleterre est à present tout wis; et ont encores avoecques euls grant fuisson de clergiet, liquel n'aueront nulle durée contre nous, car il ne sont point fait de la guerre. »

Ensi se devisoient li Escoçois et comptoient les Englois pour tous desconfis; mais li Englois ne l'entendoient pas ensi. Ançois missent ils en lors arrois sens, ordenance, avis, et moustrèrent corage de vaillance. Et furent consilliet, sus la response que il avoient faite as hiraus qui lor avoient aporté la bataille, que il n'atenderoient pas que les Escos les venissent requerre ne enclore dedens la ville dou Noef Chastiel sur Thin, mais se departiroient, le bon matin, tout apresté pour tantos combatre, se il besongnoit, et se meteroient sus les camps et prenderoient cel avantage, et ensi esbahiroient ils lors ennemis. Sus la fourme et manière que il proposèrent, ensi le fissent ils. Ce prope soir, li contes de Hostidonne, connestables de l'oost, et li sires de Moutbrai, marescaus, envoiièrent nonchier, d'ostel en ostel, parmi la ville dou Noef Chastiel sus Thin que au point dou jour, au son de la tronpette, casquns fust près pour monter à cheval et pour sievir l'oost là où les banières chevauceroient. Tout l'acordèrent.

Qant ce vint au point, dou jour, les tronpètes sonnèrent; toutes manières de gens se rèsvillièrent. Au second cop de la tronpète, tout s'armèrent; et au tierch son de la tronpète, tout montèrent as chevaus, voires chil qui cheval avoient. Et chil de piet furent tous près aussi pour partir et euls poursievir ; et issirent tout dou Noef Chastiel et se traissent sus les camps, et ceminèrent tout droit deviers les Escoçois. Et là estoit la bonne roine d'Engleterre, la très vaillans dame, de quoi tous estoient plus rencoragiet assés, de ce que il le sentoient avoecques euls.

Les Escos ne se donnèrent de garde au matin, qant les nouvelles lor vinrent. Et leur fu dit ensi : « Vechi les Englois : il nous viennent courir sus et combatre. » De ces paroles furent ils moult esmervilliet, et ne le voloient li auqun croire ; et i envoiièrent lors coureurs pour descouvrir et sçavoir se ces nouvelles estoient vraies. Chil qui i furent envoiiet raportèrent que il avoient veu les Englois qui tout s'estoient ordonné au lonch de une haie et mis en bataille, et les archiers sus deux elles. Donc demandèrent li contes Douglas et li contes de Moret, en la presence du roi d'Escoce, se il estoient grant fuisson. Chil respondirent sagement et disent : « Nous ne les poons avoir tous nombrés, car il se sont couvert et fortefiiet de la haie. Se ne savons se il en i a otretant delà la haie que nous en avons veu dechà. » Donc fu dit et devisé entre les Escos : « Or les laisons en ce parti où il sont ; il n'osent traire avant, car il ne se sentent pas fort assés. Il se taneront et hoderont, et jà sus le soir, nous les irons combatre, se il nous vient bien à point. » Chils consauls fu tenus, et se tinrent les Escoçois tout quoi; et n'estoit nulles nouvelles de euls ne fu jusques à haute nonne : dont les Englois furent tout esmervilliet de ce que il ne traioient avant.

En celle detriance se consellièrent li baron et li prelat d'Engleterre et regardèrent pour le millour et le plus segur que la roine, lor dame, retourneroit au Noef Chastiel : si aueroient mains de carge et de songne; et remoustrèrent cel avis et lor consel à la roine, et le peril aussi que ce pooit estre de li, car pour le millour on l'avoit consilliet. La bonne dame ne volt pas brisier lor consel, quoique volentiers elle fust demorée dalés ses gens. Qant ce vint au departir, elle lor pria de bon coer et par grande affection que tout vosissent entendre au bien conbatre, se la bataille avoient ; et tout li fianchèrent, par la foi de lor coer, que jà ne se fainderoient, mais feroient tant que il aueroient honnour et pourfit. Adonc se departi la roine de la place, et retourna deviers le Noef Chastiel et laissa ses gens couvenir.

Qant la roine fu departie, li signeur et li prelat se remissent ensamble en consel; et dissent chil liquel estoient le plus usé d'armes : « Se nous atendons jusques à la nuit, ces Escoçois, qui sont grans gens, nous poront venir courir sus et porter trop grant damage. Si seroit bon que nous envoions viers euls jusques à cinq cens lances, pour euls atraire hors de lors logeis, et que li nostre se facent cachier, tout au lonch de celle haie, là où nostre archier seront mis et aresté. Et se les Escos viennent soudainement après nos gens, ensi que il sont bien tailliet de ce faire, car il sont chaut, boullant et orguilleus, et tant que pour l'eure il prisent moult petit nostre affaire, nostres archiers, qui sont frès et nouviauls, trairont sus euls et entre euls ; et nous aussi, gens d'armes, les requellerons ensi conme il apertient à faire : par ce parti porons nous bien avoir bonne aventure. Et se il se voellent tenir là où il sont, il donront à entendre que il nous vodront venir courir sus de nuit, mais nous nos departirons avant et nous retrairons dedens le Noef Chastiel, car pas ne nous seroit pourfitable à chi atendre et logier le nuit. »

Chils consauls fu tenus, et chil ordonné, liquel iroient veoir les Escos. Et se departirent tout en une brouse, bien cinq cens lances, tous as chevaus; et cevauchièrent tant que il vinrent sus le logeis des Escoçois : liquel avoient aussi de lors gens sus les camps, pour savoir le couvenant des Englois. Si tretos que ces chevauceours d'Escoce les veirent cevauchier, il se hastèrent de retourner viers lors gens et de euls noncier les nouvelles. Les Escoçois se conmenchièrent à estourmir et à armer, chil qui desarmé estoient et avoient lors chevaus tous près. Evous les Englois venus en une brousse, et vinrent faire une course devant les Escos. Qant les Escoçois les veirent venus, tantos ils furent prest de monter à chevaus et de prendre lors glaves et de venir sus ces Englois, liquel n'atendirent point, mais se missent au retour tout sagement. Qant les Escos les veirent fuir, si conmenchièrent à juper et à criier moult hault et à brochier de l'esporon apriès euls. Les Englois, qui estoient aviset de ce que il devoient faire, passèrent tout au lonch de la haie où lor archier estoient ; et qant les Escos furent venu jusques à celle haie, les archiers englois conmenchièrent à traire moult fort et moult roit, et à enpaller hommes et cevaus et à mettre à grant meschief. Ces cinq cens lances d'Englës retournèrent tout à un fais et moustrèrent visage, et encores plus de mille lances qui estoient tout pourveu et aviset de lor fait.

Ensi se conmença li bataille qui fu grande et grose, et issirent tous les Escoçois de lors logeis. Et les archiers d'Engleterre s'estendirent au lonc et donnèrent moult grant confort as gens d'armes de lor costé et grant painne as Escoçois, liquel se confioient grandement en lor poissance. Et pour ce que les Englois sentoient bien que il estoient grans gens, et que, se la journée estoit contre euls, il i prenderoient si grant damage que jamais ne seroit recouvré, car toute Engleterre seroit courue tant que dou plat pais, ne jà li rois d'Engleterre, qui tenoit son siège devant Calais, n'i poroit venir à temps. Et tout ce lor avoit bien et sagement la ditte roine remoustré avant que elle se departesist de euls, et que toute l'onnour dou roiaulme d'Engleterre gisoit en celle journée. Et, au voir dire, Englois moustrèrent bien là, et aussi ont il fait aillours, en toutes places où il se sont trouvé, que ce sont vaillans gens et de grant corage et conforté en lors besongnes; et tant plus voient de sanch espars et espandu, et tant sont il plus hardi et outrageus.

Che jour, ensi que de la belle aventure que li rois d'Engleterre et ses gens orent de la bataille de Crechi et que euls quinze mille hommes en tout en desconfirent cent mille, parellement à la bataille dont je vous parole presentement, un petit de gens que les Englois estoient ou regart des Escos, desconfirent lors ennemis. Et fu pris li rois qui moult vaillamment se combati et fu navrés en venant en la bataille, ou chief, de deus saiètes : de quoi, au traire hors, les fiers li demorèrent entre les tès et le quir; et depuis par puissons on l'en fist l'une des saiètes issir hors par le nés, et li aultre li demora tant que il vesqi. Si le porta il moult lonc temps, car il fu pris l'an de grace mil trois cens quarante siis.

Et je Jehans Froissars, actères de ces croniques et histores, fui ens ou roiaulme d'Escoce l'an de grace mil trois cens et soissante cinq, et de l'ostel le dit roi quinse sepmainnes, car ma très honnourée dame, madame la roine Phelippe d'Engleterre, m'escripsi deviers li et deviers les barons d'Escoce, qui pour l'amour de ma dame me fissent tout bonne chière, et especiaulment li rois, et sçavoit parler moult biau françois, car il fu de sa jonèce nouris en France, ensi que il est contenu ichi desus en nostre histore ; et euch l'aventure, de tant que je fui avoecques lui et de son hostel, que il viseta la grignour partie de son roiaulme. Si le vei tout et considerai par estre en ses cevauchies, et moult de fois li oy parler et deviser à ses gens qui là estoient [et] à auquns chevaliers, de la bataille et de sa prise. Et là i estoient, qui furent à la bataille, mesires Robers de Versi, et i fu pris dou signeur de Sees en Northombrelant, et mesires Guillaumes de Glaudigevin, et messire Robert Bourme et mesires Alixandres de Ramesai ; mais li contes de Douglas et le conte de Moret que je trouvai en Escoce, ce fu lors pères qui avoient esté à celle besongne. Et le di pour tant que li rois d'Escoce avoit encores le fier de la saiette ou chief ; et qant la lune se renouvelloit, il avoit par usage le chief moult dolereus, et vesqi depuis que je oy esté en Escoce, plus de douse ans. Ensi appert il que il porta ce fier enfieret, bien trente deus ans.

Or retournons à la bataille dont je parloie presentement, et recordons conment elle se persevera, et la grace que Dieus fist ce jour as Englois, car vous devés sçavoir que Escoçois en bataille sont mallement fort, appert, dur et hardi. A faire une telle bataille et là où li rois est navrés et pris, il couvient que il i ait des grans apertisses d'armes faites. Ces Escos portent haces par usage, dont il donnent et frapent trop biaus horions ; et n'est homs, tant soit bien armés, se il en est atains de bon brac, qui ne soit couchiés par terre. La bataille des Englois branla deux ou trois fois, et furent les Englois sur le point de estre tout desconfi ; et l'euissent [esté], se Dieus et fortune et bonne aventure ne les euist aidiés. Li evesques de Durames, oncles au signeur de Persi, qui là estoit, uns moult vaillans homs, tenoit une bataille sus èle, qui reconfortoit les branlans ; et ce leur fist trop de biens, et li trais des archiers. Finablement, les Escoçois furent là desconfis, mort et pris et tournés en voies, et tantos fu tart. Si ne dura point la cace longement.

Et escei li rois ens ès mains d'un esquier de Norhombrelande, liquels se nonmoit Jehans de Qopelant. Chils prist le roi d'Escoce par vaillance de corps et d'armes, et ot son gant et le fist fiancier à lui. Chils Jehans de Qopelant, qant il congneut que il avoit si grande aventure et si belle que pris le roi d'Escoce, il se doubta que on ne li vosist rescourre ou efforcier ; car il i avoit là des grans barons et chevaliers d'Engleterre trop plus grans que il ne fust, et que les envies en ce monde sont grandes et les convoitises : si destourna le roi d'Escoce et ne le mena pas deviers la roine d'Engleterre au Noef Castiel, mais aillours en un chastiel assés fort et d'un sien grant ami. Et dist bien Jehans de Qopelant que il ne le renderoit à nul honme dou monde, fors au roi qui estoit son signeur, et de qui il tenoit son hiretage. F°⁸ 129 v° à 131 v°.

P. 20, l. 23 : ses gens. — *Ms. B* 6 : A che mandement vint l'archevesque d'Iorch, l'archevesque de Cantorbie, l'evesque nouviaulx de Lincole, l'evesque de Duram, qui nouvellement estoit revenu du siège de Calais. Et amena chacun prelat tout che qu'il pot de gens d'armes et d'archiers et de gens de piet. Là vint messire Edouart de Bailleul, le sire de Montbray, le sire de Persy et le sire de Nuefville et pluiseurs aultres chevaliers et esquiers, et tant qu'il furent douze cens à cheval et cinq mille archiés et bien neuf mille hommes de piet. F° 359.

P. 20, l. 24 à 26 : li archevesques.... Lincolle. — *Ms. B* 3 : les evesques d'Iorc, de Durem et de Lincole. F° 140.

P. 20, l. 25 : d'Yorch. — *Mss. A* 1 à 6 : de Diorth. F° 157 v°.

P. 20, l. 30 : gens. — *Mss. A* 1 à 6, 11 à 29, *B* 3 : ès marches de north et du pais de Northombrelande et de Galles qui marchissent assez près de là. F° 157 v°.

P. 21, l. 2 : se prendoit. — *Mss. A* 1 à 6, 11 à 14 : se penoit. F° 140.

P. 21, l. 15 et 16 : se rastinrent. — *Mss. A* 15 à 17 : se abstindrent. F° 157. — *Mss. A* 20 à 22 : se retindrent. F° 225. — *Ms. B* 3 : se boutèrent. F° 140.

P. 21, l. 31 : hommes. — *Les mss. A* 15 à 17 *ajoutent :* tuffes, grueliers, bomules, termulons et tacriers. F° 157.

P. 22, l. 18 : de Bailluel. — *Mss. A* 20 à 22 : de Ros. F° 225 v°. — *Les mss. A* 23 à 33 *ajoutent :* le sire de Ros. F° 174 v°.

P. 22, l. 20 : li arcevesques. — *Mss. A* 15 à 17 : monseigneur Guillaume arcevesque.... F° 157.

P. 23, l. 7 : s'encontrèrent. — *Ms. B* 6 : Les Escochois, qui estoient sur les camps assés près des Englès, se ordonnèrent et se rengièrent et firent quatre batailles : en chacune avoit six mille hommes. Et se mirent tous à piet et leur chevaulx derrière yaulx. En la prumière bataille estoit le sire de Douglas, en le seconde le conte de Moret, le conte Patris, le conte de Mare ; en le tierche, le conte d'Orkenay, le conte de Rose ; en la quatrième, le roy David d'Escoche, le conte d'Astrederne, le conte de Fy, le conte de Boskem, le conte de Surlant, l'evesque d'Abredane, l'evesque de Saint Andrieu, messire Robert de Versy, messire Simon Fresiel. Et estoient ces deus chevaliers delés le roy et à son frain. Et portoit à ce donc le souveraine banière du roy Alixandre de Ramesay, ung très bon et vaillant homme d'armes. Et vous dy que les Escochois estoient bien ordonnez et avoient mis devant leur bataille che qu'il avoient d'archiers. Et, d'aultre part, les Englès, qui n'estoient pas sy grant nombre, avoient ausy ordonné quatre batailles, mis en chacune quinze cens archiés, trois cens homes d'armes et deux mille pietons. F° 361 et 362.

P. 23, l. 8: l'autre. — *Ms. A* 29: à tirer ces saiettez, qui voloient aussi espessement que neige.

P. 23, l. 10: able. — *Mss. A* 7 *à* 19: habilles. F° 141. — *Mss. A* 20 *à* 22: habilliez legierement. F° 225 v°.

P. 23, l. 21: donnoient. — *Les mss. A* 11 *à* 14 *ajoutent:* aux Godons dis Anglois. F° 150 v°.

P. 23, l. 21: horions. — *Ms. A* 29: si grands qu'ils pourfendoyent testes et bacinets, et abatoyent bras et poings.

P. 23, l. 22: se prendoient. — *Mss. A* 1 *à* 6, 11 *à* 14, 18 *à* 22: se penoient. F° 158 v°. — *Mss. A* 7 *à* 10, *B* 3: se prenoient. F° 141 v°. — *Mss. A* 15 *à* 17: se prenoient près garde. F° 157 v°.

P. 23, l. 30: de Fi. — *Mss. A* 1 *à* 14, 18, 19, 23 *à* 29: de Fii. — *Mss. A* 15 *à* 17: de Fye. F° 157 v°. — *Mss. A* 20 *à* 22: de Zii. F° 226. — *Mss. A* 30 *à* 33: de Siz. F° 193.

P. 23, l. 31: Boskem. — *Mss. A* 23 *à* 29: Oskem. F° 175. — *Mss. A* 30 *à* 33: Oske. F° 193.

P. 23, l. 32: Astrederne. — *Mss. A* 18, 19, 23 *à* 33: Astrederu. F° 162 v°.

P. 24, l. 1: Thumas. — *Mss. A* 20 *à* 22: Guillame. F° 226.

P. 24, l. 2: Fresiel. — *Mss. A* 33 *à* 29: Fresnel. F° 162 v°.

P. 24, l. 6: navrés. — *Ms. B* 6: ou corps et ou chief, dont il y parut, tant qu'il vesquy. F° 363.

P. 24, l. 7 et 8: Copeland. — *Ms. B* 6: qui mist grant painne à le garder, car les Englès le volloient tuer entre ses mains. F° 363.

P. 24, l. 12: carge. — *Ms. B* 6: Et fist le roy David son prisonnier monter sur ung pallefroy, et l'enmena secretement hors de l'armée. Et puis chevauça fort et fist tant que il vint en ung sien castiel, que on appelloit le Castiel Orguillous, quy siet sur la rivière de Tin, à vingt cinq lieues du Neuf Castiel où la bataille avoit esté. F° 364.

P. 24, l. 19 : Archebaus. — *Mss. A* 1 *à* 6, 11 *à* 14 : Dassambaut. F° 158 v°. — *Mss. A* 18, 19 : Arsambault, F° 162 v°. — *Mss. A* 20 *à* 22 : Arquembault. F° 226. — *Mss. A* 23 *à* 29, 30 *à* 33 : Archembault. F° 175.

P. 24, l. 20 : Versi. — *Mss. A* 20 *à* 22 : Persy. F° 226.

P. 24, l. 20 et 21 : d'Abredane. — *Mss. A* 1 *à* 6 : de Bredant. — *Mss. A* 20 *à* 29, *B* 3 : de Bredane.

P. 24, l. 26 : six. — *Mss. A* 20 *à* 22 : cinq. F° 226.

P. 24, l. 26 : le mardi. — *Mss. A* 23 *à* 33 : le samedy. F° 175.

§ 298. P. 24, l. 28 : Quant la royne. — *Ms. de Rome :* Qant la roine d'Engleterre, qui se tenoit au Noef Chastiel, entendi que la journée estoit pour li et pour ses gens, si en fu grandement resjoïe, et ce fu raisons. Or vinrent ses gens, les uns après les aultres, ensi que on se depart de tèles besongnes, le conte de Honstidonne, connestable de l'oost, le signeur de Moutbrai, marescal, le signeur de Persi, le signeur de Noefville, les prelas, les barons et les chevaliers. Et ensi que il rentroient en la ville, la bonne roine lor estoit au devant, et les requelloit doucement et liement, et les prioit et disoit : « Vous venrés souper avoecques moi ; vous l'avés bien gaegniet. » Chil signeur li acordoient ; et tant fu la bonne dame là sus son palefroi avoecques ses damoiselles, que tout li signeur ou auques priès furent rentret.

Or avoit on dit à la roine que li rois d'Escoce estoit pris, si ques la bonne dame demandoit : « Et qant verai je mon prisonnier, le roi d'Escoce, et celi qui l'a pris aussi ? » Qant elle vei que point on ne l'amenoit, si dist as chevaliers qui estoient dalés li : « Et pourquoi ne me amainne chils qui a pris le roi d'Escoce mon adversaire, son prisonnier, et je le veroie jà moult volentiers. » — « Madame, respondirent li chevalier, où que il soit, il est vostres et est bien : n'en aiés nulle soupeçon ; espoir le vous amenra il jà au souper, pour vous plus honnourer et conjoïr. » La roine s'apaisa tant et vint à son hostel, et fu li soupers apparilliés très grans et très biaus. Et i furent tout li chevalier, voires chil qui i vodrent estre ; auquns en i avoit des bleciés et des navrés et des lassés qui demorèrent à lors hostels, pour euls aisier.

Qant la roine vei que Jehans de Qopelant n'amenoit point le roi d'Escoce, si fu toute merancolieuse et se contenta mal de li. Mais li chevalier le rapaisièrent et li dissent : « Madame, où que li rois d'Escoce soit, c'est vostres prisonniers. Jehans en fera bonne garde. » Ensi se passa la nuit. Qant ce vint à l'endemain, nouvelles vinrent à la roine, car on en avoit fait bonne enqueste, que Jehans de Qopelant en avoit menet le roi d'Escoce en un chastiel assés pourlic, et que ce estoit se intension que là le tenroit il et garderoit, tant que li rois d'Engleterre, ses sires, retourneroit au païs, et ne le deliveroit à honme ne à fenme, fors au roi meismes ou à son conmant. La roine d'Engleterre, pour savoir mieuls le intension de ce Jehan de Qopelant, envoia le conte de Honstidonne et de ses chevaliers parler à lui. Et cevauchièrent tant que il vinrent au chastiel où Jehans estoit, et aussi li rois d'Escoce son prisonnier ; et parlèrent à lui et li remoustrèrent conment sa dame, la roine d'Engleterre, les envoioit là, et li remoustrèrent tout au lonc, ensi que la matère requeroit.

Jehans de Qopelant ne fu pas esbahis de respondre et dist : « Mi chier signeur, je congnois assés que ce que vous me remoustrés, vous le me dittes pour mon bien, et le deveroie faire ; mais dittes ensi à ma très redoubtée dame, madame d'Engleterre, que mon prisonnier le roi d'Escoce, je l'ai encores peu gardé ; et qant la congnissance en sera venue à mon très redoubté signeur, monsigneur le roi d'Engleterre, que je l'aie assés gardé, et que je le rende et mette là où il l'en plaira à ordonner, je le ferai, et non, de ma volenté oultre, se on ne le m'esforce. Mais je prench si très grande plaisance à lui veoir que je m'i consoole tous. Et m'est avis que j'en doi rendre trop grans graces à Nostre Signeur, qant à moi qui sui uns povres bacelers, entre tant de vaillans honmes, chevaliers et esquiers dou roiaulme d'Engleterre qui ont esté à celle journée, Dieus le m'a envoiiet. Et m'est avis que nuls n'en doit estre courouciés, ne n'en doit avoir envie. Et, mi signeur, ensi que vous porés dire à madame la roine, j'en ferai bonne garde et renderai bon compte ; et de ce elle ne soit, ne nuls, en doubte ne en soupeçon. Avoecques tout ce, il est bleciés et ne poroit soufrir le cevauchier ne le cariier, ne prendre nul air. Et dient chil qui l'ont en garde, tant que pour le medeciner et purgier dou mal dou chief, il seront plus de trois mois, avant que il puisse issir de la cambre. Et se il me moroit par ma coupe, otant que je sui resjoïs de sa prise, seroi je courouchiés de sa mort, et à bonne cause. Et toutes ces raisons que je vous remoustre en espice de bien, voelliés dire et moustrer sus bonne fourme à madame la roinè, et je vous en prie; car, se vous ne fuissiés ichi venus, si euissé jou envoiié deviers li, ou je i fuisse alés en prope personne pour moi escuser, car je me vodroie acquiter deviers madame et deviers le roiaulme d'Engleterre, loiaument. Et on n'a point veu le contraire en moi, ne ne vera on jà tant que je vive, et Dieus, qui a bien conmenchiet, dont je l'en regratie, me doinst tousjours bonne perseverance. »

« Ce face ! Jehan, » ce respondi li contes de Honstidonne, qui avoit proposé toutes les paroles : « Et je vous escuserai, dist li contes, tant que madame et son consel se contenteront de vous, mais je vous pri, se on puet veoir ce roi d'Escoce, que je le voie. » — « Oil, » respondi Jehans de Qopelant. Il li fist veoir qant il fu heure, et le mena dedens la cambre où il se gissoit sus une couce. Et parla li rois au dit conte, et li contes à lui, et li dist que madame d'Engleterre l'avoit là envoiiet, pour lui veoir et viseter. Li rois s'en contenta et li dist : « Salués moi la roine d'Engleterre. Quoi que je me tiengne ichi et en la garde de l'esquier qui m'a creanté, je me tieng à son prisonnier. » — « Sire, dist li contes, pensés de vostre santé, et ne vous merancoliiés point, tant que vous en valés mains; car tous jours finerés vous bien. Et considerés le bon moiien que vous avés en vostre querelle, c'est que madame la roine d'Escoce est serour germainne de nostre signeur le roi d'Engleterre. » Donc respondi li rois d'Escoce et dist : « Contes de Honstidonne, je vosisse bien aultrement se il deuist estre, et tant que ma santé, j'en passerai; mais je vous pri : dites à la roine qui chi vous envoie, que elle me face viseter par bons fusesiiens et medecins, car, se je moroie an uit, les Escoçois feroient demain un roi en Escoce. »

A toutes ces paroles respondi li contes de Honstidonne moult doucement au roi d'Escoce, et dist que il le feroit volentiers et prist congiet à lui, et li rois li donna. Et prist congiet li dis contes à Jehan de Qopelant et à ceuls dou chastiel, et puis s'en departi et retourna au Noef Chastiel sus Thin, où la roine d'Engleterre estoit et tout li signeur. Li contes de Honstidonne fist si seneement la response de toutes ces coses desus dittes, que la roine et tout li signeur s'en contentèrent. Et fu la roine consilliee que d'escrire tout l'estat de la besongne et le prise dou roi, et de tantos ces nouvelles envöiier deviers son signeur et mari, le roi d'Engleterre. Clerc furent mis en besongne ; la roine escripsi au roi, à son fil et as barons d'Engleterre qui devant Calais se tenoient. Le lettres escriptes et seelées, honme bien esploitant furent cargiet de faire ce message et se missent à voie, et chevaucièrent tant quoitousement de nuit et de jour que il vinrent à Douvres. Et tantos entrèrent en un vassiel et furent oultre de une marée, et vinrent deviers le roi premierement, et baillièrent lors lettres de par la roine. Li rois les ouvri et lissi tout au lonc. Et qant il ot entendu toute la substance de la lettre et la prise dou roi d'Escoce, son serouge et son adversaire, et l'ordenance de la bataille et les noms des mors et des pris, des honmes d'onnour, qui à la bataille avoient esté, et conment Jehans de Qopelant, esquiers de Northombrelande, l'avoit pris et le tenoit en un chastiel, et ne le voloit rendre à nul honme ne fenme ne à la roine sa femme meismement, et toutes ces coses et nouvelles la roine li specifioit clerement, vous devés savoir que il ot grant joie, et appella tantos mesire Godefroi de Harcourt qui estoit dalés lui, et li lissi les lettres tout au lonch. De ces nouvelles fu mesires Godefrois moult resjoïs et dist : « Sire, madame la roine d'Engleterre est une vaillans fenme : c'est une noble paire de vous deus. Dieus est en vostres oevres et mains. Perseverés tousjours avant : vous venrés à chief ou en partie de vostres ententes et calenge. Et se vous avés, ensi que vous auerés, celle ville de Calais, vous auerés un grant avantage, et porterés les clefs dou roiaulme de France à vostre çainture. Et à bonne heure passai la mer pour vous, car je vous ai resvilliet ; à très grant painne vous amenai je par de deçà. Considerés le biau voiage que vous avés fait, et desconfi vostres ennemis. Et d'autre part et tout une saison vostre fenme a eu une telle journée pour lui que pris le roi d'Escoce et toute la flour de celi roiaulme. Jamais de vostre eage ne se releveront les Escoçois. Vostres coses vous viennent à plain et pur souhet. » — « Godefroi, dist li rois, vous dittes verité. Et je sui grandement tenus, et aussi est tous mes roiaulmes, de rendre graces à Dieu qui ce nous a envoiiet. »

Qant ces nouvelles furent esparses en l'oost devant Calais, de la prise le roi d'Escoce, et que la poissance des Escoçois avoit tout netement esté ruée jus par fait de bataille assés priès dou Noef Chastiel sur Tin, toutes manières de gens furent très resjoï et à bonne cause, et mieuls amée des Englois la roine assés que devant. Et dissoient en l'oost generaument : « Vivé la bonne Phelippe de Hainnau, la roïne d'Engleterre, nostre chière et redoubtée dame, car elle amena et aporta entre nous et en Engleterre, honnour, pourfit, grace et tranqillité; et tant conme elle vivera, biens, honnours, larguèces et pourfis nous habonderont. Et elle [est] de un si bon païs, si douls, si courtois et si amiable et raempli de bonnes gens, et qui dou tout s'enclinent à nous amer et honnourer; et fu fille de si bon signeur et si sage et si vaillant, que elle ne poroit que tous bien faire. » Ensi couroit vois et renonmée conmunement entre les Englois devant Calais, et non pas là tant seullement, mais parmi tout le roiaulme d'Engleterre.

Li rois d'Engleterre fu consilliés que de escrire à Jehan de Qopelant, et de li mander que il venist parler à lui devant Calais. Si escripsi li rois à la roine sa fenme et à Jehan de Qopelant, et li manda que ces lettres veues, sans querir nulle esqusance, il venist devant Calais, car il le voloit veoir. Ces lettres escriptes et seelées, li rois les fist delivrer à ceuls meismes qui là estoient venu de par la roine, liquel se missent au retour dou plus tos que il porent et rapassèrent la mer, de Calais à Douvres, et puis cevauchièrent tant que il vinrent deviers la roine qui se tenoit encores ès parties de Northombrelande. Se li baillièrent les lettres que à lui apertenoit, et puis cevauchièrent deviers Jehan de Qopelant; et tant fissent que il le trouvèrent et parlèrent à lui, et fissent lor message de par le roi et li delivrèrent les lettres que li rois li envoioit. Jehans les lissi tout au lonch et respondi à celles et dist que il obeiroit volentiers au mandement dou roi, car il i estoit tenus, et fist les messagiers dou roi très bonne cière; et puis ordonna ses besongnes dou plus tos que il pot et reconmanda le roi d'Escoce son prisonnier en bonnes gardes. Et puis se departi et cevauça tant par ses journées que il vint à Douvres, et là monta en mer en un vassiel passagier, et fist tant que il vint devant Calais. Se issi dou vassiel et se mist sus terre, et ala deviers le roi. F° 131 v° à 133.

P. 25, l. 11: poissance. — *Ms. B* 6: Celle meisme nuit la royne demoura avec yaulx sur le camp. Et l'endemain montèrent il tous à cheval, et s'en vinrent avecque leur dame à Neuf Chastel. L'evesque de Durem, qui pris avoit le conte de Moret, le presenta à la royne, et chacuns ensy son prisonnier. La dame leur en seut bon gré. F° 365.

P. 25, l. 14: Copeland. — *Mss. A* 1 à 6: Coupelant. F° 159. — *Ms. A* 7: Copelant. F° 151. — *Mss. A* 18, 19: Compelant.

F° 163. — *Mss. A* 23 *à* 29 : Coplant. F° 175. — *Ms. B* 4 : Copolant. F° 133.

P. 26, l. 12 : escrire. — *Le ms. A* 29 *ajoute :* par son chancelier.

P. 26, l. 18 : gens. — *Ms. B* 6 : car le roy d'Escoche estoit celuy de ses ennemis que il doubtoit le plus. F° 367.

P. 26, l. 24 : le marce.— *Ms. B* 3 : la rivière. F° 141 v°.

P. 26, l. 24 et 25 : Galles. — *Les Mss. A* 15 *à* 17 *ajoutent :* nommé le Chastel Orgueilleux. F° 158.

P. 26, l. 27 : dou roy. — *Le ms. A* 7 *ajoute :* d'Engleterre. F° 151.

§ 299. P. 26, l. 28 : Quant li gentilz. — *Ms. de Rome :* Vous devés sçavoir que, qant les Englois sceurent que Jehans de Qopelant estoit venus, il i ot grant priesse à lui veoir, car moult en i avoit en l'oost qui onques ne l'avoient veu ; et moult le desiroient à veoir pour la renonmée de ce que il estoit si vaillans homs, que il avoit pris le roi d'Escoce. Qant il fu venus jusques au logeis dou roi d'Engleterre, moult grant fuisson des signeurs d'Engleterre estoient là venu et assamblé pour li veoir. Li rois meismes les avoit mandés et le desiroit à veoir.

Qant Jehans de Qopelant fu devant le roi, il se mist en un jenoul et dist : « Très chiers sires, vous m'avés escript et mandé que je venise parler à vous. Je sui venus, car je vous doi toute obeisance. Très chiers sires et redoubtés, se Dieus m'a volut consentir si grant grace que il m'a volut envoiier et mis entre mes mains le roi d'Escoce, et je l'ai conquis en bataille par fait d'armes, on n'en doit point avoir envie ne ranqune sus moi. Aussi puet bien Dieus envoiier sa grace sus un povre baceler de bonne volenté, que il fait sus un grant signeur. » — « Vous dites verité, Jehan, respondi li rois, je vodroie bien en mon roiaulme avoir assés de tels bacelers que vous estes. Vous m'avés fait service moult agreable, et je vous ai mandé, non pour mal que je vous yoelle, mais tout pourfit et avancement ; et onques mès ne vous avoie veu que je vous connuisse. Se sui resjoïs de vostre venue, et en vaudrés mieuls. »

Adonc le prist li rois par le main et le fist lever. Tantos li contes de Warvich et mesires Renauls de Gobehen et mesires Richars de Stanfort et mesires Jehans Candos et li chevalier d'Engleterre s'aquintièrent de lui et le missent en paroles. A painnes pooit li rois oster ses ieuls de li, et en parloit à mesire Godefroi de Harcourt et à messire Gautier de Mauni, et disoit : « Regardés les aventures d'armes, conment uns povres bacelers a pris en bataille et conquis par armes le roi d'Escoce. » — « Sire, respondirent à ceste parole li doi chevalier, Dieus li a envoiiet celle grace et cel eur. Se l'en devés bien remunerer, et tellement que tout aultre baceler, chevaliers et esquiers qui vous servent, s'i puissent exempliier. » — « C'est moult bien nostre intention, » respondi li rois. Ensi fu Jehans de Qopelant requelliés et conjoïs dou roi et des signeurs, et eslevés de grace et de renonmée et honnourés de tous.

Qant Jehans de Qopelant eut esté dalés le roi, tant que bon li fu et au roi, ensi li rois li dist: « Jehan, vous retournerés en Engleterre et, vous venu chiés vous, vostre prisonnier, le roi d'Escoce, vous le presenterés à ma fenme et l'en ferés don. Vous estes tous esqusés de ce que vous l'avez tenu et gardé. Et pour vostre service que nous tenons à grant et à agreable, nous vous retenons pour nostre corps et de nostre cambre, parmi cinq cens livres à l'estrelin de revenue, par an, que vous auerés. Et, nous retourné en Engleterre, nous vous en ferons asignation, telle que bien vous devera souffire.» De ce don remercia Jehans de Qopelant le roi d'Engleterre. Encores avoecques tout ce et ces lettres, qant Jehans se departi dou roi et des signeurs, on li donna une lettre de par le roi à prendre deus mille marcs en deniers apparilliés sus l'estaplier des lainnes. Ensi se departi Jehans de Qopelant dou roi et retourna en Engleterre. Et qant il fu venus chiés soi, et que li rois d'Escoce peut souffrir le cevauchier, il le prist, et bien acompagniés, il l'amena à la roine d'Engleterre, ensi que dit et cargiet li estoit dou roi. La roine, qui fu dame pourveue de sens et d'onnour, rechut Jehan de Qopelant doucement et bellement, ne onques ne li moustra parole nulle de dureté, ne que elle euist eu merancolie sus li ; et avoecques tout ce, elle conjoï le roi d'Escoce, ensi que à faire apertenoit.

Depuis que Jehans de Qopelant ot rendu le roi d'Escoce à la roine d'Engleterre, et que elle s'en tint saisie, né demora elle gaires ou pais de Northombrelant, mais ordonna ses besongnes et recarga toute la terre à quatre barons desus nonmés, liquel sont grant hiretier en Northombrelande; et puis, bien aconpagnie, elle s'en retourna viers Londres et enmena avoecques li le roi d'Escoce, et fist tant par ses journées qu'elle vint à Londres. Qant li Londriien sceurent la venue de la roine, et que elle lor amenoit le roi d'Escoce, si se esforcièrent tout generaulment de li requellier honnourablement, ensi que à lui apertenoit ; et widièrent un jour, qant elle deubt entrer en Londres, plus de deus mille chevaus à l'encontre de li. Et fu amenée la roine tout au lonc de Londres, et le roi d'Escoce en sa compagnie, à grant fuisson de menestrandies, jusques au palais de Wesmoustier. Et là descendirent la roine et li rois d'Escoce. Depuis ceste ordenance, li rois d'Escoce fu amenés par une barge sus la Tamise ens ou fort chastiel de Londres, et là enclos sus bonnes gardes, que on mist dalés lui ; car la ditte roine avoit intension que de passer proçainement la mer et venir devant Calais veoir son signeur, le roi d'Engleterre, et se ordonna à ce et grant fuisson des dames d'Engleterre aussi, qui toutes avoient grant desir de veoir lors maris, qui estoient avoecques le roi devant Calais. Si se ordonnèrent à ce, et pour passer, la roine et les dames ; et envoiièrent lors pourveances devant par la rivière de la Tamise, qui rentre dedens la mer à Mergate. Et depuis la ditte roine et les dames, montées sus hagenées amblans, cevauchièrent par terre jusques en la cité de Cantorbie, et fissent lors offrandes au beneoit corps saint Tomas. Et puis vinrent à Douvres, et entrèrent ens ès vassiaus et passèrent oultre et vinrent devant Calais : de quoi toute li hoos fu grandement resjoïe de lor venue. Et vint là la roine environ la Toussains, et tint court ouverte, le jour de la Toussains, de tous signeurs et de toutes dames. F° 133.

P. 26, l. 29 : Copeland. — *Ms. B* 6 : qui estoit bieaulx escuiers, fors et drois, saiges et bien avisez. F° 367.

P. 27, l. 17 : coses. — *Ms. B* 6 : et voel que vous soiés chevalier. F° 368.

P. 27, l. 27 : grandement. — *Ms. B* 6 : à l'endemain il fut chevalier. F°° 368 et 369.

P. 27, l. 30 : au tierch. — *Ms. B* 6 : au sixième. F° 369.

P. 28, l. 1 : amis. — *Ms. A* 29 : parens.

P. 28, l. 5 : Evruich. — *Mss. A* 8 à 10, 20 à 22 : Bervich. F° 142 v°. — *Mss. A* 7, 11 à 14, 18, 19, 30 à 33 : Ebruich. F° 151 v°. — *Mss. A* 15 à 17 : Ewrich. F° 158 v°. — *Mss. A* 23 à 29 : Vervich. F° 176. — *Ms. B* 4 : Ewruich. F° 133 v°.

P. 28, l. 8 : montèrent. — *Le ms. A* 29 *ajoute :* sur un petit cheval.

P. 28, l. 10 : dessus ditte. — *Ms. B* 6 : Et prist (Jean de

Copeland) le roy d'Escoche son prisonnier et l'amena et bien conduit de gens d'armes jusques à Londres, et le presenta à la royne d'Engleterre qui en ot grant joye. Si le fist la dame mettre en son chastel à Londres et le conte de Moret et le conte de Ghines, connestable de France, et le conte de Tanquarville. F° 369.

P. 28, l. 18 : Bervich. — *Mss. A* 15 à 17 : Ewruich. F° 158 v°. — *Mss. A* 18, 19 : Ebruich. F° 164. — *Mss. A* 23 à 33 : Bruich. F° 176. — *Ms. B* 3 : Everuich. F° 142.

P. 28, l. 18 : Rosebourch. — *Mss. A* 15 à 17. Rosembourch. F° 158 v°.

P. 28, l. 24 : Evruich. — *Mss. A* 1 à 6 : Bervich. F° 160. — *Mss. A* 7, 11 à 14 : Ebruich. F° 151 v°. — *Mss. A* 15 à 17 : Ewrich. F° 158 v°. — *Mss. A* 23 à 33 : Bruich. F° 176. — *Ms. B* 3 : Vruich. F° 142. — *Ms. B* 4 : Ewruich. F° 133 v°.

P. 29, l. 6 : à Douvres. — *Ms. B* 6 : Sy passa la mer en grant peril et en grant aventure, car toudis y avoit robeurs de sus la mer, normans et geneuois, qui faisoient grant destourbier as Englès. F° 169.

P. 29, l. 13 : Toussains. — *Ms. B* 6 : il i ot bien sept cens chevaliers et d'autres seigneurs à grant foison que on ne les povoit à paine servir, qui estoient plus venus pour veoir la royne que aultre cose. Et le gentille royne appella ses chevaliers en leur faisant si bonne chière, et les araisonnoit et festioit sy gracieusement que c'estoit ung grant deduit de le regarder. Sy donna adonc la bonne royne grant foison de joiaulx à ceulx où elle les tenoit pour bien enploiet. Et demora longtemps par delés le roy son seigneur en grant revel tant que le siège dura. Et avoit amené foison de dames et damoiselles. Si y prendoient les chevaliers et aultres compaignons grant solas et grant deport, quant il leur plaisoit, en touttez bonnes manières ; et li rois les veoit volentiers et les honnouroit tant qu'il pooit. F° 370.

P. 29, l. 19 : Calais. — *Le ms. B* 3 *ajoute :* car ce siège y demoura longuement. F° 142.

§ 300. P. 29, l. 20 : Cils sièges. — *Ms. d'Amiens :* Li sièges fu longement devant Callais, et si y avinrent moult d'aventurez et de bellez proècez d'un costé et d'autre, par terre et par mer, lesquellez je ne puis mies touttez ne le qarte partie recorder ; car li roys de Franche avoit fait establir si bonnes gens d'armes et tant par touttez les fortrècez, que li Englès, qui volloient hors yssir à ceval ou à piet pour aler fourer ou aventurer, ne l'avoient mies d'avantage, mès trouvoient souvent des rencontrez durs et fors. Et ossi il avoient souvent pluisseurs paletis et escarmuches entour lez portez. Un jour perdoit li ung, l'autre jour perdoit li autre; et avoit un maronnier sur mer, qui s'apelloit Marans, qui conforta grandement par pluisseurs fois ciaux de Calais. F° 97.

— *Ms. de Rome :* Chils sièges se tint longement devant Calais, et si i avinrent des grandes aventures et des belles proèces de l'un costé et de l'autre, par terre et par mer, lesquelles je ne puis pas toutes, non la moitié, escripre ne recorder. Car li rois de France avoit fait establir si bonnes gens d'armes sus les frontières d'Artois, de Boulenois et en la conté de Ghines, qui pour ce temps se tenoit toute françoise, et aussi mis et establi sur la mer, Geneuois, Normans et Espagnols, que, quant les Englois voloient issir hors de lor siège, il couvenoit que il fuissent trop bien acompagniet, se il n'estoient rebouté ; et qant il estoient plus fors de lors ennemis, il les reboutoient ens ès forterèces, en Ghines, en Hames, en Niele, en Oie, en Bavelingehen, en Fiennes, en la Montoire, en Saint Omer, en Tieruane et en Boulongne, car li Englois, seans devant Calais, couroient bien, pour fouragier, jusques à là.

Et vint adonc devant Calais li sires d'Aughimont, sires dou Rues en Hainnau, voires son temps durant, veoir le roi d'Engleterre et devint son honme parmi deus cens livres à l'estrelin, que li rois d'Engleterre li donna de revenue par an, asignés sus ses coffres. Et en fu li sires d'Aughimont bien paiiés, tant que il volt estre et demorer ou service des Englois. Et pour le temps il estoit fors et jones, hardis et entreprendans chevaliers, et fu nonmés Ernouls, et fist des belles cevauchies avoecques les Englois et des grans apertises d'armes, par lesquelles il i acquist grant grace et l'amour des Englois. Et estoient acompagniet li et messires Renauls de Gobehen, et ne chevauçoient point l'un sans l'autre. F° 134.

P. 29, l. 27 : le marche. — *Ms. B 3 :* en la subjection. F° 142.

P. 30, l. 17 : larecin. — *Les mss. A 15 à 17 ajoutent :* et en tapinaige. F° 159.

P. 30, l. 19 : Mestriel. — *Mss. A 1 à 6, 11 à 14 :* Menestreul. F° 160 v°. — — *Mss. A 15 à 17 :* Mestrisel. F° 159. — *Mss. A 18 à 19 :* Mestruel. F° 164 v°.

P. 30, l. 26 : fisent... morir. — *Ms. B* 3 : firent noier et morir plusieurs Anglois. F° 142 v°. — *Ms. B* 4 : firent tamaint Englès morir et noiier. F° 134.

P. 30, l. 26 : durant. — *Les mss. A* 1 à 17, 11 à 14, 20 à 22 *ajoutent* : devant Calais. F° 160 v°. — *Les mss. A.* 18, 19 *ajoutent* : devant la ville de Calais. F° 164 v°. — *Les mss. A* 15 à 17 *ajoutent* : dont le roy estoit moult durement courrocié. F° 159 v°.

§ 301. P. 30, l. 27 : Tout cel yvier. — *Ms. d'Amiens* : Enssi demoura là l'ivier tout chil siège. Et passa le mer et vint d'entre Calais li comtes Derbi; et ossi la roynne d'Engleterre environ le Noel y vint; si y fu rechupte à grande joie, ce fu bien raissons.

Et estoient conforté ossi li Englèz si grandement de le communalté de Flandrez, car li roys englès les tenoit à amour ce qu'il pooit; et estoit adonc en le garde de ciaux de Gand li jouènes Loeis, filz au comte leur seigneur. De quoy li dus de Braibant li volloit dounner se fille et proumetoit au roy de France que, se li mariage adrechoit, il le meteroit à se entente dez Englès. Quant li roys d'Engleterre entendi ce, il envoia grans messaiges en Flandres, le comte de Norhantonne et autrez, qui donnèrent et presentèrent, de par le roy leur seigneur, au pays de Flandres pluisseurs dons et presens, pour yaux oster de celle opinion. Et proumetoient que s'il acordoit leur signeur à sa fille, qu'il leur recouveroit sus lez Franchois Lille, Bietune et Douay et touttez lez appendancez : li Flammencq estoient trop plus enclins sans comparison au roy d'Engleterre que au roy de Franche. F° 97.

— *Ms. de Rome* : Tout cel ivier, demora li rois d'Engleterre à siège devant Calais; et estudioient ils et ses gens, conment il peuissent avanchier lor besongne, et constraindre le plus ceuls de Calais. Et rendoit li rois d'Engleterre grant painne pour tenir à amour la conmunauté dou pais de Fandres, car avis li estoit que parmi euls le plus aise il poroit venir à ses ententes. Et envoioit souvent deviers euls grans pronmesses, et leur faisoit dire et leur disoit aussi, qant il le venoient veoir au siège, que, se il le voloient aidier tant que il peuist venir à son entente de la ville de Calais, il lor recouverroit sans doubte Lille, Douai et Bietune et toutes les apendances qui anciennement s'estoient tenues des resors de Flandres; si ques, par tels pronmesses, li Flamenc s'esmurent en ce temps et vinrent mettre le siège devant Bietune. Et avoient à chapitainne un chevalier d'Artois qui se nonma messires Oudars de Renti, liquels estoit banis de France et ne s'i osoit tenir; car se on l'i euist tenu, on l'euist pendu : si s'en vint en Flandres. Et le requellièrent li Flamenc et en fissent lor chapitainne, car Jaquemes d'Artevelle, ensi que vous savés, estoit mors; et estoient li Flamenc devant Bietune bien soissante mille.

Si estoient par dedens la ville, pour le garder et deffendre, quatre vaillant chevalier, messires Joffrois de Cargni, messires Ustasses de Ribeumont, mesires Jehans de Landas et messires Bauduins d'Enneqins; et avoient bien deus cens lances desous euls, chevaliers et esquiers. Et bien besongna à Bietune que droite gens d'armes i fuissent et entendesissent à euls, car par trop de fois, la ville euist esté prise, se lor bonne pourveance et diligense n'euist esté; car les Flamens i fissent moult de grans et oribles assaus, et i furent les Flamens onse sepmainnes que riens n'i conquissent. Qant il veirent ce que la ville estoit si bien gardée et deffendue, ils se tanèrent et rompirent lor siège et retournèrent en Flandres et casquns en son lieu. Li quatre chevaliers desus nonmé acquissent grant grasce de ce que si bien il avoient gardé et deffendu Bietune à l'encontre des Flamens.

Moult volentiers euist veu li rois d'Engleterre que li jones Lois de Male et hiretiers de Flandres euist pris à fenme sa fille Issabiel; et, pour ce et pour aultres coses, tenoit il moult à amour tout le pais de Flandres. Et tant fist et tant procura par dons, par pronmesses et par bons moiiens, que li pais de Flandres s'i acorda entierement : dont li rois d'Engleterre fut moult resjoïs, car il li sambloit que, parmi ce mariage et ce moiien, il s'aideroit des Flamens plus plainnement. Et aussi il sambloit as Flamens que, se il avoient le roi d'Engleterre et les Englois de lor acort, il poroient bien resister as François; et plus lor estoit necessaire et pourfitable li amour dou roi d'Engleterre que dou roi de France. Mais lors jones sires, Lois de Male, qui avoit esté nouris entre les roiauls de France et encores i estoit il, ne s'i voloit point accorder; et disoit francement que jà n'aueroit à fenme la fille de celi qui li avait mort son père.

D'autre part, li dus Jehans de Braibant, quoi que il fust cousins germains au roi d'Engleterre, rendoit grant diligense et pourcaçoit adonc moult fort que chils jones contes de Flandres vosist prendre par mariage Margerite, sa fille; et li pronmetoit que, se il l'espousoit, il le feroit joïr plainnement et pasieuvlement, fust par force ou autrement, de la conté de Flandres. Et faisoit li dus de Braibant entendant au roi de France que, se chils mariages se faisoit de sa fille au jone conte de Flandres, il feroit tant que tout li Flamenc seroient de son acord et contraire au roi d'Engleterre : de quoi, par ces pronmesses, li rois de France s'acorda au dit mariage de Braibant.

Qant li dus de Braibant eut l'acort dou roi de France, il envoiia tantos grans messages en Flandres deviers les plus soufissans bourgois des bonnes villes de Flandres, et leur fist dire et remoustrer tant de belles paroles coulourées que li consauls des bonnes villes mandèrent le jone conte, lor signeur, et li fisent asavoir que, [se] il vosist venir en Flandres et user par lor consel, il seroient si bon amic et subject, et li renderoient et deliveroient toutes ses justiches et juridicions et les droitures de Flandres, ensi ou plus avant que nuls contes de Flandres euist onques eu. Li jones contes fu consilliés par ceuls qui le gouvrenoient et par madame sa mère, que il venist en Flandres et cruist ses honmes, puis que il li presentoient amour et subjection. Et vint sus cel estat en Flandres, et i fu receus à grant joie et ala et chevauça de bonne ville en bonne ville; et li furent donné et presenté grans dons et biaus presens.

Si tretos que li rois d'Engleterre, qui se tenoit devant Calais, sceut ces nouvelles, il envoia en Flandres le conte de Norhantonne, le conte d'Arondiel et mesire Jehan Candos et mesire Renault de Gobehem, liquel parlementèrent tant et pourcachièrent as conmunautés de Flandres que il eurent plus chier que leurs sires presist à fenme la fille dou roi d'Engleterre que la fille au duch de Braibant. Et en requissent et priièrent leur jone signeur, et li remoustrèrent pluiseurs belles raisons pour lui atraire, et tant que li bourgois qui avoient mis avant le fait le duch de Braibant n'osoient parler ne contredire à ceuls qui proposoient le fait le roi d'Engleterre. Mais Lois, li jones contes, ne s'i voloit nullement acorder, et disoit que jà n'aueroit à fenme la fille de celi qui avoit son père mort, et li deuist li rois d'Engleterre donner la moitié de son roiaulme.

Qant li Flamenc oïrent ce et le veirent en cel estat, si furent tout courouchié, et dissent que chils sires estoit trop François, et que jà il ne lor feroit bien, et que trop près il s'enclinoit as opinions de son père, et que jà il ne creroit consel qui bien li vosist.

Si le prissent chil de Gant et le missent en prison courtoise, et bien li disent que jamais n'en isceroit, se il ne creoit lor consel; et bien disoient, si messires ses pères n'euist tant amet les François, et euist ouvré par lor consel, il l'euissent fait un des grans signeurs des crestiiens, et euist recouvré Lille, Douai et Bietune. F°° 134 et 135.

P. 31, l. 6: Douay. — *Ms. B 6 ajoute:* et Bietune. F° 372.

P. 31, l. 18: Ribeumont. — *Mss. A 15 à 17, 23 à 29 et B 3*: Ribemont. F° 159 v°. — *Mss. A 20 à 22*: Ribeaumont. F° 228 v°.

P. 32, l. 2: Ysabiel. — *Ms. B 3*: Ysabeau. F° 142 v°.

P. 32, l. 2: espouser. — *Mss. A 18, 19*: qui avoit nom Helizabeth. F° 165.

P. 33, l. 10: Norhantonne. — *Mss. A 15 à 17*: Northantonne. F° 160. — *Mss. A 7 et B 4*: Norhanton. F° 134 v°. — *Ms. B 3*: Norantonne. F° 143.

P. 33, l. 20: contes. — *Les mss. A 20 à 22 ajoutent:* forment contredisoit. F° 229.

P. 34, l. 1: des Crestiiens. — *Mss. A 20 à 22*: qu'oncques fust en Flandres. F° 229 v°.

P. 34, l. 2: Bietune. — *Les mss. A 20 à 22 ajoutent:* Orchies. F° 229 v°.

§ 302. P. 34, l. 3: Ce demora. — *Ms. de Rome:* Ce demora une espasce de temps, et li rois d'Engleterre tint toutdis son siège devant Calais, et tint grant court et noble le jour dou Noel. Le quaresme ensievant, retournèrent de Gascogne li contes Derbi, li contes de Pennebruq et li contes de Quenfort et grant fuisson de chevaliers et d'esquiers en lor compagnie, et ancrèrent devant Calais. Si furent li rois et li signeur et toutes gens resjoï de lor venue, et se restraindirent auquns signeurs pour euls logier, et de tant fu li hoos renforcie.

Or retournons à la matère dont je parloie presentement dou jone conte Lois de Flandres, que ses gens tenoient en prison courtoise. Nonobstant ce, il ne prenoit point la prison à agreable, mais à grant desplaisance, et point ne le pooit amender. Si estoit il soubtils et moult imaginatis, et consideroit à le fois son estat et son afaire, et disoit en soi meismes: « Je sui uns grans sires assés, et se n'ai point de poissance, se més gens ne le me donnent. Il me fault, voelle ou non, brisier mon coer et dissimuler, car je ai bien tant de congnissance que mon peuple m'ainme et amera, se je les sçai tenir, et me acompliront toutes mes volentés. Encores vault il trop mieuls que je me brise et dissimule un temps que je soie ichi tenus en prison, quoi que je m'encline assés plus à la fille de Braibant que d'Engleterre ; car par Braibant, ou temps à venir, pueent avenir très grandes aliances à Flandres. Et se je avoie fait ce mariage en Braibant, oultre la volenté de auquns de mes hommes, qui me remoustrent que li mariages en Engleterre m'est plus pourfitables et necessaires que il ne soit en Braibant, et je fuisse en Braibant ou en la conté de Nevers et de Retels, et li rois d'Engleterre fust retournés en son pais, li doi pais, Flandres et Braibant, se racorderoient ensamble, et li rois d'Engleterre marieroit sa fille ailleurs, et je retourneroie en paix entre mes gens; si ques je me laisserai consillier et leur dirai par couvreture que je les voel croire et entendre à lors volentés. »

Et trouva li jones contes celle cautelle, et manda cheuls qui la plus grande domination avoient sur li, tant que de sa garde, et par lesquels on usoit le plus en Flandres, et leur dist : « Je qui sui vostres sires, vous me tenés en dangier, lequel je n'ai point apris, car à painnes puis je aler pissier que trois ou quatre gardes ne soient sur mi. Je considère mon estat et l'ai consideré à grant loisir, ce temps que je ai chi sejourné. Dur me seroit d'estriver contre l'agillon. Il m'est avis que vous m'amés et amés l'onnour de mon pais de Flandres, qui me volés marier à la fille le roi d'Engleterre. Je voel bien proceder avant en ce mariage, mais que sainte Eglise s'i asente. »

Qant ses gens l'oïrent parler sus celle fourme, laquelle il desiroient à oïr, si furent resjoï, et le missent tantos hors de prison, et li acordèrent une partie de ses deduis, tant que d'aler des oissiaus en rivière. A ce estoit il moult enclins, mais il i avoit toutdis sur li bonnes gardes, à la fin que il ne lor escapast ou fust emblés ; et l'avoient les gardes empris à garder sus l'abandon de lors testes. Si en estoient tant plus songneus, et si estoient les gardes dou tout de la favour le roi d'Engleterre, et le gettoient si près que à painnes pooit il aler pissier.

On segnefia au roi d'Engleterre cel estat, et que li jones contes de Flandres estoit hors de prison et en volenté de prendre sa fille par mariage. De ces nouvelles fu li dis rois tous resjoïs, et renvoia en Flandres l'evesque de Harfort, le conte de Norhantonne et messire Jehan de Biaucamp. Et vinrent à Bruges en grant estat, et furent liement receu des signeurs de la ville; et de là il cevauchièrent à Gant, auquns bourgois de Bruges des plus notables en lor compagnie. Chil qui gouvrenoient pour ce temps le jone conte de Flandres et la ville de Gant, requellièrent toute celle compagnie liement; et i furent fais et moustrés grans aprocemens d'amour.

La conclusion fu telle que li contes fu tellement menés de paroles, tant de ses gens que de ces signeurs d'Engletere, que il s'acorda à ce et dist de bonne volenté, par samblant, que volentiers il procederoit avant ou mariage, mais que sainte Eglise s'i asentesist, car il estoient moult proçain de linage. Les Englès se fissent fort et se cargièrent de cela, et dissent que jà pour la dispensation, li mariages ne se laisseroit à faire; et retournèrent, qant il orent esté bien festoiiet, arrière devant Calais, et recordèrent tout ce que il avoient trouvé, oï et veu en Flandres au roi et à son consel : desquèles coses li rois se contenta grandement, et moult amoit cheuls de Flandres, et disoit que il estoient bien si ami. Ceste cose se proceda et aproça sus les couvenances que Lois, li jones contes de Flandres, avoit eu as ambassadours de par le roi d'Engleterre, et à ses gens, aussi en la ville de Gant. Et furent escript et segnefiiet li rois et la roine d'Engleterre notorement par tous les consauls des bonnes villes de Flandres et dou tieroit dou Franc, escript et seelet conjointement ensamble, que il vosissent estre et leur fille en la ville de Berghes, entre Saint Omer et Bourbourch, et que là il seroient à l'encontre de li, et aueroient leur signeur tel que li mariages se concluroit là.

Vous devés sçavoir que li rois et la roine d'Engleterre furent grandement resjoï. Et ne fu riens espargniet pour estas tenir à celle journée. Et vinrent au Noef Port les Flamens, et encores plus priès en une aultre bonne ville priès des dunes, que on dist Vorne. Tous li païs de là environ fu raemplis des bonnes gens sus la poissance de Flandres, tant de par le roi d'Engleterre comme de par le païs de Flandres. Et vinrent li plus notable homme et li plus autentiqe des bonnes villes de Flandres, en grant estat et poissant, en la ditte ville de Berghes, et i amenèrent lor signeur le jone conte, qui par samblant faisoit très bonne chière; et qant il fu parvenus jusques au roi d'Engleterre, il s'enclina tous bas, et aussi fist il à la roine. Li rois d'Engleterre prist le jone conte par la main destre moult doucement, et le leva sus et puis le conjoï et requelli de paroles, et s'escusa moult humlement de la mort de son père. Et dist, se Dieux le peuist aidier, que onques tout le jour de la bataille de Creci il ne le vei ne oy parler, et que, se il l'euist veu, il l'euist pris sus; mais tels cas sont aventures de batailles : « Tous les fault, biaus fils, passer et oublier. » Li jones contes, par samblant, se tint de ces escussances assés à contens.

Et puis fu parlé dou mariage; et là ot certains tretiés aleghiés et proposés. Et là fu empris li mariages dou jone conte Lois de Male, conte de Flandres, et de madamoiselle Isabiel d'Engleterre, Et jurèrent les parties à proceder avant et sus grans misses de repentises. Et à ce se obligièrent les bonnes villes de Flandres et li rois d'Engleterre pour sa fille, mais il couvenoit envoiier en Avignon pour la dispensation. De ce se cargoient par acord li rois d'Engleterre et les bonnes [villes] de Flandres. Et fu la journée de espouser relaxsée jusques à une autre fois, et là en dedens la dispensation seroit aceptée et impetrée. Et se departirent de Berghes toutes gens, et retournèrent li rois d'Engleterre et la roine au siège devant Calais, et enmenèrent lor fille, et li Flamenc, lor signeur en Flandres.

De toutes ces avenues estoient trop bien enfourmé li rois de France et ses consauls et n'en savoient que imaginer, fors tant que il esperoient bien que li contes de Flandres, com jones que il fust, avoit sens et soutilleté assés, pour li delivrer de ces dangiers, et tout par couvreture et par li sçavoir dissimuler.

Qant li contes fu retournés en Flandres, et ses gens veirent que il voloit ouvrer par lor consel....[1], et li furent mis au large tous ses deduis et esbatemens, et n'avoit mès sus lui si fort regard que il i avoit eu, pour tant que il avoit juret et fianchiet la fille au roi d'Engleterre, et de espouser au jour qui ordonnés i estoit, mais toutdis reservoit il et avoit reservé la dispensation dou pape.

Li rois d'Engleterre et la roine, quoi que il fuissent à siège devant Calais, se apparilloient de grant poissance, et metoient ouvriers en oevre; et n'i avoit riens espargniet de cambres, d'abis, de rices jeuiauls, pour donner au jour des espousailles. Et aussi tout signeur et toutes dames, qui là estoient au siège, s'en efforçoient pour estre en ces jours en grant estat et estofé oultre mesure.

[1]. Lacune.

Li jones contes de Flandres, liquels estoit revenus en païs entre ses gens, ensi que vous savés, aloit tous les jours en rivière et moustroit par samblant que chils mariages à Isabiel d'Engleterre li plaisoit très grandement bien. Et s'en tenoient li Flamenc, ensi que pour tout, aseguré; et n'i avoit mès sus li si grant regard comme en devant. Qant chils contes vei que la journée aproçoit que il devoit retourner à Berghes et pour espouser la fille d'Engleterre, laquelle cose il ne voloit nullement faire, quoique juré et promis l'euist par foi fianchie, il se apensa que il meteroit tout pour tout.

Et avint que un jour il estoit alés rivoiier, et jetta son fauconnier un faucon apriès le hairon, et li contes aussi un. Et se missent chil doi faucon en cange, et li contes apriès en quoitant son ceval et moustrans que il le vosist ravoir; et disoit en cevauçant: « Hoie! hoie! » Et qant il fu eslongiés et que il ot l'avantage des camps, il feri cheval des esporons et cevauça toutdis avant, sans retourner, par telle manière que ses gardes le perdirent. Point ne sçai se de ce fait il furent coupable, mais il en fissent moult l'esfraé et le courouchié; et n'osèrent retourner en Flandres, tant que les coses furent remises en aultre estat. Li jones contes de Flandres, qant il se fu ensi emblés, s'en vint à Saint Venant et trouva le signeur qui li fist très bonne chière; car il avoit esté son mestre et l'avoit plus introduit ens ès oissiaus que nuls aultres. Et fu li sires de Saint Venant moult resjois de ce que il estoit ensi issus des dangiers le roi d'Engleterre et des Flamens, et l'amena bien acompagniés à Pieronne en Vermendois deviers le roi de France qui là se tenoit.

Qant li rois Phelippes vei son cousin, le conte de Flandres, et il l'ot oy parler comment il avoit lobé les Englois et les Flamens, et issus de lors dangiers par grande soutilleté, si en fu moult resjois et dist: « Biaus cousins, vous estes li bien venus: vous avés trop bien esploitié. Laissiés ces Englois et nostre adversaire marier sa fille ailleurs. Vous n'en avés que faire. Je vous marierai en Braibant. Ce mariage là vous sera mieuls à la main et plus propisces et pour vostre païs aussi, que ne seroit chils d'Engleterre. » Li jones contes de Flandres acorda au roi toute sa parole et li dist: « Monsigneur, pour tant que je m'encline plus au mariage de la fille au duch de Braibant que à ceste d'Engleterre, ai je fait ce que je ai fait, et me sui departis de mon païs et de mes gens sans congiet. Je ne sai mais qant je i retournerai. »

Respondi li rois : « Vous avés très bien fait, et vous en sçai bon gré, et aussi doient faire tout chil qui vous ainment et vostre honnour. »

Ensi demora li jones contes de Flandres un grant temps dalés le roi de France, et ne levoit nulles rentes ne revenues dou païs de Flandres. Et se tenoient li Flamench à deceu de ce que il ne l'avoient mieuls gardé. Et afin que li rois d'Engleterre ne se merancoliast sus euls, car trop le doubtoient à courouchier, les consauls des bonnes viles de Flandres, liquel avoient esté as couvenances prendre et jurer dou mariage de lor signeur et de la fille le roi d'Engleterre, s'en vinrent devant Calais euls esquser au roi desus nonmé; et moustrèrent de fait, de parole et de samblant, que il estoient moult courouchié de ce que lors sires defalloit ensi sur ce qu'il avoit couvenenchié et juré. Li rois d'Engleterre, qui voloit tenir à amour les Flamens, car à venir à son entente de Calais il le pooient trop grandement valoir, tint lors escusances à bonnes ; et dist bien que de tout ce que li contes avoit fait, et de sa foi que il avoit mentie à tout le mains il estoit en procès dou mentir, il tenoit bien le païs de Flandres pour esqusé. De ceste response remerciièrent li Flamenc le roi d'Engleterre, et se offrirent à estre apparilliet au roi, et de venir devant Calais, trois jours apriès ce que il en seroient requis et semons. Li rois d'Engleterre ne renonça pas à ces offres, mais les tint à très bonnes et les en remercia. Chil Flamenc prissent congiet au roi, et puis il s'en retournèrent en Flandres, et li rois demora devant Calais.

Vous devés savoir que li dus de Braibant, qui tendoit et avoit tendu un lonc temps à marier sa fille Margerite au jone conte de Flandres, fu trop grandement resjoïs, jà fust il cousins germains au roi d'Engleterre, qant il sceut la verité conment li contes de Flandres avoit tronpé le roi d'Engleterre et les Flamens, et avoit brisiet le mariage de la fille d'Engleterre, et n'avoit nulle affection de le prendre, mais pour l'eslongier, en estoit volés en France et se tenoit dalés le roi de France et madame sa mère qui trop fort haioit les Englois, et li disoit moult souvent : « Lois, se vous euissiés procédé avant ou mariage d'Engleterre et pris la fille de celi qui vous a vostre père mort, je fuisse très tos morte d'anoi, ne jamais en ce monde de vous n'euissiés eu honnour. » — « Madame, respondoit li contes, jamais je ne m'i fuisse acordés; et ce qui en a esté fait à la promotion de mes gens, ç'a esté par force et par constrainte. Si me couvenoit trouver voie et cautelle, conment je me peuisse de euls delivrer. Or l'ai fait, et pour perdre rentes et revenues en Flandres, jamais en ce dangier je ne me meterai. »

Ensi apaisoit li jones contes de Flandres sa dame de mère. Et li dus de Braibant, qui tiroit à venir à son entente, procuroit trop fort par tous les bons moiiens que il pooit avoir deviers le roi de France, que sa fille Margerite peuist venir par mariage au conte de Flandres; et lui prometoit, là où li mariages se feroit, que il romperoit et briseroit le pourpos des Alemans, que jamais n'en seroit grevés ne guerriiés, et aideroit mesire Carle de Boesme, roi d'Alemagne, à parvenir à la perfection de l'Empire. Li rois de France recevoit toutes ces paroles en bien, et rescripsoit doucement deviers le duch de Braibant, et li donnoit à entendre que li jones contes de Flandres prenderoit sa fille. F^{os} 135 et 136.

P. 34, l. 27: gardes. — *Ms. B* 6: mais il (les Flamands) envoieroient toudis trente de leurs hommes bourgois qui sy près le gaiteroient que à paine poroit il aller pisser; et n'avoit de son consail privet que deus chevaliers: encores estoient il Flamens. F° 376.

P. 34, l. 31 et P. 35, l. 1 et 2: Ceste... en couvent. — *Mss. A* 1 à 7, 11 à 14, 18 à 33: Ceste chose se proceda et dura tant que le jeune conte ot en convenant. F° 164.

P. 35, l. 20: conjoy. — *Ms. B* 3: froissoit. F° 143 v°.

P. 36, l. 22 et 23: quel samblant... dedentrainnement. — *Mss. A* 1 à 6, 11 à 14, 15 à 17: quelque samblant qu'il monstrat au dehors, il avoit dedens. F° 162 v°. — *Mss. A* 8 à 10: quel semblant qu'il monstroit au dehors, il avoit dedens. — *Mss. A* 23 à 29: quelque semblant qu'il monstrast forainnement, il avoit dedens. F° 178 v°. — *Mss. A* 30 à 33: quelque semblant qu'il monstrast au dehors, il avoit ens. F° 195 v°. — *Mss. A* 18, 19: quelque semblant qu'il moustrast deforainement, il avoit interainement. F° 166 v°. — *Ms. B* 3: quelque semblant qu'il monstrast dehors, il avoit en son courage toujours les François. F° 144.

P. 36, l. 25: en rivière. — *Mss. A* 23 à 29: sur l'eaue. F° 230 v°.

P. 36, l. 25: en. — *Mss. A* 30 à 33, B 3: sur la. F° 195 v°.

P. 36. l. 29: cil doy faucon. — *Ms. B* 6: l'un de ses faucons a la chargier au cange, et ses fauconniers après pour le loirer. F° 377 et 378.

P. 36, l. 29 : en cange. — *Mss. A* 1 à 33 : en chace. F° 162 v°. — *Ms. B* 3 : en champs. F° 144.

P. 36, l. 30 : les lorier. — *Mss. A* 1 à 7, 11 à 14 : le loirier. *Mss. A* 8 à 10 : les loirrer. F° 144 v°. — *Mss. A* 15 à 17 : les loirer. F° 161. — *Mss. A* 18, 19 : le loirier. F° 166 v°. — *Mss. A* 20 à 22 : le loirer. F° 230 v°. — *Mss. A* 23 à 29 : le lorier. F° 178 v°. — *Mss. A* 30 à 33 : les suir. F° 195 v°. — *Ms. B* 3 : les leurrer. F° 144. — *Ms. B* 4 : le loyrier. F° 135 v°.

P. 37, l. 11 : deceus. — *Ms. B* 6 : Mais pour ce ne demora mie que les Flamens ne confortaissent toudis les Englès, et vidèrent pluiseurs fois hors et furent devant Aire et devant Saint Omer; et ardirent tout le païs d'environ et le bonne chité de Terouane, et toudis en confortant les Englès. F° 378.

§ 303. P. 37, l. 17 : En ce temps. — *Ms. de Rome :* Ensi demorèrent les coses en cel estat un lonch temps, et li sièges se tenoit devant Calais.

En ce temps estoit nouvellement revenus dou voiage dou Saint Sepulcre et dou mont de Signal et de Sainte Kateline, chils gentils chevaliers, messires Robers de Namur ; et l'avoit fait chevalier au Saint Sepulcre li sires de Spontin.

Qant messires Robers de Namur fu retournés de ce voiage en la conté de Namur, il entendi que li rois d'Engleterre seoit devant Calais ; si se ordonna à là venir et i vint moult estofeement, et se mist au serviche dou roi d'Engleterre. Et le retint li rois parmi deus cens livres à l'estrelin que il li donna de revenue par an ; et en fu bien paiiés, tant que il vesqi. F° 137.

P. 37, l. 22 : affectuel. — *Mss. A* 1 à 33 : affetiez. — *Ms. B* 4 : affeitié. F° 135 v°.

P. 37, l. 28 : Robers de Namur. — *Ms. B* 6 : filz jadis au conte Jehan de Namur. F° 378.

P. 37, l. 30 : jones. — *Ms. B* 6 : ossy il n'avoit encores esté mandés ne prié du roy Phelippe : sy povoit bien par honneur traire devers lequel roy que mieulx luy plaisoit, car il ne tenoit riens de l'un ne de l'autre ; et toutes fois il estoit plus enclin au roy d'Engleterre que au roy de France. Sy se party le conte de Namur en bon arroy, ensy que toudis a fait honnorablement par le pais et par le monde, et passa parmy Flandres, et esploita tant qu'il vint devant Calais. Sy ala devers messire Gautier de Mauny, hainuier, lequel l'acointa du conte Derby et de messire Henry de Lenclastre. Et cheulx le menèrent devers le roy et la royne, quy furent moult resjoïs de sa venue et le rechurent liement. Et messire Robert de Namur estoit grandement en la grace du roy et de la royne pour le cause de son oncle, messire Robert d'Artois, de qui il portoit tel nom. Si le retint le roy d'Engleterre et luy donna par an trois cens livres à l'estrelin, qui vallent dix huit cens frans de Franche ; et luy donna par telle condision que on luy pairoit, tant que il vivroit, la dite revenue prendre aulx canges à Bruges. Adonc fist hommaige le dit conte au roy d'Engleterre et le baisa en la bouche, et demoura devant Calais tant que la ville fut rendue. Après la ville rendue, il s'en ala en Engleterre avecques le roy et la royne juer et esbatre et veoir le païs, et ossy pour aprendre à congnoistre les seigneurs et les dames du royalme d'Engleterre, dont il desiroit moult de avoir l'acointanche. F° 379 v° et 380.

P. 37, l. 31 : priiés. — *Ms. B* 4 : près. F° 135 v°.

P. 38, l. 18 : trois cens. — *Mss. A* 20 à 22 : cinq cens. F° 231.

§ 304. P. 38, l. 23 : Je me sui. — *Ms. d'Amiens :* Le siège estant devant Callais, toudis guerioient en Bretaingne enssamble messires Carles de Blois et la comtesse de Montfort. Li roys de France confortoit monseigneur Carle, son nepveu, et la ditte comtesse confortoit li roys d'Engleterre.

Or estoient en Bretaingne venu, de par le dit roy d'Engleterre, doy moult vaillant chevalier avoec une cuantité de gens d'armes et d'archiers, dont on noummoit l'un messire Thummas d'Angourne, [et l'autre] monseigneur Jehan de Hartecelle ; si se tenoient en le ville de Hainbon. Avoecq eulx avoit un autre chevalier, breton bretonnant, qui s'apelloit messires Tangis dou Castiel. Si assamblèrent chil troy chevalier dessus noummet un jour ce qu'il peurent avoir de gens, en instance que pour aller assegier une ville et un castiel qui s'apelle le Roce Deurient : si en estoit cappitainne Tassars de Ghinnes, ungs moult appers escuierz.

Quant li Englès et li Breton furent là venu par devant, il assegièrent le Roce Deurient tout environ, et le assaillirent fortement. Or y eut tant de meschief que cil de le ville estoient mieux de l'acort la comtesse de Montfort que de monsigneur Carle. Si se tournèrent deviers la comtesse et li escuiers ossi, et demoura cappittainne.

Quant messire Carle de Blois le seut, si en fu mout courouchiés, et manda partout gens où il les peut avoir, et par especial grant fuisson de chevalerie en Bretaingne et en Normendie. Si vint à seize cens armurez de fier et quatre cens chevaliers et bien douze mil hommez de piet mettre le siège devant le Roce Deurient, et coummenchièrent le ville à assaillir fortement et le astrainssent grandement.

Ces nouvellez vinrent à la comtesse et as chevaliers englès et bretons comment on avoit le Roce Deurient assis. Si se pourvei tantost la dite contesse et manda gens partout où elle les peut avoir, et eult bien mil armurez de fier et quinze mil hommez de piet. Si s'esmurent ces gens d'armes et aprochièrent les Franchois. Quant il furent à deux lieuwes priès de l'host monsigneur Carle, il se logièrent sus une rivierre celle nuit, à l'entente que de combattre à lendemain. Et quant il furent logiet et mis à repos, monsigneur Thummas d'Anghourne et messires Jehans de Hartecelle prissent le moitiet de leurs gens et les fissent armer et monter à cheval, et s'en allèrent devant mienuit ferir en l'ost monseigneur Carle à l'un des costéz, et y fissent moult grant dammaige.

Adonc s'estourmy li hos, et furent tantost tout armé. Li Englès et li Breton arestèrent si longement qu'il ne se peurent retraire, et furent enclos et combatu dez gens monsigneur Carle, et tellement combatu que mort et pris le plus grant partie. Et y fu pris et navrés durement messires Thumas d'Anghourne; et messires Jehans de Hartecelle se retraist au mieux qu'il peut et revint si comme tous desconfis à leur host, et leur conta se aventure. F° 97 v°.

— *Ms. de Rome :* Je me sui longement tenus à parler des gerres de Bretagne et de mesire Carle de Blois et de la contesse de Montfort. La cause pourquoi je m'en sui souffers, ç'a esté pour les trieuves qui furent prisses devant la chité de Vennes, lesquelles furent moult bien tenues et gardées. Et joïrent assés pasieuvlement toutes les parties, casquns et casqune, de ce que sien estoit et que en devant il tenoit. Et sitos que elles furent passées, il conmenchlèrent à guerriier fortement, li rois de France à conforter mesire Carle de Blois son neveu, et li rois d'Engleterre, la contesse de Montfort, ensi que proumis et couvenenchiet li avoit.

Et estoient venu en Bretagne, de par le roi d'Engleterre, doi moult vaillant chevalier, et departi dou siège de Calais, à tout deus cens hommes d'armes et quatre cens archiers. Les noms des chevaliers furent tel : mesire Thomas d'Agourne et mesire Jehan de Hartecelle ; et se tenoient dalés la ditte contesse en la ville de Hainbon. Avoecques euls avoit un chevalier breton bretonnant, moult vaillant homme, qui se nonmoit mesires Tangis dou Chastiel. Et faisoient souvent ces Englois et ces Bretons des issues et cevauchies contre les gens mesire Carle de Blois et sus le pais qui se tenoit de sa partie, et les gens à mesire Carle aussi sus euls. Une heure perdoient les uns, et une autre fois gaegnioient.

Et avint un jour que chil troi chevalier desus nonmet avoient mis ensamble grant fuisson de gens d'armes et de saudoiiers à piet, et alèrent mettre le siège devant une ville que on dist la Roce Deurient, qui se tenoit de messire Carle de Blois, et par pluisseurs fois i fissent livrer des assaus. Chil qui dedens estoient, se deffendoient vaillanment, tant que riens n'i perdoient. Et estoit chapitainne, de par le dit mesire Carle, de la ditte garnison, uns esquiers de Piqardie qui se nonmoit Tassars de Ghines, appert homme d'armes durement. Or i ot un grant meschief, car li homme de la ville, les trois pars estoient plus pour la contesse de Montfort que pour messire Carle. Et prissent chil homme lor chapitainne, et qant il en furent saisi, il dissent que il l'ociroient, se il ne se tournoit à lor opinion. Tassars, qui se vei en dur parti, pour eslongier la mort, leur dist que il feroit tout ce que il vodroient. Sus cel estat, il le laissièrent aler, et leur souffi ceste parole ; et conmencièrent à tretiier deviers ces chevaliers d'Engleterre. Trettiés se porta que tout se tournèrent de la partie la contesse de Montfort, et demora li dis Tassars de Ghines, capitains de la Roce Deurient, comme en devant. Ce fait, li sièges des Englois se deffist, et retournèrent li chevalier deviers la contesse de Montfort à Hainbon, qui toute resjoïe fu de ce que ses gens avoient si bien esploitié.

Les nouvelles vinrent à messire Carle de Blois, qui se tenoit en la chité de Nantes, que la ville de la Roce Deurient estoit tournée englesce, et la manière conment Tassars de Ghines avoit esté menés et pris de fait et de force ; et vosist ou non, aultrement il puist esté mors, il li couvint faire ce marchié. Qant mesires

Carles entendi ces paroles, si fu durement courouchiés et dist et
jura que jamais n'entenderoit à aultre cose, quoique couster li
deuist, si aueroit repris la Roce Deurient et castoiiet cheuls qui
ces trettiés avoient fais, et pris si crueuse venganche que tout li
aultre s'i exemplieroient. Et fist tantos un très grant mandement
partout, et s'estendirent ses priières jusques en Normendie. Et fist
son amas de gens d'armes en la chité de Nantes et là environ;
et furent bien seise cens hommes d'armes, dont il estoient quatre
cens chevaliers et plus, et environ douze mille hommes de piet
parmi les arbalestriers. Entre ces quatre cens chevaliers avoit
vingt trois banerès.

Si departi li dis messires Carles en grant arroi de la chité de
Nantes, et tout chil signeur et ces gens en sa compagnie; et esploitièrent tant que il vinrent devant la Roce Deurient, et bas-
tirent là le siège grant et fort. Et fissent li signeur drechier grans
enghiens devant, qui jettoient nuit et jour : dont chil de dedens
furent tout esbahi et considerèrent l'afaire, et de ceuls qui asegiés
les avoient et lor poissanche ; et congneurent bien que durer ne
poroient longement, se il n'estoient conforté. Si segnefiièrent
lor estat à la contesse de Montfort et as chevaliers d'Engleterre
et de Bretagne, qui en Hainbon se tenoient, et leur mandoient que
il fuisent aidié, ensi que en couvenant, quant il se tournèrent,
lor avoient.

La dite contesse et li troi chevalier desus nonmé, qant il entendirent ce, jamais pour leur honnour ne l'euissent laissiet. Et
envoia partout la contesse ses lettres et ses messages, là où elle
pensoit à avoir gens, ses soubjès commandoit et ses amis prioit;
et fist tant que elle ot en petit de temps mille armeures de fier,
tous bien armés et montés à cheval, et huit mille hommes de piet.
Qant il furent tout venu, la contesse les reconmenda et mist en
la garde et conduit des trois chevaliers desus nonmés, qui volentiers en prisent la carge et le faix. Et se departirent sus celle entente que pour lever le siège des François qui seoient devant la
Roce Deurien; et esploitièrent tant que il vinrent à deus petites
lieues priès de la Roce Deurient, et se logièrent sus une petite
rivière. Et riens ne savoit mesires Carles de Blois de lor couvenant.

Qant messires Thomas d'Angourne, messires Jehans de Hartecelle et messires Tangis dou Chastiel et tout li chevalier et
esquier de lor route, qui là estoient assamblé, furent parvenu à

deus lieues priès de l'oost des François, ils se logièrent au lonch de cette rivière, sus l'entente que pour demorer là toute la nuit et à l'endemain aler combatre lors ennemis. Qant il orent soupé assés legierement, il considerèrent lor fait et emprise, et dissent entre euls li troi chevalier : « Nous ferons armer une partie de nostres gens et monter as chevaus, et nous en irons veoir l'oost des François droit sus le point de mie nuit ; et enterons en euls et lor porterons par ce fait très grant damage, et porons mieuls pourfiter par celle manière que demain dou jour venir sus euls en bataille, car il sont grant gent et de nobles et rices signeurs grant fuisson. Si poroit bien avoir demain si grant sens entre euls et si bonne ordenance que nous n'i ferions riens. »

Chils consauls fu tenus, et ordonné tout chil qui se departiroient et chil qui demorroient. Et s'armèrent et montèrent as chevas ou conduit des trois chevaliers desus nonmés et cevaucièrent tout quoiement ; et droit à l'eure de mie nuit, il se boutèrent en l'oost de mesire Carle de Blois à l'un des costés, et i fissent de premières venues grant damage, et ocirent, mehagnièrent et abatirent biaucop de gens. Li hoos se conmença à estourmir ; et se courirent armer tout chil qui le plus apparilliet estoient, et à venir à force sus ces Englois et Bretons : liquel se quidièrent partir, qant il veirent l'oost toute estourmie et retraire arrière, mais il ne porent ; car il furent enclos de trois costés et combatu et rebouté durement et asprement, et ne porent porter ne soustenir, tant que pour celle heure, le fait des François. Et y fu pris et moult dolereusement navrés mesires Thomas d'Angourne, et se sauva, au mieuls que il pot, messires Jehans de Hartecelle, et aussi fist messires Tangis dou Chastiel, et se departirent de la bataille ; mais il i laissièrent une partie de lors gens mors et pris. F° 137.

P. 39, l. 6 et 7 : quatre cens. — *Mss. A* 8 *à* 10 : trois cens. F° 145.

P. 39, l. 7 et 8 : d'Augourne. — *Mss. A* 20 *à* 22 : de Gorni. F° 221 v°.

P. 39, l. 8 : Hartecelle. — *Mss. A* 1 *à* 6, 11 *à* 14, 20 *à* 22 : Artevelle. F° 163. — *Mss. A* 15 *à* 17 : Harcelée. F° 161 v°. — *Mss. A* 18, 19 : Hartavelle. F° 167. — *Mss. A* 20 à 33 : Hartevellé. F° 179. — *Ms. B* 3 : Artevelle. F° 144 v°.

P. 39, l. 12 : Tanguis. — *Mss. A* 11 *à* 14, 18, 19 : Tanneguy. F° 154.

P. 39, l. 24 : le Roce Deurient. — *Mss. A* 1 *à* 6, 15 *à* 17 : la Roche Derien. F° 163. — *Ms. A* 7 : la Roche Derian. F° 154 v°. — *Mss. A* 11 *à* 14, 23 *à* 33 : la Roche Darien. F° 154. — *Mss. A* 18 *à* 22 : la Roche Darian. — *Ms. B* 3 : Rochebriant. F° 144 v°.

P. 40, l. 18 : seize cens. — *Mss. A* 15 *à* 17 : dix huit cens. F° 162.

P. 40, l. 19 : douze mil. — *Mss. A* 11 *à* 14, 18 *à* 22 : deux mil. F° 154.

P. 40, l. 20 : chevaliers.— *Mss. A* 1 *à* 6 : archers. F° 163 v°.

P. 41, l. 4: mil. — *Ms. B* 6 : lanches et quinze mille hommes à piet et quinze cens archiés. F° 383.

P. 41, l. 4 : armeures de fier.— *Mss. B* 3, 4 : hommes d'armes. F° 144 v°.

P. 41, l. 4 et 5 : huit mil. — *Mss. A* 1 *à* 6, 11 *à* 14, 18 *à* 22 : huit cens. F° 163 v°.

P. 41, l. 25 : à l'un des costés. — *Ms. A* 29 : Et prindrent à coupper cordes et abbatre trefs, tentes et pavillons et à occir et mehaingnier gens en grand nombre ; et tellement se contindrent et si longuement en ce faisant, que l'ost des François et Bretons fust de toutes parts estourmi et mis en armes, grands et petits. Et lors chascun se retrait dessous son enseigne, par ainsi la meslée ne se povoit d'illecq partir sans battaille. Là furent iceulx Angloys assez tost enclos et combattus moult asprement par les Françoys et Bretons, dont ils ne purent soutenir le fais pour la grant multitude qui les environnoit. Et là fut prins, très douloureusement navré, monseigneur Thomas d'Agorne ; et se sauva le mieux qu'il peut le dit monseigneur Jehan d'Artecelle et une partie de ses gens. Mais la greigneur partie y demoura morts ou prins. Et retourna monseigneur Jehan avecques ceux qui eschapper povoyent ; si raconta à monseigneur Tanegui du Chastel et aux autres son aventure, dont tous furent moult dolens. Lors ils eurent conseil qu'ils retourneroyent devers Haimbont.

P. 41, l. 31 et p. 42, l. 1 : d'Agourne. — *Ms. B* 3 *ajoute* : luy vingtième de bons compaignons. F° 384.

§ 305. P. 42, l. 11 : A celle. — *Ms. d'Amiens :* A celle heure estoit là descendus, à tout cent armurez de fier, ungs mout vaillans chevaliers englès qui dist, se il en estoit creus, il cevauceroit deviers les ennemis et resoouroit ses compaignons, ou il parperderoit tout; il en fu creus: il prist le demourant de l'ost et se parti à celle heure, et vint ferir en l'ost messire Carle, environ soleil levant.

Li Franchois, qui cuidoient avoir tout desconfi, dormoient en leurs logeis et estoient tout desarmé; si furent tout esbahi, quant il oïrent criier: « A l'arme! » Nonpourquant il s'armèrent dou plus tost qu'il peurent; mais ainschois qu'il fuissent tout recueilliet, li Breton et li Englès leur portèrent tel dammaige, qu'il rescoussent leur compaignons et desconfirent monseigneur Carle de Blois, et y fu pris. Et mors que pris y eut ce jour plus de deux cens chevaliers, dont il en y avoit vingt trois à bannierre; et y eut bien mors troi mil hommez, et li demourans s'enfuirent, et gaegnièrent tentes et trés et tout ce qu'il avoient là amenet et achariiet. Si retournèrent li Englès à tout leur concquès à Hainbon deviers la contesse, qui leur fist grant feste. Si fu li dis messire Carlez envoiiés en Engleterre. F° 97 v°.

— *Ms. de Rome :* Et retournèrent chil doi chevalier sus lors logeis, ensi que tous desconfis, et furent sus un estat que de tantos departir de là et retourner arrière, qant evous descendu et venu entre euls un vaillant cavalier breton bretonnant, qui se nonmoit messires Garniers de Quadugal, et amenoit en sa compagnie cent lances de bonnes gens, tous à election. Si tretos que il fu venus, li compagnon en orent grant joie; mais non obstant sa venue, encores se voloient ils departir de la place, et ne se tenoient pas bien aseguret.

Qant messires Garniers de Quadugal les vei en cel effroi, si leur demanda que il lor falloit. Li doi chevalier, qui retourné estoient de la besongne, li recordèrent sus briefs paroles com il avoient cevauchiet devant la Roce Dorient et conment il avoient esté ruet jus, et estoit demorés prisonniers mesires Thomas d'Agourne et encores pluisseurs autres chevaliers et esquiers: « Et ne veons point de rescouse en cela, et pour ce, nous volons nous retraire et retourner en Hainbon. Se nous perdons la Roce Deurient pour celle fois, une aultre fois venra que nous le recouverons. Il n'a pas deus mois que nous le conquesimes. Une fois desous et l'autre desus, ce sont li estat de gerre. »

Qant messires Garniers les ot oï parler, il fu moult esmervilliés et considera en se moi meismes tout lor estat et ces paroles, et pensa sus un petit; et puis, ensi comme inspirés de grant proèce, dist: « Biau signeur et mi compagnon, metés aultre arroi et ordenance en vous, et me creés de ce que je vous dirai, et grans biens vous en venra. Nous ferons armer et monter à cheval tous ceuls qui chevaus ont; et 'cheuls de piet nous les ferons sievir. Vous dites que il n'i a que deus petites lieues de chi en l'oost des François. Nous les courrons sus de grande volenté; il quident avoir tout achievé, et se tient tous asegurés, ou il dorment et se reposent ou il menguent et boivent : il sont si raempli de glore, pour tant que il vous ont ruet jus, que il ne font point de gait, et sont, par le parti que je vous di, moult legier à desconfire et à ruer jus. »

Qant li doi chevalier oïrent parler messire Garnier, tantos il s'acordèrent à son pourpos. Et fu conmandé à tout homme que il fust armés et aparilliés, et que on sievist les trois pennons des trois chevaliers, quelle part que il vosissent aler. Tout se armèrent à cheval et à piet, et se missent au cemin, en grant volenté de lors corps aventurer, et messires Garniers et messires Jehans de Hartecelle tout devant; et messires Tangis conduissoit ceuls de piet et les hastoit ce que il pooit.

Tant ceminèrent que, droit sus le point dou jour, il entrèrent ens ès logeis de messire Carle de Blois et trouvèrent que il i faisoit aussi quoit que tout fuissent endormi, et aussi estoient il le plus et sans gait; car, ensi que dit avoit messires Garniers, il estoient si resjoï de l'aventure que il avoient eu, et de ce que il avoient ruet jus, ce lor sambloit, lors enemis, et retenu lor capitainne, que il ne se doubtoient de nului, et par ce furent il deceu. Car il chil qui vinrent sus euls, frès et nouviaus, les envaïrent tellement et les prissent si sus un piet que il n'eurent loisir ne espasse de euls armer ; mais s'espardirent ces gens bretons, tant à piet comme à cheval, tout contreval l'ost, et conmenchièrent à ruer jus tentes et trefs et à reverser l'un sus l'autre et à abatre hommes, mehagnier et ocire. Et trouvèrent ces grans barons de Bretagne et de Normendie, les auquns qui estoient couchiés, les autres qui se tostoient devant les feus en lors logeis tous desarmés, euls et lors gens. Là furent il pris à petit de fait et de deffense. Finablement, la besongne se porta si mal pour mesire Carle de Blois et ses gens et si bien pour ceuls qui les envaïrent, que messires Carles fu pris et fianciés : aultrement il euist esté mors, et la plus grant partie des barons et des chevaliers françois et normans. Et [fu]resqous messires Thomas d'Agourne qui gissoit tous navrés sus une quouce en la tente messire Carle de Blois, et resqous tout chil qui pris estoient.

Ensi vont les aventures, mais ceste fu trop grande; et furent desconfi et mis en cace tout chil qui devant la Roce Deuriant se tenoient. Et orent les Englois et les Bretons très grans conquès, et en donnèrent largement et laissièrent prendre à ceuls de la garnison, et retournèrent à tout lor pourfit et prisonniers à Hainbon deviers la contesse; mais mesires Jehans de Hartecelle ne mena point là mesire Carle de Blois, son prisonnier, mais d'aultre part, où il en fu mieuls mestres que il n'euist esté. Toutes fois, la contesse de Montfort laissa biellement couvenir ses gens de lors prisonniers, et avoit fait tous jours en devant. Aultrement il ne l'euissent point servi, car ce que il prendoient estoit lour; et qant il estoient pris, il se rachetoient. Mais laditte contesse de Montfort fu trop grandement resjoïe de la prise de son adversaire, Carle de Blois, car elle imagina que sa guerre en seroit plus belle, et que li rois d'Engleterre le vodroit avoir et le acateroit au chevalier englès qui pris l'avoit.

Se la contesse de Montfort fu resjoïe, la fenme à messire Carle de Blois, qui se tenoit en Nantes et qui se nonmoit ducoise de Bretagne, fu durement courouchie et à bonne cause, car elle se veoit eslongie de consel et de comfort. Nequedent elle prist et requelli le fraïn aux dens et moustra corage d'onme et de lion, et retint tous les compagnons, chevaliers et esquiers, qui de sa partie estoient, et fist le visconte de Rohem et messire Robert de Biaumanoir, capitainnes et regars de sa chevalerie. Et qant chevaliers et esquiers venoient deviers li en son service, elle lor moustroit deus biaus fils que elle avoit de messire Carle de Blois son mari, Jehan et Gui, et disoit : « Vechi mes enfans et hiretiers. Se lors pères vous a bien fait, je et li enfant vous ferons encores mieuls. » Et cevauça li ditte dame de ville en ville et de forterèce en forterèce qui pour li se tenoient, en rafresqissant et en rencoragant ceuls que mesires Carles de Blois, son mari, i avoit mis et establis. Et fist la dame aussi bonne gerre et aussi forte à l'encontre de la contesse de Montfort et de ses gens, comme en devant mesires Carles, son mari, et ses gens avoient fait. Ausi li rois Phelippes, qui oncles estoit de mesire Carle de Blois, qui bien l'ama et qui trop fu courouciés de ceste aventure qui avenue estoit devant la Roce Deurient, pour conforter sa cousine, i envoia tous jours gens en Bretagne, pour garder le pais et deffendre contre les Englois.

Qant les nouvelles vinrent devant Calais au roi d'Engleterre et as signeurs que mesires Carles de Blois avoit esté ruès jus en Bretagne devant la Roce Deurient, et il sceurent la fourme de l'ordenance conment, il tinrent le fait à grant et à notable et l'aventure à belle. Et escripsi tantos li rois à mesire Jehan de Hatecele et li manda que, dou plus tos que il peuist, il le venist veoir devant Calais et menast messire Carle de Blois, son prisonnier, en Engleterre. Li cevaliers obei as lettres dou roi son signeur, ce fu raisons, et mena mesire Carle de Blois en Engleterre et le mist ens ou chastiel à Londres avoecques le roy David d'Escoces; et là jeuoient ils et s'esbatoient as escès et as tables. Et puis s'en vint mesires Jehans de Hartecelle par mer devant Calais veoir le roi d'Engleterre et la roine et les signeurs, qui li fissent très bonne chière. Or parlerons nous dou roi Phelippe de France. F° 138.

P. 42, l. 11 et 12 : entrues. — *Ms. A* 7 : entrementières. F° 155.

P. 42, l. 14 et 15 : armeures de fer. — *Ms. B* 4 : hommes d'armes. F° 136 v°.

P. 43, l. 7 : meschief. — *Ms. A* 29 : Ainsi fu l'ost de France surprins tellement que la plupart n'eurent loisir d'eulx armer ne traire aux champs ; et si y furent occis le plus en leurs tentes et logis de la partie de monseigneur Charles de Bloys, plus de deux cens chevaliers et escuyers et quattre mille autres gens. Là fu pris le dit monseigneur Charles, et tous les barons de Bretaigne et de Normendie, qui avec luy estoyent en celle besongne. Et fu là rescous monseigneur Thomas d'Agorne et tous ceux qui en celle nuit avoient esté prins par les Francoys.

P. 43, l. 19 : d'armes. — *Ms. B* 6 : Sy fut messires Charles de Blois envoiiés en Engleterre comme prisonniers au roy englès, qui en ot grant joie, quant il en oit les nouvelles devant Calais où il seoit. Ceste bataille de Roche Deuriant fu l'an de grace mille trois cens quarante sept, le septième jour du mois de may. F° 385.

P. 43, l. 28 : Bretagne. — *Ms. A* 29 : et estoit de grant emprinse.

§ 306. P. 44, l. 4 : Li rois. — *Ms. d'Amiens :* Li rois de Franche, qui sentoit ses bonnes gens de le ville de Callais durement astrains, s'avisa et dist qu'il les voroit comforter et combattre le roy d'Engleterre et lever le siège. Si coummanda par tout son royaumme que tout chevalier et escuier fuissent à le feste de le Pentecouste en le cité d'Amienz ou là priès. Chils mandemens s'estendi parmy son royaumme, et y furent. Si y eut grant fuisson de prinches, de comtez, de barons, de chevaliers et d'escuiers. Si eut là en la cité d'Ammiens grans conssaulx et grans parlemens, coumment on voroit lever le siège de Callais; car on disoit bien au roy de Franche que li Englès estoient en si fort lieu, que on ne les pooit avoir. Si se tint là li roys de France ung grant temps sans aller plus avant, et toudis li croissoient gens.

Li roys d'Engleterre, qui se tenoit devant Calais, avoit bien entendu que cil de Calais ne se pooient longement tenir, car il estoient durement astraint de vivrez, et se ne leur en pooit venir nul de nul costé. Encorres fist il clore le pas de le mer dont en larecin il leur venoit, et fist faire un castiel de bois sus le rivaige assés près de Calais, et celi pourveir de canons et d'espringalles et d'archiers, que nulz n'osoit entrer ne yssir par là à Calais. F° 97 v°.

— *Ms. de Rome :* Li rois Phelippes de France, qui sentoit ses hommes qui enclos estoient dedens la ville de Calais, moult astrains et opressés, et veoit que li rois d'Engleterre ne s'en departiroit point, se à force on ne l'en levoit dou siège, et que li rois d'Escoce estoit pris et toute la poissance de l'Escoce ruée jus, dont il avoit eu esperance que par la guerre que les Escos euissent fait en Engleterre, li rois englois se fust levé dou siège de devant Calais, or estoit tout dou contraire, et bien trouvoit qui li disoit : « Chiers sires, il vous fault ces bonnes gens conforter, car se vous perdés la forte ville de Calais, ce vous sera uns trop grans prejudisses et à vostre roiaulme, et aueront les Englois trop biel à venir et à ariver à Calais et courir en France et là retraire et retourner en lor pais. » Li rois, qui fu uns moult vaillans homs et moult usés d'armes, car de sa jonèce il les avoit acoustumées et continuées, consideroit bien toutes ces coses, et sentoit aussi que on li disoit verité; si en respondoit ensi et disoit : « Par m'ame et par mon corps, vous avés cause de tout ce dire, et no uy pourverons; car il nous tourneroit voirement à trop grant blame et damage, se nous perdions Calais. »

Et avint que, sus l'espoir de reconforter ceuls de Calais et lever le siège, li roïs de France fist un très grant mandement de chief en qor son roiaulme, et dist que il ne voloit fors guerriier des gentils hommes dou roiaume de France, et que des conmunautés amener en bataille, ce n'est que toute perte et empecemens, et que tels manières de genz ne font que fondre en bataille, ensi conme la nive font au solel; et bien avoit aparu à la bataille de Crechi, à la Blanqe Taqe, à Kem en Normendie et en tous les lieus où on les avoit menés, et que plus il n'en voloit nuls avoir, fors les arbalestriers des chités et des bonnes villes. Bien voloit lor or et lor argent pour paiier les coustages et saudées des gentils honmes, et non plus avant; il demorassent as hostels et gardaissent lors fenmes et lors enfans, il devoit souffire, et fesissent leur labeur et marceandise, et les nobles useroient dou mestier d'armes, dont il estoient estruit et introduit.

Li rois de France, en istance que pour conforter la ville de Calais et ceuls qui dedens estoient, aproça les marces de Piqardie et s'en vint en la chité de Amiens. Et fu là le jour de la Pentecouste et toutes les festes, et estendi ses mandemens et conmandemens parmi tout son roiaulme, et mandoit et conmandoit très estroitement que tout venissent sans nul delai, ses lettres veues, en la chité d'Amiens ou là environ. Pour ces jours estoit connestables de France et usoit de l'office messires Jaquemes de Bourbon, conte de Pontieu; et estoient mareschal li sires de Biaugeu, qui se nonma Edouwars, et li sires de Montmorensi, et mestres des arbalestriers, li sires de Saint Venant. Et n'estoit mais nulle nouvelle en France de messire Godemar dou Fai, mais estoit retrais en Normendie, sa nation, et là se tenoit sus le sien, ne point il n'estoit en la grace dou roi.

Au mandement dou roi de France obeirent tout chil qui furent escript et mandé, et vinrent li signeur en grant arroi, premierement li dus de Bourgongne, li dus de Bourbon, li contes de Savoie, mesires Lois de Savoie, son frère, messires Jehans de Hainnau, li contes de Namur, li comte de Forois, le daufin d'Auvergne, le conte de Boulongne, le conte de Nerbonne, le conte de Pieregorth, le conte de Valentinois, le conte de Saint Pol, et tant de hauls barons et signeurs que mervelles seroit à penser et detriance au nonmer. Et ne sambloit point, quoi que la bataille de Creci euist esté en celle année, que li roiaulmes de France ne fust ausi raemplis, apriès que devant, de noble et poissans chevalerie, et estoient, qant il furent tout asamblé et nombré, douse mille hiaumes.

Considerés la grant noblèce de gentils hommes, car casquns hiaumes doit dou mains avoir cinq hommes dalés li; et estoient vingt quatre mille arbalestriers geneuois, espagnols et hommes des chités et bonnes villes dou roiaulme de France, tout en compte. Qant il furent venu sus le Mont de Sangate, à deus lieues priès de Calais, il se trouvèrent plus de cent mille hommes. Si ne furent pas sitos venus ne asamblés, car il vinrent gens de Gascongne, tels que le conte d'Ermignac, le conte de Fois, le conte de Berne, le conte de Quarmain. Et tous les signeurs manda et pria li rois de France, desquels il pensa à estre aidiés, car ce estoit se intension que il leveroit le siège et combateroit les Englois, et pourtant faisoit il si grandes pourveances.

Et envoia li rois de France des prelas de France et des chevaliers pour tretiier as Flamens que il vosissent venir dalés leur signeur le conte et faire à lui ce que il devoient, car voirement estoit li jones contes de Flandres en celle assamblée dou roi. Li Flamenc li remandèrent par ses gens meismes que il n'avoient point de signeur, puisque il se absentoit de euls et ne les voloit croire, ne que pour li il ne feroient riens, ne des rentes et revenues de Fandres il n'en porteroit nulles; et se avoir les voloit, il les venist bellement et courtoisement despendre ou pais, et ouvrer par lor consel, mais il n'avoit pas encores bien conmenchiet; et se il voloit perseverer en ces opinions, il trouveroit les Flamens plus durs et plus hausters que onques n'euist fait son père.

Qant li rois de France entendi ces paroles et les responses des Flamens, si les laissa ester, et considera assés lor manière et vei bien que ils n'en aueroit aultre cose, et que point n'enteroit en euls sus cel estat pour ratraire à sa volenté, fors par le moiien dou duch de Braibant; mais pour le present, ils et ses consauls estoient cargiet de si grant cose que à ceste des Flamens il ne pooit entendre. Si mist li rois de France ceste cose en souffrance tant que à une aultre fois, et entendi à voloir lever le siège de Calais.

Li rois d'Engleterre, qui se tenoit devant Calais à siège et estoit tenus tout le temps, ensi que vous savés, et à grans coustages, estudioit nuit et jour conment il peuist chiaus de Calais le plus constraindre et grever; car bien avoit oy dire que ses adversaires, li rois Phelippe de France, faisoit un très grant amas de gens d'armes, et que il le voloit venir combatre; et si sentoit la ville de Calais si forte que, pour asaut ne escarmuce que ils et ses gens y fesissent, ils ne le poroient conquerre, et ces pensées et imaginations le metoient sovent en abusions. Avoecques ce, sus son reconfort, il sentoit la ville de Calais mal pourveue de tous vivres, car là dedens il en i avoit ensi que riens.

Et encores, pour euls clore et tolir le pas de la mer, il fist faire et carpenter un chastiel hault et grant de lons mairiens et de gros, lesquels on aloit coper en la forest de Boulongne, et à force de gens les dis mairiens on amenoit et à force de cevaus à Wisan ou là priès, et estoient là bouté dedens la mer et aconvoiiet jusques sus le sabelon devant Calais. Et là fu fais et carpentés li dis chastiaus, et fu si fors et si bien bretesqiés que on ne le pooit grever. Et qant li chastiaus fu tous ouvrés, li rois et ses consauls le fissent asseoir et lever droit sus l'entrée dou havene, en l'enbouqure de la mer, et fu pourveus d'espringalles, de bonbardes, d'ars à tour et d'aultres instrumens bons et soubtieus. Et furent ordonné, pour garder le havene et le chastiel, à la fin que nuls n'entrast ou dit havene oultre lor volenté, soissante honmes d'armes et deux cens archiers. Ce fu li ordenance qui plus constraindi ceuls de Calais, et qui plus tos les fist afamer.

En ce temps enorta li rois d'Engleterre les Flamens, lesquels li rois de France voloit mettre en tretié deviers li et le jone conte, leur signeur, ensi que chi dessus est contenu, que il vosissent issir hors et faire guerre avoecques lui. Et issirent des bonnes villes de Flandres et dou tieroit dou Franch bien cent mille Flamens, et vinrent mettre le siège devant la ville d'Aire, et ardirent et destruisirent tout le pais de là environ, Saint Venant, Meureville, le Gorge, Estelles et le Ventie, le Bassée et tout le pais que on ·dist l'Aleue. De quoi li rois de France, qui faisoit son amas de gens d'armes, en envoia grant fuisson en garnison à Saint Omer, à Lille et Bietune et par tous les chastiaus, sus les frontières d'Artois et Boulenois, car on ne sçavoit que les Flamens avoient en pensé. Mais li Flamench se retrairent petit à petit, qant il orent fait lor escaufée, et retournèrent tous en lors lieus. F°ˢ 139 et 140.

P. 44, l. 22 : desgarnis. — *Ms. B* 6 : Là estoit le duc de Bourgongne, le duc de Bourbon, le conte de Poitiers, le conte de Fois, le duc de Normendie, aisné filz du roy, le conte d'Ermignach, le conte de Savoie, messire Lois de Savoie ses frères, messire Jehan de Haynau, le conte de Namur, le conte de Forès, le conte daufin d'Auverne, le conte de Vendomme. F°ˢ 386 et 387.

P. 45, l. 25 : busioit. — *Ms. A* 7 : musoit. F° 156.

P. 46, l. 3 : soixante. — *Mss. A* 8 à 10, 15 à 17 : quarante. F° 146 v°.

P. 46, l. 12 : Flandres. — *Ms. B* 6 : environ le Saint Jehan Baptiste l'an mil trois cens quarante sept. Et vinrent devant Ayre et y mirent le siège. Sy y couvint le roy de Franche envoier gens d'armes. Sy envoya de Saint Omer le duc de Bourbon, le conte daulpfin d'Auvergne et messire Charles d'Espaigne, et dedens Aire le conte de Danmartin, le conte de Poursien, messire Gui de Nielle, le sire de Raineval et messire Joffroy de Digon ; et ensy en toutes les fortresses d'Artois mist bonnes gens d'armes pour les garder et deffendre contre les dis Flamens qui furent pluiseurs fois bien reboutés. Et exillèrent adonc les Franchois ung parc sur yeaulx que on clamoit la Boe. Et s'en vint le roy de France demorer à la bonne chité d'Aras, pour mieulx entendre à deffendre le conté d'Artois. F°° 388 et 389.

P. 46, l. 14 et 15 : le Gorge. — *Ms. A* 7 : la Gorge. F° 156. — *Mss. A* 20 à 22 : la Gorgue. F° 234.

P. 46, l. 15 : Estelles. — *Mss. A* 15 à 17 : Estoilles. — *Mss. A* 20 à 22 : Esterres. F° 234.

P. 46, l. 15 : le Ventie. — *Mss. A* 15 à 17 : la Ventre. F° 163 v°. — *Mss. A* 23 à 33, B 3 : le Ventre. F° 181.

P. 46, l. 16 : l'Aloe. — *Mss. A* 20 à 22 : l'Aleue. F° 234. — *Ms. B* 3 : l'Alues. F° 146. — *Ms. B* 4 : l'Aleues. F° 137 v°.

P. 46, l. 17 : Tieruane. — *Ms. A* 29 : Quant le roy Philippe entendi ces nouvelles, il en fu tout courroucé.

§ 307. P. 46, l. 26 : Quant li Flamench. — *Ms. d'Amiens :* Et envoiièrent à grant meschief li chevalier qui dedens Calais estoient, messirez Jehans de Vianne, messires Jehans de Suirie et messires Ernoulx d'Audehen, leur povreté segnefiier au roy de France, et en lui mandant qu'ils fuissent secouru et conforté, ou autrement il les couvenoit rendre. Adonc se parti li roys de Franche d'Amiens, et coummanda à touttez manièrez de gens à aprochier Calais. Si chevauchièrent et esploitièrent tant qu'il vinrent sus le mont de Sangates, à deux lieuwes de Calais. Si se logièrent là li roys et les seigneurs bien et souffisamment ; et disoit on adonc que li roys de Franche avoit bien deux cens mil hommez en son host. F°° 97 v° et 98.

— *Ms. de Rome :* Quant il (les Flamands) furent retrait, li rois de France se departi d'Amiens et aproça les marches de Calais, en istance de ce que pour conforter messire Jehan de Viane et les bons chevaliers et esquiers qui dedens Calais estoient enclos. Et vint li rois à Hedin, et là s'aresta pour atendre ses hoos, et avoit peuple sans nombre. Qant tout furent venu ceuls de qui il se pensoit aidier, il se departi de Hedin et cemina viers la chité de Tieruane et là fu deux jours. Et puis s'en departi et cemina tout ce plain pais, que on dist l'Alequine, et vint logier entre Calais et Wissant, droit sus le mont de Sangates.

Qant chil de Calais, liquel estoient ens ou chastiel et sus les murs de la ville, les veirent premierement aparoir sus le dit mont de Sangates, pennons et banières venteler, il eurent moult grant joie et quidièrent tantos estre deslogiet et delivret dou dangier des Englois; mais qant il veirent que on se logoit, il furent plus courouchiet que devant, et leur sambla que point on ne se combateroit, et ne savoient que dire de celle venue. F° 140.

P. 47, l. 4 : il sentoit. — *Ms. B* 6 : Entreus que le roy de Franche estoit à Aras et ses gens entendoient à guerrier les Flamens, messagiers chertains ly vinrent de par ses gens qui estoient dedens Calais asegiés, dont messire Jehan de Vianne, messire Jehan de Surie, messire Ernoul d'Audrehem, messire Pepin de Were, messire Henry du Bois, qui estoient chiefz, et encore aultres bons chevaliers et escuiers ; et prioient le roy en carité qu'il les volsist hastivement secourir, car vitaille leur estoit falie, et ne se povoient longement tenir. F° 389.

P. 47, l. 11 : pays. — *Ms. B* 6 : Quant le roy de Franche eut esté à Heddin environ sept jours, il s'en party à tout son grant host et s'en vint par devers Fauquemberghe et s'y loga une nuit. Et puis s'en party et vint l'endemain logier entour Ghines où tout le pais estoit gasté; mais prouveanches le sievoient de tous costés et à grant foison. A l'endemain il se desloga et vint logier droit sur le mont de Sangate qui estoit asés près de Calais et assés près de l'ost du roy d'Engleterre : sy ques on les povoit bien veoir clerement de l'ost des Englès et de la ville de Calais. Et sachiés que le roy de Franche avoit grant ost et grant train de seignourie, de gens d'armes et d'aultres gens, que on les nombroit à deus cens mille hommes. F° 390.

P. 47, l. 14 : tout le pays. — *Mss. A* 15 *à* 17 : tout le chemin. F° 163 v°.

P. 47, l. 15 : l'Alekine. — *Mss. A* 8 *à* 10, 15 *à* 17, *B* 3 :

l'Alequine. F° 146 v°. — *Mss. A* 20 *à* 22 : de l'Alekin, F° 234 v°.

P. 47, l. 16 : deux cens mil. — *Mss. A* 20 *à* 22, *B* 3 : cent mille. F° 234 v°.

P. 47, l. 22 : arroy. — *Le ms. A* 7 *ajoute :* on ne se peust saouler d'eulz regarder. F° 156 v°.

§ 508. P. 47, l. 30 : Or vous dirai.—*Ms. d'Amiens :* Or vous diray que li roys d'Engleterre fist, quant il seut que li roys de France venoit là à si grant host pour combattre à lui et pour deslogier de devant Calais, qui tant li avoit coustet de paynne de corps et de mise d'argent. Il avisa que li Franchois ne pooient venir à lui, ne aprochier son host ne le ville de Calais, fors que par l'un des deux pas, ou par les dunes sus le rivaige, ou par deseure là où il avoit grant fuisson de fossés, de croliérez et de marès ; et n'y avoit que ung seul pont par où on pewist passer : si l'apelloit on le pont de Nulais. Si fist traire ses naves et ses vaissiaux par deviers cez dunez et bien garnir et pourveir de bonbardes, de gens d'armez et d'archiers, par quoy li hos de France n'osast ne pewist par là passer ; et fist le comte Derbi, son cousin, aller logier sour le dit pont de Nulais à grant fuisson de gens d'armes et d'archiers, par quoy li Franchois ne pewissent passer par là.

Entre le mont de Sangatte et le mer, avoit une haute tour que trente deus Englès gardoient ; si le allèrent veoir chil de Tournay, si le concquissent et abatirent, et ochirent tous ceux qui dedens estoient. F° 98.

—*Ms. de Rome :* Or vous diray que li rois d'Engleterre fist et avoit jà fait, qant il sceut que li rois de France venoit à si grande hoost pour li combatre et pour dessegier la ville de Calais, qui tant li avoit cousté d'avoir, de gens et de painne de son corps ; et si sçavoit bien que il avoit la ditte ville si menée et si astrainte que elle ne se pooit longement tenir : se li tourneroit à grant contraire, se il le couvenoit ensi de là departir. Si avisa et imagina li dis rois que li François ne pooient venir à lui, ne aprochier son hoost ne la ville de Calais, fors que par une voie, laquelle venoit tout droit le grant cemin, ou par les dunes de la mer, ou par deviers Ghines, Melq et Oie, où il avoit grant fuisson de fossés et de lieus impossibles, pour si grant hoost, à passer. Et le lieu et le pas par où li François pooient venir le plus apparliement, il ï a un pont que on dist Nulais, et, de une part et d'aultre dou cemin, marescages et croleis si grans et si parfons que il ne font point à passer.

Si fist li rois d'Engleterre traire toutes ses naves et ses vassiaus par deviers les dunes et bien garnir et furnir de bonbardes et d'archiers et de tous tels atournemens de deffenses, par quoi li hoos des François ne peuist ne osast passer par là. Et fist son cousin le conte Derbi logier sus le pont de Nulais à grant fuisson de gens d'armes et d'archiers, par quoi li François n'i peuissent passer, se il ne passoient parmi les marès qui sont impossible à passer. Ensi se fortefia li rois d'Engleterre contre la venue dou roi Phelippe.

Encores avoecques tout ce, li rois d'Engleterre, qui tenoit à amour les Flamens ce que il pooit, les envoia priier et requerre, sur certainnes aliances et couvenances que il avoient l'un avoecques l'autre, que il vosissent venir si estofeement au lés deviers lor costé, entre Gravelines et Calais, et là logier, et ils leur en saueroit très bon gré, et de tant seroit il le plus tenus deviers euls. Li Flamens, pour ce temps, furent tout apparilliet de obeir à la plaisance dou roi d'Engleterre, car tous les jours il avoient mestier de li; si s'esmurent. Et vinrent premiers chil dou tieroit dou Franc, et passèrent la rivière de Gravelines, et se logièrent assés priès de Calais, et estoient environ vint mille. Apriès vinrent chil de Bruges, chil de Courtrai et de Ippre, et puis chil de Gant et de Granmont, d'Audenarde, d'Alos et de Tenremonde. Et passèrent toutes ces gens la rivière de Gravelines et de Calais, et se logièrent et amanagièrent entre ces deus villes. Ensi fu Calais assegie de tous lés, ne uns oizellés ne s'en peuist pas partir, que il ne fust veus et congneus et arestés.

Entre le mont de Sangates et la mer, à l'autre lés deviers Calais, avoit une haute tour que trente deux archiers gardoient, et tenoient là endroit le passage des dunes pour les François; et avoient li dit englois archier, à lor avis, grandement fortefiiet de grans doubles fossés. Qant li François furent logiet sus le mont de Sangates, ensi que vous avés oï compter, chil de Tournai, liquel estoient venu servir le roi de France, et pooient estre environ quinze cens, perchurent celle tour. Si se traissent de celle part, et l'environnèrent et la conmenchièrent à asallir, et les Englois qui dedens estoient à euls deffendre; et conmenchièrent à traire à euls de grant randon et à blecier et navrer les auquns.

Qant li compagnon de Tournai veirent ce, si furent tout courouchiet et se missent de grant volenté à asallir celle tour et ces Englois, et passèrent de forche oultre les fossés, et vinrent jusques à la mote de terre et au piet de la tour as pils et as hauiauls. Là ot grant assaut et dur, et moult de chiaus de Tournai bleciés, mais pour ce ne se refraindirent il pas à assallir, et fissent tant que, de force et par grant apertise de corps, il conquissent celle tour. Et furent mort tout cil qui dedens estoient, et la tour abatue et reversée ens ès fossés : de quoi li François tinrent ce fait à grant proèche, et en furent grandement reconmendé. F° 140.

P. 49, 1. 5 : — *Ms. B 6* : sans commandement des marisaulx. F° 392.

P. 49, 1. 7 : pik. — *Ms. A 7* : pilz. F° 157. — *Ms. A 4* : pils. F° 138.

P. 49, 1. 8 : hauiaus. — *Ms. B 4* : heuiaulx. F° 138.

P. 49, 1. 12 : estoient. — *Ms. A 29* : car ainsi l'avoient les mareschaux ordonné.

§ 309. P. 49, 1. 15 : Qant li hos. — *Ms. d'Amiens :* Li rois de Franche envoya ses marescaux, le seigneur de Biaugeu et le seigneur de Saint Venant, pour regarder et considerer par où son host plus aisiement poroit passer. Cil doy baron chevauchièrent de celle part et avisèrent bien tout le lieu, et raportèrent au roy que on n'y pooit aler, fors par une voie, et celle voie estoit bien gardée, et n'y pooient que quatre hommez de froncq cevauchier. Ces nouvellez ne furent mies bien plaisantes au roy de France; si y envoya de rechief monseigneur Joffroy de Chargny et le seigneur de Montmorensi, et allèrent sus conduit parler au roy d'Engleterre. Chil, au passer par le pont de Nulais, considerèrent bien le passage et vinrent jusques au roy d'Engleterre, et li disent que li rois de Franche les envoiioit à lui, et li mandoit qu'il estoit là venus pour dessegier la ville de Calais que assegiet avoit, et à grant tost, mès il s'estoit si emforchiés de fors passaiges, que on ne pooit venir jusquez à lui. Se li requeroit que il volsist livrer passaige par où il et ses gens aisiement pewissent passer, et il le combateroit. Et, se ce faire ne volloit, li roys de Franche se retrairoit arrière et li liveroit place et terre. A ces parolles respondi li roys d'Engleterre et dist qu'il n'en feroit riens; mès, si li roys Phelippes ne pooit passer par là, si alast au tour pour querre le voie. Celle responsce raportèrent li doy chevalier arrière en l'ost au roy de France. F° 98.

— *Ms. de Rome :* Qant li hoos des François se fu logie sus le mont de Sangates, li rois de France envoia ses mareschaus et le mestre des arbalestriers pour aviser et regarder conment et par où son hoost plus aisiement poroit passer pour aprochier les Englois et euls combatre. Chil chevalier chevauchièrent et alèrent partout regarder et considerer les passages et les destrois, et puis retournèrent au roi de France et li recordèrent à brief paroles que il ne pooient veoir ne aviser que nullement il peuist aprochier les Englois, non que il ne perdesist ses gens davantage. Si demora la cose ensi tout ce jour et la nuit ensieuvant.

Quant ce vint à l'endemain, li rois Phelippes ot consel de envoiier deviers le roi d'Engleterre et i envoia grans messages. Et passèrent li signeur qui envoiiet i furent par le pont de Nulais par le congiet dou conte Derbi qui le gardoit. Les signeurs, je les vous nonmerai ; il furent quatre : premierement messire Edouwart, signeur de Biaugeu, messire Ustasse de Ribeumont, messire Jeffroi de Cargni et messire Gui de Neelle.

En passant et en cevauchant celle forte voie et le cemin où dou plus il ne pueent aler que euls quatre de front, se il ne se voellent perdre, car ce sont tous marescages à deus costés, chil signeur de France avisèrent et considerèrent bien le pont et le fort passage qui dure bien le quart de une lieue, et conment li pons de Nulais estoit gardés de gens d'armes et d'archiers, et prissièrent en euls meismes moult grandement ceste ordenance. Qant il furent tout oultre le pont, il trouvèrent les chevaliers dou roi tels que messire Jehan Candos, messire Richart Sturi, messire Richart la Vace et pluisseurs qui là estoient moult ordonneement et les atendoient ; et les enmenèrent tout droit deviers l'ostel dou roi, qui bien estoit pourveus de grande baronnie et de vaillans hommes, dont il estoit acostés et acompagniés.

Chil quatre baron de France descendirent de lors chevaus devant l'ostel dou roi, et puis les chevaliers d'Engleterre les menèrent deviers le roi, et le trouvèrent acosté et adestré, ensi que je vous di, de moult vaillans hommes. Qant il furent parvenu jusques au roi, il l'enclinèrent ; et li rois les requelli assés ordonneement de contenance et de parole. Messires Ustasses de Ribeumont s'avança de parler et dist : « Sire, li rois de France nous envoie par deviers vous et vous segnefie que il est chi venus et arestés sus le mont de Sangates pour vous combatre; mais il ne puet veoir ne trouver voie conment il puist venir jusques à vous. Si en a il grant desir pour dessegier sa bonne ville de Calais, et a fait aviser, taster et regarder par ses honmes conment il poroit venir jusques à vous; mais c'est cose imposible à faire, ce li ont reporté si honme. Si veroit volentiers que vous vosissiés mettre de vostre consel ensamble, et il i meteroit dou sien, et par l'avis de ceuls, aviser place raisonnable là où on se peuist combatre. Et de ce sonmes nous cargiet de vous dire et remoustrer. Si nous en voelliés respondre de par vous ou de par vostre consel. »

Li rois d'Engleterre, qui bien entendi ceste parole, fu tantos consilliés et avisés de respondre et dist : « Signeur, je ai bien entendu tout ce que vous me requerés de par mon adversaire, qui tient mon droit hiretage à tort, dont il me poise. Se li dirés de par moi, se il vous plest, que je sui chi endroit, et j'ai demoret priès d'un an. Tout ce a il bien sceu, et i fust bien venus plus tos, se il vosist; mais il m'a chi laissiet demorer si longement que je ay grossement despendu dou mien, et i pense avoir tant fait que assés temprement je serai sires de la ville et dou chastiel de Calais. Et ne sui pas consilliés dou tout faire à sa devise ne à se aise, ne de eslongier ce que je pense à avoir conquis, et que je ai tant desiret et comparet. Se li dirés, se ils ne ses gens ne pueent par là passer, si voissent autour pour querir la voie. »

Li chevalier de France veirent bien que ils n'aueroient aultre response, si prissent congiet. Li rois lor donna, qui les fist conduire par les chevaliers meismes de sa cambre qui amené les avoient jusques à lui, et montèrent sus lors chevaus. Et les amenèrent chil jusques au pont de Nulais, là où li contes Derbi et ses gens estoient; et puis retournèrent li chevalier dou roi en l'oost. Et li chevalier françois passèrent oultre, et enclinèrent en passant le conte Derbi, et cevauchièrent tout le cemin sans nul empecement; et s'en vinrent sus le mont de Sangate et as tentes dou roi de France. Et li comptèrent, presens pluiseurs hauls barons, tout ce que il avoient veu et trouvé, et la response dou roi d'Engleterre, de laquelle li rois de France fu tous merancolieus; car, qant il vint là, il quidoit par bataille recouvrer la ville de Calais, et n'i pooit obviier ne pourveir par aultre voie, fors que par la bataille et avoir eut la victore. F^{os} 140 v° et 141.

P. 50, l. 1 : Nulais. — *Ms. B* 6 : Et fut messire Joffroy de

Cargni, le sire d'Aubegni, messire Gui de Nelle et le sire de Chastelvelin. F° 393.

P. 50, l. 2 et 3 : Ribeumont. — *Ms. A* 4 : Ribemont. F° 138.

P. 50, l. 7 : paisieuvlement. — *Ms. B* 4 : paisivlement. F° 133. — *Ms. A* 7 : paisiblement. F° 157.

P. 50, l. 24 : ses gens. — *Mss. A* 11 *à* 19 : ses mareschaus.

P. 51, l. 18 : Nulais. — *Mss. A* 7 *et B* 4 : Milais. F° 157 v°.

§ 310. P. 51, l. 25 : Entrues. — *Ms. d'Amiens* : Quant il (le roi Philippe) vi qu'il n'en aroit autre cose, il se parti de là et compta le ville de Callais pour perdue, et se retraist à Arras et donna touttes mannierrez de gens d'armez congiet, et laissa chiaux de Callais finner au mieux qu'il peurent. F° 98.

— *Ms. de Rome* : Entrues que li rois de France estoit sur le mont de Sangates, et que il estudioit conment et par quel tour il poroit combatre les Englois qui fortefiiet estoient, ensi que ichi desus vous avés oy recorder, vinrent doi cardinal en son hoost, le cardinal d'Espagne, uns moult vaillans et sages homs, et li cardinauls d'Oten, envoiiés là en legation de par le pape Clement, qui resgnoit pour ce temps. Cil doi cardinal, ensi que il estoient cargiet, se missent tantos en grant painne d'aler de l'une hoost en l'autre; et volentiers euissent veu par lors promotions que li rois d'Engleterre euist brisiet son siège, laquelle cose il n'euist jamais fait. Toutes fois il parlementèrent tant et alèrent de l'un à l'autre que, sus certains articles et trettiés d'acord et de paix, ils procurèrent que uns respis fu pris entre ces deus rois et lors gens là estans au siège et sus les camps, à durer tant seullement trois jours. Et furent ordonné [par] euls, huit nobles signeurs, quatre de par le roi de France, et quatre de par le roi d'Engleterre : de par le roi de France, li dus Oedes de Bourgongne, li dus Pières de Bourbon, messires Jehans de Hainnau et mesires Lois de Savoie; et dou costé les Englois, li contes Derbi, li contes de Norhantonne, messires Renauls de Gobehen, et messires Gautiers de Mauni. Et li doi cardinal estoient traitieur et moiien et alant de l'un à l'autre. Si furent chil signeur, les trois jours durans, la grignour partie dou jour en conclave ensamble, et missent pluisseurs devises et pareçons avant, des quelles nulles ne vinrent à effet.

Entrues que on parlementoit et le respit durant, li rois d'Engleterre faisoit toutdis efforcier son hoost et faire grans fossés sus les dunes, par quoi li François ne les peuissent sousprendre. Et sachiés que chils parlemens et detriemens anoioit durement à ceuls de Calais, qui volentiers euissent veu plus tos lor delivrance, car on les faisoit trop juner. Chil troi jour se passèrent sans paix et sans acord, car li rois d'Engleterre tenoit tout dis son opinion et metoit en termes que point ne se delairoit que il ne fust sires de Calais, et li rois de France voloit que elle li demorast. En cel estri se departirent les parties, ne li cardinal ne les peurent puis rasambler, liquel, qant il veirent ce que on ne voloit entendre à euls, il se departirent et retournèrent à Saint Omer.

Qant li rois Phelippes vei ce que perdre li couvenoit Calais, si fu durement courouchiés : à envis le laisoit perdre. Et, tout consideré, ils ne ses gens n'i savoient conment aidier ne adrechier ; car de aler de fait sus l'oost le roi d'Engleterre, c'estoit cose imposible, pour les grans marescages qui sont tout autour de Calais et la mer qui estoit fort gardée. Avisé fu et proposé en l'oost de France que il retourneroient à Saint Omer et venroient dou costé de Berghes et de Bourbourch ; mais qant il regardoient le pasage de Gravelines et les destrois et mauvais et perilleus passages que il aueroient à passer, et conment bien soissante mille Flamens gisoient de ce lés devant Calais, il rompoient et anulioient lors imaginations et disoient : « Toutes nostres pensées sont vainnes. Il nous fault perdre Calais. Mieuls nous vault une ville à perdre que de mettre en peril euls cent mille. Se nous le perdons celle fois, une aultre fois le porons nous bien recouvrer. Il n'est aventure qui n'aviegne. On en a petitement songniet dou temps passé, car on le deuist avoir pourveue pour tenir dis ans ou vint, selonch la force dont elle est et la belle garde, ou on le deuist avoir abatue et mise tout par terre ; car avant que on le puist ravoir, elle fera mouit de mauls au roiaulme de France. »

Ensi se devisoient et parloient li François, qant il veirent que li trettié furent falli, et li cardinal retournet à Saint Omer. Un jour, il fu ordonné au departir et au deslogier de là, et de retraire casqun là où mieuls li plaisoit. Si se deslogièrent un matin, et montèrent li signeur sus lors cevaus ; et varlès demorèrent encores derrière, qui entendirent au requellier tentes et trefs et à tourser et à mettre à charoi et à voiture. Là i ot des vitalliers de l'oost pluiseurs atrapés qui perdirent chevaus et pourveances, car Englois sallirent hors de l'ost pour gaegnier. Si prissent des prisonniers et conquissent des chevaus et des sonmiers, des vins et des pourveances, et tout ramenèrent en l'ost devant Calais. Et li signeur de France et li François retournèrent en lors lieus. F° 141 v°.

P. 51, l. 25 : Entrues. — *Ms. A* 7 : Entrementières. F° 157 v°.

P. 52, l. 6 : tant. — *Ms. B* 6 : qu'il otriast une triève trois jours. F° 395.

P. 52, l. 8 et 9 : misent... ensamble. — *Mss. A* 2 à 6, 11 à 14, 18, 19 : ordonnèrent des deux parties quatre seigneurs ensemble.

P. 52, l. 11 : furent. — *Ms. B* 6 : le duc de Bourbon, messire Jehan de Haynau, le sire de Biaugeu et messire Jofroy de Cargny. F° 395.

P. 52, l. 19 : pareçons. — *Ms. A* 7 : parechons. F° 158.

P. 53, l. 16 : desbareté. — *Ms. A* 7 : desbaratés. F° 158.

P. 53, l. 20 : kewe. — *Ms. B* 6 : des deslogeurs. Sy en trouvèrent de chiaus et assés qui avoient trop tart dormy. F° 396.

§ 311. P. 53, l. 24 : Apriès. — *Ms. d'Amiens :* Quant chil de Callais virent que point ne seroient secouru, et que li roys de France estoit partis, si furent durement esbahy. Adonc commencièrent il à entrer en grans tretiés deviers monseigneur Gautier de Mauny, qui en portoit pour Dieu et par aumousne les parollez. Nullement il ne pooit abrisier le roy d'Engleterre qu'il les presist à merchy, mès les volloit tous faire morir, tant l'avoient il courouchiet dou tamps passet. F° 98.

— *Ms. de Rome :* Apriès le departement dou roi de France et de son hoost dou dit mont de Sangate, chil de Calais veirent bien que le secours en quoi il avoient eu fiance, lor estoit fallis; et si estoient à si très grande destrèce de famine que li plus poissans et li plus fors se pooient à grant malaise soustenir. Si orent consel et lor sambla que il valloit mieuls euls mettre en la volenté dou roi d'Engleterre, se plus grant merchi n'i pooient trouver, que euls laissier morir l'un apriès l'autre par destrèce de famine, car li pluiseur en poroient perdre corps et ame par rage de fain. Si prüèrent generaulment à mesire Jehan de Viane, lor chapitainne, que il en vosist tretiier et parler. Li gentils chevaliers lor acorda et monta as crestiaus des murs de la ville, et fist signe as cheuls de dehors que il voloit parler à euls. On i envoia. Il pria que on vosist donner à sentir au roi d'Engleterre que il envoiast homme notable parler à lui, car il voloit entrer en trettié. On le fist tantos et sans delai.

Qant li rois d'Engleterre entendi ces nouvelles, il fist venir mesire Gautier de Mauni devant lui. Qant il fu venus, il li dist : « Gautier, alés veoir que ces gens de Calais voellent dire : il me font requerre par lor chapitainne que je envoie parler à euls. » Mesires Gautiers respondi et dist : « Sire, volentiers. » Adonc se departi il dou roi et s'en vint tout à cheval, assés bien acompagniés de sa famille seullement, et vint as barrières de Calais, et trouva messire Jehan de Viane qui se apoioit sus une baille, et estoit issus hors de la porte par le guichet.

Qant li doi chevalier se veirent, il se recongnurent assés, car aultres fois il s'estoient veu. « Mesire Gautier, dist mesire Jehan de Viane, vous estes uns vaillans homs et moult usés d'armes. Si devés tant mieuls entendre à raison. Li rois de France, moi et mi compagnon qui ichi dedens sonmes enclos, nous a ichi envoiiet, ensi que faire le puet, car il est nostres sires, et nous sonmes si subject, et nous conmanda estroitement au departir de li que nous gardisions la ville et le chastiel de Calais si que blame n'en euissions, ne ils point de damage. Nous en avons fait nostre pooir et diligense jusques à chi, et tous les jours nous avions esperance de estre delivret, et li sièges levés. Or est avenu que nostres espoirs est fallis de tous poins, et nous fault esceir ou dangier de vostre signeur le roi d'Engleterre; car nous sonmes si astrains que nous n'avons de quoi vivre, et nous couvenra tous morir de male mort, se li gentils rois, qui est vos sires, ne prent pité de nous. Si vous suppli chierement, messire Gautier, que vous voelliés aler deviers lui et li priier pour nous et remoustrer conment loiaument nous avons servi nostre signeur le roi de France conme si saudoiier et si soubject, et [pour] les povres gens de ceste ville aussi qui n'en pooient ne osoient aultre cose faire, et nous laise partir hors de la ville nous, chevaliers et esquiers, qui ichi dedens sonmes enclos, et prende en merchi et en pité le povre peuple de Calais, plenté n'en i a pas, et nous laise partir et isir et aler ailleurs querre nostre mieuls, et prende la ville et le chastiel, l'or et l'argent et tout ce que il i trouvera. »

A ces paroles respondi mesires Gautiers de Mauni et dist : « Mesire Jehan, mesire Jehan, je sçai assés de l'intension et volenté le roi nostre sire, et bien sachiés que c'est se entente que vous n'en irés pas ensi que vous avés chi dit; ains est sa volenté et intension que vous vos metés dou tout en sa pure volenté, ou pour rançonner ceuls qui il li plaira ou pour faire morir. Car chil de Calais li ont tant fait de contraires et de damages et despis, et ocis de ses hommes et fait despendre si grant fuisson d'avoir au seoir devant celle ville dont moult l'en est, ce n'est pas mervelles; et ne sçai pas, en l'aïr et argu où il est et l'ai veu tous jours jusques à ores, se vous porés passer pour raençon, que il ne voelle avoir vos vies. »

Donc respondi messires Jehans de Viane et dist : « Mesire Gautier, ce seroit trop dure cose pour nous et grant cruautés pour le roi d'Engleterre, se nous, qui chi sonmes envoiiet de par le roi de France, on nous fesist morir. Nous avons servi nostre signeur, ensi que vous feriés le vostre, en cas semblable. Si considerés nostre estat, et nous vous en prions, il li doit souffire, se il a nostres corps pour prisonniers, et la ville et le chastiel en son conmandement, que tant a desiré à avoir, et le povre peuple de Calais, il laise partir et aler lor cemin. » Donc se rafrena un petit mesires Gautiers de Mauni et considera les humles paroles de mesire Jehan de Viane et dist : « Certes, mesire Jehan, pour l'onnour de chevalerie et l'amour de vous, j'en parlerai et prierai si acertes que je porai; mès je sçai bien que li rois d'Engleterre est moult courchiés sus vous tous, et ne sçai pas conment on le pora brisier ne amoderer. Vous demorrés chi; je retournerai tantos et vous ferai response. »

Adonc s'en retourna li dis messires Gautiers de Mauni, et vint deviers le roi qui l'atendoit devant son hostel. Et là estoient grant fuisson de signeurs, li contes Derbi, son cousin, le conte d'Arondiel, le conte de Norhantonne, mesire Renault de Gobehen, mesire Richart de Stanfort et pluisseur hault baron d'Engleterre, lesquels li rois avoit tous mandés pour oïr et sçavoir que chil de Calais voloient dire. Bien supposoit li rois que il se voloient rendre, mais il ne sçavoit pas la fourme conment; si le desiroit à savoir.

Qant mesires Gautiers de Mauni fu venus jusques à l'ostel dou roi, il descendi de son palefroi. Tout chil chevalier se ouvrirent à sa venue et li fissent voie. Il vint devant le roi et l'enclina. Tantos que il ot fait reverense au roi, li rois li demanda : « Mesire Gautier, que dient chil de Calais? » — « Très chiers sires, respondi li chevaliers, il se voellent rendre, et longement et assés sus cel estat je ai parlé à la chapitainne, mesire Jehan de

Viane, et ils à un il vous prient et font requeste que vous voelliés prendre la ville et le chastiel et tout che qui dedens est, reservé lors corps, et les laissiés aler lor voie. » — « Mesire Gautier, respondi li rois, vous savés une partie de ma volenté en ce cas. Quel cose en avés vous respondu ? » — « Très chiers sires, je le vous dirai, sauve tous jours vostre correction. Il vous ont tant courechiet de faire morir vos hommes sus mer, et ossi chi tenu tant longement et fait despendre vostre argent, que dur est à ce pardonner, ne euls prendre par le parti que ils le voellent avoir. » — « Mesire Gautier, respondi li rois, vous avés bien parlé, car ma volenté est telle que tout i morront. »

Donc se retraü un petit mesires Gautiers arrière dou roi, car il congnissoit assés la manière de li, et regarda sus les barons qui là estoient et leur fist signe de l'uel tant seullement que il vosissent aidier à soustenir sa parole, et puis vint devant le roi et dist : « Très chiers sires et redoubtés, se vous faisiés ce que vous dites, il en seroit trop grant nouvelle, et vous seroit tourné à trop grant cruaulté, et nous donriiés, moi et les vostres, trop mauvais exemple ou temps avenir de nous metre ne enclore en nulle garnison de par vous, car se vous faisiés ces gens morir, ensi que vous dites, parellement on feroit de nous. »

Chils exemples et langages amolia grandement le coer dou roi d'Engleterre, car li plus des barons qui là estoient, l'aidièrent à soustenir et li dissent : « Chiers sires, messires Gautiers de Mauni parole de verité et de raison, et nous vous prions que vous le voelliés croire, et brisier et adoucir un petit la pointe de vostre aïr. » Li rois d'Engleterre regarda sus ses gens et vei bien que il parloient tout acertes ; si se rafrena et dist : « Biau signeur, je ne voel pas tous seuls estre à l'encontre de vous. On prendera à raençon les chevaliers et les esquiers qui dedens Calais sont ; et ceuls de la nation de Calais on fera morir, car bien il l'ont deservi. »

Donc dist mesires Gautiers de Mauni : « Très chiers sires, on n'aueroit jamais fait : ce seroit trop grans cruaultés à faire morir tant de peuple. Moult en i a qui n'i ont nulles coupes, quoi que il soient là enclos. Ouvrés de humelité : prenés la ville et le chastiel, et donnés tout le demorant congiet. Si prieront pour vous et recorderont ens ès estragnes contrées, où il iront querre lor cavance, le bien de vous, et tenront celle grace à ausmonne. »

« Gautier, Gautier, respondi li rois, il ne puet estre ensi. Chil de Calais ont fait morir tant de mes hommes que il fault que des leurs il en soient mors aussi. Et pour ce que si acertes vous en parlés et priiés, aussi il ont un très grant moiien en vous, je m'en passerai parmi tant que je vous dirai. Vous retournerés là et dirés au chapitainne que il couvient, pour la plus grant grace que je lor voel faire, que euls siis honmes bourgois des plus notables de Calais, nus piés et nus chiefs, en lor lignes draps tant seullement, les hars ou col, viennent ichi et aportent les clefs de la ville et dou chastiel en lors mains, et de ceuls je ferai ma volenté; et le demorant des honmes de la ville, je prenderai à merchi. » — « Chiers sires, respondi mesires Gautiers de Mauni, tout ce je le ferai volentiers. » F° 142 et 143.

P. 54, l. 6 : crestiaus. — *Ms. A* 7 : carniaux. F° 158.

P. 54, l. 9 : tantost. — *Ms. B* 6 : le conte de Northonne, monseigneur Gautier de Mauny, monseigneur Renault de Godehen et monseigneur Thomas de Hollande. F° 397.

P. 55, l. 10 : samblant. — *Mss. A* 7 *et B* 4 : semblable. F° 158 v°.

P. 56, l. 4 : le. — *Ms. A* 7 : au. F° 158 v°.

P. 56, l. 5 : sagement estoit enlangagiés. — *Ms. A* 7 : sage estoit en parler et en language. F° 158 v°. — *Ms. B* 4 : saiges estoit de langaiges. F° 139 v°.

P. 57, l. 8 à 11 : monsigneur.... moy. — *Mss. A* 7 *et B* 4 : que la plus grant grace qu'il pourroit trouver ne avoir en moy. F° 159.

P. 57, l. 12 : six. — *Ms. B* 6 : des plus gros. F° 400.

§ 312. P. 57, l. 19 : A ces parlers. — *Ms. d'Amiens* : Tant fu allé et venu que six bourgois de le ville se missent en le volenté dou roy et li vinrent presenter, tous nus, les hars ou col, les clefs de le ville. Li roys volloit que tantost et sans delay chil fuissent decollé; mès la royne d'Engleterre et messirez Gautiers de Mauni en priièrent tant doucement que li roys leur pardonna son mautalent, et n'eurent nul mal dou corps. F° 98.

— *Ms. de Rome* : Sus cel estat se departi dou roi d'Engleterre messires Gautiers de Mauni et retourna jusques à Calais et vint as barrières, là où messires Jehans de Viane, la capitainne, l'atendoit. Se li recorda toutes les paroles devant dittes, ensi que vous les avés oï, et dist bien que ce estoit tout ce que il en avoit peut impetrer. « Messire Gautier, respondi messires Jehans, je vous en croi bien. Or vous pri je que vous voelliés chi tant demorer que je aie remoustré tout cel affaire à la conmunauté de la ville, car il m'ont chi envoüet; et en euls en tient, ce m'est avis, dou faire et dou laissier. » Donc respondi li sires de Mauni et dist : « Je le ferai volentiers. »

Lors se departi messires Jehans de Viane des barrières et vint sus le marchié, et fist sonner la cloce pour assambler toutes manières de gens en la halle. Au son de la cloce vinrent ils tous, honmes et fenmes, car moult desiroient à oïr nouvelles, ensi que gens si astrains de famine que plus ne pooient. Qant il furent tout venu et assamblé en la place, honmes et fenmes, messires Jehans de Viane lor remoustra moult doucement les paroles toutes itelles que chi devant sont dittes et recitées; et leur dist bien que aultrement ne pooit estre, et euissent sur ce avis et brief consel, car il en couvenoit faire response. Qant il oïrent ce raport, il conmenchièrent tout et toutes à crüer et à plorer si tenrement et si amerement que il ne fust si durs coers ou monde, se il les veist et oïst euls demener, qui n'en euist pité. Et n'orent pour l'eure nul pooir de respondre ne de parler; et meismement mesires Jehans de Viane en avoit telle pité que il en larmioit moult tenrement.

Une espace apriès, se leva en piés li plus rices bourgois de la ville de Calais et de plus grande reconmendation, que on clamoit sire Ustasse de Saint Pière, et dist devant tous et toutes ensi : « Bonnes gens, grans pités et grans meschiés seroit de laissier morir un tel peuple que chi a, par famine ou aultrement, qant on i puet trouver auqun moiien; et si seroit grande ausmonne et grant grace enviers Nostre Signeur, qui de tel mesciés les poroit garder et esqiever. Je, endroit de moi, ai si grande esperance d'avoir grace et pardon enviers Nostre Signeur, se je muir pour che peuple sauver, que je voel estre li premiers; et me meterai volentiers en purs ma cemise, à nu chief et a nu piés, la hart ou col, en la merchi dou gentil roi d'Engleterre. »

Qant sires Ustasses de Saint Pière ot dit ceste parole, tout honme le alèrent aourer de pité, et pluisseurs honmes et fenmes se jettèrent en genouls à ses piés, tendrement plorant. Ce estoit grans pités de là estre et euls oïr et regarder.

Secondement, uns aultres très honestes bourgois et de grant afaire, et liquels avoit deus damoiselles à filles, jones, belles et gratieuses, se leva et dist tout ensi, et que il feroit compagnie en ce cas à son compère et cousin sire Ustasse de Saint Pière, et se nonmoit li dis bourgois Jehans d'Aire.

Apriès se leva li tiers bourgois de Calais qui se nonmoit sires Jaquemes de Wisant, qui moult estoit rices homs de meubles et d'iretages dedens Calais et au dehors de Calais, et se ofri aler en lor compagnie; et aussi fist sire Pières de Wisant, son frère. Li chienqimes fu sire Jehans de Fiennes et li sisimes sires Andrieus d'Ardre.

Tout chil siis bourgois avoient esté en la ville de Calais li plus rice et li plus manant, et qui plus avoient d'iretage ens et hors Calais, et dont la ville par mer et par terre s'estoit le plus estofée; mais pour pité et pour sauver lors fenmes et lors enfans et le demorant de la ville, il se offrirent tout de bonne volenté et dissent à lor chapitainne : « Sire, delivrés vous et nous enmenés deviers le roi d'Engleterre, ou point et en l'estat que vostres trettiés devise; car nous volons tout morir se nous sonmes à ce destiné, et prenderons la mort en bon gré. »

Messires Jehans de Viane avoit si grant pité de ce que il veoit et ooit, que il ploroit ausi tenrement que donc que il veist tous ses amis en bière. Toutes fois, pour abregier la besongne, puisque faire le couvenoit, il les fist desvestir en la halle en purs lors braies et lors cemisses, nus piés et nus chiefs; et là furent aportées toutes les clefs des portes et des guicès de la ville de Calais et celles dou chastiel ensi. Et furent à ces siis honestes bourgois mis les hars ou col; et en cel estat tout siis il se departirent de la halle et dou marchiet de Calais, mesire Jehan de Viane qui ploroit moult tendrement devant euls, et aussi faisoient tout li chevalier et li esquier qui là estoient, de la grande pité que il avoient. Honmes et fenmes et enfans honestes de la nation de la ville les sievoient et crioient et braioient si hault que ce estoit grans pités au considerer. Li siis bourgois, par avis assés liement, en aloient et avoient petite esperance de retourner, et pour reconforter le peuple, il disoient : « Bonnes gens, ne plorés point. Ce que nous faisons, c'est en istance de bien, et pour sauver le demorant de la ville. Trop mieuls vault que nous morons, puis que il fault qu'il soit ensi, que toutes les bonnes gens de la ville soient peri, et Dieus auera merchi de nos ames. »

Ensi en plours et en cris et en grans angousses de cuers doleureus les amena mesires Jehans de Viane jusques à la porte et le fist ouvrir. Et qant ils et li siis bourgois furent dehors, il le fist reclore et se mist entre les bailles et la porte, et là trouva mesire Gautier de Mauni qui l'atendoit, et liquels s'apoioit sus les bailles par dedens la ville de Calais. Avoit et ot, qant on vei issir des portes ces siis bourgois, et il se retournèrent deviers la ville et les gens et il dissent : « Adieu, bonnes gens, priiés pour nous », et la porte fu reclose, si très grande plorrie, brairie et criie des fenmes et enfans et des amis de ces bonnes gens que grans hisdeurs estoit à l'oïr et considerer; et meismement messires Gautiers de Mauni en entendi bien la vois et en ot pité.

Qant mesires Jehans de Viane fu venus jusques à lui, il li dist : « Mesire Gautier, je vous delivre conme chapitainne de Calais, par le consentement dou povre peuple d'iceli ville, ces siis bourgois, et vous jure que ce sont et estoient aujourd'ui li plus honnourable et notable honme de corps, de cavanche et d'ancesserie de la ditte ville de Calais, et portent avoecques euls toutes les clefs de la ville et dou chastiel de Calais. Si vous pri, chiers sires, en nom d'amour et de gentillèce, que vous voelliés priier pour euls au gentil roi d'Engleterre, à la fin que il en ait pité et compacion, et que il ne soient point mort. » Donc respondi messires Gautiers de Mauni et dist : « Je ne sçai que li rois mon signeur en vodra faire; mais je vous creance et couvenance que je en ferai mon pooir. »

Adonc fu la barrière ouverte, et passèrent oultre li siis bourgois et en alèrent en cel estat que je vous di, avoecques mesire Gautier de Mauni, liquels les amena tout bellement jusques à l'ostel dou roi. Et messires Jehans de Viane rentra en la ville de Calais par le guichet.

Li rois d'Engleterre estoit à celle heure en la salle de son hostel, bien acompagniés de contes et de barons, liquel estoient là venu pour veoir l'ordenance de ceuls de Calais; et meismement la roine i vint, mais ce ne fu pas si tos. Qant on dist au roi : « Sire, vechi mesire Gautier de Mauni qui amainne ceuls de Calais, » adonc issi li rois de son hostel et vint en la place, et tout chil signeur après lui, et encores grant fuisson qui i sourvinrent, pour veoir ceuls de Calais et conment il finneroient; et la roine d'Engleterre, qui moult ençainte estoit, sievi le roi son signeur. Evous messire Gautier de Mauni venu et les bourgois dalés li, qui le sievoient, et descendi de une basse hagenée que il cevauçoit. En la place toutes gens se ouvrirent à l'encontre de li. Si passèrent oultre messires Gautiers et li siis bourgois, et s'en vint devant le roi et li dist en langage englois : « Très chiers sires, vechi la representation de la ville de Calais à vostre ordenance. » Li rois se taisi tous quois et regarda moult fellement sus euls, car moult les haioit et tous les habitans de Calais, pour les grans damages et contraires que dou temps passet li avoient fait.

Chil siis bourgois se missent tantos en genouls devant le roi, et dissent ensi en joindant lors mains : « Gentils sires et nobles rois, veés nous chi siis, qui avons esté d'ancesserie bourgois de Calais et grans marceans par mer et par terre, et vous aportons les clefs de la ville et dou chastiel de Calais, et les vous rendons à vostre plaisir, et nous mettons en tel point que vous nous veés en vostre pure volenté, pour sauver le demorant dou peuple de Calais qui souffert a moult de grietés. Si voelliés de nous avoir pité et merchi par vostre haute noblèce. » Certes il n'i ot adonc en la place, conte, baron, ne chevalier, ne vaillant honme qui se peuist astenir de plorer de droite pité, ne qui peuist parler en grant pièce. Li rois regarda sus euls très crueusement, car il avoit le coer si dur et si enfellonniiet de grans courous, que il ne pot parler; et qant il parla, il conmanda en langage englois que on lor copast les testes tantos. Tout li baron et li chevalier qui là estoient, en plorant prioient, si acertes que faire pooient, au roi que il en vosist avoir pité et merchi; mès il n'i voloit entendre.

Adonc parla li gentils chevaliers mesires Gautiers de Mauni et dist : « Ha! gentils sires, voelliés rafrener vostre corage. Vous avés le nom et renonmée de souverainne gentillèce et noblèce. Or ne voelliés donc faire cose par quoi elle soit noient amenrie, ne que on puist parler sur vous en nulle cruauté ne vilennie. Se vous n'avés pité de ces honmes qui sont en vostre merchi, toutes aultres gens diront que ce sera grans cruaultés, se vous faites morir ces honestes bourgois, qui de lor propre volenté se sont mis en vostre ordenance pour les aultres sauver. » Adonc se grigna li rois et dist : « Mauni, Mauni, soufrés vous. Il ne sera aultrement. » Mesires Gautiers de Mauni[1].... et n'osa plus parler, car li rois dist moult ireusement : « On fache venir là cope teste. Chil de Calais ont fait morir tant de mes honmes que il couvient ceuls morir aussi. »

Adonc fist la noble roine d'Engleterre grande humelité, qui estoit durement enchainte, et ploroit si tendrement de pité que on

---

1. Lacune.

ne le pooit soustenir. La vaillans et bonne dame se jetta en genouls par devant le roi son signeur et dist : « Ha ! très chiers sires, puis que je apassai par deçà la mer en grant peril, ensi que vous savés, je ne vous ai requis ne don demandet. Or vous prie je humlement et reqier en propre don que, pour le Fil à sainte Marie et pour l'amour de mi, vous voelliés avoir de ces siis honmes merchi. »

Li rois atendi un petit à parler et regarda la bonne dame sa fenme qui moult estoit enchainte et ploroit devant lui en genouls moult tenrement. Se li amolia li coers, car envis l'euist courouchiet ens ou point là où elle estoit; et qant il parla, il dist : « Ha ! dame, je amaisse trop mieuls que vous fuissiés d'autre part que chi. Vous priiés si acertes que je ne vous ose escondire le don que vous me demandés ; et conment que je le face envis, tenés, je les vous donne, et en faites vostre plaisir. » La vaillans dame dist : « Monsigneur, très grant merchis. »

Lors se leva la roine et fist lever les siis bourgois, et lor fist oster les cevestres d'entours lors cols, et les enmena avoecques lui en son hostel et les fist revestir et donner à disner et tenir tout aise ce jour. Et au matin elle fist donner à cascun siis nobles et les fist conduire hors de l'oost par mesire Sanse d'Aubrecicourt et mesire Paon de Ruet, si avant que il vorrent, et que il fu avis as deus chevaliers que il estoient hors dou peril ; et au departir il les conmandèrent à Dieu. Et retournèrent li chevalier en l'oost, et li bourgois alèrent à Saint Omer. F^{os} 143 à 144 v°.

P. 57, l. 31 : crestiaus. — *Ms. A* 1 à 6, 11 à 14, 15 à 17, 18 à 22 : creneaulx. F° 168 v°. — *Mss. A* 8 à 10 : creniaux. F° 149. — *Ms. A* 7 : carniaux. F° 159. — *Ms. B* 3 : carneaux. F° 149.

P. 58, l. 11 : response. — *Ms. A* 29 : Lors commencèrent à plorer moult amerement, à crier et à souspirer, à detordre leurs mains et à faire maints piteux regrets, toutes manières de gens, et à demener tel dueil qu'il n'est si dur coer, qui les veist ou ouist, qu'il n'en eust grant pitié ; et mesmement monseigneur Jehan de Vienne en larmoyoit tendrement. Quand monseigneur Jehan de Vienne, capitaine de Calais, eut declaré au peuple de Calais ce qu'on povoit exploiter de grace au roy d'Engleterre, après se leva....

P. 58, l. 30 : en pur. — *Mss. A* 1 à 6 : en pour. F° 169. — *Mss. A* 15 à 17 : en pure. F° 166 v°. — *Ms. B* 3 : en. F° 149.

P. 59, l. 8 : filles. — *Les mss. A* 15 *à* 17 *ajoutent* : mais que maigres estoient de faim. F° 166 v°.

P. 59, l. 10 : d'Aire. — *Mss. A* 8 *à* 10 : d'Arie. F° 149 v°. — *Mss. A* 15 *à* 17 : d'Ayres. F° 166 v°.

P. 59, l. 11 : Jakemes. — *Mss. A* 1 *à* 14 : Jaques. F° 169. — *Mss. A* 15 *à* 17 : Pierres, F° 166 v°.

P. 59, l. 14 : Pières. — *Mss. A* 15 *à* 17 : Jaques.

P. 60, l. 6 : d'ancisserie. — *Ms. B* 3 : d'ancienneté. F° 149.

P. 61, l. 1 : fellement. — *Mss. A* 1 *à* 6 : felonneusement. F° 169 v°. — *Mss. A* 15 *à* 17 : felonnessement. F° 166 v°. — *Ms. B* 3 : felonnement. F° 149 v°.

P. 62, l. 2 : grigna. — *Mss. A* 20 *à* 29 : grigna le roy les dens. F° 239 v°. — *Mss. A* 7, 30 *à* 33 : grigna. F° 198 v°. — *Ms. B* 3 : se renga. F° 150.

P. 62, l. 31 : six nobles. — *Ms. B* 6 : quarante cinq estrelins. F° 406.

P. 62, l. 32 : sauveté. — *Les mss. A* 15 *à* 17 *ajoutent* : et s'en alèrent habiter et demourer en plusieurs villes de Picardie. F° 166 v°.

§ 313. P. 63, l. 1 : Ensi fu. — *Ms. d'Amiens* : Si envoya li rois (d'Angleterre) prendre le saisinne de Callais par ses marescaux. Et furent pris prisonnier tout li chevalier qui là estoient, et envoüet en Engleterre. Et li roys et la royne entrèrent en Callais à grant feste. Si furent bouté hors de Callais touttez mannierrez de gens, hommes, femmez et enfans ; et perdirent tout le leur et leur hiretaiges, et allèrent demorer là où il peurent. Et le repeupla li roys englèz de nouvellez gens d'Engleterre. F° 98.

— *Ms. de Rome* : Ensi fu la forte ville de Calais assegie par le roi Edouwart d'Engleterre en l'an de grace Nostre Signeur mil trois cens quarante siis, environ la Saint Jehan decolasse, ou mois d'aout ; et fu conquise en l'an de grace Nostre Signeur mil trois cens quarante sept, ou mois de septembre.

Qant li rois d'Engleterre ot fait sa volenté des siis bourgois de Calais et il les ot donnés à la roine sa fenme, ensi que chi desus est dit, il appella messire Gautier de Mauni et ses mareschaus le conte de Warvich et mesire Richart de Stanfort et leur dist : « Signeur, prenés ces clefs de la ville et dou chastiel de Calais. Si en alés prendre la saisine et posession, et prenés tous les chevaliers qui là dedens sont et les metés en prison ou faites leur jurer et fiancier prison. Il sont gentilhonme, on les recrera bien sus lors fois; et tout le demorant, saudoiiers et aultres, faites les partir : je les quite. » Chil doi baron, avoecques mesire Gautier de Mauni, respondirent : « Il sera fait. »

Si s'en vinrent li doi marescal et mesires Gautiers de Mauni, à cent hommes et deus cens archiers tant seullement, en la ville de Calais, et trouvèrent mesire Jehan de Viane, mesire Ernoul d'Audrehen, mesire Jehan de Surie et les chevaliers, qui les atendoient à l'entrée de la porte, qui estoit toute close, horsmis le guicet. Chil chevalier françois requellièrent ces chevaliers d'Engleterre bellement et lor demandèrent des siis bourgois conment il avoient finet, et se li rois les avoit pris à merchi. Il respondirent : « Oïl, à la prière madame la roine d'Engleterre. » De ce furent il tout resjoï.

Les portes et les bailles de Calais furent ouvertes : les Englois entrèrent dedens et se saisirent de la ville et dou chastiel. Et furent mis en prison courtoise mesires Jehans de Viane et tout li chevalier de France, et toutes aultres gens, honmes, fenmes, enfans, mis hors. Chil qui passèrent parmi l'ost d'Engleterre, li chevalier englois et li vaillant honme en avoient pité et lor donnoient à disner, et encores de l'argent à lor departement; et il s'en aloient, ensi que gens esgarés, pour querir lors mieuls aillours. Il en i ot aussi auquns qui passèrent parmi l'ost des Flamens qui gissoient entre Gravelines et Calais. Aussi les Flamens par pité lor fissent des douçours et des courtoisies assés. Ensi s'espardirent ces povres gens de Calais, mais la grignour partie se retraissent à Saint Omer, et orent là biaucop de recouvrances.

Les marescaus d'Engleterre et mesires Gautiers de Mauni, qui furent envoiiet de par le roi en la ville de Calais, le fissent toute et tantos, et le chastiel aussi, netoiier, ordonner et aparillier, ensi que pour le roi et la roine recevoir. Qant il orent tout ce fait et le chastiel ordonné pour logier le roi et la roine, et tout li aultre hostel furent widié et aparilliet pour recevoir les gens dou roi, on le segnefia au roi. Adonc monta il à ceval et fist monter la roine et leur fil le prince, les barons et les chevaliers; et cevauchièrent à grant glore deviers Calais et entrèrent dedens la ville à si grant fuisson de menestrandies, de tronpes, de tabours, de claronchiaus, de muses et de canemelles que grant plaisance estoit à considerer et regarder. Et chevaucièrent ensi jusques au chastiel; et là descendirent li rois, la roine, li princes, li contes Derbi et li signeur. Les auquns demorèrent avoecques le roi, qui logiet ou chastiel estoient ; et les aultres se traissent as hostels, lesquels on avoit ordonné pour euls.

Et donna li rois, ce premier jour que il entra en Calais, à disner ens ou chastiel de Calais, la roine, les dames et les damoiselles, les contes, les barons et les chevaliers, et non pas de pourveances de la ville, mais de celles de lor hoost qui lor estoient venues et venoient encores tous les jours de Flandres et d'Engleterre. Et devés savoir que, le siège estant devant Calais, il vinrent en l'oost le roi d'Engleterre moult de biens et de larguèces par mer et par terre dou pais de Flandres ; et euissent eu les Englois des defautes assés, se les Flamens n'euissent esté. Che jour furent toutes les portes de Calais ouvertes, et vinrent moult de Flamens veoir l'estat dou roi d'Engleterre. Et estoient toutes les cambres dou chastiel de Calais, la salle et les alées encourtinées et parées de draps de haute lice, si ricement conme as estas dou roi et de la roine apertenoit. Et aussi estoient les hostels des contes et des barons d'Engleterre, qui se tenoient en la ville, et perseverèrent ce jour, en grant joie et en grant reviel.

Le second jour, aprièsque li rois d'Engleterre entra en Calais, il donna à disner ens ou chastiel de Calais tous les plus notables bourgois de Flandres des conmunautés des bonnes viles, par laquelle promotion les honmes de Flandres estoient là venu servir le roi. Et fu li disners biaus et grans et bien estofés ; et au congiet prendre au roi, li dis rois les remercia grandement dou service que fait li avoient. Et retournèrent les Flamens en lor hoost, et à l'endemain il se departirent tout et retournèrent en leurs lieus. Ensi se portèrent les besongnes de Calais. Et donna li rois d'Engleterre congiet à toutes manières de gens d'armes et archiers pour retourner en Engleterre, et ne retint que son fil, le prince de Galles, et son consel, et sa fenme la roine, dames et damoiselles et lor estat, et son cousin le conte Derbi.

Et donna li rois as pluisseurs de ses barons des biaus hostels de Calais, à casqun selonc son estat, pour euls tenir, demorer et logier, qant il vodroient passer la mer d'Engleterre à Calais. Et furent les dons, les auquns à hiretage, et les aultres à la volenté dou roi. Et furent tout li manant en la ville de Calais, au jour que elle fu rendue, bouté hors. Et ne furent retenu tant seullement que euls trois anciiens honmes, lesquels savoient les usages et les coustumes de la ville, entre lesquels il i avoit un prestre pour

rasener les maniemens des hiretages, ensi conme il se portoient.
Car ce estoit li intension dou roi et de son consel que elle seroit
redefie et raemplie de purs Englois, et que on i envoieroit de la
chité de Londres douse bourgois notables, rices honmes et bons
marceans, et encores des chités et bonnes villes d'Engleterre
vingt quatre bourgois et avoecques ces trente siis, fenmes, enfans
et toutes lors familles, et en desous de euls, aultres honmes, ouvriers de tous estas, par quoi la ville se refourmeroit toute de
purs Englois. Et seroit à Calais li estaples des lainnes d'Engleterre,
dou plonc et de l'estain; et se venroient ces trois marceandises
coustumer à Calais, et feroient là le qai et le havene.

Li rois d'Engleterre, pour toutes ces coses ordonner et mettre
à lor devoir, se tint à Calais sans retourner en Engleterre bien
un quartier de un an, et tant que la roine sa fenme i fu acouchie
et ralevée de une belle fille, laquelle ot nom Margerite, et fu
depuis contesse de Pennebruq, mais elle morut jone. Le roi d'Engleterre estant à Calais, tout fu remparet et raparilliet ce qui
desemparet estoit. Et furent envoiiet en Engleterre mesires
Jehans de Viane et mesires Ernouls d'Audrehen et les chevaliers
qui dedens Calais estoient au jour que elle fu rendue, et avant
que li rois d'Engleterre se departesist de Calais. F^{os} 144 v°
et 145.

P. 63, l. 3 : decolasse. — *Ms. B* 6 : à l'isue du mois d'auoust.
F^o 406.

P. 63, l. 8 : femme. — *Ms. B* 9 : il envia ses marisaulx
monseigneur Gautier de Mauny, messire Renault de Gobehen.
F^o 406.

P. 63, l. 9 : le baron. — *Mss. A* 1 à 6, 11 à 14, 18 à 33 :
le conte. F^o 170 v°.

P. 63, l. 17 : partir. — *Ms. B* 6 : en leurs simples draps sans
plus. F^o 406.

P. 63, l. 24 : Viane. — *Les mss. A omettent :* Ernoul d'Audrehen.

P. 63, l. 26 : Bauduin. — *Mss. A* 20 à 22 : Baudin. F^o 240.
— *Mss. A* 23 à 33 : Jehan. F^o 185.

P. 64, l. 3 : hiretages. — *Ms. A* 29 : Quand le peuple de
Calais, hommes, femmes et enfans, eurent vuidé la ville, les troys
chevaliers firent très honnestement ordonner le chastel pour
loger le roy et la royne, puis vindrent sur le marché; et si ap-
pareillèrent tous les bons hostels pour loger les comtes, barons

et chevaliers, chascun selon son estat. Et ainsi fut ordonné pour recevoir en Calais le roy et sa chevalerie. Quant ce fut fait, le roy monta à cheval et fit monter la royne sur son chariot, qui fut moult grandement acompagnée de dames et damoiselles; puis montèrent sur bons destriers, comtes, barons, chevaliers et escuyers.

P. 64, l. 11 : tabours. — *Les mss. A 1 à 7, 11 à 14, 18 à 33 ajoutent* : de nacaires. F° 170 v°. — *Les mss. A 8 à 10 ajoutent :* de nacaires, de chalemies. F° 150 v°. — *Les mss. A 15 à 17 ajoutent :* de nacaires, de chalemies, de vielles, cistolles et autres talleraires. F° 168. — *Le ms. B 3 ajoute :* de menestriers, de trompètes, tabourins, chalumelles et tous autres instrumens qu'on pourroit nommer. — *Le ms. B 4 ajoute :* de canemelles. F° 141.

P. 64, l. 27 : Bietremieu de Brues. — *Mss. A 1 à 6* : Berthelemi de Bruues. F° 171. — *Ms. A 7* : Bertremieu de Breuues. F° 161. — *Mss. A 8 à 10* : Berthelemi de Bruhes. F° 151. — *Mss. A 11 à 14, 18, 19* : Berthelemi de Breuues. F° 159 v°. — *Mss. A 15 à 17* : Berthelemieu de Brunes. F° 168. — *Mss. A 20 à 22* : Bartholomieu de Bruues. F° 240 v°. — *Mss. A 23 à 33* : Berthelemy de Brunes. F° 185 v°. — *Ms. B 3* : Bartolemy de Bruges. F° 150 v°. — *Ms. B 4* : Bertremieu de Bruhes. F° 141.

P. 65, l. 7 : deffaite. — *Ms. B 6* : et fist abatre et oster le grant castiel de bos qui estoit sur les dunes à l'endroit du havre. F° 407.

P. 65, l. 12 : fait. — *Ms. B 6* : Et demora là à tout grans gens d'armes par l'espasse de trois sepmaines. F° 407.

P. 65, l. 13 : Viane. — *Le ms. A 29 ajoute :* monseigneur Jehan de Surie.

P. 65, l. 15 : raençon. — *Les mss. A 15 à 17 ajoutent :* assez courtoise. F° 168.

§ 314. P. 65, l. 16 : Or me samble. — *Ms. d'Amiens* : En celle année fu acordée une trieuwe entre le roy de France et le roy d'Engleterre, à durer deus ans, par le pourcach dou cardinal de Boulongne, qui estoit en Franche. Et retourna li roys d'Engleterre arrière en son pays, quant il eut bien pourveu le ville de Callais, et la roynne, sa femme, avoecq lui. F° 98.

— *Ms. de Rome :* Or m'est avis que c'est grande imagination de piteusement penser et osi considerer que chil grant bourgois et ces nobles bourgoises et lors biaus enfans, qui d'estoc et d'estration avoient demoret, et lor predicessour, en la ville de Calais, devinrent, des quels il i avoit grant fuisson, au jour que elle fu rendue. Ce fu grans pités, qant il lor couvint guerpir lors biaus hostels et lors hiretages, lors meubles et lors avoirs, car riens n'enportèrent; et si n'en orent onques restorier ne recouvrier dou roi de France pour qui il avoient tout perdu. Je m'en passerai de euls briefment à parler : il fissent au mieuls que il porent, mais la grignour partie de euls se traist en la ville de Saint Omer.

Encores se tenoit li rois d'Engleterre à Calais, pour entendre le plus parfaitement as besongnes de la ville, et li rois Phelippes de France, en la bonne chité d'Amiens. Et estoit dalés lui nouvellement venus uns siens cousins cardinauls, mesires Guis de Boulongne, en très grant estat. Et l'avoit papes Clemens, qui resgnoit pour ce temps, envoiiet d'Avignon en France. Et tenoit chils dis cardinauls trop grandement biel estat et estofet, et aloit sus les biens de l'Eglise à plus de deus cens chevaus. Onques sains Pières, ne sains Pols, ne sains Andrieus n'i alèrent ensi.

Chils cardinauls de Boulongne, à sa bienvenue deviers le roi de France, quist voie et moiien et amis deviers le roi d'Engleterre conment il vint à Calais; et lui là venu, il procura tant deviers le dit roi et son consel le conte Derbi, mesire Renault de Gobehem, mesire Richart de Stanfort et mesire Gautier de Mauni, que unes trieuves furent prises entre les deus rois de France et d'Engleterre et de tous lors ahers et aidans, à durer deus ans par mer et par terre. Et furent reservet et exceptet en celle trieuve les deus dames de Bretagne, la fenme à mesire Carle de Blois et la contesse de Montfort; et tinrent toutdis ces deus dames en Bretagne la guerre li une contre l'autre.

Ces trieuves acordées et jurées à tenir le terme de deus ans tant seullement, li cardinaus de Boulongne retourna à Amiens deviers le roi de France. Et li rois d'Engleterre ordonna ses besongnes et s'en retourna en Engleterre, et i remena la roine sa fenme et tous lors enfans et lor estat, dames et damoiselles, et ne laissièrent nului derrière; et ordonna à demorer en Calais et à estre chapitainne un chevalier lombart, lequel on nonmoit mesire Ameri de Pavie. Et estoit li dis chevaliers très grandement en la grace et amour dou dit roi, car il l'avoit servi un lonch temps. Et bien se confioit li rois en li, qant il li bailloit en garde le jeuiel ou monde à ce jour que il amoit le mieuls : c'estoit la ville et le castiel de Calais. Se l'en deubt estre priès mesvenu, ensi que vous orés recorder en l'istore. F^{os} 145 v° et 146.

P. 65, l. 16 : Or.... anuis. — *Mss. A* 1 *à* 6, 15 *à* 17 : Or m'est advis que c'est grand advis. F° 171. — *Mss. A* 7 *à* 10, 18, 19 : Or m'est avis que c'est grant avis. F° 151. — *Mss. A* 11 *à* 14 : Or m'est advis que c'est grant avis. F° 159 v°. — *Mss. A* 20 *à* 22 : Or me samble que c'est grant annuy. F° 249 v°. — *Mss. A* 23 *à* 33 : Or m'est avis que c'estoit grant pitié. F° 185 v°.

P. 65, l. 28 : Saint Omer. — *Ms. B* 6 : Et en Flandres et en Artois et en Boulenois et aultre part. Les aucuns les plaindoient et les autres non, car en devant le siège le ville de Calais avoit le renommée de tous cheulx qui le congnoissoient et antoient, que c'estoit l'eune des villes du monde le plus plaine de pechiés, où le plus de roberies et de choses mal acquises demoroient et convertisoient. Sy disoient les aulcuns qui les congnoissoient que Dieu les avoit paiiet seloncq leur deserte, car à paine povoient nulz gens aller par mer, s'il n'estoient trop bien acompaigniés, qui passoient devant le havre qu'il ne fussent mourdris ou desrobés. Et pour che les haioit le roy englès. F° 408.

P. 66, l. 4 : Boulongne. — *Les mss. A* 1 *à* 6, 11 *à* 14, 18 *à* 22 *ajoutent :* son cousin. F° 171.

P. 66, l. 5 : legation. — *Ms. B* 6 : Tant alèrent (les deux cardinaux) de l'un à l'autre que unes trièvez furent prisez entre les deux rois et leur gens, et devoit durer jusques à le Saint Jehan Baptiste qui seroit l'an de grace mil trois cens quarante huit. F° 409.

P. 66, l. 10 : l'autre. — *Ms. A* 29 : Quant la dame eut esté un mois en gesine en la ville de Calais.

P. 66, l. 21 et 22 : quatre cens. — *Mss. A* 1 *à* 14, 18 *à* 33 : trois cens. F° 171 v°.

P. 66, l. 24 : si grandes. — *Ms. A* 29 : que plusieurs beaux et bons mesnages s'y vindrent amasser voulontiers.

§ 315. P. 67, l. 12 : Toute. — *Ms. de Rome :* Quoi que les trieuves fuissent bien tenues entre le roi de France et le roi d'Engleterre, tant que de lors personnes et de ceuls où lors poissances et semonces et conmandemens se pooient estendre, se conmençoient jà à courir pluiseurs enventureus brigans et pillars ens ès lontainnes marces de France, ens ès lieus où il sentoient les chevaliers foibles et non fait de la guerre, et prendoient lors villes et lors castiaus; car il se quelloient ensamble une qantité de tels gens d'armes, alemans ou autres, qui sus l'ombre de la guerre faisoient lors fais et lors emprises, et ne lor aloit nuls au devant. Et voloient bien li auqun dire que il estoient porté couvertement et souffert des officiiers dou roi et des chevaliers et esquiers dou pais où il conversoient, et que chil estoient participant à lors butins et pillages. Dont je vous di que, depuis toutes tels coses et apertises d'armes, furent, parmi le roiaulme de France, escoles de toutes iniquités et mauvestés; car trop fort se moutepliièrent, par le laisseur et amplèce que il orent de conmencement, ensi que vous orés recorder avant en l'istore.

Il i eut un brigant pillart, et croi que il fu alemans, qui trop fort resgna en Limosin et en la Lange d'Oc, lequel on nonmoit Bacon. Chils avoit aultres brigans desous lui, et le tenoient à mestre et à capitainne, pour tant que il estoit le pieur de tous les aultres et li plus outrageus, et bien les paioit de mois en mois, et fu trop malement apers et soubtieus à embler et esqieler villes et forterèces. Et cevauçoient, tels fois estoit, ils et ses compagnons, vint ou trente lieues de nuit par voies couvertes, et venoient, sus le point de un ajournement, là où il voloient estre, et esqielloient le lieu où il avoient jeté et asis leur visée; et qant il estoient dedens une ville, ils boutoient le feu en cinq ou en siis maisons. Les gens de celi ville estoient esbahi et gerpisoient tout et s'enfuioient. Et chil pillart ronpoient cofres et escrins et prendoient ce que de bon il trouvoient dedens, et aussi des plus rices honmes à prisonniers, et les rançonnoient. Et vendoient les villes que pris avoient as honmes dou pais et à ceuls meismes lesquels boutés hors il en avoient, et en prendoient grant argent, selonch ce que il se pooient composer. Et par tels cas asamblèrent chil pillart trop malement grant finance. Et prist chils Bacons la ville de Dousenach en Limosin et le pilla toute, et encores le vendi ilss en deniers apparilliés, qant il s'en departi, diis mille esqus.

Apriès, chils Bacons et ses gens prisent le ville et le chastiel de Comborne et le visconte et la contesse et lors enfans dedens, et les rançonna à vingt quatre mille esqus et retint le chastiel et trouva cautelle et action de guerrier le pais, pour tant que chils viscontes de Comborne s'estoit armés pour la contesse de Montfort, car chils Bacons estoit de la partie à la fenme mesire Carle de Blois. En la fin il vendi le chastiel au roi de France, et en ot en deniers tous apparilliés vingt quatre [mille] esqus, mais on les fist paiier le plat pais. Et fist chils viscontes de Conbourne sa paix au roi de France. Et li rois volt avoir ce Bacon dalés li, et fu wisiers d'armes dou roi et bien en la grace dou roi Phelippe et dou roi Jehan, et tous jours bien montés de coursiers, de roncins et de hagenées ; et avoit assés grant finance d'or et d'argent, et demora en bon estat tant que il vesqui. F° 146.

P. 67, l. 30 et 31 : gaegnoient. — *Ms. B* 3 : pauvres gens de guerre et brigans. F° 151 v°.

P. 68, l. 5 : quarante mil. — *Mss. A* 8 à 10, 15 à 17 : soixante mil. F° 151 v°.

P. 68, l. 5 : escus. — *Ms. B* 6 : florins. F° 411.

P. 68, l. 9 : s'assembloient — *Ms. B* 6 : trente brigans ou quarante. F° 411.

P. 68, l. 13 : maison. — *Les mss. A* 1 à 6, 11 à 14, 16 à 22 *ajoutent :* ou en deux. F° 172.

P. 68, l. 19 : Donsonak. — *Mss. A* 1 à 7, 11 à 14, 23 à 29 : Donsenok, Dousenok. F° 172. — *Mss. A* 8 à 10 : Donsenac. F° 151 v°. — *Mss. A* 15 à 17 : Dondenach. F° 169. — *Mss. A* 18, 19 : Dousenach. F° 176. — *Mss. A* 20 à 22 : Donzenork. F° 242. — *Mss. A* 30 à 33 : Dousenos. F° 199 v°. — *Ms. B* 3 : Donzenac. F° 151 v°. — *Ms. B* 4 : Dousenak. F° 142.

P. 68, l. 24 : Combourne. — *Mss. A* 18, 19 : Comborn. F° 176. — *Ms. A* 7 : Coubourne. F° 162 — *Ms. B* 3 : Combort. F° 151 v°.

P. 68, l. 24 : en Limozin. — *Ms. B* 6 : assés près de Limoges. F° 412.

P. 68, l. 27 : prisent. — *Ms. B* 6 : sur son lit. F° 412.

P. 68, l. 28 : appelloit. — *Ms. A* 29 : monseigneur Jehan.

P. 68, l. 31 et 32 : vingt quatre. — *Ms. B* 6 : vingt trois. F° 412.

P. 69, l. 4 : vingt mil. — *Mss. A* 20 à 22 *et B* 6 : trente mille. F° 242.

P. 69, l. 4 et 5 : au roy de France. — *Mss. A* 20 à 22 : au dit roy Phelippe.

P. 69, l. 6 : Bacons.— *Ms. B* 6 : Bachons. F° 412. — *Mss. A* 1 à 14 : Bacon. F° 172. — *Mss. A* 15 à 17 : Guillaume Bacon F° 168.

P. 69, l. 10 : vesqui. — *Les mss. A* 20 *à* 22 *ajoutent :* en ce monde. F° 242.

§ 316. P. 69, l. 11 :| En. — *Ms. de Rome :* Parellement et de ce temps ot un homme d'armes, en Bretagne, alemant que l'on clama Crokart, liquels avoit esté en son commencement uns varlès au signeur d'Ercle en Hollandes, mais il se porta si bien ens ès guerres de Bretagne par prises de villes et de chastiaus et des racas fais et de raençons de gentils hommes que, qant il ot assés menet celle ruse et il fu tanés de guerriier et de mal faire, il raporta la finance de soissante mille viés esqus. Et fu chils Crokars uns des chiaus qui furent armé avoecques les Englois en la bataille des Trente, et fu tous li mieudres de son costé; et i acquist tel grace que li rois Jehans de France li manda que, se il voloit relenqir les Englois et devenir François, il le feroit chevalier et li donroit fenme et mille esqus de revenue par an. Il refusa à ce.

Chils Crokars vint en Hollandes en grant estat, et pour ce que il vei que li signeur qui le congnissoient, n'en faisoient point de compte, il retourna en Bretagne, en ce temps que li dus de Lancastre, Henris qui chi desus est nonmés contes Derbi, seoit à siège devant la chité de Rennes. Li dus li fist grant chière et le retint de son hostel à douse chevaus, et avint de Crokart ce que je vous en dirai.

Une fois, il cevauçoit un coursier, liquels li avoit cousté trois cens esqus, et l'avoit tout nouviel et le volt asaiier pour veoir et sçavoir conment il s'en poroit aidier, se il li besongnoit ; et ferit ce coursier des esporons, liquels estoient fors et rades et mal enbouqiés, et vint asallir un fosset. Li coursiers tresbusça et rompi son mestre le col. Ensi fina Crokars. F° 146 v°.

P. 69, l. 11 : En tèle. — *Mss. A* 1 *à* 14, 18, 19, 30 *à* 33 : En autelle. F° 172. — *Ms. B* 4 : En otelle. F° 142.

P. 69, l. 19 : Crokart. — *Mss. A* 1 *à* 6, 11 *à* 14, 18, 19 : Crokat. F° 172. — *Mss. A* 8 *à* 10, 15 *à* 17, 20 *à* 33 : Croquart. F° 152. — *Mss. A* 18, 19 : Croquat. F° 176. — *Ms. B* 3 : Crocart. F° 151 v°. — *Le ms. A* 29 *ajoute :* natif du comté de Flandres.

P. 69, l. 20 et 21 : Ercle. — *Mss. A* 15 *à* 17 : Hercleh. F° 169 v°. — *Mss. A* 20 *à* 22 : Arcles. F° 242.

P. 69, l. 25 : le vasselage. — *Mss. A* 1 *à* 17, 11 *à* 14,

18 à 33 : la prouesce. F° 172. — *Ms. B* 3 : la vaillantise.
F° 152.

P. 70, l. 2 : le fin. — *Mss. A* 1 à 14, 18 à 22 : la finance.
F° 172.

P. 70, l. 3 : soissante mil. — *Mss. A* 15 à 17 : cent mille.
F° 169 v°. — *Mss. A* 20 à 33 : quarante mille. F° 242 v°.

P. 70, l. 7 : Trente. — *Ms. B* 6 : et fu li uns des prins à celle bataille avoecques les aultres. F° 414. — *Les Mss. A* 18, 19 *ajoutent* : contre Trente. F° 176 v°.

P. 70, l. 8 : li mieudres. — *Mss. A* 1 à 7, 11 à 14, 18, 19, 23 à 33 : le meilleur combatant. F° 172. — *Mss. A* 8 à 10, 15 à 17 : le mendre. F° 152. — *Ms. B* 3 : le meilleur. F° 152.

P. 70, l. 16 : trois cens. — *Mss. A* 1 à 6 : trois mille. F° 172 v°. — *Ms. B* 3 : quatre cens. F° 152.

P. 70, l. 19 : trebucha. — *Ms. B* 6 : Sy se brisa le dit Crokars le hateriel. F° 414.

P. 70, l. 21 : ensi. — *Ms. B* 6 : Sy brigans monteplyèrent puissedy tant que maint damaige en avint en pluiseurs marches par le royalme de Franche. F° 414.

§ 317. P. 70, l. 22 : En ce temps. — *Ms. d'Amiens* : Celle trieuwe fu assés bien tenue, mais il avint en celle année que messires Joffrois de Cargny, qui se tenoit à Saint Omer et à qui durement anuioit, et à aucuns chevaliers de Picardie, de le prise de Callais, tretièrent tant deviers monseigneur Ainmeri de Pavie, un chevalier lombart, cappittaine de Callais, que pour argent il leur eut en couvent de rendre et livrer Callais, à un certain jour qui mis y fu, parmy vingt mil escus qu'il en devoient païer. Or avint que li roys d'Engleterre seut ce markiet, je ne say comment, et manda à Londrez monseigneur Ainmeri et l'espoenta bien. Touttesfois, finablement, il li dist qu'il poursieuvist son marchiet et qu'il seroit à le journée, et parmy tant il li pardonroit tout son fourfet. Messires Ainmeri, qui cuida bien estre mors, li eut en couvent et vint de recief à Callais. F° 98.

—*Ms. de Rome* : Or retournons à la matère dont je parloie, qant je conmençai à parler de Bacon et de Crokart. Vous devés sçavoir que en la ville de Saint Omer se tenoit uns moult vaillans chevaliers françois, liquels se nonmoit mesires Joffrois de Cargni, et croi que il soit as armes Campegnois. Chils mesires Joffrois estoit en coer trop grandement courouchiés de la prise et dou conquès de la ville et dou chastiel de Calais, que les Englois tenoient, et metoit toutes ses ententes et imaginations au regarder conment il le peuist ravoir, et sentoit pour ce temps un chapitainne en Calais, qui n'estoit pas trop haus homs, ne de l'estration d'Engleterre. Si se avisa mesires Joffroy de Carni que il feroit asaiier au dit chapitainne, qui se nonmoit mesires Ainmeris de Pavie, se pour argent pronmetre et donner, il poroit marceander à lui par quoi il peuist avoir Calais. Et se enclina en ceste pensée le plus, pour tant que mesires Ainmeris estoit Lombars et de nation estragne; car se il fust Englois ou Hainnuiers, il ne se fust jamais avanchiés de faire ce que il fist. Et envoia secretement tretier deviers cel mesire Ainmeri par un Lombart demorant [à Paris] qui se disoit son cousin.

Ainmeris entendi à ces trettiés et se dissimula trop fort, ensi que il apparu, car il fist entendant à ce Lombart parisiien que on nonmoit Ambrosin, que il renderoit Calais as François pour vint mille esqus, car il estoit tanés de servir le roi d'Engleterre et voloit retourner en son païs. Et tout che que il disoit, estoit bourde, car jamais ne l'euist fait; et bien le creoient de ses paroles Ambrosins et mesires Joffrois. Et furent les coses si aprochies que jours mis et asis que de rendre et livrer as François le chastiel de Calais, et par le chastiel on enteroit en la ville. Et de ce se tenoient tout à segur et à conforté mesires Joffrois et ses consauls. Et s'en vint li dis mesires Joffrois de Carni à Paris, et remostra ce marchiet et ce trettiet as plus proçains dou roi. Li auqun le voloient croire et li aultre non; et disoient que ce estoit une barterie couverte, et que jamais pour vint mille esqus, on ne retourneroit à avoir Calais. Li aultre disoient, qui desiroient à veoir le marchiet acompli, que si poroit bien faire. Mesires Joffrois afremoit les coses si acertes que il en fu creus. Et furent ordonné et delivré par le tresorier de France li vint mille esqus; et furent envoiiet et aporté en l'abeie de Saint Bertin à Saint Omer. Messires Joffrois de Cargni fist une semonse et priière secrète de gens d'armes en Artois, en Boulenois et là environ; et ne sçavoient nuls encores pour où c'estoit à aler.

Entrues que mesires Joffrois de Cargni entendoit de grant desir et volenté au procurer ses besongnes, mesires Ainmeris de Pavie, d'autre costé, qui les voloit decevoir, monta en mer et vint en Angleterre. Et trouva le roi à Eltem, et li remostra toute la besongne, conment elle aloit et demenée elle estoit. Li rois entendi à ces paroles, qui fu moult esmervilliés de ce, et pensa sus un petit. Et apella mesire Gautier de Mauni qui pour ces jours estoit dalés li, et fist à mesire Ainmeri de Pavie recorder toute la marceandise, conment elle aloit; et en demanda consel, quel cose en estoit bonne à faire. Mesires Gautiers en respondi son entente et dist : « Sire, li François folient et abusent trop grandement, qui, en bonnes trieuves jurées et données, marceandent de vous trahir, et voellent avoir la ville et le chastiel qui tant vous ont cousté : il ne fait point à souffrir. Vous m'avés demandé consel et je vous consillerai. Vous envoierés là à Calais des bonnes gens d'armes assés et par raison, pour resister à l'encontre des François, et dirés à Ainmeri que il procède avant en son marchié, et bien se garde que de son lés il n'i ait fraude ne traison, car vous vos estes confiiés en li et vous confiierés encores. » — « Gautier, respondi li rois, vous dites bien, et je le ferai ensi et vous institue à estre souverains de celle armée. Traiiés vous viers Douvres et celle marce là, et je vous envoierai gens assés. » Mesires Gautiers de Mauni respondi au roi : « Sire, je le ferai volentiers. » Puis appella li rois Ainmeri de Pavie et li dist à part : « Je voel, dist li rois, que tu poursieves ton marchiet. Gautiers de Mauni retournera avoecques toi, et de tout ce que il te conselle, uses aprиés son consel. » Il respondi et dist : « Volentiers. » F°s 146 v° et 147.

P. 70, l. 22 : En ce temps. — *Ms. B* 6 : en l'an de grace mil trois cens quarante huit. F° 414.

P. 70, l. 26 : touchans. — *Mss. A* 1 à 6, 8 à 19 *ajoutent:* fait d'armes. F° 172 v°. — *Ms. B* 3 : le fait d'armes. F° 152.

P. 71, l. 10 : convoiteus. — *Ms. B* 3 : ambicieux. F° 152.

P. 72, l. 2 : part. — *Ms. A* 29 : et lui demanda des nouvelles de Callais : « Chier, sire, respondit le Lombart, je n'y sache que tout bien. » Adonc il le traict à part, si lui dist : « Tu sçais que pour la grant fiance que j'ay eu en toy, je t'avoye donné en garde. »

P. 72, l. 3 : la riens. — *Mss. A* 1 à 6, 8 à 22 *et B* 3 : la chose. F° 173. — *Ms. A* 7 : la rien. F° 162 v°.

P. 72, l. 23 : se Diex me vaille. — *Mss. A* 1 à 22 : se Dieu me vueille aidier. F° 173.

P. 73, l. 4 : empensé. — *Mss. A* 15 à 17, 20 à 22 : en pensée. F° 170. — *Ms. B* 3 : pensoit. F° 152 v°.

P. 73, l. 13 : monseigneur de Fiennes. — *Mss. A* 1 à 6 : messire Morel de Fiennes. F° 173.

P. 73, l. 14 : Ribeumont. — *Mss. A* 20 à 22 : Ribeaumont. F° 243 v°.

P. 73, l. 15 : Kreki. — *Mss. A* 20 à 22 : Creci.

P. 73, l. 15 : Were. — *Mss. A* 20 à 22 : Ware.

P. 73, l. 16 : dou Bos. — *Mss. A* 7 à 17 : du Boys. F° 163.

P. 73, l. 24 : par nuit. — *Ce mots manquent dans les mss. A 1 à 6, 8 à 14.* — *Ms. B* 3 : à ce jour, de nuyt. F° 152 v°

§ 318. P. 73, l. 27 : Quant li rois. — *Ms. d'Amiens :* Li roys d'Engleterre ne mist mies en oubli ce que faire volloit, mès se bouta à mil hommez d'armes de nuit secretement en le ville de Callais. Au jour que li dis messire Ainmeris dubt delivrer le ville de Callais, y vinrent messires Joffroix de Cargny, messires Moraux de Fiennez, messires Jehans de Landas, messires Ustasses de Ribeumont, messires Pepins de Were, messires Henris dou Bos, li sirez de Kikempoi et pluiseurs autres d'Artois, de Vermendois et de Picardie, et fissent ung secret mandement. Si furent mis en le ville de Callais de nuit. Dont saillirent li Englès hors et envaïrent les Franchois, et les reboutèrent hors de la ville. Et là eut grant bataille et crueuse, car li Franchois se requeillièrent, qui estoient grant fuisson. F° 98.

— *Ms. de Rome :* Adonc se departirent dou roi d'Engleterre mesires Ainmeris et mesires Gautiers et vinrent à Douvres, et là passèrent la mer et vinrent sus un tart à Calais. Depuis envoia li rois d'Engleterre gens d'armes et archiers d'Exsesses et de Sousexses et de la conté de Kent viers Douvres et viers Zandvich, et passèrent petit à petit la mer et se boutèrent couvertement à Calais et tant que la ville en fu bien pourveue. Et droit sus le point dou darrain jour, de quoi à l'endemain li marchiés devoit estre livrés à l'entente des François, li rois d'Engleterre en prope personne vint à Calais, non congneus de plenté de gens : de quoi mesires Gautiers de Mauni fu moult esmervilliés qant il le vei ; nequedent il se fissent bonne chière. Et dist li rois : « Gautier, je voel veoir et connoistre quels gens vendront pour moi tolir Calais, que je ai tant comparet. Je le voel aidier à deffendre et à garder ; mais je me meterai desous vostre pennon, ensi conme uns de vostres chevaliers, ne je ne voel pas que toutes mes gens sachent que je soie ichi venus maintenant pour tèle cose. » — « Sire, respondi mesires Gautiers, vous avés raison. Or en ordonnés à vostre ordenance, car bien me plaist. »

Moult des gens le roi d'Engleterre ne sçavoient pour quoi il estoient venu et furent bouté en cambres et en celiers ens ou chastiel; et cheuls liquel estoient en la ville, se tinrent tous qois en lors hostels. Et leur fu dit : « Ne vous bougiés de chi, tant que vous auerés aultres nouvelles. » Tout se acordèrent à l'ordenance que on les volt metre.

Ceste besongne estoit poursievoite moult aigrement et couvertement de mesire Joffroi de Carni, et ne quidoit point fallir à ravoir Calais; si fort se confioit il ens ès paroles et couvenances de mesire Ainmeri de Pavie, et avoit segnefiiet à pluisseurs bons chevaliers et esquiers d'Artois, de Boulenois et de Piqardie, à tels que à mesire Jehan de Landas, à mesire Ustasse de Ribeumont, à mesire Pepin de Were, au visconte des Qènes, au chastelain de Biauvais, au signeur de Creqi, au signeur de Cresèques, au signeur de Brimeu, au signeur de Santi, au signeur de Fransures et à moult d'aultres. Et qant il furent venu en l'abeie de Liques, il dist as capitainnes de l'ordenance de la marceandise que il avoit à cel Ainmeri de Pavie. Li auqun supposoient assés que Ainmeris, pour tant que il estoit Lombars, prenderoit les deniers et renderoit le chastiel de Calais, et se il avoient le chastiel', il aueroient la ville. Et li aultre creoient mieuls le contraire que le fait, et doubtoient fort traison; et chil qui estoient de celle opinion, se tenoient tous jours derière.

Mesires Jofrois de Carni, liquels avoit fait son amas de gens d'armes et d'arbalestriers, remist, sus un ajournement qui fu le nuit de l'an mil trois cens quarante huit, toutes ces gens d'armes ensamble et aproça Calais; et cevauchièrent de nuit et vinrent sus un ajournement assés près de Calais, ensi que devisé se portoit. Et envoia li dis mesires Jofrois de Cargni deus de ses varlès devant, pour parler à mesire Ainmeri et pour sçavoir le couvenant de Calais. Li varlet trouvèrent à la porte dou chastiel, à celle qui oevre sus la mer, mesire Ainmeri, et leur dist : « Oïl. Faites les traire avant. » Li varlet retournèrent et recordèrent toutes ces paroles à mesire Joffroi qui de ce fu grandement resjoïs, et dist as chevaliers qui là estoient dalés li : « Calais est nostre. Sievés me tout le pas, car je m'en vois prendre la sasine dou chastiel. » Il le fissent et estoient bien euls cinq cens en une brousse, sans les arbalestriers qui venoient derrière. Adonc se ravisa mesires Jofrois et dist à mesire Oudart de Renti liquels estoit dalés li : « Oudart, prenés les florins; portés les. Vous ferés le paiement. Je voel entrer en Calais par la porte toute ouverte. Je n'i enterai jà par le guichet, ne moi, ne ma banière. »

Mesires Oudars de Renti s'i acorda et prist les florins qui estoient en deus bouges et les fist encargier par ses varlès ; et vint deviers le chastiel et trouva le guichet de la porte ouvert, et mesire Ainmeri à l'entrée. Et entrèrent tout chil qui entrer vorrent adonc, et chil qui ordonné estoient de aler pour prendre la sasine dou chastiel. Si tos que il furent tout entré dedens, mesires Aimmeris fist reclore et barer le guicet : de quoi mesires Oudars de Renti li dist : « Pourqoi serrés vous le guichet ? il apertient que il soit ouvers. Si enteront nostres gens dedens. » Donc dist mesires Ainmeris : « Il n'i enteront meshui fors que par la porte toute ouverte, et tantos le sera, mais que je aie recheu les deniers que je doi avoir. Vous estes gens assés. » Et puis dist par couvreture : « Vous veés bien que vous estes signeur dou chastiel. »

Mesires Oudars de Renti s'apaisa de ceste parole et sievi mesire Ainmeri ; et aussi fissent tout li aultre, et trouvèrent le pont dou castel avalé et la porte ouverte. Il passèrent sus et oultre, et ne veirent pas samblant, ne oîrent honme ne fenme. Mesires Ainmeris enmena mesire Oudart de Renti en la chambre dou portier, à l'entrée de la porte, et li dist : « Metés ichi les deniers. » Mesires Oudars de Renti le fist à sa resqueste. Il furent mis sus une table. Et dist messires Ainmeris : « I sont il tout ? » — « Oïl, par ma foi, dist mesires Oudars. Mesires Jofrois de Cargni le mes a ensi fait prendre. » — « Je vous en croi bien, dist messires Ainmeris. Or vous tenés ichi un petit, je voi querir les clefs des portes de la ville, car je les fis her soir toutes aporter ichi dedens. » Mesires Oudars de Renti le crei bien de ceste parole. Mesires Ainmeris entra dedens une salle qui estoit toute plainne de gens d'armes. Si tretos que elle fu ouverte, tout à une fois il sallirent hors, et ausi chil de la grose tour, où li rois d'Engleterre estoit. En mesire Oudars de Renti et en ses gens qui là estoient venu, n'ot point de deffense, car il furent pris as mains et tout boutés en tours et en prisons.

Je vous dirai que mesires Ainmeris de Pavie avoit fait pour resjoïr les François. Il avoit bouté hors dou chastiel les banières dou roi de France ; mais si tretos que ceste aventure fu avenue que pris chil qui estoient alé devant pour saisir le chastiel, il osta ces banières et mist cestes dou roi d'Engleterre. Il estoit encores moult matin, environ solel levant.

Qant li François, qui estoient sus le sabelon devant Calais, veirent ce couvenant, il congneurent tantos que il estoient trahi. Mesires Jofrois de Carni, qui grant desir avoit d'entrer ens ou chastiel et liquels estoit avoecques ses gens et desous banière, regarde viers une porte et le voit ouvrir, et issir à brousse grant fuisson de gens d'armes et d'archiers et venant le bon pas sur euls, et dist à mesire Ustase de Ribeumont et à mesire Jehan de Landas qui n'estoient pas trop lonch de li : « Signeur et compagnon, nous sonmes trahi. Chils faus Lombars m'a deceu, et je vous ai bouté en ce dangier, ce poise moi, se amender le pooie; et puisque combatre nous fault, moustrons que nous sonmes gens de volenté et de deffense. » — « Sire, respondirent il, c'est bien nostre intention. » Lors se missent ces trois banères ensamble et requellièrent lors gens par bonne ordenance et apuignièrent les glaves et moustrèrent visage.

Evous les Englois venus, le pennon mesire Gautier de Mauni tout devant, et le roi d'Engleterre desous celi; et savoient trop petit de gens de son costé que li rois fust là. Les Englois avoient retailliet lors lances jusques à cinq piés de lonc et s'en vinrent le bon pas et entrèrent en ces François et conmenchièrent à pousser, et les François à euls. Et là ot très fort pousseis avant que il peuissent entrer l'un dedans l'autre; et trop bien se tinrent en estat sans perdre ne gaegnier terre, une longe espasse. Li François estoient là grant fuisson, et se tout euissent moustré corage et deffense, ensi que li troi chevalier desus nonmet fissent, il euissent espoir mieuls besongniet que il ne fissent; car [qant] chil qui estoient derrière et qui recranment traioient avant, entendirent que il estoient trahi et que lors gens se combatoient, il se missent grant fuisson au retour. Et chil qui voloient aler avant ne pooient, car il estoient sus un cemin destroit que il ne pooient dou plus aler ou cevauchier que euls quatre de front. Se les couvenoit requler avoecques les esbahis et les fuians, vosissent ou non. Et auquns vaillans hommes, qant il se trouvèrent au large sus les camps, et bien savoient que mesires Joffrois de Carni, mesires Ustasses de Ribeumont et mesires Jehans de Landas estoient devant, s'arestoient et atendoient là l'un l'autre et disoient, tels que mesires Pepins de Were, mesires Henris de Qreqi, li sires de Reli : « Se nous en alons sans nostres chapitainnes qui sont encores derrière et qui se conbatent, nous sonmes deshonnouret à tous jours mès. » Et par la parole et monitions des bons et vaillans honmes s'en requellièrent plus de sept cens qui tout voloient tourner les dos. Or parlerons dou pouseis et de la bataille qui fu devant Calais. F^{os} 147 à 148 v°.

P. 74, l. 7 : trois cens. — *Mss. A* 15 à 17 : quatre cens. F° 170 v°.

P. 74, l. 24 : Calais. — *Ms. B* 6 : à tout grant bachelerie et grant foison de gens d'armes et bien dix mille hommes de piet. F° 417.

P. 74, l. 26 et 27 : à priès de mienuit. — *Mss. A* 1 à 14, 18, 19 *et B* 3, 4 : après mienuit. F° 173 v°. — *Mss. A* 15 à 17 : après la mienuit. F° 170 v°. — *Mss. A* 20 à 22, 30 à 33 : environ heure de mynuit. F° 244. — *Mss. A* 23 à 29 : environ mynuit. F° 188.

P. 74, l. 27 : vint. — *Ms. A* 29 : à une lieue.

P. 76, l. 4 : sach. — *Ms. A* 29 *ajoute :* de cuir.

P. 76, l. 14 : veriel. — *Mss. A* 1 à 6 : verroil. F° 174. — *Mss. A* 8 à 10, 15 à 19, 23 à 33 : verroul. F° 153 v°. — *Mss. A* 7, 11 à 14, 20 à 22 : verrouil. P° 164. — *Ms. B* 3 : verroux. F° 153 v°. — *Ms. B* 4 : verueil. F° 143 v°.

P. 77, l. 8 et 9 : as chevaliers. — *Ms. B* 3 : aux archiers. F° 153 v°.

P. 77, l. 12 : Were. — *Mss. A* 11 à 14, 20 à 22 : Wastre. F° 162. — *Mss. A* 18, 19 : Wasère. F° 178 v°. — *Mss. A* 23 à 29 : Ware. F° 189. — *Ms. B* 3 : la Were. F° 153 v°.

P. 77, l. 12 : sont. — *Ms. A* 29 : par usage, gens subtils, avaricieux et pleins de grand malice.

P. 77, l. 17 : evous. — *Mss. A* 1 à 6, 11 à 14 : veez ci venir. F° 174. — *Mss. A* 15 à 17 : atant va venir. F° 171. — *Mss. A* 20 à 22 : veés vous yci venir. F° 245.

P. 77, l. 19 : Akesufforch. — *Ms. B* 3 : d'Aque. F° 153 v°. — *Ms. B* 4 : d'Eskesuforch. F° 144.

P. 78, l. 8 : par saint Jorge. — *Mss. A* 18 à 22 : par saint Denis. F° 178 v°.

P. 78, l. 9 : mal dehait ait. — *Mss. A* 15 à 22 : mal ait. F° 171 v°. — *Ms. B* 3 : maudit soit. F° 154.

P. 78, l. 14 : tout quoi. — *Mss. A* 1 à 22 : tantost. F° 174 v°. — *Ms. B* 3 : tout court. F° 154.

P. 78, l. 20 : fait. — *Ms. B* 6 : Et vssv le roy par le porte et tous les aultres après, et coururent vistement sus messire Joffroy et ses gens d'armes, dont il y avoit grant foison de Picardie, d'Artois et de Boulenois avecq messire Joffroy, telz que le seigneur de Fiènes, le seigneur de Cresecke, le seigneur de Bassentin, le seigneur de Jocourt, le seigneur de Creky, monseigneur Ustasse de Ribemont, monseigneur Henry du Bois, messire Pepin de Werre, monseigneur Jehan de Landas, messire Oudart de Renty et pluiseurs autres. Quant chil seigneur perchurent qu'il estoient decheu et trahis, sy furent tous esbahis et se retrairent che qu'il peurent. Et se recuellèrent les aucuns, et ly aucuns montèrent sur leurs chevaulx et s'en partirent le plus tost qu'il porent. Là eult dure mellée et grant hustin, car les Englès, gens d'armes et archiers, qui s'estoient enbuschiet en ches murailles et en ces maisons de Calais, sallirent hors vistement si trestost qu'il oïrent sonner ung cors, qui leur estoit signe de envaïr ches Franchois, et les envaïrent moult radement. Et ches chevaliers de Franche entendoient à yaulx deffendre; mais les Englès recullèrent les gens de piet jusques à une grose rivière qui queurt au quart d'une lieue ou pau mains desous Callais. Et là y eult grant foison de noiiés et de mors sur le rivière et sur le rivaige entre Calais [et] la rivière.

Tant s'ensonnièrent ly chevaliers et escuiers, d'un costé et d'aultre, que le jour vint et qu'il commenchièrent à recongnoistre l'un l'autre. Sy se requellèrent avoecques monseigneur Godeffroy de Cargny aulcun bon chevalier quy envis s'enfuioient sans luy, telz que messire Ustasses de Ribemont, messire Jehan de Landas, messire Pepins de Werre, messire Gavain de Bailleul, messire Henry du Bos, le sire de Creky, messire Oudart de Renty et pluiseurs autres. F°° 418 et 419.

P. 79, l. 3 : Kresekes. — *Mss. A 1 à 6 et B 3* : Cresques. F° 174 v° — *Ms. A 7* : Krekes, F° 164 v°.

P. 79, l. 13 : Saintpi. — *Mss. A 1 à 6, 8 à 14, 18, 19* : Cempy. F° 175. — *Mss. A 23 à 33 et B 3, 4* : Sempy. F° 189 v°.

P. 79, l. 13 : Loncvillers. — *Mss. A 1 à 6, 8 à 14, 18, 19* : Longvillier. F° 175. — *Ms. A 7* : Lonchvileis. F° 164 v°. — *Ms. B 3* : Loncvilliers. F° 154. — *Mss. A 23 à 33* : Lonchimberth. F° 189 v°.

P. 79, l. 14 : Maunier. — *Mss. A 15 à 17* : Maumer. F° 171 v°. — *Ms. B 3* : Nannier. F° 154.

§ 319. P. 79, l. 22 : Nous parlerons. — *Ms. d'Amiens* : Et

se combati ce jour li roys d'Engleterre desoubs le bannière messire Gautier de Mauny. Et y fu très bons chevaliers, dou costet des Franchois, messires Ustassez de Ribeumont. Touttezfois, li Franchois furent tout desconfi, tout mort et tout pris, et rammené au soir en le ville de Callais. F° 98 v°.

—*Ms. de Rome :* Bien moustra là li gentis rois Edouwars que il avoit grant desir de conbatre et amour as armes, qant il s'estoit mis en tel parti et tant humeliiés que desous le pennon mesire Gautier de Mauni, son chevalier. Et s'en vint li rois-conbatre main à main à mesire Ustasse de Ribeumont, et escremirent de lors espées et jettèrent pluisseurs cops l'un sus l'autre, une longe espace; car tout doi en savoient bien jeuer et escremir, et mieuls assés li rois d'Engleterre et de plus soutieus tours ne fesist li dis messire Ustasse, car il l'avoit apris d'enfanche. Mesires Ustasses ne savoit à qui il se conbatoit; mais li rois le sçavoit bien, car il le recongnissoit par ses armes. Et li rois estoit armés simplement ensi que uns aultres chevaliers ; et toutes fois il estoit gardés d'auquns chevaliers et esquiers qui là estoient ordonné pour son corps, à la fin que il ne fust trop avant sourquis. Tant issirent de gens d'armes de Calais que li François, qui là estoient sus le sabelon et requlé en la place où l'anée devant li rois d'Engleterre avoit mis son siège, ne porent souffrir celle painne ; et en i ot grant fuisson de mors et de pris, et par especial li troi chevalier là demorèrent. Et prist li rois d'Engleterre mesire Ustasse de Ribeumont, et se rendi à lui et le fiança : de quoi li dis chevaliers fu moult resjoïs depuis, qant il sceut que li rois d'Engleterre l'avoit combatu et pris à prisonnier. Là furent pris mesires Jofrois de Carni et mesires Jehans de Landas, et trop petit se sauvèrent de ces premiers.

Adonc montèrent pluisseurs Englois as chevaus que il avoient tous apparilliés, et passèrent delivrement la rivière, les auquns à gué, car elle estoit basse, et les aultres au pont, et se missent en cace et sus les camps apriès les François ; et là trouvèrent il les bons chevaliers entre Hames et Calais, tels que mesire Henri dou Bois, mesire Pepin de Were, le signeur de Qreqi, le signeur de Reli, le signeur de Brimeu, le signeur de Fransures et pluissieurs aultres qui moustrèrent visage et deffense moult vaillanment. Et descendirent les auquns à piet pour mieuls combatre ; car pour ce jour et pour ce que il faisoit grant relin, les terres estoient si molles que ceval ne s'en pooient ravoir. Et fu là uns pousseis et uns esteqeis moult grans et bien soustenus et vaillanment des François, mais finablement il les couvint perdre; car lors honmes se esclarcisoient toutdis et les Englois moutepiloient. Là furent mort, dont ce fu damages, mesires Pepins de Were et mesires Henris dou Bois, et pris, li sires de Qreqi et li sires de Reli. Et se sauvèrent par estre bien montés mesires Moriauls de Fiennes, li sires de Cresèqes, li sires de Santi, li viscontes des Qênes, li chastelains de Biauvais et li sires de Fransures et moult d'aultres, et s'en alèrent bouter ens ès forterèces proçainnes; et les Englois retournèrent et n'alèrent plus avant.

Ceste besongne avint droitement le nuit de l'an mil trois cens quarante huit; et en fu grant nouvelle en France et en Engleterre, pour tant que li rois d'Engleterre i avoit esté. F^{os} 148 v° et 149.

P. 79, l. 31 : Ribeumont. — *Ms. B* 3 : Ribemont. F^o 154 v°.

P. 80, l. 5 : Ustasses. — *Ms. A* 29 : au roy que il ne cognissoit.

P. 80, l. 22 et 23 : Gauvains de Bailluel. — *Mss. A* 11 à 14 : Gauvain de Bailleul. — *Ms. B* 3 : Gauvaing de Ballouel. F^o 154 v°. — *Ms. B* 4 : Gavains de Bailleul. F^o 144 v°.

P. 80, l. 23 : Creki. — *Mss. A* 1 à 6, 8 à 33 : Crequi. F^o 154 v°.

P. 81, l. 2 : aultre. — *Ms. B* 6 : Et dura le cache moult longement jusques entre Ghines. Là en dedens en y eult moult de mors, d'affolés et de navrés. Et y eult bien mors de cheaulx de Saint Omer seullement quatre cens hommes parmy les arbalestriés. F^o 420.

P. 81, l. 16 : quarante huit. — *Mss. A* 1 à 6, 8 à 22 : quarante neuf, droitement le premier jour de janvier. F^o 175 v°.

§ 320. P. 81, l. 18 : Quant. — *Ms. d'Amiens :* Et donna li roys d'Engleterre à souper les chevaliers franchois prisonniers; et là donna il de sa main à messire Ustasse de Ribeumont le cappelet d'argent pour le mieux combatant de son costet, et li quita sa prison et li fist encorres delivrer deux cevaux et vingt escus pour retourner en se maison. F^o 98 v°.

— *Ms. de Rome :* Qant toute ceste besongne fu passée et les cachans retournés et tous rentrés dedens Calais, et les chevaliers prisonniers là menés et mis en la tour et en belles cambres avoecques mesire Oudart de Renti et auquns aultres qui pris avoient esté en devant, ensi que vous savés, adonc s'espandirent les nouvelles en pluisseurs lieus aval la ville de Calais que li rois d'Engleterre avoit esté en celle besongne. Li aucun le creoient et li aultre non; et en la fin tou le crurent Englois et François, car il le sceurent de verité.

Ensi que mesires Joffrois de Cargni, mesires Jehans de Landas, mesires Ustasses de Ribeumont et li aultre estoient tout ensamble en une cambre, et se devisoient et parloient conment chil fauls chevaliers lombars, mesires Ainmeris de Pavie les avoit trahis et deceus fausement et couvertement, evous venu messire Gautier de Mauni en la cambre, lui quatrime tant seullement; et se aquinta de paroles à ces chevaliers moult sagement et leur dist : « Biau signeur, faites bonnes chière. Li rois d'Engleterre, nostres sires, vous voelt avoir à nuit au souper. »

Chil chevalier françois furent tout esmervilliet de ceste parole et regardèrent l'un l'autre, car il ne quidoient pas que li rois d'Engleterre fust à Calais. Messires Gautiers de Mauni s'en perchut bien que il s'en esmervilloient ; si leur dit de rechief : « Il est ensi. Vous le verés ce soir seoir au souper, et vous fera à tous honne chière, car je li ai oy dire ensi, quoique vons li avés volut embler Calais que il ainme tant. » — Donc respondirent il : « Dieus i ait part, et nous le verons volentiers. » Lors prist congiet li dis mesires Gautiers de Mauni à euls et se departi, et il demorèrent, ensi que chil qui en furent tout resjoï, car ils en esperèrent grandement mieuls à valoir.

Qant li heure du souper fu venue, et que tout fu apparilliés et les tables couvertes, li rois d'Engleterre envoia querir par mesire Gautier de Mauni ces chevaliers françois prisonniers, liquels bien acompagniés les vint querir là où il estoient et les enmena avoecques lui; et trouvèrent le roi qui les atendoit et fuisson de chevaliers d'Engleterre dalés lui. Qant il le veirent enmi la sale devant le dreçoir, et grant fuisson de cerges et de tortis tout autour de li, il l'approchièrent et l'enclinèrent bien bas. Il les fist tous lever sus piés l'un aprièes l'autre et leur dist : « Bien venant. » Et tantos chevaliers aportèrent l'aige, et lava li rois et puis esquiers d'offisce, et donnèrent à laver. Si s'asist li rois et fist seoir d'encoste li et à sa table tous les chevaliers prisonniers. Si furent servi bien et à paix et à grant loisir.

Qant on ot soupé, on leva les tables, et demora li rois en la salle entre ces chevaliers françois et englois, et estoit à nu chief et portoit un capelet de fins perles sus ses cheviaus qui estoient plus noirs que meure, Et conmença li rois à aler de l'un à l'autre et entra en paroles joieuses, tant à ses gens conme as François et s'adreça sus mesire Jofroy de Cargni; et là, en parlant à lui, il canga un petit contenance, car il regarda sus costé et dist: « Mesire Jofroi, mesire Jofroi, je vous doi, par vostre deserte, petit amer, qant vous voliés par nuit embler ce que j'ai si comparet, et qui m'a coustet tant de deniers. Si sui moult liés, qant je vous ai pris à l'esprueve. Vous en voliés avoir millour marchiet que je n'aie eu, qant vous le quidiés avoir pour vint mille escus ; mais Dieus m'a aidié que vous avés falli à vostre entente. Encores m'aidera il, se il li plaist, je i ai bien fiance, maugré en aient tout mi ennemi. » Mesires Joffrois fu tous honteus et ne respondi mot.

Et li rois passa oultre et s'en vint devant mesire Ustasse de Ribeumont et li dist tout joieusement : « Mesire Ustasse, vous estes li chevaliers del monde où en armes je me sui jusques à chi le plus esbatus de l'espée, et je vous ai veu moult volentiers, et vous tieng pour la journée pour le mieuls asallant et requerant ses ennemis, Et de la bataille je vous en donne le pris, et aussi font tout li cevalier de ma court par droite sieute. »

Adonc prist li rois le chapelet lequel il portoit sus son chief, qui estoit bons et riches, et le mist et asist sus le chief à mesire Ustasse, et li dist ensi : « Mesire Ustase, je vous donne ce capelet pour le mieuls combatant de toute la journée de ceuls de dedens et de ceuls de dehors, et vous pri que vous le portés ceste anée pour l'amour de mi. Je sçai bien que vous estes gais et amoureus, et que volentiers vous vos trouvés entre dames et damoiselles. Si dittes partout où vous venés que je le vous ai donné, et parmi tant je vous quite vostre prison. Vous estes mon prisonnier, et vous poés partir demain, se vous volés. »

Li chevaliers fu tous resjois de ces deus dons, le premier de l'onnour que li rois d'Engleterre li faisoit de donner si rice jeuiel que le chapelet que il portoit sus son chief, et l'autre don de ce que il li quitoit sa prison. Si se volt engenoullier devant le roi, mais li rois ne le volt souffrir. Et le remerchia grandement li dis mesire Ustasse et dist : « Très chiers sires et nobles rois, je ferai tout ce dont vous me cargiés. » Adonc fu là aporté vins et espisces, et en prist li rois et li chevalier, et puis casquns ala en son retret et passèrent la nuit.

Qant ce vint à lendemain, par le congiet dou roi, mesires Ustasses de Ribeumont se departi de Calais quites et delivres et à son honnour, ensi que vous savés, et prist congiet à ses compagnons. Et s'en retourna en France deviers le roi Phelippe et le duch de Normendie qui moult l'amoit, et leur recorda son aventure. Et toute celle anée il porta ce capelet de perles sus son chief, de quoi il furent grandes nouvelles en France et en aultres pais.

Et li rois d'Engleterre se departi de Calais, mais à son departement il institua mesire Jehan de Biaucamp à estre capitainne et gardiien de Calais, et en osta mesire Ainmeri de Pavie, et li donna terre ailleurs en la chastelerie de Calais, une forte maison que on dist Fretun. Et puis entra en mer avoecques ses gens et enmena avoecques lui en Engleterre ses prisonniers; et vinrent à Londres et trouvèrent là le conte de Ghines, le conte de Tanqarville, mesire Carle de Blois et des aultres barons et chevaliers de France qui avoient esté pris en Bretagne et en Gascongne et ailleurs, ensi que les armes amennent. Si se conjoïrent et festiièrent l'un l'autre, ne onques ne furent mis en prison serrée, mais recreu sus lors fois courtoisement, et pooient par tout Londres aler, jeuer et esbatre.

Et mesire Carles de Blois, li contes de Ghines et li contes de Tanqarville aloient voler des faucons et des lanerés au dehors de Londres et esbatre sus le pais, qant il voloient. Et pooient demorer quatre jours hors, et au chienqime retourner à Londres; et qant il s'estoient remoustré un jour, ils s'en pooient partir à l'endemain et retourner arrière en lors esbas. F° 149.

P. 81, l. 18 : Quant. — Le § 320 *manque dans les mss. A* 1 *à* 6, f° 175 v°, *dans les mss. A* 8 *à* 10, f° 154, *dans les mss. A* 11 *à* 14, f° 163, *dans les mss. A* 15 *à* 17, f° 172, *dans les mss. A* 18, 19, f° 179 v°, *enfin dans les mss. A* 20 *à* 22, f° 246 v°. — *Le* § 320, *dans le ms. A* 7, f° 165 v°, *s'arrête à ces mots :* fu moult resjoïs (p. 83, l. 22), *et dans les mss. A* 23 *à* 33, f° 190, *à ces mots :* demain s'il vous plaist (p. 83, l. 18 et 19).

P. 81, l. 18 : Quant. — *Ms. B* 6 : Quant la bataille fut finée et la chasse cessée et tout le camp delivré, et que les Englès ne savoient point à qui combatre, car les cappitaines des François estoient que mors ou pris pour celle bataille, excepté aulcuns signeurs qui se sauvèrent, messire Moriaulx de Fi[e]ne, le sire de Rely, le sire de Cresekes ; et laissèrent mors le sire de Quiquenpois, monseigneur Pepin de Werre et le sire du Bos et des aultres chevaliers : donc se retrait le roy en la ville de Calais. F°ˢ 420 et 421.

[1350] VARIANTES DU PREMIER LIVRE, § 321.   317

P. 81, l. 19 : se retraist. — *Ms. B* 3 : se tira. F° 154 v°.

P. 83, l. 6 : par droite sieute. — *Mss. A* 23 à 29 : par droite sentence. F° 190 v°. — *Mss. A* 30 à 33 : par droit science. F° 201 v°. — *Ms. B* 3 : par droicte raison. F° 155. — *Ms. B* 4 : par droite science. F° 145.

P. 83, l. 8 : chief. — *Ms. B* 6 : bien richement ouvré de grandes perles et grosses. F° 422.

P. 83, l. 10 : chapelet. — *Ms. B* 6 : cappiel. F° 422.

P. 83, l. 17 : prisonnier. — *Ms. B* 6 : je vous quiteray pour l'amour des dames et demoyselles vostre prison. F° 422.

P. 84, l. 14 : escus. — *Ms. B* 6 : florins. F° 423.

§ 321. P. 84, l. 21 : En celle anée[1]. — *Ms. d'Amiens* : En ceste année trespassa de ce siècle la roynne de France, femme au roy Phelippe et suer au duc Oede de Bourgoingne. Ossi fist madamme Bonne, la duçoise de Normendie, fille au roy de Behaingne : si furent li pères et li filz vesvéz de lors deux femmes. Assés tost apriès, se remaria li roys Phelippes à madamme Blance de Navarre, fille au roy Carle de Navarre. Et ossi se remaria li dus Jehans de Normendie à la comtesse de Boulongne, duçoise de Bourgongne. Si se tinrent toudis lez trieuwez entre le roy de Franche et le roy d'Engleterre ens ès marcez de Picardie, mès ens ès lontains pays non; car toudis se herioient il et guerioient en Poito, en Saintonge et sur les frontièrez d'Acquitaine. F° 98 v°.

— *Ms. de Rome* : En celle prope anée trespassa de ce siècle la roine de France, fenme au roi Phelippe et soer germainne au duch Oede de Bourgongne. Aussi fist madame Bonne, duçoise de Normendie, qui fille avoit esté au gentil roi de Behagne. Si furent li pères et li fils vevés de leurs deus fenmes.

Assés tos apriès se remaria li rois Phelippes de France à madame Blance, fille au roi de Navare ; et aussi se remaria li dus de Normendie à la contesse d'Artois et de Boulongne, qui veve estoit et avoit esté fenme à mesire Phelippe de Bourgongne, fil au duch Oede de Bourgongne.

1. A partir de ce § 321 jusqu'au § 370 inclusivement, les mss. A ou mss. de la première rédaction *proprement dite* présentent un texte complètement différent de celui des mss. B ou mss. de la première rédaction *revisée* : ce texte des mss. A est un fragment emprunté aux Grandes Chroniques de France; on le trouvera reproduit, comme supplément à nos variantes, à la fin de ce volume.

Et estoit chils mesires Phelippes mors devant Aguillon, ensi que chi desus il est contenu en nostre histore. Et estoit demorés de li uns fils qui se nonma Phelippes et morut jones ; mès il fu avant mariés à la fille le conte de Flandres : douquel conte je parlerai assés tos, pour un tant que il fiança et jura en l'abeie de Berghes en Flandres que il espouseroit madame Isabiel qui fille estoit au roi d'Engleterre, et point ne proceda avant ou mariage.

Et estoit ceste contesse d'Artois et de Boulongne, cousine germainne au duch Jehan de Normendie et conmère deus fois ; mais de toutes ces proismetés dispensa papes Clemens qui resnoit pour ce temps. F^{os} 149 v° et 150.

P. 84, l. 23 : Oede. — *Ms. B* 3 : Odes. F° 155 v°.

P. 84, l. 25 : demora à Creci. — *Ms. B* 3 : fut tuhé devant Crecy.

P. 84, l. 26 : vevés. — *Ms. B* 3 : vefvés. — *Ms. B* 4 : vesvés. F° 145 v°.

P. 84, l. 29 : Argesille. — *Ms. B* 5 : Agresille. F° 358.

P. 85, l. 2 : devant. — *Le ms. B* 5 *ajoute :* le chastel.

P. 85, l. 5 et 6 : regnoit pour ce temps. — *Ms. B* 3 : presidoit en sainte eglise.

§ 322. P. 85, l. 7 : Vous avés. — *Ms. de Rome :* Vous avés bien chi desus oï conter conment Lois, li jones contes de Flandres, fiança, ensi que je disoie maintenant, la fille au roi d'Engleterre et conment, malescieusement et par grant avis, il se departi de Flandres et vint en France, et se tint dalés le roi Phelippe et madame se mère.

De toutes ces coses fu enfourmés li dus Jehans de Braibant. Si n'en estoit pas courouchiés, mais resjoïs, ensi que chils qui avoit sa fille à marier ; mès bien veoit que à ce mariage par nul moiien il ne pooit venir, fors par le roi de France. Si envoia li dis dus grans messages à Paris deviers le roi, en li priant que il vosist consentir que li joues contes de Flandres espousast sa fille, et il demorroit dalés lui et bons François à tous jours mès, et feroit tant par force ou par amours que la conté de Flandres seroit en l'obesance de li, et aideroit la ville de Calais à recouvrer, et mist moult de belles proumesses et de grandes avant, pour atraire à ses volentés le roi Phelippe.

Qant li rois de France se vei priiés et si acertes dou duch de Braibant, et que si il s'umelioit enviers lui, si se laissa à dire et crei son consel. Et li fu dit que li dus de Braibant estoit uns grans sires et de grans pourcas, et que moult il pooit brisier le fait des Alemans par li et par son pais et moult grever les Flamens ; si se acorda à ce mariage. Et fu li jones contes envoiiés à Arras, et là fu amenée la fille de Braibant ; et là ot grans parlemens et trettiés secrès entre le duch de Braibant et le jone conte de Flandres et son consel. Et trop grandement en ce mariage i fu bien gardés li contes de Flandres, car on fist escrire et seeler au duch de Braibant, pour tant que on le veoit chaut et desirant à proceder en ce mariage que, se il moroit, la ville de Malignes et la ville d'Anwiers et toutes les apendances et signouries par icelles à elles retourneroient à tous jours mès au conte et as contes de Flandres. Et seela li dus et se obliga si fort par serement mis et jurés en la main dou roi de France et de ses conmis et sus tabelionnages publiques, que les couvenances souffirent bien au conte de Flandres et à son consel. Et parmi tant li mariages se passa, et espoussèrent en la chité d'Arras ; et furent dispensé tout li article que li contes de Flandres avoit eu et les couvenances au roi d'Engleterre. Encores fu on tous resjoï de ce que il l'avoit deceu, et que par malisce il lor estoit escapés. Et dissent li papes et les cardinaus que bons sens naturels li avoit tout ce fait faire.

Et qant la congnissance en vint au roi d'Engleterre que li dus de Braibant, qui ses cousins germains estoit, avoit mariet sa fille au jone conte de Flandres par le moiien dou roi Phelippe et des François, et devoit avoir grans aliances dou dit duc, parmi ce mariage faisant, as François, si se contenta moult mal du duc et dist que jamais il n'aueroit parfaite fiance en li, et porta son anoi au plus biel que il pot, et dist bien que Lois de Male seroit encores uns baretères. F° 150.

P. 85, l. 11 : en France. — *Mss. B 3 et 4* : en Flandres, il se partit de ses gens et s'en vint en France. F° 155 v°.

P. 85, l. 14 : ou cas que. — *Mss. B 3 et 4* : veu que.

P. 85, l. 20 : tiroit. — *Ms. B 3* : traictoit.

P. 85, l. 21 et 22 : excepté.... Flandres. — *Ms. B 3* : car le conte de Haynaut avoit eu l'autre.

P. 85, l. 24 : laissier. — *Le ms. B 3 ajoute* : traicter. — *Le ms. B 4 ajoute* : passer. F° 145 v°.

P. 86, l. 6 : veroit. — *Ms. B 3* : feroit. — *Ms. B 4* : voroit. F° 146.

P. 86, l. 12 : en le main. — *Ms. B* : au poing.

P. 86, l. 16 : li consaulz. — *Ms. B* 3 : les consulz. F° 156.

P. 86, l. 23 : ou cas. — *Ms. B* 3 : ès condicions.

P. 86, l. 27 : raroient. — *Ms. B* 3 : recouvreroient.

P. 87, l. 3 et 4 : monsigneur.... des Mons.— *Ms. B* 3 : messire Godefroy, conte de Mons.

P. 87, l. 15 et 16 : goy et possessé. — *Ms. B* 3 : joyt et posseda.

P. 87, l. 22 : seurent. — *Ms. B* 3 : sauroient.

P. 87, l. 28 : briefment. — *Ms.* B 3 : legierement.

P. 87, l. 29 : pour le temps de lors. — *Ms. B* 3 : par lors.

P. 88, l. 7 : Flandres. — *Ms. B* 3 *ajoute :* son filz.

§ 323. P. 88, l. 8 : En ce temps. — *Ms. de Rome :* En ce temps avoit grant ranqune entre le roi d'Engleterre et les Espagnols, pour auqunes malles façons et pillages que les dis Espagnols avoient fait sus mer as Englois. Et avint que dedens cel an li Espagnol, qui estoient venu en Flandres en lor marceandisses, furent enfourmé que nullement il ne pooient retourner arrière que par le dangier des Englois, et que on lor avoit clos la mer par samblant. Li Espagnol n'en fissent nul compte et parlèrent ensamble à Bruges et aillours là où il se trouvèrent, et se requellièrent et atendirent l'un l'autre et se pourveirent moult grandement de tout che qui necessaire estoit pour li deffendre de chanons, de barriaus de fier aguissiés, d'ars, arbalestres et d'arbalestriers, et engagièrent plus de chienq cens Flamens, François et Hollandois. Tout estoient retenu as saudées gens qui lor venoient.

Qant li rois d'Engleterre, qui avoit ses espies en Flandres, sceut que poins fu, et que li Espagnol devoient rapasser et retourner en lors pais, ils se mist sus mer à moult belle gent d'armes, chevaliers et esquiers, et moult ot de grans signeurs en sa compagnie. En celle anée avoit il fait et creé son cousin le conte Derbi, duch de Lancastre, et le baron de Stanfort, conte de Stanfort. Et estoient là en celle armée avoecques li, si doi fil, li princes de Galles et Jehans, contes de Ricemont, mais chils estoit encores moult jones ; et l'avoit li princes amené avoecques li pour mostrer les armes, car moult l'amoit. Là estoient li contes d'Arondiel, li contes de Herfort, li contes de Norhantonne, li contes de Sasleberi, li contes de Suforc, li contes de Warvich, messires Renauls de Gobehen, messires Gautiers de Mauni, mesires Robers de Namur, bien acompagniés de chevaliers et d'es-

[1350] VARIANTES DU PREMIER LIVRE, § 324. 321

quiers de son païs, li sires de Basset, messires Thomas de Hollandes, messires Guis de Briane, li sires de Manne et pluisseurs aultres que je ne puis pas tous nonmer. Et se tinrent li rois et lors gens en lor vassiaus tous croissiés sus la mer, atendans les Espagnols. F° 150 v°.

P. 88, l. 5 : rancune. — *Mss. B 3 et 4* : hayne. F° 156.

P. 88, l. 17 et 18 : et leurs nefs et leurs vaissiaus. — *Ms. B 3* : en leurs navires et vaisseaux. F° 156 v°.

P. 88, l. 22 : leurs emploites. — *Ms. B 3* : leur exploict. — *Ms B 4* : leurs exploites. F° 146 v°.

P. 88, l. 25 : enhay. — *Mss. B 3 et 4* : en hayne.

P. 88, l. 29 : contre. — *Les mss. B 3 et 4 ajoutent* : nous.

P. 88, l. 29 et 30 : recueilliet. — *Ms. B 3* : recueilliz.

P. 89, l. 4 : d'Exesses. — *Ms. B 2* : d'Exestre.

P. 89, l. 8 : sa femme. — *Ms. B 3* : sa mère.

P. 89, l. 21 : Stanfort. — *Ms. B 3* : Stafort.

P. 89, l. 22 : li princes de Galles. — *Ms. B 5* : le patriche de Galles. F° 359.

P. 89, l. 26 : l'amoit. — *Ms. B 6* : Là estoient avecques luy ses filz le prinches de Galles, le conte Derby, le conte de Stanfort, le conte de Norhantone, le conte de Warvich, le conte de Sufort, le conte d'Askessufort, le conte de Salbry, messire Renault de Gobehen, messire Gautier de Mauny, messire Jehan Camdos et toute le fleur des barons et des chevaliers d'Engleterre. F° 424.

P. 89, l. 31 et 32 : Bietremieus de Brues. — *Ms. B 3* : Bartelemy de Bruges. — *Ms. B 4* : Betremieux de Bruhes. — *Ms. B 5* : Bertelemy de Bruves.

P. 90, l. 9 : n'attenderoient. — *Ms. B 3* : n'attendirent.

§ 324. P. 90, l. 11 : Quant li Espagnol. — *Ms. de Rome* : Qant li Espagnol orent fait leur emploite et lor marceandise, et il orent cargiet lors vassiaus de draps et de toilles, et de tout ce que bon et pourfitable lor sambloit pour retourner en lor païs, et bien supposoient que il seroient rencontré des Englois, mais de tout ce il ne faisoient point grant compte, puis que il estoient pourveu d'arterie et de chanons. Et vous di que Espagnol se confient grandement en lors vassiaus, lesquels il ont grans et fors trop plus que les Englois n'aient, et tout s'asamblèrent devant l'Escluse. Qant il veirent que temps fu de departir, et que tout par ordenance il entendirent à entrer en lors vassiaus, il se desancrèrent et se départirent tout de une flote et estoient belle compagnie, bien soissante gros vassiaus, et prissent le parfont et les bendes d'Engleterre. Et dient li auqun que il s'en fuissent bien alé, se il vossissent, et que jà il n'euissent eu nul rencontre des Englois; mais orgoels les surmonta et outrequidance, et qui dièrent bien desconfire le roi d'Engleterre et ruer jus les Englois, et disoient que il estoient fort assés pour tout cela faire. Toutes fois, il donnèrent au roi d'Engleterre et à ses gens otant à faire, par hardiment asambler et combatre, que onques aultres gens li donnassent painne, ensi que je vous recorderai assés briefment.

Li rois d'Engleterre qui estoit sur mer o tout sa navie, avoit jà ordonné toutes ses besongnes et devisé comment on se combateroit; et avoit mesire Robert de Namur fait mestre et gouvreneur de une nef que on appelloit la *Sale dou Roi*, là où tous li hostels dou roi estoit. Et se tenoit li rois d'Engleterre ou chief de sa nef, vestis d'un noir jaque de veluiel, et portoit sus son chief un noir chapelet de beveres qui bien li seoit; et estoit adonc, selonch ce que dit me fu par ceuls qui avoecques lui estoient, ausi joieus que onques on l'avoit veu. Et fist ses menestrels courner devant li une danse d'Alemagne que messires Jehans Camdos qui là estoit presens, avoit nouvellement raporté; et encores par esbatement il faisoit le dit chevalier chanter avoecques ses menestrès, et prendoit en ce grant plaisance. Et à le fois regardoit en hault, car il avoit mis une gette ou chastiel de sa nef, pour anonchier qant li Espagnol venroient.

Ensi que li rois estoit en ce deduit, et que tout si chevalier estoient moult liet de ce que il le veoient si joieus, la gaitte qui perchut la navie des Espagnols venir fillant aval vent, dist : « Ho ! je vois une nef venant, et croi que elle soit d'Espagne. » Lors cessèrent li menestrel, et fu à la ditte gaitte assés tos apriès demandé se il en veoit plus : « Oïl, respondi il, j'en voi deus et puis trois et puis quatre, » et puis dist : « Je voi la flote, et s'aprocent durement. » Donc sonnèrent trompètes ens ès vassiaus, et claronchaus : grant plaisance estoit à l'oïr. Et lors se requellierent toutes nefs dou costé le roi d'Engleterre et se missent en ordenance, ensi comma il devoient aler. Et estoit li contes de Warvich amirauls de la mer, de par les Englois; et jà estoit tart qant li Espagnol aprochèrent. Et fist li rois aporter le vin et but, et tout si chevalier qui en son vassiel estoient; et puis mist li rois le bachinet en la teste, et aussi fissent tout li aultre. Tantos aprochièrent li Espagnol, qui bien s'en fuissent alé sans combatre, se il vosissent; car, selonc che que ils estoient bien freté et en grans vassiaus, et avoient le vent pour euls, ils n'euissent jà parlé as Englois, se il vosissent. Mais orgoels et outrequidance les fist traire avant, et par samblant de grant volenté conmenchier la bataille et par bonne ordenance. F° 150 v° et 151.

P. 90, l. 11 : emploite. — *Ms. B* 4 : exploite. F° 146 v°.

P. 90, l. 12 : marcheandise. — *Ms. B* 6 : en Flandres, en Haynau et en Brabant. F° 424.

P. 90, l. 12 et 13 : vaissiaus. — *Ms. B* 6 : dont il avoient plus de cent. F° 424.

P. 90, l. 16 : ne faisoient il compte. — *Ms. B* 3 : ne faisoient il pas grant compte. F° 157.

P. 90, l. 17 : l'Escluse. — *Ms. B* 4 : l'Escuze. F° 147.

P. 90, l. 18 : vaissiaus. — *Ms. B* 6 : environ le mois de septembre. F° 324.

P. 90, l. 19 : artillerie. — *Ms. B* 3 : d'arbalestriers, canons et grandes coulouvrines. F° 157. — *Mss. B* 4 *et* 5 : quarriaux d'arbalestres, de canons et de grant artillerie.

P. 90, l. 21 : tous faitis. — *Ms. B* 3 : expressement.

P. 90, l. 21 : effondrer. — *Ms. B* 3 : fondre.

P. 90, l. 22 : cailliaux. — *Ms. B* 3 : caillots.

P. 90, l. 29 : estramières. — *Ms. B* 3 : estandars. — *Ms. B* 5 : enseignes. F° 359.

P. 90, l. 30 : ensegnies. — *Ms. B* 3 : signets.

P. 91, l. 5 : dix mil. — *Ms. B* 3 : quarante mil.

P. 91, l. 10 : vent. — *Ms. B* 3 : tref.

P. 91, l. 10 : par devers. — *Ms. B* 3 : pour aller à.

P. 91, l. 17 : ses hotelz. — *Ms. B* 3 : son logiz.

P. 91, l. 19 : veluiel. — *Ms. B* 3 : vieil veau. — *Ms. B* 5 : vermeil. F° 359.

P. 91, l. 20 : bièvre. — *Ms. B* 4 : beuvres. F° 147. — *Ms. B* 5 : beneves.

P. 91, l. 23 : menestrelz. — *Ms. B* 3 : menestriers. — *Ms. B* 4 : menestreux.

P. 91, l. 23 : corner. — *Ms. B* 3 : jouer.

P. 91, l. 26 : chanter. — *Ms. B* 4 : canter.

P. 91, l. 27 et 28 : à le fois. — *Ms. B* 3 : aucunes fois.

P. 91, l. 28 : gette. — *Ms. B* 3 : gaitte. — *Ms. B* 4 : guette.

P. 91, l. 29 : noncier. — *Ms. B* 3 : annuncier. — *Ms. B* 4 : nonchier.

P. 92, l. 3 : li gette. — *Ms. B* 6 *ajoute :* qui estoit sur la hune. F° 245.

P. 92, l. 16 : flote. — Là estoit messire Robert de Namur qui fu ordonnés de par le roy d'Engleterre à estre mestre de se salle. F° 425 v°.

P. 92, l. 24 : vosissent. — *Ms. B* 3 : eussent volu. F° 157 v°.

§ 325. P. 92, l. 29 : Quant li rois. — *Ms. de Rome :* Qant li rois d'Engleterre qui estoit en sa nef, en vei la manière, si fist adrechier son vassiel contre une nef espagnole qui venoit tout droit viers li, et dist à celi qui gouvrenoit sa nef. « Adrèce nous à celi qui vient, car je voel jouster à lui. » Et chils le fist. Si se encontrèrent de grant randon les deus nefs, car elles estoient grandes et fortes et bien esquellies; et fu mervelles que elles ne se esquartelèrent dou cop que elles se donnèrent. Li mas de la nef dou roi à tout le chastiel consievi le chastiel de la nef espagnole où dedens il avoit douse hommes. Li chastiaus fu rompus et les hommes volés en la mer et noiiés.

Et la nef dou roi fu croqie et faisoit aige tant que li chevalier dou roi s'en perchurent, mais point ne le dissent encores au roi, et s'ensonniièrent les auquns à le widier. Donc regarda li rois la nef contre qui il avoit jousté, et li plaisi grandement et dist : « Acroqons nous à celle nef et entrons dedens; elle est plus forte que la nostre. » Donc respondirent si chevalier : « Sire, laissiés le aler, vous en auerés une millour. » Ceste nef espagnole passa oultre; une aultre vint, qui estoit grose et belle et bien garnie. Si acroqièrent li chevalier lor nef à ceste à cros et à chainnes de fier.

Lors se comença bataille forte et fière durement et archiers à traire as Espagnols, et Espagnols au traire et lanchier de grande volenté et non pas tant seullement en un lieu, mais en vint ou en trente. Et se acroqoient les nefs unes as aultres pour euls mieuls combatre. Et vous di que les Englois ne l'avoient pas d'vantage; car Espagnols jettoient pières de faix et grans barriaus de fier dont il estoient bien pourveu, car lors nefs estoient hautes : si avoient grant avantage à euls bien deffendre.

La nef Espagnole où li rois d'Engleterre et si chevalier estoient acroquiet fut moult bien deffendue, tant que elle pot durer; mais finablement elle fu conquise, et tout mis à bort chil qui dedens estoient. Et entrèrent dedens li rois et si chevalier, et les varlès entendirent à widier lors coses de la nef croqie et remetre en ce fort vassiel ; et qant elle fu toute widie, il le descroqièrent et le laissièrent aler à l'enventure. Je croi bien que elle se esfondra quelque part, car elle traioit moult fort aige, et riens n'en savoit li rois.

Se li dissent si chevalier, et le peril où il avoit esté, puis entendirent à aler avant et à combatre lors ennémis les Espagnols qui se combatoient durement bien et ne faisoient nul compte des Englois, à che que il moustroient; et avoient arbalestriers qui traioient quariaus de forts arbalestres, et ce travilloient moult les Englois. F° 131.

P. 93, l. 6 : loiie. —*Ms. B* 3 : lyée.

P. 93, l. 9 : uns tempestes. *Ms. B* 3 : la tempeste y fust tumbée.

P. 93, l. 10 : dou rebombe. — *Ms. B* 3 : du rebonst.

P. 93, l. 11 : consievi. — *Ms. B* 4 : consivi. F° 147 v°— *Ms. B* 3 : confondit.

P. 93, l. 14 : mer. — *Ms. B* 6 : et ot plus de quatorze hommes qui dedens estoient, qui furent tout noiés. F° 426.

P. 93, l. 17 : crokie. — *Ms. B* 3 : acrochée.

P. 93, l. 19 : widier. — *Ms. B* 4 : huidier.

P. 93, l. 20 : espuisier. — *Le ms. B* 3 *ajoute* : l'eaue.

§ 326. P. 94, l. 26 : Ceste bataille. — *Ms. de Rome* : Ceste bataille sus mer des Espagnols et des Englois fu moult dure; car ces deux nations sont toutes gens marins et qui bien sèvent conment on s'i doit et poet maintenir. Mais elle conmença trop tart; car se li aventure euist donné que dou matin avoecques la marée il se fuissent trouvé, avant que il euist esté tart, il euissent fait plus grant conquest l'un sur l'autre, que il ne fesissent.

Li jones princes de Galles et chil de sa carge se combatoient bien en sus et avoient lors nefs acroquies à vassiaux espagnóls où moult avoit de fors hommes et de durs, qui grant fuisson faisoient d'appertisses. Et fu la nef dou prince tellement fourmenée de grans barriaus de fier aguissiés que li Espagnol lançoient contre les assielles, que elle fu petruissée en trois ou quatre lieues et rendoit grant aige ; et ne l'en pooiént garder chil qui i entendoient, dont il estoient tout esbahi, car la nef apesandisoit fort.

Li dus de Lancastre, assés priès de là, se combatoit à Espagnols et oy criier en englois : « Rescouse, rescouse au prince de Galles! » Si dist à ses chevaliers : « Alons deviers mon cousin le prince; je voi bien que il a à faire. » Donc chil qui tenoient le gouvrenal de sa nef, le fissent tourner à force, et li aultre estendirent lor single contremont; et tout combatant, vosissent ou non li Espagnol, il vinrent jusques à la nef du prinche que li Espagnol tenoient à dangier. Et qant li dus fu venus, li prinches sailli en sa nef; et aussi fissent tout si chevalier, et là se combatirent et moult longement à ces deus nefs espagnoles : desquelles li une fu conquise par bien combattre et tout chil mis à bort qui dedens estoient, et li aultre se sauva et s'en ala à plain voille sans damage. F° 151.

P. 94, l. 28 et 29 : se prendoient.... de. — *Ms. B* 3 : se prenoient à. F° 158.

P. 94, l. 30 : usé de mer. — *Ms. B* 3 : expers sur mer.

P. 95, l. 1 et 2 : de sa carge. — *Ms. B* 3 : soubz sa carge.

P. 95, l. 5 : pertruisie. — *Ms. B* 3 : persée. — *Ms. B* 4 : pertrausie. F° 147 v°.

P. 95, l. 11 : espagnole. — *Les mss. B 3 et B 4 ajoutent :* qui estoit acrochée (*B* 4 : acroquie) à la leur.

P. 95, l. 14 : li dus de Lancastre. — *Ms. B* 6 : le conte Derby. F° 427.

P. 95, l. 14 : arifflant. — *Ms. B* 3 : astivement. — *Ms. B* 5 : riflant, F° 359 v°.

P. 95, l. 18 : s'arresta. — *Ms. B* 3 : s'acrocha. — *Ms. B* 4 : s'acroka.

§ 527. P. 95, l. 27 : D'autre part. — *Ms. de Rome :* D'autre part, se combatoient li baron et li chevalier d'Engleterre, cascuns en son vassiel et ordonnenche, ensi que à faire apertenoit. Et bien couvenoit que il fuissent fort et remuant et de grant emprise, car il trouvèrent dure gent et qui petit les prisoient. Toutes fois, qant il les orent assaiiés et veirent et congneurent que tant de vaillans hommes i avoit, il se combatoient en passant ensi comme l'escoufle vole; et ne retournoient point, puis que il avoient fait lor emprise.

Messires Robers de Namur estoit mestres de la *Salle dou Roi*, et avint que deus groses nefs espagnoles le vinrent environner et le conmenchièrent à asalir et l'acroqièrent de fait et de force;

et l'enmenoient et euissent menet sans dangier, qant chil qui dedens estoient conmenchièrent à criier en hault : « Rescoués, rescoués la *Sale dou Roi !* » La vois fu oïe, et vinrent li sires de Biaumont en Engleterre et li sires de Basset à la rescouse.

Encores i ot fait une grande apertise d'armes des uns des varlès au dit mesire Robert ; car, qant il vei que lor nef estoit acroqie et que li aultre nef l'enmenoit aval, l'espée toute nue en sa main, il salli de sa nef en la nef espagnolle et vint coper les mestres cordes qui gouvrenoient le single : par quoi il chei aval, et ne pot la nef aler plus avant. Et par ensi vinrent li desus nonmé chevalier et lors gens tout à point à la rescouse ; et furent ces deus nefs espagnolles assallies de grant manière et conquises, et tout mis à bort chil qui dedens estoient. F° 151 v°.

P. 95, l. 29 : besongnoit — *Le ms. B 3 ajoute :* car on les gardoit bien de sejourner. F° 158.

P. 96 l. 5 : estour. — *Ms. B 3 :* esfort.

P. 96, l. 14 : dou mestriier. — *Ms. B 3 :* du maistre.

P. 96, l. 22 et 23 : s'escueilla et salli en. — *Ms. B 3 :* entra dedens.

P. 96, l. 24 : cable. — *Ms. B 5 :* chable. F° 359 v°.

P. 96, l. 24 : le voile. — *Ms. B 6 :* le single. F° 427.

P. 96, l. 31 : cel avantage. — *Ms. B 3 :* ceste aventure. F° 158 v°.

§ 328. P. 97, l. 4 : Je ne puis. — *Ms. de Rome :* Moult de apertisses d'armes se fissent en pluisseurs lieus, lesquels ne vinrent pas tous à congnisance. Che soir furent les envaïes et batailles fortes des Espagnols as Englois sus la mer ; et en i ot grant fuisson de mors et de bleciés, de une part et d'aultre, et plus assés des Espagnols que des Englois, ensi comme il fu apparans, car il i laissièrent quatorse nefs et les hommes et l'avoir qui dedens estoient. Et qant il veirent que les Espagnols estoient tous passés, car, que bien vous sachiés, tous n'asamblèrent pas, il tournèrent les singles viers Engleterre et vinrent prendre terre en Exsesses.

La roine d'Engleterre estoit logie en une abbeie en Exsesses et avoit ses varlès devant envoiiés, pour oïr nouvelles de son signeur le roi et de ses enfans, et sçavoit bien que à celle heure là il se combatoient. Si estoit en orissons à Dieu que il lor vosist donner et envoiier victore. Nouvelles li vinrent que li rois et si doi fil, li princes et li contes de Richemont, venoient et que la besongne avoit esté pour euls : si en fu grandement resjoïe et fist tantos alumer fallos et tortis et widier gens à force pour aler contre son signour et ses enfans et les aultres qui venoient, qui mieuls mieuls, car là où il estoient arrivet, il n'i a ne port ne haverne accoustumé d'ariver, fors à l'aventure.

Quant li rois vint en l'abeie où la roine estoit, il pooient estre bien deus heures en la nuit ; si se conjoïrent grandement, ce fu raisons. Le plus des signours et des hommes demorèrent en lor navie, toute la nuit, et se aisièrent de che que il orent ; mais li rois fu dalés la roine. Et à l'endemain si menestrel furent revesti, par cause de nouvelleté, de cotes de draps de Valenchiennes que li Espagnol en remenoient en lors pais, Flaiolet de Chimai, Jehan et Perrin de Savoie. Quant ce vint à l'endemain, tout li baron et li chevalier, qui à la besongne avoient esté, vinrent deviers le roi et l'abeie. Si les requellièrent liement et doucement li rois et la roine et les remerciièrent dou bon service que fait avoient ; et puis prissent congiet, et retourna cascuns en son lieu. Et li rois et la roine se departirent et vinrent à Londres. F°* 151 v° et 152.

P. 97, l. 4 : tous. — *Ms. B* 3 : tout. F° 158 v°.

P. 97, l. 7 : aspre. — *Ms. B* 6 : car sur mer Espaignos sont malle gent et ont grans vasseaulx et fors, et chil bateaulx estoient tout à l'eslite et bien proveus d'artillerie. Et jettoient en passant ou en arestant et en combatant chil Espaignos de leurs nefs grande[s] pières de fais et gros baraulx de fer. F° 428.

P. 97, l. 15 : Wincenesée. — *Ms. B.* 3 : Vincestre. — *Ms. B* 6 : Wincenesse. F° 360.

P. 97, l. 17 : princes. — *Le ms. B 3 ajoute :* de Galles.

P. 97, l. 24 : Espagnolz. — *Ms. B* 6 : car madame d'Engleterre et son hostel estoit en le conté d'Exesses, en l'abeie de Liaus. F°* 424 et 425.

P. 97, l. 31 : reviel. — *Ms. B* 3 : reveil. — *Ms. B* 4 : revel. F° 148 v°.

P. 97, l. 16 à p. 98, l. 6 : A celle.... soy. — *Cet alinéa manque dans le ms.* B 5, f° 360.

§ 329. P. 98, l. 7 : Vous avés. — *Ms. de Rome :* Vous avés bien ichi desus oy recorder conment Ainmeris de Pavie, uns Lombars, deubt rendre et livrer as François le chastel et la forte ville de Calais, et conment il en chei à ceuls qui là alèrent, et qui la marceandise avoient pour cachiet.

Messires Joffrois de Carni, pour ce temps, se tenoit à Saint Omer et entendi que chils Lombars desus nonmés estoit amasés en une petite belle maison non pas trop forte dalés Calais, que li rois d'Engleterre li avoit donnet, laquelle maison on nonmoit Fretun, et se donnoit là dou bon temps, et avoit en partie moult de ses deduis, car il avoit une très belle damoiselle, fenme englesce, en sa compagnie. Et ne quidoit pas que jamais il deuist oïr nouvelles des François; mais si fist, car messires Joffrois de Carni ne pooit oubliier la traison que chils Ainmeris de Pavie li avoit fait. Qant il senti que il estoit là arestés, il fist secretement un mandement des chevaliers et esquiers de là environ et prist tous les arbalestriers de Saint-Omer, et se partirent de nuit, et cevauchièrent tant que, droit sus le point dou jour, il vinrent à Fretun et l'environnèrent.

Qant ce vint au cler jour, chil qui le chastiel gardoient, veirent gens d'armes et arbalestriers tous apparilliés environ euls pour asalir. Si furent tout esbahi, et le nonchièrent tantos à lor mestre en disant : « Sire, avisés vous. Vechi les François qui vous sont venu à ce matin veoir, et sont plus de cinq cens. Et est messires Joffrois de Carni, ce nous est avis, chiés de ceste assamblée, car nous avons veu sa banière de gueulles à trois esquçons d'argent. »

Qant messires Ainmeris de Pavie oy parler de messire Joffroi et des François, se li revinrent toutes angousses au devant; et li ala souvenir dou vendage que fait avoit dou chastiel de Calais, et les avoit decheus. Si ne sceut que dire et se leva tantos, car à celle heure, il estoit encores en son lit dalés son amie qui si belle estoit que à mervelles; et dist en li levant : « Margerite, je croi bien que nostre compagnie se desfera, car je n'ai pas chastiel pour moi tenir tant que fuisse confortés. » La damoiselle à ces mos conmença moult tendrement à plorer ; li chevaliers se leva et vesti et arma et fist armer ses varlès, et tout compté ils n'estoient que euls douse. Lor deffense ne dura point longement, car il y i avoit là bien cent arbalestriers et cinq cens hommes.

Tantos li maison de Fretun fu prise, et messire Ainmeris de Pavie dedens, et la damoiselle aussi, et tout amenèrent à Saint Omer. Et là fut decolés li dis Lombars et mis en quatre quartiers as portes : et les auquns des varlès au dit Ainmeri furent pendut, et li aultre non. La damoiselle n'ot garde : li signeur en orent pité ; aussi elle n'estoit en riens coupable de ce fait. Et le rouva uns esquiers de là environ, lequel on nonmoit Robert de Frelant : on li donna ; et demora depuis avoecques li, tant que elle vesqi. F° 152.

P. 98, l. 18 et 19 : cilz Lombars estoit amasés. — *Ms. B* 3 : ces Lombars estoient assemblez. F° 158 v°.

P. 98, l. 20 : Fretin. — *Mss.* 3 *à* 5 : Fretun.

P. 99, l. 12 : mesnies. — *Ms. B* 3 : serviteurs. F° 159.

P. 99, l. 13 : le friente. — *Ms. B* 3 : le bruit. — *Ms. B* 5 : la frainte. F° 360.

P. 99, l. 16 : entente. — *Ms. B* 3 : diligense.

P. 99, l. 19 : à mains. — *Ms. B* : 3 pour le moins.

P. 99, l. 26 : ens ou marchiet. — *Ms. B* 3 : dedens le marché.

P. 99, l. 29 : le descoupa. — *Ms. B* 3 : la descoulpa.

§ 330. P. 100, l. 1 : En l'an. — *Ms. de Rome :* En l'an de grace Nostre Signeur mil trois cens quarante neuf, alèrent li penant et issirent premierement d'Alemagne ; et furent honmes liquel faisoient penitances publiques, et se batoient d'escorgies à neus durs de quir farsis de petites pointelètes de fier. Et se faisoient li auqun entre deus espaules sainier moult vilainnement ; et auqunes sotes fenmes avoient drapelès apparilliés, et requelloient ce sanc et le metoient à lors ieuls et disoient que c'estoit sans de miracle. Et chantoient, en faisant lors penitances, cançons moult piteuses de la Nativité Nostre Signeur et de sa sainte souffrance.

Et fu emprise ceste penitance à faire pour faire priière à Dieu pour cesser la mortalité, car en ce temps de la mort ot boce et epedimie. Les gens moroient soudainnement, et morurent bien en ce temps par univers monde, la tierce partie dou peuple qui pour lors resgnoient. Et ces penans des quels je parloie maintenant, aloient de ville en ville et de chité en chité par compagnies, et portoient sus leurs chiés lons capiaus de fautre, casqune compagnie de une coulour. Et ne devoient par droit estatut et ordenance dormir en une ville que une nuit, et avoient terme d'aler : trente trois ans et demi ala Dieus Jhesu Cris par terre, ensi que les saintes Escriptures tesmongnent ; et il alèrent casqune compagnie trente trois jours et demi, et adonc ils rentroient ens ès villes et chités ou chastiaus dont il estoient issu. Et ne despendoient point fuisson dou lour sus lors journées faisans; car les bonnes gens des villes et chités où il s'enbatoient les prioient de disner et de souper. Et ne gisoient que sus estrain, se force de maladie ne lor faisoit faire. Et qant il entroient dedens la maison des gens, là où il devoient disner ou souper, il se mettoient en genouls devant le suel par humelité et disoient trois fois la patre nostre et Ave Marie, et ensi et en tel estat qant il s'en departoient. Moult de belles paix se fissent, les penans alans entre les honmes, tant que de cas d'ocisions liquel estoient avenu et desquels cas en devant on ne pooit venir à paix; mais par le moiien de l'afaire des penans on en venoit à paix.

En lors ordenances avoit plusieurs coses assés raisonnables et traitables et là où nature humainne s'enclinoit que de l'aler ou voiage et de faire la penitance, mais point n'entrèrent ens ou roiaulme de France, car papes Innocens qui pour ce temps resgnoit et qui en Avignon se tenoit, et li cardinal considerèrent cel afaire et alèrent au devant trop fort, et proposèrent à l'encontre de ces penans que penitance puble et prises de li meismes n'estoient pas licite ne raisonnable. Et furent esquemeniiet de lor fait, et par especial le clergiet qui avoecques euls estoit et s'acompagnoit. Et en furent pluiseurs curet, chanonne et capelain, qui lor oppinion tenoient, privet de lor benefisce; et qui absolution voloit avoir, il le couvenoit aler querir en Avignon. Si se degasta ceste ordenance et ala toute à noient, qant on vei que li papes et li rois de France lor estoit contraires et rebelles, et ne passèrent point oultre Hainnau; car se il fuissent alé à Cambrai ou à Saint Quentin, on lor euist clos au devant les portes.

Si tretos que ces penans aparurent et que les nouvelles en vinrent, li sexste des Juis considerèrent et imaginèrent lors destructions, et avoient sorti plus de deus cens ans en devant et dit par figure : « Il doivent venir chevaliers qui porteront mailles de fier et seront moult crueuls; mais il n'aueront point de chiefs, et ne s'estenderont point lors poissanches ne lors oeuvres hors de l'empire d'Alemagne; mais qant il seront venu, nous serons tous destruis. » Lors sors averirent, car voirement furent en che temps tous les Juis destruis, et plus en un pais que en aultre; car li papes, li rois d'Espagne, li rois d'Arragon et li rois de Navare en requellièrent grant fuisson et les tinrent à treu desous euls. F° 152.

P. 100, l. 2 : peneant. — *Ms. B* 4 : penant. F° 149. — *Ms. B* 3 : penitens. F° 159. — *Ms. B* 5 : penitanciers. F° 360.

P. 100, l. 3 : d'Alemagne. — *Ms. B* 6 : et resgnèrent ens ès marches de Flandres, de Hainau et de Brabant et n'entrèrent oncques ou royalme de Franche, car li eglise leur fu contraire pour tant que il avoient empris ceste cose à faire sans le seut de leur prelas et de leurs curés. F° 429.

P. 100, l. 4 : se batoient. — *Ms. B* 6 : d'escorgies de cuir, à neuls de cuir, à pointe de fer. F° 429.

P. 100, l. 4 : d'escorgies. — *Ms. B* 5 : d'escorgées.

P. 100, l. 14 : humilité. — *Les mss. B* 3 *et* 4 *ajoutent :* et couvenance.

P. 100, l. 21 : par. — *Le ms. B* 3 *ajoute :* aucuns.

P. 100, l. 26 : vaille. — *Ms. B* 3 : valeur.

P. 100, l. 27 : de raison. — *Ms. B* 3 : et raisons.

P. 101, l. 3 : èles. — *Ms. B* 3 : alles. F° 159 v°. — *Ms. B* 5 : esles. F° 350 v°.

P. 101, l. 3 : pape. — *Ms. B* 6 : car li eglise ne trouve mies que on les deuist mettre à mort, pour tant que il seroient saulvés se il se volloient retourner à no foy. F° 430.

P. 101, l. 5 : à là. — *Ms. B* 3 : en Avignon.

P. 101, l. 5 : garde de mort. — *Ms. B* 3 : point paour de mourir.

P. 101, l. 6 : sorti. — *Ms. B* 3 : deviné par leur sort. F° 159 v°.

P. 101, l. 9 : exposition. — *Ms. B* 5 : oppinion.

§ 331. P. 101, l. 12 : En l'an. — *Ms. d'Amiens :* En l'an de grace Nostre Seigneur mil trois cens cinquante, trespassa de ce siècle li roys Phelippes ; si fu tantost couronnés li dus de Normendie sez filz, à grant solempnité, en le chyté de Rains, et fist grace à ses deux cousins germains, monseigneur Jehan d'Artois et monseigneur Carle, que li roys, ses pères, avoit tenu en prison bien seize ans, et plus ; et les mist dallés li et avança grandement. F° 98 v°.

— *Ms. de Rome :* En l'an de grace Nostre Signeur mil trois cens et cinquante, trespassa de ce siècle li rois Phelippes de France, et fu enseupelis à grant solempnité en l'abeie de Saint Denis en France. Et puis fu Jehans, ses ainnés fils, dus de Normendie, rois, et sacrés et couronnés en l'eglise de Nostre Dame de Rains à très haute solempnité. Tantos apriès son couronnement, il s'en retourna à Paris et entendi à faire ses pourveances et ses besongnes, car les trieuwes est[oient¹]. F° 152 v°.

P. 101, l. 19 : pourveances. — Ms. B 3 : provisions. F° 160.

P. 101, l. 26 : la langue d'och. — Ms. B 3 : ce bon pais de Languedoc.

P. 101, l. 29 : l'Angelier. — Ms. B 3 : d'Angely. — Ms. B 4 : l'Anglier. F° 149.

P. 102, l. 3 et 4 : cousins germains. — Ms. B 6 : cousins germain[s] ossi as enfans de Haynau, as enfans de Blois et as enfans de Namur. F° 430.

P. 102, l. 5 et 6 : plus de quinze ans. — Ms. B 3 : par l'espace de quinze ans.

P. 102, l. 12 : Jakeme. — Ms. B 3 : Jacques. — Ms. B 4 : Jaqme. F° 149 v°.

P. 102, l. 13 et 14 : les plus.... conseil. — Ms. B 5 : lez lui et à son especial conseil. F° 360 v°.

P. 102, l. 16 : providense. — Mss. B 3 et 4 : prudence.

P. 102, l. 19 : Avignon. — Les mss. B 3 à 5 ajoutent : et se logea à Villenove dehors Avignon.

P. 102, l. 21 : là. — Ms. B 6 : environ six sepmaines. F° 431.

P. 102, l. 23 : plus de quinze. — Ms. B 3 : quinze.

P. 102, l. 23 : jours. — Ms. B 6 : puis ala à Besiers, puis à Nerbonne, puis à Carquasonne, puis à la bonne cité de Toulouse. F° 431.

P. 102, l. 28 : en osta. — Ms. B 3 : deposa. — Ms. B 6 ajoute : Sy s'en revint par Roherge, par Limosin et par le pais de Brie et de là arière en Franche. F° 431.

P. 103, l. 3 et 4 : d'Espagne. — Ms. B 6 : filz à messire Lois d'Espaigne qui tant avoit esté bons chevaliers en Bretaigne. F° 431.

P. 103, l. 5 et 6 : d'Audrehen. — Ms. B 6 : En ceste meisme année, il envoia ses deux marisaulx, monsigneur Edouart, signeur de Bieaugeu et monsigneur Guy de Nelle et grand foison de bons chevaliers de Franche et de Poitou et de Saintonge par devant Saint Jehan d'Angely. F° 431.

---

1. Ici finit le manuscrit de Rome dont les trois derniers feuillets ont été lacérés. Voy. l'introduction au Iᵉʳ livre, en tête du tome premier de cette édition, p. LXXV et LXXVI.

P. 103, l. 7 : nouveleté. — *Ms. B* 3 : nouvelle venue. — *Ms. B* 4 : nouvelle arivée. F° 149 v°.

P. 103, l. 19 : hostel. — *Le ms. B* 3 *ajoute :* et les provisions qu'ilz avoient. F° 160 v°.

§ 332. P. 103, l. 27 : Quant. — *Ms. d'Amiens :* Quant chil de le ville Saint Jehan l'Angelier se virent asegiet dou roy de Franche et que nulx comfors de nul costé ne leur aparoit, si en furent durement esbahy, et envoüèrent messaigez en Engleterre deviers le roy, en priant que il lez volsist secourir et comforter, car il en avoient grant mestier. Tant esploitièrent li messaige qu'il vinrent en Engleterre deviers le roy, et li moustrèrent les lettrez qu'il portoient de par ses gens de le ville de Saint Jehan.

Quant li roys oy ces nouvelles, si dist que vollentiers les recomforteroit il, car c'est raisons. Si coumanda à messire Jehans de Biaucamp et à pluisseurs autrez qu'il se volsissent traire de celle part. Dont se pourveirent messires Jehans de Biaucamp et si compaignon, se partirent d'Engleterre et nagièrent tant par mer qu'il arrivèrent à Bourdiaux. Si se rafreskirent là, et prüèrent au seigneur de Labreth, au signeur de Lespare, au signeur de Pumiers, au signeur de Muchident et as autres Gascons, qu'il se volsissent appareillier de aller avoecq lui aidier à rafreschir le ville de Saint Jehan, et que li roys d'Engleterre, leurs sirez, leur mandoit.

Chil seigneur furent tout appareilliet à l'ordonnanche de monseigneur Jehan de Biaucamp, et se pourveirent tost et hasteement, et se departirent de Bourdiaux. Si estoient en nombre cinq cens armures de fier, quinze cens archiers et troi mil bidaus, et assamblèrent grant fuisson de bleds, de vins et de chars salléez tout en soummiers, pour rafreschir chiaux de Saint Jehan, et chevaucièrent en cel arroy tant qu'il vinrent à une journée priès de Saint Jehan.

Nouvellez vinrent en l'ost des Franchois que li Englès venoient rafrescir le ville de Saint Jehan. A cé donc estoit retrais li roys Jehans à Poitiers, et avoit laissiet ses gens et ses marescaux là au siège. Si eurent conssel li Franchois que une partie de leurs gens iroient garder le pont de le rivierre de Charente, et li autre demoroient au siège. Si se partirent messires Guis de Neelle, marescaux de France, li sires de Pons, li sires de Parthenay, li sires de Tannai Bouton, li sires d'Argenton, messires Guichars d'Angle

[1351] VARIANTES DU PREMIER LIVRE, § 332. 335

et bien quatre cens chevaliers, et estoient bien mil hommes d'armes, de bonne estoffe. Si se avanchièrent et vinrent desoubz Taillebourcq, au pont de le Charente, tout premiers, ainschois que li Englès y pewissent venir. Si se logièrent bien et biel sus le rivierre et furent signeur dou pont.

A l'endemain au matin, vinrent là li Englèz et li Gascon qui furent tout esbahi quant il virent là ces seigneurs de France là logiés enssi, et perchurent bien qu'il estoient decheu et qu'il avoient falli à leur entente. Si se consillièrent grant temps, car à envis retournoient, et envis sus le pont se mettoient. Tout considéré il se missent au retour et fissent touttes leurs pourveanches et leurs soummiers retourner.

Quant chil seigneur de France en virent le mannière et que li Englèz s'en ralloient : « Or tos passons le pont ; car il nous fault avoir de leurs vitailles. » Dont passèrent il outre communaument à grant esploit, et toudis s'en alloient li Englès. Quant il furent tout oultre et li Englès en virent le mannierre, si dissent entr'iaux : « Nous ne demandons autre cose ; or tos allons les combattre. » Lors se missent il en bon arroy de bataille, et retournèrent tout à ung fès sur les Franchois.

Là eut de premières venuez grant hurteis et fort lanceis, et maint homme reverssé par terre. Finablement, li Englès et li Gascon, par leur proèche, obtinrent le place. Et furent là desconfi li Franchois, tout mort et tout pris ; oncquez homme d'onneur n'en escappa. Si retournèrent li dit Englès et Gascon deviers Bourdiaux à tout ce gaaing, et en remenèrent arrierre leur pourveanches. F°⁸ 98 v° et 99.

P. 104, l. 7 : Biaucamp. — *Ms. B* 3 : Beaumont F° 160 v°.

P. 104, l. 8 : Byaucamp. — *Mss. B* 3 *à* 5 : Beaumont.

P. 104, l. 9 : Jame. — *Ms. B* 3 : Jehan.

P. 104, l. 10 : Brues. — *Ms. B* 3 : Bruges. — *Ms. B* 4 : Bruhes. F° 149 v°. — *Ms. B* 5 : Bruues. F° 360 v°.

P. 104, l. 29 : havene. — *Ms. B* 3 : havre.

P. 104, l. 30 : kay. — *Ms. B* 3 : chays.

P. 105, l. 7 : Blaves. — *Ms. B* 3 : Blaye. — *Ms. B* 4 : Bloves. F° 150.

P. 105, l. 10 : cinq cens. — *Mss. B* 3 *à* 5 : six cens.

P. 105, l. 11 : brigans. — *Ms. B* 6 : bidaus. F° 433.

P. 105, l. 13 : Carente. — *Ms. B* 3 : Charante.

P. 105, l. 17 : amas. — *Mss. B* 3 *et* 4 : armée.

P. 105, l. 18 : Jehan. — *Ms. B 6* : Sy s'acordèrent à chou que le sire de Bieaugeu demor[r]oit au siège tout cois à tout le moitié de l'ost; et messire Guy de Nielle, marisaulx de Franche, messire Renault de Pois, ung vaillant chevalier, messire Guichart d'Angle, le sire de Partenay, le sire de Matelin et pluiseurs aultres grant barons et chevaliers, qui là estoient à tout l'autre moitié de l'ost, iroient garder le pont de la forte rivière de Quarente : par lequel pont il couvenoit ces Englès passer, s'il volloient venir en la ville de Saint Jehan, et se n'y avoient que cinq lieues. F° 433 et 434.

P. 105, l. 19 : Saintré. — *Ms. B 3* : Santerré.

'P. 105, l. 21 : Puiane. — *Ms. B 3* : Puyarne. — *Ms. B 4* : Pivaire.

P. 105, l. 22 : Tannai Bouton. — *Ms. B 3* : Tonnay Bouton.

P. 106, l. 16 : passer. — *Ms. B 6* : car otant voldroit soixante hommes au delà le pont, si comme il disoient, par deviers les Franchois, comme feroient dix mille de leur costé. F° 434.

P. 106, l. 18 et 19 : les assallir. — *Ms. B 3* : l'assallir. F° 161.

P. 106, l. 30 : gens. — *Ms. B 3* : nombre.

P. 107, l. 3 : ou froais. — *Ms. B 3* : au froy. — *Ms. B 4* : de froais.

P. 107, l. 8 : droit. — *Ms. B 3* : fin.

P. 107, l. 25 : ablement. — *Ms. B 3* : asprèment.

P. 107, l. 30 : desconfirent. — *Ms. B 6* : mais il detinrent le camp et prinrent le marescal du roy monseigneur Gui de Nelle, monseigneur Guichart d'Engle, che bon chevalier, monseigneur Renault de Pons, le seigneur d'Esprenay, monseigneur Bouchicau, monseigneur Ernoul d'Audrehem, le sire de Matelin et pluiseurs bons chevaliers de Poitou et de Saintonge et ossy de Vermendois et de Franche qui estoient là alés avec le marescal, tant qu'il eurent bien soixante bons prisonniers, et se logèrent celle nuit en celle plache. Bien le sceut le sire de Biaugeu, mais il n'osoit laissier le siège que cil de Saint Jehan ne se ravitaillaissent. F° 436.

P. 107, l. 32 : Neelle. — *Les mss. B 3 et 4 ajoutent :* et grant foison de bons chevaliers et escuiers de Picardie qui furent tous prins ou tuez. F° 161.

§ 333. P. 108, l. 12 : Vous devés. — *Ms. d'Amiens :* Ces nouvelles vinrent en l'ost que messires Guis de Neelle, marescaux de France, li sirez de Pons, li sirez de Partenay et tout li baron et li chevalier qui là [estoient] avoient estet pris ; si le segnefiièrent au roi de Franche qui se tenoit à Poitiers, qui en fu moult courouchiéz, mès amender ne le peult, tant c'à ceste fois. Si renvoia nouvelles gens d'armes au siège, et ne veult mies que on s'en departesist enssi.

Quant chil de Saint Jehan l'Angelier entendirent ces nouvellez, que leur secours estoit perdus et que point n'en aroient, ne que ravitaillié ossi point ne seroient, si furent plus esbahi que oncques mès, car il estoient durement astraint; si eurent consseil de tretiier à ces seigneurs de Franche qui là estoient. Si tretiièrent sus cel estat que, s'il n'estoient comforté, dedens un mois, de gens fors assés pour lever le siège, il se renderoient. Li sires de Biaugeu envoya ce tretiet deviers le roy de France qui se tenoit à Poitiers, assavoir se il le vorroit faire, ou non. Il l'acorda et se parti de Poitiers et vint en l'ost dallés ses gens; et pour tant qu'il savoit que li deffaulte de vivres estoit si grans en le ville de Saint Jehan, qu'il moroient de famine, il y envoya de tous vivrez, bien et largement, tant qu'il en furent tout raempli : laquel cose il tinrent à grant courtoisie. Li roys Jehans tint là sa journée bien et puissamment, ne oncques nus n'aparut pour lever le siège.

Si couvint que cil de Saint Jehan se rendesissent, car à che estoient il obligié, et en avoient livré bon ostaigez. Si furent franchois comme en devant, et jurèrent feaulté et hoummaige à devoir et à paiier au roy de Franche. Si y mist li roys de recief officiiers de par lui, et y fist ung senescal dou pays d'un chevalier que on appelloit messire Jehan de Montendre. Et puis s'en parti li dis roys et dounna touttez ses gens congiet, et retourna en France et vint sejourner à Paris. F° 99.

P. 108, l. 18 : et pris. — *Ms. B* 3 : et presque toute. F° 161 v°.

P. 108, l. 19 : Saintré. — *Ms. B* 3 : Santres.

§ 334. P. 110, l. 11 : envoiiés. — *Le ms. B* 4 *ajoute :* du roy d'Engleterre et de son conseil. F° 151.

P. 110, l. 12 : Calais. — *Le ms. B* 3 *ajoute :* qui estoit de son conseil. F° 162.

§ 335. P. 110, l. 25 : En celle. — *Ms. d'Amiens :* En ceste meysme saison que li sièges fu par devant Saint Jehan l'Angelier, avint en Bretaingne ung moult mervilleux fait d'armes que on ne doibt mies oubliier, mès le doit on mettre avant pour tous bacelers encorragier. Et affin que vous le puissiés mieux entendre, vous devés savoir que toudis estoient guerres en Bretaingne entre les parties des deus dammes, coumment que messires Carlez de Blois fust eprisonnés. Et se guerioient les partiez des deus dammes par garnisons qui se tenoient ens ès castiaux et ès fortez villes de l'une partie et de l'autre.

Si avint ung jour que messires Robers de Biaumanoir, vaillant chevalier durement et dou plus grant linage de Bretaingne, estoit castelains dou Castiel Joselin, et avoit avoec lui grant fuisson de gens d'armez de son linage et d'aultres saudoiiers, et s'en vint courir par devant le ville et le castiel de Plaremiel, dont il estoit castelains ungs saudoiiers allemans que on clammoit Blandebourch, et avoit avoecq lui grant fuisson de saudoiiers allemans, englès, bretons et d'autrez pays, et estoient de le partie de la contesse de Montfort.

Quant li dis messires Robiers vit que nuls de le garnison n'istroit, il s'en vint à le porte et fist appeller ce Blandebourch sus asegurancez, et li demanda se il avoit layens nul compaignon, deux ou trois, qui volsissent jouster de fiers de glaves encontre autres troix pour l'amour de leurs dammez. Blancquebourcq respondi et dist que leurs dammez ne voroient mies que il se fesissent tuer si simplement que d'une seulle jouste, car c'est une aventure de fortune trop tost passée.

« Mès je vous dirai que nous ferons, se il vous plaist. Nous prenderons vingt ou trente de nos compaignons de nostre garnison et nous metterons à plains camps, et là nous combaterons tant que nous porons durer : si en ait le milleur à qui Dieux le vorra donner ! » — « Par ma foy ! respondi messires Robiers de Biaumanoirs, vous en parlés en bonne manierre, et je le voeil enssi ; or, prendés journée. » Elle fu prise au merquedi prochain venant, et donnèrent là entr'iaux certainnez trieuwez jusques ad ce jour, et retournèrent mesirez Robiers et ses gens sus cel estat. Si se pourveirent de trente compaignons, chevaliers et escuiers, et les prissent en leurs garnisons, et Branquebourch ossi de trente autrez compaignons tous à eslite. F° 99.

P. 110, l. 28 : exempliier. — *Ms. B* 3 : donner exemple. F° 162.

VARIANTES DU PREMIER LIVRE, § 336.

P. 111, l. 11 : Pharemiel. — *Ms. B* 5 : Paremiel. F° 361.

P. 111, l. 11 : uns. — *Les mss. B* 4, 3 *ajoutent* : uns bons escuiers alemant, hardis homs d'armes malement. F° 151. — *Le ms. B* 5 *ajoute* : un escuier alemant.

P. 111, l. 24 : de fers de glaves. — *Ms. B* 3 : de pointes de lances.

P. 111, l. 25 : amies. — *Ms. B* 3 : dames.

P. 112, l. 4 : sus le hart. — *Ms. B* 3 : à peine de la hart. F° 162 v°.

P. 112, l. 13 : creante. — *Ms. B* 5 : creance.

P. 112, l. 14 : creante jou. — *Ms. B* 3 : je le prometz.

P. 112, l. 22 : yaus. — *Le ms. B* 3 *ajoute :* mettre.

§ 336. P. 112, l. 23 : Quant li jours. — *Ms. d'Amiens :* Quant li jours fu venus, li trente compaignon Branquebourch oïrent messe, puis se fissent armer et s'en allèrent en le pièce de terre là où li bataille devoit y estre. Et descendirent tout à piet et coummandèrent à tous ciaux qui là estoient, que nulx ne fuist si hardis qui s'entremesist d'iaux, pour cose ne pour mescief qu'il veist. Et ensi fissent li trente compaignon de monseigneur Robert de Biaumanoir. Chil trente compaignon que nous appellerons Englèz, à ceste besoingne atendirent longement lez autrez trente que nous appellerons Franchois.

Quant il furent venu, il descendirent à piet, et fissent adonc le coummandement dessus dit. Et quant il furent l'un devant l'autre, il parlementèrent un petit enssamble tout soissante, puis se retraissent un petit arrière, li ungs d'une part et li autre d'autre part. Et fissent touttez leurs gens traire arrière de le place, bien loing. Puis fist li ungs d'iaux ung signe, et tantost se coururent seure, et se combatirent fortement tous en ung tas. Et rescouoient bellement li ungs l'autre, quant il veoient leurs compaignons à mescief.

Assés tost apriès ce qu'il furent assamblé, fu ochis li ungs dez Franchois. Mès pour ce ne laissièrent mies li autre le combattre ; ains se maintinrent moult vassaument d'une part et d'autre, ossi bien que tout fuissent Rollans et Oliviers. Je ne say dire à le verité : « Chilz s'i maintint le mieux, ne chilz autrez ; » mès tant se combatirent longement, que tout perdirent force et alainne et pooir entirement.

Si les couvint arester et reposer, et se reposèrent par acort li uns d'une part et li autre d'autre. Et s'en donnèrent trieuwez jusques adonc qu'il se seroient reposé et que li premier qui se releveroit, rapelleroit les autrez. Adonc estoient mort quatre des Franchois et deux des Englès. Il se reposèrent longement d'une part et d'autre. Et telz y eult qui burent dou vin que on leur aporta en boutaillez, et restraindirent leurs armures qui desrouttez estoient, et fourbirent leurs plaies et rebendelèrent, F° 99.

P. 113, l. 5 : des leurs. — *Ms. B 3* : des François. F° 162.

P. 113, l. 13 : se coururent sus. — *Ms. B 5* : s'entrecoururent sus. F° 361 v°.

P. 113, l. 22 : plus avant. — *Ms. B 3* : mieulx. F° 162 v°.

P. 114, l. 2 et 3 : leurs armeures.... plaies. — *Ms. B 3* : leurs arnois qui estoient gastez et nestoiarent leurs playes. F° 162 v°.

§ 337. P. 114, l. 4 : Quant. — *Ms. d'Amiens* : Quant il furent assés reposé, li premiers qui se releva, fist signe et rapella les autres. Si recoummencha li bataille si forte comme en devant, et dura moult longement; et se tinrent ceste seconde enpainte moult vaillamment. Mès finablement li Englès en eurent le pieur; car, enssi que je oy recorder chiaux qui les virent, li ungs des Franchois, qui estoit à cheval, les debrisoit et defouloit laidement : si ques Blandebourch, leur cappittainne, y fu tués, et huit de leurs compaignons. Si les enmenèrent messires Robiers de Biaumanoir et li sien en leur garnison. Enssi alla il de ceste besoingne. F° 99.

P. 114, l. 8 : et espois et daghes. — *Ms. B 3* : et espoisses dagues. F° 163.

P. 114, l. 18 : le pieur. — *Ms. B 3* : du pire. F° 163.

P. 114, l. 20 : les. — *Le ms. B 3 ajoute :* Anglois.

P. 114, l. 21 : mesaisiement. — *Ms. B 4* : mesaisement. F° 151 v°.

P. 114, l. 22 : huit. — *Ms. B 6* : vingt. F° 445.

P. 114, l. 24 : aidier. — *Les mss. B 3 et 4 ajoutent :* qu'il ne les couvint rendre ou mourir.

P. 114, l. 28 : rancenèrent. — *Ms. B 4* : ranchonnèrent. F° 152.

P. 114, l. 29 : resanet. — *Ms. B 3* : gueriz.

P. 114, l. 31 : Englès. — *Ms. B 6* : Je n'oys oncques mais dire ne raconter que sy faite astine ne entreprise ne fust pour recommander, et partout là où il venroient, cheulx qui y furent et qui en escapèrent en vie. Et osy furent il, il n'est pas doubte, car bien vingt deus ans puissedy j'en vich ung seoir à la table du roy Charle de Franche, que on apelloit monseigneur Ievain Caruiel. Et pour chu que il avoit esté l'eun des Trente, on l'onnouroit deseure tous aultres. Et ousy il moustroit bien à son viaire qu'il sçavoit que cops d'espées, de daghes et de haches valloient, car il estoit moult plaiiés. Et ossi oy jou dire de che tamps que messires Engherans d'Uedins avoit esté avoecques en l'election, et pour che estoit il sy honnourés et amés dou roy de Franche. Se che fu voir, il en valy mieulx, et tout chil qui y furent, car che fut ung honnourable fait d'arme, et avint entre Plaremiel et Castiel Josselin l'an de grace mil trois cens cinquante un, le vingt septième de jullet. F° 445 et 446.

P. 115, l. 1 à 11 : Et.... outrecuidance. — *Cet alinéa manque dans le ms. B 5, f° 361 v°.*

P. 115, l. 3 : Yewains. — *Ms. B 3* : Gauvain. F° 163. — *Ms. B 4* : Jovains. F° 152.

P. 115, l. 3 : Charuelz. — *Ms. B 3* : Caruel. — *Ms. B 4* : Keruels.

P. 115, l. 7 : bien. — *Ms. B 3 ajoute :* les enseignes.

§ 338. P. 115, l. 12 : Nous parlerons. — *Ms. d'Amiens :* Apriès le departement dou siège de Saint Jehan l'Angelier, et que li roys de France fut retrèz à Paris, il envoya son marescal, le seigneur de Biaugeu, à Saint Omer, pour là garder lez frontières contre les Englès. A ce donc estoit cappittainne de Calais messires Jehans de Biaucamp, et avoit grant fuison de bons compaignons avoecq lui, qui souvent yssoient et couroient sus le pays, d'une part et d'autre. Dont il avint une fois qu'il se partirent de Callais à trois cens armurez de fer et quatre cens archiers, et vinrent à un ajournement courir devant Saint Omer et queillirent le proie et l'enmenoient devant yaux.

Ces nouvellez vinrent au seigneur de Biaugeu que les Englès chevauchoient et avoient estet jusques ens ès fourbours de Saint Omer. Tantost il fist sounner ses trompettes et armer touttes mannierres de gens d'armes qui laiiens estoient, dont il avoit grant fuison; et tous premiers se parti à ce qu'il avoit de gens, sans atendre les autres, et vint sus les camps et fist desvoleper se bannierre. Si pooient y estre en ceste premierre routte environ six vingt armures de fier, et toudis veno[ient] gens. Si poursuiwirent les Englès bien quatre lieuwez, et tant que assés priès d'Arde il les raconssuirent. Li Englèz ne veurent plus fuir, mès se requeillièrent et entrèrent en un pret. F° 99 v°.

P. 115, l. 28 : trois cens. — *Ms. B* 6 : quatre cens. F° 446.

P. 115, l. 31 : Saint Omer. — *Ms. B* 6 : entre Arques et Saint Omer. F° 446.

P. 116, l. 2 : terne. — *Ms. B* 3 : tertre. F° 163. — *Ms. B* 4 : tierne. F° 152.

P. 116, l. 8 : retraire. — *Ms. B* 3 : eulx retirer.

P. 116, l. 28 et 29 : ensi.... fait. — *Ms. B* 3 : quant ilz furent prestz. F° 163 v°.

P. 116, l. 29 : caudement. — *Ms. B* 3 : hastivement.

P. 116, l. 32 : Drues. — *Ms. B* 3 : Drieuvez.

P. 117, l. 1 et 2 : Guillaumes. — *Mss. B* 3 et 4 : Gauvaing.

P. 117, l. 6 : Cuvilers. — *Ms. B* 4 : Civiliers.

P. 117, l. 7 : Vermendois. — *Ms. B* 6 : Et sy avoit bien six cens bringans à pavais, dont Anbrose Bonnefin et Gorge de Pistoie et Franchois de Rose estoient meneurs et capitaines. Si gardoient et deffendoient le pais à leur pooir. Si chevauçoient une fois devers Calais pour querir leur aventurez, et chil de Calais aloient ung aultre jour. Ensy aloient il de l'un à l'autre; et toudis le comparoient les povres gens. F° 439 et 440.

P. 117, l. 27 : cent. — *Ms. B* 6 : quatre cens. F° 447.

P. 118, l. 4 : Evous. — *Ms.* B 3 : Et vint.

P. 118, l. 4 : venu. — *Ms. B* 6 : et ceulx de son ostel tant seulement, et vint jusques au pret, montés sur son coursier, se banière devant luy, et monseigneur Oudart de Renty, monseigneur Bauduin d'Ennequin, messire Baudart de Cuvillers, le seigneur de Haveskerke ossy delés luy. Et toudis ly venoient gens, mais encores n'estoient point venu le conte de Porsiien et sa banière ne messire Gilles de Bourbon ne messire Gicart de Biaugeu son frère.

Quant le sire de Biaugeu fu venus jusques as Englès, et il les vit ens ou pret, tantost imagina leur afaire et dist à ses gens : « A piet, à piet ! Nous ne les poons combattre aultrement. » Adonc se mist il à piet; ossi firent tous ly aultres. Quant il fu à piet, il regarda entour luy et se vit en petite compaignie. Sy demanda à messire Bauduin de Cuvillers : « Où sont tous nos gens ? » Respondy le chevalier : « Il vous sievent, et vous vos estes trop hastés. Che seroit bon que d'ieaux atendre ; il venront tantost ; et vous n'avés pas gens pour chy asallir à yaulx à jeu party. »

Adonc se retourna le sire de Biaugeu et dist par mautalent : « Baudart, Baudart, se vous avés paour, sy retournés et les atendés. » — « Sire, nanil, dist le chevalier ; ains vous sievray, mès je vous le disoie pour bien. »

Adonc fist le sire de Biaugeu cheluy qui portoit sa banière passer oultre le fosset ; et il mesmes prit sa lance et en apoiant il sally oultre. Et à che qu'il sally, il vint ung Englès qui le requelly de sa glave, et le fery par desous ou fusiel, car il n'estoit point armés de braies, de mailles, ne d'aultre armure deffensable à chel endroit. F° 448 et 449.

P. 118, l. 8 : tourniier. — *Ms. B* 3 : tournoier.

P. 118, l. 11 : hurée. — *Ms. B* 3 : levée. F° 163 v°.

P. 118, l. 12 : sallir. — *Le ms. B* 3 *ajoute :* à. F° 164.

P. 118, l. 16 : s'escueilla. — *Ms. B* 3 : se reculla. — *Ms. B* 4 : s'esquellia. F° 152 v°.

P. 118, l. 17 : banière. — *Ms. B* 3 : estandart.

P. 118, l. 20 : s'abusça. — *Ms. B* 3 : trebucha.

P. 118, l. 24 : embara. — *Ms. B* 3 : l'abatit. — *Ms. B* 4 : embati.

P. 118, l. 30 : vaillamment. — *Ms. B* 6 : Adonc s'avanchèrent les deus chevaliers et aultres qui estoient là venus avecques luy, messire Oudart de Renty, messire Bauduin d'Annekin, le sire de Mannier, le sire de Haveskerque, messire Lois d'Ecalles, messire Bauduin de Cuvillers, et y firent mervelles d'armes. F° 450.

P. 118, l. 32 : foursené. — *Ms. B* 3 : forcennez. F° 164.

P. 119, l. 2 : estekeis. — *Ms. B* 3 : estry.

P. 119, l. 6 et 7 : un oel. — *Ms. B* 3 : Jehan Oel.

P. 119, l. 13 : le trettié. — *Ms. B* 3 : le trait. F° 164. — *Ms. B* 4 : le traittiée.

P. 119, l. 15 : esmerveilliés. — *Ms. B* 3 : esbay.

P. 119, l. 28 : reporter. — *Ms. B* 6 : « .... ensevelir en nostre pais, en l'abeie de Belleville là où nostre ancisseur gisent. » Son frère tout en plorant ly eult en couvent. Oncques depuis ces parolles le sire de Biaugeu ne parla ; là morut. Dieu en ait l'ame, car il fut moult vaillant chevalier et preudons et bien congneu en pluiseurs pais. Meismement le roy Englès et les seigneurs d'Engleterre en furent courchiés de sa mort pour le proesche et le bien de luy. F° 451 et 452.

P. 120, l. 3 : geules. — *Les mss. B* 3, 4 *ajoutent:* à trois lambaux (*B* 4 : labiaus. F° 153) de gueules. F° 164.

P. 120, l. 10 : requerre. — *Ms. B* 3: conquerre.

§ 339. P. 120, l. 14 : Tout à piet. — *Ms. d'Amiens :* Li sires de Biaugeu, qui estoit chaux et boullans de combattre, descendi à piet et fist descendre les siens, et alla autour de ce pret; et n'y pooit entrer à sen aise pour un fosset qui y estoit, si ques par mautalent il prist son glaive et sailli oultre. En saillans, uns Englès li bouta son glaive ou fusiel où point n'estoit armés, et li embara ou corps et là l'abati navret à mort. Quant ses gens virent le grant mescief, il saillirent oultre qui mieux mieux. Et là eult deus chevaliers qui se fissent tuer sus le corps le signeur de Biaugeu. Si ne durèrent li Franchois qui là estoient, point longement, et furent tout mort et tout pris chil premiers.

Evous venant grant secours de Saint Omer, messires Guichart de Biaugeu, frère au dessus dit, le comte de Porsiien, messire Guillaumme de Bourbon et bien trois cens armures de fier ; si se boutèrent en cez Englès. Et là eut de rechief grant bataille et dure, et maint homme reverssé d'une part et d'autre. Et vous di que li Franchois ne l'avoient mies d'avantaige, car li Englès s'i esprouvoient trop vaillamment: et ewissent, enssi que on suppose, esté desconffi, se li brigant, bien sept cens, ne fuissent là venu, mès chil parfissent le besoingne et desconfirent les Englès. Si furent tout mort et tout pris, et rescous cil qui pris estoient, et li proie ossi rescousse; car li sires de Bavelingehen, par où li foureur les menoient, yssi hors de se fortrèce, et ossi fissent chil d'Arde. Si le rescoussent et furent tout mort et tout pris chil qui le menoient, mès li sirez de Biaugeu morut là sus le place, dont tous li Franchois furent moult courouchiet ; si le ramenèrent à Saint Omer. Si le fist messires Guichars, ses frères, enbausoummer et mettre en un sarqu, et le renvoya en son pays arrierre en Biaugeulois. Si fu assés tost apriès envoiiés à Saint Omer messires Ernoulx d'Audrehen, et fais marescaux de Franche. Chilx garda ung grant tems le frontière contre lez Englès. F° 99 v°.

P. 120, l. 26 : son hardement. — *Ms. B* 3 : l'ardiesse. F° 164 v°.

P. 121, l. 5 : essannés. — *Ms. B* 3 : lassé. — *Ms. B* 4 : ensannés. F° 153.

P. 121, l. 9 : plus de cinq cens. — *Ms. B* 6 : six cens. F° 453.

P. 121, l. 10 : pavais. — *Ms. B* 3 : pennons.

P. 121, l. 13 : hodet. — *Ms. B* 3 : ennuyez.

P. 121, l. 17 : Biauvers. — *Ms. B* 3 : Bauvères. — *Ms. B* 5 : Beauvais. F° 361 v°.

P. 121, l. 17 : Tuiton. — *Ms. B* 4 : Tuton.

P. 121, l. 24 : devia. — *Ms. B* 3 : trespassa.

P. 121, l. 24 : place. — *Le ms. B* 5 *ajoute :* Dieux pardoint à tous trespassés et à nous tous nos pechiés.

P. 121, l. 31 : le proie. — *Ms. B* 3 : la prise.

P. 121, l. 32 : devint. — *Mss. B* 3, 4 : de nuyt.

P. 122, l. 4 : embusce. — *Ms. B* 6 : Et estoient bien six vingt hommes d'armes et trois cens à piet et mis en ung bosquet entre Ardre et Ghines. F° 454.

P. 122, l. 4 et 5 : armeures de fer. — *Ms. B* 4 : hommes d'armes.

P. 122, l. 11 : Saint Omer. — *Mss. B* 3, 4 *ajoutent :* où on l'avoit levée.

P. 122, l. 16 : peurent. — *Ms. B* 6 : Ceste bataille fu l'an de grace mil trois cens cinquante un, le septième jour de septembre entre le bastille d'Ardre et le ville de Hoske. Après le desconfiture, les Franchois retournèrent à Saint Omer et enmenèrent leur prisonniers monseigneur Jehan de Biaucamp et les aultres et raportèrent le seigneur de Biaugeu tout mort, dont che fu pité, et monseigneur Guichart son frère moult fort navré, et ensevelirent les mors et entendirent as navrés. Assés tos après fut fait ung escange de monseigneur Jehan de Biaucamp et d'un aultre chevalier englès, que on nommoit messire Olivier de Clitfort, pour monseigneur Guy de Nelle, mariscal de Franche, et pour monseigneur Ernoul d'Audrehen. Si s'en ralèrent cilz chevaliers à Calais, et li aultres revinrent en Franche. Sy fu assés tos après esleu à y estre mariscal de Franche ou lieu de monseigneur de Biaugeu et fu envoié à Pontorson, car là avoit une grosse route d'Englès qui couroient le pais et venoient de le marche de Bretaigne. Sy se tint là messire Ernoul d'Audrehen ung grant temps en garnison, et avoit grant plenté de chevaliers et d'escuiers qui gardoient et deffendoient le pais de Normendie à che chosté. F°⁰ 454 et 455.

P. 122, l. 21 : faire frontière. — *Ms. B* 3 : fortifier.

P. 122, l. 26 : d'autre. — *Les mss. B 3 et 4 ajoutent :* courtoisement.

§ 340. P. 122, l. 28 : En ce temps. — *Ms. d'Amiens :* Vous avés bien oy recorder coumment li comtez de Ghines, connestablez de Franche, fu pris à Kem en Normendie, et li comtez de Tancarville, et prisonnier en Engleterre. Li dis connestablez de Franche acquist grant grace en Engleterre dou roy premierement, de le roynne et de tous les seigneurs, car il estoit doulx et courtois chevaliers durement. Si fu là prisonniers l'espasse de cinq ans et plus, et se mist à finanche à soissante mil escus. Et le recrut li roys englès sus se foy à renvoiier se raenchon dedens ung jour qui mis y fu, ou de revenir tenir prison en Engleterre.

Si rapasa le mer li dis comtes de Ghines, et vint en France et se traist deviers le roy, dont il quidoit estre moult bien [amés], et le salua et enclina enssi comme son seigneur. Li roys Jehans li dist : « Comtes de Ghinnez, sieuwés nous. » Adonc se partirent de là et entrèrent en une cambre. Se li moustra une lettre, et li dist : « Veistes vous oncques mès ces lettrez chy ? » Li connestables fu durement souspris et mua couleur quant il vi la lettre, che dist on. Quant li roys le vi abaubi, se li dist : « Ha ! ha ! mauvais traistres, vous avés bien mort deservi ; si morés, foy que je doy à l'ame à mon père. » Si le fist tantost prendre et mettre en prison.

Cescuns fu dolens et esmervilliés dou connestable qui enssi en fu menés, car il estoit durement ammés. Et si ne savoit nulx pensser ne adeviner pourquoy ly roys le faisoit. Et comment que ce fust, li roys jura à l'endemain, par devant lez amis dou connestable qui prioient pour li, que jammais ne dormiroit se li aroit fait copper le teste, ne jà pour ung, ne pour autre, ne l'en respiteroit ; si ques le nuit meysmes li connestables eut la teste coppée en le tour dou Louvre : dont li roys en fu durement blamméz, mès on n'en eult autre cose. F°* 99 v° et 100.

P. 122, l. 29 : Clemens. — *Le ms. B 3 ajoute :* sixiesme. F° 165.

P. 123, l. 2 : Jehan. — *Les mss. B 3 et 4 ajoutent :* qui moult l'amoit.

P. 123, l. 8 : et. — *Ms. B* 4 : en. F° 153 v°.

P. 123, l. 8 et 9 : de Romme. — *Ms. B* 3 : des cardinaux.

P. 123, l. 14 : aherdans. — *Mss. B* 3, 5 : adherens.

P. 123, l. 23 : Kem. — *Ms. B* 5 : Caen. F° 362.

P. 123, l. 26 : d'Eu et. — *Le ms. B* 3 *ajoute :* le conte.

P. 123, l. 29 : able. — *Mss. B* 3, 5 : habile.

P. 123, l. 29 : frice. — *Ms. B* 4 : frische. — *Ms. B* 3 : frisque.

P. 124, l. 11 : l'enclina. — *Ms. B* 3 : s'enclina.

P. 124, l. 22 : assouplis. — *Mss. B* 3, 5 : esbay.

P. 124, l. 22 : et pris deventrainnement. — *Ms. B* 3 : et transy.

P. 125, l. 4 : royaume. — *Le ms. B* 5 *ajoute :* et tenu prison pour cinq ans. F° 362.

P. 125, l. 5 : onques. — *Le ms. B* 3 *ajoute :* riens. F° 165 v°.

P. 125, l. 10 : teste. — *Ms. B* 6 : sans loy et sans jugement, et le fist le roy faire de sa puissanche. Je ne say se che fut à droit ou à tort, car de leur secret ne de leurs parlers ne de leur afaire je ne voel mie parler trop avant ; j'en poroie bien mentir : se vault mieux que je m'en taise que j'en die chose que j'en soie repris. F°⁸ 456 et 457.

P. 125, l. 12 : je le tieng. — *Ms. B* 3 : il estoit.

P. 125, l. 12 : vaillant. — *Ms. B* 3 : noble.

§ 341. P. 125, l. 20 : Assés tost. — *Ms. d'Amiens :* En ce tamps estoient trieuwez en Franche par le pourcach dou cardinal de Bouloingne, qui se tenoit en le cité de Paris, dallés le roy. Or avint que ungs escuiers de Pikardie, qui gardoit le fort castiel de Ghines, s'acorda si bien as Englès et à monseigneur Jehan de Biaucamp, cappittainne de Callais, que, parmy une somme d'argent et de florins, il delivra as Englès le castiel de Ghinnes. Et en furent bouté hors à une journée chil qui le gardoient, et en eurent li Englès le possession.

Ces nouvellez vinrent à Paris au roi de Franche, comment li fors castiaus de Ghinnes estoit perdus. Si en fu li roys durement courouciés, et s'en complaindi au cardinal de Bouloingne coumment li Englès en trieuwes avoient pris et emblé se forterèce. Li cardinaux en escripsi à monseigneur Jehan de Biaucamp, et li manda que il avoit les trieuwez enfraintez et que ce fust deffait et qu'il remesist le castiel arrière. Messirez Jehans de Biaucamp respondi et rescripsi enssi, et dist que il n'eschievoit nul homme en trieuwez et hors trieuwez à vendre et achater maisons, terrez et hiretaiges. Si demora la cose en cel estat, et n'en peurent li Franchois avoir autre cose. F° 100.

P. 125, l. 20. : Assés. — *Ms. B* 6 : Encores endementiers que ly cardinaulx de Boulongne estoit à Paris, le roy de Franche qui avoit saisy le conté d'Eu et de Ghines, avoit donné le conté d'Eu à monseigneur Jehan d'Artois, son cousin germain, et le conté de Ghines tenoit il encore. Et avoit mis dedens le castiel de Ghines ung castelain, escuier, que on nommoit de Bielconroy. Dont il avint que messire Jehan de Biaucamp, qui estoit gardien et souverain de Calais de par le roy d'Engleterre, fist tant parlementer à che castelain de Ghines qu'il ly eult en couvent de livrer le castiel à certain terme. Et me samble que che devoit estre par nuit, quant tout les compaignons dormyroient, parmy une somme de florins, mais ne say quelle. Et l'argent fut paiiet, et ly castieau livrés. Et y vinrent chil qui entrèrent par batiel et par derière sus les marès qui sont grant et large d'iauve : il n'y fait oncques sy secq qu'il n'y ait toudis plus de deux lieues d'iaves de large. Les Englès entrèrent dedens baudement et trouvèrent tout les saudoiiers qu'il estoient encores en leur lit. Il ne leur firent nul mal, car la chose estoit faite ensy, mais il leur disoient : « Or sus, or sus, seigneurs, vous avés trop dormy ; levés vous, et sy vidiés le castiel, car cheens ne demor[r]és plus. »

Les sauldoiiers furent moult esbahis, quant il virent ces Englès en leur cambre entrer : il volsissent bien estre en Jherusalem. Et lors s'armèrent et se partirent de laiens le plus tost qu'il porent tout desconfis et barretés. Et estoient entre aulx moult esmervilliés de ceste aventure ; sy se mespensèrent de che Hue de Bielcoroy, pour che que pluiseurs fois puis huit jours il avoit esté plus de fois hors que les aultres fois acoustumé n'estoit : si le prirent, car il estoit adonc avoecques yaus et li mirent seur le traison et oncques ne s'en seult escondire ne escuser. Et fut menés à Saint Aumer et delivré à messire Joffroy de Cargny, qui pour le tamps gouvrenoit la ville de Saint Omer et les frontières d'ileuc de par le roy de Franche : liquelx mit à mort ce Hue de Bielcoroy, seloncq la congnoissance qu'il fist. F°° 460 et 461.

P. 125, l. 26 : de. — *Ms. B* 4 : à. F° 154.

P. 126, l, 15 : n'eskiewoit. — *Ms. B* 3 : creignoit, F° 155 v°. — *Ms. B* 4 : n'esqueroit. F° 154.

§ 342. P. 127, l. 1 et 2 : deseurain.— *Ms. B* 3 : derrain. F° 166.

P. 127, l. 8 : ensongne. — *Ms. B 3* : exoine.
P. 127, l. 18 : couls. — *Ms. B 4* : cousts. F° 154 v°.
P. 127, l. 24 : consent. — *Ms. B 3* : consentement.
P. 127, l. 26 ; n'estoit. — *Les mss. B 3 et B 4 ajoutent :* souffisant.
P. 128, l. 1 : maison. — *Les mss. B 3 et 4 ajoutent :* noble.
P. 128, l. 9 : detenue. — *Ms. B 3* : entretenue.

§ 343. P. 129, l. 1 : en ce temps. — *Ms. d'Amiens :* En ce tamps et en celle saison avoit li roys de France un chevalier dallés luy, que durement il amoit, avoecq qui il avoit estet nouris d'enfance, que on clammoit monseigneur Carle d'Espaigne, et estoit ses compains de touttez coses, et le creoit devant tous autrez. Et le fist li roys Jehans connestablez après le mort dou comte de Ghines, et li dounna une terre qui avoit estet en debat entre le roy son père et le roy de Navarre, dont par l'ocquoison de celle terre, grant envie et haynne s'esmurent entre les enfans de Navarre et monseigneur Carle d'Espaigne. Li connestables s'afioit si en le puissance dou roy et en s'amour, qu'il n'amiroit de riens le roy de Navare. Dont il avint un jour qu'il estoit en Normendie entre l'Aigle et une autre ville, si fu là espiiés, et le trouvèrent les gens le roy de Navarre, et fu ochis en son lit d'un Navarois qui s'appelloit le Bascle de Maruel. Ces nouvellez vinrent au roi de France que ses connestablez estoit mors; si en fu trop durement courouchiés sus le roy de Navarre, et le enqueilli en si grant haynne, quoyque il ewist sa fille espousée, que oncques puis ne l'amma, si comme vous orés recorder avant en l'istoire. F° 100.

P. 129, l. 17 : felonnie. — *Ms. B 3* : villennie. F° 166 v°.
P. 129, l. 21 : temps. — *Ms. B 6* : Ceste hayne ne peult oncques yssir de son cuer, quelconque samblant que il moustra, mais tous jours pensoit à luy faire contraire et s'en descouvry à aulcuns de son consail. Ung jour s'avisa le roy de Franche qu'il le manderoit qu'il venist parler à luy à Paris à ung certain jour et qu'il ne le laissa nullement. Or avint que dedens che mandement aulcuns du secret consail du roi de Franche s'en descouvry en confession au cardinal de Boulongne en grant bien et ly reghey aulcune chose de l'intencion du roy son seigneur, pour tant qu'il doubtoit que grant mal n'en venist.

Quant le cardinal entendy che que le roy Jehan avoit vollenté de faire, il le fist sçavoir au roy de Navare son cousin tout secretement qu'il ne venist mie au mandement du roy, car il doubtoit que mal ne l'en venist : si ques par che point le roy de Navare ne ly venist point au jour; mais il se tint tous garnis et prouveus en le conté d'Evrues pour attendre le roy de Franche ou ses gens, se il le volloient guerier.

Quant le roy de Franche vit che, il fut moult courouchiés, et ymagina et apensa que messire Robert de Lorris avoit revellé son consail et che qu'il volloit faire. Sy en fut le dit messire Robert ung grant tamps en le malleyvolense du roy, et l'en convint vidier du royalme de Franche. En che tamps revint le cardinal de Boulongne en Avignon. F°° 466 et 467.

P. 129, l. 23 : grandement. — *Le ms. B 3 ajoute :* en hayne.

P. 129, l. 24 : dur parti. — *Ms. B 3* : grant soucy.

P. 129, l. 26 : doubtés. — *Ms. B 3* : soucyés.

P. 129, l. 28 : n'aroit. — *Le ms. B 3 ajoute :* au monde.

P. 129, l. 28 : de. — *Ms. B 3* : que.

P. 130, l. 1 : leur entente. — *Ms. B 3* : à leur volenté.

P. 130, l. 5 : demandoient. — *Ms. B 3* : poursuivoient.

P. 130, l. 5 et 6 : et qui.... sur lui. — *Ms. B 3* : et qui avoient conspiré sa mort contre lui.

P. 130, l. 11 : pour. — *Le ms. B 5 ajoute :* y.

P. 130, l. 20 : aïr. — *Ms. B 5* : haïr. F° 362 v°.

P. 130, l. 23 et 24 : dalés. — *Ms. B 3* : avec.

P. 131, l. 9 et 10 : villes.... mies. — *Ms. B 3* : villages, mais plainctz ne furent mye. F° 167.

§ 344. P. 131, l. 25 : un grant temps. — *Ms. B 6* : bien dix sepmaines. F° 467.

P. 131, l. 29 et 30 : li articles. — *Ms. B 3* : les articles. F° 167.

P. 132, l. 2 : France. — *Ms. B 6* : Ce˜fu environ après Pasques, et à le Saint Jehan Baptiste ensievant devoit fallir le respit entre le roy de Franche et le roy d'Engleterre. En che meisme tamps, vint le roy de Navare en Avignon et se complaindy au pape et à aulcuns cardinaus du roy de Franche qui ensy le hayoit, et se luy sambloit qu'il ly faisoit grant tort. Après se party le roy de Navare et s'en revint en son païs. F° 467 et 468.

P. 132, l. 2 : inspirée. — *Ms. B 3* : expirée.

P. 132, l. 6 : reschei. — *Ms. B* 3 : escheut. — *Ms. B* 4 : eschei. F° 155 v°.

P. 132, l. 19 : au duc. — *Le ms. B* 5 *ajoute* : Jehan. F° 363.

P.132, l. 19 : pareçons. — *Ms. B* 3 : portions. — *Ms. B* 4 : parchons. — *Ms. B* 5 : part.

§ 345. P. 133, l. 16 : Li rois. — *Ms. d'Amiens :* Vous avés chi dessus bien oy recorder coumment li roys de France hayoit en coer le jone roy de Navare et ses frères, pour le mort de son connestable messire Carlez d'Espaingne. Oncquez ceste haynne ne li peult yssir dou coer, quel samblant qu'il li moustrast, et s'en descouvri à aucuns de son consseil.

Or avint que li roys de Franche le manda ung jour que il venist parler à lui à Paris. Li roys de Navare, qui nul mal n'y penssoit, se mist au chemin et s'en venoit à Paris droitement. Sus sa voie li fu segnefiiet que, se il alloit à Paris deviers le roy, il aroit à souffrir dou corps. Si retourna li roys de Navare à Chierebourcq, dont il estoit partis, et grant hiretaige en Normendie qu'il tenoit de par sa femme.

Li roys sceut ces nouvelles coumment il estoit retournéz ; si en souppeçonna aucuns de son consseil qu'il ne l'ewissent revelé, et en fu dou tout mescrus messires Robers de Loris. Et l'en couvint wuidier France et aller demorer en Avignon dalléz le pappe, tant que li roys ewist passés son mautalent.

Quant li roys de Navarre et si frère se virent en ce parti et que li roys de France les haioit couvertement, si se coummencièrent à doubter de lui, pour tant qu'il estoit trop crueulx. Et se pourveirent d'autre part et fissent grans allianches au roy d'Engleterre, qui leur jura à aidier et conforter contre le dit roy de Franche, et pourveirent leurs castiaux et leurs garnisons. F° 100.

P. 133, l. 17 : hayne le fait. — *Ms. B* 3 : indignation la mort. F° 107 v°.

P. 133, l. 18 : pooit. — *Ms. B* 4 : pooient. F° 155 v°.

P. 133, l. 21 : costés. — *Ms. B* 6 : Quant le roy de Navare eult esté et visseté son royalme de Navare bien ung an, il entendy que le roy de Franche avoit envoiiet puissance de gens d'armes sus les frontières d'Evrues pour ardoir et essillier son pais. Sy se mist le roy de Navare en mer à tout grant foison de gens d'armes et arriva en Normendie à Chierbourch qui se tenoit pour luy. Sy pourvey ses fortresses du mieulx qu'il pot pour contrester contre les Franchois.

Assés tost après s'apensèrent les deux frères de Navare qu'il s'aliroient au roy d'Engleterre pour estre plus fors en leur guerre, ou cas qu'il ne pooient avoir pais au roy de Franche. Et eurent chertains couvenanches ces deux rois ensamble. Et devoit le roy d'Engleterre le saison après, à grant puissance de gens de gherre, ariver en Normandie sur le pooir du roy de Navare et par là entrer en Franche.

Et bien supposoit le roy de Franche aulcune cose dont, affin qu'il fust plus fors et mieulx amés en Normendie, et que plus y euist d'amis, il pardonna à sire Godefroy de Harcourt tout son mautalent et cheaulx qui son père le roy y avoit eus, et ly rendy toute sa terre de Coustentin. Et revint le dit messire Godefroy en Franche en grant honneur et y fut moult conjoys de tous les seigneurs et les barons de Normendie où il avoit moult grant linage.

Ensy se demenèrent ces choses couvertement. Et avoit le roy Jehan encuelliet en grant hayne les enfans de Navare, et n'estoit nulz qui en peuist faire le pais. Quant che vint en may l'an mil trois cens cinquante cinq, le roy d'Engleterre tint une moult grose feste et moult noble en la cité de Londrez. A chelle feste eult moult grant foison de chevaliers et de seigneurs, de dames et demoiselles, et dura la feste quinze jours. Et y eult moult de belles joustes, et belle feste de tout poins. En fin de la feste, il y eult grant parlement; et y fu messires Phelippes de Navare, qui parconfruma les alianches du roy son frère au roy d'Engleterre. Et eult le roy englès en couvent au dit monseigneur Phelippe que moult efforchiement à la Saint Jehan Baptiste ensievant se meteroit en mer et yroit prendre terre en Normendie sur le pooir du roy de Navare. Et le roy de Navare ly devoit delivrer ses fortresses qu'il tenoit en Normendie, pour mieulx grever Franche et constraindre ses ennemis.

Encores fu là ordonné ly mariage du jouene conte Jehan de Monfort et de l'une des filles du roy d'Engleterre, parmy tant que le roy d'Engleterre eult en couvent au dit conte qu'il luy aideroit à poursievir sa guerre contre la fême à monseigneur Charles de Blois qui s'en tenoit hirtière et qui moult forte y estoit de villes, de cités et de fortresses et ossy de grande baronnie et de bonne chevallerie, Bretons, qui estoient de son acord. Et y faisoit toudis la damme bonne guerre et forte, quoyque son marit messire Charles de Blois fust prisonniers en Engleterre. F°ˢ 468 à 471.

P. 134, l. 17 : Konces. — *Ms. B* 3 : Conches.

P. 134, l. 26 Rosem. — *Ms. B* 3 : Rozan. — *Ms. B* 5 : Ros. F° 363 v°.

P. 135, l. 1 : cinq cens. — *Ms. B* 4 : six cens. F° 156.

P. 135, l. 5 : en nom de cran. — *Ms. B* 3 : pour le creancer. — *Ms. B* 4 : en nom de craon.

P. 135, l. 16 : mil. — *Mss. B* 3, 6 : deux mille.

P. 135, l. 16 : deux mil. — *Ms. B* 6 : six mille. F° 471.

P. 135, l. 17 : lui. — *Ms. B* 6 : Et che fu acordet à le requeste et prière d'aucuns barons de Gascongne, qui là estoient venu veoir le roy leur seigneur, tels que le seigneur de Labreth, messire Jehan de Pumiers, messire Elies de Pumiers, le sire de Lespare, le sire de Chaumont, le sire de Muchident et messire Aymers de Tharse. F° 471.

P. 135, l. 18 : li contes. — *Le ms. B* 3 *ajoute :* de Quenfort. F° 168.

P. 135, l. 21 : le baron de Stanfort. — *Ms. B* 6 : Richard de Stanfort. F° 168.

P. 135, l. 22 : milleurs. — *Ms. B* 3 : merveilleux.

P. 135, l. 24 : d'eur. — *Ms. B* 5 : de honneur.

P. 135, l. 26 : et. — *Le ms. B* 3 *ajoute :* mis.

P. 135, l. 26 : Là estoient. — *Ms. B* 6 : ossy le sire de le Ware, le sire de Willeby, messire Guillaume filz à Wervic, le sire de Despensier et sy doy frères, Thomas et Hues, qui devinrent chevaliers en che voiage, le sires de Felleton, messire Berthemieulx de Bruch, messire Estievenes de Gensesenton, le sires de Bercler, le sire de Briseton, messire Noel Loruich, messire Richart de Poncardon, messire Daniaus Pasèle, messire Denis de Morbecque, messire Ustasse d'Auberchicourt, messire Jehan de Gistellez et pluiseurs aultres, que je ne puis mie tout nommer. Dont, environ le Saint Jehan, tout ches seigneurs chevaliers et toutes gens d'armes et archiers se partirent d'Engleterre et montèrent à Hantone bien pourveu de gros vaisseaulx et de belle navire et allèrent devers Gascongne. F° 472.

P. 135, l. 28 : Brues. — *Ms. B* 4 : Brouhes. F° 156.

P. 135, l. 30 : Estievenes. — *Ms. B* 5 : Estienne. F° 363 v°.

P. 136, l. 2 : Ustasses. — *Ms. B* 3 : Ytasse. — *Ms. B* 4 : Wistaches.

§ 346. P. 136, l. 10 : Quant li rois — *Ms. d'Amiens* : Et avint que li rois d'Engleterre, sus le confort dou roy de Navare, fist ung très grant mandement par tout son royaumme, et eut bien quatre cens vaissiaux appareilliéz sus mer. Si entrèrent ens touttes mannierrez de gens d'armes et d'archiers, et s'en vinrent singlant pour arriver en Normendie ; mès li vens leur fu toudis si contrairez que bien six sepmainnez qu'il furent sus l'aige, il ne peurent prendre terre à Chierebourch, là où il tiroient et tendoient à ariver.

Li roys de France, qui estoit enfourméz de l'armée dou roy d'Engleterre et des alliances qu'il avoit au roy de Navarre, fu adonc si consilliéz parmi bonnes gens qui s'en ensonniièrent, et par especial li cardinaux de Bouloingne, que on les mist à acord. Et fu ensi dit au roy de Franche que il valloit trop mieux que il se laisast à dire et refrennast son coraige que donc que ses royaummes fust nullement foulléz ne grevés.

Si descendi adonc li roys de France à l'ordonnance de ses gens, et fist paix au roy de Navare. Et li pardonna li roys de France, par samblant, tous ses mautalens. Et dubt li roys de Navarre adonc, par paix faisant, deffiier le roi d'Engleterre ; mais il n'en fist riens et s'en seut bien dissimuler. F° 100.

P. 136, l. 11 : en mer. — *Ms. B* 6 : sur le rivière de Tamisse. F° 473.

P. 136, l. 12 : deus mil. — *Ms. B* 6 : trois mille. F° 473.

P. 136, l. 12 et 13 : quatre mil. — *Ms. B* 6 : dix mille archiés et cinq mille hommes de piet, Gallois et aultres, quy ont usaige de suir les gerres. Là estoient des seigneurs englès avecques le roy, le duc de Lenclastre, son cousin, et ung des filz du roy, que on appeloit Jehan conte de Richemont, et povoit estre en l'eaige de seize ans, le conte de Pennebrucq, le conte d'Arondel, le conte de Northonne, le conte de Kenfort, le conte de Cornuaille, le conte de la Marche, le sires de Persy, le sires de Ros, le sires de Grisop, le sire de Noefville, mesirre Richart de Bennebruge, l'evesque de Lincolle et chilz de Duren, le sire de Monbray, le sire de Fillvastre, mesire Gautié de Mauny, le sire de Multonne, mesire James d'Audelée, messire Pière d'Audelée frères, le sire de Lantonne et pluisers aultres barons et chevaliers, bien en point de servir le roy.

Sy se partirent du havre de Londres sur la Tamise et vinrent à chelle prumière marée gesir à Gravesaindez, et lendemain au soir à Mergate. Quant il se furent de là desancrés à l'autre marée, il entrèrent en mer et costioient Engleterre et Boulongne et tout le Pontieu, en approchant de Normendie. Bien estoient veu des costes de Franche, mès mies ne sçavoient quelle part il volloient traire.

Dont ces nouvelles furent raportées au roy de Franche et à son consail que le roy d'Engleterre, à plus de deux cens vaissiaulx, que uns que aultres, et estoit sur mer, et prendoit le chemin de Normendie. Sy vinrent aulcun grant seigneur de Franche, telz que le duc de Bourbon, messire Jacques de Bourbon frères, le duc d'Athènez, connestable de Franche, le conte d'Eu messire Jehan d'Artois et pluisers aultres grant seigneur du conseil du roy qui seurent les couvenenches et les traitiés qui estoient entre le roy d'Engleterre et le roy de Navare. Sy considerèrent que parmy chel acord le roialme de Franche pouroit estre destruit. Sy parlèrent au roy Jehan et ly remoustrèrent tant de raisons souffisans qu'il convint qu'il s'enclinast à leur conseil, combien que che fust contre son coraige. F°⁸ 473 à 475.

P. 136, l. 15 : Stafort. — *Mss. B* 4, 5 : Stanfort. F° 156 v°.

P. 136, l. 15 : le Marce. — *Ms. B* 3 : la Mare. F° 168.

P. 136, l. 16 : Hostidonne. — *Ms. B* 3 : Antiton.

P. 136, l. 23 : Symons de Burlé. — *Mss. B* 3, 5 : Symon Burlé.

P. 137, l. 4 : à l'encontrée de — *Ms. B* 4 : à l'encontre. — *Ms. B* 5 : qui est contre. F° 364.

P. 137, l. 15 : li pooit — *Ms. B* 3 : le pourroit.

P. 137, l. 15 : ou cas que. — *Ms. B* 3 : si d'aventure.

P. 137, l. 16 : possessoit des villes et des chastiaus, — *Ms. B* 3 : mettoit les Anglois ès villes et chasteaux.

P. 137, l. 17 : valoit. — *Ms. B* 3 : seroit.

P. 137, l. 18 : laissast à dire. — *Ms. B* 3 : envoiast. — *Ms. B* 4 : se laissast à dire.

P. 137, l. 21 : conception. — *Le Ms. B* 3 *ajoute* : et qui jà estoit.

P. 137, l. 22 : air. — *Ms. B* 3 : ire.

P. 137, l. 23 : se rafrena. — *Ms. B* 3 : refrena.

P. 137, l. 23 *à* 25 : et laissa... Navare. — *Ms. B* 3 : embesoigna de ses gens devers le roy de Navarre.

P. 137, l. 25 : Chierebourch. — *Le Ms. B* 4 *ajoute :* devers le roy de Navare.

P. 137, l. 25 et 26 : li evesques de Bayeus. — *Ms. B* 6 : li archevesques de Sens. F° 475.

P. 137, l. 32 : retournées. — *Ms. B* 3 : remoustrées.

P. 138, l. 3 : d'Engleterre. — *Ms. B* 6 : Tant fut traitié et parlementé entre le roy Jehan de Franche et le roy de Navare que une journée fut prinse de faire l'acord entre Paris et Evreus, et convint adonc que le roy de Franche venist hors de Paris pour parlementer au roy de Navare. A che parlement fut acordet que le roy Jehan renderoit au roy de Navare toute[s] les terres qu'il avoit devant donné à monseigneur Charles d'Espaigne : pour quoy il fut ochis, et dont le haine venoit, et ly rendy tous les hirtaiges et les proufis que il et le roy son père en avoient levet pas l'espasse de vingt ans, qui povoit monter plus de six vingt mille florins. Et parmy chou bonne pais, et devoit estre le roy de Navare establis de donc en avant au roy Jehan et au royalme de Franche et contremander les couvenanches du roy d'Engleterre toutes telles que il les i avoit. Et encores avoecq che, le roy de Navare et ses frères povoient chevauchier par tout le royalme de Franche à tout cent bachinés ou cent glaives, sans meffaire, s'il leur plaisoit. Et, toutes ces choses ordenées et confermées et saillées, le roy de Franche retourna à Paris, et le roy de Navare et ses frères retournèrent à Evreus. F° 476.

§ 347. P. 138, l. 11 : Quant li rois. — *Ms. d'Amiens :* Li roys d'Engleterre fu enfourmés de celle paix, qui gisoit sur mer à l'ancre à l'encontre de l'ille de Grenesie; si se retraist adonc vers Engleterre; mès pour ce que il avoit ses gens assamblés, il lez vot emploiier et fist tourner toutte se navie à Calais, et là ariva. Si yssirent li Englès de lors vaissiaux et sen vinrent logier à Callais, et li roys ou castiel.

Ces nouvellez vinrent en Franche que li roys d'Engleterre et ses hoos estoient arivet à Calais, et suposoit on que il feroit une chevauchie en France. Si envoya tantost li dis roys de Franche grant fuisson de gens d'armes à Saint Omer, desquelx messire Loeys de Namur et li comtez de Porsiien furent cappittainne; et fist ung coumandement par tout son royaumme que touttes gens fuissent priès as armes et as chevaux pour resister contre leurs ennemis. Encorres envoya li roys de Franche grant gent d'armes à Arde, à Bouloingne, à le Montoire, à Bavelingehen, à Oudruich, à Hamez et ens ès garnisons françoisses sus lez frontierres de Callais.

Quant li roys d'Engleterre et ses gens se furent cinq jours reposet et rafresci à Callais, il s'ordonnèrent pour partir et de chevauchier en Franche. Si se departirent de Callais en grant arroy et grant fuisson de chars et de sommiers, et estoient environ deus mil hommes d'armes et quatre mil archièrs. Si prissent le chemin de Tieruanne, et coururent li Englès le premier jour jusques à Moustroel sus Mer et environ Saint Pol et Tierrenois. Si ardirent tout le pays là environ, puis retournèrent à leur grant ost. F° 100.

P. 138, l. 19 et 20 : les dangiers. — *Ms. B 3* : le dangier. F° 168 v°.

P. 138, l. 28 : ou — *Le ms. B 5 ajoute :* aillieurs. F° 364.

P. 138, l. 29 et 30 : vesteure. — *Ms. B 3* : vestemens.

P. 138, l. 30 : ostilz. — *Ms. B 3* : choses. — *Ms. B 4* : estas. F° 157.

P. 139, l. 2 : au lés. — *Ms. B 3* : du cousté.

P. 139, l. 10 : Lyons. — *Ms. B 4* : li uns.

P. 139, l. 18 : Sallebrin. — *Ms. B 3* : Salebry.

P. 139, l. 23 : le Montoire. — *Ms. B 3* : la Motoire.

P. 140, l. 2 : où que fust. — *Ms. B 3* : en quelque part que ce fust. F° 169.

P. 140, l. 2 : fust. — *Ms. B 6* : Et sceult (le roi de France) tantost par ses garnisons de Boulongne et d'ailleurs que le roy d'Engleterre estoit arivés à Calais ; lors fist ung moult grant mandement à yestre à Amiens, car il voloit aller à l'encontre du roy d'Engleterre et deffendre son pais. Sy envoia le dit roy monseigneur Lois de Namur son cousin à Saint Omer à tout deux cens lanches pour estre capitaine de la dite ville et des frontières par delà. Et envoia son marisal, messire Ernoul d'Audrehem, en le bastille d'Ardre, à tout deux cens armés de fer, pour le garder et deffendre à tous venans. Et envoia le jouene conte de Saint Pol en la chité de Terouane, à tout deux cens lanches pour le garder, et les garny bien et soufisanment, et Boulongne et Monstreul, Heddin, Saint Pol et toutes les fortresses de là entour. Et le roy meismes se party de Paris et le duc de Normendie son filz, le duc d'Orliens ses frères, le duc de Bourbon, le conte de Pontieu, le conte d'Eu, le conte de Dammartin, le conte de Tancarville, le conte de Vaudemont et de Genville, le conte de Monpensé et de Ventadour, le conte de Nerbonne et pluiseurs aultres barons et seigneurs; et chevauchèrent devers Amiens. Et d'autre part vinrent de l'Empire messire Jehan de Haynau, sire de Bieaumont et de Chymay, en très grant aroy, car le roy Jehan l'amoit durement et avoit en luy très grant fiance. Et y vint le conte de Namur nomé Gillame, le conte Jehan de Nanso, le conte de Clèves, l'evesque de Més, l'evesque de Verdun et grant foisons de chevaliers d'Alemaigne. Et, d'autre part, se asambla le roy de Navare ly troisième de frères, messire Phelippes, messire Lois, à tout grant foisons de saudoiers, pour venir [à] Amiens où le roy de Franche faisoit son mandement.

Sy se party le roy d'Engleterre de Calais en moult grant arroy et avoit adonc avecques luy deus de ses enfans, monseigneur Lois et monseigneur Jehan, et le duc de Lenclastre son cousin, le duc de Norhantone et de Herfort, le conte d'Arondel, le conte de Pennebourcq, le conte de Kenfort et le plus grant partie des contes et des chevaliers qu'il avoit, quant il cuida ariver en Normendie sus le povoir du roy de Navare. Et estoit connestable de toute son armée le conte de la Marche, et marescal le sire de Noefville et messire Jehan de Bieaucamp.

Sy vint le roy englès ce prumier jour entour Fiènes; et y eult ung très grant assault au castiel, mais riens n'y fourfirent, car il estoit bien garny de bonnes gens d'armes qui bien le tinrent et deffendirent tant qu'il n'y perdirent riens. Adonc s'en partirent les Englès en celle entente que pour venir devant le chité d'Arras et le assegier, se le roy n'ot aultre[s] nouvelles. Sy chevauchèrent l'endemain devers Saint Pol en Ternois, et coururent les coureurs des Englès environ Monstreul, mais point ne passèrent la rivière. Et s'en vint le roy englès à tout son ost logier à Blangy de lès Heddin, et là se tint tout cois sans aler plus avant, car il entendy que le roy de Franche estoit [à] Amiens et faisoit là sen asamblée de gens d'armes. F°⁵ 478 à 480.

P. 140, l. 5 : Pikardie. — *Le ms. B 3 ajoute :* en la conté de Boulonnois. F° 169. — *Les mss. B 4, 5 ajoutent :* en le conté de Boulongne. F° 157.

P. 140, l. 9 : y assist. — *Ms. B 3 :* assigna.

P. 140, l. 15 : especial. — *Le ms. B 3 ajoute :* devers. — *Le ms. B 4 ajoute :* à.

P. 140, l. 24 : du Maine. — *Ms. B 5 :* d'Auvergne. F° 364.

P. 140, l. 32 : Poitiers. — *Ms. B 3 :* Ponthieu. — *Ms. B 4 :* Pontiu.

P. 141, l. 5 : tanisons. — *Mss. B 3, 5 :* ennuy. — *Ms. B 4 :* merveilles.

P. 141, l. 7 : les. — *Mss. B 3, 4 :* ses.

P. 141, l. 8 : trente mil. — *Le ms. B 3 ajoute :* hommes.

P. 141, l. 14 : avoient. — *Ms. B 3 :* avoit.

P. 141, l. 21 et 22 : entrues. — *Ms. B 3 :* cependent.

§ 348. P. 141, l. 31 : faisoient. — *Ms. B 3 ajoute :* grande. F° 169.

P. 142, l. 3 : resongnoient. — *Ms. B 3 :* ensonnyoient. F° 169, v°.

P. 142, l. 5 : vasselage. — *Ms. B 3 :* vaillance.

P. 142, l. 7 : sept. — *Ms. B 5 :* huit. F° 364 v°.

P. 142, l. 7 : des. — *Ms. B 3 :* devant les.

P. 142, l. 14 : Lancastre. — *Ms. B 6 :* Sy s'avisa ou prumier il feroit son enprise et s'en descouvry à son serouge qui sa seur il avoit, le conte de le Mare, et à ung sien cousin, monseur Archebault Douglas, vaillant homme ; et leur dist qu'il avoit aviset d'esquieller et de prendre par fait d'armes, tout en une nuit, le bonne chité de Bervich et le castiel de Rosebourcq qui jadis fu de leur yretaige. Chil deus chevaliers et messire Robiert de Versy avecques yaulx sy s'acordèrent. Et deult le dit messire Guillaumes Douglas et messire Archebaus son cousin avecques leur route venir à Bervich, et le conte de la Mare et messire Robert de Versy allèrent à Rosebourcq en celle meismes nuit. Et sy s'ordonnèrent si bien leur besoigne et sy couvertement que il vinrent de jour en leur embusque. Et le dit messire Guillaumes et son cousin messire Archebaut se boutèrent en ung bosquet assés près de le cité de Bervich, sans che qu'il fuissent de nuluy aperceut et là se tinrent jusques à bien avant en la nuit ; et pooient [estre] environ trois cens hommes de guerre. Sy se partirent de leur embusque environ minuit et vinrent tout coiement jusques à Bervich. Et envo[ièrent] devant trois de leurs varlès pour sçavoir se chil de Bervich faisoient point de gait sur les murs ; il raportèrent à leur mestres que nanil. Adonc s'ayanchèrent il et vinrent sur les fossés et avoient eschelles cordées. Sy passèrent oultre les fossés, en portant leurs eschelles, au plus foible lieu et où il n'i avoit point d'iaue. Et jettèrent leurs eschelles et montèrent contremont, et entrèrent en la ville environ deux cens. Et vinrent tout coiement à la porte que cil de la cité ne s'en perchurent riens jusques à tant que de haches et de cuignies il busquèrent au flaiel pour le coper. Aulcuns gens qui estoient en leurs lis se esvillèrent pour le busquement. Sy se levèrent et vinrent à leur fenestre et se commenchèrent à estourmir ; mais anchois qu'il fussent levés et armet ne asamblé, le porte fut ouverte par forche, et tout les Escochois entrèrent dedens la ville. Et decopoient tous cheulx qui encontre eulx venoient à main armée. Et fyrent tant qu'il furent maistre de la cité et que les bourgois se rendirent à yaulx, saulve leurs vies et leurs biens; mais il ne porent avoir le castiel qui est assés près, car le gait oy la noize. Sy esvilla le castelain et les compaignons qui gardoient ledit chastiel ; et jamais de forche les Escochois ne l'euissent eut.

Or vous dirons de leurs aultres compaignons qui devoient Rochebourch esceller. Il ne demora mie en leur defaulte qu'il ne fesissent leur aproches saigement ; mais il fallirent, car le gait du dit chastiel villoit et s'apoioit à crestieaulx qu'il les virent sus les murs du dit chastiel. Sy entendy le bruit des Escochois murmurer ensamble ; sy coury moult tost esvillier le chastelain et les compaignons de laiens et se pourveirent de leur fait et vinrent as garites. Quant les Escochoiz les virent, il retournèrent arière tout esbahy, et virent bien qu'il avoient fally à leur emprinse. Sy se retirèrent devers Bervich et trouvèrent messire Guillame Douglas et leur compaignie qui tenoient la cité comme le leur. Si en furent tous joieulx ; sy prirent consail ensamble qu'il asegeroient le dit chastiel. Sy l'asegèrent de tous costés, car à l'un des lés il marchist à le ville. Ches nouvelles vinrent en Engleterre que les Escochois avoient reprins Bervich. Sy en furent les Englès moult courouchiés, mais amender ne le peurent tant que à celle fois. F^{os} 481 à 484.

P. 142, l. 18 : siet. — *Ms. B* 3 : est assis.

P. 142, l. 24 : cremeur. — *Ms. B* 3 : crainte.

P. 142, l. 27 : Bervich. — *Le ms. B* 5 *ajoute :* qui siet sur la dicte rivière. F° 364 v°.

P. 142, l. 28 : assenèrent. — *Ms. B* 3 : essaièrent.

P. 142, l. 32 : quoique. — *Ms. B* 3 : et qui.

P. 143, l. 7 : puisqu'il. — *Ms. B* 3 : puisque les Anglois.

P. 143, l. 8 : mancevi. — *Ms. B* 3 : advertiz. — *Ms. B* 4 : manchevi. F° 157 v°.

P. 143, l. 9 : Escos. — *Le ms. B* 3 *ajoute :* dont toute la marce estoit en doublance, et point n'y avoit gens au païs pour faire un siège ne resister aux Escos. — *Le ms. B* 4 *ajoute :* de quoi toute le marche estoit en grant doubtance, et point n'y avoit gens ou païs pour faire siège ne resister as Escos. F° 157 v°.

P. 143, l. 10 : Bervich. — *Ms. B* 3 : Vervich. F° 169 v°.

P. 143, l. 12 : Grastoch. — *Ms. B* 3 : Grascop. — *Ms. B* 4 : Grascok. F° 157 v°.

P. 143, l. 13 : gouvernance. — *Mss. B* 3 *et* 4 : gouvernement.

P. 143, l. 17 : Guillaumes Douglas. — *Ms. B* 3 : Jehan de Douglas. — *Ms. B* 4 : Guillaumes de Douglas.

P. 143, l. 17 : menères. — *Ms. B* 3 : conducteur. — *Ce mot manque dans le ms. B* 4.

§ 349. P. 143, l. 22 : Tant ala. — *Ms. d'Amiens :* A l'endemain chevauça li roys d'Engleterre et vint logier à Blangi, à deus lieuwez de Hedin, et point ne passa adonc oultre, et dist qu'il atenderoit là le roy de Franche.

Li roys de Franche estoit avaléz à Pieronne en Vermendois, et avoit fait ung si grant mandement partout que merveilles seroit au deviser, et s'en vint en le chité d'Arras, et touttes mannierres de gens le sieuvoient, et avoit bien soissante mil hommes. Là estoit dallés lui messires Jehans de Haynnau o grant routte de gens d'armes, et ouvroit li dis roys de France en partie par son consseil.

Or avint que messires Bouchicaus, ungs chevaliers de Poito, qui pour le tamps estoit prison au roy d'Engleterre, et l'avoit li dis roys recreu sus sa foi le tierme de huit mois, si s'en revenoit messires Bouchicaus deviers le roy d'Engleterre pour li remettre en se prison, enssi que couvens portoit, et vint ung soir à Blangi, là où li roys englès estoit logiés. Quant li roys le vi, se li demanda tout en hault : « Et dont revient Bouchicaux ? » — « En nom Dieu, dist il, sire, de France et de deviers le roi de Franche. » — « Et que dist ly roys de France ? ce dist li roys d'Engleterre ; me venra il point combattre ? » — « En non Dieu, sire, dist il, de cela ne sai je riens, ne je ne sui mies de son consseil si avant. »

Adonc musa li roys d'Engleterre ung petit et puis dist ; « Messire Bouchicau, je poroie avoir de vous deus mil ou trois mil florins, se je volloie ; mès je lez vous quitteray, se vous volléz aller deviers mon adverssaire, vostre roy, et lui dire de par my que je l'atens droit chy, et l'ai attendu et attenderay encorrez trois jours, se il voelt traire avant pour combattre, et de ce me venrés vous faire le responsce. » — « Saint Jorge ! sire, dist messires Boucicaus, vous me offrés grant courtoisie, et je le voeil faire et di grant merchis. » Chilx soirs passa ; l'endemain au matin, il monta à cheval et vint à Arras, et là trouva le roy de Franche ; se fist son message bien et à point.

Li roys de Franche respondi et dist : « Messire Bouchicaux, puisque en couvent avés de raller par delà, vous dirés à nostre averssaire que nous nos partirons, quant bon nous samblera, et non pas par se ordonnance. » F° 100.

P. 143, l. 21 : ensiewant. — *Ms. B* 6 : Or revenons au roy d'Engleterre, qui estoit à Blangy delés Heddin. Entreus que le roy englès estoit à Blangy, coururent ses marisaulx ens ou pais de Ternois et d'Artois et vinrent à Saint Pol. Et y eult ung jour moult grant assault ; mais chil qui dedens estoient le gardèrent bien et vaillanment et tant que les Englès ne firent point de damaige. F° 484.

P. 143, l. 23 : Blangis. — *Ms. B* 3 : Blangy. F° 169 v°.

P. 143, l. 30 : entrues que. — *Ms. B* 3 : cependent que.

P. 143, l. 30 : vint. — *Ms. B* 6 *ajoute :* sur ung soir. F° 484.

P. 143, l. 31 : bons. — *Ms. B* 3 : vaillant.

P. 144, l. 2 : de le. — *Ms. B* 3 : dès la. F° 170.

P. 144, l. 3 : et. — *Le ms. B* 3 *ajoute :* y.

P. 144, l. 6 : restre. — *Ms. B* 3 : revenir.

P. 144, l. 7 à 20 : Cilz.... logiés. — *Ce passage manque dans le ms. B* 5, f° 365.

P. 144, l. 10 et 11 : tout.... langage. — *Ms. B* 3 : tant par son beau et doulx langaige.

P. 144, l. 11 : apparilliet. — *Ms. B* 3 : plaisant que par ses autres prouesses.

P. 144, l. 14 : grant cière. — *Ms. B* 3 : bonne chière.

P. 144, l. 15 : estoit. — *Le ms. B* 3 *ajoute :* en la grace du roy et son.

P. 144, l. 21 : se trest. — *Ms. B* 3 : se tira.

P. 144, l. 22 : devant. — *Ms. B* 3 : dedens.

P. 144, l. 23 : luite de deux Bretons. — *Ms. B* 5 : luitier deux Bretons. F° 365.

P. 144, l. 24 : l'enclina. — *Ms. B* 3 : se enclina :

P. 144, l. 26 : Jehan. — *Le ms. B* 3 *ajoute :* de France.

P. 145, l. 3 : temprement. — *Ms. B* 3 : en brief.

P. 145, l. 4 à 13 : Li rois... vous. — *Ce passage manque dans le ms. B* 5.

P. 145, l. 5 : cou — *Ms. B* 3 : ce. — *Ms. B* 4 : chou. F° 158.

P. 145, l. 16 et 17 : deus ou trois mil florins. — *Ms. B* 6 : trois ou quatre mille escus. F° 485.

P. 145, l. 22 : combatre. — *Ms. B* 6 : et se response vous me lairés savoir par ung hirault des nostres, que je vous cergeray à vostre departement. F° 485 et 486.

P. 145, l. 22 : message. — *Le ms. B* 3 *ajoute :* bien à point, vous me ferez service, et je vous quicteray vostre prison.

P. 145, l. 24 : resjois. — *Ms. B* 3 : esjoy.

P. 145, l. 30 : yaus. — *Ms. B* 3 : luy.

P. 145, l. 31 : mesnie. — *Ms. B* 3 : compaignie.

P. 145, l. 32 : retour. — *Ms. B* 6 : ung hirault o luy que on apelloit Faucon. F° 486.

P. 146, l. 9 : lewiers. — *Ms. B* 3 : louyer. F° 170. — *Ms. B* 4 : leuiers. F° 158 v°. — *Ms. B* 5 : louier. F° 365.

P. 146, l. 12 : avés. — *Le ms. B* 3 *ajoute :* premier.

P. 146, l. 14 : ennemis. — *Ms. B* 6 : la response du roy fu telle par Faucon le hirault, qui le aporta arrière, que c'estoit bien l'intencion du roy de Franche que de aller devers ses ennemis et plus avant, mais que ses gens fussent tout venus qu'il avoit mandet. F° 486.

§ 350. P. 146, l. 15 : Ensi demora. — *Ms. d'Amiens :* Sus cel estat se parti messires Bouchicaus, et vint arrière à Blangi et recorda au roy d'Engleterre le responsce que vous avés oy.

Quant li roys entendi ce, si eult sur ce avis, et dounna à monseigneur Bouchicau congiet et le quita de sa foy et puis se desloga dedens un jour apriès et retourna vers Saint Omer. Et entrèrent ses gens en le comté de Fauckenberghe; si le ardirent moult villainnement. Et enssi que li Englès chevauchoient, messires Hernoulx d'Audrehen, marescaux de Franche, à deux cens armurez de fier, les costioit et leur porta plusseurs dammaiges.

Quant li roys de Franche sceut par monsigneur Bouchicau que li roys d'Engleterre estoit deslogiés et qu'il s'en ralloit vers Callais, si se departi adonc à grant esploit de le chité d'Arras, et chevaúcha viers Saint Omer et vint gesir à Tieruane. Et li roys d'Engleterre ce jour vint à Eske sus le rivierre, et là se loga. Et l'endemain li roys de Franche le poursui. Et li roys d'Engleterre s'en rentra dedens Callais. F° 100 v°.

P. 146, l. 15 : cel. — *Ms. B* 4 : tel. F° 158 v°.

P. 146, l. 23 : lui retraire. — *Ms. B* 3 : se retirer. F° 170.

P. 146, l. 27 : Leueline. — *Ms. B* 3 : Laueline. F° 170 v°. — *Ms. B* 4 : Leveline. F° 158 v°. — *Ms. B* 5 : Liveline. F° 365.

P. 146, l. 27 : devers. — *Ms. B* 3 : à.

P. 146, l. 28 : Faukemberghe. — *Ms. B* 6 : Sy tost que le roy de Franche sceut que le roy Englès estoit deslogiet et qu'il se tiroit et retraioit arière, il se party de la ville d'Amiens et s'en vint à Aras et fist commandement que toutes manières de gens à cheval et à piet le sievissent. Et envoia devant son connestable, messire Jaques de Bourbon, en le chité de Terouane, à tout trois cens lanches, pour le garder contre les Englès, se nul assault y fasoient. Le roy Englès et son host, yauls party de Heddin et de là environ, chevauchèrent et passèrent assés près de Terouane, mais point n'y assallirent, car il entendirent que elle estoit garnie de bonnes gens d'armes. Se passèrent les Englès oultre et vinrent logier droit à Alekine et sus celle rivière qui keurt desous le castiel de Maunier et qui vient à Arques. Et messire Ernoul d'Audrehem, marisal de Franche, à tout cinq cens compaignons bien montés, les poursievy et se logea celle nuit moult près d'ieaulx sus le mont de Herfault, et tant qu'il veoient bien l'un l'autre. Et l'endemain se desloga le roy et passa desous le mont de Herfault et s'en vint devers Fauquemberghe, qui estoit une bonne ville et grose et où on faisoit grant draperie. Sy fu la dite ville prinse des Englès, car il n'y avoit point de deffense, et fu toute pillie et robée et à leur departement toute arse. Et le roy de Franche s'en vint che mesme jour à Terouane, et tout son ost, et avoit bien cent mille hommes, que uns, que aultres. L'endemain, se party le roy englès de Fauquemberghe et passa à Licques et desoubz Ardre, et fist tant qu'il rentra en Calais. F° 487 et 488.

P. 147, l. 2 : o primes se desloga il. — *Ms. B* 3 : et qu'il se deslogeoit. F° 170 v°.

P. 147, l. 3 : sur. — *Ms. B* 3 : contre. — *Ms. B* 4 : sur.
F° 158 v°.

P. 147, l. 7 : Tierenois. — *Mss. B* 3 à 5 : Tiernois.

P. 147, l. 8 : Tieruane. — *Ms. B* 3 : Therouanne. — *Ms. B* 4 : Tierewane.

P. 147, l. 8 et 9 : estoient... Faukemberge. — *Ms. B* 5 : avoient passé Fauquenbergue. F° 365.

P. 147, l. 11 : Liques. — *Mss. B* 3 et 5 : Lisques. — *Ms. B* 4 : Licques.

P. 147, l. 14 : costiiet. — *Ms. B* 3 : coustoié.

P. 147, l. 15 : dessouchier. — *Ms. B* 4 : deffouchier. F° 158 v°.
— *Ms. B* 3 : bouger pour poursuir les Anglois.

P. 147, l. 19 : en le kewe. — *Ms. B* 3 : à la queue. — *Ms. B* 4 : à la keue.

P. 147, l. 19 : le bastide. — *Ms. B* 3 : la bastille.

P. 147, l. 20 : chapitains. — *Ms. B* 6 : Che prope jour, vint le roy de Franche à Fauquenberghe et là se loga sur la rivière, et cuidoit que les Englès fussent là environ, et les avoit tout le jour poursievy à l'avis des fumières qu'il faisoient.

Or advint que, entreulx que le roy de Franche et les seigneurs estoient là logiet, ung grant remous et moult felle s'entreprist entre les gens de monseigneur Jehan de Haynau et le commun de Tournay. Et fu la chose bien ordonée de mal aler, car il furent rengiés ly uns devant l'autre. Et y eult pluiseurs de chiaulx de Tournay ochis et blechiés, dont il estoient moult ayret. Et encores euissent il rechut plus grant damaige, se ly rois n'y eust envoiet et mis deffense sur yaulx et yaulx appaisiet, car grans foisons de bons chevaliers et escuiers se tournoient et tiroient devers monseigneur Jehan de Haynau à l'encontre de cheaulx de Tournay. Sy fu la chose ensy departie : qui plus y eult mis plus y eult perdu. Chil de Tournay plouroient leur damaige : che fu le reconfort qu'il en eurent.

Assés tost après ceste advenue, vint le marescaus de Franche, messire Ernoul d'Audrehem devers le roy, et ly dist que les Englès estoient entrés à Calais. Quant le roy de Franche entendy che, sy eult consail de luy retraire à Saint Omer et se party à tout son ost et s'en vint en sa bonne ville de Saint Omer et là se tint. Et demanda conseil à monseigneur Jehan de Haynau, en quy il avoit fiance, coment il poroit perseverer à son honneur de ceste armée ; il luy dist : « Sire, se vous envoierés quatre chevaliers à Calais devers le roy d'Engleterre, et luy manderés que vous l'avés poursievy au plus hastivement que vous avés peult depuis les nouvelles que vous eustes de messire Bouchicault et qu'il vide hors de Calais, et vous luy baillerés plache là où il le voldra prendre et eslire, et là le combaterés. »

A che consail le roy entendy vollentiers. Et furent les quatre chevaliers nommés et ordonnés qui yroient ce messaige faire ; et furent messires Ernoul d'Audrehem, messire Guichart de Biaugeu, messire Bouchicault et le sire de Saint Venant. Et cheulx y alèrent et ung hirault avecques eulx jusques à Calais pour parler au roy d'Engleterre. Quant il furent venus assés près de Calais, il envoièrent leur hirau dedens la ville dire et senefier au roy englès que là estoient quatre chevaliers franchois pour parler au roy d'Engleterre de par le roy de Franche, mais que il eussent sauconduit. Le roy respondy au hirault qu'il n'avoient que faire de entrer en la ville de Calais ; mais il envoiroit de son consail pour parler à yaulx et sçavoir quelle chose il volloient dire. Sy i envoia son cousin le duc Henry de Lenclastre et messire Gautier de Mauny et deux aultres chevaliers. Sy chevauchèrent tant que il vinrent là où les quatre chevaliers de Franche les atendoient. Sy les saluèrent courtoisement et leur demandèrent qu'il leur plaisoit. Messire Ernoul d'Audrehem prist le parolle et dist qu'il estoient là envoiet de par le roy de Franche pour requerre au roy d'Engleterre qu'il volsist yssir hors de Calais et venir en ung biel camp, car il se volroit combattre à luy. Le duc de Lancastre respondy que ly roy Jehan avoit eut assés tamps et losir de venir jusques à yauls, s'il volsist, car il avoit sejourné au pais de l'Artois bien onze jours, où le roy son seigneur l'avoit atendut et luy avoit mandé bataille « par vous monseigneur Bouchicault qui chy estes presens. Sy vous respondons de par le roy nostre seigneur qu'il n'est pas consilliés de faire che que vous ly requerés, car jà le moitié de ses gens en sont rallet leur voie, et ly aultres sont moult travilliet. Se ly venroit mal à point de combatre au plaisir et à l'aise du roy de Franche et à tous les bons poins. » Là endroit furent pluiseurs raisons dites entre yauls, dont je m'en tais, car riens n'en fut accordé. Sy se partirent atant les chevaliers de Franche et vinrent à Saint Omer raporter au roy de Franche leur response, et ly chevaliers d'Engleterre s'en ralèrent à Calais. F° 488 à 492.

P. 147, l. 26 : li Englès estoit. — *Ms. B* 3 : les Anglois estoient.
— *Ms. B* 4 : ly Englès estoient.

P. 148, l. 3 : royaus. — *Ms. B* 3 : roialle.

P. 148, l. 5 : chevaucie. — *Ms. B* 3 : chevauchée.

P. 148, l. 13 : pièce de terre. — *Ms. B* 3 : terre.

P. 148, l. 20 : Arde. — *Ms. B* 3 : Ardre. F° 171 v°.

P. 148, l. 23 et 24 : havene. — *Ms. B* 3 : havre.

P. 148, l. 24 et 25 : Bervich. — *Ms. B* 3 : Vervich. F° 172.

P. 148, l. 26 : Rosebourch. — *Le ms. B* 3 *ajoute :* et fally.

P. 148, l. 27 : pensieus. — *Mss. B* 3, 5 : pensif.

P. 148, l. 28 : Grastoch. — *Ms. B* 3 : Grastop. — *Ms. B* 4 : Grascok. F° 159. — *Ms. B* 6 : Grisep. F° 492.

P. 149, l. 3 : eussent... songniet. — *Mss. B* 3, 4 : eussent esté bien soigneux. F° 172.

P. 149, l. 3 : songniet. — *Ms. B* 6 : Adonc se mirent les seigneurs d'Engleterre entre le roy et le chevalier, et dirent : « Monseigneur, il sera bien amendé. » Lors soupa le roy moult petit et fist là venir tout son consail après souper en sa chambre. Sy fu dit et ordonné que, à heure de minuit, quant la marée venroit, que il entraissent tous en leurs batieaulx et s'en yroient en Engleterre ; et ne dormiroit jamais en une ville que une nuit, sy seroit venu devant Bervich. Ensi fu il segnefiet et criet parmy la ville de Calais. Et fu tout toursé, et les chevaulx mis en ès batieaulx devant minuit, et à chelle heure le roy entra en son batiel et toute[s] ses gens ; et furent l'endemain, à heure de prime, à Douvres. Sy dessendirent et mirent tout leur baghes hors, et puis montèrent à cheval, et prirent le chemin de Londres. Et fist commandement le roy par toute son ost que nulz ne presist aultre chemin que chely d'Escoche. F° 493.

P. 149, l. 6 : tel. — *Ms. B* 3 : tellement. F° 172. — *Ms. B* 4 : atourné telle paix.

P. 149, l. 7 : sist. — *Ms. B* 3, 4 : fut. F° 172.

§ 351. P. 149, l. 16 : Quant messires. — *Ms. d'Amiens :* Et li roys de Franche vint logier sus le mont de Sangate, et envoya à Callais monseigneur Ernoul d'Audrehen parler au roy d'Engleterre pour atraire hors ; mès il s'escuza et dist que il n'en feroit pour celle saison plus. Enssi se desrompi ceste chevauchie, et retourna li roys Jehans en Franche. F° 100 v°.

P. 149, l. 17 et 18 : l'enclinèrent. — *Ms. B* 3 : s'aclinèrent. F° 172.

P. 149, l. 18 : bien.... point. — *Ms. B* 3 : bien honnestement.

P. 149, l. 27 : la bataille. — *Ms. B* 3 : batailler.

P. 149, l. 31 : finable. — *Ms. B* 3 : finale.

P. 150, l. 11 : en sès. — *Mss. B.* 3 *et* 4 : en ses.

P. 150, l. 13 et 14 : le bastide d'Arde. — *Ms. B.* 5 : la ville d'Ardre.

P. 150, l. 21 : Valenchiènes. — *Ms. B.* 6 : delés le boin conte Guillaume de Haynau son frère : Dieu leur faiche pardon! Car le gentil chevalier resgna moult vaillamment et fu en son vivant moult amés de ses amis et redoubtés de ses ennemis. Sy s'en rala son hirtaige, tout che qu'il en tenoit, as enfans monseigneur le conte Loys de Blois, qui furent filz de se fille, et qui adonc estoient moult jouene : Loys, Jehan et Guis. Chil resgnèrent moult honnourablement et moult loyaument, si comme vous orés recorder chy avant en ceste matère. F° 494.

P. 150, l. 25 : — Guis. — *Le ms. B* 5 *ajoute :* de Blois. F° 365 v°.

§ 352. P. 151. l. 1 : à cent. — *Ms. B* 3 : avec cent. F° 172 v°.

P. 151, l. 13 : emprise. — *Ms. B* 3 : entreprinse.

P. 151, l. 18 : Gautiers. — *Ms. B* 6 : avecques luy soixante compaignons bien montés et bien armés. F° 495.

P. 151, l. 19 : Bervich. — *Ms. B* 6 : et se bouta ou chastel qui se tenoit Englès et qui siet delés la cité. Et adonc messire Thomas Kol estoit chastelain. Quant le sire de Mauny fut venu jusques à là, il avisa et ymagina comment le plus tost il pouroit faire ouvraige qui apparust pour constraindre cheaulx de Bervich. Il avoit avec luy sept mineurs de l'esvesquiet de Liège, car toudis les menoit il vollentiers avoecq luy, puis qu'il pensoit à faire siège ne assault à une fortresse. Si les appella et leur dist : « Regardés entre vous se par mine nous porimes entrer en ceste cité. » Il respondirent : « Sire, oil. » — « Or vous aparliés et vous esploitiés, adonc dist le sire de Mauny. Mettés vos hostieus en euvre, car se nous poons entrer par mine, je vous feray tous riches. »

Adonc se ordonnèrent et commenchèrent à miner à l'endroit de une grose tour qui estoit sur les murs et respondant à le cité et servoit à l'encontre du dit castiel. Et commenchèrent à fouir mouvant en l'enprise du chastiel. Il n'eurent gaire minet ne alé avant quant il trouvèrent bieau[x] degrés bien assis et bien machonnés et une croute, toute vautée à manière de ung chelier, qui s'en aloit vers le cité de Bervich par desous les murs.

Advint, entreuz que ces mineurs minoient, chil de la cité s'en perchurent bien. Et bien savoient ly aucuns anchiens hommes que là en che contour il devoit avoir crouste et chelier qui aloit de la ville ou castiel. Sy se doubtèrent et esmaièrent durement qu'il ne fussent par là pris, et le remoustrèrent à aulcuns chevaliers d'Escoche qui là estoient pour garder la cité ; et leur dirent qu'il s'avisaissent, car il estoient en grande volenté que de yaus rendre à monseigneur Gautié de Mauny, et anchois que le roy englès y peuist venir ne qu'il fust pris par forche.

Quant les Escochois qui là estoient entendirent che langaige et perchurent le coraige des bourgois de Bervich, sy se doubtèrent que mauls ne leur en venist. Si se consillèrent et avisèrent entre yaulx sur che, et toursèrent tout che qu'il pourent et qui leur estoit, et se partirent ung jour et rentrèrent en leur pais. Et à l'endemain, ung traitiet se fist entre cheaus de Bervich et monseigneur Gautié de Mauny qu'il se rendroient, sauve leurs corps et leurs biens. Et les devoit le sire de Mauny parmy tant apaisier au roy d'Engleterre, ensy qu'il fist ; car le roy i entra le second jour après à grant joie. F^{os} 495 à 497.

P. 151, l. 29 : Asneton. — *Ms. B* 3 : Anreton. F° 172 v°. — *Ms. B.* 4 : Ameton. F° 159 v°.

P. 151, l. 32 : sente. — *Ms. B* 3 : sache.

P. 152, l. 15 : perilz. — *Ms. B* 3 : dangiers.

P. 152, l. 16 et 17 : toursèrent. — *Ms. B* 3 : troussèrent.

P. 152, l. 19 : vaghe. — *Ms. B* 3 : vuide. — *Ms. B* 4 : vage.

P. 152, l. 28 : vasselage. — *Ms. B* 3 : vaillance.

P. 152, l. 29 : menestraudies. — *Ms. B* 3 : menestriers. — *Ms. B* 4 : menestreux. F° 159 v°.

§ 353. P. 153, l. 11 : Aindebourch. — *Ms. B* 3 : Andebourg. F° 173.

P. 153, l. 12 : tèle. — *Ms. B* 3 : tellement.

P. 153, l. 13 : estant. — *Ms. B* 3 : estat.

P. 153, l. 16 : aforains. — *Ms. B* 3 : forains.

P. 153, l. 23 et 24 : Haindebourch. — *Ms. B* 6 : la souveraine ville d'Escoche. F° 498.

P. 153, l. 23 à 26 : en approçant.... fourer. — *Ms. B* 5 : et en approchant Haindebourc, couroient les fourriers, mais ilz ne trouvoient neant. F° 366.

P. 153, l. 26 : fourer. — *Ms. B* 3 : fourrager.

P. 153, l. 29 : li rois. — *Ms. B* 6 : en le souveraine abeye dehors la ville, et le plus grant partie de ses gens en la ville, car elle n'estoit point frummée. Mais il y a ung chastel, qui siet au desoubz sur une roche haulte et belle, et est très bien frumez ; et adonc y avoit dedens de bons chevaliers et escuiers pour le garder. F° 498.

P. 154, l. 3 : nostre. — *Ms. B* 5 : vostre.

P. 154, l. 8 : il. — *Ms. B* 5 : le roy d'Escoce.

P. 154, l. 10 : en remunerant les. — *Ms. B* 3 ; pour remuneration des.

P. 154, l. 16 et 17 : uns... offisces. — *Ms. B* 3 : une belle office.

P. 154, l. 21 : nostre. — *Ms. B* 5 : vostre.

§ 354. P. 155, l. 2 et 3 : pourveances. — *Ms. B* 6 : et se navire, qui le devoit sieuvir par mer, mais point ne vinrent, car ilz eurent vent toudis sy contraire qu'il ne porent oncques à celle fois aprochier Escoche. Quant le roy englès vit che que ses pourveanches ne venoient pas, ne le grant engien dont il devoit assallir Handebourch et les aultres fortresses, sy eut consail qu'il retourneroit en ardant le plat pais d'Escoche. F° 499.

P. 155, l. 3 à 13 : dont... vivre. — *Ce passage manque dans le ms. B 5, f° 366 v°.*

P. 155, l. 10 : ens ès gragnes. — *Ms. B* 3 : dedens les granges. F° 173 v°. — *Ms. B* 4 : ens ès granges. F° 160.

P. 155, l. 15 : le Hombre. — *Ms. B* 3 : le avre.

P. 155, l. 22 et p. 156, l. 19 : Entrues... Dalquest. — *Cet alinéa est résumé en une phrase dans le ms. B 5.*

P. 155, l. 29 : le. — *Ms. B* 3 : au.

P. 155, l. 32 : plus especiaulz. — *Ms. B* 3 : principale.

P. 156, l. 4 : retournoit... fois. — *Ms. B* 3 : repairoit aucunes fois.

P. 156, l. 12 : respirer. — *Mss. B* 3 *et* 4 : respiter.

P. 156, l. 17 : fois. — *Ms. B* 6 : Et le fist le roy reconduire jusques à Dalquest par deux de ses chevaliers, le seigneur de Montbray et le seigneur de Noefville: et fu commandé au deslogier que nulz, sur le hart, ne boutast le fu ne aultrement à le ville de Haindebourch. F° 499 et 500.

P. 156, l. 27 : Arcebaus. — *Mss. B* 3 *et* 5 : Archambault. F° 173 v°.

P. 156, l. 29 : Asneton. — *Mss. B* 4, 5 : Assueton. F° 160 v°.

§ 355. P. 157, l. 24 : malaisiu. — *Ms. B* 3 : malaisé. F° 173 v°. — *Ms. B* 4 : malaisieu. F° 160 v°.

P. 157, l. 30 : froit. — *Ms. B* 6 : ensy que il fait en yvier envers le Noel. F° 500.

P. 158, l. 7 : soutilleté. — *Ms. B* 3 : subtilité. F° 174. — *Ms. B* 4 : soustilleté. F° 161.

P. 158, l. 9 : aise. — *Ms. B* 3 : aiseement.

P. 158, l. 10 : Tuydon. — *Ms. B* 3 : Tuyde. — *Ms. B* 5 : Tuydein. F° 366 v°.

P. 158, l. 14 : se fin. — *Ms. B* 3 : la fin. — *Ms. B* 4 : le fin.

P. 158, l. 16 : Li contes Douglas. — *Ms. B* 6 : messire Guillaumez Duglas, maris à le contesse dessus dite, qui se faisoit chief de tous les Escochois et estoit moult vaillant et saiges. F° 500.

P. 158, l. 21 : rués. — *Ms. B* 3 : boutez.

P. 158, l. 22 : arroi. — *Ms. B* 6 : Alors fu le duc de Lanclastre très bon chevalier, et bien le couvenoit, et y fist de la main mainte apertise d'armes. F° 501.

P. 158, l. 24 : ce. — *Ms. B* 3 : ceste.

P. 159, l. 2 : menèrent. — *Ms. B* 6 : jusques à quinze bons prisonniers, dont il eurent des chevaliers de Brabant, et les aultres furent Englèz; et s'en retournèrent en la forest et entre les montaignes, de coy il faisoient leur fortresse. F° 502.

P. 159, l. 5 : esvanui. — *Ms. B* 3 : esvanoys.

P. 159, l. 7 : Baudresen. — *Ms. B* 3 : Andrehen. — *Ms. B* 4 : Baudresem. F° 161.

P. 159, l. 9 : six. — *Ms. B* 3 : unze. F° 174.

§ 356. P. 159, l. 11 : Depuis. — *Ms. d'Amiens* : Et envoya (le roi Jean) une partie de ses gens d'armes avoecq son connestable, messire Jaqueme de Bourbon, devers le Langhe d'ock; car li prinches de Galles y estoit entrés à tout grant fuisson de gens d'armes de Gascoingne et d'Engleterre : de laquelle cevaucie nous parlerons maintenant, car elle fu moult honnerable et de grant emprise.

Li prinches de Galles, en celle saison, estoit yssus de Bourdiaus à deus mil lanches, Englès et Gascons, et quatre mil archiers et grant fuisson de gens de piet. Et vint passer le Garonne à Bregerach, et fist tant que, sus le conduit dou seigneur de Labreth, qui là estoit parsonelment, dou seigneur de Pumiers, dou seigneur de Muchident, dou seigneur de Lespare, dou seigneur de Courton, dou seigneur de Cendren, dou seigneur de Rosem et de cesti de Landuras et dou captal de Beus, il entra en France et vint passer au Port Sainte Marie dallés Toulouse, et entra ou pays toulousain. F° 100 v°.

P. 159, l. 11 : avenue. — *Ms. B* 3 : aventure. F° 174.

P. 159, l. 21 : grant et estoffet. — *Ms. B* 3 : grandement estoffé.

P. 160, l. 15 : de Labreth. — *Ms. B* 3 : d'Albret. F° 174 v°.

P. 160, l. 17 : Aymemon. — *Ms. B* 3 : Aymond.

P. 160, l. 18 : Tarste. — *Ms. B* 6 : Tharse. F° 503.

P. 160, l. 18 : Aymeri de Tarste. — *Ms. B* 3 : Aymon de Castre.

P. 160, l. 18 et 19 : Mucident. — *Ms. B* 6 : le sire de Condon, messire Jehan de Caumont. F° 503.

P. 160, l. 19 et 20 : Longheren. — *Ms. B* 3 : Lengoiren.

P. 160, l. 20 : Rosem. — *Ms. B* 3 : Rosan.

P. 160, l. 21 et 22 : Geronde. — *Ms. B* 4 : Gironde. F° 161 v°.

P. 160, l. 21 : Bernadet de Labreth. — *Ms. B* 3 : Bernardet d'Albret.

P. 160, l. 22 : Beus. — *Ms. B* 3 : Buch.

P. 161, l. 3 : hostoiier. — *Ms. B* 4 : hostier. F° 161 v°. — *Ms. B* 3 : passer. F° 174 v°.

§ 357. P. 161, l. 4 : A ce conseil. — *Ms. d'Amiens* : Et passèrent (le prince de Galles et les Anglais) assés priès de le bonne chité de Thoulouse, et y vinrent si marescal escarmuchier, et boutèrent le feu ens ès fourbours. Et puis passèrent oultre, et s'en vinrent logier à Montgisart, une bonne ville et grosse, mais elle n'estoit adonc point fremmée : si fu de ces Englès arsse, courue et robée. Et de là il vinrent à Avignoulet, qui estoit fremmée de murs de terre. Si se missent li homme de dedens à deffensce ; mès chil archier, qui traioient si roit et si dur, ne les laissoient aprochier à garittes. Si fu la ditte ville de Avignoulet, prise, concquise et toutte arse, et y eut grant occision d'ommez et de femmez. F° 100 v°.

P. 161, l. 7 ; lances. — *Ms. B* 6 : et deux mille bidauls à piet parmy les Bernès et trois mille archiés. F° 503.

P. 161, l. 8 : Bernès. — *Mss. B* 3, 4 : Bornès. F° 174 v°. — *Ms. B* 5 : Biernois. F° 367.

P. 161, l. 13 : gué. — *Ms. B* 6 : et puis entrèrent en che biau plain et cras païs de Toulouse. F° 503.

P. 161, l. 24 et 25 : n'estoit.... Paris. — *Ms. B* 3 : n'estoit pas grandement murée ne que Paris. F° 174 v°.

P. 161, l. 29 : feus. — *Ms. B* 6 : car point n'y avoit de frumeté. Et fist tantost lettres escripre et messaigiers monter pour senifier l'estat des Englès à monseigneur Jaques de Bourbon, connestable de Franche, qui se tenoit à Limoge et là faisoit son asamblée de gens d'armes pour aler contre les Englès et deffendre le païs. Mais anchois qu'il y peuist parvenir, ly Englès et les Gascon eulrent villainement escardé le bon païs de Toulonsein, le senescaudie de Carquasonne, le terre de Limous et le visconté de Nerbonne, sy comme vous orés chy après. F° 503 et 504.

P. 162, l. 22 : usé. — *Ms. B* 3 : rusez. F° 175. — *Ms. B* 5 : maniers. F° 367.

P. 162, l. 26 : d'Ermignach. — *Le ms. B* 3 *ajoute :* pour doubte.

P. 163, l. 2 : Charcassonne. — *Ms. B* 4 : Carcasone. F° 162.

P. 163, l. 7 : recuevre. — *Ms. B* 4 : recouvre.

P. 163, l. 7 : d'estrain. — *Ms. B* 3 : de paille.

P. 163, l. 8 : à grant dur. — *Ms. B* 3 : à grant peine.

P. 163, l, 12 : prendable. — *Ms. B* 3 : prenable.

P. 163, l. 16 : veurent. — *Ms. B* 6 : et estoit le marisal de l'ost le conte de Wervich et messire Jehan de Caumont de Gascongne, car les Gascons les conduisoient qui congnisoient le païs. F° 505.

P. 163, l. 18 : pour le feu. — *Ms. B* 3 : pour paour du feu.

P. 163, l. 24 : Avignonlet. — *Mss. B* 3, 5, 6 : Avignolet.

P. 163, l. 27 : un terne. — *Ms. B* 3 : une petite montaigne.

P. 163, l. 29 et 30 : à segur. — *Mss. B* 3, 4 ; asseur.

P. 164, l. 3 : Noef Chastiel d'Auri. — *Ms. B* 3 : Chastel Neuf d'Arry. F° 175 v°.

§ 358. P. 164, l. 4 : Tant esploitièrent. — *Ms. d'Amiens :* Tant chevaucièrent li Englès et li Gascon, ardant et essillant tout le pays, et concquerant villes et castiaux, qu'il vinrent jusques à le cité de Charcasonne. F° 100 v°.

P. 164, l. 30 : seans. — *Ms. B* 3 : assise. F° 175 v°. — *Ms. B* 4 : saians. F° 162.

P. 165, l. 3 : cras. — *Ms. B* 3 : gras.

P. 165, l. 9 : kieutes. — *Ms. B* 4 : keutes. — *Ms. B* 3 : coitis.

P. 165. l. 17 : Carcassonne. — *Ms. B* 6 *ajoute :* qui est chief de tout le pais. F° 505.

§ 359. P. 165, l. 18 : La ville. — *Ms. d'Amiens :* La ville de Carcasonne siet sus une rivierre que on appelle Aude, et est une moult grosse ville et grande, et estoit adonc. Au dessus de la ville, oultre le rivière, sus une montaigne imprendable, sciet la chité qui est forte et bien fremmée. Et là avoient les gens de Carcasonne retrait le plus grant partie de leurs femmes et enfans ; et estoient tout rengiet au devant des Englès et avoient tendu kainnes au loing des rues.

Quant li princhez et ses gens furent là venu, et il eurent considéré l'estat de ces hommes qui moustroient samblant de yaux deffendre, se missent piet à terre et ordonnèrent leurs archiers et fissent passer devant. Chil archier coummenchièrent à traire de grant mannierre sus ces gens qui là estoient mal armé. Si tost que il sentirent ces saiettez, il resongnièrent et coummenchièrent à perdre terre et à laissier leurs kainnes.

Là fu messires Ustasses d'Aubrecicourt bons chevaliers, car il sailli oultre deus ou troix de ces kainnes et les concquist à l'espée sus yaulx. Que vous feroie je loing parlement ? Ces kainnez furent concquises, et cil qui les gardoient, cachiet en voies. Et y eut bien deus mil de ces bons hommes mors et ochis sus le place.

Enssi fu la ville de Carcassonne prise, courue et robée ; et à l'endemain, au departement dou prince, elle fu si netement arse, que oncquez n'y demoura ostel ne maison. F° 101.

P. 165, l. 18 : siet. — *Ms. B* 3 : est assise. F° 175 v°.

P. 165, l. 19 : Aude. — *Ms. B* 5 : Oude. F° 367 v°.

P. 165, l. 19 : au plain. — *Ms B* 3 : en plain.

P. 165, l. 20 : de. — *Ms. B* 3 : devers.

P. 165, l. 21 : rocier. — *Ms. B* 6 : outre le rivière, à deux trait[s] d'un arc, siet la chité de Carcasonne, qui est une des forte[s] chité[s] du monde, car elle est asise hault si comme le mont de Lan, et tout sur une roche, bien frumée de pière, de grès, de tours, de murs, de portes.... Dedens le chité estoit adonc le senescal, ung moult vaillant chevalier, et avoit avecques luy grant foison de bonnes gens d'armes. Et quoyque la ville de Carcasonne fuist grande et remplie de bourgois et de bidauls du pays, li riche et ly saiges hommes avoient leurs femmes et leurs enfans et leurs corps meismes enfrumés en la cité. Et tout chil qui ensy firent furent saige. F° 506.

P. 165, l. 23 : ne fait mies. — *Ms. B* 3 : est forte. F° 175 v°.

P. 165, l. 26 : celi. — *Ms. B* 4 : ce. F° 162 v°.

P. 165, l. 27 : chainnés. — *Le ms. B 3 ajoute :* de fer.

P. 165, l. 30 : à segur. — *Ms. B* 4 : asseur.

P. 166, l. 1 : pavais. — *Ms. B* 3 : pavois. F° 176.

P. 166, l. 19 et 20 : d'Aubrecicourt. — *Ms. B* 4 : d'Aubregicourt. F° 162 v°.

P. 166, l. 20 : chevaliers. — *Ms. B* 5 : jeune baceler. F° 368.

P. 166, l. 21 : ables. — *Ms. B* 3 : abile. F° 176.

P. 166, l. 23 : le glave. — *Ms. B* 4 : la glave. F° 162 v°.

P. 166, l. 24 et 25 : reculer. — *Ms. B* 4 : requellier.

P. 166, l. 25 : ennemis. — *Ms. B* 6 : Assés tost après se lancha oultre ung aultre chevalier de Haynau, messire Jehan de Ghistelle, vaillant chevalier durement de grant vollenté. Et adonc compaignons ensamble chil doy chevaliers assaillirent ces bidaulx fierement et y firent mervelles d'armes, car il estoient jouene et amoureus et moult hardis. F° 508 et 509.

P. 166, l. 31 : saiettes. — *Ms. B* 3 : flèches. F° 176.

P. 167, l. 6 : à garant. — *Ms. B* 5 : garantir.

P. 167, l. 18 : trouvèrent. — *Ms. B 6 ajoute :* par l'espasse de trois jours. F° 508.

P. 167, l. 18 : nuis. — *Ms. B* 3 : moys. F° 176.

§ 360. P. 167, l. 26 : Ceste cités. — *Ms. d'Amiens* : Si chevaucièrent li Englès le chemin de Nerbonne, et vinrent par deviers une ville que on appelle Tèbres. Si se logièrent li Englès de haulte heure sus celle rivierre de Tèbres, et robèrent et ardirent toutte le ville et le pays d'environ. Et puis chevauchièrent viers le ville de Cabestan, qui siet à deus lieuwez de Nerbonne. Quant chil de Besiers et de Monpelier entendirent que li princhez de Gallez cevauçoit si efforciement et approchoit leurs mettes, et avoit pris en son venant tant de villez et de castiaux, si furent grandement effraé, et envoiièrent le plus grant partie de leurs biens en Avignon à sauf garant et ou castel de Aigemorte et de Biauquaire.

Tant esploitièrent li Englèz qu'il vinrent devant Kabestain, une ville durement rice et où on fait tout le sel que on aleuwe en celui pays ; si l'environnèrent et se appareillièrent pour le assaillir. Quant chil de le ville virent venu le prinche et ses gens devant leur ville, si furent moult esbahy et doubtèrent tout à perdre, corps et avoir. Si se avisèrent sagement et demandèrent trieuwez au prince, et que il pewissent parler au seigneur de Labreth. Li prinches leur acorda. Adonc se traist li sirez de Labreth avant, et demanda qu'il volloient dire. Il dissent que c'estoient povres gens et mal usé de gueriier, et que li prinches ewist pité d'iaux, parmy tant que ce voiaige il lez volsist respiter, et il li donroient vingt mil florins. Li sires de Labreth dist et respondi qu'il en parleroit vollentiers au prince. Si en parla, et en pria pour tant que il l'avoient demandé par fianche. Li prinches eult consseil que il lez prenderoit et leur donroit trieuwez pour celle saison, parmi vingt mil florins que il devoient envoiier, où que li princhez fust, dedens quatre jours, et de ce delivrèrent il bons hostaiges.

Apriès ce fait et ordonné, li princes et ses gens se departirent de Kabestain et prissent le chemin de Nerbonne, et ne veurent adonc aller plus avant en aprochant Montpelier, car on leur dist que li connestablez de Franche y estoit, qui faisoit là ung grant amas de gens d'armes, et ossi li comtez d'Ermignach d'autre part à Toulouse. F° 101.

P. 167, l. 27 : Carsaude. — *Ms. B 4* : Charsaude. F° 163.

P. 167, l. 30 : maçonnement. — *Ms. B 3* : maçonnerie.

P. 168, l. 6 : et le. — *Mss. B 4, 5* : de le.

P. 168, l. 10 : bastions. — *Mss. B 3, 4* : biens.

P. 168, l. 18 : aise. — *Le ms. B 3 ajoute :* quant ilz voulloient. F° 176 v°.

P. 168, l. 23 : à non ardoir. — *Ms. B 3* : affin qu'ilz ne fussent ars ne assailliz.

P. 168, l. 26 : route. — *Ms. B 3* : compaignie.

P. 169, l. 4 : bruis. — *Ms. B 3* : brouys. F° 176 v°. — *Ms. B 4* : brulés. F° 163.

P. 169, l. 7 : à segur. — *Ms. B* 3 : asseurés. — *Ms. B* 4 : asseur.

P. 169, l. 12 : Biaukaire. — *Ms. B* 3 : Belkaire.

P. 169, l. 17 : le sel. — *Ms. B* 6 : de quoy tout le pais de environ vit. F° 509.

P. 169, l. 25 : quarante mil escus. — *Ms. B* 6 : vingt cinq mille moutons. F° 509.

P. 169, l. 26 : pourveance. — *Ms. B* 3 : terme. F° 176 v°. — *Ms. B* 4 : pourveanche. F° 163.

P. 169, l. 32 : assalli. — *Ms. B* 6 : Sy passa oultre (le prince de Galles), et alèrent ses coureulx jusques à Besiers et jusques à Saint Thiberi, et point ne passèrent la rivière de delà, et prist son chemin devers Nerbonne. Adonc estoit le connestable de Franche, messire Jaques de Bourbon, venu à Monpellier à grant foison de gens d'armes, et encores l'en venoit il tout les jours. Et atendoit le conte de Erminach, le conte de Commignes, le conte de Pieregort, le conte de Laille, le visconte de Quarmain et grant foison de bons chevaliers de Gascongne, de Roherge, d'Agens et de Toulouse qui estoient mis as camps. Sy entendy le dit congnestable, entreus qu'il estoit à Monpellier, que ly bourgois de Kabestain s'estoient racheté devers le prinche, mais ilz n'avoient point encore paiiés les deniers. Sy s'aresta le dit connestable sur che et dist à l'Archeprestre : « Prendés jusques à cinq cens combatans et en alés à Kabestain, et aydiés à conforter la ville. Et se ly Englès y reviennent, sy le tenez contre yaulx, et je vous conforteray, comment qu'il soit. »

Adonc se party ly Archeprestre, et grant foison de bons chevaliers et escuiers avecques luy, du pais d'Auvergne et de Limosin, et se vinrent mettre en la ville de Kabestain. Et fist tantost les hommes de la ville entendre à yaulx fortefier et faire grans fossés et parfons. Et y ouverèrent nuit et jour plus de quatre mille hommes comme à fossés et as portes et as garites, et moult le renforchèrent. De tout che ne savoit riens le prinche qui se tenoit au bourcq de Nerbonne, et faisoit la chité de Nerbonne moult fort assallir, et sejournoit là en atendant son paiement, mais il estoit mal aparliés. F°ˢ 509 et 510.

P. 170, l. 2 : au bourch. — *Ms. B* 3 : aux faulx bourgs. F° 176 v°.

§ 361. P. 170, l. 3 : A Nerbonne. — *Ms. d'Amiens* : Or vint li prinches de Galles à tout son effort devant Nerbonne, [où] il y a ville et cité. Adonc estoit la ville, qui sciet sus le rivière d'Aude, foiblement fremmée. Si furent tantost li Englèz dedens, et moult petit dura contre yaux. Les bonnes gens de le ville avoient retrait le plus grant partie dou leur en le cité, femmes et enfans. Et là estoit li viscontez de Nerbonne et fuison de cheliers et d'escuiers que il y avoit assamblèz pour aidier à garder et deffendre le chité.

Sachiés que li Englès ne reposèrent gaires ou bourcq de Nerbonne, quant il y furent venu; mès se traissent tantost à l'assault à la dite cité de grant vollenté. Et sejourna li prinches et touttes ses gens ou dit bourcq cinq jours, mès tous les jours il y eult cinq ou six assaux à le chité. Si le deffendirent li gentilz hommez qui là estoient, si vaillamment que riens n'y perdirent; autrement elle ewist estet concquise. Là en dedens aportèrent chil de Kabestain leur raençon, et paiièrent as gens dou prinche et eurent leurs hostaiges.

Quant li prinches et ses gens virent que point il ne conquerroient la chité de Nerbonne, où il tendoient à venir et au concquerre, si eurent consseil de partir et se deslogièrent. Au deslogement du prinche, li bours de Nerbonne fu tous ars. Si chevauchièrent le chemin de Lymous, qui est une bonne ville et grosse, en le marce nerbonnoise; si le prissent et fustèrent et y conquissent grant avoir, et puis Villefrance et Montroial et pluisseurs autres grosses villez en celi pays. Et avoient tant d'avoir que li varlès ne faisoient compte de draps ne de pennes, fors d'or et d'argent et de vaissiel d'argent. F° 101.

P. 170, l. 3 : Nerbonne a. — *Ms. B* 3 : par lors avoit. F° 176 v°.

P. 170, l. 7 : Cippre. — *Ms. B* 4 : Napple. F° 163 v°.

P. 170, l. 11 : Nerbonne. — *Ms. B* 6 : et messire Engascons ses frères et ung de leurs oncles bon chevalier. F° 511.

P. 170, l. 16 : canonneries. — *Ms. B* 3 : chanoynies. F° 177. *Ms. B* 5 : chanoinenies. F° 368 v°.

P. 170, l. 19 : florins. — *Ms. B* 5 : livres. F° 368 v°.

P. 170, l. 21 : cras. — *Ms. B* 3 : fertilz. F° 177.

P. 170, l. 30. : trois mil. — *Ms. B* 3 : quatre mil.

P. 171, l. 7 : jours. — *Ms. B* 6 : Quant che vint au sixième jour, le prince demanda à son consail se on n'avoit oyt nulles nouvelles de chaus de Cabestain; on ly respondy que nannil. De che fut le prinche tous esmervilliés. Adonc fist il partir Fauchon le hirault, et luy dist qu'il chevauchast jusques à là et demandast à chiaus de Cabestain pour quoy il avoient fally de couvenenches et qu'il marchandoient de eulx faire tous ochire et exillier. Le hirault se party et chevaucha tant qu'il vint à Cabestain. Sy trouva comment chil de la ville estoient fortifié de grans fossés et parfons et de bons pallis. Sy fist son messaige à cheaus qu'il trouva à le barière. Il luy respondirent tout promptement que au prinche n'avoit que faire de sejourner pour che ens ou pays, car d'argent n'aroit il point. Che fut toute le response qu'il firent et qu'il raporta arière à son maistre.

Quant le prinche entendy che, sy fut moult courouchiés et fist moult tost partir ses marescaus à tout cinq cens hommes d'armes et trois mille archiés, et leur dist qu'il mesissent Cabestain en fu et en flame et sans deport, et toutes les gens à l'espée sans merchy. Et tant chevauchèrent les gens du prinche qu'il vinrent devant Cabestain. Sy le trouvèrent trop renforcie et bien garnie de bonnes gens d'armes et d'artillerie qui commenchèrent fort à traire contre les Englès. Quant il les virent aprochier et abrochier leurs chevaulx, adonc se retirèrent ung poy arrière les deux marisaus englès qui là estoient et le sires de Labreth, et firent retraire leur gens. Sy avisèrent et ymaginèrent le forche de chiaus de Cabestain et le foison de gens d'armes qui dedens estoient. Sy dirent bien entre aulx, tout consideret, que à l'asallir on pouroit plus perdre que gaignier. Il s'en partirent et s'en retournèrent à Nerbonne devers le prinche et ly recordèrent tout che que il avoient veu et trouvé. Et adonc se tint le prinche pour decheus de chiaulx de Cabestain et demanda consail à ses chevaliers quel chose il en feroit, sy il chevaucheroit plus avant ou pais et se il lairoient Nerbonne, car à assallir le chité ne poroit gaire conquerre, car trop estoit forte et bien gardée.

Sy fut dit et conseilliet pour le milleur et plus honourable, à l'avis des plus saiges, que il se retrairoient tout bellement et saigement, car pour celle saison il avoient assés avant chevauchiet ens ou pais, et sy estoient chergiet durement de grant avoir qu'il avoient conquis, tant que cars et sommiers en estoient chergiet, et ossy de bons prisonniers dont il en orent grant rainchon. Sy faisoit bon tout che mettre en garde et à sauveté. D'aultre part, il avoient entendu que le connestable de Franche, le conte de Forès, le conte d'Erminac et tous les barons et chevaliers du pais s'asambloient. Sy pourroient bien tant demorer que [à] leur retour le chemin leur seroit estroit, et que chil seigneur de Franche dessus nommés leur tauroient leur passaige de le Geronde par où il leur couvenoit passer : sy quez, tout pourpeset et consideret, le prinche regarda que on le consilloit loyaument. Sy fist ung jour crier et assavoir en son ost que tout fut tourset et chergiet, car au matin il volloit partir.

Celle nuit entendirent toutes manières de gens à yaulx ordonner et apparelier selonc le cry du prinche, et se deslogèrent au matin : dont chilz de Nerbonne furent moult joieulx, car il avoient esté six jours en grant esmay. Sy chevauchèrent les Englès devers une bonne ville, que on clame Limous, où on fait les pines, ung aultre chemin qu'il n'estoient point venus devers Toulouse. Quant il parfurent venu devers Toulouse et qu'il furent jusques à là, sy trouvèrent la dite ville de Limous bien garnie et bien pourveue selonc l'usaige du pais. Pour che ne demora mie que il ne l'assallisent fierement. Et chil qui dedens estoient se deffendirent che qu'il porent selon leur povoir, et se tinrent du matin jusques à heures de viespres; mais finablement elle fut prise et toute robée et gastée sans deport. Et y gaignèrent ly Englès et ly Gascons moult grant avoir et pluiseurs bons prisonniers.

Che mesme jour vinrent ly conte d'Erminac, le conte de Pieregoth, le conte de Laille, le conte de Comminges, le viés conte de Quarmaing, le conte de Villemur, le viés conte de Thalar, le viés conte de Murudon, le sire de Labarde et pluiseurs aultres grans seigneurs de Gascongne, en l'ost de monseigneur Jaques de Bourbon, connestable de Franche, qui estoit venus à Besiers à tout son grant ost. Quant tout ces contes furent asamblé, il furent grant gens yaulx bien trente mille, c'uns que aultres, et eurent consail qu'il yroient au devant des Englès et les encloroient entre le Geronde et les montagnes de Roherge. Sy se mirent tous à camps à grant esploit et vinrent l'endemain à Cabestain. F° 511 à 515.

P. 171, l. 7 : redemption. — *Ms. B 3* : rençon. F° 177.

P. 171, l. 9 : à non ardoir. — *Ms. B 3* : pour paour d'estre ars.

P. 171, l. 31 : Bediers. — *Ms. B 4* : Besieres. F° 163 v°.

P. 172, l. 5 : pont. — *Ms. B 3* : port.

P. 172, l. 6 : fait. — *Le ms. B 4 ajoute :* on.

P. 172, l. 6 : pines. — *Ms. B 3* : pignes. — *Ms B 4* : pures. F° 163 v°.

P. 172, l. 21 : Jakemon. — *Ms. B* 3 : Jacques.

P. 172, l. 28 : Charcassonne. — *Ms. B* 3 : Cabansonne. — *Ms. B* 5 : Terrascon. F° 369.

§ 362. P. 173, l. 5 : Quant li princes. — *Ms. d'Amiens* : Si se retraist adonc li prinches à tout son concquès en Bourdelois, sans avoir nul rencontre. Ne oncques li connestablez de France ne li comtez d'Ermignach ne li empechièrent son voiaige ; mès, se il fuissent un peu plus demoré, sans faulte il l'ewissent combatu, car il avoient et eurent sus les camps à une journée plus de trente mil armures de fier. Mès li prinches et ses gens se retraissent si à point que oncquez il ne virent l'un l'autre. Enssi se deffist et desrompi celle grosse chevauchie. Et parlerons des aucunez avenues qui avinrent en celle saison ou royaumme de Franche, qui durement le grevèrent et afoiblirent. F° 101.

P. 173, l. 5 : Quant. — *Ms. B* 6 : Et ly Englès se partirent de le ville de Limous che meismes jour et s'en vinrent à Montaral, où il avoit assés bonne ville et forte ; mais pour che que elle seoit en leur chemin, il ne le volloient pas espargnier. Sy l'asallirent et prirent par forche et le pillèrent toute, et s'y logèrent le jour et le nuit. Et là seurent il, par les prisonniers qu'il prirent, que le connestable de Franche et le conte d'Erminac et tout grant puissanche les sievoient à grant puisanche, et estoient plus de trente mille hommes à cheval, sans les bidaus qui estoient à piet à tout gravelos et pavais.

Adonc se consillèrent les Englès et Gascons quel chose il feroient, se il les atenderoient ou se il retourneroient arière en leur païs. Sy trouvèrent en leur consail, tout consideré et ymaginet, que il se retourneroient au plus tost que il pouroient et metteroient leur avoir conquis et leurs prisonniers à sauveté au plus hastivement qu'il pouroient, et n'entenderoient à nule ville à asallir. Se se partirent de Montaral et prirent le chemin des montaignes et s'en vinrent vers Fougans. Et les Franchois passèrent le rivière d'Aude à Carquasonne et s'en vinrent après yaulx à grant esploit ; mais oncques ne se peurent tant esploitier que les Englès ne furent deus journées devant yaulx. Et passèrent le Pont Painte Marie desoubz Toulouse la rivière de Geronde, et s'en revinrent en leur païs tous sauvement en Bourdelois, et y amenèrent leur grant avoir.

Quant le connestable de Franche, le conte de Forès, le conte d'Erminac et les aultres seigneurs de Franche et Gascons virent que les Englès en estoient allet et repasset la rivière de Geronde, et que poursievir ne leur valloit riens, il se retrairent tout bellement. Et donna le connestable toute[s] les gens d'armes congiet, car il veoit bien que pour celle saison il n'en avoit plus à faire et ordonna que chascun signeur ralast en son lieu. Et il meismes s'en revint en Franche, et le conte d'Erminac à Toulouse : ensy se departy celle grose armée.

Or avint ung pau après que, quant ces choses furent ung pau apaisies et les seigneurs revenut en leur maisons, le conte d'Erminac, qui se tenoit à Toulouse, estoit moult fort en hayne de chiaus de Toulouse, pour tant que ly Englès avoient passé et rapassé le Geronde sans estre combatus. Et tant se mouteplia cheste murmure que ung jour tout ly chitoiiens de la ville s'armèrent et assamblèrent et s'en vinrent, tout d'un acord, au castiel de Toulouse, pour le prendre à forche, et le conte d'Erminac qui dedens se tenoit, et y livrèrent moult grant assault. Le conte d'Erminac, qui dedens estoit à privée maignie, entendy comment les hommes de le ville estoient là venu pour luy prendre à forche et ochire. Sy fut moult esbahis et se fist hors mettre en une corbaille par une des fenestre[s] sur les camps ens ès fosés, et ung seul sien escuier avecq luy, et se sauva par celle manière. Tant asallirent chil de la chité le castiel qu'il l'enforchièrent et entrèrent dedens. Et prirent les gens du conte d'Erminac et en ochirent douze, desquelz il volrent. Entre lesquelz il y eult quatre bons chevaliers du consail et du pais au dessus dit conte, qui adonc n'en peult avoir aultre chose. Mais le dit conte depuis deffia chiaus de Toulouse et les greva tellement qu'il furent tous joieulx que il luy porrent amender che meffait à se vollenté plainement. F^{os} 515 à 518.

P. 173, l. 7 : estoit. — *Ms. B* 3 : est. F^o 177 v°.

P. 173, l. 11 : sus le fiance. — *Ms. B* 3 : pour la seurté.

P. 173, l. 11 : eut. — *Ms. B* 3 : avoit.

P. 173, l. 16 : Fougans. — *Ms. B* 3 : Fouganx. — *Ms. B* 4 : Fougians. F^o 164. — *Ms. B* 5 : Fondans. F^o 369.

P. 173, l. 17 : Rodais. — *Ms. B* 3 : Rodès.

P. 174, l. 1 : adonc. — *Ms. B* 3 : alors.

P. 174, l. 2 : toutdis dou pieur. — *Ms. B* 3 : tousjours du pire.

P. 174, l. 6 : les. — *Ms. B* 3 : leurs.

P. 174, l. 8 : menroit. — *Le ms. B 3 ajoute* : par.

§ 363. P. 174, l. 15 : Nous nos. — *Ms. d'Amiens* : Vous avés bien chy dessus oÿ recorder comment li roys de France hayoit en coer le jone roy de Navare, quel samblant qu'il li moustrast, pour le cause de son connestable. Si avint, assés tost apriès que ceste cevauchie fu faite dou prinche de Gallez en le Langhe d'ock, que li roys de France fu trop mallement dur enfourmés contre lui. Et seurent adonc moult peu de gens dont chilx nouviaux mautalens venoit, mès il fu trop grans et trop mervilleux, et moult cousta puisedi au royaumme de Franche.

Ung jour, en quaresme, environ Pasquez, estoit Carlez, dus de Normendie, ainnés filz dou roy Jehan, ens ou castiel de Roem, et là donnoit à disner le dit roy de Navare, son serourge, le comte de Harcourt, le signeur de Graville et pluissuers autres. Et y devoit y estre messires Phelippes de Navarre et ossi messires Godeffroit de Harcourt, mès point n'y furent.

Ensi que on seoit à table, li roys Jehans entra en la salle, lui trentime de gens tous arméz et messires Ernoulx d'Audrehen devant lui, qui traist son espée et dist enssi si hault que tout l'oïrent : « Nulz ne se mueve pour cose qu'il voie, ou je le pourfenderai de ceste espée. » Li signeur qui là estoient, quant il virent le roy de Franche venu si aïré, furent moult esbahi.

Adonc se traist li roys de Franche deviers le roy de Navarre, et s'avancha parmi la table et le prist par le kevech de sa cote, et li dist : « Sus, mauvais traistres, tu n'es pas dignes de seoir à la table de mon fil. » Et le tira si roit à lui qu'il li pourfendi jusques en le poitrinne. Là fu pris de sergans d'armez et de machiers li dis roys de Navarre, et boutéz en une cambre en prisson et li comtez de Harcourt d'autre part, et messires Jehans de Graville, et messires Maubués et Collinés de Bleville qui trençoit devant le dit roy de Navarre.

Tantost apriès disner, li roys de Franche fist decoller soudainnement le comte de Harcourt, le signeur de Graville, monsigneur Maubué et ce Colinet, sans entendre à homme, ne à sen fil le duc de Normendie, qui moult en prioit, ne à autrui; et fist de nuit amener moult villainnement le jouene roy de Navarre à Paris et bouter en Castelet, et avoecq lui ung chevalier que on appelloit messire Fricket de Frikans. F° 101.

P. 174, l. 15 : soufferons. — *Ms. B* 3 : tairons. F° 177 v°.

P. 174, l. 16 : d'aucunes incidenses. — *Ms. B* 3 : d'aucuns incidens.

P. 174, l. 23 : et par. — *Ms. B* 3 : de. F° 178.

P. 174, l. 29 : reprise. — *M. B* 3 : prinse.

P. 174, l. 30 : levèrent. — *Mss. B* 3, 4 : levoient.

P. 175, l. 2 : se revelèrent.— *Ms. B* 4 : se rebellèrent. F° 164 v°. — *Ms. B* 3 : se rebella.

P. 175, l. 4 : à heure.— *Ms. B* 3 : depuis l'eure. F° 178.

P. 175, l. 8 : Jakemon. — *Ms. B* 3 : Jaques.

P. 175, l. 9 : li motion. — *Ms. B* 3 : la commotion.

P. 175, l. 14 : tel cose. — *Ms. B* 3 : telz succides.

P. 175, l. 15 : en Harcourt. — *Ms. B* 3 : à Arecourt.

P. 175, l. 16 : Roem. — *Ms. B* 3 : Rouen.

P. 175, l. 26 : otretant. — *Ms. B* 3 : autant. — *Ms. B* 4 : autretant. F° 164 v°.

P. 176, l. 2 : soudains. — *Ms. B* 3 : boullant.

P. 176, l. 6 : retint. — *Ms. B* 3 : extima.

P. 176, l. 7 : voloit. — *Le ms. B* 3 *ajoute :* avoir.

P. 176, l. 8 : fors. — *Les mss. B* 3, 4 *ajoutent :* que.

P. 176, l. 11 : sus. — *Ms. B* 3 : contre.

P. 176, l. 17 : voirs. — *Ms. B* 3 : vray.

P. 176, l. 19 : estration. — *Ms. B* 3 : lignée.

P. 176, l. 21 : veurent. — *Ms. B* 3 : vousirent.

P. 176, l. 23 et 24 : legiers à enfourmer et durs à oster. — *Ms. B* 3 : de legière creance et fort à oster…..

P. 176, l. 26 : fuissent. — *Ms. B* 3 : seroient.

P. 176, l. 30 : ens ou. — *Ms. B* 3 : dedens le.

P. 177, l. 2 : l'amour et le vicinage. — *Ms. B* 3 : pour l'amour du voisinage. F° 178 v°.

P. 177, l. 4 : Roem. — *Ms. B* 6 : Ung jour de quaresme, environ Pasque florie, l'an mil trois cens cinquante cinq, Charles, aisnés filz du roy de Franche, duc de Normendie, estoit en son castel à Roem et donnoit à disner le roy Charlon de Navare, le conte de Harcourt, le signeur de Graville, et pluiseurs barons et chevaliers de Normendie. F° 519.

P. 175, l. 5 et 6 : ne li vorrent mies escondire. — *Ms. B* 3 : ne le voulurent pas escondire. F° 178 v°.

P. 177, l. 6 : li. — *Ms. B* 3 : le lui.

P. 177, l. 15 : se departi. — *Ms. B* 6 *ajoute :* secretement de Paris environ à cent hommes d'armes. F° 519.

P. 177, l. 16 : à privée mesnie. — *Ms. B* 3 : à peu de gens ses privez.

P. 177, l. 18 : Roem. — *Ms. B* 6 : armés d'un jaque de noir velours, ly vingtième, et monta les degrés de le salle là où le disner se fasoit. Sy tos que le roy de Navare le vit entrer dedens, il dist : « Sire, sire, venés boire. » Et osy firent tous ly aultres. Et se levèrent tout contre sa venue, che fu bien raison : amours ne chière nient ment, « Signeurs, ne vous mouvés, et ne soit nulz qui se mueve sur le hart! » Tantost messires Ernouls d'Andrehem saça son espée hors du fourel et dist : « Or y parra qui se mouvra. » Et tantost après che mot, le roy Jehan se lancha au roy de Navare et le prist par le quevèche et le tira parmi le table moult vilainnement et luy dist : « Certes, mauvais traites, or vous couvient morir. »

Le duc de Normendie, son aisné filz, dist : « Ha! chier sires, que es che chou que vous vollés faire! Jà savés vous qu'il est en ma compaignie et en mon ostel. »

Le roy Jehan li commanda qu'il se souffresist, et fist mener moult rudement le roy de Navare en une cambre. Et fist prendre le conte de Harcourt et monseigneur Jehan de Graville et monseigneur Maubué et Colinet de Bleville, ung escuier qui trenchoit devant le roy de Navare et les fist tout quatre decoller. Et prist encore ung moult vaillant chevalier qui estoit au roy de Navare, que on apelloit monseigneur Frichet de Fricamps, mais cestui ne fist il point morir. Et les fist amener en Chastelet à Paris. De ceste prise et de ceste justiche fu le roialme de Franche de rechief encore moult esmervilliés et moult tourblés, car nul ne savoit à dire à quelle cause ne raison le roy l'avoit fait. F^{os} 520 et 521.

P. 177, l. 28 : vosissent. — *Ms. B* 3 : eussent volu. F° 178 v°.

P. 178, l. 1 : contre. — *Ms. B* 3 : envers.

P. 178, l. 3 : table. — *Ms. B* 3 : bataille.

P. 178, l. 5 : kevèce. — *Ms. B* 3 : chevesse. — *Ms. B* 4 : koueto. F° 165. — *Ms. B* 5 : keute. F° 370.

P. 178, l. 5 : roit. — *Ms. B* 3 : rudement.

P. 178, l. 22 : dur. — *Ms. B* 3 : malement.

P. 178, l. 22 : sur. — *Ms. B* 3 : contre.

P. 178, l. 26 et 27 : m'en voelle amettre. — *Ms. B* 3 : le me vueille mettre sus.

P. 179, l. 4 et 5 : Friches de Frichans. — *Ms. B* 5 : Friquet de Friquant. F° 370.

P. 179, l. 16 : trahiteur. — *Ms. B* 3 : traittres. F° 179.

P. 179, l. 17 : descouveront temprement. — *Ms. B* 3 : descouvrent à present.

P. 179, l. 23 : estrine. — *Ms. B* 3 : estraine.

P. 179, l. 25 : v°. — *Ms. B* 3 : voz.

P. 179, l. 26 : escusance. — *Ms. B* 3 : escusation.

P. 179, l. 27 et 28 : enflamés. — *Ms. B* 3 : enflambé.

P. 179, l. 29 : contraire. — *Ms. B* 3 : contrarieté.

P. 180, l. 12 : à grasce. — *Ms. B* 3 : en grant amour.

P. 180, l. 13 : le roy des ribaus. — *Ms. B* 3 : le bourreau.

P. 180, l. 20 : cesti. — *Ms. B* 3 : à cellui là.

P. 180, l. 22 : baselaire. — *Ms. B* 3 : badelaire.

§ 364. P. 180, l. 29 : Ces nouvelles. — *Ms. d'Amiens :* Encorres estoit li roys de France à Roem quant ces nouvelles vinrent à monsigneur Phelippe de Navarre et à monsigneur Godefroy de Harcourt, qui furent mout courouchiés de ceste avenue, et envoiièrent tantost deffiier le roy de Franche. Et li manda li dis messires Phelippes de Navarre ensi que il se gardast bien que il ne fesist morir son frère, et que jammais n'aroit paix à lui, et que point ne penssast à avoir les villez et castiaux de Normendie que il tenoit, ensi que il avoit euv la terre au comte de Ghinnez que il avoit fait morir sans raison, car nulz n'en aroit. F° 101 v°.

P. 180, l. 30 et 31 : Godefroi de Harcourt. — *Le ms. B* 5 *ajoute :* oncle du dit conte de Harcourt. F° 370.

P. 181, l. 12 : amettre de. — *Mss. B* 3, 5 : mettre à. F° 179 v°.

P. 181, l. 13 et 14 : aucunement. — *Mss. B* 3, 4, 5 : villainement.

P. 181, l. 16 : sons. — *Mss. B* 3, 4 : sommes. F° 179 v°.

P. 181, l. 20 : ne au nostre. — *Ms. B* 5 : ne autre. F° 370 v°.

P. 181, l. 30 : cinq. — *Ms. B* 3 : six.

§ 365. P. 182, l. 1 : pensieus. — *Ms. B* 3 : pensif. F° 179 v°.

P. 182, l. 5 et 6 : brisièrent son aïr. — *Ms. B* 3 : refrenèrent son yre.

P. 182, l. 6 : se. — *Ms. B* 3 : son.

P. 182, l. 7 et 8 : retorroit. — *Ms. B* 3 : retiendroit. — *Ms. B* 4 : roteroit. F° 166.

P. 182, l. 8 : la. — *Ms. B* 3 : sa.

P. 182, l. 13 : l'oir. — *Ms. B* 3 : l'eritier.

P. 182, l. 14 : Sakenville. — *Ms. B* 3 : Saqueville. — *Ms. B* 4 : Sakeville. F° 166. — *Ms. B* 5 : Staukeville. F° 370 v°.

P. 182, l. 16 : passa. — *Ms. B* 3 : portoit. F° 179 v°. — *Ms. B* 4 : porta. F° 166.

P. 182, l. 25 : malaises. — *Ms. B* 3 : meschief.

P. 183, l. 5 : et sur lui.... gardes. — *Ms. B* 3 : et mis en bonnes et seures gardes.

P. 183, l. 9 : entroublier. — *Ms. B* 3 : mettre en obly.

§ 366. P. 183, l. 11 : Tantost. — *Ms. d'Amiens* : Tantost apriès ces deffaultez, messires Phelippe de Navarre et messires Ghodeffroix de Harcourt fissent grant guerre et forte en Normendie, et saisirent tous les castiaux que li roys de Navarre y tenoit, et y missent gens de par yaux ; et puis passèrent le mer et vinrent en Engleterre compter leur fait au roy d'Engleterre, et fissent grans allianchez à lui, et li rois à yaux. Et fu adonc ordonnés li dus de Lancastres que il passeroit le mer à une quantité de gens d'armes et d'archiers et venroit ariver en Constentin ; et se metteroient enssamble li Englès et li Navarrois, et feroient guerre aspre et dure au royaumme de France, en contrevengant lez despis que on avoit fais au dit roy de Navare et au comte de Harcourt. Si retournèrent li dit seigneur de Normendie à Saint Sauveur le Viscomte, et fissent encore en Normendie pluiseurs alianches as autres seigneurs de leur linaige. F° 101 v°.

P. 183, l. 13 : pourveirent. — *Ms. B* 3 : pourveurent. F° 179 v°.

P. 183, l. 15 : sus entente. — *Ms. B* 3 : en entencion.

P. 183, l. 17 : Harcourt. — *Ms. B* 6 : biel chevalier, lequel estoit adonc chevalier et compains au duc de Normendie et ly uns des plus privés qu'il euist. F° 521.

P. 183, l. 19 : dalés. — *Ms. B* 3 : avec. F° 180.

P. 183, l. 20 : encoupés. — *Ms. B* 3 : encoulpez.

P. 183, l. 26 et 27 : leur.... blasmes. — *Ms. B* 3 : leur venoit à grant deshonneur.

P. 183, l. 29 : lui traire. — *Ms. B* 3 : se tirer. F° 180. — *Ms. B* 4 : lui retraire. F° 166 v°.

P. 184, l. 4 : sus. — *Ms. B* 3 : contre. F° 180.

P. 184, l. 7 et 8 : denrée. — *Ms. B* 6 : et prist les enfans du dit conte de Harcourt ; trois jone filz demoret en estoient. F° 522.

P. 185, l. 1 : li uns. — *Ms. B* 3 : les uns. F° 180.

P. 185, l. 2 : li aultres. — *Ms. B* 3 : les autres.

P. 185, l. 13 et 14 : ce present. — *Ms. B* 3 : cest offre.

P. 185, l. 29 : tiroient. — *Ms. B* 3 : traictoient. F° 180 v°.

P. 186, l. 3 : conjoissemens. — *Ms. B* 3 : conjonctions. F° 180 v°.

P. 186, l. 5 : conseil. — *Ms. B* 6 : Et fu adonc ordonné et acordé que le duc de Lencastre passeroit la mer à cinq cens hommes d'armes et quinze cens archiés et s'en yroit en Normendie avecq les dessus diz seigneurs pour faire guerre au roy de Franche. A ches parolles entendy et fist faire ung mandement et delivra au duc de Lenclastre son cousin cinq cens hommes d'armes et quinze cens archiés. Et là estoient avecques luy d'Engleterre le conte de la Marche, le conte de Pennebourc, messire Jehan le visconte de Biaumont, messire Gautiet de Mauny, le sire de Moubray, le sire de Ros, le sire de Fil Watier, messire Jehan Boursier, messire Jehan de Vanthone et pluiseurs aultres chevaliers et escuiers. Sy montèrent en mer et vinrent ariver en Normandie en Coustantin sur le pooir de messire Godefroy de Harcourt. Sy commenchèrent bien avant en Normendie, et ardoient villes et maisons, et firent moult forte guerre envers l'Assension l'an mil trois cens cinquante six. F° 523.

§ 367. P. 186, l. 11 : Depuis. — *Ms. d'Amiens* : Entroes se pourvei li dus de Lancastre de gens d'armes et d'archiers, et avoit en se route quatre cens hommez d'armes et huit cens archiers. Là estoient avoecq lui d'Engleterre li comtez de le Marche, li comtes de Pennebruc, messires Jehans, visoomtez de Biaumont, messires Baucestre, messires Jehan de Lantonne et pluisseur aultre. Si montèrent en mer à ung port d'Engleterre que on dist Wincesée, et arivèrent en Normendie et droit à Chierebourc.

Là estoient messires Phelippes de Navarre, messires Godefroix de Harcourt et bien mil hommez d'armes. Si se conjoîrent cil seigneur grandement quant il se trouvèrent, et rafresquirent là quatre jours. Entroes il se appareillièrent et envoiièrent leurs coureurs devant; si coummenchièrent à faire une forte guerre, et vinrent ces gens d'armes faire frontière à Ewruez.

Quant li roys Jehans de France eut entendu que li dus de Lancastre estoit arivés en Normendie, et là venu sus le conduit à monseigneur Phelippe de Navarre et à monseigneur Godeffroi de Harcourt, et avoient jà leurs gens chevauchiet et ars et destruit dou pays de Normendie environ Kem et en l'evesquié d'Ewrues, si y vot pourveir de remède, et fist tantost et sans delay ung très especial et grant mandement à estre à Biauvais et à Poissi sus Sainne, et que nuls ne s'escusast sus se honneur et à perdre corps et avoir; car il volloit cevaucier sus les Englèz et les Navarois qu'il tenoit pour ennemis, et yaux combattre.

Au mandement dou roy obeirent tout chevalier et escuier, ce fu bien raisons; et montèrent amont viers Biauvais, où li mandement se faisoient, d'Artois, de Vermendois, de Cambresis, de Flandrez, de Haynnau et de Pikardie. D'autre part, il revenoient de Campagne, de Barrois, de Lorainne, de Braibant et de Bourgoingne.

Meysmement li roys se parti de Paris cointousement avoecq ses marescaux, monsigneur Ernoul d'Andrehen et monsigneur Bouchicau, et s'en vint à Mantez sus Sainne pour mieux moustrer que la besoingne li touchoit. Et envoya adonc le roy de Navarre, que il avoit fait tenir en prison dedens Castelet à Paris, à Crievecoeur en Cambresis, une très forte place, et le delivra as bonnes gardes et leur recarga sus leur honneur.

Quant le roy de France eut tous ses gens assambléz, si en eut bien soissante mil, ungs c'autrez, et estoit en grant vollenté de trouver sez ennemis et d'iaux combattre. Si se mist as camps efforciement au lés deviers Ewruez, car on li dist que li annemis chevauçoient et avoient jà passé Vrenuel et Vrenon.

Quant li dus de Lancastre et li autre entendirent cez nouvelles, que li roys de Franche venoit sus yaux quoitousement et avoit en se routte plus de soissante mil hommes as armez, si se avisèrent et consillièrent enssamble, et dissent entr'iaux qu'il n'estoient mies fors assés pour atendre tel numbre de gens d'armes que li rois menoit; si se retraissent tout bellement deviers Constentin. Et les pourssuiwirent li roys et li Franchois par trois jours, et venoient toudis au soir là où il avoient disné. F^{os} 101 v° et 102.

P. 186, l. 12 : dus. — *Les mss. B 3 à 5 ajoutent :* Henri.

P. 186, l. 20 : recueilla. — *Ms. B 3* : recueillit. F^o 180 v°. — *Mss. B 4* : requella. F^o 167.

P. 186, l. 22 et 23 : et devers. — *Ms. B 3* : pour venir.

P. 187, l. 9 : Gauville. — *Ms. B 3* : Graville. F^o 180 v°.

P. 187, l. 9 et 10 : Carbeniaus. — *Ms. B 3* : Carbonneau. — *Ms. B 4* : Carbonniaux. — *Ms. B 5* : Carboniau. F^o 371

P. 137, l. 12 : Foudrigais. — *Ms. B* 3 : Foudrigas.

P. 187, l. 12 : de Segure. — *Ms. B* 3 : de Seure.

P. 187, l. 13 : François. — *Ms. B* 4 : Franchois. F° 167.

P. 187, l. 18 : Aquegni. — *Ms. B* 3 : Aquegnyes.

P. 187, l. 20 : essil. — *Ms. B* 3 : exil.

P. 187, l. 22 : qui n'en attendoit. — *Ms. B* 3 : qui ne doubtoit.

P. 187, l. 23 : jetté. — *Ms. B* 3 : mis.

P. 188, l. 7 : Vrenon. — *Mss. B* 3, 4 : Vernon. F° 181.

P. 188, l. 9 : Vrenuel. — *Ms. B* 3 : Vernueil.

P. 188, l. 16 et 17 : aprendre dou couvenant. — *Ms. B* 3 : savoir des nouvelles. F° 181.

P. 188, l. 18 : entours. — *Ms. B* 3 : autour de. — *Ms. B* 4 : entour. F° 167 v°.

P. 188, l. 25 : ou droit esclos. — *Ms. B* 3 : tout ès flotz.

P. 189, l. 9 : aigrement. — *Ms. B* 3 : hastivement.

P. 189, l. 13 : comparer. — *Ms. B* 3 : comprer.

P. 180, l. 16 : l'Aigle. — *Ms. B* 3 : l'Agle.

P. 189, l. 24 : en uns biaus plains. — *Ms. B* 3 : en ung beau plain.

P. 190, l. 2 : trop. — *Ms. B* 3 : très.

P. 190, l. 24 : Carbeniaus. — *Ms. B* 3 : Carbonneau.

P. 190, l. 25 : de Segure. — *Ms. B* 3 : de Seure.

P. 190, l. 25 : Foudrigais. — *Ms. B* 4 : Soudrigans. F° 168.

P. 190, l. 26 : de Spargne. — *Ms. B* 3 : d'Espaigne. F° 181 v°.

P. 190, l. 26 : Fallemont. — *Ms. B* 4 : Sallemont. F° 168.

P. 190, l. 28 : Radigos. — *Ms. B* 4 : Rodiges.

P. 191, l. 18 : très. — *Ms. B* 3 : dès. F° 181 v°.

§ 368. P. 191, l. 24 : Li rois. — *Ms. d'Amiens* : Quant li roys de Franche vei que nuls n'en aroit et qu'il fuioient devant lui, si laissa le cache et s'en vint mettre le siège devant le ville et le chité d'Ewruez. A Ewrues a ville, chité et castiel, qui pour le tens se tenoit dou roy de Navarre. Et en estoit chappittainne ungs chevaliers de Navare, qui s'appelloit messires Jehans Carbeniaus, apers hommes d'armes durement. Si assega li roys de France enssi Ewruez et y fist pluiseurs grans assaux et fors, et constraindi moult chiaux de le ville.

En ce tamps que li siègez se tenoit devant Ewruez, chevauchoit en le Basse Normendie, environ Pontourson, messires Robers Canollez, qui jà estoit mout renomméz, et tenoit grant route et tiroit à venir deviers le duch de Lancastre pour renforchier leur armée, et avoit bien trois cens combatans englès, allemans et gascons, qui li aidoient à gueriier. Quant il entendi que li dus de Lancastre estoit retrès, et messires Phelippes de Navare, si se retraist ossi et s'en vint asegier, entre Bretaingne et Normendie, un castiel que on appelloit Danfronth.

Li roys Jehans de Franche, qui se tenoit devant Ewruez, fist tant que cil de le ville d'Ewruez li ouvrirent leurs portez, et entrèrent ses gens dedens, mès pour ce n'eurent il mies le chité ne le castiel; car les gens d'armes navarois se retraissent layens et se deffendirent mieux que devaut, et s'i tinrent depuis moult longement, tant qu'il coummenchièrent moult à afoiblir de pourveances. Quant il virent qu'il ne seroient reconforté de nul costé, et que li roys de France ne se partiroit point de là, si les aroit, si coummenchièrent à tretiier deviers les marescaux. Et se portèrent tretiet enssi que il se partiroient, cil qui partir se voroient, le leur devant yaux, et non plus ne autrement, et se trairoient quel part qu'il voroient. Li roys de Franche, qui là se tenoit à grant frait, leur acorda, car encorrez y avoit fuisson de castiaux à prendre, dont se partirent messires Jehans Carbeniaux et li Navarroix, et se traissent tout dedens le fort castiel de Bretoeil. Et li roys de Franche fist prendre le possession de Ewrues par ses marescaux. F° 102.

P. 191, l. 27 : devant. — *Mss. B* 3, 4 : devers. F° 181 v°.

P. 191, l. 27 : d'Evrues. — *Mss. B* 4, 5 : d'Ewrues. F° 168.

P. 192, l. 2 : le poursieute. — *Ms. B* 3 : la poursuite.

P. 192, l. 6 : avant. — *Mss. B* 3, 4 : devant.

P. 192, l. 10 : assés. — *Le ms. B* 3 *ajoute :* de nouvelle.

P. 192, l. 15 : apressé. — *Ms. B* 3 : oppressez. — *Ms. B* 4 : appressés. F° 168.

P. 192, l. 18 : le. — *Ms. B* 4 : les.

P. 192, l. 18 : si.... prist. — *Ms. B* 3 : conseillé de les prendre à mercy.

P. 193, l. 1 : apressé. — *Ms. B* 3 : oppressez. F° 182.

P. 193, l. 8 : Carbiniel: — *Mss. B* 3, 4 : de Carbonnel.

P. 193, l. 9 : Guillaume de Gauville. — *Ms. B* 6 : Et trop bien le garda et le deffendy messire Carbeniaus, et ossy messire Pière de Sakenville, qui y sourvint à tout quarante lanches. Encores estoit le duc de Lenclastre, messire Phelippe de Navare et messires Godefrois de Harcourt, en Normendie; et gerrioient le pais vers Pontoise et devers Bretaigne, et y firent en ce tamps moult de damaige. D'aultre part, avoit une grant guerre sur le pais de Bretaigne, entre Auvergne et Limosin, qui se commença à monter, que on appelloit Robert Canolle, et gerrioit et rançonnoit durement le pais. F° 528.

P. 193, l. 9 : Gauville. — *Ms. B* 3 : Graville. F° 182.
P. 193, l. 9 : sist. — *Ms. B* 3 : demoura.
P. 193, l. 14 : sauvement traire. — *Ms. B* 3 : aller à sauveté.
P. 193, l. 26 : reut. — *Ms. B* 3 : reeut.
P. 193, l. 28 : Gauville. — *Ms. B* 3 : Graville.

§ 369. P. 193, l. 30 : Apriès. — *Ms. d'Amiens :* Et puis alla (le roi Jean) par devant le castiel de Routtez; se n'y furent que six jours quant il se rendirent. Et de là endroit li roys de Franche et ses gens vinrent devant le fort castiel de Bretuel; si le assegièrent de tous costéz, car on le poet bien faire pour tant qu'il siet à plainne terre. Si y fist li roys de France amener des grans enghiens de le chité de Roem, et les fist lever devant le forterèche. Et jettoient chil enghien jour et nuit au dit castiel et moult le grevèrent, mèz cil qui dedens estoient, se tinrent comme vaillans gens.

Dou dit castiel de Bretuel estoit souverains et cappittainnes, de par le roy de Navarre, uns très bons escuiers navarois qui s'appelloit Sansses Lopins. Chilz tint, deffendi et garda la fortrèce contre lez Franchois plus de sept sepmainnez. En ce terme et priès chacun jour y avoit pluisseurs assaus et moult d'escarmuches et des grans appertisses d'armes faittes. Et furent tout empli li fossé de environ le fortrèce, de bos et de velourdez que on y fist par les villains dou pays amenner et chariier rés à rés de la terre. Et quant on eut cela fait, on fist lever et carpenter ung grant escaufaut et amener à roez jusquez as murs dou dit castel; et avoit dedens deux cens qui se vinrent combattre main à main à chiaux de dens. Là veoit on tout le jour grans appertisses d'armes. Finablement, chil de dens trouvèrent voie et enghien, par quoy chilz escauffaux fu tous desrous; et y eut perdu de chiaux de dedens pluisseurs bonnes gens d'armez, dont che fu dammaigez. Si les laissa on ester de cel assaut, et lez constraindi on d'autrez enghiens qui jettoient pierres et mangonniaux nuit et jour à le dite fortrèce. F° 102.

P. 194, l. 1 : par devant. — *Ms. B* 3 : par devers.

P. 194, l. 2 : siège. — *Ms. B* 6 : Dou dit castiel de Bretuel estoit souverain capitaine de par le roy de Navare ung très bon escuiers navarois, qui s'apelloit Sanses Lopins. Chil deffendy et garda le fortresse plus de douze sepmaines. F° 525.

P. 194, l. 4 : plentiveus. — *Ms. B* 3 : plantureux. F° 182. — *Ms. B* 4 : plentureux. F° 168 v°.

P. 194, l. 11 : livrées. — *Mss. B* 3, 4 : livres.

P. 194, l. 12 : homs. — *Ms. B* 3 : vassal et homme subget.

P. 194, l. 14 : dan. — *Ms. B* 3 : damp.

P. 194, l. 15 : Chastille. — *Mss. B* 3, 4 : Castille.

P. 194, l. 17 : saus. — *Ms. B* 3 : saultz. — *Ms. B* 4 : sauls.

P. 194, l. 20 : soutillier. — *Ms. B* 3 : subtilizer.

P. 194, l. 23 : yaus. — *Ms. B* 3 : à leurs adversaires.

P. 194, l. 26 : berfroit. — *Ms. B* 3 : beufroit. — *Ms. B* 4 : bierefroit. — *Ms. B* 5 : beffroy. F° 372 v°.

P. 195, l. 1 : cat. — *Ms. B* 3 : chat.

P. 195, l. 2 : Entrues. — *Ms. B* 3 : Cependent. F° 182 v°.

P. 195, l. 5 : reverser. — *Ms. B* 3 : renverser.

P. 195, l. 5 et 6 : estrain. — *Ms. B* 3 : paille.

P. 195, l. 10 : bierefroi — *Ms. B* 3 : beufroy.

P. 195, l. 19 : cel berfroi. — *Ms. B* 4 : ce biaufroy. F° 169.

P. 195, l. 29 et p. 196, l. 10 : Et de.... cose. — *Toute cette fin du § 369 manque dans le ms. B* 5.

P. 195, l. 28 : ensonniièrent. — *Ms. B* 3 : mirent en neccessité.

P. 195, l. 30 : ou toit. — *Ms. B* 3 : au cuyr. — *Ms. B* 4 : ou cuier.

P. 196, l. 8 : à tous lés. — *Ms. B* 3 : de tous coustés.

§ 370. P. 196, l. 11 : En ce temps. — *Ms. d'Amiens :* Li prinches de Galles se tenoit en le chité de Bourdiaux et eut desir de chevauchier en Franche si avant que de passer le rivierre de Loire, et de venir en Normendie deviers son cousin le duc de Lancastre, qui faisoit la guerre pour les Navarrois, car bien estoit informés et segnefiés que il avoit grans aliances entre le roy son père et monseigneur Phelippe de Navarre. Si fist tout le temps ses pourveancez de touttez coses. Et quant li Sains Jehans aprocha, que li bleds sont sur le meurir et qu'il fait boin hostoiier, il se parti de Bourdiaux à belle compaignie de gens d'armes, trois mille armures de fier, chevaliers et escuiers, tant d'Engleterre comme de Gascoingne, car d'estraigniers y eut petit, et estoient quatre mille archiers et six mille brigans de piet.

Or vous voeil compter les plus grant partie des seigneurs qui en ceste chevauchie furent, et premierement d'Engleterre : li comtez de Warvich, li comtes de Sufforch (chil estoient li doy marescal de l'hoost), et puis li comtes de Sallebrin et li comtes d'Askesufforch, messires Renaux de Gobehen, messires Richars de Stamfort, messires Jehans Camdos, messires Bietremieux de Broues, messires Edouars Despenssiers, messires Estievenes de Gouseigon, li sires de le Warre, messirez Jamez d'Audelée, messires Pières d'Audelée, ses frèrez, messires Guillaumez Fil Warine, li sirez de Bercler, li sirez de Basset, li sires de Willebi; Gascons : li sires de Labret, lui quatrime de frèrez, messires Ernaut, messires Ainmemon, et Bernardet li mainnés, li sirez de Pumiers, lui tiers de frèrez, messires Jehans, messires Helies et messires Ainmemons, li sirez de Chaummont, li sirez de l'Espare, li sirez de Muchident, messires Jehans de Grailli, cappittainnes de Beus, messires Aimeris de Tarse, li sirez de Rosem, li sirez de Landuras, li sirez de Courton. Et encorres y furent d'Engleterre messires Thummas de Felleton et Guillaummes, ses frères, et li sirez de Braseton. Et se y furent li sires de Salich et messires Danniaux Pasèle; et de Haynnau : messires Ustasses d'Aubrechicourt et messires Jehans de Ghistellez. Encorrez y eut pluisseurs chevaliers et escuiers que je ne puis mies tout noummer. Si se departirent de le chité de Bourdiaux à grant arroy, et avoient très grant charroy et grosses pourveanches de tout ce que il besongnoit à gens d'armes. Et chevauçoient li seigneur à l'aise de leurs cevaux trois ou quatre lieuwez par jour tant seullement, et entrèrent en ce bon pays d'Aginois et s'adrechièrent pour venir vers Rochemadour et en Limozin, ardant et essillant le pays. Et quant il trouvoient une crasse marce, il y sejournoient trois jours ou quatre, tant qu'il estoient tout rafresci et leurs chevaux. Et puis si chevauchoient plus avant et envoioient leurs coureurs courir et fourer le pays entours yaulx bien souvent dix lieuwez de large à deux costés. Et quant il trouvoient bien à fourer, il demoroient deux jours ou troix et ramenoient en leur host grant proie de touttez bestes, dont il estoient bien servi; et largement trouvoient de vins plus qu'il ne leur besongnast, dont il faisoient grant essil. Ensi chevaucièrent tant par leurs journées qu'il entrèrent en Limozin; si trouvèrent le pays bon et gras, car, en devant ce, il n'y avoit euv point de guerre.

Ces nouvellez vinrent au roy de France, qui se tenoit devant Evrues, coumment li Englèz li ardoient et essilloient son pays. Si en fu durement courouchiéz, et se hasta moult d'assaillir et constraindre ciaux du castiel d'Evruez, affin que plus tost il pewist chevauchier contre ses ennemis. Tant lez appressa li roys Jehans, que messires Jehans Carbiniaux, cappitaines d'Evrues, rendi le dit castiel parmy che qu'il s'en pooit partir, lui et li sien, sauvement et sans peril, et portèrent tout ce qui leur estoit. A ce tretié s'acorda li roys Jehans plus legierement pour ce qu'il volloit chevauchier ailleurs; si prist le fort castiel d'Evrues et envoya dedens son marescal monseigneur Ernoul d'Audrehen pour ent prendre le saisinne, et mist ung chevalier à cappittainne de par lui, de Kaus, qui s'appelloit messire Tournebus. Et puis deffist son siège et s'en revint à Roem, et ne donna à nullui congiet, car il volloit ses gens emploiier d'autre part. Si ne sejourna gairez à Roem, mèz s'en vint à Paris. F° 102 v°.

Or avint que li sirez de Montegny en Ostrevant, qui s'appelloit Robers, li et uns siens escuiers qui se noummoit Jakemez de Winclez allèrent un jour à heure de relevée esbattre sus ces terréez autour dou castiel pour adviser et regarder le fortrèce. Si allèrent trop follement, car il furent apercheu de ciaux de le garnison; si yssirent hors aucuns compaignons par une posterne qui ouvroit sus lez fossés. Là furent assailli li sirez de Montegny et sez escuiers, et combatu tellement que pris li sirez et mors li escuiers : de laquelle prise li roys Jehans fu durement courouchiés, mès amender ne le peult tant qu'à ceste fois. Ne demoura gairez de tamps apriès que chil de dedens eurent consseil d'iaux rendre, sauve leurs viez et le leur, car il virent bien qu'il ne seroient secouru ne comforté de nul costé. Si tretiièrent deviers le roy Jehan si doucement qu'il lez prist à merchy, et se partirent sans dammaige du corps, mès il n'enportèrent riens dou leur, et si rendirent tous leurs prisonniers : parmy ce rendaige fu li sirez de Montegny delivrés. Enssi eult li roys Jehans le fort castel de Bretuel, que li Navarois avoient tenu contre li moult vaillamment. Si emprist li dis roys le saisinne et possession, et le fist remparer et y mist gens et gardez de par lui, et puis se retraist devers le chité de Chartrez et touttes ses hoos pour yaux rafrescir. Or parlerons dou prince de Galles, et d'un grant esploit d'armez et haute emprise qu'il fist en celle saison sus le royaumme de France. F° 102.

P. 196, l. 12 : se departi. — *Ms. B* 6 : Le prinche de Galles se tenoit à Bourdiau et eult desir de chevauchier en Franche et sy avant, che disoit, que de passer la rivière de Loire et venir en Normendie devers son cousin le duc de Lenclastre et monseigneur Phelippe de Navare, pour aydier à reconquerre les castiaulx perdus que le roy Jehan avoit pris sur l'irtaige du roy de Navare. Sur celle entente et en celle meisme saison que le roy de Franche avoit mis le siège devant Bretuel, environ le Saint Jehan Baptiste l'an mil trois cens cinquante six que les blés et les avaines sont meurs à camps et qu'il fait bon ostoiier pour hommes et pour chevaulx, sy party le dit prinche de Bourdiaus à belle compaignie de gens d'armes, trois mille lanches de chevaliers et d'escuiers de Gascongne et de Engleterre et quatre mille archiés et cinq mille bidaus et brigans de piet.

Or vous voel jou nommer la plus grant partie des signeurs qui en che voiaige furent, et prumiers : d'Engleterre, le conte de Wervich, le conte de Sallebry, le conte de Sufort, le conte d'Asquesouffort, messire Renaus de Gobehem, messire Richart de Stanfort, messire Jehan Candos, messire Bertran de Bruch, le droit sire Despensier, messire Edouart, messire Estiène de Gonsenton, messire Gillame Fil Warine, messire James, messire Pières d'Audelée, le sire de le Ware, le sire de Willeby, le sire de Berclo, messire Thomas et messire Guillaume de Fellton, le sire de Brasertons; et de cheulx de Gascongne : le sire de Labret, luy quatrième de frères, messire Ernault, messire Amemons et Bernaudet le maisné, le sire de Pumiers, luy troisième de frères, messire Jehan, messire Helies et messire Ammemons, le sire de Caumont, le sire de Lespare, messire Jehan de Grailly le capital de Beus, messire Aimery de Tharse, le sire de Muchident, le sire de Condon, le sire de Salich, messire Daniaus Pasèle; et deus chevaliers de Haynau : messire Eustasses d'Aubrechicourt, messire Jehan de Ghistellez, et pluiseurs aultres chevaliers que escuiers, que je ne puis mies tous nommer. Et se partirent de Bourdiaus en grant arroy et en bonne conduite. Et estoient marisal de l'ost le conte de Wervich et le conte de Suffort, et avoient très grant caroy et très belles pourveanches. Si chevauchèrent chil signeurs et leur ost à petite[s] journées à l'aise de leurs chevaulx, et s'esploitèrent tant qu'il entrèrent en Berry, où il trouvèrent bon païs et cras; se s'y arestèrent et sy commenchièrent à faire moult de desroy. F°ˢ 528 à 530.

P. 196, l. 13 : sus Garone. — *Ms. B* 3 : sur Gironde. F° 182 v°.

P. 196, l. 14 : pourveances. — *Ms. B* 3 : provisions.

P. 196, l. 17 : et.... Bretagne. — *Ms. B* 3 : devers les frontières de Navarre.

P. 196, l. 19 : li rois. — *Le ms. B* 3 *ajoute :* d'Angleterre.

P. 196, l. 21 : istance. — *Ms. B* 3 : entention.

P. 196, l. 23 : parmi. — *Ms. B* 3 : sans.

P. 197, l. 2 : Bregerach. — *Ms. B* 3 : Bragerac.

P. 197, l. 2 : et puis.... Roerge.— *Ms. B* 3 : et puis entrèrent ou pais de Rouergue.

P. 197, l. 8 : essilliet. — *Ms. B* 3 : exillé.

P. 197, l. 8 : Auvergne. — *Ms. B* 4 : Avergne. F° 169.

P. 197, l. 10 : d'Allier. — *Ms. B* 5 : d'Aliec. F° 372 v°.

P. 197, l. 13 : Des.... trouvoient. — *Ms. B* 4 : De vivres recouvroient tant li Englès et li Gascon que il....

P. 197, l. 18 : efforciement. — *Ms. B* 3 : à grant puissance. F° 183.

P. 197, l. 27 : Montegni. — *Ms. B* 3 : Montigny.

P. 197, l. 27 : Ostrevant. — *Ms. B* 6 *ajoute :* qui estoit biau chevalier, preu et hardis. F° 525.

P. 197, l. 31 : au matin. — *Ms. B* 3 : devers le matin.

P. 197, l. 32 : perceu. — *Ms. B* 3 : aparceuz. — *Ms. B* 4 : percheu. F° 169 v°.

P. 198, l. 3 et 4 : deffendirent. — *Le ms. B* 3 *ajoute :* vaillamment.

P. 198, l. 5 : conforté. — *Ms. B* 3 : secouruz.

P. 198, l. 6 : peril. — *Ms. B* 3 : dangier.

P. 198, l. 8 : parmi. — *Ms. B* 6 : le roielle du genoul. F° 526.

P. 198, l. 15 et 16 : confors. — *Ms. B* 3 : secours.

P. 198, l. 20 : tanés. — *Ms. B* 3 : ennuyé. F° 183. — *Ms. B* 5 : tenné. F° 373.

P. 198, l. 24 : yaus. — *Ms. B* 6 : sur leur chevaulx. Et ensy fu le castiel de Bretuel pris, et rendirent le sire de Montigny qui maisement avoit esté poursongniés et medechinés de se blechure en prison : dont il demora afollés d'une gambe, tant qu'il vesqui. F° 527.

P. 198, l. 25 : Chierebourch. — *Ms. B* 3 : Cherbourg.
P. 198, l. 26 : conduit. — *Ms. B* 3 : leur saufconduit.
P. 198, l. 27 : le saisine. — *Ms. B* 3 : la possession.
P. 198, l. 30 : les pensoit.... part. — *Ms. B* 5 : avoit entencion de les emploier assez briefment. F° 373.

SUPPLÉMENT AUX VARIANTES.

Le texte que nous publions ci-après comme supplément aux variantes de ce volume, est fourni par les mss. A ou mss. de la première rédaction proprement dite[1]; il correspond à cette partie des mss. B ou mss. de la première rédaction revisée où Froissart raconte les événements compris entre les années 1350 et 1356, c'est-à-dire aux paragraphes 321 à 370 inclusivement. Ce texte n'est que la reproduction, parfois abrégée[2], le plus souvent littérale[3], des Grandes Chroniques de France, à tel point que le savant qui voudra donner un jour une édition critique de ce dernier ouvrage, devra comprendre cette partie des mss. A dans son travail de classification et de collation. Toutefois, comme le fragment emprunté aux Grandes Chroniques par les mss. A, qui sont au nombre de 40, est devenu en quelque sorte partie intégrante de ces manuscrits, comme il figure à ce titre dans les éditions de Vérard, de Sauvage, de Dacier, et même dans la première édition de Buchon, il a semblé indispensable de le reproduire, au moins comme supplément, dans une édition complète des Chroniques de Froissart.

1. Voyez l'Introduction au premier livre, en tête du t. I de notre édition, p. xxxi à xliii.
2. Cf. l'édition de M. P. Paris, in-12, Paris, Techener, 1837 et 1838, t. V, p. 491, 492, 494 et 495.
3. Cf. l'édition précitée, t. VI, p. 1 à 31.

§§ 321 à 370. — *Mss.* A[1] : En l'an mil trois cens cinquante, en l'entrée du mois d'aoust, se combati monseigneur Raoul de Caours et plusieurs autres chevaliers et escuiers jusques au nombre de six vingt hommes d'armes ou environ, contre le capitaine du roy d'Engleterre en Bretaigne appellé messire Thomas d'Augorne, anglois, devant un chastel appelé Auroy. Et fu le dit messire Thomas mort, et toutes ses gens jusques au nombre de cent hommes d'armes ou environ.

Item, au dit an trois cens cinquante, le dymenche vingt deuxième jour du dit mois d'aoust, le dit roy de France mourut à Nogent le Roy près de Coulons; et fu apporté à Nostre Dame de Paris. Le jeudi ensievant, fut enterré le corps à Saint Denis, au costé senestre du grant autel; et les entrailles en furent enterrées aus Jacobins de Paris; et le cuer fu enterré à Bourfontaine en Valois.

Item, ou dit an, le vingt sixième jour de septembre, un jour de dimenche, fu sacré à Reins le roy Jehan, ainsné filz du dit roy Phelippe. Et aussi fu couronnée le dit jour la royne Jehanne, femme au dit roy Jehan. Et là fist le dit roy chevaliers, c'est assavoir Charles son ainsné, dalphin de Vienne, Loys, son second filz, le conte d'Alençon, le comte d'Estampes, monseigneur Jehan d'Artoys, messire Phelippe, duc d'Orliens, frère du dit roy Jehan et duc de Bourgoingne, filz de la dite royne Jehanne de son premier mari, c'est assavoir de monseigneur Phelippe de Bourgoingne, le comte de Dampmartin et plusieurs autres. Et puis se parti le dit roy de la dite ville de Reins le lundi au soir et s'en retourna à Paris par Laon, par Soissons et par Senlis. Et entrèrent les diz roy et royne à Paris à très belle feste le dimanche dix septième jour d'octobre après ensievant après vespres; et dura la feste toute celle sepmaine. Et puis demora le roy à Paris à Neelle au Palais jusques près de la Saint Martin ensievant, et fist l'ordenance de son parlement.

Item, le mardi seizième jour de novembre après ensievant, Raoul, conte d'Eu et de Guines, conestable de France, qui nou-

---

1. Le texte qui suit est établi d'après le ms. A 7 (n° 2655 de la Bibl. nat.), que nous considérons comme l'un des plus anciens et meilleurs manuscrits de la première rédaction proprement dite; dans les passages défectueux, nous l'avons collationné avec le ms. des Grandes Chroniques de France qui a appartenu à Charles V (n° 2813 de la Bibl. nat.).

vellement estoit venu d'Engleterre, de sa prison en laquelle il avoit esté depuis l'an quarante six qu'il avoit esté pris à Caen, fors tant qu'il avoit esté eslargi pour venir en France par plusieurs fois, fu pris en l'ostel de Neelle à Paris, là où le dit roy Jehan estoit, par le prevost de Paris, du commandement du roy; et ou dit hostel de Neelle fu tenu prisonnier jusques au jeudi ensievant dix huitième jour du dit mois de novembre. Et là, à heures de matines dont le vendredi adjourna, en la prison là où il estoit, fu decapité, presens le duc de Bourbon, le conte d'Armignac, le conte de Monfort, monseigneur Jehan de Boulongne, le seigneur de Revel et plusieurs autres chevaliers et autres qui, du commandement du roy, estoient là : lequel estoit au Palais. Et fu le dit connestable decapité pour très grans et mauvaises traisons qu'il avoit faites et commises contre le dit roy de France Jehan, lesquelles il confessa en la presence du duc d'Athènes et de plusieurs autres de son lignage. Et en fu le corps enterré aus Augustins de Paris hors du moustier, du commandement du dit roy, pour l'onneur des amis du dit connestable.

Item, ou mois de janvier après ensuiant, Charles de Espaigne, à qui le dit roy Jehan avoit donné la conté d'Angolesme, fu fait par celui roy connestable de France.

Item, le premier jour d'avril après ensuiant, se combati monseigneur Guy de Neelle, mareschal de France, en Xantonge à plusieurs Anglois et Gascons; et [fu[1]] le dit mareschal et sa compaignie desconfiz. Et y fu pris le dit mareschal, messire Guillaume son frère, messire Ernoul [d'Audrehen[2]] et plusieurs autres.

Item, le jour de Pasques flouries qui furent le dixième jour d'avril l'an mil trois cens cinquante, fu presenté à Gille Rigaut de Roici, qui avoit esté abbé de Saint Denis, et de nouvel avoit esté fait cardinal, le chappeau rouge, au Palais, à Paris, en la presence du dit roy Jehan, par les evesques de Laon et de Paris, et par mandement du pape fait à eulz par bulle : ce qui n'avoit point acoustumé à estre faiz autres foiz, mais fu par la prière du dit roy Jehan.

Item, en ycelui an mil trois cens cinquante un, ou moys de septembre, fu recouvrée des François la ville de Saint Jehan

1. Ms. 2813, f° 393 v°. — Ms. 2655, f° 166 : « fust ».
2. Ms. 2813. — Ms. 2655 : « d'Audechon »

d'Angeli que les Anglois avoient tenue cinq ans ou environ; et fu rendue par les gens du roy anglois, pour ce qu'ilz n'avoient nulz vivres, et sans bataille aucune.

Item, en ycelui an mil trois cens cinquante un, ou mois d'octobre, fu publiée la confrairie de la Noble Maison de Saint Oin près de Paris par le dit roy Jehan. Et portoient ceulz qui en estoient chascun une estoille en son chaperon par devant [ou¹] en son mantel.

Item, en ycelui an cinquante un, fu la plus grant chierté de toutes choses que homme qui vesquist lors eust onques veue, par tout le royaume de France, et par especial de grains; car un sextier de froment valoit à Paris par aucun temps en la dite année huit livres parisis, un sextier d'avoine soixante sous parisis, un sextier de pois huit, et les autres grains à la value.

Item, en ycelui an, ou dit mois d'octobre, le jour que la dite confrarie seist à Saint Oin, comme dit est, fu prise la ville de Guines des Anglois durans les trèves.

Item, en ycelui an, fu fait le mariage de monseigneur Charles d'Espaigne, lors connestable de France, auquel le dit roy Jehan avoit donné la conté d'Angolesme, et de la fille de monseigneur Charles de Blois duc de Bretaigne.

En l'an mil trois cens cinquante deux, la veille de la Nostre Dame en aoust, se combati monseigneur Guy de Neelle, seigneur d'Offemont, lors mareschal de France, en Bretaigne. Et fu le dit mareschal occis en la dite bataille, le sire de Briquebec, le chastellain de Beauvais et plusieurs autres nobles, tant du dit païs de Bretaigne comme d'autres marches du royaume de France.

Item, en ycelui an trois cens [cinquante deux²], le mardi quatrième jour de decembre, se dot combatre à Paris un duc d'Alemaigne appellé le duc de Bresvic contre le duc de Lencastre, pour paroles que le dit duc de Lencastre devoit avoir dittes du dit duc de Bresvic : dont il appella en la court du roy de France. Et vindrent le dit jour les deux ducs dessus nommez en champ touz armés pour combatre en unes lices qui pour celle cause furent faites ou Pré aus Clers, l'Alemant demandeur et l'Anglois deffendeur. Et jà soit ce que le dit Anglois fust ennemi du dit roy Jehan de France, et que par sauf conduit il fust venu soy com-

---

1. Ms. 2813, f° 393 v°. — Ms. 2655, f° 166 v° (lacune).
2. Ms. 2813, f° 394. — Ms. 2655, f° 166 v° (lacune).

batre pour garder son honneur, toutesvoies le dit roy de France ne souffri pas qu'i[l] se combatissent. Mais depuis qu'ilz orent fait les seremens, et qu'ilz furent montés à cheval pour assembler, les glaives ès poings, le roy prist la besoingne sur lui et les mist à acort.

Item, en icelui an trois cens cinquante deux, le jeudi sixième jour de decembre, mourut le pape Clement VI° à Avignon, lequel estoit en l'onzième an de son pontificat.

Item, le mardi du dit mois de decembre, fu esleu en pape, environ heure de tierce, un cardinal limosin que l'on appeloit par son tiltre [de cardinal[1]] le cardinal d'Ostie; mais pour ce qu'il avoit esté evesque de Cleremont, l'en appelloit plus communement le cardinal de Clermont. Et fu appellé Innocent; et par son propre nom estoit appelé messire Estienne Aubert.

Item, l'an mil trois cens cinquante trois, le huitième jour de janvier, assés tost après le point du jour, monseigneur Charles, roy de Navarre, et conte d'Evreux, fist tuer en la ville de l'Aigle en Normendie, en une hostellerie, monseigneur Charles d'Espaigne, [lors[2]] connestable de France. Et fu le dit connestable tué en son lit par plusieurs gens d'armes que le dit roy de Navarre y envoia : lequel demora en une granche au dehors de la dite ville de l'Aigle jusques à ce que ceulz qui firent le dit fait retournèrent par devers lui. Et en sa compaignie estoient, si comme l'en disoit, messire Phelippe de Navarre son frère, messire Jehan conte de Harecourt, son frère messire Loys de Harecourt, messire Godeffroy de Harecourt leur oncle, et pluseurs chevaliers et autres de Normendie comme Navarrois et autres.

Et après se retraist le roy de Navarre et sa compaignie en la cité d'Evreux dont il estoit conte, et là se garni et enforça. Et avec lui se alièrent pluseurs nobles, par especial de Normendie, c'est assavoir les dessus nommés de Harecourt, le seigneur de Hambuie, messire Jehan Malet seigneur de Graavile, messire Amalry de Meulent et pluseurs autres.

Et assés tost après se transporta le dit roy de Navarre en sa ville de Mante, qui jà paravant avoit envoié lettres closes à pluseurs des bonnes villes du royaume de France et aussi à grant conseil du roy, par lesquelles il escripvoit qu'il avoit fait mettre à mort le dit connestable pour pluseurs grans meffais que

1. Ms. 2813, f° 394 v°. — 2. Ibid.

le dit connestable lui avoit fais, et envoia le conte de Namur par devers le roy de France à Paris.

Et depuis le roy de France envoia en la dicte ville de Mante par devers le roy de Navarre pluseurs grans hommes, c'est assavoir messire Guy de Bouloingne cardinal, monseigneur Robert Le Coq evesque de Laon, le duc de Bourbon, le conte de Vendosme et pluseurs autres : lesquielx traitièrent avec le dit roy de Navarre [et] son conseil. Car jà soit ce que icelui roy eust fait mettre à mort le dit connestable, si comme dessus est dit, il ne lui souffisoit pas que le roy de France de qui il avoit espousé la fille lui pardonnast le dit fait, mais faisoit pluseurs requestes au dit roy de France son seigneur.

Et cuida l'en bien ou royaume de France que entre les deux rois dessus dis deust avoir grant guerre; car le dit roy de Navarre avoit fait grans aliances et grans semonces en diverses regions, et si garnissoit et enforçoit ses villes et chasteaulz. Finablement, après pluseurs traittiez, fu fait accort entre les deux roys dessus dis par certainnes manières dont aucuns des poins s'ensuient. C'est assavoir que le dit roy de France bailleroit au dit de Navarre vingt huit [mil] livres à tournois de terre, tant pour cause de certainne rente que ledit de Navarre prenoit sur le tresor à Paris comme pour autre terre que le dit roy de France lui devoit asseoir par certains traittiez faiz lonc temps avoit entre les deux predecesseurs des deux roys dessus dis pour cause de la conté de Champaigne, tant aussi pour cause de mariage du dit roy de Navarre qui avoit espousée la fille du dit roy de France : par lequel mariage lui avoit esté promise certainne quantité de terre, c'est assavoir douze mil livres à tournois. Pour lesquelles trente huit mille livres de terre le dit roy de Navarre veult avoir la conté de Beaumont le Rogier, la terre de Breteul en Normendie, de Conches et d'Orbec, la vicomté de Pont Audemer et le balliage de Costantin. Lesquelles choses lui furent accordées par le roy de France, jà soit ce que la dicte conté de Beaumont et les terres de Conches, de Bretueil et d'Orbec fussent à monseigneur Phelippe, frère du dit roy de France, qui estoit duc d'Orleans : auquel duc le dit roy bailla autres terres en recompensacion de ce.

Oultre couvint accorder au dit roy de Navarre, pour paix avoir, que les dessus dis de Harecourt et tous ses autres aliez entreroient en sa foy, se il leur plaisoit, de toutes leurs terres de

Navarre, quelque part qu'elles fussent ou royaume de France ; et en aroit le dit roy de Navarre les hommages, se ilz vouloient, autrement non. Oultre lui fu accordé que il tendroit toutes les dictes terres avec celles qu'il tenoit paravant en partie, et pourroit tenir eschiquier deux fois l'an, se il vouloit, aussi noblement comme le duc de Normendie. Encore lui fu accordé que le roy de France pardonrroit à tous ceulz qui avoient esté à mettre à mort le dit connestable, la mort d'icelui. Et ainsi le fist, et promist par son serement que jamais, pour occasion de ce, ne leur feroit ou feroit faire vilenie ou dommage. Et avec toutes ces choses ot encores le dit roy de Navarre une grant somme d'escus d'or du dit roy de France. Et avant ce que le dit roy de Navarre voulsist venir par devers le roy de France, il couvint que l'en lui envoiast par manière d'ostage le conte d'Anjou, second filz du dit roy de France.

Et après ce vint à Paris à grant foison de gens d'armes, le mardi quatrième jour de mars ou dit an trois cens cinquante trois, vint le dit de Navarre en parlement pour la mort du dit connestable, comme dit est, environ heure de prime, et descendi ou Palais. Et puis vint en la dicte chambre de parlement, en laquèle estoit le roy en siège et pluseurs de ses pers de France avec ses gens de parlement et pluseurs autres de son conseil, et si y estoit le dit cardinal de Bouloingne. Et en la presence de tous pria le dit roy de Navarre au roy que il lui voulsist pardonner le dit fait du dit connestable ; car il avoit eue bonne cause et juste d'avoir fait ce qu'il avoit fait : laquelle il estoit prest de dire au roy lors ou autres fois, si comme il disoit. Et oultre dist lors et jura que il ne l'avoit fait en [contempt [1]] du roy ne de son office, et qu'il ne seroit de riens si courroucié comme d'estre en l'indignacion du roy.

Et ce fait monseigneur Jacques de Bourbon, connestables de France, du commandement du roy, mist la main au dit roy de Navarre ; et puis si le fist l'en traire arrière. Et assés tost après Jehanne, ante, et la royne Blanche, seur du dit roy de Navarre, laquelle Jehanne avoit esté femme du roy Charles, et la dicte Blanche avoit esté femme du roy Phelippe derrenier trespassés, vindrent en la presence du roy, et lui firent la reverence, en eulz enclinant devant lui. Et adonc monseigneur Regnaut de

---

1. Ms. 2813, f° 395. — Ms. 2655, f° 167 v° : « comptent ».

Trie, dit Patroulart, se agenoulla devant le roy et lui dist tèles paroles en substance : « Mon très redoubté seigneur, veez cy mes dames la royne Jehanne, Blanche, qui ont entendu que monseigneur de Navarre est en vostre male grace, dont elles sont forment courroucées. Et pour ce sont venues par devers vous et vous supplient que vous lui vueilliez pardonner vostre mautalent; et, se Dieu plaist, il se portera si bien envers vous que vous et tout le pueple de France vous en tenrés bien contens. »

Les dictes paroles dictes, les dis connestable et mareschalx alèrent querre le dit roy de Navarre et le firent venir de rechief devant le roy, lequel se mist ou milieu des dictes roynes. Et adonc le dit cardinal dist les paroles qui ensuient en substance ; « Monseigneur de Navarre, nul ne se doit esmerveillier se le roy monseigneur s'est tenu pour mal content de vous pour le fait qui est avenu, lequel il ne convient jà que je le die; car vous l'avez si publié par vos lettres et autrement partout que chascun le scet. Car vous estes tant tenu à lui que vous ne le deussiés avoir fait : vous estes de son sang si prochain comme chascun scet; vous estes son homme et son per, et se avez espousée madame sa fille, et de tant avés plus mespris. Toutesvoies, pour l'amour de mes dames les roynes qui cy sont, qui moult affectueusement l'ent ont prié, et aussi pour ce qu'il tient que vous l'avés fait par petit conseil, il le vous pardonne de bon cuer et de bonne voulenté. » Et lors les dictes roynes et le dit roy de Navarre, qui mist le genoul à terre, en [mercièrent[1]] le roy. Et encore dist lors le dit cardinal que aucun du lignage du roy ou autre ne se aventurast d'ores en avant de faire telz fais comme le dit roy de Navarre avoit fait; car vraiement s'il avenoit, et feust le filz du roy qui le feist du plus petit officier que le roy eust, si en feroit il justice. Et ce fait et dit, le roy se leve et la court se departi.

Item, le vendredi devant la mi quaresme après ensuivant vingt unième jour de mars, un chevalier banneret de basses marches, appellé messire Regnaut de Prissegny, seigneur de Marant près de la Rochelle, fu trainé et puis pendu ou gibet de Paris par le jugement de parlement et de pluseurs du grant conseil du roy.

Item, l'an mil trois cens cinquante quatre, environ le mois

---

1. Ms. 2813, f° 395 v°. — Ms. 2655, f° 168 : « merciant ».

d'aoust, se reconsilièrent au roy de France les dis conte de Harecourt et monseigneur Loys son frère, et lui deurent moult reveler de choses, si comme l'en disoit ; et par especial luy devoient reveler tout le traittié de la mort du dit monseigneur Charles d'Espaingne, jadis connestable de France, et par qui ce avoit esté.

Et assés tost après, c'est assavoir ou mois de septembre, se parti de Paris le dit cardinal de Bouloingne et s'en ala à Avignon. Et disoit l'en communement qu'il n'estoit point en la grace du roy, jà soit ce que parayant, bien par l'espace d'un an qu'il avoit demouré en France, il eust esté tous jours avec le roy si privé comme povoit estre d'autre.

Et en ce temps se departi messire Robert de Lorris, chambellan du roy, et se absenta tant hors du royaume de France comme autre part. Et disoit l'en communement que, se il ne se feust absenté, il eust villenie et dommage du corps ; car le roy estoit courroucié et moult esmeu contre luy, mais la cause fu tenue si secrète que pou de gens la sceurent. Toutesvoies disoit l'en qu'il devoit avoir sceu la mort du dit connestable avant qu'il feust mis à mort, et qu'il devoit avoir revelé au dit roy de Navarre aucuns consaulz secrès du roy, et que toutes ces choses furent revelées au roy par les dis conte de Harecourt et messire Loys son frère.

Item, assés tost après, c'est assavoir environ le moys de novembre, l'an cinquante quatre dessus dit, le dit roy de Navarre se parti de Normendie et se ala latitant en divers lieus jusques en Avignon.

Item, en ycelui moys de novembre, partirent de Paris l'arcevesque de Rouen, chancellier de France, le duc de Bourbonnès et pluseurs autres, pour aler en Avignon. Et y alèrent le duc de Lencastre et pluseurs autres Anglois, pour traittier de paix devant le pape entre les roys de France et d'Engleterre.

Item, en ycelui mois de novembre, l'an dessus dit, parti le roy de Paris et ala en Normandie et fu jusques à Caen et fist prendre et mettre toutes les terres du dit roy de Navarre en sa main et instituer officiers de par luy et mettre gardes ès chasteaulz du dit roy de Navarre, excepté en six, c'est assavoir Evreux, le Pont Audemer, Cherebourc, Gavray, Avranches et Mortain : lesquelz ne lui furent pas rendus ; car il avoit dedens Navarrois qui respondirent à ceulz que le roy y envoia que ilz ne les rendroient, fors au roy de Navarre leur seigneur qui les leur avoit bailliés en garde.

Item, ou moys de janvier ensuivant, vint à Paris le dit messire Robert de Lorris par sauf conduit qu'il ot du roy et demoura bien quinze jours à Paris avant qu'il eust assés de parler au roy. Et après y parla il, mais il ne fu pas reconsilié à plain; mais s'en retourna en Avignon par l'ordenance du conseil du roy pour estre aus traittiez avec les gens du roy. Et assés tost après, c'est assa-voir vers la fin de fevrier ou dit an, vindrent nouvelles que les trèves, qui avoient esté prises entre les deux roys jusques en avril ensuivant, estoient esloingniées par le pape jusques à la Nativité Saint Jehan Baptiste, pour ce que le dit pape n'avoit peu trouver voie de paix à laquelle les dis tracteurs qui estoient en Avignon, tant pour l'un roy que pour l'autre, s'i voulsissent consentir. Et envoia le pape messages par devers les dis roys sur une autre voie de traittié que celle qui avoit esté pourpalée autres fois entre les dis tractteurs.

Item, en cel an mil trois cens cinquante quatre, ou moys de janvier, fist faire le roy de France florins de fin or appellés florins à l'aignel, pour ce que en la palle avoit un aignel, et estoient de cinquante deux ou marc. Et le roy en donnoit lors qui furent fais quarante huit pour un marc de fin or, et deffendi l'en le cours de tous autres florins.

Item, en ycelui an, ou dit moys de janvier, vint à Paris messire Gauchier de Lor, chevalier, comme message du dit roy de Navare, car devers le roy et parla à luy, et finablement s'en retourna ou moys de fevrier ensuivant par devers le dit roy de Navarre et emporta lettres de saufconduit pour le dit roy de Navarre jusques en avril ensuivant.

Item, en ycelui an, le soir de Karesme prenant qui fu le dix septième jour de fevrier, vindrent pluseurs Anglois près de la ville de Nantes en Bretaingne, et en entra par eschielles environ cinquante deux dedens le chastel et le pristrent. Mais messire Guy de Rochefort, qui en estoit capitainne et estoit en la dicte ville hors du dit chastel, fist tant par assault et effort que il le recouvra en la nuit meismes; et furent tous les dis cinquante deux Anglois que mors que pris.

Item, à Pasques ensuivant qui furent l'an mil trois cens cinquante cinq, le dit roy de France Jehan envoia en Normandie Charles dalphin de Viennès, son ainsné filz, son lieutenant, et y demoura tout l'esté. Et luy ottroièrent les gens du païs de Normandie deux mil hommes d'armes pour trois mois. Et ou mois d'aoust ensuivant ou dit [an] cinquante cinq, le dit roy de Navarre vint de Navarre et descendi ou chastiel de Cherebourc en Coustentin, et avec luy environ deux mil hommes, que uns que autres. Et furent pluseurs traittiés entre les gens du roy de France, duquel le dit roy de Navarre avoit espousé la fille, et le dit roy de Navarre. Et envoièrent par pluseurs fois de leurs gens l'un des dis roys par devers l'autre.

Et cuida [l'en¹], telle fois fu, vers la fin du dit mois d'aoust, qu'ilz deussent avoir grant guerre l'un contre l'autre. Et les gens du dit roy de Navarre, qui estoient ou chàsteau d'Evreux, du Pont Audemer, en faisoient bien semblant, car ilz tenoient et gardoient moult diligemment les dis chasteaulx, et pilloient le païs d'environ comme ennemis. Et en vint aucun ou chastel de Conches qui estoit en la main du roy, et le pristrent et garnirent de vivres et de gens. Et pluseurs autres choses firent les gens du dit roy de Navarre contre le roy de France et contre ses gens. Et finablement fu fait acort entre eulx. Et ala le dit roy de Navarre par devers le dit daulphin ou chastel du Val de Reul là où il estoit, environ le seizième ou dix huitième jour de septembre ensuivant ; et de là le dit daulphin le mena à Paris devers le roy. Et le jeudi vingt quatrième jour du dit mois de septembre, vindrent à Paris devers le roy ou chastel du Louvre. Et là, en la présence de moult grant quantité de gens et des roynes Jehanne, ante, et Blanche, seur, du roy de Navarre, fist ycelui roy de Navarre la reverence au dit roy de France, et s'escusa par devers le roy de ce qu'il s'estoit parti du royaume de France. Et avec ce dit l'en lui avoit rapporté que aucuns le devoient avoir blasmé par devers le roy : si requist au roy qu'il luy voulsist nommer ceulz qui ce avoient fait. Et après jura moult forment que il n'avoit onques fait chose, après la mort du connestable, contre le roy que loyaulx homs ne peust et deust faire. Et noient moins requist au roy qu'i[l] luy voulsist tout pardonner, et le voulsist tenir en sa grace, et luy promist que il luy seroit bons et loyaulx, si comme filz doit estre à père et vassal à son seigneur. Et lors luy fist dire le roy par le duc d'Athènes que il luy pardonnoit tout de bon cuer.

1. Ms. 2813, f° 396. — Ms. 2655, f° 169 (lacune).

Item, en ycelui an mil trois cens cinquante cinq, ala le prince de Galles, ainsné filz du roy d'Engleterre, en Gascoingne, ou moys d'octobre, et chevaucha jusques près de Thoulouse et puis passa la rivière de Garonne et ala à Carcassonne, et ardi le bourc; mais il ne pot forfaire à la cité, car elle fu deffendue, Et de là ala à Nerbonne, ardant et pillant le pais.

Item, ycelui an cinquante cinq, descendi le roy [d'Engleterre¹] à Calais en la fin du mois d'octobre, et chevaucha jusques à Hedin, et rompi le parc et ardi les maisons qui estoient ou dit parc; mais il n'entra point ou chastel ne en la ville. Et le roy de France, qui avoit fait son mandement à Amiens, tantost qu'il ot oy nouvelles de la venue du dit Anglois, se parti de la dicte ville d'Amiens où il estoit, et les gens qui y estoient avec luy, pour aler contre les Anglois. Mais il ne l'osa attendre et s'en retourna à Calaiz, tantost qu'il oy nouvelles que le roy de France aloit vers luy, en ardant et pillant le pais par lequel il passoit. Si ala le roy de France après jusques à Saint Omer et luy manda par le mareschal [d'Odeneham²] et par pluseurs autres chevaliers, que il se combatroit au dit Anglois, se il vouloit, corps à corps ou pooir contre pooir, à quelque jour que il voudroit. Mais le dit Anglois refusa la bataille et s'en repassa la mer en Angleterre sans plus faire à celle fois, et le roy s'en retorna à Paris.

Item, en ycelui an cinquante cinq, ou mois de novembre, le prince de Gales, après ce qu'il ot couru le pais de Bordeaux jusques près de Thoulouse et de là jusques à Nerbonne, et ars, gasté et pillié tout environ, s'en retorna à Bordeaux à toute la pille et grant foison de prisonniers, sans ce qu'il trouvast qui aucune chose luy donnast à faire. Et toutes voies estoient ou paiz pour le roy de France le conte d'Armignac, lieutenant du roy en la Langue d'oc pour le temps, le conte de Foix, messire Jaques de Bourbon, conte de Pontieu et connestable de France et messire Jehan de Clermont, mareschal de France, à plus grant compaignie la moitié, si comme l'en disoit, que n'estoit le dit prince de Galles : si en parla l'en forment contre aucuns des dessus nommés qui là estoient pour le roy de France.

Item, en la Saint Andri, en ycelui an, furent assemblés à Paris,

---

1. Ms. 2813, f° 396 v°. — Ms. 2655, f° 169 (lacune).
2. Ms. 2813. — Ms. 2655, f° 169 : « de Douchan. » *Mauvaise leçon.*

par le mandement du roy, les prelas, les chapitres, les barons et les bonnes villes du royaume de France ; et leur fist le roy exposer en sa presence l'estat des guerres, le mercredi après la dicte Saint Andri, en la chambre de parlement, par maistre Pierre de la Forest, lors arcevesque de Rouen et chancellier de France. Et leur requist le dit chancellier pour le roy qu'ilz eussent advis ensemble quel aide ilz pourroient faire au roy qui feust souffisant pour faire le fait de la guerre. Et pour ce qu'il avoit entendu que les subgiés du royaume se tenoient forment à grevez de la mutacion des monnoies, il offri à faire fort monnoye et durable, mais que l'en luy feist autre aide qui fust suffisant pour faire sa guerre. Lesquelz respondirent, c'est assavoir le clergié par la bouche de monseigneur Jehan de Craon, lors arcevesque de Reins, les nobles par la bouche du duc d'Athènes, et les bonnes villes par la bouche de Estienne Marcel, lors prevost des marchans à Paris, qu'ilz estoient tous prests de vivre, de mourir avec le roy et de mettre corps et avoir en son service, et [requistrent[1]] deliberacion de parler ensamble, laquelle leur fu octroyée.

Item, en ycelui an, le lundi veille de la Concepcion Nostre Dame, donna le roy la duchié de Normandie à Charles, son ainsné filz, daulphin de Viennes et conte de Poitiers. Et le lendemain jour de mardi et jour de la dicte feste, luy en fist le dit Charles homage en l'ostel maistre Martin de Merlo, chanoine de Paris, ou cloistre Nostre Dame.

Item, après la deliberacion eue des trois estas dessus dis, ilz respondirent au roy, en la dicte chambre de parlement, par les bouches des dessus nommés, que ilz luy feroient trente mil hommes d'armes par un an à leurs fraiz et despens : dont le roy les fist mercier. Et pour avoir la finance pour paier les dis trente mil hommes d'armes, laquelle fu estimée à cinquante cens mille livres parisis, les trois estas dessus dis ordenèrent que l'en [leveroit[2]] sur toutes gens, de quelque estat qu'ilz fussent, gens d'eglise, nobles ou autres, imposicion de huit deniers parisis pour livre de toutes denrées, et que gabelle de sel courroit par le royaume de France. Mais pour ce que l'en ne povoit lors savoir se les dictes

---

1. Ms. 2813, f° 397. — Ms. 2655, f° 169 v° : « requièrent. » *Mauvaise leçon.*

2. Ms. 2813, f° 397. — Ms. 2655, f° 169 v° : « levèrent. » *Mauvaise leçon.*

imposicions et gabelle souffisoient, il fu lors ordené que les trois estas dessus dis [retourneroient[1]] à Paris le premier jour de mars ensuivant pour [veoir[2]] l'estat des dictes imposicion et gabelle et sur ce ordonner, ou de autre aide faire pour avoir les dictes cinquante cens mille livres, ou de laissier courir les dictes imposicion et gabelle. Auquel premier jour de mars, les trois estas dessus dis retournèrent à Paris, exceptées pluseurs grosses villes de Picardie, les nobles et pluseurs autres villes de Normandie. Et virent ceulz qui y furent l'estat des dictes imposicion et gabelle; et tant pour ce qu'elles ne souffisoient pas pour avoir les dictes cinquante cens mille livres tournois, comme pour ce que pluseurs du royaume ne s'i vouloient accorder que les dittes imposicion et gabelle courussent en leur païs et ès villes là où ilz demouroient, [ordenèrent[3]] nouviau subside sur chascune personne en la manière qui s'ensuit : c'est assavoir que tout homme et personne, fust du sanc et lignage du roy, et autre clerc ou lay, religieux ou religieuse, exempt et non exempt, hospitaliers, chiefs d'eglises ou autres, eussent rentes ou revenues, office ou administracion; femmes vesves ou celles qui faisoient chiefs, enfans mariés et non mariés qui eussent aucune chose de par eulz, fussent en garde, bail, tutelle, cure, mainburnie ou administracion quelconques; monnoiers et tous autres, de quelque estat, auctorité ou privilège que ilz usassent ou eussent usé ou temps passé, — qui auroit vaillant cent livres de revenue et au[dessus], feust à vie ou à heritage, en gages à cause d'office, en pensions à vie ou à voulenté, feroit aide ou subside de quatre livres pour le fait des dictes guerres : de quarante livres de revenue et au dessus, quarante sous : de dix livres de revenue et au dessus, vingt sous. Et au dessoubs de dix livres, soient [enfans[4]] en mainburnie au dessus de quinze ans, laboureurs et ouvriers gaaingnans, qui n'eussent autre chose que de leur labourage, feroient aide de dix sous. Et se ilz avoient autre chose du leur, ilz feroient aide comme les autres serviteurs mercenaires ou alloüés qui ne vivoient que de leur service; et qui gaaingnast cent sous par an ou plus [feroit] semblable aide et subside de dix sous, à prendre les sommes dessus dictes à parisis, ou païs de parisis, et

---

1. Ms. 2813, f° 397. — Ms. 2655, f° 169 v° : « retournèrent ».
2. Ms. 2813. — Ms. 2655, f° 170 (lacune).
3. Ms. 2813, f° 397 v°. — Ms. 2655, f° 170 (lacune).
4. Ms. 2813, f° 397 v°. — Ms. 2655, f° 170 (lacune).

à tournois, ou pais de tournois. Et se les dis serviteurs ne gaaingnoient cent sous ou au dessus, ilz n'aideroient de riens, se ilz n'avoient aucuns biens equippolens, ouquel cas ilz aideroient comme dessus. Et aussi n'aideroient de rien mendians ne moines ne cloistriers sans office ou administracion, ne enfans en mainburnie soubs l'aage de quinze ans qui n'eussent aucune chose comme dessus, ne nonnains qui n'eussent en revenue au dessus de dix livres, ne aussi femmes mariées, pour ce que leurs maris aidoient; et estoit et seroit compté ce que elles aroient de par elles avec ce que leurs maris avoient.

Et quant aus clercs et gens d'eglise, prelas, abbés, prieurs, chanoines, curez et autres comme dessus, qui avoient vaillant au dessus de cent livres en revenue, fuissent benefices de sainte eglise, en patrimoine ou en l'un avec l'autre, jusques à cinq mille livres, feroient aide de quatre livres pour le[s] premiers cent livres, et pour chascunes autres cent livres jusques aus dictes cinq mille livres, quarante sous; et ne feroient de riens aide au dessus des dictes cinq mille livres ne aussi de leurs meubles; et les revenues de leurs benefices seroient prisés et estimés selonc le taux du disiesme, ne ne s'en pourroient franchir ne exempter par quelconques privilèges, ne que ilz feissent de leurs disiesmes, quant les disiesmes estoient ottroiés.

Et quant aus nobles et gens [des [1]] bonnes villes qui auroient vaillant au dessus de cent livres de revenue, les dis nobles feroient ayde jusques à cinq mille livres de revenue et noient oultre, pour chascun cent quarante [sous [2]], oultre les quatre livres pour les premiers cent livres; et les gens des bonnes villes, par semblable manière, jusques à mille livres de revenue tant seulement. Et quant aus meubles des nobles qui n'avoient pas cent livres de revenue, l'en extimeroit leurs meubles que ilz auroient jusques à la valeur de mille livres et non plus. Et des gens non nobles qui n'avoient pas quatre cens [livres [3]] de revenue, l'en extimeroit leurs meubles jusques à la value de quatre mille livres, c'est assavoir cent livres de meubles pour dix livres de revenue; et de tant feroient ayde par la manière cy dessus devisée. Et se il avenoit que aucun noble n'eust vaillant tant seulement jusques à cent livres de re-

---

1. Ms. 2813, f° 397 v°. — Ms. 2655, f° 170 v° : « les ».
2. Ms. 2813, f° 397 v°. — Ms. 2655, f° 170 v° : « soubz ».
3. Ms. 2813. — Ms. 2655 (lacune).

venue, ne en meuble purement jusques à mille livres, ou que aucun noble ne eust seulement de revenue quatre cens livres, ne en meubles purement quatre mille livres, et ilz [eust] partie en revenue et partie en meubles, l'en regarderoit et extimeroit sa revenue et son meuble ensemble jusques à la somme de mille livres, quant aus nobles, et de quatre mille livres quant aus non nobles, et non plus.

Item, le samedi cinquième jour de mars, l'an mil trois cens cinquante cinq dessus dit, s'esmut une discencion en la ville d'Arras des menus contre les gros. Et tuèrent les menus le dit jour dix sept des plus nobles de la dicte ville, et le lundi ensuivant en tuèrent autres quatre, et pluseurs en bannirent qui n'estoient pas en la dicte ville. Et ainsi demourèrent les dis menus seigneurs et maistres d'icelle ville.

Item, le mardi cinquième jour d'avril ensuivant, fust le mardi après la miquaresme, le roy de France se parti à matin avant le jour de Meneville tout armé, accompaignié environ de cent lances, entre lesquelz estoient le conte d'Anjou son filz, le duc d'Orliens son frère, messire Jehan d'Artois conte d'Eu, messire Charles son frère, cousins germains du dit roy, le conte de Tanquarville, messire Ernoul [d'Odeneham [1]] mareschal de France et pluseurs autres jusques au nombre dessus dit. Et vint droit au chastel de Rouen par l'uis derrière, sans entrer en la ville, et trouva en la salle du dit chastel assiz au disner Charles son ainsné [fils [2]], duc de Normandie, Charles roy de Navarre, Jehan conte de Harecourt, les seigneurs de Preaux, de Graville et de Clère et de pluseurs autres. Et là fist le roy de France Jehan prendre les diz roy de Navarre, le conte de Harecourt, les seigneurs de Preaux, de Graville et de Clere, messire Lois et messire Guillaume de Harecourt, frères du dit conte, messire Forquet de Friquant, le seigneur de Tournebu, messire Maubue de Mainesmares, tous chevaliers, Colinet Doublet et Jehan de Bantalu, escuiers, et aucuns autres.

Et les fist mettre en prison en diverses chambres du dit chastel, pour ce que, depuis leur reconciliacion faite par le roy de la mort du dit connestable de France, le dit roy de Navarre avoit machiné et traittié pluseurs choses ou dommage, deshonneur et mal du roy et de son dit ainsné filz et de tout le roiaume. Et aussi

1. Ms. 2813, f° 398. — Ms. 2894 : « de Douchan ».
2. Ms. 2813, f° 398. — Ms. 2655 (lacune).

le conte de Harecourt avoit dit au chastel du Val de Reul, où
estoit faite assemblée pour ottroier estre faite aide au roy pour
sa guerre en la duchié de Normandie, pluseurs injurieuses et or-
guilleuses paroles contre le roy, en destourbant de son pooir
icelle aide estre acordée et mise à execucion, combien que le dit
ainsné filz du roy, duc de Normandie, et le dit roy de Navarre
l'eussent acordée au roy.

Et tantost après ala disner le dit roy de France. Et quant il ot
disné, il et tous ses enfans son frère et ses diz cousins d'Artois
et pluseurs des autres qui estoient venuz avec li, montèrent à
cheval et alèrent en un champ derrière le dit chastel appellé le
Champ du Pardon. Et là furent menez en deux charrètes par le
commandement du roy les diz conte de Harecourt, le seigneur
de Graville, monseigneur Maubue et Colinet Doublet; et là leur
furent le dit jour les testes copées. Et puis furent tous quatre
trainez jusques au gibet de Rouen et là furent pendus, et leurs
testes mises sur le dit gibet. Et fu le dit roy de France present et
aussi ses diz enfans et son frère à coper les dictes testes, et non
pas au prendre. Et ce jour et lendemain jour de mercredi delivra
le roy pluseurs autres qui avoient esté pris; et finablement ne demorèrent que trois : c'est assavoir le dit roy de Navarre, le dit
Friquet et le dit Bantalu, lesquelz furent menez à Paris, c'est
assavoir le dit roy de Navarre au Louvre, et les autres deux en
Chastellet. Et depuis fut le dit roy de Navarre mis en Chastellet,
et li furent bailliez aucuns du conseil du roy pour le garder. Et
pour ce messire Phelippe de Navarre, frère du dit roy de Navarre, [fist garnir de gens et de vivres pluseurs des chasteaux
que le dit roy de Navarre [1]] avoit en Normandie. Et jà soit ce
que le roy de France mandast au dit messire Phelippe qu'i[l]
li rendist les dis chasteaux, toutesvoies ne le vouloit il pas faire.
Mais assemblèrent ilz et messire Godefroy de Harecourt, oncle
du dit conte de Harecourt, pluseurs ennemis du roy; et les
firent venir ou paiz de Costentin, lequel pais ilz tindrent contre
le dit roy de France et ses gens.

Item, le mercredi vingt septième jour du dit moys d'avril, et
fu le mercredi après Pasques qui furent l'an mil trois cens cinquante six, car Pasques furent lors le vingt quatrième jour d'avril,
messire Ernoul [d'Odeneham], lors mareschal de France, ala en

---

1. Ms. 2813, f° 398 v°. — Ms. 2655, f° 171 (lacune).

la ville d'Arras, et là, sagement et sans effort de gens d'armes, fist prendre pluseurs personnes jusques au nombre de cent et de plus de ceulz qui avoient mise la dicte ville en rebellion et murdri pluseurs des gros bourgois d'icelle ville, dont dessus est faite mencion. Et l'andemain jour de jeudi fist le dit mareschal copper les testes à vingt des dessus diz qu'il avoit fait prendre, ou marchié de la dicte ville, et les autres fist tenir en prison fermée jusques [ad ce que [1]] le roy ou li en eussent [ordené [2]] autrement. Et par ce fu mise la dicte ville en vraie obeissance du roy ; et demorèrent paisiblement les bonnes gens en icelle, si comme ilz faisoient avant la dicte rebellion.

Item ou dit an cinquante six, en la fin du mois de juing, descendi le duc de Lencastre en Costantin et s'assembla avecques messire Phelippe de Navarre, qui s'estoit rendu ennemi du roy pour cause de la prise du roy de Navarre son frère qui encore estoit en prison. Et avecques le dit duc et messire Phelippe estoit messire Godefroy de Harecourt dessus nommé, oncle du conte de Harecourt qui avoit eue la teste copée à Rouen. Et se mistrent à chevauchier, et estoient environ quatre mille combatans; et chevauchièrent à Lisieux, au Bec, au Ponteaudemer, et raffreschirent le chastiel qui avoit esté assegié par l'espace de huit ou neuf sepmaines. Mais messire Robert de Hodetot, lors maistre des arbalestriers, qui avoit tenu le siège devant le chastel dessus dit, et en sa compaingnie pluseurs nobles et autres se partirent du dit siège, quant ilz sceurent la venue des dis duc messire Phelippe et messire Godefroy, et laissièrent les engins et l'artillerie qu'i[l] avoient; et ceulz du dit chastel pristrent tout et mistrent tout dedens le dit chastel. Et après chevauchièrent les diz duc et messire Phelippe et leur compaingnie jusques à Breteul, en pillant et robant les villes et le païs par où ilz passoient, et raffreschirent le chastel. Et pour ce qu'ilz trouvèrent que la cité et le chastel d'Evreux avoient esté de nouvel renduz aus gens du roy, qui longuement [avoit [3]] esté assegié devant, et avoit esté la dicte cité toute arse et l'eglise cathedral aussi pilliée et robée tant par les Navarrois qui rendirent le dit chastel, lequel fu rendu par composicion, comme par aucuns des gens

1. Ms. 2813, f° 398 v°. — Ms. 2655, f° 171 v° (lacune).
2. Ms. 2813. — Ms. 2655 (lacune).
3. Ms. 2813. — Ms. 2655 (lacune).

du roy qui estoient au siège, les dis duc et messire Phelippe et leur compaignie alèrent à Verneul ou Perche, et pristrent la ville et le chastel, et pillèrent et robèrent tout, [et] ardirent partie de la dicte ville.

Et le roy de France qui avoit fait sa semonce, tantost qu'il oy nouvelles du dit duc de Lencastre, aloit après à mout grant compaignie de gens d'armes et de gens de pié, et les suy jusques à Condé en alant droit vers la dicte ville de Verneul là où il les cuidoit trouver. Et quant il fu au dit Condé, il oy nouvelles que les dis duc et messire Phelippe s'estoient partis celuy jour de la dicte ville de Verneul et s'en aloient vers la ville de l'Egle. Et les suivy le roy jusques à Tuefbuef à deux lieues ou environ de la dicte ville de l'Egle. Et là fut dit au roy qu'i[l] ne les pourroit aconsuivir, car il y avoit grans forests là où ilz se boutèrent sans ce qu'i[l] les peust avoir. Et pour ce s'en retourna le roy à tout son host. Et vindrent devant un chastel appellé Tyllères, que l'en disoit estre en la main des Navarrois; et le prist le roy et y mist gardes. Et après ala devant le dit chastel de Breteul, ouquel avoit gens de par le roy de Navarre. Mais pour ce qu'ilz ne [le '] vouldrent rendre, le roy et tout son ost y mistrent siège et y demourèrent environ huit sepmaines. Et finablement fut rendu le dit chastel au roy par composicion; et s'en alèrent ceuls qui estoient dedens le chastel là où ilz voudrent, et emportèrent leurs biens.

1. Ms. 2813, f° 399. — Ms. 2655, f° 161 v° (lacune).

FIN DES VARIANTES DU TOME QUATRIÈME.

TABLE.

CHAPITRE LXI.

Investissement et siége de Calais; première période : du 3 août à la fin de décembre 1346. — *Sommaire*, p. III à V. — *Texte*, p. 1 à 10. — *Variantes*, p. 201 à 218.

CHAPITRE LXII.

Chevauchée du comte de Derby en Saintonge et en Poitou. — *Sommaire*, p. V à VII. — *Texte*, p. 10 à 17. — *Variantes*, p. 218 à 226.

CHAPITRE LXIII.

Invasion des Écossais en Angleterre ; victoire des Anglais à Nevill's Cross. — *Sommaire*, p. VIII à XII. — *Texte*, p. 17 à 29. — *Variantes*, p. 226 à 247.

CHAPITRE LXIV.

Siége de Calais; seconde période : de la fin de 1346 à mai 1347. — Louis, comte de Flandre, poussé contre son gré par les Flamands dans l'alliance du roi d'Angleterre dont il a fiancé la fille, se réfugie auprès du roi de France. — *Sommaire*, p. XII à XV. — *Texte*, p. 29 à 38. — *Variantes*, p. 247 à 260.

CHAPITRE LXV.

Prise de la Roche-Derrien par les Anglais. — Siége de cette forteresse par Charles de Blois, qui est vaincu et fait prisonnier par Thomas de Dagworth à la bataille de la Roche-Derrien. — *Sommaire*, p. XV à XVIII. — *Texte*, p. 38 à 44. — *Variantes*, p. 260 à 269.

CHAPITRE LXVI.

Siége de Calais, troisième période : de mai à août 1347. Arrivée près de Calais et retraite sans combat de Philippe de Valois à la tête d'une nombreuse armée. Reddition de Calais ; dévouement d'Eustache de Saint-Pierre et de cinq autres bourgeois. — *Sommaire*, p. XVIII à XXIX. — *Texte*, p. 44 à 67. — *Variantes*, p. 269 à 299.

CHAPITRE LXVII.

Ravages des brigands en Limousin et en Bretagne; exploits de Bacon et de Croquart. — *Sommaire*, p. xxix à xxxi. — *Texte*, p. 67 à 70. — *Variantes*, p. 299 à 303.

CHAPITRE LXVIII.

Tentative malheureuse de Geoffroi de Charny pour reprendre Calais aux Anglais. — *Sommaire*, p. xxxi à xxxiv. — *Texte*, p. 70 à 85. — *Variantes*, p. 303 à 318.

CHAPITRE LXIX.

Mariage de Louis, comte de Flandre, avec Marguerite, fille de Jean, duc de Brabant. — *Sommaire*, p. xxxv et xxxvi. — *Texte*, p. 85 à 88. — *Variantes*, p. 318 à 320.

CHAPITRE LXX.

Défaite des Espagnols dans une bataille navale livrée en vue de Winchelsea contre les Anglais. — Exécution d'Aimeri de Pavie à Saint-Omer. — *Sommaire*, p. xxxvi à xxxviii. — *Texte*, p. 88 à 99. — *Variantes*, p. 320 à 330.

CHAPITRE LXXI.

Ravages de la peste. — Démonstrations de pénitence des flagellants; extermination des Juifs dans tous les pays de l'Europe excepté à Avignon et sur le territoire papal. — *Sommaire*, p. xxxviii et xxxix. — *Texte*, p. 100 et 101. — *Variantes*, p. 330 à 332.

CHAPITRE LXXII.

Avénement du roi Jean. — Victoire des Anglais près de Taillebourg; siége et prise de Saint-Jean-d'Angély par les Français. — Combat des Trente. — Escarmouche d'Ardres et mort d'Édouard de Beaujeu. — Avénement d'Innocent VI. — Exécution de Raoul, comte d'Eu et de Guines. — Vente du château de Guines aux Anglais. — Fondation de l'ordre de l'Étoile. — *Sommaire*, p. xl à l. — *Texte*, p. 101 à 129. — *Variantes*, p. 332 à 348.

CHAPITRE LXXIII.

Assassinat de Charles d'Espagne; rupture entre le roi de Navarre et ses frères, instigateurs de cet attentat, et le roi de France. — Expiration des trêves et ouverture des hostilités entre la France et l'Angleterre. — Mort de Jean, duc de Brabant, et avénement de Jeanne, mariée à Wenceslas de Luxembourg. — Guerre entre Flandre et

Brabant. — *Sommaire*, p. L à LII. — *Texte*, p. 129 à 133. — *Variantes*, p. 349 à 351.

CHAPITRE LXXIV.

Traité d'alliance entre les rois de France et de Navarre. — Chevauchée du roi d'Angleterre en Boulonnais et en Artois; concentration à Amiens et marche des Français contre l'envahisseur. — Prise du château de Berwick par les Écossais; retour d'Édouard à Calais. — *Sommaire*, p. LIII à LVII. — *Texte*, p. 133 à 150. — *Variantes*, p. 351 à 368.

CHAPITRE LXXV.

Expédition d'Édouard III en Écosse. — *Sommaire*, p. LVII à LIX. — *Texte*, p. 150 à 159. — *Variantes*, p. 368 à 371.

CHAPITRE LXXVI.

Expédition du prince de Galles en Languedoc. — *Sommaire*, p. LIX à LXIV. — *Texte*, p. 159 à 174. — *Variantes*, p. 371 à 382.

CHAPITRE LXXVII.

Troubles à Arras et en Normandie à l'occasion de la gabelle ou impôt sur le sel; arrestation du roi de Navarre à Rouen, exécution du comte de Harcourt. — Guerre entre le roi de France et les frères de Navarre qui font alliance avec le roi d'Angleterre; chevauchée du duc de Lancastre et des Navarrais en Normandie. — Siége et prise d'Évreux, de Rhotes et de Breteuil par le roi de France. — *Sommaire*, p. LXIV à LXXI. — *Texte*, p. 174 à 198. — *Variantes*, p. 382 à 398.

Supplément aux variantes, p. 399 à 417.

FIN DE LA TABLE DU TOME QUATRIÈME

9924 — PARIS, TYPOGRAPHIE LAHURE
Rue de Fleurus, 9

Ouvrages publiés par la Société de l'Histoire de France *depuis sa fondation en 1834.*

Ouvrages in-octavo à 9 francs le volume.

L'Ystoire de li Normant. 1 vol. *Épuisé.*
Grégoire de Tours, Histoire ecclésiastique des Francs. Texte et traduction. 4 vol. *Épuisés.*
— Même ouvrage. *Texte latin.* 2 vol.
— Même ouvrage. *Traduction.* 2 vol. *Épuisés.*
Lettres de Mazarin a la reine, etc. 1 vol. *Épuisé.*
Mémoires de Pierre de Fénin. 1 vol.
Villehardouin. 1 vol.
Orderic Vital. 5 vol.
Correspondance de l'Empereur Maximilien et de Marguerite, sa fille. 2 vol.
Histoire des Ducs de Normandie. 1 vol. *Épuisé.*
Œuvres d'Eginhard. Texte et traduction. 2 vol.
Mémoires de Philippe de Commynes. 3 vol. Tome I *épuisé.*
Lettres de Marguerite d'Angoulême, sœur de François Ier. 2 vol.
Procès de Jeanne d'Arc. 5 vol.
Beaumanoir. Coutumes de Beauvoisis. 2 vol.
Mémoires et Lettres de Marguerite de Valois. 1 vol.
Chronique latine de Guillaume de Nangis. 2 vol.
Mémoires de Coligny-Saligny. 1 vol.
Richer, Histoire des Francs. Texte et traduction. 2 vol.
Registres de l'Hôtel de Ville de Paris pendant la Fronde. 3 vol.
Le Nain de Tillemont, Vie de saint Louis. 6 vol.
Barbier, Journal du Règne de Louis XV. 4 vol. *Les tomes I et II épuisés.*
Bibliographie des Mazarinades. 3 v.
Comptes de l'argenterie des rois de France au XIVe siècle. 1 vol. *Épuisé.*
Mémoires de Daniel de Cosnac. 2 vol. *Épuisés.*
Choix de Mazarinades. 2 vol.

Journal d'un Bourgeois de Paris sous François Ier. 1 vol. *Épuisé.*
Mémoires de Mathieu Molé. 4 vol.
Histoire de Charles VII et de Louis XI, par Thomas Basin. 4 vol. Tome I *épuisé.*
Chroniques des comtes d'Anjou. 1 vol.
Grégoire de Tours Œuvres diverses. Texte et traduction. 4 vol. Tome II *épuisé.*
Chroniques de Monstrelet. 6 vol. Tome I *épuisé.*
Chroniques de J. de Wavrin. 3 vol.
Miracles de S. Benoît. 1 vol.
Journal et Mémoires du marquis d'Argenson. 9 vol. Tome I *épuisé.*
Chronique des Valois. 1 vol.
Mémoires de Beauvais-Nangis. 1 vol.
Chronique de Mathieu d'Escouchy. 3 vol.
Commentaires et Lettres de Blaise de Monluc. 5 vol.
Œuvres de Brantôme. Tomes I-VI.
Comptes de l'hôtel des Rois de France aux XIVe et XVe siècles. 1 vol.
Rouleaux des morts. 1 vol.
Œuvres de Suger. 1 vol.
Mémoires de Mme Du Plessis Mornay. 2 vol.
Joinville, Histoire de S. Louis. 1 vol.
Chroniques des églises d'Anjou. 1 vol.
Chroniques de J. Froissart. Tomes I en 2 parties, II, III et IV.
Mémoires de Bassompierre. T. I et II.
Introduction aux Chroniques des comtes d'Anjou.
Annales de S. Bertin et de S. Vaast.
Chroniques d'Ernoul et de Bernard le Trésorier.

SOUS PRESSE :

Œuvres de Brantôme. Tome VII.
Chroniques de S. Martial de Limoges
Histoire de Navarre et de Béarn.
Chronique des Albigeois
Chroniques de J. Froissart. Tome V.

BULLETINS ET ANNUAIRES.

Bulletin de la Société, années 1834 et 1835. 4 vol. in-8. — 18 fr.
Bulletin de la Société, années 1836-1856. *Épuisé.*
Table du Bulletin, 1834-1856. In-8. — 3 fr.
Bulletin de la Société, années 1857-1862. In-8. — Chaque année, 3 fr.
Annuaires de la Société, 1837-1863. In-18. — Chaque volume, de 1837 à 1844, 2 fr.; de 1848 à 1863, 3 fr. *Les années 1845, 1846, 1847, 1853, 1861 et 1862 épuisées.*
Annuaire Bulletin, années 1863 à 1872. — Chaque année, 9 fr.

Typographie Lahure, rue de Fleurus, 9, à Paris.

www.ingramcontent.com/pod-product-compliance
Lightning Source LLC
Chambersburg PA
CBHW060220230426
43664CB00011B/1490